·投资与估值丛书·

估 值
难点、解决方案及相关案例
|原书第3版|

[美] 阿斯瓦斯·达莫达兰 著　刘寅龙 译　刘振山 审校
（Aswath Damodaran）

THE DARK SIDE OF VALUATION
Valuing Young, Distressed, and Complex Businesses
3rd Edition

机械工业出版社
CHINA MACHINE PRESS

图书在版编目（CIP）数据

估值：难点、解决方案及相关案例（原书第3版）/（美）阿斯瓦斯·达莫达兰（Aswath Damodaran）著；刘寅龙译. —北京：机械工业出版社，2019.6（2025.7重印）

（投资与估值丛书）

书名原文：The Dark Side of Valuation: Valuing Young, Distressed, and Complex Businesses

ISBN 978-7-111-62862-0

I. 估… II. ①阿… ②刘… III. 投资－研究 IV. F830.59

中国版本图书馆CIP数据核字（2019）第104276号

北京市版权局著作权合同登记　图字：01-2019-2322号。

Aswath Damodaran. The Dark Side of Valuation: Valuing Young, Distressed, and Complex Businesses, 3rd Edition.

ISBN 978-0-13-485410-6

Copyright © 2018 by Aswath Damodaran.

Simplified Chinese Edition Copyright © 2019 by China Machine Press. Published by arrangement with the original publisher, Pearson Education, Inc. This edition is authorized for sale in the Chinese mainland (excluding Hong Kong SAR, Macao SAR and Taiwan).

All rights reserved.

本书中文简体字版由Pearson Education（培生教育出版集团）授权机械工业出版社在中国大陆地区（不包括香港、澳门特别行政区及台湾地区）独家出版发行。未经出版者书面许可，不得以任何方式抄袭、复制或节录本书中的任何部分。

本书封底贴有Pearson Education（培生教育出版集团）激光防伪标签，无标签者不得销售。

估值：难点、解决方案及相关案例（原书第3版）

出版发行：机械工业出版社（北京市西城区百万庄大街22号　邮政编码：100037）	
责任编辑：施琳琳	责任校对：李秋荣
印　　刷：固安县铭成印刷有限公司	版　　次：2025年7月第1版第13次印刷
开　　本：185mm×260mm　1/16	印　　张：41.75
书　　号：ISBN 978-7-111-62862-0	定　　价：179.00元

客服电话：(010) 88361066　68326294

版权所有·侵权必究
封底无防伪标均为盗版

谨以此书献给
2018年2月20日出生的诺亚·亨利·达莫达兰，
恰与本书一起面世的诺亚，
让世界的一切都变得如此完美。

The Dark Side of Valuation —— 致谢

本书献给曾以各种不寻常或非常见的估值情景对我发难的分析师、学生和投资者，面对他们欲言又止的问题——"你根本就无法用DCF模型进行估值，对吧？"我的回答始终是："你当然可以这样做！"而随着时间的推移，不断积累起来的形形色色的情景，让我们不断认识到估值的两面性：有难点，但总能找到解决方案。

前言 The Dark Side of Valuation

本书第 1 版已年代久远，作为那个时代的产物，它自然会留下很多当时的印记。创作本书的想法产生于 1999 年年底，当时正值互联网泡沫行将破裂之际。引发这个想法的线索源自两个方面：首先，面对科技（尤其是高新技术）公司扶摇直上的股价，传统估值模型明显已力不从心；其次，分析师开始倾向于摒弃传统估值方法，转而求助于估值的误区，试图用五花八门的新标准和故弄玄虚的故事手法让这种价格显得顺理成章。本书第 1 版的出版恰恰和科技股泡沫的破裂不期而遇。机缘巧合的是，本书第 2 版在 10 年后面世时，又恰逢 2008 年全球金融危机刚刚爆发。面对这场因房地产泡沫破裂和银行业行为不端而引发的危机，人们开始意识到，每当分析师在使用传统模型和指标遭遇障碍时，各种估值误区的诱惑力就会尽显无疑，这也是本书覆盖的范围。和第 1 版强调初创型高科技（互联网）企业不同的是，第 3 版将讨论形形色色的难以估值的公司，包括陷入财务危机的企业、大宗商品企业和银行。

在第 2 版出版后的 8 年中，所有试图为公司估值的分析师不得不面对三种宏观状况。首先，世界各地的利率，尤其是发达国家的市场利率，不仅降至历史新低，甚至在某些地区出现负利率。这就导致某些分析师放弃估值，因为在他们看来，在超低利率或是负利率的情况下，估值没有任何意义。其次，全球市场危机几乎每年都会发生，而且每年都会在世界不同地区引发新灾情，这就加剧了所有市场的风险溢价波动性。最后，在 10 年前似乎还不可阻挡的全球化脚步，不但已开始放缓，而且在某些地区甚至出现倒退。在本书第 3 版中，我们将探讨如何以最合理的方式应对低利率、不稳定的股票风险溢价以及估值的政治风险。

本书第一部分总结了目前可使用的基本估值工具。尤其需要强调的是，该部分对常规的贴现现金流模型、概率模型（模拟法及决策树等）、相对估值模型以及实物期权进行了概括性介绍。这部分的多数内容均在我的其他估值专著中做过论述。第 1 章介绍了确定所有企业价值的基本要素。该章探讨了对处于生命周期中各个阶段以及不同类型公司进行估值时需要解决的估计问题。此外，该章还考察了估值难点的表现形态。在第 2 章中，我们探讨了如何利用贴现现金流估值模型来估计内在价值，并对估算细节以及可能受到的限制加以介绍。第 3 章分析了资产在每一种情况或者至少在一组条件下的价值。该章着眼于分析资产在不同情景下的价值，介绍了决策树在估值中的运用，并对蒙特卡罗模拟法进行了评价，这也是所有估值方法中最全面的风险估值方法。第 4 章归纳了相对估值法的 4 个基本步骤，并制定了一套旨在合理使用估值倍数的测试方法。第 5 章以高度概括的方式总结了实物期权估值的基本原理，并介绍了实物期权在估值实践中可以采取的各种形式，以及这种方法如何影响到我们对投资采取的估值方法以及我们的行为。此外，该章还探讨了使用实物期权可能出现的各种潜在缺陷，以及如何以最有效的方式将这种工具融入风险估值工具的组合。

本书第二部分讨论了因估值而出现的部分问题以及影响各估值变量的宏观要素。第 6 章介绍了其他全部估值变量的基础——无风险利率，探讨了造成当下低利率市场环境的原因及对价值的影响。第 7 章介绍了股权风险溢价以及在危机和经济震荡时期如何对风险溢价做出最合理的估计。第 8 章重点探讨了估值对真实经济增长、汇率及通货膨胀等其他宏观经济条件的假设，以及这些假设的调整会对我们所得到的结论带来怎样的影响。

在本书第三部分里，我们将探讨对处于生命周期各阶段的企业进行估值时所面对的挑战。其中，第 9 章介绍了对初生"创意"企业进行估值所面临的挑战，这个阶段的企业只有针对产品或服务的有趣想法，尚未形成看得见、摸得着的商业产品。此外，该章讨论的初创企业也覆盖由创意进化成商业产品的阶段，处于这个阶段的企业收入非常有限，而且能否在市场上取得成功尚不得而知。因此，该章的实质就是探讨对诞生初期企业进行估值时所面临的挑战；与此同时，这也是风险投资家在数十年中为小公司提供"天使融资"时面临的挑战。

第 10 章的讨论主题是已进入生命周期中更高阶段的企业——年轻的成长型企业，在这个阶段中，公司的产品和服务已形成了一定的市场，收入开始快速增长。此外，该章还讨论了由私人拥有转为公开上市以及可持续增长对估值的影响。第 11 章着眼于经历了创业周期并准备上市的成长型企业。这些公司已拥有了稳定的增长历史，但面对如何扩大经营实力这一挑战，需要它们在规模上更上一层楼。此外，该章还介绍了这些公司为提升企业价值可以采取的策略，包括收购、业务重组和财务重组等。在这个过程中，该章还将在杠杆收购的背景下，探讨私募股权投资者会如何看待"成熟型"企业的价值以及公司控制权的价值。第12章的讨论主题是衰退中的企业，公司可能已进入负增长阶段，而且极有可能陷入危机和破产境地。

本书的第四部分着眼于因各种原因而难以估值的特定类型公司及资产。首先，第13章考察了两种类型的企业——周期型企业和大宗商品企业，由于收益受外部因素（大宗商品价格和经济形势等）影响而起伏较大，从而导致难以对它们做出准确的预测。第14章剖析了银行、保险公司和投资银行等金融服务企业的特殊问题，并着重强调了监管变化对估值的影响。第15章的讨论主题是那些严重依赖于专利、技术实力和人力资本的企业。在这些公司里，资产的特殊属性以及会计准则的固有缺陷相结合，极大地提高了估值的难度和复杂性。该章重点强调了3个层面的问题：如何纠正这些公司的会计政策不一致；如何以最合理的方式处理很多此类企业大量使用员工期权作为薪酬这一事实；如何将这些公司相对较短的生命周期纳入估值和定价指标中。第16章探究了生存于方兴未艾、跌宕起伏的经济体（新兴市场）中的企业，以及如何对它们进行最合理的估值。第17章着眼于针对多样化经营公司的估值，通过对部分价值加总求和，从单一用户的价值推导出用户企业的价值。第18章概括性地介绍了针对非常规性企业、体育特许经营以及加密货币等特殊对象的估值方法。

在第五部分中，第19章总结了估值的两个方面：一方面是估值的难点，另一方面则是解决方案。该章总结了帮助我们克服估值难点的诸多核心观点，并简要回顾了带我们迎来光明面的基础工具。

在阅读本书时，读者会注意到，所有案例均按时间顺序排列，例如，公司的估值时间分别为2009年、2013年和2016年。对此，我已在案例中进行了及时介绍，因为我认为，这样的顺序会让案例更加逼近现实。因此，如果说我在2009年的估值中还充满了对整体经济崩盘的担忧，那只能反映我在当时的感觉，毕竟，那是在2008年全球金融危机刚刚爆发之际。

总之，我希望本书第3版能充分体现当下的市场：投资者必须坦然面对不确定性，而不是身在其中浑然不觉；人们对数据过度膨胀的担忧甚至已超过对缺乏数据的担忧；很多模型的复杂性和功能已远非使用者所能驾驭。

目录

致谢

前言

第 1 章　估值的难点　/ 1

　　价值基础　/ 1

　　公司现有投资可创造的现金流是多少　/ 3

　　未来投资（增长）可创造的价值是多少　/ 4

　　现金流的风险有多高，对折现率的一致性估计是多少　/ 4

　　企业在何时进入成熟期　/ 5

　　跨区间的估值　/ 6

　　贯穿整个生命周期的估值　/ 8

　　不同类型企业的估值　/ 13

　　厘清估值难点　/ 21

　　本章小结　/ 23

第一部分
启发：估值工具

第 2 章　内在价值评估　/ 26

　　折现现金流估值法　/ 26

　　现金流　/ 29

风险　/ 34

增长率　/ 42

终值　/ 48

其他需要考虑的附加因素　/ 52

DCF 估值模型的变异　/ 55

对风险调整的误解　/ 55

计算确定性等价现金流的方法　/ 55

风险调整折现率或确定性等价现金流　/ 58

现值调整法的基础　/ 59

对现值调整的衡量　/ 59

资本成本与现值调整法估值　/ 61

模型的基础　/ 62

EVA 的衡量标准　/ 63

超额收益模型和 DCF 估值模型的等价性　/ 64

内在估值模型到底给了我们哪些启示　/ 65

本章小结　/ 65

第 3 章　概率估值：情景分析、决策树及模拟法　/ 67

情景分析　/ 67

决策树　/ 71

模拟估值法　/ 78

账面价值约束　/ 85

利润和现金流约束　/ 86

市场价值约束　/ 86

概率风险评估法概述　/ 88

本章小结　/ 90

第 4 章　相对估值与定价　/ 92

什么是相对估值法　/ 92

无处不在的相对估值法　/ 94

相对估值法的流行原因和潜在缺陷　/ 94

标准化价值与估值倍数　/ 95

使用倍数估值的四个基本步骤　/ 98

一致性　/ 99

统一性 / 100

分布特征 / 100

异常值和平均值 / 102

倍数估计中的偏差 / 102

倍数随时间的变化 / 103

决定因素 / 105

伴随变量 / 107

关系 / 108

什么是可比公司 / 108

控制不同公司间的差异 / 109

相对估值与内在估值的协调 / 115

本章小结 / 115

第 5 章 实物期权估值 / 116

实物期权的本质 / 116

实物期权、风险调整价值与概率评估 / 118

实物期权的示例 / 119

战略考量 / 126

多阶段项目与投资 / 127

关于实物期权的注意事项 / 132

本章小结 / 134

附录 5A 期权及期权定价的基础理论 / 135

第二部分
宏观变量的难点

第 6 章 不稳定的根基:"危险"的无风险利率 / 146

什么是无风险资产 / 146

为什么说无风险利率至关重要 / 147

无风险利率的估计 / 148

评估无风险利率的问题 / 155

无风险利率总论 / 167

本章小结 / 168

附录 6A / 169

第7章　风险投资：风险价格的评估　/ 171

　　风险溢价何以如此重要　/ 171

　　决定风险溢价水平的因素是什么　/ 173

　　估算风险溢价的标准方法　/ 176

　　无历史数据和债券评级　/ 179

　　历史数据的不完整性　/ 184

　　风险溢价也是变化的　/ 190

　　本章小结　/ 194

　　附录7A　/ 195

第8章　事关大局的宏观环境：经济的真实面目　/ 197

　　真实经济的增长　/ 197

　　美国真实经济增长的演变史　/ 198

　　各国经济实际增长率的差异　/ 202

　　预期的通货膨胀　/ 204

　　通货膨胀、收益和股价　/ 208

　　不同货币的通货膨胀率　/ 210

　　汇率　/ 213

　　本章小结　/ 219

第三部分
生命周期各阶段的估值难点

第9章　蹒跚学步：年轻的初创企业　/ 222

　　身处经济大潮中的初创企业　/ 222

　　估值问题　/ 226

　　现有资产　/ 226

　　增长型资产　/ 226

　　折现率　/ 227

　　终值　/ 228

　　股权索取权的价值　/ 228

　　估值难点　/ 230

　　估值方案　/ 235

　　讲故事的重要性　/ 236

未来现金流的估计　/ 237

折现率的估计　/ 247

当期价值的计算以及对企业生存概率的调整　/ 252

失去关键人物的折扣率　/ 258

评估企业股权索取权的价值　/ 260

私人企业的交易倍数　/ 265

来自上市公司的估值倍数　/ 268

初创企业的拓展期权　/ 271

对初创企业拓展期权的估值　/ 272

实物期权理论的局限性　/ 272

本章小结　/ 274

第 10 章　崛起之星：成长型企业　/ 275

成长型企业　/ 275

成长型企业的特点　/ 278

估值问题　/ 279

现有资产　/ 279

增长型资产　/ 280

折现率　/ 281

终值　/ 282

每股价值　/ 282

估值难点　/ 284

以当前数字为估值起点　/ 284

基于行业的可比较数据　/ 291

行业的特定倍数　/ 291

增长率与价值的关系不切实际　/ 292

未来倍数和基本面的变化　/ 293

估值方案　/ 294

模型的描述和选择　/ 294

经营性资产的估值　/ 295

由经营性资产的价值得到每股股票价值　/ 308

对投资后估值的修正　/ 309

可比公司　/ 316

估值倍数和基准年份的选择　/ 316

对增长率和风险水平差异的调整　/ 317

本章小结　/ 321

第 11 章　长大成人：成熟型企业　/ 322

身处经济大潮中的成熟型企业　/ 322

估值问题　/ 325

现有资产　/ 325

增长型资产　/ 326

折现率　/ 326

终值　/ 327

估值难点　/ 328

相对估值法　/ 334

估值方案　/ 335

经营性重组　/ 339

财务重组　/ 344

管理变革的价值　/ 354

管理变革的可能性　/ 357

启示　/ 363

本章小结　/ 368

第 12 章　日落西山：衰退型企业　/ 369

身处经济大潮中的衰退型企业　/ 369

估值问题　/ 371

现有资产　/ 372

增长型资产　/ 372

折现率　/ 373

终值　/ 373

估值难点　/ 376

估值方案　/ 383

财务危机的可能性和后果　/ 390

折现现金流估值法　/ 394

将股权视为期权进行估值　/ 411

相对估值法　/ 418

本章小结　/ 422

第四部分
不同企业类型的估值难点

第 13 章 起伏跌宕：周期型企业及大宗商品企业 / 424

背景介绍 / 424

估值难点 / 427

估值方案 / 433

正规化估值 / 433

基于当期价格的估值 / 438

概率估值法 / 441

正规化收益倍数 / 444

调整基本面 / 444

对自然资源期权的估值 / 447

对自然资源公司的估值 / 448

启示 / 452

本章小结 / 452

第 14 章 随行就市：对金融服务企业的估值 / 454

金融服务行业的全貌 / 454

金融服务公司的特点 / 456

估值难点 / 460

股权价值与公司估值 / 464

股息折扣模型 / 464

股权现金流模型 / 470

超额收益模型 / 475

估值倍数的选择 / 478

市盈率（PE） / 478

市净率 / 481

本章小结 / 484

第 15 章 看不见的投资：对轻资产型企业的估值 / 485

会计准则的不一致性 / 487

保守的融资 / 487

基于股权的报酬机制 / 488

被压缩的生命周期 / 488

估值难点　/ 490

模型的选择　/ 491

现金流　/ 491

外源型增长　/ 492

折现率　/ 492

终值　/ 493

未结事宜　/ 493

标准化变量　/ 494

行业比较　/ 495

简化调整　/ 495

估值方案　/ 495

研发费用的资本化　/ 496

其他营业费用的资本化　/ 499

对估值的影响　/ 503

内在价值：未执行期权　/ 508

未来期权的授予及其对价值的影响　/ 515

相对估值法：未执行期权的影响　/ 516

对负债低和现金余额大的公司的估值　/ 518

对生命周期被压缩的公司的估值　/ 521

本章小结　/ 524

第 16 章　波动性规律：来自新兴市场企业的估值经验　/ 525

新兴市场企业的角色　/ 525

估值难点　/ 528

估值方案　/ 532

币种的一致性　/ 532

国家风险的一致性　/ 533

不稳定市场条件下的风险估计　/ 537

弥补信息空白　/ 541

改造拙劣的公司治理　/ 542

对突发性风险的调整　/ 543

针对新兴市场企业的比较法　/ 549

来自发达国家市场的可比公司　/ 551

本章小结　/ 554

第 17 章 走向细处：价值分解 / 555

集中式估值和分散式估值 / 555

跨国联合体 / 556

内在估值法（折现现金流模型） / 559

相对估值法 / 561

估值难点 / 561

跨国公司：注册地点和运营地点 / 561

多元化经营：常见观点 / 562

不考虑集中化成本和企业内部交易 / 563

对交叉持股的估值 / 563

用户、会员及客户公司 / 585

本章小结 / 603

第 18 章 非常之地：价值与价格 / 604

价值与价格 / 604

投资和交易 / 605

正确的方法 / 608

投资分类 / 611

可创造现金流的资产 / 611

大宗商品 / 615

货币 / 618

收藏品 / 621

需要质疑的投资 / 624

本章小结 / 637

第五部分 结语

第 19 章 绝处逢生：跨越难点 / 640

启发性命题 / 640

本章小结 / 648

The Dark Side of Valuation　第 1 章

估值的难点

我曾一直认为，估值是再简单不过的事情，只不过是我们这些从业者刻意让这件事变得复杂化。对于能创造现金流的资产而言，其内在价值取决于我们预期该资产可创造现金流的时间、现金流本身的大小及其可预测性。这就是我们对企业进行估值的基本原则——不管是上市公司还是非上市公司，抑或是它们所发行的有价证券，概莫能外。

虽然估值的基本要素简单直白，但是在对企业价值进行估值时，我们所面临的挑战会随着它们在整个生命周期中所经历的不同阶段而发生变化。在这个轮回中，企业往往会经历从私人拥有的创意企业起步，到进入初创期的上市企业或是即将上市的成长型企业，进而发展为拥有多元化产品线并服务于不同市场的成熟型企业，继而是陷入衰退状态的企业，直至走到僵滞并最终被清算。在每个阶段中，我们都需要对相同的变量做出估计——现金流、增长率和折现率，然而，我们在各阶段上所能得到的信息数量和准确度却不大相同。在面对重大不确定性或信息有限时，我们往往会被估值的阴暗面所诱惑：放弃估值的基本原则，创建新范例，让常识变成偶然。

在本章里，我们将介绍适用于所有企业的价值决定要素。而后，我们再来探讨公司在生命周期各个阶段以及不同类型公司面临的估值问题。最后，我们以估值的阴暗面在现实中的表象作为本章的结束语。

价值基础

在接下来的 4 章里，我们将详细探讨估值的基本方法。不过，在没有深究估值模型之前，我们依旧可以确定适用于所有企业的价值决定要素。在本节里，我们首先考虑一个非常简单的内在价值计算模型，而后，使用这个超简版模型分析所有估值模型的输入变量。

内在价值

每一项资产都有其内在价值。尽管我们已尽了最大的努力去了解这个价值，但是在大多数情况下，我们唯一能做到的，就是得到一个估计值。在折现现金流（discounted cash flow，DCF）估值模型中，资产的内在价值表述为：它是对整个生命周期内的预期现金流现值折现后得到的价值，以反映货币的时间价值和实现该现金流的风险。

$$资产的价值 = \sum_{t=1}^{t=N} \frac{E(CF_t)}{(1+r)^t}$$

在上述公式中，$E(CF_t)$ 为第 t 期的预期现金流，r 为适用于现金流的风险调整折现率，N 为资产的寿命期。

现在，我们再来考虑对持续经营业务或公司进行估值所面对的挑战：除持有多项资产之外，它们还有可能在未来投资购置新的资产。

因此，我们不仅需要对现有资产组合进行估值，还要考虑未来新增投资创造的价值。为此，我们可以通过一家持续经营企业的资产负债表反映这些挑战，这家公司的资产负债表如图1-1所示。

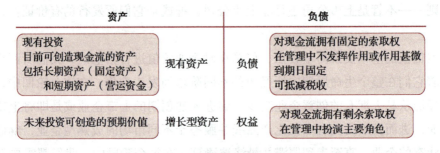

图1-1　资产负债表

因此，要对一家公司估值，我们必须在考虑提供融资的负债及权益组合的前提下，对已完成资产（现有资产）和增长型资产（未来的预期投资）同时进行估值。此外，我们还要认识到现实企业的诸多复杂情况。至少在理论上，一家企业，尤其是公开上市的企业，可以永续地创造现金流，因而要求我们对现金流的考虑应覆盖资产的整个寿命期：

$$企业价值 = \sum_{t=1}^{t=\infty} \frac{E(CF_t)}{(1+r)^t}$$

由于现金流的永续估计在现实中并不可行，因此，我们可借助于对有限期间（N）现金流的估计来简化这个过程，并以"终值"反映该期间之后的全部现金流价值。由此得到的企业价值计算公式如下：

$$企业价值 = \sum_{t=1}^{t=N} \frac{E(CF_t)}{(1+r)^t} + \frac{终值_N}{(1+r)^N}$$

终值

尽管我们可以用不同方法估计终值（terminal value），但对于持续经营企业的内在价值而言，最符合逻辑的办法就是假设第 N 年以后的现金流按固定增长率永续增长，因此，我们可以将估值公式调整如下：

$$企业价值 = \sum_{t=1}^{t=N} \frac{E(CF_t)}{(1+r)^t} + \frac{E(CF_{N+1})}{(r-g_n)(1+r)^N}$$

考虑到任何企业都不可能以超过整体经济的速度永续成长，因此，这种终值计算方法仅适用于处于成熟阶段的企业。我们将在第 2 章中深入探讨估值的 3 个基本变量——现金流、折现率和增长率。

价值的决定要素

即使不深入估值原理的细节，我们依旧可以从内在价值的计算公式出发，归纳出企业估值时必须回答的 4 个问题：

- 公司现有投资可创造的现金流是多少？
- 如果未来维持增长，这种未来增长可以带来的价值是多少？
- 来自现有投资和新增投资的预期现金流的风险如何？为投资提供融资的成本是多少？
- 公司将在什么时候进入稳定增长期？

公司现有投资可创造的现金流是多少

如果一家公司已进行了重大投资，那么，估值公式的第一个变量就是现有资产创造的现金流。在实践中，它需要我们对如下事项做出估计：

- 在最近一段时期，公司使用这些资产创造的收益和现金流是多少？
- 随着时间的推移，这些收入和现金流预计会有怎样的增长（如果能实现增长的话）？
- 资产会在多长时间内持续创造现金流？

尽管我们可以从当期财务报表中得到答案，但它们显然还缺乏确定性和结论性。尤其是考虑到现有资产可能尚未完全投入运营（已完成基础设施投资，尚未完全进入生产模式）或是未得到充分利用等情况，现金流数据可能难以取得。此外，如果被估值企业的业务波动性较强，那么，由于现有资产的收益可能会随宏观经济的波动而大幅震荡，因而会给现金流的估计带来困难。

在对企业的现有资产进行估值时，有一点是必须强调的。传统会计的核心在于衡量现有资产的历史投资成本是多少；与此不同，需要我们解答的问题，则是在考虑资产未来预期现金流的前提下，估计它们在目前的价值是多少。因此，现有资产的价值有可能远远超过、接近或低于历史投资资本的价值，至于偏离程度如何，主要取决于资产在完成初始投资后的盈利能力是增加、维持不变还是有所下降。

未来投资（增长）可创造的价值是多少

对某些企业来说，价值的绝大部分源自它们在未来的预期投资。为估算新增投资创造的价值，我们需要对两个变量做出判断。第一个是这些新增投资相对于公司规模的大小。也就是说，如果假设一家公司将收益的80%进行再投资，那么，和20%的再投资比例相比，投资所带来的价值自然大不相同。第二个变量是以超额收益衡量的新增投资质量。所谓的超额收益，是指公司的投资收益率超过为这些投资提供融资的资本成本。假如融资的资本成本为10%，而新资产投资带来的收益率为15%，那么，这笔投资就会创造新价值；但如果新投资带来的收益率仅为10%，而资本成本保持不变，那么，新资产就不会带来增量价值。换句话说，并非所有增长都能创造价值，唯有能带来超额收益的增长才能创造价值。按照这种逻辑，对一家积极寻求再投资的公司，增长带来的价值可以是正数、零或是负数，具体取决于投资所创造的超额收益是正数、零还是负数。

由于资产的增长完全依赖于预期和判断，因此，我们在这个问题上可以得到两个结论。首先，与针对现有资产的估值相比，增长型资产的估值往往需要面对更大的挑战，历史数据或财务报表提供的信息不太可能提供确定性结论。其次，对同一估值对象，无论是在不同的估值时点上，还是对不同的估值者，增长型资产估值结果的波动性都会高于现有资产的估值。因此，不同分析师有可能对增长型资产价值的规模和投资质量做出不同判断，而且随着时间的推移，他们也会根据新取得的信息修订原有估计。虽然成长型企业目不忍睹的收益公告对现有资产价值影响有限，却有可能严重影响人们对增长型资产价值的预期。

现金流的风险有多高，对折现率的一致性估计是多少

无论是现有资产带来的现金流，还是新增投资创造的现金流，都是不确定的。因此，在对这些现金流估值时，我们必须考虑到各种风险，而折现率通常就是我们反映这种未来不确定性的载体。在实践中，我们采用较高的折现率对高风险现金流进行折现，从而导致其价值低于可预测性较强的现金流。虽然这是一个常识，但是在对企业

估值时，我们还是会遇到一些问题：

- **对过去的依赖**：我们所担心的风险完全针对未来，但我们对风险的估计往往依赖于历史价格、收益和现金流数据。尽管这种对历史数据的依赖可以理解，但如果数据不可得、不可靠或是正在发生变化，就有可能带来问题。
- **投资风险的多样性**：在对公司进行估值时，我们通常需要为全部现金流估计出一个折现率，这种做法的部分原因出自我们估计风险参数的方式，还有一部分原因则是为了求方便。因为现金流来源于处在不同位置的不同资产，因此，各项资产带来的现金流必然有着不同的风险，在这种情况下，我们就需要对不同资产采用相应的折现率。
- **风险的时间不稳定性**：在大多数估值中，我们会估计出一个折现率，并假设该折现率在一段时期内保持不变，这种假设的部分原因是为了方便，还有一部分原因是我们不愿看到随时间而变化的折现率。但是在对公司估值时，随着资产组合的不断变化并趋于成熟，现金流的风险自然会随着时间的推移而变化，这不仅是大概率事件，而且很可能是事实。在实践中，如果我们接受先前假设——增长型资产创造的现金流比现有资产创造的现金流更难预测，那么，对一家成长企业来说，考虑到其增长率会随着时间的推移而下降，针对预期现金流的折现率也应该是递减的。

企业在何时进入成熟期

企业在何时进入成熟期很重要，因为它决定了实现高速成长的时间段以及我们确定企业估值（终值）的时点位置。对少数公司而言，这个问题可能很容易回答。比如规模较大、运营较稳定的公司，它们要么已进入成熟阶段，要么正在接近成熟期，要么是凭借有期限的单一竞争优势（如专利权）实现增长。但对大多数公司来说，如下两个原因会导致我们难以对这个问题给出明确答案：

- 判断企业会在何时进入成熟期，需要我们全面了解公司所处的行业、竞争对手的态势及其未来可能采取的举措。如果公司所处的行业正处于发展变化中、新的竞争对象不断进入且现有竞争对手不断退出，那么，要做出判断就绝非易事了。
- 在折现现金流模型中，我们对实现终值的路径采取了高度简单的假设。我们通常会假设，所有公司均为稳定增长，且保持永续状态。但现实世界总会给我们带来形形色色的意外，以至于这条路径或许走不通。毕竟，大多数公司都无法达到我们所奢望的稳态——在走到终点之前不是被收购、重组，就是遭遇破产倒闭。

总之，不仅企业何时进入成熟期是个难以估计的问题，能否假设被估值企业能维系持续经营的状态，同样是个需要考虑的问题。

综合上述 4 个问题，我们可以得到一个适用于所有企业的估值模型，如图 1-2 所示。

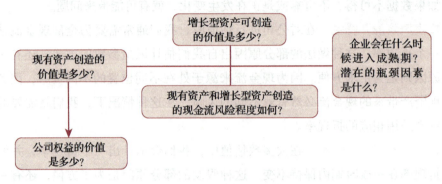

图 1-2　估值的基本问题

尽管这些问题未必会改变我们对每个企业的估值，但至少会影响我们找到答案的难度。这不仅适用于处于同一时点的不同企业，也适用于处在不同时点上的同一企业。从企业价值得到企业的股权价值，这个过程看似简单——只需扣除未偿还债务即可，但如果债务尚未明确，或属于因外部事件（涉诉的索赔）而定的或有事项，这个过程就会复杂化。如果不同的股权对投票权、现金流分配权或清算过程享有不同权利，那么，即使得到股权价值，也很难确定单位股权的价值（每股价值）。

跨区间的估值

在不稳定的宏观经济环境中，所有企业估值都会变得更复杂。

事实上，估值的 3 个基本要素——无风险利率、股权风险溢价和整体经济增长率（真实增长率和名义增长率），都会在某些情况下发生变动，从而增加了所有估值的难度。在本节中，我们将探讨导致这些变量发生波动的原因，以及它们如何影响公司估值。

利率

对一项风险资产的价值进行估值，我们首先要回答一个基础问题：你对一笔无风险投资预期的收益率是多少？这个问题的答案就是无风险利率。尽管我们假设，大多数估值的无风险收益率是已知的，但要确定这个数值有时可能会很难。如果无风险利率未知，那么，估值中的其他全部要素均无法确定。

要理解无风险利率为什么会带来问题，我们不妨给无风险利率下一个定义，它是我们认为一笔投资预期可实现的有保证收益率。如果要求一笔投资实现这个收益率，它就必须不存在违约风险，正因为这样，我们通常才用政府债券利率来代表无风险利率。此外，无风险利率概念还与投资的时间跨度有关。和 5 年期投资实现的有保证收益率相比，6 个月期投资的有保证收益率可能会截然不同。

无风险利率会遇到哪些问题呢？首先，对某些货币，相关政府可能没有发行以这些货币计价的债券，或是发行的债券不能交易。在这种情况下，就无法得到长期债券的利率。其次，并非所有政府都不会违约，而潜在违约会提高这些政府所发行债券的利率，导致其实际利率不再是无风险利率。最后，目前的无风险利率可能（或是看似）会远远高于或低于基本面或历史趋势所支持的水平。这就导致我们无法锁定长期估值中所采用的利率。

市场风险溢价

在对个别公司进行估值时，我们至少可以从两个方面得到风险的市场价格，并将它们纳入每一次估值中。首先是股权风险溢价（equity risk premium）。我们假设，在投资各种风险类资产（股权）时，投资者需要取得超过无风险利率的收益作为承担风险的额外回报。在实践中，这个数字通常是通过观察长期历史数据得到的，并隐含假设未来的溢价将迅速收敛于这个数字。第二个来源是高风险债务的违约利差（default spread），它是评估债务成本价值的一个基本输入变量。这个数字通常依赖于不同信用等级公司债券的利差或者公司目前对其账面现有债券支付的利率。

在大多数估值中，通常假设股权风险溢价和违约价差已知或采用给定数值。因此，为得到最终估值，分析师需要关注的是与特定公司相关的变量——现金流、增长率和风险。此外，我们通常还假设，无论是股票市场还是债券市场，风险的市场价格长期保持稳定。显然，在新兴市场中，这些假设是难以成立的。即便是在成熟市场，我们也要面对两种危险。第一种危险是，经济震荡会大幅改变股权风险溢价和违约利差。如果我们对公司进行估值采用的风险溢价未能反映这些变化，那么，就有可能面临对所有公司做出低估或高估的风险（这取决于风险溢价到底是增加还是减少）。第二个危险是，在某些情况下，尤其是在市场剧烈波动的时候，我们对近期（未来 1～2 年）股权风险溢价的估计会有别于针对长期持有（如 5 年之后）所估计的股权风险溢价。因此，为了对公司做出切合实际的估值，我们必须将这些预期变化纳入未来几年的估计中。

宏观环境

如果不对公司运营所处的总体经济形势进行假设，那么，对一家公司进行估值显然是不现实的。由于经济的不稳定性会加剧公司收益和现金流的波动，因此，在通货膨胀率和真实增长率稳定的成熟经济体中，公司估值也相对较为容易。在这种情况下，随着时间的推移，公司价值的主要变动来源于公司具体变量的变化。如果作为估值对象的公司处于持续变化中的经济环境,那么,我们必将面对完全不同的挑战,因为宏观经济环境的变化可能会大幅改变全部公司的价值。

在实践中,公司价值的变化受制于3个总体性宏观经济变量。首先是真实经济的增长率。这个增长率的变化会影响所有公司的增长率(和价值),但受影响最明显的当属周期性行业。其次是预期的通货膨胀率。当通货膨胀率剧烈波动时,它给公司价值带来的影响既有可能是有利的,也有可能是不利的。与缺乏议价能力的公司相比,议价能力较强的公司可以将通货膨胀的上涨转嫁给它们的顾客,从而减小了通货膨胀率的影响。会计准则和税法对通货膨胀的处理方式会影响到所有公司。最后一个宏观变量是汇率。在将现金流的计价币种从一种货币转换为另一种货币时,我们必须对未来的预期汇率做出假设。

在对处于震荡经济环境中的公司进行估值时,我们或许要面临很多危险。第一种危险是,在进行预测时,我们无法确定宏观经济变量的预期变化。比如说,在以今天的汇率将未来现金流从一种货币转换为另一种货币时,就是一个典型的例子。第二种危险在于,我们必须对在本质上具有波动性的宏观经济变量如何变化做出假设。比如说,在假设本币通货膨胀率上涨的同时,假设货币在长期内会升值,就属于这种情况。第三种危险体现在,我们对宏观经济变化采取的假设不同于对其他估值变量所做的假设。譬如,如果我们假设通货膨胀率会随着时间的推移而上涨,从而推高预期现金流,并同时假设无风险利率保持不变,这就会导致公司价值被高估。

第四种危险在于,当宏观经济环境严重不确定时,在对处于这种环境下的公司进行估值时,分析师就会将大部分时间用来思考宏观变量,而很少花时间去考虑公司本身,更严重的是,他们甚至会把这当作炫耀其宏观经济能力的机会。在这种情况下,他们的所有估值只反映了他们对国家风险或汇率的看法,而不是对公司价值的评估。

贯穿整个生命周期的估值

虽然决定所有企业估值的变量都是一致的,但是针对不同的公司,我们在估值时所面临的挑战显然会大不相同。在本节中,我们首先根据企业在生命周期中所处的不同阶段将它们划分为四大类,然后我们再来探讨每一类公司在估值中遇到的问题。

企业的生命周期

所有企业都要经历一个生命周期,从最早的创意企业开始,逐步实现高成长,进而成熟并最终衰退。随着公司进入生命周期的不同阶段,确定估值变量的难度也各有不同,因此,我们有必要从生命周期的5个阶段开始,并考虑估值在每个阶段面对的挑战,如图1-3所示。

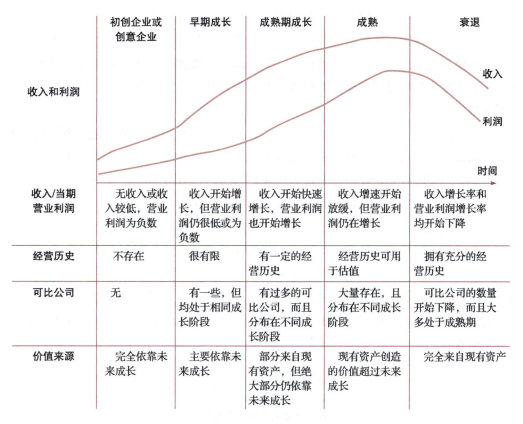

图1-3 贯穿于整个生命周期的估值问题

需要注意的是,各个阶段的时间跨度可能因企业而异。比如谷歌和亚马逊这样的企业,它们会快速经历早期阶段,并迅速发展为成长型企业,而其他公司则需要调整,循序渐进地走过早期阶段。很多成长型企业经过几年时间的成长便进入成熟期。而对于可口可乐、IBM和沃尔玛这样的公司,它们的成长期可能要延长至数十年。在整个生命周期的每个阶段上,都会有一些公司中途夭折,或是因为在耗尽现金之时未能找到新资金,或是因为在偿还债务方面遭遇危机。

生命周期的早期阶段:初创企业

每个企业都是从一个想法开始的。这个想法萌发于市场需求,此时,企业家看到了(或是认为自己看到了)这种需求以及满足这种需求的方式。尽管大多数创意均无疾而终,但还是有些人走出了第二步:投资于这个创意。用于投资的资金通常源自个人资金(来自储蓄、朋友和家庭),在最理想的情况下,这笔投资可用于形成产品或服务。假设产品或服务有现成的市场,那么,企业往往就需要得到更多的资金。这个阶段的资金通常由风险投资者提供,他们以出资来换取对企业的股权。同样做最乐观的假设,对这些企业的投资者来说,成功最终或将体现为向公众公开发售股份或是整体出售给其他买家。

在这个过程中的每个阶段上,我们都需要估计企业的价值。在创意阶段,尽管价值可能还无法体现为写在纸面上的数字,但创造价值的潜力可以吸引企业家投入时间和金钱来兑现这个想法。在筹资过程的后续阶段中,估值开始逐渐清晰化,因为它们确定了企业家为换取外部资金而必须放弃的股权比例。在公开发行时,估值则是确定发行价格的关键。

利用我们在上一部分中提出的估值模板,我们就容易明白,初创企业为什么会为估值带来如此棘手的挑战。现有资产很少或根本就没有;几乎全部价值均来自未来的增长预期;目前的财务报表不能为预测未来的潜在利润和收益提供任何线索,而且几乎没有可用于制定风险衡量指标的历史数据。当然,在进行估计时,最糟糕的事情莫过于很多初创企业根本就活不到进入稳定增长那一天,而且估计生存下来的企业会在何时进入成熟期同样难以做到。此外,这些公司的成功往往依赖于一个或几个关键人物,因此,一旦失去这些关键人物,就有可能给价值带来重大影响。在对初创企业股权进行估值时,最后一个需要解决的问题就是不同股权投资者对现金流享有不同的权利。对现金流享有优先索取权的投资者,其持有的股权自然更有价值。图1-4总结了这些估值难点。

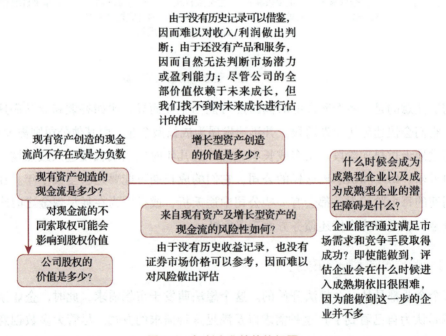

图1-4 初创企业的估值问题

鉴于存在的这些问题,分析师为什么喜欢用简单的价值衡量标准、"大概估计"或是经验法则对初创企业进行估值,也就不是什么值得大惊小怪的事情了。

成长阶段:成长型企业

有些创意企业通过竞争的历练进入初期成长阶段。这些成长型企业的产品或服务已找到了相应的细分市场,尽管个别企业仍维持私人拥有的状态,但很多企业已完成了公开上市企业的转型。在这个阶段,虽然收入增长速度通常维持较高水平,但是为培育市场份额而形成的相关成本,可能会造成经营损失和负的现金流,至少在增长周期的早期阶段,这种现象较为普遍。但随着收入持续增长,营业利润开始转为正数,而且往往会在前几年里呈现出指数形态的爆发式增长。

与初创企业或创意企业相比,针对早期成长型企业的估值相对要容易一些。因为它们的产品和服务市场已日渐明晰,当期财务报表可以为判断未来盈利能力提供一部分依据。但5个关键估值问题仍然可能给估值带来不确定性。第一个问题是公司披露的收入增长速度会保持何种状态;换句话说,随着公司规模的扩大,收入增速的下降会有多快?这个问题的答案会因不同企业而有所不同,具体取决于公司的竞争优势及其所服务的市场。第二个问题就是确定利润率随收入增长会如何变化。

第三个问题是对如何通过再投资维持收入增长做出合理假设,并同时判断针对企业的投资收益率。第四个问题体现为,随着收入增长率和利润率随着时间的推移而不断变化,公司的风险也将发生变动,这就要求我们对未来风险的演化趋势做出估计。在评估成长型企业的股权价值时,第五个需要面对的问题是如何对公司在不同时期可能向员工授予的期权进行估值,以及如何判断这种行为对每股价值的影响。图1-5概括了我们在评估成长型企业价值时所面临的问题。

在整个成长周期中,企业从初露锋芒的成长阶段循序渐进地发展到稳健增长阶段,这些问题也逐渐变得更易于回答。随着现有资产的盈利能力不断增强,并成为公司整体价值的主要来源,增长型资产对总体价值的贡献比例开始下降。

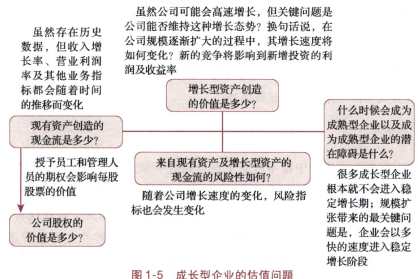

图1-5 成长型企业的估值问题

喜忧参半的成熟阶段:成熟型企业

即便是最优秀的成长型企业也会遭遇增长瓶颈,因为任何企业发展到一定阶段,都会遇到规模不经济的制约。公司的收入及利润增长率会趋同于总体经济增长率。在此阶段中，公司价值的绝大部分来自现有投资，而财务报表则能提供更丰富的信息。收入增长趋于稳定，盈利模式已形成，而且可以更容易地预测收益和现金流。

虽然针对这些企业的估值会变得更简单，但分析师还是需要某些潜在问题。第一个问题是，经营成果（包括营业收入和营业利润）反映了公司对现有资产的利用情况如何。即使是在短期内，经营效率的变化也会对收入和现金流产生重大影响。

第二个问题是，成熟型企业有时会借助收购来寻找新的增长潜力。预测收购的规模和后果显然要比估计有机增长或内部投资带来的增长困难得多。第三个问题是，成熟型企业更有可能寻求以财务重组来提升其价值。为企业提供资金的债务与股权组合可能会在一夜间发生天翻地覆的变化，而且资产（如应收账款）本身是可证券化的。第四个问题是，成熟型企业的股权往往在投票权和控制权方面存在不同诉求，因而导致其价值有所差异。图1-6汇总了对成熟型企业进行估值的障碍。

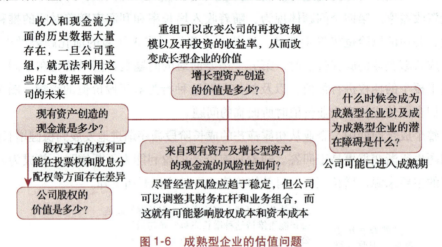

图1-6 成熟型企业的估值问题

可以设想，成熟型企业往往会关注敌意收购和杠杆收购，在买方看来，通过改变公司的运营方式可以带来价值的显著增加。

衰退期：衰退型企业

大多数公司在生命周期中都不可避免地走到这一步：此时市场开始萎缩，盈利能力开始下降，而对未来的预测更为悲观。面对这种形式，部分公司的反应就是出售资产并向投资者返还现金。换句话说，进入这个阶段，这些公司完全依赖现有资产获得价值，而且这个价值预期会随着时间的推移而减少。还有一些企业幻想着逆流而上，试图通过向不良业务注入更多资金来重新召回正在失去的青春，但是在这个过程中，它们只会丧失更多的价值。

对衰退型企业估值时，需要对随时间推移而被剥离的资产以及尚存资产的盈利能力做出判断。对资产剥离可以取得的现金数量以及如何利用这笔现金（用于支付股息、回购股票或是偿还债务）的判断，同样会影响到公司的价值。针对这个阶段的估值还存在另一个问题。有些进入衰退期的企业承担着巨额债务，这有可能将它们拉入危机中。尽管这个问题不止局限于衰退型企业，但在它们当中显然更为常见。最后，如果存在大量养老金不足及诉讼成本开支，衰退型企业的股权估值可能会受到严重影响。需要提醒的是，与其他公司相比，这种现象在这些企业中确实更为普遍。图1-7对这些问题进行了汇总。

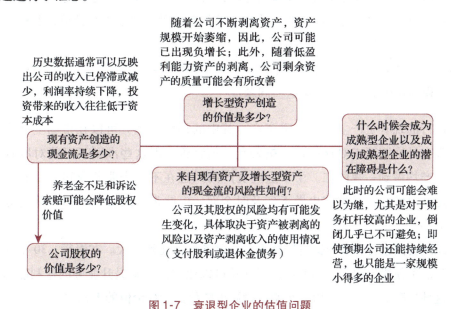

图1-7　衰退型企业的估值问题

对习惯于站在未来增长预期立场上采用传统估值模型的分析师来说，衰退型企业的估值必然会给它们带来难以名状的巨大挑战。换句话说，如果继续假设当前盈利在未来会以合理速度继续增长甚至是永续增长，只会导致对这些公司估值过高。

不同类型企业的估值

前一节分析了针对处于生命周期各个阶段的企业，我们在估计现金流、增长率、风险和成熟度时面临的估值问题。在本节中，我们将探讨为什么有些企业的估值会难于其他企业。对此，我们将着重探讨如下6类企业：

- 金融服务公司，如银行、投资银行和保险公司；
- 周期型企业和大宗商品企业；
- 拥有大量无形资产（人力资本、专利权和专有技术）的轻资产企业；
- 面临重大政治风险的新兴市场企业；
- 多样化经营及全球企业；
- 基于用户、预订者和顾客的公司。

对上述每一类公司，我们将一一探究企业面对的估值问题。

金融服务公司

按照传统，金融服务公司一直被视为相对易于估值的稳定投资，但金融危机让这些假设摇摇欲坠。比如说2008年，大多数银行的股票价值均出现大幅波动，包括雷曼兄弟、贝尔斯登以及富通在内的多家银行，股权价值一落千丈。这场危机给分析师敲响了警钟，因为他们此前已经习惯于采用非常简单的模型评估银行价值，忽略了很多即将浮出水面的问题。

那么，在对金融服务公司进行估值时，需要面对哪些潜在的问题呢？我们可以根据估值过程的4个基本参数归集这些问题：

- 银行的现有资产主要是金融资产，其中的很大一部分可以在市场上交易。尽管会计准则要求对这些资产按公允价值计价，但这些准则不可能对所有类别资产均做到一视同仁。由于这些资产的风险在不同企业差异很大，而且针对这种风险的信息披露也做不到及时全面，由此带来的会计差错自然会造成估值偏差。
- 风险会因银行和投资银行居高不下的财务杠杆而被放大。在银行，30倍甚至更高的负债股权比率并不鲜见，而这就可以让它们大幅提升业务的盈利能力。在这种情况下，资产价值的小幅波动即可转化为股权价值的大幅震荡。
- 金融服务公司的大部分业务均处于监管之下，而监管规则可能会影响企业的增长潜力。比如说，针对账面权益资本与银行风险资产比率的监管限制会影响到银行的未来扩张速度以及这种扩张的盈利能力。因此，监管规定的变化会对增长态势和价值造成重大影响，相对宽松（或严格）的规则会促使增长型资产创造出更多（或更少）的价值。最后，当银行或投资银行陷入危机时，损失有可能在更大范围内蔓延，因此，这些实体爆发的问题会引发监管当局比其他公司做出更快的反应。尽管可以通过迅速接管危机银行以保护存款人、贷款人和顾客的利益，但银行股权会在这个过程中被吞噬殆尽。
- 最后一个问题是，由于存在具有债务及权益双重特征的优先股，因此，要确定金融服务公司每股股票的价值自然也就更加复杂了。图1-8总结了金融服务公司的估值问题。

分析师在对银行估值时往往会走入怪圈。在经济向好时期，他们倾向于低估发生金融危机的风险，并以当前盈利能力推断未来收益，从而对金融服务公司给出较高的估值。而在危机时期，他们会失去冷静，做出过激反应，不管银行的运营是否健康，他们都会不加区别地下调估值。

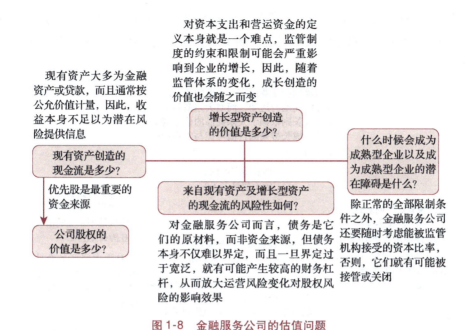

图 1-8 金融服务公司的估值问题

周期型企业和大宗商品企业

假如我们将一家成熟型企业定义为能逐年提供可预测收益和收入的企业，那么，周期型企业和大宗商品企业永远都不会成熟。因为在这类企业中，即使是最大规模、最成熟的企业，其利润也是起伏不定的。盈利的波动性与公司关系不大。它更多的是反映了基础经济（对于周期型企业）或基本商品（对于大宗商品企业）本身的变化。

在对周期型企业和大宗商品企业估值时，最大的问题就在于估值所采用的基准年数字。如果我们按照对其他大多数公司采用的做法，以当期作为估值的基准年，那么，我们就有可能将当年经济形势或大宗商品价格存在的异常现象纳入估值过程，从而导致估值偏差。比如说，在对石油公司估值时，如果以2007年作为预测收益的基准年，就会导致估值过高。因为在这一年，石油价格的大举飙升几乎让所有石油公司均体现出强大的盈利能力，无论公司规模大小或者有无经营效率，无一例外地成为受益者。同样，在对房地产公司进行估值时，如果以2009年作为预测盈利和其他指标的基准年，考虑到当时的经济正处于衰退时期，因此，必然会导致估值过低。此外，基准年收益的不确定性也会渗透到估值的其他部分中。对周期型企业和大宗商品企业增长态势的估计，在很大程度上取决于我们对整体经济增长和大宗商品价格未来走势的判断，而不是对个别企业进行的投资。同样，当经济形势向好、大宗商品价格上扬时，风险处于蛰伏状态；一旦形势反转，风险就会浮出水面。最后，对于高度杠杆化的周期型企业和大宗商品企业来说，盈利形势的逆转可能会让它们转眼间陷入危机，尤其是当它们在盈利改善期间大规模举债的情况下，这种情况尤为明显。此外，对于像石油公司这种企业，自然资源是有限的——仅限于储藏在地下的这些资源，这一事实显然会限制我们对这类企业的稳定增长的假设。图1-9罗列了周期型企业和大宗商品企业的估值问题。

对周期型企业而言，企业的成长通常来自经济周期的运动，而对大宗商品公司来说，成长则依赖于大宗商品的价格变动，因此，成长带来的价值可能与宏观积极的变动如影随形

增长型资产创造的价值是多少？

什么时候会成为成熟型企业以及成为成熟型企业的潜在障碍是什么？

现有资产创造的现金流是多少？

随着经济周期和大宗商品价格的变化，收入和收益的历史数据也会随之波动

来自现有资产及增长型资产的现金流的风险性如何？

周期型企业和大宗商品企业的主要风险分布来自总体经济形势以及大宗商品价格的波动。这些风险可能长期蛰伏在繁荣的外表之下

对于大宗商品企业而言，商品数量有限这一事实必然导致永续增长假设不成立；对周期型企业来说，下一次经济衰退或许就是它们的终点

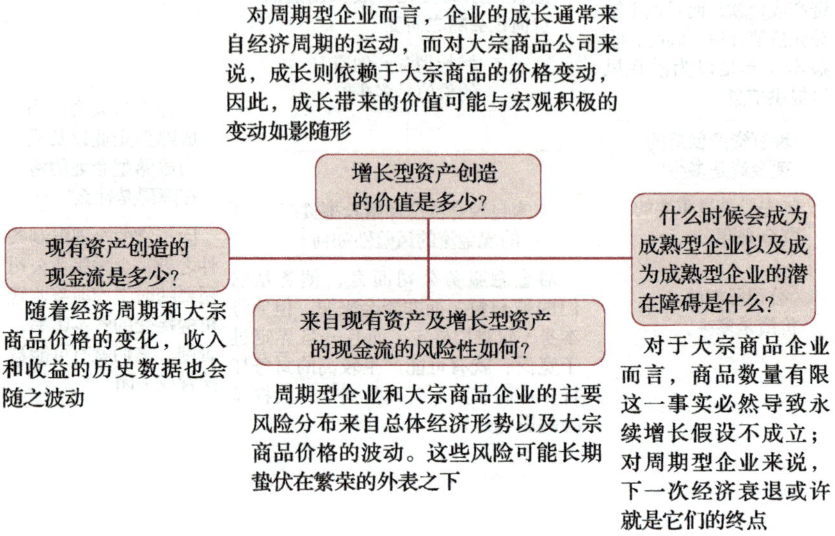

图1-9 周期型企业和大宗商品企业的估值问题

在对周期型企业和大宗商品企业估值时，分析师通常会对经济形势和大宗商品价格做出隐含的假设，即以过去的收益和增长率推断未来。但事实终会证明，这些隐含性假设大多是不现实的，而且由此形成的估值同样存在缺陷。

轻资产企业

经过20年的发展，我们可以看到，美国和欧洲等发达国家逐渐从以制造业为核心转向以服务和技术为核心。在此转型过程中，我们逐渐体会到，在当下的很多顶级大公司中，来自实物资产（如土地、设备和工厂）的价值越来越少，而无形资产创造的价值则越来越多。在无形资产中，既有可口可乐这样的品牌商标，也有谷歌或埃森哲这类公司的专有技术和人力资本。会计师一直在绞尽脑汁地盘算如何在会计上处理好无形资产，因此，在评估无形资产价值时，我们也要面临相同的问题。

首先需要声明的是，我们应该完全有理由认为，长期以来针对实物资产开发的估值工具同样适用于无形资产。实际上，商标权或专利权的价值同样来源于该资产创造的现金流，在数量上，它应该等于这些现金流按风险调整后的折现率进行折现得到的现值。在这里，我们面对的问题是：适用于无形资产的会计准则和适用于实物资产的会计准则并不完全一致。一家汽车制造公司在投资建设新工厂或新厂房时，在会计上可以将这笔支出作为资本支出，并把相应的工厂或厂房计入资产，从而在其整个生命周期内计提折旧。此外，当一家科技公司为取得新的专利权而进行研发投资时，则需

要将全部开支列为费用,并且不得记录任何资产,这就导致公司不能按项目支出计提摊销或折旧。假如一家消费品生产企业以数百万美元的广告开支意图打造品牌形象,但这笔开支同样只能计入费用,这对估值基本参数的估计影响巨大。对现有资产,针对无形资产的会计处理方式降低了当期收益和账面价值的可信度。因为前者需要扣除研发费用,而后者则不考虑对公司最大资产的投资。

无形资产的会计处理方式导致再投资及会计上的收益率同样存在问题,这就使得预期增长率的估计难上加难。由于贷款人往往对拥有大量无形资产的公司采取谨慎态度,因此,这些公司更多地还是要依赖于股权融资,而股权的风险在企业的生命周期中可能是瞬息万变的。最后,估计轻资产企业什么时候进入稳定状态同样非常复杂。一方面,行业进入门槛较低、易于退出以及技术的快速变化,会导致部分公司的增长率迅速下降;另一方面,有些企业拥有商标权之类的长期竞争优势,而且易于实现扩张(无须对基础设施和实物资产进行大量投资),这就可以让这类企业在数十年内维持高增长,并获得超额回报。图1-10显示了我们在评估轻资产企业价值时面临的问题。

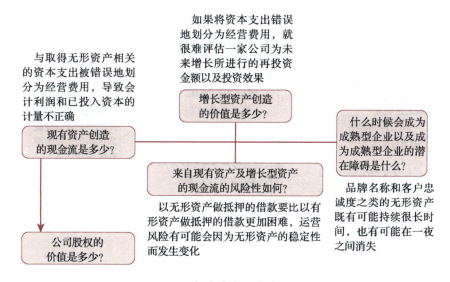

图1-10 轻资产企业的估值问题

在对高度依赖无形资产的公司进行估值时,分析师倾向于采用公司的会计收益和账面价值,而不考虑对资本支出的错误分类加以纠正。因此当分析师直接对比微软和通用电气的市盈率(PE)时,实际上就是犯了这个错误。此外,在估值时,很多人喜欢在账面价值基础上任意增加一个溢价,以体现无形资产价值。因此,在评估可口可乐这个品牌的价值时,简单地增加30%的溢价显然不能说是一种合理的方法。

新兴市场企业

在过去10年中,亚洲和拉丁美洲成为全球经济增速最快的经济体。伴随着新兴经济体的总体增长,我们看到,金融市场上的企业数量大幅激增,而对这些市场上的企业进行估值也正在成为热门话题。

在对新兴市场中的企业进行估值时,最让分析师担心的事情就是这些企业所在国家的风险往往超过公司本身的风险。在阿根廷,即使投资一家经营稳健的公司,也会让你面临巨大的风险,因为这个国家本身就处在风雨飘摇之中。尽管对新兴市场企业进行估值所需要的参数确实是我们再熟悉不过的——现有资产和增长型资产创造的现金流、风险以及进入稳定增长期所需要的时间,但国家风险则会影响到每个参数的估计。在新兴市场,会计准则和公司治理规则的差异常常导致当期收益和投资缺乏透明度,因而造成我们难以评估现有资产的价值。对公司未来增长的预期不仅依赖于公司自身的发展前景,还要受制于公司所处市场的变化。换句话说,在新兴市场,如果市场本身已陷入危机,即使是运营最优秀的企业也寸步难行。按照同样的脉络,国家风险对公司风险的相互叠加意味着,要评估新兴市场企业的价值,我们就必须正视并合理考量这两种风险。最后,除频繁造访新兴市场的经济危机之外,这些公司还要面临另一种风险,即公司存在被国有化或由政府征用的可能性。图1-11列示了针对新兴市场企业的估值挑战。

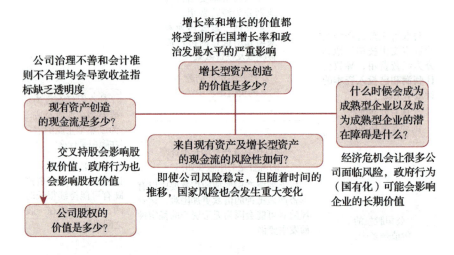

图1-11 新兴市场企业的估值问题

在对新兴市场企业进行估值时,分析师会开发自己的应对机制来处理国家风险的影响,不同的方法在合理性和有效性等方面各不相同。最不可取的办法就是分析师对国家风险采取视而不见、置之不理的态度。此时,他们往往会采用更稳定的货币进行估值,并以非常简单的指标衡量国家风险,比如说,针对某个市场上的所有公司,均采用按固定比例上调的折现率对现金流折现。在另一个极端上,如果分析师过度强调国家风险,会导致他们将风险增加一倍甚至是两倍,而对被估值的公司反倒重视不够。

多元化经营及全球企业

在构建投资组合时，随着投资者不断放眼海外、放眼全球，企业的全球化特征也日趋明显，当今的很多超级企业巨人均采取多元化经营战略，业务横跨若干领域。考虑到这些业务在风险和经营特征上截然不同，因此，即使是最熟练的分析师，对多元化全球企业进行估值也是一项严峻的挑战。

企业估值的传统方法通常采用合并口径的收益和现金流，并使用综合反映业务及地域组合的综合风险指标对这些现金流进行贴现。这种方法显然适用于拥有单一或少数业务线的企业，但随着公司不断向跨行业、跨地域的市场发展，传统估值方法已力不从心。不妨考虑一家像通用电气这样的企业。公司的业务范围覆盖了几十个行业，几乎遍及全球每个国家。因此，公司财务报表反映的是汇总各地区和各项业务的综合情况。仅仅是对现有资产进行估值就已经非常困难了，因为这些资产在风险和收益能力等方面相去甚远。虽然通用电气可以按不同业务领域对收益进行分解，但这些数字还是会受到集中成本的会计分配以及不同业务之间内部交易的影响。

对不同的业务部门和不同国家来说，预期增长率可能会存在很大差异，这种差异不仅体现在数量上，更有质量上的区分。此外，由于企业不同业务的增长率各不相同，这就需要通过调整整体风险来反映新业务的权重，这也为估值增加了另一个难点。最后，公司的不同业务可能会在不同时点进入稳定增长阶段，从而造成分析师无法确定基准时点及终值。图 1-12 汇总了针对这类企业必须解决的估值问题。

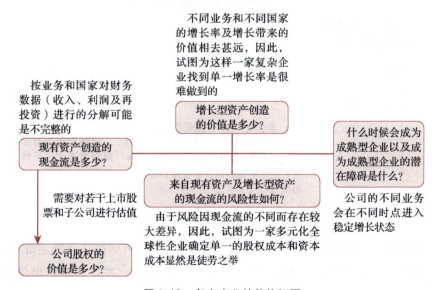

图 1-12　复杂企业的估值问题

在对多元化全球性企业进行估值时，分析师经常使用均值口径指标为他们对个别业务的不了解提供借口。他们声称，某些业务的高增长率（或风险）将被其他企业较低的增长率（或风险）所抵消，以说明他们对增长和风险的总体估计是合理的。但他们显然低估了诸多未知危险。因为对这些复杂企业来说，恰恰是在你不了解的事情中，包含着比好消息更多的坏消息。

基于用户、预订者和顾客的公司

在过去 10 年的市场上，某些最有价值的新公司已开始专注于用户、预订者和顾客，而不再是销售量或产能等传统指标。在 2011 ~ 2013 年上市的 Facebook、推特和领英等社交媒体企业显然就属于这种情况，而且这种模式也是优步和滴滴出行等乘车共享平台实现价值崛起的核心。传统企业似乎也发现了用户的命门，因为微软和 Adobe 等公司已开始调整业务模式，从依赖软件升级转化为 Office 365 和 Adobe Creative Cloud 的年度订阅费。同样，看看预订者或 Prime 会员的数量，我们就很容易理解 Netflix 和亚马逊的估值。

随着这种对数字（用户、预订者和顾客）的关注与日俱增，人们已开始质疑，以总数为基础的传统模型（根据市场和市场份额估算的总收入与总收益）是否已不合时宜。换句话说，以现有资产和未来增长为核心的问题，或许需要让位于围绕用户、预订者和顾客的问题。针对优步的估值方法，或许就是对现有用户和新用户进行估值，汇总之后即可得到公司价值。按照这个逻辑，业务风险或许需要集中在用户的忠诚度以及他们对服务的黏性，而非收益波动等传统指标。图 1-13 列示出了在基于用户、预订者和顾客的公司进行估值时需要考虑的因素。

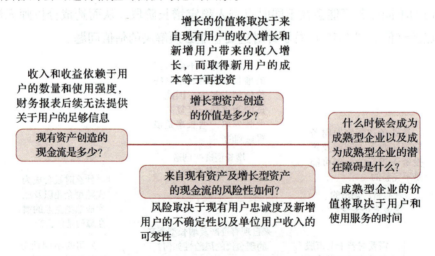

图 1-13　基于用户、预订者和顾客的公司的估值问题

在对基于用户、预订者和顾客的公司进行估值时，分析师往往会把定价与估值混为一谈，以投资者对公司支付的金额估算一个用户的价值，并以此推断出总体价值。因此，如果投资者对每个用户的市场价值支付 100 美元，按照这个逻辑，对一家拥有 2.5 亿用户的公司，其估值就应该是 250 亿美元。但这种方法的问题在于，市场本身不仅会在评估定价时出现错误，而且获取成本、使用强度和忠诚度等的差异，也会导致不同公司的单位用户价值相去甚远。

厘清估值难点

面对一系列的估值难题，分析师可以有两种选择。积极合理的反应当然是正视挑战，调整现有模式以反映被估值公司的特殊性。但更普遍的反应则是扭曲估值规则，并以所谓的捷径验证他们先入为主的主观臆测。后一种方法彰显出"估值的阴暗面"。本节将探讨这种方法的诸多表现形式。

参数导入阶段

在参数导入阶段，我们需要为个别企业估值找到一个标准起点——出自最新财务报表的收益和营业详情、由分析师和管理层提供的未来预测以及无风险利率、风险溢价和汇率等宏观经济参数。在这方面，我们可以探讨一些标准模型：

- **估值基准日的确定**：分析师通常将当年作为估值的基准年度，并利用当年的数据进行预测。这种做法当然很容易理解，但一旦出现如下情况之一，它就可能造成严重的估值偏差：
  ✓ 当期数字并不反映公司的长期盈利能力。正如我们先前所言，尽管这种情况对周期型企业和大宗商品企业尤为普遍，但初创企业也不例外。
  ✓ 由于营业费用和资本支出在会计处理上的不一致，导致利润和账面价值股权面值的数值会出现偏差。对于技术型或人力资源型的公司来说，这是一大问题。
- **从外部获取的主要参数**：谈到宏观经济变量，分析师往往会依赖于外部资源。这种现象尤其符合股权风险溢价和贝塔系数——由外部服务机构提供估计值，并以大量数据作为佐证。因此，一旦有误，分析师就可以将过错转嫁给他人，但这也说明，我们很少会独立思考实际使用的数字是否合理。
- **信任管理层的预测**：在对企业进行估值时，最困难的事情莫过于预测未来收入、盈利和再投资。有着明显增长前景的初创企业尤其如此。在公司管理人员提供这些数字的预测时，分析师会毫不犹豫地接受这些数字，然后给自己不加分析地使用这些预测寻找一个借口：只有管理人员才最了解他们自己的公司。但他们没有考虑的是，这些预测完全有可能因个人主见而出现偏差。

估值阶段

只有将输入变量纳入估值模型和指标中，才能获得对最终价值的判断。在整个过程的这个阶段上，分析师很自然会怀疑这些数字的可靠性，而且不同公司的不确定性也不尽相同。在处理这种不确定性的过程中，会出现某些常见估值的错误：

- **忽视递减规律**：随着公司规模的扩大，维持高增长率会变得越来越困难。但是在预测时，分析师往往忽视这一现实，将从历史数据中得到的增长率直接用于预测期。
- **估值不一致**：良好的估值原则首先保证内部的始终如一，但是在估值中，这种一致性很难得到保证。正如我们将在随后章节中所看到的那样，关于未来增长、再投资和风险的假设不仅要独善其身，而且要相互匹配，保证总体的合理性。虽然我们在假设无须为业务增长进行再投资的情况下，采用较高的增长率，但这种情况在现实中的可能性很有限。在估计现金流时，我们对通货膨胀率的假设必须和针对利率及汇率预期上涨的（通常为隐含的）假设保持一致。
- **关注特殊事项对估值的影响**：分析师习惯于借助个别事件来证明他们的假设成立。尽管沃尔玛本身已经非常庞大，但它依旧继续增长；于是，分析师就可以借用这一事实为长期高增长的收入寻找借口。可口可乐和微软这样的企业，可以被分析师用来验证以低增长维持高利润率和投资收益率的假设。然而，无论是沃尔玛、可口可乐或是微软，无一不是规则的例外，自然也不能代表大多数。
- **将定价和估值混为一谈**：在介绍基于用户公司的部分中，我们曾提到，分析师通常会把定价指标纳入内在价值的评估中，这就形成了一个既非价值又非价格的混合体。而且这种现象并不新鲜，也不罕见。在使用贴现现金流（DCF）模型计算终值时，利用息税折旧及摊销前利润（EBITDA）或收入倍数直接得到终值的做法，在现实中极为常见，绝非例外情况。在此过程中，DCF 实际上被转换为远期定价。
- **范式转换**：当分析师放弃经济学和估值的固有原则并谈论规则已如何发生改变之时，就是我们需要怀疑其估值之时。诚然，经济学和市场确实都在变化，而且我们也必须与时俱进，但永远不能推翻的是供需法则，或者说，任何企业的价值归根到底要体现在它的利润上。
- **黑箱模型**：随着数据的获取越来越容易，构建更大、更复杂的模型也开始变得易如反掌，因此，人们对不确定性采取的常见反应，就是构建更大、更复杂的模型。复杂模型会带来两个问题。首先，为了得到一个数字，它们需要使用更多的变量。随着更多的细节被纳入模型中，模型本身的不确定性也随之倍增，最终的结果很可能是"输入的是垃圾，输出的一定也是垃圾"。另一个问题就是让模型本身变成了黑箱，此时，分析师对黑箱内部发生的事情几乎一无所知。
- **经验法则**：有些人喜欢以更大、更漂亮的模型应对复杂性，而有些人则会求助于简单的解决方案。在很多估值中，最简单的方法就是根据经验法则获得资产的价值。当分析师面对一大堆估值参数而无从下手时，他或许会走向另一个极端：按收入的 3 倍作为一家公司的估值，因为这就是投资者习惯上为收购这个行业的公司所支付的价格。虽然使用这种捷径或许会产生精确度不够的感觉，但面对不确定性总要比对不确定性视而不见好得多。

后估值阶段

在很多情况下，对估值原则，尤其是估值技术的真正破坏，往往出现在估值完成后。至少有两种常见做法给估值带来了巨大影响：

- **估值修饰**：这种做法最常见的手法是，以对估值结果的溢价和折价来反映分析师认为估值中未予以考虑的要素。比如说，在针对收购进行的估值中，在估值基础上对控制权增加20%的溢价并不少见，而以20%~25%的折价来反映股权的非流动性，则是非上市公司估值中的常见手段。同样，还有人通过溢价或折扣增加或减少估值结果，以反映品牌名称和其他无形资产以及新兴市场风险对估值的影响。这些主观调整的最终结果是：价值只反映了分析师对公司先入之见的主观看法。
- **市场反馈**：对于上市公司，我们在完成估值后看到的第一个数字就是市场价格。当分析师对采用的变量将信将疑时，如果价值和市场价格之间出现巨大差异，他们就会按市场价格调整估值。因此，随着输入参数的变化，价值自然会无止境地向市场价格靠拢，使得整个估值过程彻底丧失了意义。既然我们认为市场是正确的，为什么还要绞尽脑汁地去估值呢？

总而言之，估值的难点可以体现为多种不同的形式，但殊途同归，最终结果总是相同的。我们对个别企业的估值，可以反映出我们在估值过程中的种种误区。在很多情况下，我们会发现，我们想找到的东西并不是事实。

本章小结

不同公司的估值难度有所不同，有些公司的价值确实更易于确定。在不得不离开自己的心理舒适区，面对那些收益不确定、未来不可预测的公司时，我们不可避免地会陷入隐藏在估值阴暗面中的误区。在这里，我们会自欺欺人地发明新准则，将既定法则抛之脑后，从而为企业赋予不可持续的价值。

本章介绍了需要在所有公司估值中必须做出估计的4个参数：

- 企业已有投资（现有资产）创造的预期现金；
- 新投资（增长型资产）将为公司创造的价值；
- 实现这些现金流的风险；
- 公司预期成为成熟型企业的时间点。

我们需要面临的估值难点在公司之间相去甚远，因此，我们必须考虑估值问题在处于生命周期不同阶段上的企业中有何差异。对于年轻的初创企业而言，历史数据和增长型资产规模的匮乏，会导致未来现金流及风险的估计尤其困难。对于成长型企业，估值的难点则是增长率能否维持；如果能实现可持续增长，这种增长会跟随企业规模的扩大维持多久。对成熟型企业而言，估值的首要问题则变成了现有资产是否得到有效利用，以及公司采用的融资组合是否合理。公司重组可能会彻底改变企业价值。而对处于衰退期的公司来说，资产剥离会进一步加大收入和利润的估计难度，再考虑到违约的可能性，估值难度可想而知。此外，我们需要面临的估值挑战在公司的不同业务之间也会有所不同。周期型企业和大宗商品企业的经营业绩波动很大。而对于拥有大量无形资产的公司，收益则会因会计师处理无形资产投资的记账方法不同而出现差异。至于新兴市场企业和全球企业，估值风险更有可能来自其经营的国家，而非公司本身。

最后，在无风险利率、风险溢价和经济增长基本面波动较大的经济体中，对任何公司的估值都不会轻而易举。在本章的最后部分，我们的讨论重点转向了分析师对待不确定性的处理方式上，并突出强调了一些不合理的估值实践。估值的阴暗面或者说难点，存在于估值的每个阶段中。在本书随后的其余部分中，我们的目标很清楚，那就是要接受这样一个事实：不确定性是无时不在、无处不在的，虽然我们有时难免要面对"困难"的企业，但我们的唯一原则就是采取更合理的方式应对不确定性。

The Dark Side of Valuation

第一部分

启发：估值工具

第2章　内在价值评估
第3章　概率估值：情景分析、决策树及模拟法
第4章　相对估值与定价
第5章　实物期权估值

第 2 章 The Dark Side of Valuation

内在价值评估

能创造现金流的所有资产都具有反映其现金流潜力和风险的内在价值。很多分析师声称,当未来存在巨大的不确定性时,估计其内在价值不仅非常困难,而且毫无意义,但我们并不接受这样的说法。尽管不确定性确实存在,但我们还是认为有必要回顾一番市场对企业或资产内在价值的认识及考量。因此,本章将探讨如何利用折现现金流估值模型确定内在价值,并介绍模型的详细估值过程以及可能存在的制约因素。

折现现金流估值法

在折现现金流(DCF)估值法中,资产价值是资产的预期现金流按反映这些现金流风险的折现率折现后的现值。本节将介绍这种估值方法的基本原理以及对输入参数进行估计的详细过程。

DCF 估值法的本质

我们之所以会购买资产,最主要的原因是我们认为这些资产将在未来带来现金流。对于折现现金流估值法,我们首先需要从一个简单的命题入手。资产的价值并不是别人认为它值多少钱,它取决于这项资产的预期现金流。简而言之,现金流数量较大且可预测性较强的资产,其价值要高于现金流较小且波动性较大的资产。

资产的价值就是你期望通过持有资产而取得的现金流现值,这个概念既不新鲜,更谈不上具有变革意义。最早的利息换算表可以追溯到 1340 年,而折现现金流估值法的理论基础则是阿尔弗雷德·马歇尔(Alfred Marshall)和柏姆-巴维克(Bohm-

Bawerk)在20世纪上半叶奠定的。○

现代估值的基本原理形成于欧文·费雪（Irving Fisher）的两本巨著——1907年的《利息率》和1930年的《利息理论》。○在这两本书里，他提出了内部收益率的概念。在过去的50年，我们见证了现金流折现模型逐渐成为有价证券和企业估值的主流方法，并借助于投资组合理论的出现而得到巩固和发展。

从某种意义上说，这种基于价值的估值方法也是一种基于信仰的行为。因为我们认为，所有资产都有其内在价值，因而，我们可以从资产的基本面入手来估计其内在价值。

那么，什么是内在价值呢？我们不妨将这个概念定义为：信息充分且无所不知的分析师，使用完美无瑕的估值模型得到的资产价值。这样的分析师在现实中当然是不存在的，即便如此，我们还是希望能无限接近这位完美无瑕的分析师。但最大的问题在于这样一个事实：任何人都不曾知晓资产的真正内在价值。因此，我们也无从知悉我们的折现现金流估值能否如愿。

股权估值与公司估值

在折现现金流估值的调整风险方法中，风险调整折现率法（risk-adjusted discount rate approach）最为常用。在对较高风险的资产估值时，我们采用较高的折现率对预期现金流进行折现，而在对风险较低的资产估值时，我们则采用较低的折现率进行预期现金流折现。我们可以从两个角度认识现金流折现估值法，并按第1章介绍的资产负债表来构建这两种认知方式。首先是对拥有现有资产（在用资产）和增长型资产的整个企业进行估值，这种方法也就是通常所说的公司价值或企业价值（enterprise valuation）。图2-1显示了这种方法的一个例子。

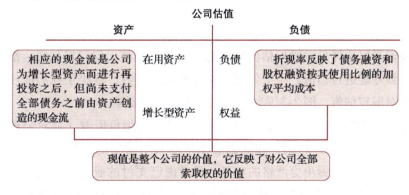

图2-1 对公司（业务）的估值

○ Marshall, A., 1907, *Principles of Economics*, Macmillan, London; Bohm-Bawerk, A. V., 1903, *Recent Literature on Interest*, Macmillan.
○ Fisher, I., 1907, *The Rate of Interest*, Macmillan, New York; Fisher, I., 1930, *The Theory of Interest*, Macmillan, New York.

公司在满足再投资需求之后，但尚未偿付债务之前所拥有的现金流被称为公司的自由现金流（free cash flows to the firm），而反映全部资金来源综合融资成本的折现率则被称为资本成本（cost of capital）。

第二种方法只对公司的股权进行估值，也就是所谓的股权估值（equity valuation）。图 2-2 是一个股权估值的例子。

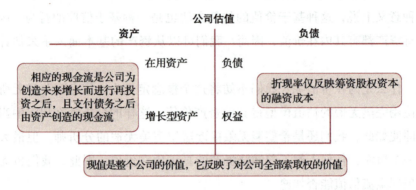

图 2-2 对股权的估值

在偿付债务并满足再投资需求之后的现金流被称为**股权自由现金流**（free cash flows to equity），而反映股权融资成本的折现率则被称为**股权成本**（cost of equity）。对公开上市交易的公司来说，我们可以认为，股权投资者能从公司取得的唯一现金流就是股息，而将预期股息按股权成本进行折现，即可得到公司的股权价值。

此外还需提醒的是，通常，我们只需从公司价值中扣除全部非权益索取权的价值，即可由前者（公司价值）到后者（股权价值）。如果计算正确的话，无论是采用直接估值法（用股权成本对股权现金流进行折现）还是间接估值法（先对公司进行估值，再减去全部非权益索取权的价值），两种方法得到的股权价值都应该是一样的。

DCF 估值法的输入参数

尽管我们可以选择只对股权估值或是对整个企业估值，但归根到底，都需要 4 个基本输入参数才能进行估值。至于如何定义这些估值参数，取决于我们的任务是对公司估值还是对股权估值。图 2-3 总结了决定价值的诸多要素。

第一个输入参数是来自现有资产的现金流，其定义为负债前（针对公司估值）或负债后（针对股权估值）利润，扣除创造未来增长所需要的再投资。对于股权现金流，我们可以对现金流做出更严格的定义，只考虑已支付的股息。第二个估值参数是增长率。在对整个企业估值时，营业利润的增长率是最关键的估值参数。股权收益（每股净利润或收益）增长率是股权估值的核心要素。第三个估值参数为折现率。针对企业估值，折现率的定义是公司的总资本成本，而股权估值对应的折现率则是股权成本。如果仅有 4 个最重要的估值参数，那么，最后一个输入参数应该是终值，它是公司（股权）估值预测期结束时的公司（股权）估计值。

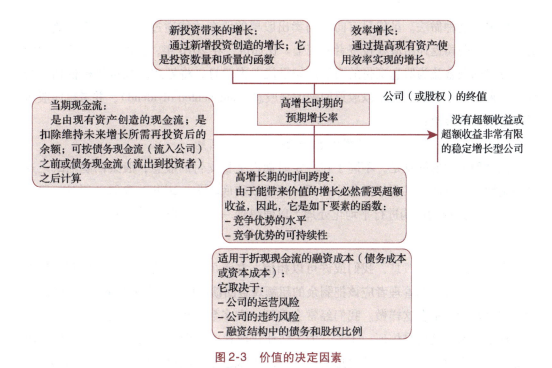

图 2-3 价值的决定因素

本节的其余部分将着重探讨如何对上述参数进行估计,并纳入折现现金流模型中。我们首先从现金流开始,而后再考虑风险(和折现率)。最后,我们将讨论如何合理估计高成长时期的增长率以及高成长期结束时的价值。

现金流

在此之前,我们曾提到,可以将现金流估计为仅针对股权投资者的现金流(流向股权的现金流)或是针对全体资本提供者的现金流(流向公司的现金流)。在本部分中,我们首先考虑最严格的股权现金流定义,即投资者收到的股息。而后,我们再来看看覆盖范围更大的现金流指标,这往往需要更多的信息。

股息

当投资者购买一家上市公司的股票时,他们往往希望能在持有期内获得两种类型的现金流:持有期内取得的股息以及持有期结束时的股权预期价格。因为这个预期价格本身完全取决于未来的股息,因此,股票的价值仅为预期股息的现值。如果我们接受这个前提,那么在估值中,我们需要考虑的唯一的股权现金流就是支付给投资者的股息。由于很多公司不派息,因此,这个数字至少在近期内可能为零,但它不应该永远保持负数。

增强股息

在股息问题上,有一个现象值得关注:很多公司开始以股票回购取代股息作为向投资者返还现金的主要方式,这一点在美国尤为明显,但其他国家的公司也正在越来越多地采取这种做法。虽然只有向公司卖出股票的股东才能通过回购取得现金流，但它毕竟代表公司返还给股权投资者的现金。比如说，在 2016 年，美国公司以股票回购形式支付的现金流为股息支付的两倍。如果仅考虑股息，将导致股权价值被低估。为此，一种简单的调节方法是以股票回购增强股息（augmented dividend），并考察向股东返还的累计现金流：

$$增强股息 = 股息 + 股票回购$$

但这种方法的问题是，不同于在一定时期内平稳支付的股息，股票回购则缺乏这种稳定性，它可能在某些年份集中出现，而后就彻底消失。因此，我们必须对一段时期（如 5 年）内的回购进行平均化处理，以便得到一个更为合理的年化数字。

潜在股息（股权自由现金流）

有了股息和增强股息，我们或许可以相信，在满足经营和再投资需求的现金流需求之后，上市公司的管理者应该把剩余的超额现金回馈给股东。但我们看到的现实是，大多数管理者并不会这样做。我们经常会看到，大多数上市公司的账面上会保留着巨大的现金余额，这就是佐证。于是，为了估计管理者可能向股权投资者返还的现金流情况，我们提出了一个潜在的股息衡量标准，并称之为"股权自由现金流"（FCFE）。直观地说，这个指标考量的是扣除税收、再投资需求并满足偿债所需现金流之后的剩余现金流。其计算方法如下：

$$\begin{aligned}股权自由现金流 &= 净利润 - 再投资需求 - 偿债现金流\\ &= 净利润 - （资本支出 - 折旧 + 非现金运营资本的变动额）\\ &\quad - （本金支付额 - 新发行的债务）\end{aligned}$$

我们详细考虑一下上述方程式的各项。首先从利润开始，因为它是股权投资者的收益，而且扣除了公司支付的利息和税收。因此，我们可以计算出公司必须进行的两部分再投资：

- **对长期资产的再投资**：这部分再投资等于资本支出（本期投资于长期资产的金额）与折旧（前期资本支出形成的会计费用）之间的差额。我们之所以要在资本支出中扣除后者，因为折旧费用不需要支付现金的支出，因而需要重新加回净利润中。
- **对短期资产的再投资**：在数量上相对于非现金运营资本的变动额。实际上，存货和应收账款增加形成的是不能创造收益的资产——消耗性资产。我们之所以在计算中不考虑现金，是因为我们假设，拥有大量现金余额的公司通常会投资于低风险、流动性较好的有价证券，如商业票据和国库券。这些投资的收益率较低，但收益合理稳定，因而不属于消耗性资产。㊀由于这些不涉及现金的流

㊀ 需要提醒的是，在这里，我们并未像某些分析师那样区分经营性现金和非经营性现金（并继续将经营性现金纳入营运资金中），但我们区分了消耗性现金（包括货币或收益率低于市场利率的现金）和非消耗性现金。我们假设，上市公司保有的消耗性现金数量非常小，真实可以忽略不计。

动资产能在一定程度上由卖方信用和应付账款所抵消，因而会缓解对现金流的影响。因此，非现金流动资金的变动总额就是对短期资产的投资。

虽然再投资会减少支付给股权投资者的现金流，但可以通过未来成长带来收益。我们先来考虑一下如何最合理地估计增长率，而后再考虑它给现金流带来的净结果是正数还是负数。在计算股权自由现金流过程中，最后一个估值参数是偿付投资者旧债务形成的负现金流和向股权投资者发行新债务形成的正现金流。如果公司只是以相同金额的新债务取代旧债务，这一项的净结果将为零，但如果发行的新债超过（或低于）偿还的旧债务，就会产生正（或负）的现金流。

如果只考虑债务现金流，就可以集中一种方法，从而大大简化计算过程。在特殊情况下，假如预期资本支出和营运资金均按固定的债务比率 δ 进行融资，且本金完全由新发行债务予以偿还，那么，股权自由现金流可采用如下公式进行计算：

$$股权自由现金流 = 净利润 + (1-\delta)(资本支出 - 折旧) + (1-\delta)\Delta 营运资金$$

实际上，如果我们假设一家公司拥有30%的负债率，并通过再投资实现增长，那么它可以选择以发行新债务满足30%的再投资资金需求，并用新债务取代到期的旧债务。我们还可以利用另一种方法获得由股权得到的自由现金流。假如我们将净利润中被股权投资者用于再投资的比例定义为股权的再投资率，那么就可以把股权自由现金流表述为该比率的函数：

$$股权再投资率 = \frac{(资本支出 - 折旧 - 营运资金) \times (1-\delta)}{净利润}$$

$$股权自由现金流 = 净利润 \times (1 - 股权再投资率)$$

最后一点需要注意的是股权现金流的前两个指标（股息和增强股息）与这个指标的明显差异。不同于前两个指标永远不会低于零，出于多种原因，股权自由现金流也有可能是负数。第一，净利润可能是负数，即便对成熟型企业而言，亏损也并不罕见。第二，再投资对现金流的需求可能超过净利润，这种情况对成长型企业来说很普遍，尤其是处于企业生命周期早期的成长型企业。第三，必须以股权现金流支付的到期大额负债也会导致股权自由现金流为负数。因此，高杠杆企业在降低负债率的过程中，有可能导致股权自由现金流在多年内维持负数。第四，再投资过程具有连贯性，公司可能会在某些年份大量投资长短期资产，而在其他年份却不做任何投资，这就会导致股权自由现金流在公司进行大规模再投资年份中表现为负数，而在其他年份则为正数。和股票回购一样，在估算股权现金流时，我们也要考虑将较长时期内的再投资数字进行正常化。如果股权自由现金流为负数，就表明公司需要筹集新的股权资金。

公司现金流

公司现金流应是扣除税收以及全部再投资需求后的现金流。由于企业是通过负债和股权投资者筹集资金的，因此，公司现金流应包括负债现金流——利息支出、债务偿还以及新债务的发行。公司现金流可以通过两种方式加以衡量。按照第一种方法，公司现金流是公司全部索取权持有者取得的现金流总和。因此，股权投资者取得的现金流（可以按本节前述三种方法估计）与债权持有人的现金流（利息及净债务的支付）之和，即为公司现金流。另一种方法是从营业利润开始，以偿付债务之前但满足再投资需求之和的现金流作为公司现金流：

$$公司自由现金流 = 税后营业利润 - 再投资 = 税后营业利润 - (资本支出 - 折旧 + \Delta 营运资金)$$

通过与股权自由现金流进行对比，公司自由现金流就更容易理解了。首先，公司自由现金流的起点是税后营业利润，而不是净利润。税后营业利润包括利息费用，而净利润则扣除了利息费用。其次，我们将营业利润按税收进行了调整，这样，就好像我们已对全部收入进行了纳税，而净利润本身就是税后数字。⊖ 最后，尽管和计算股权自由现金流一样，我们也要扣除再投资的现金需求，但并未扣除债务现金流的净影响，因为我们现在探讨的是全部资本的现金流，而不只是股权现金流。

我们还可以重新表述上述公式，即将净资本支出和营运资金的变动额加到一起，并将这个总和表述为税后营业利润的百分比。这个再投资与税后营业利润的比例被称为再投资率（reinvestment rate），于是，公司自由现金流可改写为：

$$再投资率 = \frac{资本支出 - 折旧 + \Delta 营运资金}{税后营业利润}$$

$$公司自由现金流 = EBIT \times (1 - 税率) \times (1 - 再投资率)$$

请注意，如果公司存在大量的再投资需求，那么其再投资率可能会超过100%。⊖ 而对于剥离资产和减少资本规模的公司而言，其再投资率则有可能低于零。

在考虑折现率之前，我们还有必要对公司自由现金流做最后解读。首先，和股权自由现金流一样，公司自由现金流也有可能是负数，但债务现金流不再是造成公司自由现金流为负数的主要原因。即使是正在偿还债务的高杠杆企业，也有可能在出现正股权自由现金流的同时，出现负的公司自由现金流。如果公司自由现金流为负数，那么这家公司就必须通过负债或股权融资等方式筹集新资本，至于负债和股权融资的比例则取决于计算资本成本所采用的比例。其次，公司现金流是公司对投资者进行的所有现金分配的基础。股息、股票回购、利息支付和偿还债务的资金都来自这个现金流。

◎ 案例2-1 公司现金流的计算——2007年的3M公司

明尼苏达矿业及制造公司（3M公司）是一家大盘股企业，其业务范围涉及运

⊖ 实际上，在确定营业利润的税款时，我们在计算现金流时可以假设这些费用不产生利息费用或税收优惠。因为我们将债务带来的税收优惠计入了资本成本（计算资本成本时使用的是税后债务成本）。如果使用实际缴纳的税款或是在现金流中体现利息费用带来的税盾效应，就相当于重复计算了它们的影响。

⊖ 实际上，为应对过度再投资的资金需求，这家公司只能通过负债、股权或两者的某种组合筹集外部融资。

输、医疗保健、办公用品和电子等领域。

- 2007年，公司披露的税前营业利润为53.44亿美元，净利润为40.96亿美元⊖。全年的利息费用为2.1亿美元，现金及有价证券的利息收入为1.32亿美元。此外，该公司在年内还支付了13.8亿美元的股息，并回购了32.39亿美元的股票。当年的有效税率为32.1%，而边际税率则为35%。
- 2007年，3M公司披露了14.22亿美元的资本支出及5.39亿美元的现金收购业务。本年度的折旧及摊销费用为10.72亿美元，故2007年的非现金营运资金增加了2.43亿美元。
- 最后，3M公司在本年度偿还了28.2亿美元的债务，但同时发行了40.24亿美元的新债务，从而形成了12.22亿美元的净债务现金流（正数）。

按上述数据，我们首先可以计算出股权的自由现金流，如图2-4所示（金额单位：百万美元）。

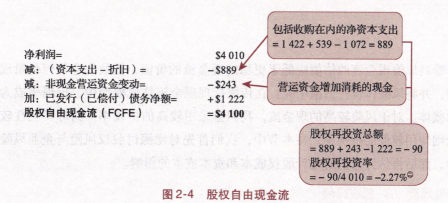

图2-4 股权自由现金流

请注意，发行债务净额反映的是新发行债务扣除已偿还债务后的余额。此外，还可以计算出2007年的公司自由现金流，计算过程如图2-5所示（金额单位：百万美元）。

图2-5 3M公司的自由现金流

⊖ 原书为此，疑有误，应为40.096亿美元。——译者注
⊜⊜ 原书为此，疑为四舍五入原因。由于四舍五入的原因，本书中的一些数据可能存在误差，后面不一一列出。——译者注

图 2-6 总结了 3M 公司在 2007 年的全部 4 个现金流参数——股息、增强股息、股权自由现金流以及公司自由现金流。

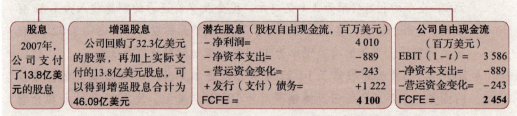

图 2-6　3M 公司在 2007 年的各项现金流指标的预测

那么，我们该如何协调这些完全不同的数字呢？在整个 2007 年，3M 公司增加了借款，并使用前几年的债务融资和累积现金进行了股票回购。

风险

尽管高风险现金流的估值应低于更稳定现金流的价值，但我们应如何衡量现金流的风险，并将风险体现在估值中呢？在传统折现现金流估值模型中，折现率成为风险量度的载体。对于风险较高的现金流，我们会采用较高的折现率，而对安全性较高的现金流则使用较低的折现率。在本节中，我们首先对比探讨股权风险与企业风险之间的差异，而后再估计它们对估计股权成本和资本成本的影响。

企业风险 VS. 股权风险

在深入研究风险计量和折现率的细节之前，我们不妨从第 1 章所述的资产负债表出发，对比一下两种截然不同的风险理解方式。我们首先看看隐藏在公司运营或资产中的风险——企业风险。其次，我们再来探讨一下企业股权投资者承担的风险。图 2-7 揭示了这两种方法之间的差异。

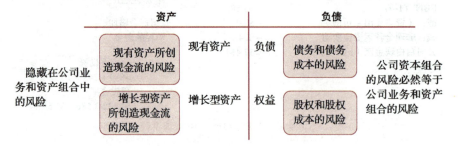

图 2-7　企业风险和股权风险

与资产负债表的其他方面一样，风险同样必须实现平衡，也就是说，资产的加权风险必须等于资本各部分（负债和权益）的加权风险。需要提醒的是，在企业中，股权投资的风险部分取决于企业的业务风险，部分依赖于企业选择采用多大比例的债务进行融资。如果公司使用大量债务为业务提供资金，那么持有这家公司的股权就会给投资者带来过大的风险。

从折现率角度看，企业的股权风险是以股权成本衡量的，而业务风险则体现为资本成本。后者是股权成本和债务成本的加权平均值，所采用的权重则反映了公司在融资时使用两种资金来源的比例。

股权风险和股权成本的衡量

要衡量股权投资风险并将风险指标转化为股权成本，会因为两个因素的存在而带来困难。第一个因素是，股权存在隐含成本，不同于表现为明确利率形式的债务，这个隐含成本是无法观测到的。第二个因素是，即便是对同一家公司，风险也会因人而异，不同股权投资者对风险的认识会有很大不同。因此，他们可能会据此要求不同的预期收益。

形形色色的边际投资者 如果一家公司只有一位股权投资者，那么要估计股权风险和股权成本自然会简单得多。我们只需衡量投资者投资于该公司股权所承担的风险即可。随后，给予这个已知的风险，我们可以估计出一个合理的收益率。但是对于一家上市公司，我们就会遇到一个实际问题，因为公司会拥有数百甚至数以千计的投资者。投资者不仅在投资规模上不尽相同——既有投资额很小的投资者，也有大投资者，而且在风险偏好上更是相去甚远。那么，在考虑风险和股权成本时，我们应站在哪些投资者的角度呢？在企业金融和估值理论中，我们提出了边际投资者的概念，即最有可能影响公开交易股票市场价格的投资者。对于一只公开交易的股票，边际投资者首先需要拥有足够数量的公司股票，因为只有这样，他们才能通过交易影响股票价格，与此同时，他们还必须热衷于交易这只股票。在金融领域，所有风险–收益模型的一个共同观点是，边际投资者应该是多元化的，并以多元化投资组合的风险来衡量一笔投资的风险。换句话说，对于一笔投资，只有可以由所在市场或经济解释的那部分风险，才应被纳入预期收益当中。

预期收益模型（股权成本） 在金融领域，区分不同风险–收益模型的第一个标准，就是它们衡量不可分散风险的合理程度如何。在这里，我们不妨简要介绍一下各种模型：

- 在资本资产定价模型（CAPM）中，这种不可分散风险体现为我们为资产/业务赋予的贝塔系数（beta），它的作用就是衡量所有市场风险的敞口。因此，我们可以将一笔投资的预期收益率指定为如下3个变量的函数：无风险利率、投资的贝塔系数和股权风险溢价（投资于均值风险所要求的溢价）：

$$预期收益率 = 无风险利率 + 贝塔系数_{投资} \times 股权风险溢价$$

  在同一个市场中，所有投资的无风险利率和股权风险溢价都是相同的，但它们的贝塔系数则反映了一笔投资特定的市场风险敞口。如果贝塔系数为1，则代表这笔投资的风险相当于平均投资风险。贝塔系数大于（或小于）1则表示这笔投资的特定风险高于或低于市场的平均投资风险。

- 套利定价和多因素模型考虑了不可分散（或市场）风险的多重来源，并针对每一种风险确定相应的贝塔系数。因此，投资的预期收益率可以表述为多重贝塔系数（相对于每个市场风险因子）及因子风险溢价的函数。假设一个模型有k个因子，并以β_j和风险溢价$_j$分别代表因素j的贝塔系数和风险溢价，那么，一笔投资的预期收益率可以表述为：

$$预期收益率 = 无风险利率 + \sum_{j=1}^{j=k} \beta_j \times 风险溢价_j$$

请注意，如果以单一因素（市场）代替多重因素，就可以将资本资产定价模型转换为多因素模型的一个特例。

- 最后一类模型可以归结为代理模型。在这些模型中，我们基本不再直接衡量风险。相反，我们首先需要回顾历史数据，看看哪些类型的投资（股票）的收益率较高。然后，我们以这些投资的共同特征作为衡量风险的标准。比如说，研究人员发现，股票市值和市净率与收益率存在相关性。市净率低的小盘股在以往取得的收益率要高于市净率高的大盘股。这样，使用历史数据，我们就可以根据市值和市净率估算目标公司的预期收益：

$$预期收益率 = a + b \times 市值 + c \times 市净率$$

由于我们的分析已脱离经济学模型的范畴，因此，研究人员开始不断寻找新的变量（如交易量和价格趋势等），以期改善这些模型的预测能力，这种做法显然是可以理解的。但一个悬而未决的问题是，这些变量能否成为真正反映风险或市场无效的指标呢？实际上，我们或许可以利用风险代理模型来解释市场对某些类型股票的错误估值。

估计问题 按照 CAPM 和多因素模型，计算预期收益率所需要的输入变量是可以直接取得的。对所有投资，我们只需无风险利率和股权风险溢价（或是多因素模型中的溢价）这两个变量即可。在得到这些适用于整个市场的估计值之后，我们即可衡量个别投资的风险（即贝塔系数）。在本部分中，我们将阐述进行这些估计所依据的广泛原则。在随后的章节中，我们将深入细节，介绍如何针对不同类型的企业进行最合理的估计。

- 无风险利率是一笔投资有保证的预期收益率；实际上，你的预期收益率也是你的实际收益率。由于这个收益率是有保证的，因此，投资必须符合两个条件才是无风险的。第一个条件是提供这个担保的机构不存在违约风险；正因为如此，我们才利用政府债券获得无风险利率，这是一个必要但非充分条件。我们将会在第6章中看到，很多政府债券也存在违约风险，因此，这些政府发行的债券自然就不是无风险的。第二个条件是不存在再投资风险，在这个问题上，时间跨度非常重要。如果在 5 年的时间段内去考量一笔期限为 6 个月的国库券，它肯定不是无风险的，因为你要面临再投资风险。实际上，即便是 5 年期国债也未必是无风险的，因为这笔国债每 6 个月会收到一次票面利息，此时，我们就必须考虑这笔利息的再投资问题。很明显，取得无风险利率并不像期初我们想象得那么简单。

- 股权风险溢价是投资者投资于风险资产（或股权）类别所要求的溢价，它是相对于无风险利率而言的。它不仅取决于投资者认为股权这类资产的风险有多大，还依赖于他们在进入这个市场时所采取的风险偏好。此外，股权风险溢价会随着时间的推移而变化，因为无论市场风险和投资者的风险规避倾向都会发生变化。在估计股权风险溢价时，传统做法是采用历史上的风险溢价，即投资者在过去较长时间（如 75 年）投资股权投资而非无风险投资或接近于无风险投资所取得的溢价。不过，第 7 章对这种做法的有效性提出来质疑，并介绍了其他可供选择的方案。

- 为估计 CAPM 模型中的单一贝塔系数以及多因素模型中的若干贝塔系数，我们使用了统计技术和历史数据。估计 CAPM 贝塔系数的标准方法就是在对大盘市场指数的基础上对个股收益进行统计回归。回归线的斜率代表该股票在任意时刻相对于大盘走势的偏离，或者说，相对于大盘的波动性。为估计套利定价模型中的贝塔系数，我们使用股票的历史收益数据和因素分析取得模型中的各个因子以及个别公司的贝塔系数。因此，我们取得的贝塔系数估计值全部是回顾性的（因为它们均来自历史数据），且存在噪声（作为统计估计值，必然存在标准误差）。此外，这些方法明显不适用于无交易历史的投资（如初创企业和上市公司的业务部门）。对此，一种方案就是将回归贝塔系数替换为自下而上的贝塔系数，即以公司所在行业的行业平均值为基础，并对财务杠杆的差异进行调整。⊖考虑到基于行业平均值的贝塔系数比基于个别公司的回归贝塔系数更精确，且各项业务的权重可以反映公司当前的业务组合，因此，自下而上的贝塔系数通常可以对未来提供更合理的估计。

◎ 案例 2-2　3M 公司股权成本的估算

由于 3M 公司是一家历史悠久的公开上市公司，因此，我们可以使用公司的历

⊖ 针对贝塔系数与负债股权比率的关系，目前最简单、使用最广泛的公式基于以下假设：债务可提供税收优势且债务的贝塔系数为 0：

$$股权的贝塔系数 = 业务的贝塔系数 \times \left[1 + (1 - 税率) \times \frac{负债}{股权}\right]$$

股权的贝塔系数是加杠杆的，而业务贝塔系数被称为无杠杆贝塔系数。回归贝塔为股权贝塔，因而为加杠杆系数。在贝塔系数中嵌入回归期内的负债股权比率。

史股价对市场指数进行回归,从而得到回归贝塔系数。图2-8为3M公司相对于标准普尔500指数的回归贝塔,即采用2年期的周收益率对标准普尔500指数进行回归。可以看到,回归(原始)贝塔系数是0.79;调整后是0.86,为原始贝塔向市场平均值1回归的结果。

虽然我们得到了回归贝塔系数,但依旧不能忘记前面章节中提到的所有正常提示。毕竟,这个系数是基于历史(过去两年)数据得到的,并且存在标准差(尽管标准差只有0.07)。假如我们采用不同的时间段(如5年)和不同时间段的收益率数据(如日收益率或月收益率),并使用不同的市场指数进行回归,那么回归结果肯定会完全不同(见图2-8)。

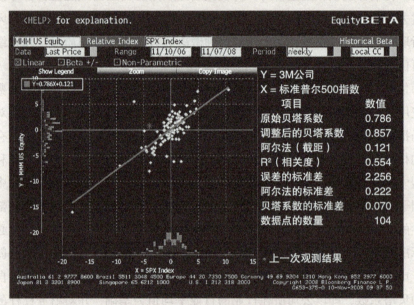

图2-8　3M公司的回归贝塔系数

为得到一个有明显差别的结果,我们可以将3M公司分解为个别业务,并对每项业务的贝塔系数进行加权平均,从而得到3M的另一个贝塔系数估计值(参见表2-1)。

表2-1　3M公司的自下而上贝塔系数估计

业务	收入（百万美元）	收入/销售额	估计值（百万美元）	在公司中的权重（%）	无杠杆贝塔系数
工业和运输	7 724	1.07	8 265	27.42	0.82
医疗保健	3 968	1.83	7 261	24.09	1.40
显示器和图形处理	3 892	1.63	6 344	21.04	1.97
消费者和办公用品	3 403	0.78	2 654	8.80	0.99
安全、保密及监护	3 070	1.09	3 346	11.10	1.16
电子和通信	2 775	0.82	2 276	7.55	1.32
合计			30 146	100.00	1.29

将各项业务中所有上市公司的回归贝塔系数进行平均，再按各项业务的平均财务杠杆（负债股权比率）对回归贝塔系数平均值进行调整，即得到这些业务的无杠杆贝塔数据。企业价值与销售额之比是各业务板块中上市公司股价的常用倍数。将 2007 年 3M 公司的负债股权比率（按负债和股权市场价值计算）8.80% 乘以无杠杆贝塔系数 1.29，我们即可得到 3M 的股权贝塔系数为 1.36：

$$\text{加杠杆（股权）贝塔系数} = 1.29 \times [1 + (1 - 0.35) \times 8.80\%] = 1.36$$

如果以 2007 年 9 月的 10 年期国债利率 3.72% 作为无风险利率，以 4% 作为股权风险溢价，我们即可得到股权成本为 9.16%：

$$\text{股权成本} = \text{无风险利率} + \text{贝塔系数} \times \text{股权风险溢价}$$
$$= 3.72\% + 1.36 \times 4\% = 9.16\%$$

显然，采用较高的股权风险溢价会得到较高的股权成本。

债务成本

在大多数公司，虽然股权投资者有权获得剩余现金流，并承担大部分经营风险，但公司的贷款人也要面对不能按期收回约定还款的风险，包括借款人应支付的利息和筹划的本金。为补偿这种违约风险，在向公司提供贷款时，贷款人会在无风险利率基础上增加一个违约利差（default spread）；因此，贷款人认为违约风险越大，违约利差和债务成本（cost of debt）就越高。债务和股权可变的另一个维度是它们对税款的影响，流向股权投资者的现金（股息及股票回购）通常来自税后的现金流，而利息支付属于税前事项，因而具有免税效应。实际上，全球大部分国家的税法均对借款利息提供税收优惠，以降低企业贷款的成本。

为了估计一家公司的债务成本，我们需要考虑 3 个要素。第一个要素是无风险利率，它也是计算股权成本的基本参数。按照惯例，用于计算股权成本的无风险利率应和计算债务成本的无风险利率保持一致。如果股权成本采用的是长期无风险利率，那么债务成本通常也应该采用长期无风险利率。第二个要素是违约利差。为此，我们可以使用 3 种方法得到违约利差，具体方法取决于被分析公司的特征：

- 如果公司有流通的已发行债券，可以采用该债券的当前市场利率（到期收益率）作为债务成本。这种方法仅适用于债券具有流动性，且能代表公司的整体债务。只要公司最安全的资产通过担保，即使是高风险公司也可以发行低风险债券。
- 如果公司发行的债券由标准普尔或是穆迪等顶级评级机构提供评级，那么我们就可以根据评级结果估算违约差价。例如，2008 年 9 月，信用等级为 BBB 的债券违约利差为 2%，这个结果可用作所有 BBB 级公司债券的违约利差。
- 如果公司未取得信用评级，而且有尚未偿还的债务（银行贷款），那么我们就可以根据其财务比率估计这家公司的"综合"评级。在估计"综合"评级时，一种简单但有效的方法就是完全以公司的利息覆盖率（息税前利润/利息支出）为基础；与较低的利息覆盖率相比，较高的利息覆盖率对应的信用评级也相对较高。

估计债务成本所需要的最后一个参数是税率。由于利息费用可以降低边际税费，因此，估计债务成本所采用的税率不应该是有效税率，而是边际税率。在美国，联邦政府制定的公司税率为35%，各州和地方的税收附加在联邦收费之上；2008年，美国公司的边际税率为25%~40%，远高于28%的企业平均有效税率。因此，公司债务的税后成本可按如下公式计算：

$$债务的税后成本 = (无风险利率 + 违约利差) \times (1 - 边际税率)$$

对大多数公司而言，债务的税后成本将大大低于股权成本，这主要出于两个方面的原因。首先，公司债务的风险通常要小于股权的风险，因为贷款人对现金流享有受契约保护的优先索取权，这就会降低预期收益率。其次，税收的税盾效应仅限于债务，与股权完全无关。

◎ **案例2-3　3M公司债务成本的估算**

为获得3M公司的综合信用等级，我们首先需要估计2007年的利息覆盖率：

$$利息覆盖率 = \frac{税后营业利润}{利息支出} = \frac{5361}{227} = 23.63$$

考虑到3M公司拥有庞大的市值（超过500亿美元），因此，我们使用表2-2计算3M公司的综合信用等级及其债务的违约利差。

表2-2　3M公司的利息覆盖率、信用等级及违约利差

利率覆盖率（%）	信用等级	典型的违约利差（%）
>12.50	AAA	0.75
9.50~12.50	AA	1.25
7.50~9.50	A+	1.40
6.00~7.50	A	1.50
4.50~6.00	A−	1.70
4.00~4.50	BBB	2.50
3.50~4.00	BB+	3.20
3.00~3.50	BB	3.65
2.50~3.00	B+	4.50
2.00~2.50	B	5.65
1.50~2.00	B−	6.50
1.25~1.50	CCC	7.50
0.80~1.25	CC	10.00
0.50~0.80	C	12.00
<0.50	D	20.00

我们给3M公司赋予的信用等级为AAA，违约利差为0.75%。将这个利差与3年期国债利率3.72%叠加，我们可以得到税前的债务成本为4.49%。与此相反，将2007年的利息支出除以债务的账面价值，我们可以得到账面利率：

$$利率 = \frac{利息费用}{债务的账面价值} = \frac{210}{4920} = 4.27\%$$

考虑到账面利率高度依赖于债务账面价值的定义方式，因此，我们仍然对这个概念的实用性持怀疑态度。对4.49%的税前债务成本使用35%的边际税率，我们可以得到，公司的债务税后成本为2.91%：

$$税后债务成本 = (无风险利率 + 债务的违约利差) \times (1 - 边际税率)$$
$$= (3.72\% + 0.75\%) \times (1 - 0.35) = 2.91\%$$

债务比率和资本成本

在得到债务成本和股权成本之后，我们仍必须为这两个要素赋予适当的权重。在确定权重值时，我们可以从公司目前采用的债务股权组合入手。在确定负债股权比率时，我们使用的价值应该是市场价值，而非账面价值。对上市公司来说，估计股权的市场价值自然易如反掌：只需将股价乘以流通股的数量，即可得到股权的市场价值。但估算债务市场价值往往就困难得多了，因为大多数公司都会持有相当数量不可交易的债务。在实践中，尽管很多人以债务的账面价值代表其市场价值，但更可取的办法还是估计债务的市场价值。

在得到用于计算资本成本的债务及权益的当期市场价值权重后，我们还要对它们进行后续判断，即这些权重数值是否会变化，还是保持稳定。如果我们假设权重是变化的，那么我们必须明确规定，正确的债务股权组合或者说目标组合应该是怎样的，以及这个组合多久会发生变化。例如，在收购中，我们可以假设，收购方可以立即用债务股权的目标组合取代现有组合。而作为上市公司的被动投资者，我们自然需要更加谨慎，因为我们无法控制公司的融资方式。在这种情况下，我们可以随着时间的推移，逐渐将债务比率从当期组合调整为目标组合，并同步调整债务成本、股权成本以及资本成本。事实上，针对债务比率和资本成本在长期内的变化，最后一点有必要再次强调。因为公司本身会随着时间的推移而变化，因此，我们应该据此预期，公司的资本成本也会随着变化。

◎ **案例2-4 3M公司资本成本的估算**

在案例2-2中，我们根据自下而上的贝塔系数估计值1.36，将3M公司的股权成本估算为9.16%。在案例2-3中，我们得出的结论是，根据赋予该公司的AAA

综合信用评级,3M 公司的债务税后成本为 2.91%。随后,我们估计了公司在 2008 年的股权和债务市场价值(以及由此形成的权重和总资本成本),并据此得出公司的资本成本。表 2-3 列示了我们的估算结果。

表 2-3　3M 公司的资本成本

	市场价值(百万美元)	占资本总额的比例(%)	成本(%)
股权	57 041	91.50	9.16
债务	5 297	8.50	2.91
资本	62 338	100.00	8.63

当期的债务比率为 8.50%,3M 公司的资本成本为 8.63%。

增长率

在折现现金流估值中,最令人头疼的事情莫过于如何估计增长率。不同于能找到可靠历史数据的现金流和折现率,增长率则要求我们了解未来。在本节中,我们将探讨为什么股票和营业利润的增长率不同,并介绍估计增长率的两种标准方法(基于历史数据和使用分析师的估计值)。本节最后将阐述决定增长率的基本因素。

权益与营业利润

如同现金流和折现率一样,我们同样需要对股权收益的增长率与营业利润的增长率进行严格区分。为区别这两者,我们不妨考虑一下表 2-4 中显示的这张简化版利润表。

表 2-4　利润表:从收入到每股收益

项目	解释增长率差异的因素
收入	
减:营业费用	运营效率或运营绩效的变化
	营业杠杆
EBITDA	
减:折旧和摊销折旧	折旧摊销计划或原则的调整
	无形资产摊销
EBIT	
减:利息费用	财务杠杆(债务)
加:持有现金取得的收入	现金持有量和利率的变化
减:税款	税率/税法的变化
净利润	
除以:股票数量	股票的回购和发行
	既往授予期权的行权
每股收益	

我们假设，该公司没有在其他公司持有少数股权，因为持有控制性股权或少数股权带来的投资收益，会在利润表中净利润项目之上增加一个项目，从而改变公司的净利润，此外，针对少数股权的投资者还形成了一个收益扣减项目。

对大多数公司来说，不同收益指标（营业利润、净利润和每股收益）的增长率往往会有所不同，这对成长型企业和转型企业尤为明显。

- **股票的发行和回购**：如果公司的股票数量保持不变，那么每股收益的增长率就应与净收益增长率保持一致。如果公司能创造超额现金流，并使用这些超额现金流回购股票，那么其每股盈利增长率就会高于净收益增长率。反之，对于为投资或收购而筹集新股权资金（发行新股）的公司，其净收益的增长率则高于每股收益增长率。
- **财务杠杆**：如果净利息费用（利息费用减利息收入）的增长率不同于营业利润的增长率，那么营业利润和净利润的增长率就有可能出现差异。当公司通过增加债务规模为其经营提供资金时，公司的营业利润增长率会高于净利润增长率。然而，如果将债务融资用于回购股票，流通股数量的减少就会导致每股收益增加。
- **经营杠杆**：营业利润的增长可能会与收入增长相去甚远，这主要是因为某些营业费用是固定的，而其他营业费用则是可变的。在总成本中，固定成本比例越高（相对于经营杠杆率越高），营业利润增长率相对于收入增长率就会越高。

实际上，当被问及估计增长率时，分析师首先需要问的问题就是："哪个项目的增长率？"如果我们的任务是估计营业利润的增长率，那我们就不能使用每股收益的增长率。

历史增长率和预测增长率

在估计增长率时，分析师往往会把目光不由自主地转向过去，这不难理解。实际上，他们就是把最近的收入或利润增长率作为衡量未来增长的预测指标。但是在我们深入探讨这种做法之前，还有必要补充一点：基于以下诸多原因，同一公司的历史增长率可能会带来不同的估计值：

- **盈利指标**：正如我们曾提到的那样，即便对同一家公司，特定时间段内的每股收益、净利润、营业利润和收入增长率也可能会有很大差异。
- **分析的时间段**：对于已存续很长时间的公司，如果我们将时间段锁定在10年而不是5年，那么，其增长率会有很大不同。
- **平均化的方法**：即使采用相同的盈利指标和分析的时间段，我们得到的增长率依旧有可能不同，因为它还取决于我们计算价值所采用的方法。举例来说，我们可以计算每个时间段的增长率，再对各时间段的增长率进行平均，得出算术平均值。或者，我们也可以只采用某个指标在期间开始和结束时的数值，计算该指标的几何平均值。对收益波动较大的公司而言，后者得到的增长率数值可能完全不同于前者得到的结果。

至于如何对历史增长率进行最合理的估计，唯一的标准就是它能否对未来增长做出合理预测。遗憾的是，针对这种关系的研究往往只能得出如下结论：

- 历史增长和未来增长之间的关联性非常孱弱。
- 递减效应不可忽视——随着公司的成长，其增长率必然会大幅下降。
- 从事周期性或大宗商品行业的企业，必然要经历成长周期，在享受了高增长阶段之后，低增长阶段会不请自来。

如果说历史增长并不是未来增长最有效的预测指标，那么我们还可以通过其他手段来预测未来增长。我们可以借鉴那些比我们更了解公司的人——追踪公司多年的股票分析师或是公司的管理人员，并采用他们对增长率做出的估计。从有利的方面来说，这些预测所依赖的信息基础应好于我们所掌握的信息。毕竟管理者应该更清楚，他们将在自己的企业中投入多少资金，以及这种投资可能给他们带来的收益是多少。股票分析师拥有丰富的行业经验和可靠的信息渠道，因而掌握了更多、更好的信息。但这也会带来消极的一面，无论是公司的管理者还是股票分析师，都不可能对未来持有完全中立、客观的态度；管理人员更有可能高估企业的增长能力，而分析师也难免会有自己的偏见。此外，分析师和管理者都有可能被当下的市场情绪所左右，导致他们倾向于在繁荣时期高估增长，在衰退时期低估增长。与历史增长指标一样，研究显示，无论是分析师的预测还是管理层的预测，都不能很好地对未来增长进行预测。

基本面增长率

如果我们不能借鉴历史或是信赖管理者和分析师的预测，那我们该如何估计增长率呢？答案就在于公司内部的基本面，因为只有基本面才是最终决定增长率的根源。在本节中，我们将考虑两个方面的增长源泉——旨在扩大业务规模的新增投资以及针对现有投资效率的改进。

增长的分解　认识盈利增长率最好的方法，就是把它分解成若干组成部分。我们将 E_t 定义为第 t 期的收益，I_t 代表第 t 期开始时已完成的全部投资，ROI_t 为这些投资的收益率。于是，我们可以将 E_t 改写为：

$$E_t = ROI_t \times I_t$$

随后，从第 $t-1$ 期到第 t 期的收益变动额 ΔE，可以表述为如下公式：

$$\Delta E = E_t - E_{t-1} = ROI_t \times I_t - ROI_{t-1} \times I_{t-1}$$

增长率以 ΔE 和 E_{t-1} 来表示：

$$g = \frac{\Delta E}{E_{t-1}} = \frac{ROI_t \times I_t - ROI_{t-1} \times I_{t-1}}{E_{t-1}}$$

不妨只考虑最简单的情景，即投资收益率保持稳定，在各期间维持不变（即 $ROI = ROI_t = ROI_{t-1}$）。于是，这家公司的收益增长率为：

$$g = \frac{\Delta E}{E_{t-1}} = \frac{ROI(I_t - I_{t-1})}{E_{t-1}} = ROI \times \frac{\Delta I}{E_{t-1}}$$

换句话说，公司的增长率完全是两个变量的函数——新增投资的收益率（ROI）以及收益中投入转换为新增投资的比例 $\frac{\Delta I}{E_{t-1}}$。

但更普遍的情景是，投资收益在不同时期是持续变化的。在这种情况下，我们可以将预期增长率表述为：

$$g = \frac{\Delta E}{E_{t-1}} = ROI_t \times \frac{\Delta I}{E_{t-1}} + \frac{ROI_t - ROI_{t-1}}{ROI_{t-1}}$$

上述公式基于这样一个假设：第 t 期新增投资的收益率等于该期现有投资的收益率。事实上，我们可以让上述公式进一步回归现实。假如我们让新增投资的收益率（$ROI_{新,t}$）不等于现有资产的收益率（$ROI_{现有,t}$），那么，对预期增长率就可以做如下表述：

$$g = \frac{\Delta E}{E_{t-1}} = ROI_{新,t} \times \frac{\Delta I}{E_{t-1}} + \frac{ROI_{现有,t} - ROI_{现有,t-1}}{ROI_{现有,t-1}}$$

在这个等式中，第一项反映了新增投资的增长，它等于这些投资的边际收益乘以收益中用于新增投资的比例。第二项反映了投资收益对现有资产投资收益率变化的影响，我们将这个部分称为效率增长（efficiency growth）。投资收益率的提高（提高效率）将带来额外的收益增长，而效率下降（对应于投资收益率的下降）则会减少收益增长。

来自新增投资的增长　虽然投资和投资收益率属于最常见的术语，但如何定义它们还取决于我们强调的是股权收益还是营业利润。在考虑股权收益时，我们强调的是来自投资的股权部分，其收益率对应于股权收益率。但是在考虑营业利润时，我们关注的则是总投资，因此，收益率就对应于资本收益率。在本章开始时介绍的现金流定义中，我们将投资变化确定为再投资，而对再投资的衡量标准则是变化的，依赖于被折现的现金流。在股息折扣模型中，再投资被定义为留存收益（所有没有作为股息支付的收益）。而在股权（公司）自由现金流模型中，再投资则是按股权再投资率（再投资率）定义的。

在所有针对基本面增长的估计中，核心都是资本收益率或股权收益率的估计。表 2-5 汇总了以现金流为基础的每一项指标的输入参数。

表 2-5　衡量投资及投资收益率的指标

	投资方面的变化	投资收益率
营业利润	再投资率 = $\dfrac{资本支出 - 折旧摊销 + 营运资金变动}{EBIT \times (1 - t)}$	投入资本收益率（ROC 或 $ROIC$）

	投资方面的变化	投资收益率
净利润（非现金）	$股权再投资率 = \dfrac{资本支出 - 折旧摊销 + 营运资金变动 - 债务变动}{净利润}$	非现金股权收益率（NCROE）
每股收益	$留存收益率 = 1 - \dfrac{股息}{净利润}$	股权收益率（ROE）

采用投资和投资回报率的会计指标是传统的做法。因此，股权账面价值、已投入资本的账面价值和会计利润面值均可用于计算资本收益率和股权收率益：

$$资本收益率(ROIC) = \frac{营业利润_t \times (1 - 税率)}{已投入资本的账面价值}$$

$$非现金股权收益率(NCROE) = \frac{净利润_t - 现金产生的利息收入 \times (1 - 税率)}{股权账面价值_{t-1} - 现金_{t-1}}$$

$$股权收益率 = \frac{净利润_t}{股权账面价值_{t-1}}$$

在上述两个指标中使用会计数据，存在的问题已被诸多研究所证实。因为会计上对重组费用、费用摊销和资本化的处理方式均会影响最终结果。[⊖]

最后一个需要考虑的问题是边际收益率和平均收益率之间的差异。需要提醒的是，我们用来计算新增资本增长所采用的投资收益率，应该是仅靠这些投资取得的收益率，也就是说，它是边际收益率，而现有资产的收益率则是已有投资组合的平均收益率。在估值中，尽管我们对这两个数字采用相同的数值，但它们在实务中可能会有所不同。

效率增长 对很多鲜有投资机会的成熟型企业来说，新投资带来的增长潜力是有限的。这些公司很难维持较高的再投资率，因而也难以通过再投资取得较高的资本收益率。但如果能提高现有资产的收益率，这些公司依旧可以维持可观的增长率。相反，如果现有资产的收益率下降，就有可能导致收益增长率下降。因此，如采用不同的收益指标，我们可以将效率增长表述为表2-6所示的形式。

表2-6 收益效率增长的决定因素

	衡量现有资产收益率的指标	效率增长
营业利润	资本收益率	$\dfrac{ROI_t - ROI_{t-1}}{ROI_{t-1}}$
净利润（非现金）	非现金股权收益率	$\dfrac{NCROE_t - NCROE_{t-1}}{NCROE_{t-1}}$
每股收益	股权收益率	$\dfrac{ROE_t - ROE_{t-1}}{ROE_{t-1}}$

在对公司进行估值时，效率增长创造的价值完全是一笔意外之财，因为这种增长

⊖ 要了解使用会计数字带来的问题，以及怎样合理解决这些问题，请参阅：Damodaran, A., 2007, "Return on Capital, Return on Invested Capital and Return on Equity: Measurement and Implications," working paper, SSRN.

无须增加任何投资成本。在通过新投资实现的增长中，增长创造的正效应必然要受到再投资成本的抵消，而通过提高效率带来的增长，则是通过改善现有资产收益率提高增长率，不会给现金流带来不利影响。因此，我们经常不难看到，那些试图增加公司价值的分析师，总会以效率论为远超过按基本面估值的增长率寻找借口。

虽然效率增长的潜力始终存在，但我们到底能在多大程度上利用这种增长，归根到底还要给出某些常识性的制约条件：

- 和业绩优异的企业相比，资本（股权）收益率较低的成熟型企业往往拥有更大的效率增长潜力。之所以这样说，是出于如下两个原因。首先，相比于那些业绩已经远超行业水平的企业，资本收益率远低于行业平均水平的企业显然有更大的改善空间，因而也是它们最现实可行的方案。其次，和资本收益率处于较高水平时相比，改善收益能力在低资本收益率情况下带来的影响要大得多。如果一家公司的资本收益率从5%提高到6%，那么由效率带来的同期增长率为20%。另外，如果公司的资本收益率从25%提高到26%，那么企业同期因效率改善而带来的增长率仅为4%。
- 只能以效率提高来解释有限期间内的增长。毕竟，任何公司都不可能永远地处于无效或低效状态。不管效率多么低下，一旦得到解决，公司就必然会在新增投资的基础上恢复可持续增长。在折现现金流估值模型中，这种制约会产生实实在在的结果：虽然我们可以用效率和新增投资来解释高增长时期的增长，但只能用新增投资来解释永续增长（体现于终值的计算）。

具体企业的增长既有可能来自新增投资，也可能源于效率的提高，但归根到底，增长都需要投入。不能因为我们喜欢公司的管理者或是希望提高公司价值，就毫无依据地为这家公司赋予更高的增长率。

◎ 案例2-5 3M公司增长率的估算

要预测未来的增长率，合理的起点就是估计3M公司历史上的收益增长率。考虑我们对收益的不同定义以及所用时间段的不同，我们在图2-9中给出了针对3M公司的历史收益增长率的不同估计结果。

需要提醒的是，我们所得到的历史收益增长率相去甚远。2008年9月，分析师估计未来5年年均每股收益增长率为8%~9%。

但是从基本面上来看，考虑到目前原本已很高的资本收益率和股权收益率，3M公司似乎不大可能在效率增长方面大展宏图，但关键就在于对新资产的再投资。这种再投资与新增投资的高资本收益率相互叠加，共同带来了可观的增长率。表2-7采用我们为3M公司估计的再投资及收益特征，总结了股息、非现金净利润和税后营业利润的增长情况。

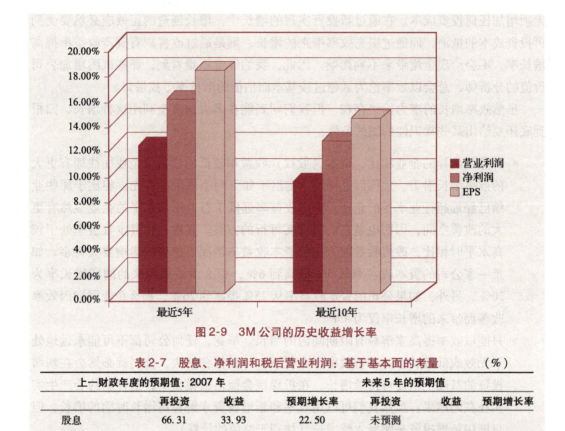

图 2-9　3M 公司的历史收益增长率

表 2-7　股息、净利润和税后营业利润：基于基本面的考量　　　　　　　（%）

	上一财政年度的预期值：2007 年			未来 5 年的预期值		
	再投资	收益	预期增长率	再投资	收益	预期增长率
股息	66.31	33.93	22.50	未预测		
非现金净利润	-2.27	47.65	-1.08	25.00	30.00	7.50
税后营业利润	36.37	25.31	9.21	30.00	25.00	7.50

请注意，上述结果已非常接近对 3M 公司上一年度再投资率和资本收益率的估计。但我们大幅改变了未来几年的股权再投资率，以反映该指标在 2003～2007 年的历史平均水平。与此同时，我们还出于同样的原因下调了非现金股权收益率。

终值

上市公司也未必会经久不衰。在理论上，它们确实可以永远生存下去，而且我们也确实无法估计永久延续的现金流。因此，我们通常会给估值模型赋予一个终止点，从而在未来某个时点停止现金流估计，然后再计算终止点之后全部现金流的终值。通常，我们可以使用 3 种方法估计现金流的终值。最常见的方法就是用一个倍数乘以终止年度的利润，作为此后现金流的终值，实际上，这种方法并不符合内在价值的概念。由于这些倍数通常依赖于在目前市场上交易的可比公司，因此这是一种定价估值或者说相对估值，而非现金流折现估值。为此，我们还可以使用两种更为合理的终值计算法。一种方法是估算公司资产的清算价值，这种方法的前提是假设在终止年份对公司资产清算出售；另一种方法是估算持续经营价值或终值估值。

清算价值法

如果我们假设企业将在终止年度停止经营，并将其资产在这一时点清算出售，那么我们就可以估算出清算取得的收入。但清算价值（liquidation value）仍需要估计，这种估计采用的是基于市场的数据（对存在现有交易市场的资产）和基于现金流的估计值的某种组合。对拥有有限生命和可交易资产（如房地产）的公司来说，清算估值法是一种非常简单的终值估值方法。而对其他公司来说，估计清算价值就有可能非常困难了，或是因为资产不可分割（如消费品公司的商标权价值），或是因为不存在针对个别资产的市场。对于后者，解决的办法就是以估计的资产账面价值为起点，在账面价值的基础上估计清算价值。

持续经营价值或终值估值法

在估计期结束时，如果我们认为公司是持续经营的，那么我们就可以假设，现金流在此后以恒定速度继续增长，并在此基础上估计这个持续经营企业的价值。如果假设公司会永远存续下去，在永续增长模型中，就可以利用一个简单的现值计算公式得到终值：⊖

$$终值_n = \frac{第\, n+1\, 年的现金流}{折现率-永续增长率}$$

在对现金流和增长率进行定义时，必须考虑我们的估值对象是股息、股权现金流还是公司现金流。对于前两者，折现率为股权成本，而对于公司现金流，折现率则是资本成本。尽管永续增长模式极富吸引力，但也容易被滥用。在现实中，只要分析师觉得他们对资产的估值太低或是太高，就会祭出永续增长模式这个宝器，而且这个模型也的确让他们屡试不爽。只需稍微调整输入参数，就可以让终值大为改观。为此，我们有必要为这种估值法提出三个重要的限制条件：

- **增长率的上限**：在稳定增长的模型中，增长率的微小变化即可明显改变终值，而且增长率越是接近估值中采用的折现率，增长率变化带来的影响就越大。然而，如果假设稳定增长率永远保持不变，那么这个假设本身就对增长率可以达到的上限形成最有力的制约。因为任何企业都不可能以高于经济增长率的速度永远增长，因此，这个恒定的增长率也不可能超过经济的整体增长率。那么，在估值中，我们可以采用的稳定增长率上限应该是多少呢？答案在于估值的标准是真实价值还是名义价值。如果是要获得真实价值，相应的增长率就应反映现金流计价货币所在经济体的增长率。如果估值的目标是名义价值，就应该以

⊖ 如果你对"永远"这样的假设感到不舒服，则不必做永续性的假设。相反，你可以使用持续增长的年金，也就是说，在未来 20 年或 25 年内，假设你的现金流每年增长 $x\%$，并在此基础上计算终值。

整体经济的实际增长率作为估值增长率的上限。而名义增长率则是货币的预期通货膨胀率与实际增长率之和。将稳定增长率设定为小于或等于经济增长率，不仅是永远不可逾越的红线，也是确保增长率低于折现率的前提条件。究其原因，就在于计算折现率所采用的无风险利率和经济增长率之间的内在关系。请注意，无风险利率可以表述为：

$$名义无风险利率 = 真实无风险利率 + 预期通货膨胀率$$

在长期内，真实的无风险利率必将收敛于整体经济的实际增长率，名义无风险利率则不断逼近经济的名义增长率。实际上，针对稳定增长率，一个简单的经验法则就是，它不应超过估值中所采用的无风险利率。

- **使用成熟型企业的风险特征**：随着公司从快速增长时期转入稳定增长阶段，我们需要赋予这些公司稳定成长型企业的特征。处于稳定增长阶段的公司和快速增长企业在很多方面有所不同。总的来说，我们可以预见，稳定增长型企业的经营风险相对较小，而且倾向于采用更多的债务。在实践中，即便是对高风险企业，我们也应该让贝塔系数趋近于稳定增长状态，让负债率与更大、更稳定的现金流保持一致。

- **再投资和超额利润假设**：稳定增长型企业的再投资往往少于快速增长企业。关键在于，我们既要掌握低增长对再投资的影响，又要确保公司以足够的再投资维持最终阶段的稳定增长。考虑到增长率、再投资率以及前面"增长的分解"部分中确定的收益率之间的关系，我们可以得到与表2-8预期增长率保持一致的再投资率。

表2-8 稳定增长型企业的再投资

估值模型	稳定增长状态下的再投资率
股息模型	稳定的增长率 / 稳定增长型企业的股权收益率
股权自由现金流模型	稳定的增长率 / 稳定增长型企业的非现金股权收益率
企业自由现金流模型	稳定的增长率 / 稳定阶段的资本收益率

此外，让再投资率和留存收益率与稳定增长率保持同步，也会降低估值对稳定增长假设的敏感性。在维持所有其他变量不变的情况下，增加稳定增长率可以大幅提高价值，但随着增长率变化而改变再投资率可能会带来抵减作用：

$$终值 = \frac{EBIT_{n+1} \times (1-t) \times (1-再投资率)}{资本成本_n - 稳定的增长率}$$

由于再投资率的提高，会导致现金流的损失抵消部分或全部由增长率提高带来的收益。稳定增长率的提高到底会增加还是减少价值，完全取决于我们对超额收益的假设。如果资本收益率高于稳定增长期的资本成本，那么提高稳定增长率就会增加价值。如果资本收益率等于稳定增长率，那么提高稳定增长率对价值没有影响。如果用稳定增长率代替之前的再投资率，我们就可以得到：

$$终值 = \frac{EBIT_{n+1} \times (1-t) \times 1 - 再投资率}{资本成本_n - 再投资率 \times 稳定增长率}$$

假设资本收益率等于资本成本，我们可以得到以下结果：

$$终值_{ROC=资本成本} = \frac{EBIT_{n+1} \times (1-t)}{资本成本_n}$$

你可以对股权收益率和现金流采用相同的假设，由此可以得到，股权的终值是权益收益率和股权成本之差的函数：

$$股权的终值 = \frac{净利润_{n+1} \times \left(1 - \frac{g_n}{ROE_n}\right)}{股权成本_{n-g_n}}$$

$$终值_{ROE=股权成本} = \frac{净利润_{n+1}}{股权成本_n}$$

总之，在终值的计算中，最关键的假设不是你在估值中采用怎样的增长率，而是这个增长率带来的超额收益是多少。如果假设不存在超额收益，那么增长率也就无关紧要了。有些估值专家认为，这是唯一可持续的假设，因为任何公司都不可能永远维持竞争优势。但是在现实中，公司在超额收益率归零之前即成为稳定成长型企业，这完全是有可能的事情。如果出现这种情况，而且公司拥有强大而可持续的竞争优势（即便这种优势不会永远延续下去），我们或许就可以假设，这家公司能永久性地维持超额收益。作为一个简单的经验法则，这些永续性超额收益应该适中（4%～5%），而且会影响到终值。

◎ **案例2-6　3M 公司的高增长及终值假设**

表2-9 列出了我们对3M 公司在快速增长阶段和稳定增长阶段下做出的假设。

表2-9　对3M 公司的估值——快速增长阶段及稳定增长阶段

快速增长阶段的时间跨度	快速增长：未来5 年	稳定增长：5 年之后
增长率	7.50%	3.00%
用于计算资本成本的债务比率	8.48%	20.00%
适用于股票的贝塔系数	1.36	1.00
无风险利率	3.72%	3.72%
风险溢价	4.00%	4.00%
债务成本	4.47%	4.47%
税率	35.00%	35.00%
资本成本	8.63%	6.76%
资本收益率	25.00%	6.76%
再投资率	30.00%	44.40%

需要注意的是，随着增长率在5年后开始下降，贝塔系数逐渐开始向趋近于1调整，而负债率则提高到20%的行业平均水平，以反映公司的整体稳定性。由于债务成本相对较低，我们可以假设其维持不变，这就会导致资本成本下降至6.76%。不过，我们还需要调整稳定增长阶段的再投资率，以反映稳定增长期不存在超额收益（资本收益率＝资本成本）这一假设。使用3%的稳定增长率预测值和6.76%的资本收益率（等于资本成本），我们即可得到44.4%的再投资率：

$$再投资率 = \frac{稳定增长率}{稳定的资本收益率} = \frac{3.00\%}{6.76\%} = 44.40\%$$

其他需要考虑的附加因素

到此为止，我们已经讨论了折现现金流估值模型的4个基本变量——现金流、折现率、增长率和终值。通过以风险调整利率对现金流折现，我们所得到的现值应该是价值的估计数。但是要从这一数字中得到我们愿意支付的每股对价，显然还需要考虑一下其他要素：

- **现金和有价证券**：大多数公司拥有的现金余额在数量上不会很大。那么，这个现金余额是否已经被纳入现值中了呢？答案取决于我们是如何估计现金流的。如果估计现金流的基础是营业利润（公司自由现金流）或非现金净利润，那么我们就没有对现金进行估值，在这种情况下，应该在现值基础上加上现金，才是最终的公司价值。另外，假如我们通过累计净利润或是使用股息折现模型来估算现金流，那么现金实际上已经被纳入估值当中。现金带来的收益构成了最终现金流的一部分，而且可以认为，折现率已经过调整来反映这部分现金的存在。

- **对其他公司的交叉持股**：一些公司有时也会投资于其他公司，而且这些交叉持股通常可以被纳入少数股权或多数股权中。所谓的少数股权，通常指持有的股份比例低于50%，在利润表中，这些对外持股取得的收入应计入营业利润之后的单独项目中。如果我们以公司自由现金流来对经营性资产进行估值，我们的估值中就不会包含这些少数股权，因此，必须对它们进行单独估值，并将估值结果与按公司现金流得到的现值相加。所谓的多数股权，是指持股的比例超过50%，此时，公司通常会将被投资子公司的财务报表与本公司的财务报表进行合并，并披露子公司100%的营业利润和资产。但是为反映子公司中非由它们拥有的部分，就需要在合并资产负债表中的少数股东权益项目中，单独列示这部分股权的账面价值。如果我们计算的是合并财务报表中的现金流，那么就需要在估值中扣除持有少数股权子公司的市场价值。
- **或有负债（不作为债务处理）**：由于我们的目标是公司的股权价值，因此我们必须考虑任何有可能减少这种价值的潜在负债。所以在计算资本成本时，资金不足支付的养老金负债和医疗保险负债等项目可能不符合负债的范畴，但是在对股权估值时，则应该考虑这些项目。换句话说，我们只需从公司价值中扣除这些债权及其他股权索取权的价值（如针对公司诉讼招致的潜在成本），就可以得到股权价值。
- **员工期权**：在得到公司的股权价值后，我们还要做出最终的估计，尤其是在公司已经常性地向管理者授予期权的情况下。由于很多这些选择权仍未行使，因此我们必须把它们视为另一种（不同的）权益主张。尽管分析师经常采用捷径（如调整稀释的股票数量）来处理这些期权，但正确的方法则还是对期权进行估值（使用期权定价模型），从股权价值中扣除期权价值，而后再除以流通在外的股票数量。

表 2-10 总结了不同模型中需要考虑的附加因素以及如何处理这些问题。

表 2-10　估值中需要处理的附加问题

附加问题	股息折扣模型	FCFE 模型	FCFF 模型
现金和有价证券	不考虑，因为净利润已包括了现金带来的利息收入	如果计算 FCFE 使用的是总净利润，则不予以考虑；如果计算 FCFE 使用的是非现金净利润，则需要加回这部分价值	合并，因为营业利润不包括现金带来的利息收入
交叉持股	不考虑，因为净利润包含了交叉持股带来的收入	不考虑，因为净利润包含了交叉持股带来的收入	FCFF 包括了少数股权的全部市场价值，再减去少数股权权益的市场价值
其他负债	不考虑，假设公司在设定股息时已考虑到这部分成本	减去预期诉讼成本	减去资金不足支付的养老金负债、医疗保险负债和预期的诉讼费用
员工期权	通常情况下不考虑	减去尚未行权的股票期权价值	减去尚未行权的股票期权价值

◎ 案例 2-7　对 3M 公司的估值

在之前的示例中，我们估计了 3M 的估值变量——从现有现金流（案例 2-1），到资本成本（案例 2-4），再到终值的计算（案例 2-6）。首先，我们采用了 7.5% 的预期增长率，并将前 5 年的再投资率估计为 30%，在此基础上，我们得到每年的预期公司自由现金流（FCFF），如表 2-11 所示。

表2-11 3M公司的预期FCFF——未来5年　　　　　　　　（百万美元）

	当期	第1年	第2年	第3年	第4年	第5年
税后营业利润（年增长率为7.5%）	3 586	3 854	4 144	4 454	4 788	5 147
-再投资（再投资率为利润的30%）		1 156	1 243	1 336	1 437	1 544
=FCFF（公司自由现金流）		2 698	2 900	3 118	3 352	3 603

在第5年结束时，我们假设3M公司将成为一家稳定增长型企业，并按每年3%的速度永续增长。在其他参数（44.4%的再投资率和6.76%的资金成本）保持不变的情况下，我们对案例2-6中的3M公司在稳定增长状态下进行估计，并由此得到第6年的FCFF和公司的终值：

6年后的预期税后营业利润 = $5147 \times 1.03 = 5302$（百万美元）

第6年的再投资（按利润的44.4%）= 2355（百万美元）

第6年的FCFF（公司自由现金流）= 2947（百万美元）

第5年年末的终值 = $\dfrac{2947}{6.76\% - 3\%} = 78\,464$（百万美元）

继续使用前5年8.63%的资本成本，我们对未来5年的现金流和终值进行折现，从而得到经营性资产的估值为607.19亿美元。

经营性资产的价值 = 第1～5年FCFF的现值 + 终值的现值

$$= \frac{2698}{1.0863} + \frac{2900}{1.0863^2} + \frac{3118}{1.0863^3} + \frac{3352}{1.0863^4}$$

$$+ \frac{3603 + 78\,464}{1.0863^5} = 64\,036 \text{（百万美元）}$$

再加上现有现金余额2475（百万美元）、对其他公司所持少数股权的价值778（百万美元），我们可以得到3M公司的总价值为67 289（百万美元）。

	（百万美元）
经营性资产的价值	64 036
+现金和有价证券	2 475
+对其他公司的交叉持股价值	778
3M公司的总体企业价值	67 289

再减去公司尚未偿还的债务价值，即可得到3M公司的股权价值：

股权价值 = 公司价值 - 负债 = $67\,289 - 5297 = 61\,992$（百万美元）

最后，我们将对3M公司对长期以来授予管理者且尚未行权的股票期权价值估计为1216（百万美元）。㊀

㊀ 截至2007年年底，公司尚有58.82万份期权尚未行权，这些股票期权的加权平均执行价格为66.83美元，还有5.5年到期。我们使用布莱克-斯科尔斯期权定价模型对期权进行估值。

将股权价值除以实际的流通股数量，可以得到每股价值为 86.95 美元，略高于 2008 年 9 月初 80 美元的每股市场价格。

DCF 估值模型的变异

迄今为止，我们所描述的折现现金流模型都是以估计内在价值为核心的标准模型。但这种方法的其他变体同样也能达到这个目的。在这个部分中，我们首先看看用风险而非折现率对现金流进行调整的模型。然后，我们将转向调整现值模型（将债务对价值的影响与经营性资产的影响相互分离）和超额收益模型（价值来源于新增投资创造的超额收益）。

按确定性调整的现金流模型

在 DCF 估值模型中，尽管大多数分析师按风险对折现率进行调整，但也有人喜欢以风险直接调整预期现金流。在这个过程中，他们采用了类似于调整折现率的风险调整过程，将不确定的预期现金流替换为确定性的等价现金流。

对风险调整的误解

在本节开始部分，我们有必要强调的是，很多分析师并不理解风险调整型现金流需要他们做哪些工作。有些人会考虑资产在各种情景下创造的现金流——从最理想的情景到最可怕的灾难性情景，而后对每一种情况分配一个概率，从而得到最可能的预期现金流，并对这个现金流进行风险调整。诚然，尽管这种方法得到的现金流考虑到最不利结果的权重，但它仍是预期现金流，并未经过风险调整。要理解其中的原因，不妨假设我们只能在如下两种方案之间任选其一。在第一种方案中，我们可以得到确定的 95 美元；在第二种方案中，我们有 90% 的概率获得 100 美元，而在其余情况下只能得到 50 美元。两种方案的预期值结果都是 95 美元，但具有风险规避倾向的投资者显然会选择第一种方案，因为它取得 95 美元结果的确定性要高于第二种方案。

计算确定性等价现金流的方法

在本节中，我们将要讨论的一个现实问题是：如何最合理地将不确定的预期现金流转换为有保障的确定性等价现金流（certainty equivalent cash flow）。尽管我们不能否认现金流取决于风险规避倾向这个观点，但真正的估算依旧难度很大。

基于效用模型的风险调整

计算确定性等价的第一种（也是最原始的）方法源于个体的效用函数。如果能明确个体财富的效用函数，那么我们就已经有条件将这个人的风险现金流转换为确定性等价现金流。比如说，对一个拥有对数效用函数的个体来说，在参加前面提到的赌博游戏（有90%的概率获得100美元，有10%的机会获得50美元）中，他需要的确定性等价现金流就应该是93.30美元：

$$\text{赌博游戏的效用} = 0.90 \times \ln(100) + 0.10 \times \ln(50) = 4.5359$$

$$\text{确定性等价} = \exp^{4.5359} = 93.30(\text{美元})$$

这93.30美元确定性等价带给这个人的效用，等于他参加不确定性赌博游戏取得95美元预期价值的效用。当然，更复杂的资产同样适用于这个原理，我们只需将每个预期现金流转换为确定性等价。

在使用效用模型估计确定性等价的时候，我们可能会看到一个奇怪的现象：正预期现金流的确定性等价可能是负数。我们不妨考虑一项假想的投资：你有50%的概率赚取2000美元，但有50%的概率损失1500美元。这项投资的预期价值应该是250美元（=2000×50% - 1500×50%），但确定性等价有可能是负值，最终结果取决于我们所假设的效用函数。⊖

在实践中使用这种方法会带来两个问题。第一个问题是，要精确找到个人或个别分析师的效用函数几乎是不可能的，至少非常困难。事实上，大多数效果良好（体现在数学上）的效用函数似乎无法对实际行为做出合理解释。第二个问题是，即使我们可以指定一个效用函数，但这种方法仍要求我们列示出资产在每个时间段上的所有情景（以及相应的概率）。因此，我们完全可以理解，使用效用函数确定确定性等价的方法，基本还局限于教学中经常提到的简单赌博游戏。

风险-收益模型

使用风险-收益模型将不确定现金流转换为确定性等价，为我们提供了一种更实用的方法。实际上，我们可以使用相同的方法来估计风险调整折现率时使用的风险溢价，但是在这里，我们可以使用风险溢价来估计确定性等价现金流：

$$\text{确定性等价现金流} = \frac{\text{预期现金流}}{1 + \text{风险调整折现率的风险溢价}}$$

以3M公司的估值为例，请注意，按照市场风险敞口和当前的市场状况，8.63%的资本成本是经过风险调整后的折现率；无风险利率为3.72%。在这里，我们不用8.63%对第一年的预期现金流2698（百万美元）进行折现，相反，我们将这个折现率

⊖ 在这个例子中，某些财富效用函数的确定性等价是负数。从表面上看，这只能说明，对于具有这种效用函数的投资者来说，他们宁愿为规避这种赌博而支付费用（即使它拥有正的期望值）。

分解为3.72%的无风险利率和4.73%的复合风险溢价。⊖

$$风险溢价 = \frac{1 + 风险调整折现率}{1 + 无风险利率} - 1 = \frac{1 + 0.0863}{1 + 0.0372} - 1 = 0.0473$$

使用这个风险溢价，我们可以计算3M公司在第一年的确定性等价现金流为：

$$第一年的确定性等价现金流 = \frac{26.98}{1.0473} = 2576(百万美元)$$

然后，我们再以无风险利率计算该确定性等价现金流的现值：

$$确定性等价现金流的现值 = \frac{2576}{1.0372} = 2484(百万美元)$$

我们可以对所有预期现金流进行上述计算，其中，r代表风险调整后的折现率，r_f代表无风险利率。

$$CE(CF_t) = \alpha_t E(CF_t) = \left[\frac{(1 + r_f)^t}{(1 + r)^t}\right] E(CF_t)$$

这种调整会带来两种影响。首先，和同一时间点可预测性较高的现金流相比，不确定程度较高的预期现金流会拥有较低的确定性等价值。其次，随着时间的推移，不确定性的影响会持续加大。这就会导致未来不确定现金流的确定性等价低于马上到来的不确定现金流。

现金流折扣

为调整现金流的不确定性，一种更为常见的方法就是对不确定的现金流进行主观"折扣"（haircut）。按照这种方法，当分析师面临不确定的现金流时，会以相对保守或打折的估计值代替不确定的现金流。当分析师迫不得已而对不同风险项目使用相同的折扣率，或是想对所有障碍视而不见的时候，这种主观方法就成为他们手中屡试不爽的武器。他们直接对高风险项目的现金流打折，试图以直接减少现金流数量的方法，弥补未通过调整折现率体现出的额外风险。

在现实中，这种方法可以有多种形式，有些投资者只考虑可预测资产带来的现金流；于是，在对资产进行估值时，他们干脆忽略有风险的现金流或投机性现金流。沃伦·巴菲特始终对CAPM和其他风险与收益模型不屑一顾，他主张以无风险利率作为折现率。但我们认为，他之所以这么做，完全是因为他选择投资的公司类型，当然，他在估计现金流方面始终采取的保守态度，这或许也是其中的原因之一。

虽然现金流折扣法表面上似乎很有吸引力，但我们还是应审慎使用这种方法。毕竟，即便是对于同一资产，分析师对风险的直觉也会有着天壤之别；和喜欢冒险的分析师相比，风险规避型分析师会对相同资产的现金流给予更大的折扣。此外，在构建风险收益模型时，我们需要对可分散的企业风险与不可分散的市场风险进行区分，但

⊖ 很多分析师使用了一个更为常见的近似值——风险调整折现率与无风险利率的差额。按这种方法得到的风险溢价为4.91%（=8.63% -3.72%）。

是当分析师依赖直觉来判断风险时，这种区分会荡然无存。换句话说，对于通过投资组合即可分散抵消的风险，他们依旧会"简单粗暴"地对现金流打折。风险调整过程缺乏透明度，也会导致风险被重复计算，尤其是需由若干分析师进行多层分析时。比如说，研究风险投资的第一位分析师对现金流采取了保守性估计，但是在他将分析结果提交给上级时，后者有可能会对已进行风险调整的现金流再次做风险调整。

风险调整折现率或确定性等价现金流

按风险对折现率进行调整，或是以确定性等价取代不确定的预期现金流，都是我们在调整风险时可采取的方法，但它们是否会带来不同的价值呢？如果是这样的话，哪种方法的结果更精确呢？答案取决于我们是如何计算确定性等价现金流的。如果我们使用风险-收益模型的风险溢价来计算确定性等价值，那么两种方法获得的结果应该是相同的。毕竟，使用确定性等价来调整现金流，然后按无风险利率对现金流进行折现，最终结果就是按风险调整折现率折现的现金流。要理解这一点，不妨考虑一笔1年期单一现金流的资产。假设 r 是经风险调整后的现金流，r_f 为无风险利率，RP 是复合风险溢价，那么，按本节前述的公式，我们可以得到：

$$\text{确定性等价} = \frac{CE}{1+r_f} = \frac{E(CF)}{(1+RP)(1+r_f)} = \frac{E(CF)}{\frac{1+r}{1+r_f} \cdot (1+r_f)} = \frac{E(CF)}{1+r}$$

把这个分析拓展到多个时间段，结论仍然是成立的。⊖ 但是需要提醒的是，如果使用的是风险溢价近似值，即风险调整后的收益率和无风险收益率之间的差值，那么这种等价关系将不再成立。在这种情况下，按照确定性等价法，所有风险资产都会拥有较低的价值，并且差异会随着风险溢价的增加而扩大。

在其他情况下，两种方法也会对相同风险资产给出不同的价值。一种情况是，无风险利率和风险溢价在不同时间段各不相同，各期间的风险调整折现率同样保持变化。有人认为，在这种情况下，确定性等价法会给出更精确的估值。另一种情况是，确定性等价是按照效用函数或主观计算得出的，而风险调整折现率则来自风险-收益模型。这两种方法会对风险资产带来不同的估值。最后，这两种方法对负现金流的处理方式不同。风险调整折现率以较高折现率对负现金流进行折现，而且随着风险的增加，现值负数的绝对值会有所减小。如果确定性等价采用效用函数计算得出，那么它也会生成负的等价现金流，但随着风险水平的提高，负数的绝对值会增加，这个结果显然是我们可以凭借直觉猜到的。

但最大的问题出现于分析师混合使用多种方法时，此时，他们往往凭借主观臆断

⊖ 有关风险调整折现率和确定性等价值可获得相同净现值的结论见：Stapleton, R. C., 1971 年。

对风险进行部分调整，并同时对折现率按风险进行调整。在这种情况下，很容易对风险进行重复计量，而由此对价值进行的风险调整自然难以解释。

现值调整模型

在现值调整（adjusted present value，APV）法中，我们将债务融资价值的影响与对企业资产价值的影响分离开。不同于以折现率体现债务融资影响的传统方法，在现值调整法中，对债务利益和成本预期价值的估计与经营性资产价值的估计是独立的。

现值调整法的基础

在现值调整法中，估值的起点是不考虑债务前提下的公司价值。对于公司的债务，我们考虑的是借款收益和成本对公司价值的净效应。一般来说，在使用债务为公司经营活动融资时，有利的一面是可以带来税收优惠效应（因为税前支付的利息费用具有抵税效应），但也会增加企业的破产风险（以及预期的破产成本）。公司价值可以表述为如下公式：

公司价值 =100% 以股权提供融资的公司价值 + 债务预期税收优惠的现值 − 预期破产成本

最早提出借款税收优惠效应的是米勒和莫迪利亚尼（1963）。他们以债务成本作为折现率，并将债务带来的节税视为永续性收益，在此基础上，估算出节税的现值。目前使用的现值调整法源于斯图尔特·迈尔斯（Stewart Myers, 1974），是针对检验投融资决策之间关联性的背景下提出的。

现值调整法的隐含前提在于，确定债务对估值的绝对影响要比确定相对影响更容易，也更精确。因此，有人提出，任何公司在提出目标债务时，都不会将其表述为占市场价值的比例（采取像资本成本法那样的方法），而是直接表达为一个绝对金额。

对现值调整的衡量

在现值调整中，我们按三个步骤来估计公司的价值。首先，我们考虑的是无杠杆公司的价值。然后，我们再考虑借入一定数量资金带来的税收优惠的现值。最后，评估相应借款金额对企业破产概率及破产预期成本的影响。

这种方法的第一步就是估计无杠杆公司的价值。实际上，我们可以假设在公司没有债务的情况下对公司进行估值——使用无杠杆股权成本对预期的公司自由现金流进行折现。在现金流永续增长的特殊情况下，公司价值很容易取得：

$$无杠杆的公司价值 = \frac{FCFF_0(1+g)}{\rho_u - g}$$

其中，$FCFF_0$ 是公司的当期税后经营现金流，ρ_u 为股权的无杠杆成本，g 为预期增长率。在更为常见的情况下，可以采用任何我们认为合理的增长假设对公司进行估值。估值所需要的参数包括预期现金流、增长率和无杠杆的股权成本。

第二步是计算既定债务水平带来的预期税收收益。这种税收优惠是公司税率的函数，并通过折现反映该现金流的风险：

$$税收优惠的价值 = \sum_{t=1}^{t=\infty}\left[\frac{税率 \times 利率 \times 负债}{(1+r)^t}\right]$$

在这里，我们必须解决 3 个估计问题。首先是用于计算税收优惠的税率，以及该税率是否会随时间而改变。其次是用于计算税收优惠的债务绝对额，以及这个数额是否会随时间而变化。最后就是使用哪个折扣率来计算税收优惠的现值。在现值调整法的初步迭代中，税率和债务绝对额被视为常数（因而税收优惠为永续使用），并以债务的税前成本作为折现率，这就大大简化了税收优惠价值的计算：

$$税收优惠价值 = \frac{税率 \times 债务成本 \times 债务}{债务成本} = 税率 \times 债务 = t_c \times D$$

随着这种方法不断改进，允许税率和债务绝对额可变，但以债务成本作为折现率是否合理的问题也逐渐浮出水面。费尔南德斯（Fernandez，2004）认为，税收收益的价值应该是如下两个价值之间的差额，即负债企业在享受税收优惠情况下的价值与同一公司在无杠杆情况下的价值之差。因此，他得到的税收优惠价值远远高于按传统方法得到的结果，两者的比例大于无杠杆企业股权成本与债务成本之比。但库珀和尼博格（Cooper and Nyborg，2006）并不认同费尔南德斯的观点，他们认为，债务税盾的价值是利息节约额按债务成本折现后的现值。

第三步是评估既定债务水平对公司违约风险和预期破产成本的影响。至少在理论上，它需要估计附加债务的违约概率以及破产带来的直接成本和间接成本。如果 π_a 是取得附加债务后的违约概率，而 BC 为破产成本的现值，那么预期破产成本的现值可以按如下公式进行估算：

$$预期破产成本的现值 = 破产概率 \times 破产成本的现值 = \pi_a \times BC$$

在调整现值法的这个步骤中，我们的估计会遇到一个非常严峻的问题，因为破产概率和破产成本是不可能直接估计的。我们可以通过两种基本方法对破产概率做出间接估计。第一种方法和我们在资本成本法中的处理方式一样——估计各级别债券的信用评级，然后按各评级违约概率的经验值作为该级别债券的违约概率。第二种方法是借助统计方法，根据公司可观察到的特征，估计各信用等级债务的违约概率。此外，还可以根据针对实际破产案例成本的实证研究来估计破产成本，但这种方法存在相当大的误差。针对破产直接成本的研究表明，和公司价值相比，这项成本非常小。㊀事

㊀ 1977 年，杰罗德·华纳（Jerold Warner）对执行破产的 11 家铁路运输公司进行了实证分析，结果显示，在破产申请日前一天的直接成本仅为公司价值的 5%，在破产申请日 5 年前的评估结果甚至更低。

实上，财务危机的代价远不止传统意义上的破产和清算成本。当公司出现破产征兆时，员工、客户、供应商和贷款人自然做出相应的反应，他们的行为可能会给公司运营造成深层次的严重损害。当企业被认为存在破产风险时，它们会失去原有的客户（和销售额），员工流失加剧，而且和正常企业相比，它们不得不接受供应商更苛刻的供货条款。对于很多公司来说，这些间接破产成本可能是灾难性的，往往是让这种认识发酵为现实的罪魁祸首。针对破产成本规模的实证研究表明，这个数字通常为公司价值的10%~25%。[⊖]

资本成本与现值调整法估值

在现值调整法估值中，加杠杆公司的价值等于债务的净效应与无杠杆公司价值之和：

$$加杠杆公司的价值 = \frac{FCFF_o(1+g)}{\rho_u - g} + t_c D - \pi_a BC$$

债务的税收优惠按债务成本进行折现。在资本成本法估值中，杠杆效应体现在资本成本中。税收优惠被合并于债务的税后成本中，而破产成本则同时体现于债务的杠杆贝塔和税前成本中。在因塞尔拜格和考福德（Inselbag and Kaufold, 1997）的研究中，他们使用现值调整法和资本成本法得到了相同的价值，但这完全是因为他们将根据现值调整法推断的股权成本用于资本成本法。

这些方法会得出相同的价值吗？未必。差异的一个原因在于，这些模型对破产成本的定义即存在很大差别。调整现值法更灵活，允许我们在估值时考虑间接的破产成本。如果债务成本没有考虑这些间接成本或是考虑得不充分，按现值调整法就会得出较为保守的低估值。另一个原因体现在，传统调整现值法通常是根据现有债务规模考虑税收优惠的绝对值。而在资本成本和简化的调整现值法中，则是根据负债比率来估算税收收益，而且这个负债比率会考虑到公司未来需要增加债务数额的可能性。比如说，假设一家成长型企业长期维持30%的债务-资本比率，那么，随着资本金的增加，要求企业在未来不断增加负债，而预期未来借款带来的税收优惠，则体现在目前的估值中。最后，用于计算税收优惠现值的折现率采用传统调整现值法中的税前成本。它是资本成本法的无杠杆股权成本。传统调整现值法得出的价值之所以会高于资本法中的成本，是因为它认为负债带来的税收优惠风险较小，因而对由此形成的节税给予较高的估值。

那么，到底哪种方法会得出更合理的估值结果呢？尽管调整现值法得到的债务在

⊖ 关于间接破产成本基本理论的研究，请参阅 Opler, T. 和 S. Titman 在 1994 年的研究。有关这些间接破产成本实际规模的研究，请参见 Andrade, G. 和 S. Kaplan 的研究。他们对最终失败的高杠杆交易进行了检验，并得出结论，这些成本的规模相当于公司价值的10%~23%。

绝对值上较为保守，但这个模型的根本缺陷在于，它难以预期破产成本。只要无法估算破产成本，调整现值法永远都只能用作半成品。将税收优惠的现值与无杠杆的公司价值相加，我们即可得到总的公司价值，因此，我们可以得到一个意料之中的结论，即增加借款会增加价值。

超额收益模式

本节介绍的模型是最常用的折现现金流法，即按风险调整折现率对预期现金流进行折现，从而得到现值，但折现现金流法还存在其他版本。在超额收益估值（excess-return valuation）法中，我们将现金流划分为超额收益现金流和正常收益现金流。按风险调整收益率（资本成本或股权成本）取得的现金流属于正常收益带来的现金流，但任何高于或低于这个数字的现金流均归属于超额收益带来的现金流。因此，超额收益既有可能是正数，也有可能是负数。在超额收益估值模型中，企业价值可以分解为两个部分：

企业价值 = 当期投资于企业的资本 + 来自现有项目和未来项目超额收益带来的现金流现值

现在，我们假设已投入资本的会计指标（资本的账面价值）能较好地体现投入当期资产的投资。那么，我们按照这种方法就可以推断出，对于取得正超额收益现金流的企业，其交易的市场价值高于它的账面价值。从另一方面可以认为，拥有负超额收益现金流的企业，则会按低于账面价值的市场价格进行交易。

模型的基础

超额收益模型的理论基础在于资本预算和净现值原则。实际上，对于一笔投资来说，不管它看上去有多赚钱，只有这笔投资的净现值为正数时，才能给企业创造价值。此外，这个模型还可以告诉我们，收益增长和现金流增长能创造价值的唯一条件是，这种增长必须伴随着超额收益的出现，也就是说，股权（资本）收益率高于股权（资本）的成本。在超额收益模型中，我们从这个结论出发，即可合乎逻辑地走到下一步——将公司价值确认为预期超额收益的函数。

尽管超额收益模型的形式多种多样，但我们在本节中仅考虑一种被普遍使用的版本——经济增加值（economic value added，EVA）。EVA法衡量的是由投资或投资组合创造的剩余价值。它依赖于一笔或多笔投资创造的"超额收益"以及为这笔或这些投资投入的资本：

经济增加值(EVA) = （已投资资本收益率 − 资本成本）× 已投资资本
= 税后营业利润 − 资本成本 × 已投资资本

EVA是净现值的简单延伸。项目的净现值（NPV）是项目在整个生命周期中新创

造的经济价值的现值:㊀

$$NPV = \sum_{t=1}^{t=n} \frac{EVA_t}{(1+k_c)^t}$$

其中,EVA_t 是项目在第 t 年给项目增加的经济价值,项目的寿命期为 n 年,k_c 为资本成本。

EVA 与 NPV 之间的这种关联性,可以让我们把公司价值与这家公司的经济价值联系起来。要理解这一点,我们不妨从现有资产价值和未来预期增长角度,看看公司价值的简单构成:

公司价值 = 现有资产的价值 + 预期未来增长创造的价值

请注意,在折现现金流模型中,现有资产和预期未来增长创造的价值均可表述为它们各自创造的净现值:

$$企业价值 = 已投资资本_{现有资产} + \sum_{t=1}^{t=\infty} NPV_{未来项目,t}$$

将净现值的经济增加值代入上面的公式,可以得到以下结果:

$$企业价值 = 已投资资本_{现有资产} + \sum_{t=1}^{t=\infty} \frac{EVA_{t,现有资产}}{(1+k_c)^t} + \sum_{t=1}^{t=\infty} \frac{EVA_{t,未来项目}}{(1+k_c)^t}$$

因此,公司的价值可以分解为三个部分的总和:

- 投资于资产的资本
- 这些资产创造的经济价值的现值
- 未来投资创造的经济价值的预期现值

请注意,这种估算公司价值的原理完全适用于股权价值,因而,我们可以得到如下表述为股权超额收益形式的公式:

$$股权价值 = 已投资资本_{现有资产} + \sum_{t=1}^{t=\infty} \frac{股权 EVA_{t,现有资产}}{(1+k_e)^t} + \sum_{t=1}^{t=\infty} \frac{股权 EVA_{t,未来项目}}{(1+k_e)^t}$$

股权 EVA =(股权投资回报率 - 股权成本)× 股权投资$_{现有资产}$

请注意,这里的 k_e 为股权成本。

EVA 的衡量标准

EVA 的定义概述了我们在计算中需要的 3 个基本参数——通过投资取得的资本收益率、这些投资所消耗的资本成本以及用于投资的资本。我们已在传统的 DCF 模型中谈论了第一个参数。我们针对资本收益率得到的全部结论,均适用于 EVA 的考量。

㊀ 不过,这种情况仅适用于折旧对应的现金流预期现值等于投资于项目的资本收益现值。相关结论参见:Damodaran, A, 1999。

而最后一个输入参数——投资于现有资产的资本,才是超额收益模型中最关键的参数,因为它是计算超额收益的基础。尽管最明显的衡量标准就是公司的市场价值,但市场价值包括的投资不仅涉及现有资产,还包括预期未来增长的投资。㊀因为我们想评估的是现有资产的质量,因此我们需要的衡量指标应该仅针对投资于现有资产的资本。我们之所以用资本的账面价值取代投资于现有资产的资本,这样的替代不难理解,毕竟,要评估现有资产价值并不容易。但账面价值这个数字反映的不只是当期的会计处理结果,还涉及在较长时期内如何对这些资产计提折旧、如何对存货进行估值以及如何处理收购等会计决策。公司的存续时间越长,就需要进行更大范围的调整,因为只有这样,才能让资本的账面价值合理体现投资于现有资产的资本价值。由于这需要我们了解并充分考虑到较长时期内的每个会计决策,因此资本的账面价值在某些时候可能被彻底扭曲,以至于根本就无法对其进行调整。在这种情况下,对已投资资本进行估值的最好选择就是从头开始——首先从公司拥有的资产开始,估计这些资产的市场价值,最后再把这些市场价值累计到一起。

超额收益模型和 DCF 估值模型的等价性

如果我们对增长率和再投资率的假设保持一致,那么要证明公司的折现现金流应等于提供超额收益模型获得的价值,显然是易如反掌的事情。尤其需要指出的是,超额收益模型的基础就是再投资率与增长率之间的关联性。换句话说,只有通过再投资于新资产或是更有效地利用现有资产,公司才能在未来创造出更多的收益。尽管我们认为折现现金流模型也应该把这种关联性予以明确,但事实并非如此。因此,分析师经常会将增长率和再投资率作为相互独立的参数,而且也不会明确两者之间的联系。

模型值可能会因为假设的差异或是为方便估计而采取的措施而出现分歧。在1998年的研究中,斯蒂芬·佩因曼(Stephen H. Penman)和西奥多·索吉亚尼斯(Theodore Sougiannis)将股息折扣模型与超额收益模型进行了比较。他们的结论是:按10年期限计算,折现现金流模型中的估值误差明显超过超额收益模型的误差。他们认为,造成这种差异的原因,在于一般公认会计原则(GAAP)下的应计收入比现金流或股息更有代表性,更能说明问题。詹妮弗·弗朗西斯(Jennifer Francis)、珀尔·奥尔森(Per Olsson)和丹尼斯·奥斯瓦德(Dennis R. Oswald)(1999年)也赞同佩因曼的观点,他们还发现,超额收益模型的表现要优于股息折现模型。露西亚·柯提艾(Lucie Courteau)、詹妮弗·高(Jennifer L. Kao)和理查德森·戈登(Richardson Gordon)则

㊀ 举例来说,如果用公司的市场价值而非账面价值来计算微软或谷歌的资本收益率,我们得到的资本收益率约为13%。如果将这个结果视为公司管理者投资不足的标志,显然是不恰当的。

认为，超额收益模型之所以能在这些研究中脱颖而出，完全可以归因于终值计算的差异。他们还表示，使用由"价值线"估计的最终价格（而不是独立的估计），则会导致股息折现模型的效果超出超额收益模型。

内在估值模型到底给了我们哪些启示

在本章描述的估值方法中，无一例外的都是在估计资产或业务的内在价值。但是，我们必须深刻理解我们在这个过程中的终极目标，即在充分考虑资产或企业现金流和现金流风险的基础上，估算这些资产或企业的价值。考虑到价值依赖于我们对现金流、增长率和风险所制定的假设，因此它代表了我们对资产或企业在任何时点的内在价值的看法。

那么，如果得出的内在价值与市场价格存在巨大的差别，我们该如何应对呢？如下几种解释都是合理的。首先，我们对公司未来的增长潜力或风险做出了错误或不切实际的假设。其次，我们对整个市场的风险溢价进行了错误的估值。最后一种解释是，市场本身对价值做出了错误的判断。

即使在最后一种情况下——我们的价值判断是正确的，而市场价格是错误的，我们依旧不能保证，我们一定可以按估值获得收益。因为要做到这一点，市场就必须能纠正其错误，而这个纠正过程不能太久，而是在不久的将来即能完成。事实上，我们会买进我们自认为价值被低估的股票，但最终有可能发现，随着时间推移，这些股票会被进一步低估。正因为如此，采用足够长的时间段始终是使用内在估值模型的先决条件。我们应该学会给市场更多的时间（比如说 3~5 年）去纠正错误，而不能期待它在下个季度或是 6 个月之后即完成这个纠正过程，毕竟，前者的机会要比后者大得多。

本章小结

公司的内在价值是其基本面的反映。估计内在价值的主要工具是折现现金流模型。在本章里，我们首先探讨了对公司股权的估值和对整个企业进行估值之间的差别，然后我们将重点转向估值模型所需要的 4 个基本参数。针对股权投资者的现金流可以严格地界定为股息，而更宽泛的定义还包括通过股票回购增加的股息，当然，最宽泛的定义则是股权的自由现金流（潜在股息）。公司现金流是指流向股权投资者和贷款人的合计现金流，因而对应于债务之前的现金流，或者说，包括负债在内的现金流。我们选择的折现率必须和现金流的定义保持一致，也就是说，将股权成本对股权现金流进行折现，以资本成本对公司现金流进行折现。在估计增长率时，我们提出了历史增长水平和外部估计的局限性，并强调了将增长率和基本面联系起来的重要性。最后，我们为模型设置了重点，即假设现金流会在未来某个时刻进入稳定增长状态，但无论是增长率还是稳定成长型企业的特征，都是有限的。

在本章的最后，我们剖析了折现现金流模型的 3 个衍生版本。在确定性等价现金流方法中，我们以风险对现金流进行了调整，并按无风险利率对调整后的现金流进行折现。在调整现值方法中，我们将债务与公司的经营性资产分离开，并在独立于公司的基础上评估它们的影响。在超额收益模型中，我们强调了这样一个事实：增长本身未必能创造价值，除非它能带来超额收益。但我们也提到，在本质上，这些模型的原理是一致的，差别微乎其微。

The Dark Side of Valuation 第 3 章

概率估值
情景分析、决策树及模拟法

我们在第 2 章里讨论了按风险对企业价值进行调整的方式。尽管我们描述的这些方法很有市场,但它们都隐含着一个共同的主题:将一项资产或一家企业的风险归集为一个数字——风险越大,折现率越高,现金流越少。这种计算模式注定要求我们对风险的本质进行假设(但假设往往是不现实的)。

在本章里,我们将采用另一种更符合现实的方式去评估和反映投资的风险水平。在这里,我们不是以某个资产或公司的预期价值去代表它们在所有可能结果下的预期价值;相反,我们将利用更多的信息和手段,去判断一项资产或企业在每一种或者至少一部分情景下的价值。为此,在本章中,我们首先从这种分析方法最简单的版本入手,也就是说,在三种情景——最理想情景、最可能情景和最差情景下分析资产的价值。在此基础上,我们将讨论把范围扩大至更普遍的情景。随后,我们将探究决策树的使用,这是一种处理离散型风险的完整方法。本章的最后一个主题是蒙特卡罗模拟法,旨在揭示风险的全部可能范围。

情景分析

对于风险性资产的预期现金流,我们可以通过如下两种方法之一进行估值。按照第一种方法,风险资产的预期现金流等于各种可能情景下的现金流按概率加权得到的平均值,而第二种方法则直接采用最可能情景下的现金流。尽管前者显然更为准确,但很少使用,原因就是它需要的信息更多。但是在这两种方法中,都存在现金流偏离预期的情景,在某些情况下会高于预期,在另一些情况下则会低于预期。在情景分析中,我们需要估计各种情景下的预期现金流和资产价值,以便于更好地反映风险对价值的影响。在本节中，我们首先考虑情景分析的一种极端情况，即在最理想情景和最差情景下的价值，然后，我们再将情景分析覆盖更一般的情况。

最理想情景/最差情景

对风险型资产，实际现金流可能与预期存在很大的差异，但至少我们可以估计出预期外部实现（最理想情景）和全部未实现（最差情景）情景下的现金流。实际上，我们可以通过两种方式来构建这个分析过程。首先，将决定资产价值的所有参数均设置为其最理想（或最差）情景下的结果，然后用相应数字估计现金流。因此，在对公司进行估值时，我们可以将收入增长率和营业利润率设定为有可能的最高水平，同时将折现率设定为最低值。这是我们按最理想情景计算得到的结果。这种方法的问题在于结果可能无法兑现。毕竟，要获得高收入增长率，公司可能不得不降低价格，并接受较低的利润率。而对第二种方法，可能出现的最理想情景对应于全部参数均处于最可行的情况，并兼顾各参数之间的关系。因此，我们采取现实可行的增长率及利润率组合，而不是假设收入增长率和利润率均达到最大化进而实现价值最大化。尽管这种方法更符合实际情况，但是要付诸实践，显然还需要投入更多的工作。

最理想情景/最差情景分析的实用性如何呢？这种分析的结果可以通过两种方式适用于决策者。首先，最理想情景和最差情景值的差异可用作衡量资产风险的标准；风险越高的投资，其价值区间（按比例计算）应该更大。其次，担心潜在溢出效应会导致投资运营恶化的企业，可以通过考量最不利的结果衡量这种影响。因此，对于承受巨额债务的公司来说，可以根据最不利的结果确定其投资是否存在潜在违约风险。

但就总体而言，最理想情景/最差情景分析包含的信息量并不是非常大。毕竟，知道一个资产在最理想情景下更值钱而在最坏情景下没那么值钱，不应有任何惊讶之处。因此，当研究股票的分析师使用这种方法对股价为50美元的股票进行估值时，他在最理想情景下得到的估值可能是80美元，而在最差情景下的定价则是10美元。面对如此之大的价格区间，确实很难决定这只股票是不是一笔好的投资。

多情景分析

情景分析确实不必局限于最理想情景和最差情景。在最常见的形态下，风险资产的价值可以按多种不同情景进行计算，这些情景在宏观经济和特定资产的变量等方面有不同的假设。灵敏度分析的基本原理非常简单，它在具体运用中包含四个关键性构成要素：

- **确定情景分析依赖于哪些因素**：这些因素的范围非常广泛，对汽车制造商而言包括宏观经济状况，对消费品公司来说包括竞争对手的反应，而电话公司则包括监管机构的行为。总的来说，分析师应关注决定资产价值的两三个最关键因素，而后，围绕这些因素构建相应的情景。
- **确定对每个因素需要分析的情景数量**：尽管更多的情景可能更符合实际情况，可以提高分析的可行性，但是从资产现金流角度收集信息并区分不同情景显然会增加分析的难度。因此，假如我们分析的是 5 种情景，而不是 15 种情景，那么，估算在各种情景下的现金流自然会容易得多。至于到底需要考虑多少种情景，取决于各种情况之间的差异度，以及分析师在每种情况下预测现金流的准确程度。
- **估算每一种情景下的资产现金流**：为简化这个步骤的计算量，我们只关注每一种情景下的两三个关键性预测变量（如增长率或利润率）和现金流。
- **为每种情景设定概率**：对某些涉及汇率、利率和整体经济增长率等宏观经济因素的情景，我们可以利用专业机构的能力预测这些变量。而对涉及行业或竞争对手的其他情景，我们不得不利用我们掌握的对行业的知识。但需要注意的是，只有被分析的情景涵盖各种可能性时，这种分析才是有意义的。如果被分析的情景仅代表投资的一部分可能结果，以至于各种情景的概率之和不等于 1，那么，预期值必然是不正确的。

情景分析的结果可以表示为每种情景下的价值以及各种情景下的预期价值（如概率可在第四步中做出估计）。多情景分析可以提供每一种具体情景下的资产价值，因而能比最理想/最差情景提供更多的信息，但它也有自己的问题：

- **输入垃圾，输出垃圾**：毋庸置疑，情景分析的关键在于设定情景，并估算每一种情景下的现金流。情景的展示不仅要现实，而且必须尽可能地涵盖各种可能性。设想之后，就需要估算每一种情景下的现金流。在确定到底需要设定多少个情景时，我们必须对这些要素进行权衡。
- **持续性风险**：情景分析更适用于处理离散性结果的风险，而非持续性风险。前者的典型示例就是监管规则的变化。利润率或市场份额的变化显然是持续性的。
- **风险的双重计量**：和最理想情景/最差情景分析一样，决策者在进行情景分析时可能会重复计量风险。因此，如果依赖于情景分析产生的结果，投资者可能会决定不投资于被低估的股票，因为这种在某些情景下的价值低于市场价格。由于预期价值已经过风险调整，因此，这意味着有可能对潜在的相同风险或是最初不应成为决策因素的风险（因为这种风险是可分散的）重复计量。

◎ 案例 3-1 用情景分析进行公司估值

为了演示情景分析的过程,我们不妨考虑这样一个简单的例子。假设你正准备对 TechSmart 进行估值,这是一家制造企业,其 20% 的收入和一半的营业利润来自沃尔玛。与沃尔玛的合同预计需要在明年年初续约。现在,我们假设有三种情况。第一种,也是最有可能的一种情况是,合同按现有条款重新续约;第二种情况是与沃尔玛续约,但对 TechSmart 设置了过多的限制性条款(而且利润减少);第三种情况则是不续约。

此时,你对公司的估值将在很大程度上取决于是否与沃尔玛续约。因此,根据合同的续约情况,我们得到对明年的预计收入和税后营业利润的三组估计数字。表 3-1 汇总了每种情景下的估计值(金额单位为百万美元)。

表 3-1 明年的预计收入和经营利润——合同情景

情景	收入	税后营业利润
合同续约	1 500	240
合同续约但受到限制	1 500	180
合同未续约	1 200	120

在每一种情景下,公司预计都将实现稳定增长,收入增长率为 3%,资本成本为 8%。但资本收益率在每种情景下均会有所不同,这就导致维持预期增长率所需要的再投资不同(见表 3-2)。

表 3-2 资本收益率(ROC)和再投资率——合约情景

情景	增长率(g)	资本收益率(ROC)	再投资率(g/ROC)
合同续约	3%	12%	25.00%
合同续约但受到限制	3%	9%	33.33%
合同未续约	3%	6%	50.00%

使用表 3-1 中的预期税后营业利润估计值和表 3-2 中的再投资率,我们估计出每种情景下的企业价值为:

企业价值 = 预期税后营业利润 × (1 - 再投资率)/(预期增长率对应的资本成本)

结果如表 3-3 所示。

表 3-3 公司价值——合同情景

情景	营业利润	再投资率	企业价值
合同续约	240	25.00%	3 600
合同续约但受到限制	180	33.33%	2 400
合同未续约	120	50.00%	1 200

最后，我们假设这三种情景的概率分布为：无限制合同续约的概率为50%，合同续约但受到限制的概率为30%，合同被取消的概率为20%。公司在这些情景下的预期价值为：

公司价值 = 0.50 × 3600 + 0.30 × 2400 + 0.20 × 1200 = 2760（百万美元）

请注意，我们原本可以使用单一折现现金流估值法中营业利润和资本收益的预期值，得出完全相同的公司估值结果。

决策树

在某些估值中，风险不仅是离散的，而且是序列性的。也就是说，要让资产具有价值，它就必须要通过一系列的测试。任何节点上的测试失败都会导致整体价值的损失。比如说，正在对人体进行测试的药物就属于这种情况。在美国，任何药物要想进入市场销售，必须通过美国食品药品监督管理局（FDA）的三个阶段审批程序。在这三个阶段中，未通过任何一个测试都会导致药物失去上市机会。决策树不仅可以让我们分阶段考虑风险，还可以针对每个阶段的结果设计适当的响应方式。

决策树分析的步骤

理解决策树的第一步是区分根节点、事件节点、决策节点和终端节点：

- 根节点代表决策树的起点，即决策者可能面对的决策选择或不确定结果。这个阶段的目标是估计现阶段风险投资的价值。
- 事件节点代表一项冒险性赌博可能出现的结果：一种药物能否通过FDA审批程序的第一阶段，就是一个典型的例子。我们必须根据目前掌握的信息，判断可能出现的结果和发生某种结果的可能性。
- 决策节点表示决策者可以做出的选择——在得到市场测试结果之后，产品从测试市场扩展到国内市场。
- 终端节点往往表示初期风险结果和相关对策的最终结果。

我们不妨考虑一个非常简单的例子。假设你有机会选择接受确定的20美元或是参加一场赌博，在这场赌博中，你赢得50美元和10美元的概率均为50%。图3-1显示了这场赌博的决策树。

请注意决策树中的各关键要素。首先，只有事件节点代表不确定的结果，并具有与之相对应的概率。其次，决策节点代表一种选择。在纯粹的预期价值基础上，赌博的收益（预期价值30美元）要超过有保证的固定收益20美元；后一个分支上的双斜杠表示该方案不会被选中。尽管这个例子可能过于简单，但它包含了构建决策树的全部要素：

（1）将分析过程划分为风险阶段。制定决策树的关键，是概括未来你需要面对的风险阶段。在某些情况下，如 FDA 批准程序，这些风险很容易确定，因为只有两个结果：要么是药物获得批准进入下一阶段，要么被否决。但在其他情况下，这种判断可能非常困难。例如，针对新消费品的检验市场可能会产生数百种潜在结果，在这种情况下，我们必须针对测试市场的各种结果创建一个离散序列。

（2）在每个阶段，估计出现各种结果的概率。在确定每个阶段的风险和结果之后，还要计算出现各种结果的概率。除全部可能结果的概率之和必须等于 1 这个显而易见的要求之外，分析人员还需要考虑，后个阶段出现的各种结果的概率是否会受到此前阶段结果的影响。例如，当测试市场结果只能按平均水平生成时，在国内市场成功推出产品的概率会如何变化？

（3）定义决策点。在决策树中嵌入决策点。在这个阶段上，我们需根据对早期阶段结果的观察以及对未来阶段发生进程的预期，确定自己的最优方案。以测试市场为例，你可以在测试市场结束时确定对产品进行第二轮市场测试、放弃产品还是直接进行国内市场的推广。

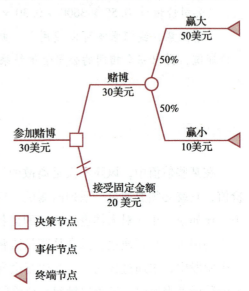

图 3-1　一个简单的决策树

（4）计算终端节点的现金流和价值。决策树过程的下一步，就是估计各终端节点位置的最终现金流及价值。在某些情况下，这种计算很容易实现，比如放弃对产品进行市场测试，因为它只需计算在产品营销测试上的花费即可。而在其他情况下，这种计算可能非常复杂，比如相同产品的国内市场推广，因为它需要你估计产品在整个使用期限内的预期现金流，并将这些现金流折扣为现值。

（5）返回决策树。决策树分析的最后一步是沿着决策树反向"折回"，在这个步骤中，需要将期望值沿着决策树进行反向折算。如果节点是事件节点，预期值须按照出现各种结果的概率进行加权平均计算；如果为决策节点，预期值须按每个分支计算，并选择最高值（作为最优决策）。这一过程的终点，就是当期资产或投资的预期价值。⊖

⊖ 大量文献资料对这种折回过程的假设进行了检验，结果显示，只有借助于这个过程，才能保持价值的一致性。尤其是在使用决策树描述诸多并发风险时，更应维持这些风险之间的相对独立性。相关研究参见 Sarin, R. and P. Wakker, 1994, "Folding Back in Decision Tree Analysis," *Management Science*, v40, pp. 625-628。

决策树会生成两个关键性输出结果。第一个结果就是贯穿于整个决策树的当期预期值。这个预期值包含了因风险而带来的潜在升值和贬值以及你针对这种风险需要采取的措施。实际上，这与我们在第 2 章中讨论的风险调整值类似。第二个结果是在终端节点形成的价值区间，它需要将潜在风险纳入投资中。

◎ **案例3-2　利用决策树对生物科技公司进行估值**

为演示建立决策树模型所涉及的步骤，我们以一家仅生产一种产品的小型生物科技公司为例对其进行估值。假设它研发了一种治疗 1 型糖尿病的药物，该药物已通过初步临床检验，并即将进入 FDA 审批程序的第一阶段。⊖

在审批的三个阶段中，假设你在每个阶段得到的补充信息包括：

- 第一阶段：该项目预计将耗资 5000 万美元，而且需要招募 100 名志愿者来测试药物的安全性和服用剂量；测试期预计将持续一年。该药物成功通过第一阶段检验的概率为 70%。
- 第二阶段：将在两年期内针对 250 名志愿者测试该药物治疗糖尿病的有效性。这一阶段将花费 1 亿美元，而且只有在治疗 1 型糖尿病的效果上具有统计显著性，该药物才能进入下一阶段测试。这种药物治愈 1 型糖尿病的概率有 30%，同时治愈 1 型及 2 型糖尿病的概率为 10%，治愈 2 型糖尿病的概率为 10%。
- 第三阶段：测试范围将扩大到 4000 名志愿者，以确定服用该药物的长期影响。如果该药物的测试对象仅限于 1 型或 2 型糖尿病患者，那么，这一阶段将持续 4 年，费用为 2.5 亿美元；有 80% 的成功概率。如果同时对两种类型的糖尿病患者进行测试，那么，该阶段将持续 4 年，耗资 3 亿美元；有 75% 的成功概率。

如果该药物通过全部三个阶段的测试，则药物的开发成本及各年度的现金流如表 3-4 所示。

表3-4　开发成本和年度现金流

药物治疗对象	开发成本	年度现金流
仅针对 1 型糖尿病	5 亿美元	3 亿美元，15 年
仅针对 2 型糖尿病	5 亿美元	1.25 亿美元，15 年
针对 1 型和 2 型糖尿病	6 亿美元	4 亿美元，15 年

⊖ 在 1 型糖尿病患者中，胰腺不能分泌胰岛素。此类糖尿病的患者大多为儿童，而且这种糖尿病与饮食和运动无关；因此，他们必须终生服用胰岛素。在 2 型糖尿病患者中，胰腺分泌的胰岛素不足。此类疾病大多出现在老年人身上，有时可以通过改变生活方式和饮食来加以控制。

假设公司的资本成本是10%。

现在,我们可以根据掌握的信息绘制该药物开发的决策树。我们首先以图3-2表示决策树,图中具体列示了相应的开发阶段以及每个阶段的现金流及其概率。

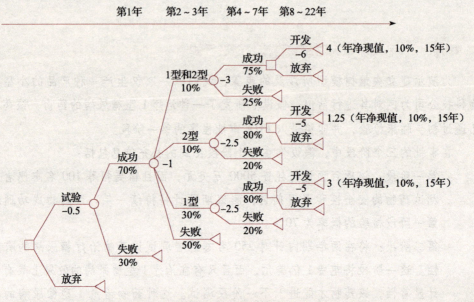

图3-2 药物开发的决策树(亿美元)

决策树显示出在每个阶段上测试取得成功的概率,以及在每个步骤上的新增现金流或边际现金流。显然,完整描述各个阶段需要大量的时间,因此,我们有必要对各路径的预期现金流采取时间价值的概念。通过时间价值效应,并使用10%的资本成本作为折现率,我们可以计算出各路径现金流的累计现值(折算到今日),如图3-3所示。

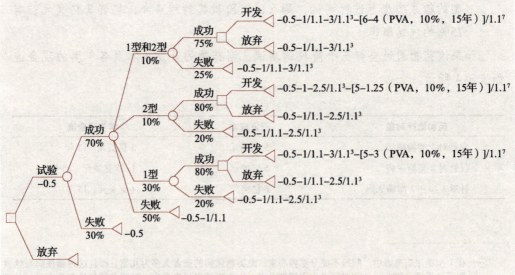

图3-3 终端节点现金流的现值:药物开发的决策树(亿美元)

请注意，计算第三阶段开发后形成的现金流现值，我们可以得到另外 7 年的折现值（以反映这笔现金流经历三个阶段所需要的时间）。在这个过程的最后一步中，沿着决策树反向折算并估计各决策阶段上的最佳对策，我们即可得到该开发项目的期望价值，如图 3-4 所示。

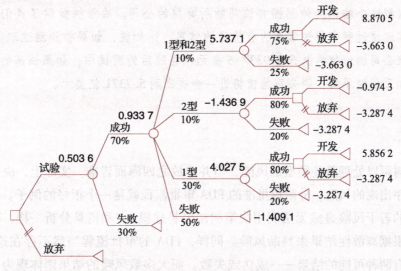

图 3-4 药物决策树的折回过程（亿美元）

鉴于成功的不确定性，这款新药在目前的预期价值为 5036 万美元。这个价值反映了在整个开发过程中的各种可能性，并体现了在每个决策分支上应予以放弃的次优选择。比如说，在药物通过第三阶段测试后，继续开发药物的选项优于在全部三种情况下做出放弃选择的方案——无论是对 1 型、2 型还是两者兼有的情况。此外，决策树还提供了一系列可能的结果。最差的结果是治疗 1 型及 2 型糖尿病的药物在第三阶段的测试中遭遇失败（按目前计算的开发成本价值为 3.663 亿美元）。而最好的结果则是针对两种类型糖尿病开发的药物获得批准（现值为 8.8705 亿美元）。

在决策树的最后一组分支中，出现了一个令人费解的要素。开发治疗 2 型糖尿病药物的现值为负值（−9743 万美元）。既然是负数，公司为什么还要开发这种药物呢？因为在这个过程的最后放弃药物开发，其净现值只会更低（约合 −3.2874 亿美元）。另一种理解这种情况的方法，就是观察仅针对治疗 2 型糖尿病开发药物的边缘效应。在公司花费资源完成全部三个阶段的测试后，这些测试即成为沉没成本，因而不再是影响决策的要素。⊖ 在第三阶段之后，继续开发这款药物的边际现金流

⊖ 如果只考虑前两个阶段的成本，估值结果会更准确，因为在第二阶段结束时，公司就会知道，该药物仅对 2 型糖尿病有效。即使只把前两个阶段的成本视为沉没成本，我们依旧应在期望价值的基础上考虑第三阶段。

> 带来了正的净现值 4.51 亿美元（即第 7 年的现金流）。
>
> 在决策树的每个阶段上，我们都必须根据当期的边际现金流进行决策判断。反向折回决策树可以让我们了解这款药物在审批过程中每个阶段的价值。
>
> 总之，按照这个决策树，我们对这款糖尿病治疗药物的估值为 5036 万美元，进而可以把这个结论延伸到拥有该药物所有权的公司。决策树提供了我们在公司通过这些测试过程中应该掌握的有价值的信息。比如说，如果初步测试取得成功，那么这家公司的价值将跃升至 9337 万美元。在随后的测试中，如果该药物有望治疗 1 型和 2 型糖尿病，则公司估值将进一步提高到 5.7371 亿美元。

估计问题

决策树可以处理某些类型的风险，但并非放之四海而皆准。实际上，决策树尤其适合于顺序出现的风险；分阶段批准的 FDA 审批流程就是一个很好的例子。而同时影响到资产的若干风险显然无法利用决策树法轻易建模。⊖ 和情景分析一样，决策树通常也只是根据离散性结果来判断风险。同样，FDA 的审批流程当然不存在这个问题，因为它只有两种可能的结果——成功或失败。而大多数风险的结果则体现为一个更大的区间，因此，为确保估值结果符合决策树的模型框架，我们必须将它们表示为离散性结果。

如果风险表现为序列性，且可归类为非连续数据，那么我们所面临的估计问题或许就不存在简单的答案。尤其是在需要估计针对每个结果的现金流及其概率时，难度尤为突出。以药物开发为例，我们必须估计每个阶段的成本和成功概率。对于这些估计，我们的优势就是可以借鉴经验数据：进入每个阶段的药物继续进入下一个阶段的概率，以及与药物测试相关的历史成本。就成功概率而言，不同药物在第一阶段测试中取得成功的概率存在很大差异——有些药物确实比其他药物更艰难，而且误差也会渗透到决策树中。

决策树的期望值在很大程度上取决于我们会在决策点保持自律性的假设。换句话说，如果在一个测试市场失败，我们即放弃最优决策，并依据这个假设计算预期值，那么如果管理者决定对市场测试失败，并继续全力推出这款产品，整个过程和预期价值的完整性自然也会不复存在了。

最后，对完全依赖单一产品或资产的公司进行估值时，决策树是最有效的。在前述的生物技术公司估值案例中，我们假设公司的全部价值取决于一款糖尿病药物能否顺利通过审批。但如果假设公司在未来还有可能开发出其他药物，那么我们得到的估

⊖ 如果我们选择在决策树中对这些风险进行建模，那么它们必须是相互独立的。换句话说，顺序不影响结果。

值可能就不符合实际了。在这种情况下，这些新药可能会带来额外的价值。

风险调整值和决策树

决策树到底是折现现金流估值法的替代还是补充呢？这个问题很有趣。有些分析师认为，决策树考虑到好结果和坏结果的概率，并据此进行了风险调整。在现实中，他们还声称，用于估计决策树现值的正确折现率应该是无风险利率。他们认为，采用风险调整后的折现率会重复计算风险。但除非发生特殊情况，否则他们的推理是不正确的：

- **预期值未经风险调整**：就决策树而言，我们是以可能发生的结果及其发生概率来估计预期现金流的，由此获得的概率加权预期值是未经风险调整的。而使用无风险利率时唯一可以提出的理由就是，嵌入不确定结果中的风险属于特定资产的风险，因而是可以通过多样化投资得到分散的。在这种情况下，风险调整折现率应该是无风险利率。比如说，在 FDA 药物开发审批的例子中，我们可以据此解释，当我们面对的唯一风险就是药物能否取得批准的风险时，我们为什么要使用无风险利率对前 7 年的现金流进行折现。而在第 7 年后，由于还要面对市场因素等风险，因此风险调整后的利率将高于无风险利率。
- **重复计算风险**：我们必须保持谨慎的是，务必不要重复计算决策树中的风险，也就是说，在使用风险调整后的折现率时，不要试图以人为抬高的折现率去反映前期阶段失败的概率。这种现象的常见例子是针对风险投资的估值。在对年轻的初创企业进行估值时，风险投资者的传统方法是根据预测收益及未来收益的倍数来估计退出价值，然后以目标收益率对退出价值进行折现。比如说，对目前仍在亏损但预计 5 年后可创造 1000 万美元盈利的公司（假设公开上市后的预计市盈率为 40），这家初创企业目前的价值可计算如下（假设目标收益率为 35%）：

公司在 5 年后的价值 = 第 5 年的盈利 × PE = 10 × 40 = 4（亿美元）

公司目前的价值 = 4 亿美元 $/1.35^5$ = 8920（万美元）

但需要提醒的是，考虑到这家年轻的初创企业可能无法存续下去的概率，我们将目标收益率设定为较高水平（35%）。实际上，我们可以将上述过程构建成为一个简单的决策树模型，如图 3-5 所示。

根据风险投资家所面临的风险，我们假设 r 为正确的折现率。对于上述的计算过程，我们假设这个创业公司的折现率为 15%。代入风险投资家对公司的 8920 万美元估值，我们可以得出失败情况下的公司价值：

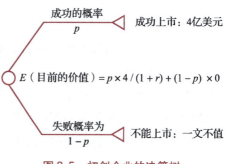

图 3-5　初创企业的决策树

$$预计价值 = 8920 万美元 = (4 亿美元 / 1.35^5) \times p$$

为得到 p，我们将成功的概率估计为 44.85%。按照决策树中的这个概率估计值，假设我们采用正确的折现率，那么我们将得到与风险资本家相同的预期价值。如使用 35% 的目标率作为决策树中的折现率，则会导致价值大幅下降，因为在这种情况下，风险被重复计算了两次。出于相同的逻辑，我们还可以解释，在估计决策树中生物技术药物的价值时，使用高折现率为什么会降低药物的价值。尤其是在折现率已反映出药物不能投入商业化生产的概率时，使用高折现率降低价值的情况尤为明显。如审批过程的风险仅针对特定药物，因而是可以多样化手段予以分散的，那么决策树分析就应选择适中的折现率，即便对有很大可能性未通过批准过程的药物也是如此。

- **正确的折现率**：如果决策树中采用的合适折现率应反映未来不可分散的系统风险，那么决策树中不同节点上的折现率就有可能不同，而且极有可能是不同的。比如说，如果产品在市场测试阶段大获全胜，就可能得到比平均市场测试结果情况下更具预测性的现金流。此时，我们可以采用较低的折现率对前者进行估值，并采用较高的折现率对一般情况进行估值。在药物开发的例子中，如果药物对两种类型的糖尿病均有疗效，那么，预期现金流可能比仅针对单一类型糖尿病有效情况下更为稳定。因此，我们可以对前者带来的现金流采用 8% 的折现率，而对后一种情况采用适中的折现率。

基于如上讨论，我们可以看到，决策树绝非是风险调整估值法的替代。相反，它只是以另一种不同的方式，调整难以体现到预期现金流或风险调整折现率中的离散型风险。

模拟估值法

如果说情景分析和决策树是能帮助我们估计离散型风险影响的技术，那么模拟法则提供了一种监测持续型风险影响的方法。当我们在现实世界中面对的大多数风险可以带来数百个可能结果时，模拟技术能让我们更全面地认识一笔资产或投资的风险。

模拟法的步骤

不同于在离散情景下认识价值的情景分析，模拟法可以让我们更灵活地应对不确定性。在经典的模拟技术中，我们需要为估值中的每个参数（增长率、市场份额、营业利润率和贝塔系数）估计出一个价值分布区间。在每次模拟中，我们从每个分布区间得到一个结果，以生成唯一一组现金流和估值结果。通过大量的模拟，我们可以推导出投资或资产的价值分布区间，以反映我们在估计投资价值时所面临的潜在不确定性。使用模拟法的具体步骤如下所示。

(1) **确定按"概率"分布的变量**。任何分析都有可能涉及数十个参数，其中某些参数是可预测的，某些则是无法预测的。与变量数可变且潜在结果数量较少的情景分析和决策树不同，在模拟法中，对可变的变量数量是不设限制的。至少在理论上，我们可以为估值中的每个参数确定一个概率分布。但实际情况是，这样做不仅需要耗费大量时间，并且有可能无法提供有价值的结果，尤其是对于那些对价值仅存在边际影响的投入。因此，我们有必要将关注点集中于那些仅对价值有重大影响的变量。

（2）确定这些变量的概率分布区间。这是模拟分析中最关键，也是最困难的一步。一般来说，我们可以通过三种方式定义变量的概率分布：

- **历史数据**：对拥有较长历史且历史数据较为可靠的变量，我们可以使用历史数据建立该变量的分布区间。例如，假设我们试图建立长期国债利率预期变化的概率分布（用作投资分析的输入参数）。按照国债利率在1928~2016年的各年度变化情况，我们可以使用如图3-6所示的柱状图反映国债利率未来变化的分布区间。

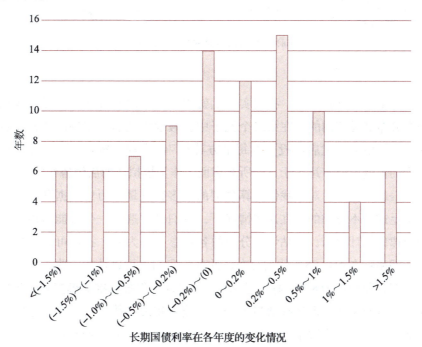

图3-6　国库券利率在1928~2016年的变化情况

这种方法隐含的假设是，市场上不存在任何会导致历史数据不可靠的结构性变化。

- **横断面数据**：在某些情况下，我们可以寻找与被分析投资相似的现有投资，以可比投资特定变量的分布来替代被分析投资相关变量的分布。我们考虑如下两个例子。假设你准备对一家软件公司估值，最让你担心的这家公司营业利润率的波动。图3-7显示了所有软件公司在2016年的税前营业利润率分布情况。

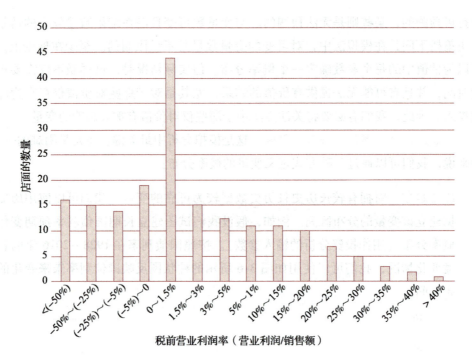

图 3-7 2016 年 1 月全美软件企业的税前经营利润率

如果采用这种分布，我们实际上就相当于假设所有软件公司营业利润率的基本分布都是相同的。在第二个例子中，假设你就职于零售商塔吉特百货，你的任务是估算新建店面投资的每平方英尺①销售额。然后，塔吉特百货将把你得到的该变量分布运用于目前所有店面，作为模拟新商店销售额的基础。

- **统计分布和参数**：对于我们打算预测的大多数变量，历史数据和横截面数据都是不足或是不可靠的。在这些情况下，我们必须选择一个最能体现输入变量波动规律的统计分布，并估计该分布的各项参数。为此，我们可以得出结论：营业利润率将在 4%～8% 均匀分布。此外，我们也可以认为：收入增长率服从正态分布，预期值为 8%，标准差为 6%。目前，很多标准的模拟软件包均可提供大量的分布函数，但选择适当的分布函数和相关参数仍很困难，原因来自两个方面。第一，在实践中，我们很少看到能满足统计分布要求的输入参数。例如，以百分比表示的收入增长率并不符合正态分布，因为它的最低值有可能是 –100%。因此，我们必须找到与实际分布非常接近的统计分布函数，以确保误差不会严重颠覆我们的结论。第二，在选择分布函数后，仍需要估计相应的参数。为此，我们可以利用历史或横断面数据。对于反映收入增长的参数，我们可以分析前几年的收入增长情况，或是同业企业之间的收入增长差异。在这里，同样需要提醒的是，结构性变化会导致历史数据不可靠，同业企业之间不具备

---

① 1 英尺 = 0.304 8 米。——译者注

可比性。概率分布对某些输入参数可能是离散性的，而对其他参数则有可能是连续的，有些分布可以依赖于历史数据，而有些则可以依赖于统计分布。

(3) **检验变量间的相关性**。虽然在指定分布后，我们会急于运行模拟，但需要提醒的是，一定要检验各变量之间的相关性。比如说，假设你准备创建利率和通货膨胀率的概率分布，尽管这两个参数在估值过程中都很关键，但它们很可能是高度相关的；高通货膨胀率往往伴随着高利率。当参数之间高度相关（正相关或负相关）时，你可以有两种选择：一种是只选择两个参数中的一个作为变量，这就要求选择对价值影响较大的那个参数；另一种是将相关性明确纳入模拟中，这需要更复杂的模拟软件包，而且需要为估算过程提供更多的细节。

(4) **运行模拟**。对首次进行的模拟，我们可以从每个分布中得到一个结果，并根据这些结果进行估值。尽管随着模拟次数的增加，每次模拟对最终估值结果的边际贡献会不断下降，但我们可以按照需要多次重复这个过程。运行的模拟次数应取决于以下因素：

- **概率型输入变量的数量**：拥有概率分布特征的输入变量数量越多，所需要的模拟次数越多。
- **概率分布的特征**：被分析的分布函数越多样化，所需要模拟的次数越多。因此，和部分参数服从正态分布、部分参数采用历史数据分布特征以及部分参数服从离散分布规律的模拟相比，所有参数均服从正态分布的模拟显然需要较少的模拟次数。
- **结果的分布范围**：每个输入变量的潜在结果分布范围越大，所需要的模拟次数就越多。大多数模拟软件包都可以让用户运行数千次模拟，而且只需很少甚至不增加任何额外成本，即可增加模拟的运行次数。考虑到这个因素，宁缺毋滥或许是最好的选择。

要建立有效的模拟往往需要克服两个障碍：首先是信息障碍，将每个输入参数的价值分布纳入估值中绝非易事。换句话说，将未来5年的收入预期增长率估计为8%，显然要比为收入指定预期增长率（包括分布的类型和相关参数）要容易得多。其次是计算上的障碍。在个人计算机出现之前，模拟往往需要耗用分析师大量的时间和资源。近年来，随着这两方面的制约有所缓解，模拟技术也正在趋于普及。

◎ **案例3-3　对3M公司的估值：蒙特卡罗模拟法**

在第2章中，我们采用常规型的折现现金流模型对3M公司进行了估值。我们以风险调整后的利率对预期现金流进行折现，得到每股价值86.95美元的估值结果。然而，在这个过程中，我们确实也采取了一些假设，这些假设不仅涉及公司会如何随着时间的推移发展，还包括未来的无风险利率和风险溢价等。为了对3M公司进行模拟估值，我们将做出以下假设：

- **股权风险溢价**：在基本情境下的估值中，我们使用了4%的股权风险溢价，它是标准普尔500指数在1960～2007年内在溢价的历史平均值，但这个估计值本身即存在一定的误差。因此，我们假设3M公司的股权风险溢价服从正态分布，预期值为4%，标准差为0.80%，如图3-8所示。

图3-8　股权风险溢价的分布规律

- **增长期的时间跨度**：我们假设3M公司将继续按高于经济增长率的水平在未来5年保持增长。为反映这个估计值的不确定性，我们将增长期的跨度设定为2~8年，且每个增长率均对应于相同的概率（见图3-9）。

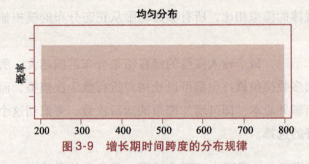

图3-9　增长期时间跨度的分布规律

- **资本收益率**：在对3M公司进行估值时，决定价值的一个关键要素就是假设公司能在未来5年内维持现有的资本收益率（约25%）。由于资本收益率会随着时间的推移和竞争的加剧而发生变化，因此我们假设资本收益率的分布规律可表示为如图3-10所示的分布。

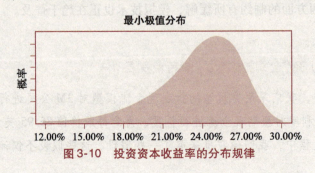

图3-10　投资资本收益率的分布规律

请注意，虽然我们假设预期的资本收益率为25%，但收益最高不能超过30%，而且未来几年的收益率可能会低得多。为此，我们可以通过该板块全部公司的资本收益率分布特征来获得3M公司的分布规律。

- **再投资率**：在基本情境下的估值中，我们假设基于历史记录，3M公司将在未来5年内保持30%的再投资率，但公司可能会提高或降低再投资率。以3M公司以往的再投资率标准差为标准，我们假设公司的再投资率服从正态分布，预期值为30%，标准差为5%，如图3-11所示。

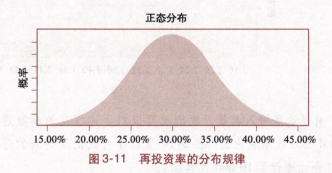

图3-11 再投资率的分布规律

然而，再投资率极有可能是资本收益率的函数，如果资本收益率很高，那么再投资率也会很高。为此，我们假设两者之间的相关系数为0.40，也体现资本收益率与再投资率之间的这种联动。这就形成了如图3-12所示的散点图。

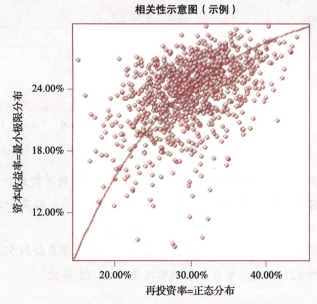

图3-12 资本收益率和再投资率的同步变化

因此，如果资本收益率接近30%，再投资率约为40%。如果资本收益下降到12%，再投资率则下降到20%。

- **贝塔系数**：在基本情境下的估值中，我们根据 3M 公司所从事的业务，预计其贝塔系数为 1.36。我们将贝塔系数用于高增长时期，但这个贝塔系数的估计可能是不正确的。为反映不正确的可能性，我们假设贝塔系数正态分布的预期值为 1.36，标准误差为 0.07，如图 3-13 所示。

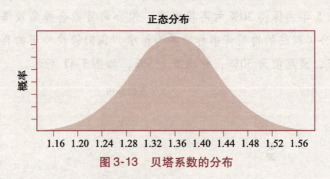

图 3-13　贝塔系数的分布

有了这些输入参数，我们就可以对上述指定的参数进行模拟，从而估算 3M 公司的每股价值，图 3-14 显示了对我们所得到的分布进行模拟的结果（合计进行了 10 000 次模拟）。

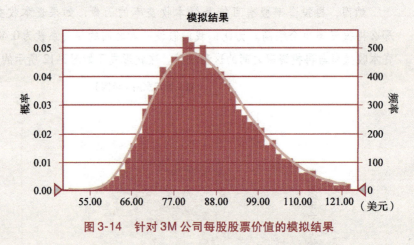

图 3-14　针对 3M 公司每股股票价值的模拟结果

以下是在全部 10 000 次模拟测试中针对估值得到的关键统计变量：

- 在全部模拟中，每股价值的平均值为 87.35 美元，略高于风险调整后的每股价值 86.95 美元。中位数为每股 87.10 美元。
- 估值结果存在很大差异。在全部模拟中，最低值是每股 55.22 美元，最高值是每股 121 美元。每股价值的标准差为 16.15 美元。

针对决策的模拟法

设计完备的模拟技术不仅仅可以为我们提供资产或业务的预期价值：

- **对输入变量做出更合理的估计**：在理想的模拟模型中，分析人员在确定使用何种分布以及相应的分布参数之前，首先需要检验各输入变量的历史数据和横截面数据。通过这个过程，他们可以避免因点数估计带来的问题。很多折现现金流估值采用的预期增长率，来自 Zack 或 IBES 等金融数据库根据分析师一致估计得到的结果。
- **它生成的是预期值的分布，而不是点估计值**：不妨考虑一下我们在案例中除得到每股 87.35 美元的预期价值之外，我们还估计出这个结果的标准差为 16.15 美元，并将这个结果按百分位数进行分解。分布函数进一步验证了一个专业但显而易见的结论：估值模型可以对不精确的风险资产得到一个估计值。这也可以解释，不同的分析师为什么会对同一资产得出不同的估值结果。

请注意，对于模拟估值法支持者的常见做法，我们有必要澄清如下两个方面。第一，模拟法取得的预期值确实要好于传统风险调整值模型的结论。事实上，模拟法的期望值应非常接近我们针对每个参数进行点估计（而不是整个分布区间）得到的预期值。第二，通过给出预期价值的估计值及该估计值的分布函数，使得模拟法可以为投资决策提供更好的依据，但这可能不会一贯如此。尽管决策者可以借此更全面地了解风险资产价值的不确定性，但如果滥用这些风险指标，则会让他们的收获大打折扣。正如我们将在本章后面讨论的那样，在模拟法中，重复计算风险以及根据错误类型的风险进行决策，都是常见现象。

模拟法的制约性

要把模拟法用作估值工具，首先我们就必须引入一个约束条件，一旦违背这个约束条件，就有可能给公司带来巨大的成本，甚至会导致公司难以为继。然后我们再检验违背约束条件的概率并与估值成本进行比较，从而考量风险对冲工具的有效性。

账面价值约束

股权的账面价值是一个会计定义，它本身意义不大。对于 Facebook 和亚马逊这样的公司而言，其市场价值往往是账面价值的很多倍。作为另一个极端，包括几家货币中心银行在内的公司，其市场价值只有账面价值的一半，甚至更低。实际上，美国有数百家拥有高额市场价值但账面价值为负数的公司。因此，股权账面价值形成的两类限制可能需要以模拟技术加以解决：

- **监管机构对资本金的限制**：对于银行和保险公司等金融服务企业，必须保证账面资产达到贷款或其他资产的一定比例，或是必须超过监管机构规定的某个最低比例。违反这些资本限制可能会导致公司被监管机构接管；在这种情况下，股权投资者将一无所得。因此，金融服务公司不仅会密切关注账面价值（及相关比率），还会审慎对待投资或头寸因账面净值下降而承受风险的可能性。实际上，作为银行普遍使用的风险衡量标准，风险价值（VAR）代表了金融服务企业为理解投资潜在风险和应对灾难性结果而采取的措施，尽管遭遇灾难性危机的概率可能非常小。通过模拟投资在各种情景下的价值，这些公司不仅可以确定低于监管比率的可能性，还可以找到对冲这种风险发生的策略。在使用折现现金流模型对银行进行估值时，通过模拟技术，可以显示出银行违反资本监管要求而给投资者招致的风险。

- **负的账面净值**：如前所述，仅在美国，就有数百家股权账面价值为负数但市场价值很高的公司。在某些国家，股权的负账面价值可能会让公司和投资者付出惨重的代价。比如说，在欧洲的部分国家，股权账面价值为负数的公司必须筹集新的股权资金，以确保账面价值高于零。在亚洲的一些国家，股权账面价值为负的公司不得派发股息。即使在美国，贷款企业也会在贷款合同中对股权的账面价值做出约定——如果账面价值为负值，那么贷款公司至少要取得借款公司的部分控制权。对于监管机构设置的资本限制，我们可以使用模拟技术估计股权账面价值为负的概率，并据此调整其估值。

利润和现金流约束

利润和现金流限制既可以来自内部，也可以来自外部，但两者都会影响到公司价值。在某些企业，管理者可能会认为，披露亏损或是没有达到盈利分析目标的后果不可想象（或将会让他们丢掉饭碗），以至于他们甘愿耗费宝贵的资源去置办风险对冲产品，为的就是竭力避免这种情况。对冲风险的成本当然会降低收益、现金流和企业价值。还有一些公司，盈利和现金流方面的限制来自外部力量，比如说贷款合同需要和公司的盈利结果挂钩。贷款利率也可以和公司是否盈利挂钩，而在某些情况下，一旦公司亏损，甚至会导致公司控制权本身转移给贷款人。但无论哪种情况，我们都可以使用模拟方法来估计违背这些约束条件的概率，并检验这种可能性对价值的影响。

市场价值约束

在折现现金流估值中，在计算公司价值时，是按风险调整后的折现率对预期现金流进行折现后得到的结果。从这个估计值中扣除债务，即为股权价值。无法偿还债务的可能性和潜在成本仅在折现率中稍加提及。但是在现实中，不履行合同义务的成本可能是非常巨大的。在实践操作中，这些成本通常被归集为间接性破产成本，可以包括客户的丧失、供应商收紧信贷以及员工流失率提高等，而公司陷入危机的传闻甚至会带来更多的麻烦。采用模拟技术，我们可以在各种可能的情景下对企业价值与（而不仅是最可能的情况）未偿还债务进行对比，从而让我们不仅可以量化公司陷入危机的可能性，还可以将间接破产成本计入估值。实际上，我们完全可以针对性地对企业危机给预期现金流和折现率带来的影响进行建模。

使用模拟技术带来的问题

最早以模拟技术进行投资分析的方式源于大卫·赫兹（David Hertz）在《哈佛商业评论》上发表的一篇文章。[一]他指出，使用输入变量的概率分布而非单一最佳估计值，可以生成信息量更大的结果。他采用模拟法对两笔投资的收益分布进行了比较。结果显示，预期收益率较高的投资也有较大的赔钱机会（这是衡量风险的指标之一）。随后，几位分析师乘兴开始研究模拟法，但结果良莠不齐。近年来，模拟法作为一种风险估值工具再次受宠，尤其是在衍生工具方面，使用颇多。但是在使用模拟法进行风险估值时，我们还需处理好几个关键问题：

- **输出结果的质量取决于输入参数**：为确保模拟方法的实用性，为输入参数选择的分布应依赖于分析和数据，而不是猜测。需要注意的是，即使是对于随机性输入，模拟法也会得出漂亮的结果。因此，即使是对投资风险没有任何意义的结论，也会让毫无戒心的决策者欣然接受。同样需要提醒的是，仅仅对统计分布及其特征走马观花地了解，对于模拟技术来说显然是远远不够的。如果分析师无法区分一般正态分布和对数正态分布之间的差别，就不应该去做模拟分析。
- **实际数据可能并不服从分布函数**：在现实世界中，最大的问题就是数据很少符合统计分布的严格要求。因此，使用与输入参数真实分布基础缺乏相似度的概率分布，只会得到误导性结果。
- **非稳态分布**：即使数据符合统计分布或是可以取得历史数据的分布，市场结构的变迁也会导致分布规律发生变化。在某些情况下，这种变迁可以改变分布的形式；在另一些情况下，则有可能改变分布的参数。因此，依据参数历史数据的正常分布中估计的均值和方差，可能在下个时期就会出现变化。所以，我们真正希望能在模拟中使用但又很少能做出估计的，恰恰是前瞻性的概率分布。
- **改变输入参数之间的相关性**：在本章前面的介绍中，我们提到过，可以把输入变量之间的相关性纳入模拟模型中。但前提是：只有相关性保持稳定且可预测，这种建模才是可行的。考虑到输入变量之间的相关性会随着时间的推移而变化，因此，要对它们进行建模是非常困难的。

[一] Hertz, D., 1964, "Risk Analysis in Capital Investment," *Harvard Business Review*.

风险调整价值与模拟估值

在针对决策树的讨论中，我们曾提到一个常见的误解，即决策树已经过风险调整，因为它们已考虑到不良事件的可能性。这种误解在模拟技术中同样普遍存在。有观点认为，按模拟法得到的现金流因使用概率分布而进行了一定程度的风险调整，而且应采用无风险利率对这些现金流进行折现。但除了一种例外情况，这种说法都是站不住脚的。按模拟估值法，我们得到的现金流是预期现金流，而且是未经风险调整的，因此我们应该以风险调整后的利率折算这些现金流。

当我们以模拟估值结果的标准差用作投资或资产的风险考量指标并以此为基础制定决策时，上述的例外情况就出现了。在例外情况下，使用风险调整折现会导致风险被重复计量。不妨考虑一个简单的例子。假设你需要在两笔投资中做出选择，且这两笔投资分别使用模拟法和风险调整贴现率进行估值。表3-5归集了两种估值方法的结论。

表3-5 两笔投资的模拟结果

资产名称	风险调整折现率	模拟法的预期值	模拟法的标准差
A	12%	100美元	15%
B	15%	100美元	21%

请注意，假设你认为资产B的风险较高，并使用较高的折现率来计算价值。如果你现在因为模拟法的标准差较高而放弃资产B，那么你实际上是在重复考虑它的风险。你可以无风险利率作为两种资产的折现率重新进行模拟，但仍有一点需要提醒。假如你根据模拟估值的标准差在两笔资产中进行选择，那么你就是在假定，所有风险都是在选择投资时需要考虑的，而不仅仅是无法通过多样化投资分散的风险。换言之，不管怎样，只要模拟值拥有较高的标准差，哪怕将这笔资产纳入投资组合中只会带来风险的少许增加（因为它的大部分风险可以分散的），你也会放弃这笔资产。

但这并不是说，模拟估值对我们理解风险没有任何意义。实际上，观察模拟值围绕期望值的变化，可以让我们从视觉上体会到，我们的估值本身就处于一种不确定的环境中。同样可以理解的是，我们可以把这种方法作为投资组合管理中的一种决策工具，在两个同样被低估但拥有不同价值分布规律的股票间进行选择。与价值分布波动性较强或出现负结果机会较大的股票相比，价值分布波动性较弱或出现正结果（正偏差）机会较大的股票，或许是更可取的投资。

概率风险评估法概述

考虑到我们已经研究了情景分析、决策树和模拟法，因此我们不仅可以判断每一种方法适合于何种场合，还可以考虑如何以这些方法补充或替代风险调整估值法。

不同方法的比较

假设你决定采用概率法来评估风险,而且可在情景分析、决策树和模拟法之间进行选择,那么你应该选择哪一个呢?答案取决于你准备如何使用输出结果以及你面临的是哪些风险类型:

- **选择性风险分析与全面风险分析**:在最理想情景/最差情景分析中,我们只考察了三种情景(最理想情景、最可能情景及最差情景),而对其他所有情景一概不予考虑。即使在进行多情景分析时,我们也没有对风险投资或资产的所有可能结果进行全面评估。对于决策树和模拟法,我们试图考虑所有可能出现的结果。为此,在决策树中,我们尽可能地把持续风险转化为所有可能结果的可管理序列;在模拟分析中,我们使用分布函数反映所有可能的结果。从概率角度说,在情景分析中,我们所研究的各种情景的概率之和可以小于1。另外,决策树与模拟法评估结果的概率之和必须等于1。因此,我们可以概率为权重,计算模拟法中所有结果的期望值。这个预期值就相当于我们在第2章里讨论的风险调整单点估计值。
- **离散型风险与持续型风险**:如前所述,情景分析和决策树通常围绕风险事件的离散结果而展开,而模拟评估法则适合于持续型风险。如果仅考虑情景分析和决策树两种方法,那么后者更适合于序列性风险,因为风险是分阶段考虑的,但是在风险同时出现时,则适用于前者。
- **风险之间的相关性**:如果一笔投资所面对的各种风险相互关联,那么我们就可以利用模拟法有针对性地对这些相关性建模(假设这些相关性是可估计和预测的)。在情景分析中,我们可以通过创建考虑到这些相关性的情景,对它们就那些主观性进行处理。比如说,在高(或低)利率的情景中,还会同时出现较慢(或较高)的经济增长率。但是在决策树中,我们很难对存在相关性的风险建模。表3-6归纳了风险类型与所用概率法之间的关系。

表3-6 风险类型与概率法

风险类型:离散/连续	相关/独立	顺序/并发	风险评估法
离散	独立	顺序	决策树
离散	相关	并发	情景分析
连续	均适用	均适用	模拟法

归根到底,信息质量将会成为你选择风险评估方法的一个重要因素。考虑到模拟法在很大程度上取决于能否对概率分布和参数做出评估,因此这种方法最适用于有大量历史及横截面数据可用于进行这些评估的情况。对于决策树,我们需要估计每个机会节点上各种结果的概率,这使得决策树方法最适合于可采用历史数据或人口特征进

行评估的风险。可以预料的是，尽管情景分析处理风险的方式略显草率且有主观倾向，但在面对新的、不可预测的风险时，分析师还是会求助于这种方法。

对风险调整估值法的补充或替代

正如我们在讨论决策树和模拟时所看到的那样，这些方法可以成为风险调整估值法的补充或替代。而情景分析基本是对风险调整估值法的补充，因为它不会考虑所有可能的结果。

在将这些方法中的任意一种用作风险调整估值法的补充时，均适用于我们在本章前面提到的诸多提示。所有这些方法均采用预期现金流，而不是风险调整后的现金流，而且所采用的折现率均应该是风险调整后的折现率。不能以无风险利率对预期现金流进行折现。然而，在这三种方法中，我们仍有很大的空间改变针对不同结果的风险调整折现率。此外，由于这些方法均提供了估计值的区间和衡量波动性的指标（表示为决策树中的终端节点值或模拟法的价值标准差），因此，最重要的是我们不能重复计量风险。换句话说，先以风险调整后的利率（针对模拟法和决策树）对现金流进行折现，而后又以价值波动性太大而放弃投资，显然不是对一笔风险性投资的公正评判。

尽管模拟法和决策树均可成为风险调整估值法的替代，但这个替代过程还是有限制的。首先，现金流是按无风险利率折现进行估值的。其次，我们目前衡量投资风险的指标，也是我们通过这两种方法得到的价值波动性指标。在对比通过模拟法得到的两笔拥有相同预期价值（以无风险利率作为折现率）的资产时，我们会认为，模拟值波动性较小的资产是更可取的投资。但在这个过程中，我们实际是在假设，纳入模拟法中的所有风险均与投资决策相关。但事实上，我们忽略了两种风险之间的区分：一种是可以通过多样化投资组合而分散的风险；另一种是现代金融学所依赖的特定资产风险。对于打算将全部财富投资于一项资产的投资者而言，这当然合情合理。但对于基金经理而言，当他们为扩大多样化投资组合而需在两只高风险股票中做出选择时，这有可能会带来误导性结果。因模拟值波动性较大而被放弃的股票可能与投资组合中的其他投资没有相关性，因此，这只股票给整个组合带来的边际风险很小。

本章小结

估计风险资产或投资的风险调整价值，似乎永远是一次徒劳无益的尝试。毕竟，价值依赖于我们对未来风险变化规律的假设。利用概率法进行风险评估，我们不仅可以估计预期值，还可以了解各种可能价值结果的范围——从最理想情景到最差情景：

- 在情景分析的极端情况下，我们可以看到最理想情景和最差情景下的价值，并将它们和期望值进行比较。在更常见的形式中，我们可以估计从乐观到悲观等少数可能情景下的价值。
- 决策树适合于序列性的离散风险。在这种方法中,需要分阶段考虑投资风险,并将各阶段的风险体现在可能的结果及其发生的概率中。决策树可以对风险进行完整的评估。我们可以使用决策树确定各阶段的最优行动方案以及资产的当期预期价值。
- 模拟法对风险做出了最全面的评估,因为它们的基础是每个输入变量的概率分布(而不仅是离散性结果)。模拟法的结果表述为全部模拟的期望值以及模拟值的分布函数。

对这三种方法而言,一个关键问题就是要防止重复计量风险(使用经风险调整的折现率,并以估计值的波动性作为考量风险的指标),以及避免按错误的风险类型制定决策。

第 4 章 The Dark Side of Valuation

相对估值与定价

在折现现金流估值法中，最终目标是根据现金流、增长率和风险特征得到资产的价值。而在相对估值或定价中，最终目标则是根据投资者为类似资产或投资支付的价格对目标资产或投资定价。因此，相对估值包括两个组成部分。首先要在可比价格基础上进行资产定价，就必须对价格予以标准化，通常是将可比价格转换为某些常见变量的倍数。虽然这个常见变量对不同投资而言会有所不同，但最常见的形式还是收益、账面价值或是公开交易股票的价格等。其次是寻找类似投资。对大多数金融资产来说，要做到这一点并不容易，因为很少有两个资产是完全相同的。对于古董和棒球卡之类的收藏品，差异可能很小，而且在对它们定价时易于控制。而对公司股权进行估值时，问题就会复杂得多了，因为即便是同一行业中的企业也会在风险、增长潜力和现金流等方面存在差异。因此，在比较不同公司的估值倍数时，如何控制这些差异就成为一个非常重要的问题。

尽管相对估值法易于使用，而且直观易懂，但也容易被误用。本章介绍了相对估值法的四个基本步骤。在这个过程中，我们还将创建一系列检验工具，以确保估值过程采用的倍数是正确的。

什么是相对估值法

相对估值法就是根据类似资产在市场中的价格对资产进行定价。一套房产的潜在买家会了解附近类似房屋的价格来确定自己应该支付的价格。棒球卡收集者在购买米奇·曼托的新秀卡时，会根据其他米奇·曼托新秀卡上的交易价格来判断自己应该付多少钱。同样，股票的潜在投资者也会通过观察"类似"股票的市场定价来估计自己应该支付的价格。

实际上，上述描述已经涵盖了相对估值法的三个基本步骤。第一个步骤是寻找由市场完成定价的可比投资，这项任务对于棒球卡或者房子这样的物品来说当然轻而易举，但对股票而言就另当别论了。分析师往往会认为，同行业的其他公司都是可比较的，于是，他们会将一家软件公司和其他软件公司相比较，将一家公用事业公司和其他公用事业公司相比较。但是在本章后面的讨论中，我们会对这种做法提出质疑：真的能找到相似的公司吗？在第二个步骤中，我们将市场价格拓展为一个共同变量，以得到具有可比性的标准化价格。尽管这对相同投资（比如米奇·曼托的新秀卡）的比较而言或许没有必要，但是在比较规模或计量单位不同的资产时，却是完全必要的。在其他条件相同的情况下，小户型房屋或公寓的市场交易价格显然应高于面积较大的住宅。对股票来说，这种关系往往需要借助于将股权或公司的市场价值转换为利润、账面价值或收入的倍数。在这个过程的第三步也是最后一步中，需要我们在比较标准化价值时调整各投资之间的差异。我们不妨再次以房屋交易为例，刚刚装修过的新房子价格显然应高于面积相同但亟待翻新的旧房子，而各股票之间的价格差异均可归结于我们在折现现金流估值模型中提到的基本面因素。举例来说，高成长企业应比相同板块的低成长企业拥有更高的估值倍数。很多分析师仅从定性角度对这些差异进行调整，让所有相对估值过程都变成他们讲故事的经历。在这种情况下，故事的情节越生动、越可信，分析师给出的高估值就越值得信赖。

在折现现金流估值法与相对估值法之间，存在着重大的原则性差异。在折现现金流估值法中，我们试图根据资产在未来创造现金流的能力来估算其内在价值。而在相对估值法中，我们要根据市场为类似资产支付的价格来判断目标资产的价值。如果市场对资产的定价在总体上是正确的，那么折现现金流和相对估值的结果有可能会趋同。但如果市场对一组资产或整个板块出现系统地高估或低估，那么折现现金流估值法的结果就有可能偏离相对估值法。体验价值和定价过程之间差别的最简单的办法就是借助于图片。我们在图4-1中比较了决定价值和价格的相关因素。

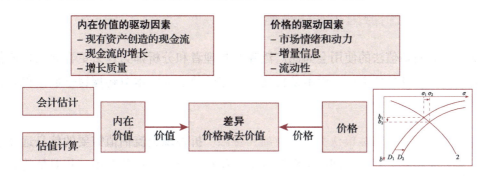

图 4-1　价格与价值的比较

需要提醒的是，价值主要受基本面因素影响，价格则依赖于需求和供应的力量对比，而市场需求的存在和变化则是独立于基本面的。

无处不在的相对估值法

尽管教学和学术研究更强调折现现金流估值法,但确实有证据表明,大多数资产是由市场确定的,而不是估算出来的。事实上,我们必须考虑如下几点:

- **大多数股票研究报告均以估值倍数为基础**。比如说,市盈率(PE,价格收益率)、企业价值与息税折旧及摊销前利润(EBITDA)以及市销率(价格/销售收入)等比率都是比较常见的估值倍数。2001年年初,一项针对550份股票分析报告的研究显示,采用相对估值法和折现现金流估值法的频率之比几乎达到10∶1。⊖尽管很多股票研究报告也包含了不可缺少的现金流量表,但估算价值和投资建议的基础仍然是可比公司和估值倍数。因此,如果分析师认为股票价格被低估或高估,他们的判断往往是基于相对估值得出的。在大多数情况下,由卖方进行的股票分析更多的是定价,而非价值判断。

- **折现现金流法在收购和企业融资中更为常见**。尽管偶尔也有实证研究认为,几乎所有收购的价格均以折现现金流估值法为基础,但收购交易支付的价格通常还是收益估值倍数确定的。在收购估值中,很多折现现金流估值法本身都是变相的相对估值法,因为它们的终值是使用倍数计算得到的。

- **大多数投资从经验法则都依赖于估值倍数**。比如说,很多投资者认为,只要交易价格低于账面价值,或者市盈率低于预期增长率,那么公司的股票就是便宜的。考虑到相对估值法在实践中的主导地位,因此,将它视为不成熟的估值工具显然是不合时宜的。正如我们将在本章及随后两章中所阐述的一样,相对估值或定价扮演的角色不仅独立于折现现金流估值法,而且与之有别。

相对估值法的流行原因和潜在缺陷

为什么相对估值法的使用会如此广泛呢?管理者和分析师为什么更喜欢以估值倍数或可比价格为基础的定价,而不是折现现金流估值法呢?本节将探讨倍数法得到青睐的一些原因。

- **它比折现现金流估值法更节省时间和资源**:折现现金流估值需要的信息远多于相对估值法。对于时间受到限制且可用信息有限的分析师来说,相对估值为他们提供了一种占用时间较少的方案。

⊖ 笔者的研究还包括了来自美国、伦敦及亚洲等多家投资银行的卖方股票分析报告,其中约75%来自美国,15%来自欧洲,10%来自亚洲。

- **易于推销**：在很多情况下，分析师和销售人员需要利用估值报告向投资者和基金经理推销股票。相对估值法显然比折现现金流估值法更容易推销，毕竟要让顾客理解和接受折现现金流估值法确实很困难，尤其在时间有限的情况下更是如此。很多销售推介是通过电话或在线方式对投资者进行的，而投资者通常只能给他们几分钟的时间。另外，相对估值却非常适合于快速推销，而且相对估值的调整也要比折现现金流估值容易得多。
- **易于辩解**：分析师往往需要在上级、同事和客户面前为他们的估值假设据理力争。折现现金流估值法不仅需要提供一大串需要明确阐述的假设，而且和相对估值相比，也难以自圆其说，毕竟相对估值法多采用市场上类似公司的估值倍数进行估值。因此，我们完全可以认为，在相对估值法中，责任的首当其冲者是金融市场。从某种意义上说，我们就是在挑战那些对相对估值法存有疑问的投资者，如果他们对价值有异议，那也是市场的问题，而不是相对估值法本身的问题。
- **市场迫切需要**：相对估值法更能反映市场的当前情绪，因为它的目的是衡量相对价值，而不是内在价值。因此，当市场上的全部技术股都进入上涨行情时，其相对估值更有可能高于折现现金流估值。事实上，如果从定义出发，所有股票的相对估值通常都会比折现现金流估值更接近于市场价格。对那些以评判相对价值谋生且收入也依赖于相对业绩的投资者而言，这一点尤为重要。我们不妨考虑一下技术股共同基金的管理人。评价这些管理人业绩的标准，就是他们所管理的基金相对于其他技术股共同基金的业绩。因此，即使在整个科技股板块被高估的时候，只要能找到相对其他科技股而言被低估的科技股，他们依旧能成为胜利者。

当然，相对估值的优势恰恰也是它的弱点。首先，相对估值相对容易，它只需一个估值倍数和几家可比公司即可，但它也有可能带来不一致的估计，忽略风险、增长率或现金流潜力等关键变量。其次，倍数反映市场情绪这一事实，同时也意味着，使用相对估值法估计资产价值时，当市场对可比公司过高估值时，自然会导致对目标资产的估值过高；反之，当市场对可比公司过低估值时，则会导致目标公司的估值过低。最后，尽管任何估值方法都不可能完全规避估值偏差，但相对估值法的基本假设明显缺乏透明度，因而导致这种方法尤其容易受到人为操纵。当分析师对结果存在先入为主的偏见时，如果他们能自由选择估值所依据的倍数与可比公司，那么可以肯定的是，任何估值结果对他们来说都是合理的。

标准化价值与估值倍数

在与相同投资进行比较时，我们可以比较这些投资的市场价格。因此，"蒂凡尼"

牌灯具的价格可以和市场上相同灯具的买卖价格进行比较。但是要比较不完全相同的资产，显然就没那么简单了。如果我们需要比较同一地点的两座不同面积的建筑物价格，那么除非通过计算每平方英尺的价格来控制尺寸差异，否则面积较小的建筑物似乎应该更便宜。但是要比较不同公司公开交易的股票，问题则要复杂得多，毕竟每股价格取决于公司的股权价值和流通股的数量。因此，如果通过股票分割将流通股的数量增加一倍，那么股价将降低到原来的一半左右。为了比较市场中"相似"公司的价值，我们需要以某种方式对价值进行标准化处理，让它们按某个共同的变量进行缩放。一般而言，我们可以将价值按公司创造的收益、公司本身的账面价值或重置价值、公司创造的收入或同行业企业的某个特定指标进行标准化。为了解企业在估值时到底需要多少变量以得到标准化价格，我们不妨考虑一下图4-2，看看如何选择它们的分子及分母。

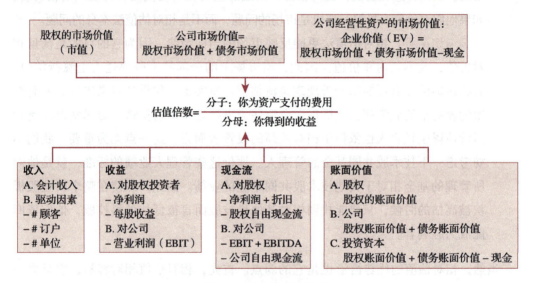

图4-2　标准化市场定价

分子通常为市场价值或交易价值，但也可以是股权、整个企业的价值或只是企业经营性资产的价值。分母可以是收益、账面价值和收入等指标，或是订户或用户等行业特定变量。

收益倍数

在考虑资产的价值时，一种更直观的方法就是采用资产所创造收益的倍数。在购买股票时，我们通常将支付的价格视为公司所创造的每股收益的倍数，即市盈率（PE）。市盈率的计算可以采用当前的每股收益，由此得到的是当期市盈率，或称为静态市盈率；也可以采用过去四个季度的盈利，由此可得到动态PE；或是采用下一年的每股预期收益，得到未来市盈率或预估市盈率。

单纯收购企业股权不同的是，在收购一家企业时，我们通常将公司价值视为经营利润或 EBITDA 的倍数。对股权或公司的买家而言，较低的倍数自然优于较高的倍数，但这些倍数归根到底还依赖于被收购企业的增长潜力和风险水平。

账面价值倍数或重置价值倍数

虽然金融市场为我们提供了一种对企业价值的估计，但会计师往往会对同一企业给出完全不同的估值。对账面价值的会计估计取决于会计准则，而且会受到资产原始购置价格及各种会计调整（如折旧）的严重影响。投资者通常会根据为股票实际支付的价格与股票账面价值（或净值）之间的关系，来判断股价被高估或低估的程度。各行业出现的市净率（即价格与账面价值之比）可能相去甚远，具体依赖于每个行业的增长潜力和投资质量。在对企业进行估值时，我们使用企业价值和所有资产或资本（而不只是所有者权益）的账面价值来计算该比率。对那些认为账面价值不能体现资产真实价值的人来说，他们可以选择资产的重置成本，由此得到的企业价值与重置成本之比被称为托宾 Q 值。

收入倍数

收入和账面价值都是会计核算工具，因而是由会计准则和会计政策决定的。另一种受会计政策影响较小的方法，则是采用企业价值与其创造的收入之比。对股票投资者来说，该比率即为市销率（PS），即价格与销售收入之比，它等于股权的市场价值与公司创造的收入之比。对公司价值而言，该比率可修订为企业价值/销售收入比（VS），在这个比率中，分子变成公司经营性资产的市场价值。同样，这一比率在不同部门之间也会存在较大差异，它在很大程度上依赖于各部门的利润率。对处于不同市场且拥有不同会计系统的公司来说，使用收入倍数进行比较显然比收益倍数或账面值倍数容易得多，这也是收入倍数最主要的优势之一。此外，由于收入不可能是负数，而账面价值和收益却可以是负数，因此，初创企业和亏损公司也可以使用收入倍数。

行业特定倍数

虽然我们可以为每个行业中的所有企业乃至整个市场计算收益、账面价值及收入倍数，但也有专属于特定行业的估值倍数。比如说，当互联网企业于 20 世纪 90 年代末最早出现在市场上的时候，它们的收入还是负数，收入和账面价值也微不足道。于是，为了获得对这些公司进行估值的倍数，分析师开始将每家公司的市场价值除以公司网站形成的点击数量。网站单位访问者市值相对较低的公司则被视为估值较低。最近，有线电视公司开始按有线电视单个用户的市场价值进行估值判断，而社交媒体公司采取的估值标准则是单位用户价值。

尽管行业特定倍数在某些情况下是可以解释的，但如下两个方面的原因导致这类倍数并不安全。首先，由于无法计算其他行业或整个市场的倍数，因此行业特定倍数可能会导致目标行业相对其他行业或这个市场被持续高估或低估。所以，对那些永远不会考虑为一家公司按 80 倍收入支付对价的投资者来说，或许也不会考虑为社交媒体公司的每次点击支付 200 美元。这在很大程度上是因为他们无法估计这项指标到底是高还是低或者处于平均水平。其次，将行业特定倍数与基本面因素联系起来更加困难，而基本面要素恰恰也是有效使用倍数的核心要素。比如说，如何判断一名社交媒体用户能带来更高的收入和利润呢？答案不仅会因公司而异，而且也很难做前瞻性估计。

使用倍数估值的四个基本步骤

倍数不仅易于使用，而且极易被误用。我们可以通过四个基本步骤合理使用估值倍数，并对他人是否在滥用倍数做出判断。第一步就是确保对倍数做出始终如一的定义，并在所有可比公司中采取统一的考量指标。第二步是了解倍数的截面分布状况，这不仅涉及被分析行业中的企业，甚至覆盖整个市场。第三步是分析倍数，这不仅需要决定倍数的诸多基本因素，还要掌握这些要素的变化如何转化为倍数的变化。第四步则是确定用于比较的适合公司，并对存在于这些公司之间的差异加以控制。

概念测试

即便是对于最简单的倍数，不同的分析师也会给出不同的定义。以市盈率为例，它是估值中最经常使用的倍数。分析师将市盈率定义为市场价格与每股收益之比，但各种市盈率概念的共同点也仅仅到此而止。在现实中，不同版本的市盈率多种多样。尽管分子通常采用的是当前价格，但也有分析师会使用过去 6 个月或一年的平均价格。作为分母的每股收益，既可以是最近财务年度的每股收益（对应于静态市盈率），也可以是最近 4 个季度的盈利（对应于动态市盈率）或下个财务年度的预期每股盈利（对应于预测性市盈率）。此外，每股收益的计算既可以采取基本流通股数量，也可以采取全面摊薄的股份数量；既可以包括非经常性项目，也可以不包括非经常性项目。图 4-3 为根据不同每股收益估计值计算出的谷歌在 2017 年 9 月的预测性市盈率。

这些不同形式的盈利数据不仅会带来不同的市盈率数值，而且会导致分析师使用的变量服从于他们的个人偏好。例如，在盈利上涨时期，预测性 PE 的数值会始终低于动态 PE 的数值，而后者又会低于当期 PE 的数值。看涨的分析师会使用远期 PE 对交易价格采用低市盈率的股票做依据，而看跌的分析师只会盯着当期市盈率，从而让倍数过高的结论得以成立。因此，在讨论基于倍数的估值方法时，第一步就是要确保所有当事人均采用相同的定义。

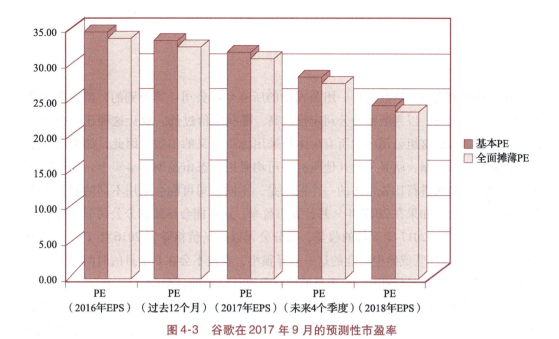

图4-3 谷歌在2017年9月的预测性市盈率

一致性

每个倍数都需要一个分子和一个分母。如图4-2所示，分子可以是股权的相关金额（如市场价格或股权价值），也可以是企业的金额（如企业价值，即债务和权益价值的总和扣除现金）。分母可以是股权衡量指标（如每股收益、净利润或股权的账面价值），也可以是公司衡量指标（如营业利润、EBITDA或资本的账面价值）。

针对倍数最关键的检验标准，就是分子和分母的定义是否具有一致性。如果倍数的分子采用了与股权相关的数值，那么分母也应该是股权数值。如果分子是公司数值，那么分母也应采用与公司相关的数值。比如说，由于分子是每股价格（与股权相关的价值），而分母是每股收益（也是与股权相关的价值），因此市盈率就是一个定义具有一致性的倍数。同样。企业价值 – EBITDA 比也是一个定义一致性的倍数，因为分子和分母均为与经营性资产相关的指标，即企业价值是这些经营性资产的市场定价，而EBITDA 则是这些资产创造且未扣除税收和再投资需求之前的现金流。

那么，目前使用的倍数是否有定义不一致的情况呢？不妨考虑一下市销率（价格与销售额之比），在过去的几年里，分析师对这个指标趋之若鹜。这个倍数中的分子是股票价值，分母是公司创造的收入指标。使用市销率倍数的分析师可能会辩解称，是否一致并不重要，因为所有可比公司都在使用相同的方式计算倍数，但他们确实是错误的。如果他们引用的部分公司没有债务，而其他公司则承担大量债务，那么在按市销率进行估值的情况下，后者看起来会很便宜，但实际上，它们的价值很可能被正确定价或过高估算。

统一性

在相对估值法中，倍数是对一组公司中的所有个体公司计算得到的，然后在这些公司之间进行比较，以判断哪些公司定价过高、哪些定价过低。要让这种比较有实际意义，就必须保证这组公司中的所有个体均采用统一定义的倍数。因此，如果对一家公司使用动态市盈率，就必须对其他所有公司均采用动态市盈率。事实上，使用当期市盈率对组内公司进行比较带来的一个问题是，不同公司可能会采用不同的财务年度终止时点。因此，如果在2017年9月计算市盈率，这可能会导致部分公司以市场价格除以2016年7月~2017年6月的收益，部分公司以市场价格除以2016年1月~2016年12月的收益。尽管成熟型行业的这一差异很小，收益不会在6个月的时间里出现大幅波动，但是在高成长行业中，6个月的变化足以让结果面目全非。

在使用收入和账面价值指标时，还有一个值得关注的问题：计算收益和账面价值所适用的会计准则。会计准则的差异可能会导致可比公司在收益和账面价值数字上出现较大差异。因此，会计准则的不同，会导致对不同市场上的公司进行比较非常困难。即使公司采用相同的基本会计准则，但是在会计政策上的不同选择，也会导致公司对相同事项的会计处理上出现差异。另外一个问题是：一些公司在财务报告和纳税方面会采用不同的会计准则（主要体现于对折旧和费用的会计处理），而另一些则采用相同的准则。⊖总之，相对于采取保守会计实践的公司而言，使用积极性假设来衡量收益的公司，以收益倍数得到的估值会更低一些。

描述性检验

在使用倍数时，了解倍数的高值、低值和通常价值是很有意义的。换句话说，了解一个倍数的分布特征是使用它判断企业价值被低估或高估的关键。此外，我们还需了解异常值对平均值的影响，并揭示可能在倍数计算过程中存在的任何偏差。在本节的最后一部分中，我们将介绍倍数的分布会如何随时间变化。

分布特征

很多使用估值倍数的分析师专注于某个特定行业的研究，而且对该行业内每家公司在某个具体倍数上的排名了如指掌，但他们往往不清楚某个估值倍数在整个市场中是如何分布的。软件分析师为什么要关注公用事业股的市盈率呢？因为软件和公用事

⊖ 针对财务报告和税收目的采用不同会计政策准则的公司，向股东披露的收益数据往往会高于提交给税务机关的收益。因此，在与未采用不同财务报告和税收体系的公司按市盈率进行比较时，这些公司看起来可能会更便宜（即拥有较低的市盈率）。

业股票都需要在市场上争取投资,因此从某种意义上说,它们都需要遵循相同的游戏规则。此外,了解各行业估值倍数的分布规律,对我们判断被分析行业何时会被高估或低估,有着非常重要的借鉴意义。

那么,哪些分布特征需要我们关注呢?作为最标准的统计数据,平均数和标准差应该是我们认识分布特征的起点。对于美国这样的市场,每个行业中都存在着大量各不相同的企业,因此,在任何时点,不同公司在任何倍数上都存在着显著差异。表4-1概括了2017年1月美国市场上三种最常用倍数的平均值和标准差——市盈率、市净率(价格与账面价值比)以及企业价值(EV)与EBITDA之比,表中还提供了每个倍数的最大值和最小值。

表4-1 相关倍数的汇总统计数据——2017年1月

	当前市盈率	股票的市净率	EV/EBITDA
平均值	114.15	5.70	87.84
中位数	21.57	2.00	9.62
标准差	1 603.68	34.15	61.98
标准误差	18.73	0.51	6.85
最小值	0.05	0.00	0.69
最大值	134 400.00	1 055.66	2 110.09

请注意,所有企业的上述倍数最低值均为零,而最高值则是无限的。因此,这些倍数的分布向正值方向倾斜。图4-4对典型倍数取值的分布规律与正态分布进行了对比。

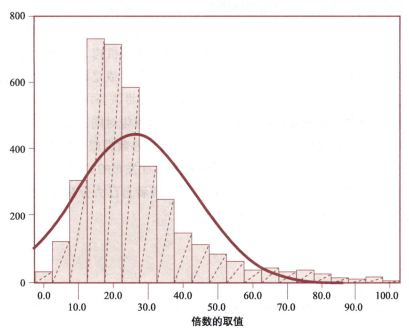

图4-4 倍数取值的分布与正态分布

投资者和分析师的非对称分布的影响是非常明显的：

- **平均值与中值**：由于正偏态分布的结果，倍数的平均值要高于中值。⊖ 例如，2017 年 1 月的市盈率中位数为 21.6，远低于表 4-1 中所示的平均市盈率，这个结论适用于所有倍数。中间值更能代表组内公司的典型情况，而且所有对比均应以中位数作为比较对象。兜售股票的标准推介用语就是便宜：因为它的交易倍数低于行业平均水平，但这样的托词已不足为信，因为更值得采信的理由来自股票价格与行业中位数的比较。

- **概率性描述**：由于统计课程大多将重点集中于正态分布，因此我们习惯于用正态分布的属性来描述所有分布。诚然，在正态分布中，出现偏离平均值两个以上标准差的数值的概率非常微小。但如果把这个规律运用于市盈率，就等于说，只有极少数公司的市盈率会低于 76.69（即平均值 114.15 减去两个标准差）或高于 151.61（即平均值 114.15 加上两个标准差）。而事实却是，收益率超出这个范围的公司不计其数。尽管最大值和最小值的使用通常是非常有限的，但我们可以使用百分位值（第 10 个百分位、第 25 个百分位、第 75 个百分位或是第 90 个百分位等）判断组中的倍数是处于高位还是低位。

异常值和平均值

如前所述，倍数的上限是不受约束的，公司可以按 500 倍、2 000 倍甚至是 10 万倍的价格进行交易。造成这种情况的原因不仅有可能是股票价格处于高位，还有可能是因为公司的收入很低，比如说，下降到几美分甚至是 1 美分。这些异常值会导致平均值不能反映样本的总体特征。在很多情况下，计算服务机构（例如价值线和标准普尔）在计算和发布倍数的平均值时，会剔除这些异常值，或是设定这些倍数低于或等于某个固定值。例如，当公司的 PE 大于 500 时，直接将该公司的 PE 设定为 500。其结果是，由于处理异常值的方式完全不同，两份数据报告对同一部门或市场发布的平均值几乎没有任何相近之处。比如说，2017 年 9 月，各数据服务机构对标准普尔 500 指数的 PE 值给出了截然不同的结果，最低值是 Factset 发布的 17.41，最高值则是《华尔街日报》的 23.82。这就需要使用这些数字的投资者自己去分辨这些数字是如何计算得到的，以及它们之间是否具有一致性。

倍数估计中的偏差

在计算倍数时，会出现有些公司的倍数无法计算的情况。不妨再以市盈率为例。

⊖ 对于中位数，在样本组的全部公司中，一半公司的估值低于这个数值，另一半则高于这个数值。

当每股收益为负数时,公司的市盈率并无实际意义,而且通常也不会披露。当考察一组公司的平均市盈率时,需要将收益为负数的公司全部剔除出样本市场,因为这些公司的市盈率是无法计算的。那么,这种情况为什么会在样本量大时更值得关注呢?从样本中剔除的企业全部为亏损企业,这一事实就在样本的选择过程中造成偏差。实际上,由于剔除了这些亏损公司,会导致整个样本群体的平均市盈率偏高。我们可以对这个问题采取三种解决方案。第一种解决方案是承认偏差的存在,并将这些偏差纳入分析中。在实务操作中,这就需要下调平均市盈率,以反映这些被剔除亏损企业的影响。第二种解决方案是加总样本组内全部公司(包括亏损公司)的股权的市场价值和净收益(或亏损),并以这个汇总价值来计算市盈率。图4-5总结了三个行业(半导体、电信服务和货运)在2017年1月的平均市盈率、中位市盈率和动态市盈率。

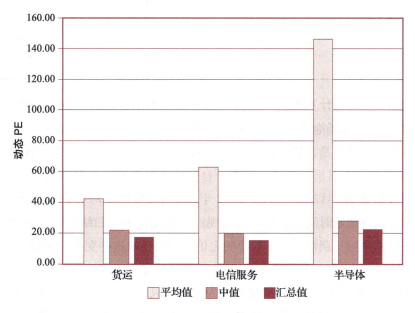

图4-5 三个行业在2017年1月的PE:平均值、中值及汇总值

请注意,电信服务和半导体行业的中位市盈率明显低于平均市盈率,这表明这两个行业的某些公司存在较大异常值(PE)。在这两个行业中,相对于和平均值之间的差异,按总市值和净利润计算的市盈率更接近于中位数。尽管在异常值很少的行业,这三个数字会非常接近,但是在大多数行业中,它们之间都会出现差异。第三种解决方案是采用组内全部公司均可计算得到的倍数。因此,可以计算所有公司的收益率,当然也包括那些亏损公司,在这里,收益率(earnings yield)相当于市盈率的倒数。该指标不会出现类似于市盈率这样的偏差。

倍数随时间的变化

任何长期追踪市场的投资者都知道,整个市场和个别行业的倍数都会随时间的推移而变化。为反映倍数随时间推移的变化程度，我们在表 4-2 中列出了 2005～2017 年美国市场的年平均市盈率及中位市盈率。

表 4-2　不同时点的市盈率（PE）：美国股票

有 PE 比率的企业日期	平均值	中位数	可计算 PE 的公司比例
2005 年 1 月	48.12	23.21	56.43%
2006 年 1 月	44.33	22.40	56.89%
2007 年 1 月	40.77	21.21	57.50%
2008 年 1 月	45.02	18.16	56.42%
2009 年 1 月	18.91	9.80	58.36%
2010 年 1 月	29.57	14.92	50.87%
2011 年 1 月	49.82	19.50	52.15%
2012 年 1 月	42.56	15.94	49.85%
2013 年 1 月	83.86	16.38	57.60%
2014 年 1 月	52.13	20.78	58.07%
2015 年 1 月	72.13	20.88	56.81%
2016 年 1 月	59.42	18.53	55.29%
2017 年 1 月	114.15	21.57	58.04%

表中最后一列为可计算市盈率的公司在总体样本中占据的比例。需要提醒的是，在过去的 10 年中，市场泡沫在中间阶段达到高峰期，体现为 PE 值在这个时间达到最高值。同样需要注意的是，数值在 2008 年 1 月～2009 年 1 月大幅下降，这也验证了市场在 2008 年最后几个月出现的剧烈调整。自全球金融危机爆发以来的 10 年间，预测市盈率已回升到 2008 年以前的水平，2017 年的市场中位数平均水平为 21.57。

为什么倍数会随着时间的推移而改变呢？某些变化可以归结于基本面因素。随着利率和经济增长率的长期性变化，股票的定价自然要反映这些变化。例如，在 20 世纪整个 90 年代，低利率在盈利倍数的上涨过程中扮演了关键角色，而这种影响在过去 10 年中又再次出现。但也有一些变化是因为市场的风险认识发生了转变。随着投资者对风险的厌恶情绪逐渐加深，尤其是在经济衰退期间，投资者愿意为股票支付的倍数自然会相应减少。这一点在图 4-6 中体现得淋漓尽致，该图显示了标准普尔 500 指数的收益率（收益/价格）和国债利率随时间变化的情况。

需要注意的是，20 世纪 70 年代，收益率随着国债利率的上调而提高，而在进入 80 年代和 90 年代后，则随着利率的下调而下降。自 2008 年全球金融危机以来，国债利率不断刷新历史低位，而不出所料的是，收益率也随之下降。从现实的角度看，这种变化会带来怎样的结论呢？首先，对不同时间的倍数进行比较，这本身就蕴含着巨大的风险。比如说，如果我们根据今天的市盈率与历史市盈率的比较来认定某个市场品牌被低估或高估，很容易会造成误判，遗憾的是，这种做法却屡见不鲜。其次，相对估值法本身的寿命期就很有限。尽管一只股票与今天的可比公司相比可能很便宜，但这个估值有可能在未来几个月内发生巨大变化。从本质上说，内在估值法要比相对估值法稳定得多。

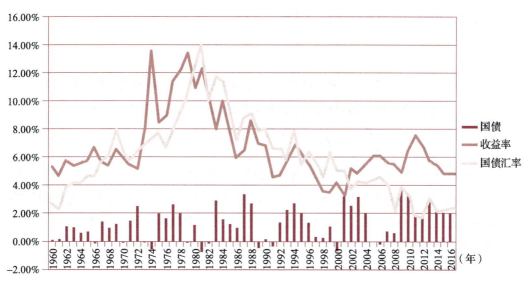

图 4-6 美国市场的收益率和利率——1960~2016年

分析性检验

在讨论分析师为什么会对倍数情有独钟时,我们就曾指出,相对估值法比折现现金流估值法需要的假设更少。尽管从理论上说,相对估值法需要更多的假设,但我们看到的毕竟只是表面。实际上,现金流折现估值模型需要的假设丝毫不亚于相对估值法。两者的不同之处在于:在相对估值法中,很多假设是隐含性的,不需要明确,而折现现金流估值法的假设则是明确的。在确定估值倍数之前,我们首先需要回答两个最关键的问题:"哪些基本面因素决定了公司的估值倍数?"以及"基本面的变化会对倍数产生怎样的影响?"

决定因素

在介绍折现现金流估值模型中,我们曾提到,公司的价值是如下三个变量的函数——公司创造现金流的能力、现金流的预期增长率以及与这些现金流相关的不确定性。不管是针对利润、收入还是账面价值的倍数,都无一例外地取决于三个基本变量——风险、增长率和现金流创造能力。因此,从表面上看,那些增长率高、风险小、现金流创造潜力大的公司,就应该比高增长、高风险和低现金流潜力的公司拥有更高的交易倍数。

至于用来衡量增长率、风险和现金流创造能力的具体指标,则会因倍数的不同而有所差异。要透过表面厘清股权及公司估值倍数的实质,还需回顾一下针对股权和公司估值的基本模型——折现现金流估值模型,并利用该模型得到估值倍数。

最简单的股权折现现金流估值模型,当然是针对稳定增长状态的股息折现模型,按照该模型，股权价值可按如下公式计算：

$$股权价值 = P_0 = \frac{DPS_1}{k_e - g_n}$$

其中，DPS_1 为下一年度的预期股息，k_e 为股权成本，g_n 是预期的稳定增长率。将公式两侧同时除以净利润，即可得到针对稳定增长型企业市盈率的折现现金流公式：

$$\frac{P_0}{EPS_0} = PE = \frac{股息支付率 \times (1 + g_n)}{k_e - g_n}$$

市盈率的主要决定因素是每股收益（EPS）的预期增长率、股权成本和股息支付率。在其他方面保持不变的情况下，如果我们假设公司有更高的增长率、更低的风险和更高的派息比率，那么其交易的收益倍数就应高于没有这些特征的企业。

将公式两端同时除于股权的账面价值，我们即可得到稳定增长型公司的市净率（价格/账面价值，PBV）：

$$\frac{P_0}{BV_0} = PBV = \frac{ROE \times 股息支付率 \times (1 + g_n)}{k_e - g_n}$$

其中，ROE 为股权收益率，除决定市盈率三个因素（增长率、股权成本和股息支付率）之外，它是唯一可影响市净率的变量。

如果将公式两端同时除于每股收入，我们就可以将稳定增长型企业的市销率（价格/销售，PS）表述为利润率、股息支付率、风险和预期增长率的函数：

$$\frac{P_0}{Sales_0} = PS = \frac{净利润率 \times 股息支付率 \times (1 + g_n)}{k_e - g_n}$$

净利润率是新添加到计算公式中的一个变量。尽管上述计算均以稳定增长型股息折现模型为基础，但我们仍会看到，即使是对于拥有高增长潜力的公司和其他股权估值模型，上述结论依旧成立。

我们还可以通过类似分析推导出公司价值倍数。将稳定增长型企业的价值改写为如下形式：

$$公司价值 = V_0 = \frac{FCFF}{k_c - g_n}$$

其中，FCFF 是企业自由现金流，k_c 是资本成本，g_n 为永续增长率。

将公式两端同时除以公司的预期自由现金流，我们即可得到稳定增长型企业的 EV/FCFF 倍数：

$$\frac{V_0}{FCFF} = \frac{1}{k_c - g_n}$$

公司可以驾驭的 FCFF 倍数取决于两个变量——资本成本和预期的稳定增长率。由于公司自由现金流是税后营业利润扣除资本支出净额及其所需营运资金后的余额，因此收入倍数、息税前利润（EBIT）以及税后息前利润的倍数，均可以采用类似方法进行估计：

$$\frac{V_0}{EBIT_1 \times (1-t)} = \frac{1 - 再投资率}{k_c - g_n}$$

$$\frac{V_0}{EBIT_1} = \frac{(1 - 再投资率) \times (1-t)}{k_c - g_n}$$

$$\frac{V_0}{销售收入} = 税后营业利润率 \times (1 - 再投资率)$$

表4-3总结了各个倍数以及确定各倍数所需要的关键变量，并在每个变量旁边的括号中以箭头表示倍数与相关变量之间的关系。其中，↑表示在其他变量保持恒定的情况下，该变量的增加会带来倍数的提高，而↓则表示变量的增加会带来倍数的下降。

表4-3　确定倍数的基础决定因素

倍数名称	基本决定因素
市盈率：价格/每股收益	预期增长率（↑），股息支付率（↑），风险（↓）
市净率：价格/股权账面价值	预期增长率（↑），股息支付率（↑），风险（↓），净资产收益率（↑）
市销率：价格/销售收入	预期增长率（↑），股息支付率（↑），风险（↓），净利润率（↑）
EV/FCFF	资本成本（↓），增长率（↑）
EV/EBITDA	预期增长率（↑），再投资率（↓），风险（↓），资本收益率（↑），税率（↓）
EV/已投资资本	预计增长（↑），再投资率（↓），风险（↓），资本收益率（↑）
EV/销售收入	预期增长率（↑），再投资率（↓），风险（↓），营业利润率（↑）

上述分析的重点并不是说，我们必须回头使用折现现金流估值模型，而是揭示出可能导致同行业内各公司的相关倍数发生变化的变量。如果忽略这些变量，我们就有可能得到这样的结论：PE为8的股票比PE为12的股票更便宜。但造成PE出现差异的真正原因，有可能是后者的预期增长率较高；或是让我们认为，市净率为0.7的股票要比市净率为1.5的股票更便宜，而造成这种现象的真正原因则是后者的股权收益率高于前者。

伴随变量

决定一个倍数的所有变量均可由折现现金流模型获得，并在假设其他所有条件保持不变的前提下，根据各变量的变化情况得出该变量与倍数之间的关系。然而，在解释每个倍数时，总会有一个变量处于主导地位（而且这个变量因不同倍数而异）。伴随变量（companion variable）对我们能否合理使用倍数进行估值至关重要。在使用某个倍数时，最有助于解释公司间差异的变量就是该倍数的伴随变量。

那么，最经常使用的倍数有哪些伴随变量呢？要做出这个判断，我们可以看看表4-3中列示的各个变量，看看哪些变量最能解释不同企业在某个倍数上存在的差异，并据此得出表4-4所示的变量。

表 4-4 伴随变量

倍数	伴随变量	估值不匹配
市盈率	预期增长率	市盈率低但预期每股收益增长率较高的股票
市净率 PBV	股权收益率 ROE	ROE 较高但 PBV 较低的股票
市销率 PS	净利率	PS 较低但净利润率较高的股票
EV/EBITDA	再投资率	EV/EBITDA 和再投资需求均较低的股票
EV/已投资资本	资本收益率	资本收益率/资本较低但资本收益率较高的股票
EV/销售收入	税后营业利润率	EV/销售收入比较低但税后营业利润率较高的股票

关系

尽管了解决定倍数的基本面因素是非常重要的第一步，但理解倍数如何随基本面要素而变化同样是使用倍数的关键。举例来说，如果我们的分析对象是一家拥有两倍于行业平均增长率的高成长公司，要判断该公司的市盈率是否应达到行业平均市盈率的 1.5 倍、1.8 倍或是 2 倍，那么仅仅知道这家公司有较高的市盈率还远远不够。要判断这个问题，我们还需要了解公司的市盈率是如何依随增长率的变化而变化的。

出乎意料的是，大量的估值分析竟然依赖于倍数和基本面要素之间维持线性关系这样一个假设。不妨考虑一下 PEG，即市盈率 PE 与公司预期增长率之比。该比率被广泛用于分析高成长型企业，它的一个隐含性假设就是市盈率与预期增长率存在线性关系。

如前所述，依靠折现现金流模型计算估值倍数的一个好处是，我们可以在保持其他条件不变的前提下，通过调整某变量的数值来分析该基本变量与倍数之间的关系。但这种方法几乎总会告诉我们，估值中鲜有线性关系的存在。

应用测试

当使用倍数时，它们往往是和可比公司相互匹配的，以确定目标公司或股权的价值。但哪些公司可以作为可比公司呢？传统做法就是在同行业或从事相近业务的企业中寻找，但这未必是确定可比公司的正确方式，更谈不上最佳方式。此外，无论我们在选择可比公司时有多么认真，目标公司与可比公司之间还是会存在各种各样的差异。因此，如何控制这些差异是相对估值法的一个重要组成部分。

什么是可比公司

可比公司应和被估值企业有着相似的现金流、增长潜力和风险。如果能通过研究在风险、增长和现金流等方面具有相同特征的公司是如何定价的，在此基础上对目标公司进行估值，那当然是最理想的。但是在这个定义中，并不存在一个与公司所属行业或板块相关的构成要素。因此，只要拥有相同的现金流、增长率和风险，电信公司就可以和软件公司进行比较。然而，在大多数分析中，分析师会把可比公司定义为与目标公司处于相同行业或从事相同业务的其他公司。如果行业内的企业太多，那么可选择其他标准来缩小选择范围，譬如只考虑规模相似的公司。这里隐含的一个假设是，属于同一行业的公司具有相似的风险、增长及现金流特征，因而有更合理的可比性。

但是当一个行业内的企业数量相对较少时，这种方法就难以奏效了。在美国以外的大多数市场上，所有行业，尤其是细分行业的上市公司数量都是有限的。此外，如果行业内的企业在风险、增长和现金流特征等方面差异很大，那么我们同样很难将同一部门内的公司定义为可比公司。尽管已有数百家计算机软件公司在美国上市，但这些公司之间差异很大。因此，权衡并不困难：用更宽泛的标准定义一个行业，会增加可比公司的数量，但也会导致公司之间的差异性更大。

当然，我们还可以采用其他方案来取代定义可比公司的传统做法，一种方法就是寻找拥有相似估值基本面的公司。比如说，如果估值目标的贝塔系数为 1.2，预期的每股收益增长率为 20%，股权收益率为 40%，⊖那么我们就可以在整个市场中寻找具有类似特征的其他公司。⊖另一种选择是把市场上的所有公司均视为可比公司，而后以统计技术控制这些公司在基本面上存在的差异。

控制不同公司间的差异

无论我们怎样谨慎构建可比公司的名单，最终都会得到与被估值公司存在各种差异的公司。这些差异在某些变量上可能很小，而在其他变量上则有可能相去甚远；为此，我们不得不在相对估值法中控制这些差异带来的影响。在下面的内容中，我们将讨论三种解决这个问题的思路。

主观调整

在相对估值法中，我们首先要面对如下两个选择：分析中使用的倍数以及可比公司的群组。在很多相对估值过程中，分析师需要逐个计算出每家可比公司的倍数，而后再得到它们的平均值。然后，为了对个别公司进行估值，分析师就需要将目标公司的交易倍数与之前得到的平均值进行比较。如果差异显著，分析师就需要对公司的个别特征（增长率、风险或现金流）是否足以解释差异做出主观判断。因此，在行业平均市盈率只有 15 的时候，即使一家公司拥有 22 倍的市盈率，分析师依旧可以认为，这种差异是合理的，因为公司的增长潜力高于行业平均水平。如果分析师的判断是倍数化的差异无法由基本面因素做出解释，那么就可以认为这家公司被视为高估（如倍数高于行业平均水平）或低估（如果倍数低于行业平均水平）。

⊖ 40% 的股权收益率是反映现金流增长潜力的标准。而凭借 20% 的增长率和 40% 的股权收益率，这家公司就可以将收益的一半以股息或股票回购形式返还给股东。

⊖ 如果让你从 1 万只股票选择的话，那么要人工找到这些公司或许是一件极其乏味的工作。此时，你可以利用聚类分析等统计技术找到类似企业。

这种方法的缺点并不在于需要由分析师做出主观判断，而是在于这种判断在很大程度上有赖于毫无依据的猜测，而这些判断又往往反映了他们对目标公司的偏见。

修正倍数

在这种方法中，我们通过修改倍数以充分考虑决定该倍数的重要变量——伴随变量。例如，分析师在对增长率差异较大的诸多公司进行比较之后，通常会以市盈率除以预期的每股收益增长率，从而得到按增长率调整后的市盈率（PEG 比率）。然后，对拥有不同增长率的公司按市盈率增长率进行比较，以发现被低估或是被高估的公司。

当使用调整倍数时，我们实际上是做出了两个隐含性假设。首先，除被控标准以外，这些公司在其他所有价值衡量标准上均具有可比性。换句话说，在比较各公司的 PEG 比率时，我们假设这些公司都具有相同的风险。另一个通常采取的假设是，倍数和基本面要素之间维持线性关系。不妨再次用 PEG 比率说明这一点，按照这个假设，如果增长率加倍，那么市盈率也将翻番。如果这个假设不能成立，且市盈率与增长率不成比例，那么，如果按 PEG 比率判断，拥有高增长率的公司看起来就是被低估的。

◎ **案例 4-1　不同饮料公司的市盈率及增长率比较——2004 年 1 月**

表 4-5 显示了部分饮料类企业未来 5 年的市盈率和每股盈利预期增长率，相关数据均采用分析师的一致性估计。

表 4-5　饮料行业的市盈率及每股盈利预期增长率

公司名称	动态 PE	EPS 增长率	标准差	PEG 比率
安德烈斯葡萄酒有限公司（Andres Wine Ltd. A）	8.96	3.50%	24.70%	2.56
安海斯-布希公司（Anheuser-Busch）	24.31	11.00%	22.92%	2.21
波士顿啤酒公司（Boston Beer A）	10.59	17.13%	39.58%	0.62
百富门酒业公司（Brown-Forman B）	10.07	11.50%	29.43%	0.88
佳酿酒业集团（Chalone Wine Group Ltd.）	21.76	14.00%	24.08%	1.55
可口可乐（Coca-Cola）	44.33	19.00%	35.51%	2.33
可口可乐灌装公司（Coca-Cola Bottling）	29.18	9.50%	20.58%	3.07
可口可乐企业集团（Coca-Cola Enterprises）	37.14	27.00%	51.34%	1.38
阿道夫·库尔斯啤酒集团（Coors (Adolph) B）	23.02	10.00%	29.52%	2.30
科比酿酒有限公司（Corby Distilleries Ltd.）	16.24	7.50%	23.66%	2.16
汉森天然饮料公司（Hansen Natural Corp）	9.70	17.00%	62.45%	0.57
默尔森饮料集团（Molson Inc. Ltd. A）	43.65	15.50%	21.88%	2.82
罗伯特·蒙达维酒庄（Mondavi (Robert) A）	16.47	14.00%	45.84%	1.18
百事可乐集团（PepsiCo, Inc.）	33.00	10.50%	31.35%	3.14
托德亨特国际公司（Todhunter International）	8.94	3.00%	25.74%	2.98
怀特曼公司（Whitman Corp.）	25.19	11.50%	44.26%	2.19
平均数	22.66	12.60%	33.30%	2.00

资料来源：《价值线》数据库。

如果按相对估值法考虑，安德烈斯葡萄酒有限公司是否被低估呢？实际上，只需对倍数做简单判断即可验证我们这个结论，因为它的市盈率只有 8.96，明显低于行业平均水平。

在进行这次比较时，我们假设安德烈斯葡萄酒有限公司的增长性和风险特征与该行业平均水平相近。使用增长率进行比较的方法之一，就是计算表中最后一列的 PEG 比率。按照行业的平均 PEG 比率为 2.00 以及安德烈斯葡萄酒有限公司的预计增长率，我们可以得到公司的如下市盈率数值：

$$市盈率 = 2.00\% \times 3.50\% = 7.00$$

尽管 PE 很低，但是根据这个调整后的 PE，安德烈斯葡萄酒有限公司的估值似乎过高。尽管这种调整方法似乎可以轻松解决企业之间的差异问题，但只有在各公司的风险对等时，结论才是成立的。因此，这种方法实际上是隐含性地假设增长率与 PE 之间呈线性关系。

统计技术

当倍数与决定它们的基本变量之间存在复杂的关系时，主观调整和修正倍数很难奏效。出现这种情况时，一些统计技术可以为我们带来希望。本节将着重考虑这些统计方法的优点及其潜在问题。

行业回归。在回归法中，我们试图以影响因变量的自变量来解释因变量。实际上，我们就是在做相对估值——使用基本变量（如风险、增长率和现金流）来解释各公司之间的倍数（市盈率、EV/EBITDA）差异。与主观调整相比，回归分析具有三个方面的优势：

- 回归分析的结果有助于我们衡量倍数与所采用变量之间的关系有多强。因此，如果我们认为高成长公司具有较高的市盈率，那么通过回归分析，我们就应该认识到增长率和市盈率之间存在怎样的关系（以增长率相关系数为自变量）以及这种关系有多强（通过 t 统计量和拟合系数 R^2）。
- 如果倍数和基本面要素之间的关系是非线性的，那么可以对回归分析加以修正，以体现这种关系。
- 不同于只控制一个变量差异的修正倍数方法，我们可以扩展回归分析，以考虑多个变量甚至是这些变量之间的交叉影响。

一般来说，回归分析似乎更适合于相对估值项目，以便于处理大量繁杂甚至是相互矛盾的数据。在进行行业回归时，我们需要解决两个关键问题：

- 第一个问题涉及我们如何定义这个行业。如果我们界定的行业范围过于狭窄，就有可能面临样本量太小的风险，从而削弱了回归的有效性，而扩大行业界定范围则意味着较少的风险。在这种情况下，尽管公司之间可能会存在较大差异，但我们可以在回归中人为控制这些差异。
- 第二个问题涉及我们在回归中使用的自变量。在统计学的教学中，我们强调的是增加回归分析的解释能力(通过 R^2),并纳入任何有助于实现这个目标的变量,但是在相对估值法的回归分析中,我们强调的则是缩小关注范围。因为我们的目标不是要解释各公司价格之间的全部差异,而只是确定可以通过基本面要素解释的那部分差异,因此,我们只采用与这些基本面要素相关的变量。我们在前述章节使用 DCF 模型分析倍数时,应该可以得到有价值的启发。在这里,我们不妨以市盈率为例。考虑到市盈率是由股息支付率、预期增长率和风险共同决定的,因此,我们在回归分析中只包含这三个变量。至于其他变量,只要没有基本面原因能说明它们和市盈率有关,纵然有可能提高解释力,我们也不会在回归中增加这些变量。

◎ 案例 4-2 饮料行业的行业回归分析

市盈率是预期增长率、风险和股息支付率的函数。在饮料行业,没有任何企业支付大量股息,这是它们的相同之处,但它们在风险和成长方面各不相同。表 4-6 汇总了饮料行业上市公司的市盈率、贝塔系数和预期增长率。

表 4-6 饮料公司的市盈率、增长率和风险

公司名称	动态 PE	EPS 预期增长率	标准差
安德烈斯葡萄酒有限公司	8.96	3.50%	24.70%
安海斯-布希公司	24.31	11.00%	22.92%
波士顿啤酒公司	10.59	17.13%	39.58%
百富门酒业公司	10.07	11.50%	29.43%
佳酿酒业集团	21.76	14.00%	24.08%
可口可乐	44.33	19.00%	35.51%
可口可乐灌装公司	29.18	9.50%	20.58%
可口可乐企业集团	37.14	27.00%	51.34%
阿道夫·库尔斯啤酒集团	23.02	10.00%	29.52%
科比酿酒有限公司	16.24	7.50%	23.66%
汉森天然饮料公司	9.70	17.00%	62.45%
默尔森饮料集团	43.65	15.50%	21.88%
罗伯特·蒙达维酒庄	16.47	14.00%	45.84%
百事可乐集团	33.00	10.50%	31.35%
托德亨特国际公司	8.94	3.00%	25.74%
怀特曼公司	25.19	11.50%	44.26%

资料来源:《价值线》数据库。

由于这些公司在风险和预期增长方面各不相同,因此,我们针对两个变量进行了市盈率回归分析:

$$PE = \underset{(3.01)}{20.87} - \underset{(2.63)}{63.98} \times 标准差 + \underset{(3.66)}{183.24} \times 预期增长率 \quad R^2 = 51\%$$

括号中的数字为 t 统计量,它表明,在上述回归分析中,市盈率与两个变量之间的关联性具有统计上的显著性。拟合系数 R^2 表示 PE 差异中可以由自变量解释部

分的百分比。最后，回归分析⊖本身可用来预测列表中公司的市盈率。因此，根据其标准差 35.51% 和预期增长率 19%，可口可乐的预测性市盈率如下：

可口可乐的预测市盈率 = 20.87 - 63.98 × 0.3551 + 183.24 × 0.19 = 32.97

由于可口可乐的实际市盈率为 44.33，这表明，根据同行业其他公司的定价水平，可口可乐的股票价值已被高估。

如果假设 PE 和增长率之间的关系为非线性的，那么我们可以运行非线性回归，或是通过修正回归变量以提高两者之间的线性程度。例如，在前面的回归分析中使用增长率对数而不是增长率，会产生更接近于线性的关系。

市场回归。在企业所在行业内寻找可比公司是非常困难的，尤其是在行业内企业数量较少或者目标公司的业务涉及若干行业时，要找到可比公司就更加困难了。按照可比公司的定义，其范围并非一定属于同一行业，而是与目标企业具有相同增长率、风险和现金流特征的企业。因此，我们无须将可比公司的选择限定在同行业内。按照上一节中介绍的回归方法，对于造成不同公司出现倍数差异的变量，我们可以控制这些变量本身的差异。根据决定每个倍数的变量，我们应该能按影响各倍数的变量对该倍数进行回归，表 4-3 列示了决定各倍数的要素，以此为出发点，我们对 2017 年 1 月的每个倍数进行全市场范围的回归，分析结果归纳在表 4-7 中，其中系数下面的括号内为 t 统计量。

表 4-7 针对美国企业倍数的全市场回归分析——2017 年 1 月

回归	R^2
$PE = -3.95 + 174.03 \times g + 2\,020.58 \times 股息支付率 + 33.53 \times 贝塔系数$ (2.15) (31.70) (19.69) (2.19)	42.6%
$PBV = 1.59 + 00.85 \times g + 00.24 \times 股息支付率 - 1.40 \times 贝塔系数 + 9.69 \times ROE$ (9.25) (13.53) (2.82) (4.84) (30.09)	43.6%
$PS = 4.901 + 1.59 \times g + 0.31 \times 股息支付率 - 0.51 \times 贝塔系数 + 16.16 \times 净利率$ (22.07) (21.80) (7.59) (4.27) (38.57)	53.2%
$EV/投入资本 = 3.30 + 0.23 \times g + 8.64 \times 投入资本收益率 - 4.20 \times (债务/资本)$ (49.01) (2.98) (45.18) (25.70)	63.5%
$EV/销售收入 = 2.93 + 0.65 \times g + 4.48 \times 营业利润率 - 1.80 \times 税率 - 1.80 \times (债务/资本)$ (23.26) (4.01) (13.13) (4.03) (7.18)	7.3%
$EV/EBITDA = 35.83 + 7.60 \times g - 24.40 \times 税率 - 19.10 \times (债务/资本) - 147.60 \times WACC$ (13.60) (6.04) (8.72) (7.56) (4.84)	6.0%

注：g = 未来 5 年的 EPS 预期增长率（分析师预测）；

股息支付率 = 股息/利润；

投入资本收益率（ROIC）= $EBIT \times \dfrac{1 - 税率}{投入资本的账面价值}$；

净资产收益率（ROE）= $\dfrac{净资产收益}{股权的账面价值}$；

债务/资本 = $\dfrac{债务}{债务 + 股权的市场价值}$；

WACC = 资本成本。

⊖ 这里描述的两种方法均假定，倍数和影响价值的变量之间存在线性关系。因为事实并非一贯如此，因此，我们可能还需要使用这些非线性回归方法。

在倍数的差异中，由自变量可解释的比例因倍数的不同而有所不同，账面价值和收入倍数通常比收益倍数有更高的 R^2 统计值，因而拟合性更好。但我们用来衡量风险（贝塔系数及债务/资本）、成长性（每股收益的预期增长率）和现金流（股息支付率和再投资率）的变量不可能完美无缺，而且与倍数之间的关系也不是线性的。为解决这些制约因素，我们可以在回归中增加更多的变量，并尝试使用非线性回归分析。

与上一节介绍的对同一行业的企业进行"主观"性比较相比，这种全市场范围的回归技术确实有自己的优势。首先，它可以根据市场的实际数据，对高成长性或高风险可能给倍数造成的影响程度予以量化。诚然，这些估计也会包含错误，但这些偏差恰恰体现了很多分析师在进行主观判断时刻意规避的一个现实。其次，这种考察的是市场中的所有公司，因而能让我们对企业数量相对较少的行业进行更有意义的比较。最后，通过评估目标公司相对市场上其他企业的价值，我们可以判断这些公司是被低估还是高估，从而检验行业中的所有公司是否均处于被低估或高估的状态。

统计技术的局限性。统计技术只是对估值研究或是定性分析的补充，而不是彻底取代后者。它们是所有分析师都应学会使用的工具，但它们毕竟只是工具。尤其是在对倍数使用回归技术时，我们必须掌握本章前面提到的倍数分布特性，以及回归中所采用的自变量之间的关系。

- 在使用标准回归技术时，倍数不服从正态分布这一事实很可能会带来问题。这些问题会因为样本规模过小而加剧，即分布的非对称性会因少数严重异常数值的存在而被放大。

- 在针对倍数的回归中，自变量本身应该是相互独立的。但不妨考虑一下我们用来解释估值倍数的自变量——现金流潜力或股息支出率、预期增长率和风险。在某个行业和整个市场中，高成长企业更有可能对应于高风险和低股息支付率，这一点是显而易见的。自变量之间的这种相关性会导致"多重共线性"问题，从而削弱回归分析的解释力。

- 在本章前面的讨论中，我们曾提到倍数分布会随着时间的推移而如何改变的问题，它会导致 PE 倍数或 EV/EBITDA 倍数的跨期比较出现问题。同样，在倍数回归中，我们可以解释不同公司在任何时点上存在的某个倍数差异，但随着时间的推移，这种解释必然会失去预测能力。因此，以 2008 年年初增长率为基础进行的 PE 回归，可能对 2009 年年初的股票估值并无意义。

- 最后一点需要提醒的是，在针对相对估值进行的回归分析中，拟合系数 R^2 几乎不会高于 70%，该系数通常会下降至 30% 或 35%，因此我们没有必要强调多高的 R^2 才有意义，相反，我们更应该强调回归分析本身的预测能力。当 R^2 下降时，回归的预测范围将会扩大。比如说，对饮料行业进行回归（最后一列）得到的市盈率预测值为 32.97，但是按 51% 的拟合系数 R^2，我们以 95% 的可信度得到

27.11~38.83 这样一个预测范围。如 R^2 更高，上述预测范围会进一步收缩。

相对估值与内在估值的协调

作为两种估值方法，折现现金流估值法和相对估值法通常会对处于同一时点的同一企业得出不同的估值，甚至会出现一种方法认为股票价值被低估而另一种方法则认为它被高估的情况。此外，即使在相对估值法中，我们也可以得到不同的估值结论，具体取决于我们采用了怎样的倍数以及进行相对估值所依赖的可比公司。

折现现金流估值与相对估值之间的价值差异，源于人们对市场效率的不同看法，或者更确切地说，是对市场无效的不同认识。在折现现金流估值模型中，我们假设市场会犯错，并随着时间的推移而纠正错误，而且这些错误往往存在于整个行业乃至整个市场。而在相对估值中，我们的假设则是，即使市场会在个别股票上犯错误，但市场的平均估值总是正确的。换句话说，在我们比较一家新软件公司和其他小型软件公司时，我们实际上是在假设，尽管市场有可能对个别公司错误定价，但是在总体上则对这些公司做出了正确的定价。因此，在相对估值中，如用作参照基准的可比公司被市场高估，那么目标公司的股票就有可能出现按折现现金流衡量被高估而按相对估值法评价则被低估的情形。如果整个行业或市场被低估，则会出现相反的情况。

本章小结

在相对估值中，我们可以根据类似资产的定价水平来估计目标资产的价值。为进行比较，我们首先需要将价格转换为倍数，即标准化的价格。然后，我们按这些倍数对被定义为可比公司的企业进行比较。对价格进行标准化处理的标准可以是利润、账面价值、收入或行业特定变量。

倍数的吸引力就在于它简单易用，我们可以通过四个步骤合理使用倍数估值法。首先，我们需要对倍数给出一致性定义，并在所有被比较公司中采用统一的衡量指标。其次，我们需要了解市场中各个企业的倍数是如何变化的。换句话说，我们必须认识到这个倍数到底是处于高位、低位还是一般性情况。再次，我们需要找到决定每个倍数的基本变量，以及这些基本面要素的变化如何影响倍数的数值。最后，我们需要找到确实具有可比性的公司，并调整各公司之间在基本特征上存在的差异。

第 5 章 The Dark Side of Valuation

实物期权估值

有时，不确定性会成为另一种价值源泉，尤其是对那些已经准备好利用它的人来说。我们在前 3 章中介绍的资产估值方法，着重考虑的是风险的负面影响。换句话说，它们只强调了风险的不利方面，却忽略了风险带来的机会。实物期权方法（real options approach）是唯一强调风险积极作用的估值方法。

在本章里，我们首先简要介绍实物期权估值方法的基本观点，并着重提及它的两个基本要素：

- 个人或实体从身边事件中学习的能力；
- 他们愿意而且有能力通过这种学习调整其行为。

然后，我们将探讨实物期权在实践中可以采取的诸多形式，以及这种具体形式如何影响到我们评估投资价值以及我们自身行为的方式。在最后一部分中，我们剖析了实物期权方法可能带来的某些缺陷，以及如何以最合理的方式将这种方法纳入我们的风险估值工具组合中。鉴于本章假定读者已经对期权支付和期权定价有一定的认知，因此，我们将在本章末尾的附录 5A 中对这两个概念做简要介绍。

实物期权的本质

为理解实物期权理论的基础及其如此诱人的根源，最简单的办法莫过于使用我们在第 3 章里介绍的风险估值工具——决策树。

图 5-1 显示了一个简单决策树模型的示例。

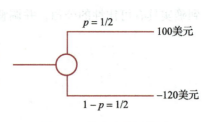

图 5-1　简单决策树模型

假设上下波动的概率相同，而且潜在损失越大，这笔投资的预期价值的负数绝对值就越大：

$$期望值 = 100 \times 0.50 - 120 \times 0.50 = -10(美元)$$

现在，我们将这个简单决策树模型与图 5-2 所示的更加复杂的两阶段决策树模型加以对比。

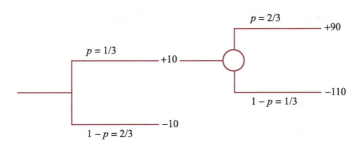

图 5-2　两阶段决策树模型

请注意，在决策树中，两个阶段的合计潜在利润和损失完全等于图 5-1 所示的简单决策树的利润和损失：总收益均为 100 美元，而总损失则是 120 美元。同样需要提醒大家的是，成功和失败的累计概率依旧是我们在简单决策树中采用的 50%。但是在我们计算复杂决策树的期望值时，结果发生了变化：

$$期望值 = \left(\frac{2}{3}\right) \times (-10) + \left(\frac{1}{3}\right) \times \left[10 + \left(\frac{2}{3}\right) \times 90 + \left(\frac{1}{3}\right) \times (-110)\right] = 4.44(美元)$$

是什么让第二个决策树把原本糟糕的投资（体现于第一个决策树）变成了一笔好的投资（第二个决策树）呢？我们可以把这一变化归结于两个因素。首先，考虑到在初始阶段，我们可以通过相对较小的常识性投资来观察现金流，这就让我们有机会进行学习。因此，第一阶段取得的不利结果（-10，而不是 10）表明，整个投资遭遇亏损的概率要大于盈利的概率。其次，如果第一阶段的结果是亏损，那么，你就可以通过放弃投资达到践行学习的目的，我们将这个过程称为"适应性行为"（adaptive behavior）。

从本质上看，实物期权的价值来自这样一个事实：在投资风险资产时，我们可以通过观察现实世界中发生的事情进行学习。我们可以调整自己的行为，以增加投资的升值潜力，减少有可能出现的贬值。按照实物期权的基本原则，我们可以使用最新的知识或信息，在降低风险成本的同时，增加机会收益。对于风险投资而言，我们可以根据持续更新的知识采取三种可能的应对措施。第一，依靠你的好运，尽可能地增加利润——对应于扩展期权。例如，市场测试表明，消费者对新产品的接受程度远超过你的预期，那么，你就可以将此作为扩大项目规模并加快产品上市速度的基础。第二，在收到的消息中包含坏消息时缩减甚至放弃投资——对应于放弃期权，这种对策旨在尽可能地止损。第三，在收到的信息表明未来前景存在不确定性时，暂缓实施进一步投资——对应于延迟或等待期权。从某种意义上说，我们就是在为投资购买时间，寄希望于产品和市场的发展态势会让它们在未来更具吸引力。

此外，我们还要在这个组合中加入最后一个要素，这是一个经常被遗忘，但是对实物期权理论而言和学习与适应性行为同等重要的要素。当且仅当你有机会进行这种学习并根据学习采取行动时，学习的价值才达到了最大化。毕竟，对于大众熟悉的知识，任何人都可以依据它采取行动，因此，其预期价值将接近于零。我们将这种条件称为"排他性"，并以这个标准来判断实物期权在什么时候最有价值。

实物期权、风险调整价值与概率评估

在我们开始讨论扩展、放弃和延迟这些期权之前，必须考虑风险的实物期权观点与前 3 章介绍的风险评估方法有什么不同，及其对风险资产估值的影响。

在计算风险资产的风险调整价值时，我们通常使用可以反映风险的调整折现率对预期现金流进行折现。对于风险较高的资产，我们往往会采用较高的折现率，使得既定数额的现金流拥有较低的价值。在这个过程中，我们面对的就是将未来所有可能的结果转化为一个预期值。从实物期权角度看，折现现金流估值法的弊端是显而易见的。对于风险资产，资产持有者通过观察早期事件并进行适应性调节而得到的预期现金流是低估的。因为它并没有体现出放弃期权所带来的损失风险具有递减性，而扩展期权和延迟期权所具有的盈利空间则是递增的。不妨用一个具体示例进行说明：假设你正在对一家石油公司进行估值，你需要估算现金流，即将你预期的这家公司的年产石油桶数乘以预期的每桶石油价格。尽管你可能会对这两个数字给出合理、公允的估计值，但预期现金流显然不能反映这些数字之间的相互作用。石油公司可以根据石油的市场价格来调整年产量：在油价上涨时提高石油产量，在油价下跌时减少石油产量。此外，随着石油价格的变化，它们的勘探活动也会随之波动。因此，针对石油价格的所有情景，计算得到的现金流都将大于计算风险调整价值时所采用的预期现金流，而且随着油价不确定性的提高，两者之间的差异还将扩大。那么，实物期权模型到底能给我们带来哪些启发呢？它们可以揭示出，通过传统估值方法得到的风险调整价值太低，因而应增加溢价，以反映这些公司对调整产量的选择权。

就纳入适应性行为这一点上看，最接近实物期权的方法是决策树，即每个阶段的最优决策都取决于前一阶段的结果。但两种方法之所以会对相同的风险资产给出不同的价值，其原因体现在两个方面。首先，决策树方法建立在概率基础上，它允许每个分支可以有多个结果。此外，实物期权方法在处理不确定性方面是受到约束的。在二项式模型中，每阶段只会出现两个结果，而且没有具体的概率。其次，估计决策树现值所采用的折现率（至少在常用版本中）往往是经过风险调整的，而不是以研究对象在决策树上所处的分支为条件。不妨回想一下第 3 章中的例子，在决策树中计算糖尿病治疗药物的价值时，不管药品测试的结果是好还是坏，我们均以 10% 的资本成本作

为现金流的折现率。而在实物期权方法中，适用于决策树中不同分支的折现率可能是不同的。换句话说，石油公司在油价上涨时的资本成本可能不同于油价下跌时的资本成本。对此，汤姆·科普兰德（Tom Copeland）和弗拉基米尔·安迪卡诺夫（Vladimir Antikarov）给出了极富说服力的证据：如果采用依赖于路径的折现率，那么，按实物期权和决策树模型得到的风险资产价值是相同的。[⊖]

在风险的评估问题上，模拟技术和实物期权不仅不是相互矛盾的，而且具有互补性。在实物期权估值模型中，两个最关键的输入变量——标的资产的价值以及价值的变动，通常是通过模拟方法取得的。例如，在对专利权估值时，我们必须评估目前开发该专利权所创造现金流的现值以及因输入变量不确定性而带来的价值波动。由于基础产品是不可交易的，因此，我们很难从市场上直接获得这些输入变量。而蒙特卡罗模拟技术则能为我们提供这两个值。

实物期权的示例

正如我们在导论部分所指出的那样，一项投资中嵌入了三种期权——扩展、放弃及延迟期权。在本节中，我们将逐一探讨这三种期权，了解它们如何为投资创造价值及其对估值和风险管理的潜在影响。

延迟期权

通常，对投资进行分析的基础是预期现金流以及分析时点的风险调整折现率，由此得到的净现值是衡量该时点价值及其可接受程度的指标。这背后的道理很简单：负的净现值相当于对投资价值的侵蚀，因而是不应接受的。但由于现金流和折现率会随着时间的推移而变化，因此，净现值也是变动的。也就是说，一个目前净现值为负数的项目，有可能在未来具有正的净现值。在竞争环境中，个别企业在争取项目时不具备超越其他竞争对手的特殊优势，这似乎并不重要。但是，在某个项目只能由一家公司承担的情况下（针对竞争对手进入的法律限制或其他障碍），这种项目价值在较长时间内会体现出看涨期权的特征。

基本设置

我们可以用一个抽象的例子来说明这个问题。假设一个项目需要金额为 X 的初始启动投资，预期现金流入的现值为V。项目的净现值（NPV）应该为两者的差额：

⊖ Copeland, T. E. and V. Antikarov, 2003, *Real Options: A Practitioner's Guide*, Texere; Brandao, L. E., J. S. Dyer, and W. J. Huhn, 2005, "Using Binomial Decision Trees to Solve Real-Option Valuation Problems," *Decision Analysis*, v2, 69-88. 在决策树中，他们使用根据期权定价模型的风险中性概率解决了期权价值问题。

$$NPV = V - X$$

现在，我们再假设，公司在未来几年中拥有实施该项目的排他性权利。同时，假设因现金流或折现率的变化，现金流入的现值可能会在此期间发生变化。因此，项目目前的净现值可能为负值，但如果公司愿意选择等待，它依旧是一个好项目（即现金流为正数）。同样，我们将 V 定义为现金流的现值，它在等待期间会发生变化，于是，公司对该项目的决策原则可概括如下：

- 如果 $V>X$，则接受该项目：项目的净现值为正数。
- 如果 $V<X$，则拒绝该项目：项目的净现值为负数。

如果公司决定不再投资这个项目，那么，项目就不会给公司带来额外的现金流，尽管公司将失去最初对该项目的投资资金。这种关系可以体现在项目的现金流收益图中，如图 5-3 所示。该图假定，公司将继续投资，直到项目完工并取得对项目的排他性专有权。⊖

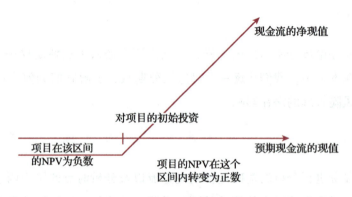

图 5-3　延迟期权的收益图

请注意，上述收益图实为一个看涨期权。期权的标的资产就是这笔投资，期权的行权价格为启动投资所需要的初始支出，期权的期限为公司对这笔投资权享有所有权的时间。项目的现金流现值以及该现值的预期变动代表标的资产的价值和方差。

对延迟期权的估值

从表面上看，在使用期权定价理论对延迟期权进行估值时，所需要的变量与其他期权并无两样。我们都需要标的资产的价值、资产价值的变动、期权的到期时间、行权价格、无风险利率以及股息收益率（相对于延迟的成本）等输入数值。但是在现实中，要估计产品专利估值所需要的这些输入变量可能非常困难：

⊖ McDonald, R. and D. Siegel, 2002, "The Value of Waiting to Invest," *Quarterly Journal of Economics*, v101, 707-728.

- **标的资产的价值**：在这种情况下，标的资产就是投资本身。资产的当前价值为目前启动项目所需现金流的现值扣除前期投资，后者可由标准资本预算分析确定，但现金流的估计值和现值可能在数额上存在较大误差。我们不应将这种不确定性视为问题，相反，而是应把它看作项目延迟期权拥有价值的根源。如果项目的预期现金流是确定的，并且预计不会发生改变，那么我们也就没有必要对其使用期权定价模型了，因为这种期权根本就没有价值。
- **资产价值的变动**：衡量资产价值的预期现金流的现值会随着时间而变化。导致变动的部分原因可能是产品潜在市场规模尚不得而知，部分原因在于技术转移可能会改变产品的成本结构和盈利能力。项目现金流现值的变动可通过如下三种方式进行估算：
  - 如果以前曾推出过类似项目，那么可以使用这些项目的现金流变动作为估计值。比如说，对于像吉列这样的消费品公司，在对新刀片开发项目的价值发生变动时，它就可以采用这种方法。
  - 可以对各种市场情景、每种情景下的预计现金流以及各预计现金流现值之间的差异赋予相应的概率。或者，也可以估计项目分析中每个输入变量（如市场规模、市场份额和利润率）的概率分布，并采用模拟技术估算现值的变动。
  - 如果能找到同一行业（与被分析项目所处的行业）的上市公司，可以该上市公司的市场价值变化作为变动的估计值。因此，可以将从事软件企业价值的平均变动差异用作软件项目的现值差异。期权的价值主要来源于现金流的变化，也就是说，方差越大，项目延迟期权的价值就越高。因此，与技术、竞争和市场均处于迅速变化中的环境相比，在业务稳定的情况下，延迟相似项目期权的价值相对较低。
- **期权的行权价格**：对项目拥有权利的公司决定对项目进行投资时，即为项目的延迟期权被执行。进行这笔投资的成本为期权的执行价格。这背后的基本假设是，这个成本始终保持不变（以现值计算），而且产品带来的任何不确定性都将反映在产品现金流的现值上。
- **期权的到期时间与无风险利率**：延迟项目的期权在项目权利失效时到期。由于竞争会驱使项目的收益率回落到投资所需要的最低收益率水平，因此在项目权利到期后，后续投资的净现值假定为零。期权定价所采用的无风险利率应为期权到期时的利率。尽管在公司对项目拥有明确权属（如通过许可证或专利）时，期权的寿命很容易估计，但如果公司仅对取得项目占有一定的竞争优势，确定这个寿命期就会困难得多。
- **延迟的成本（股息收益率）**：在净现值变为正值之后，延迟项目投入是有成本的。由于项目权利会在固定期限后过期，而且在出现新的竞争对手之后，超额利润（它也是正现值的来源）假定将就此消失，因此，每延迟一年都会相应减少可创造现金流的年数。㊀假设现金流按时间平均分配的话，如果对项目享有排他性所有权的期间为 n 年，那么延迟的成本可近似表述为：

$$延迟项目每年带来的成本 = \frac{1}{n}$$

因此，如果项目权利的期限为 20 年，则每年延迟项目的成本为 5%。但需要提醒的是，延迟成本会逐年上涨，第二年会变成 1/19，第三年为 1/18，依此类推，使得延迟成本随时间的推移而不断提高。在更常见的情况下，如现金流随时间而变化，那么延迟成本可表述为：

$$每年的延迟成本 = \frac{次年的预期现金流}{投资所创造的现金流现值}$$

实务操作中的问题

显而易见的是，尽管延迟期权内嵌于很多投资当中，但使用期权定价模型对这种期权估值会带来若干问题。首先，期权对应的标的资产（即项目）是不可交易的，这就导致难以估计其价值和方差。我们或许可以辩解，可以根据项目的预期现金流和折现率来估算，尽管这会有误差，但毕竟可行。但方差更难估计，因为我们的目的是估计项目价值在长期内的方差。

其次，价格在长期内的变化可能不符合期权定价模型所假设的价格路径，尤其是价值持续小幅增长（布莱克–斯科尔斯模型的一个假设）且价值变化在长期内保持不变的假设，难以在真实投资中证明其合理性。例如，突然发生的技术变革可能会明显改变项目价值，不管增加价值还是破坏价值。

最后，公司对项目享有的权利可能没有具体期限。比如说，一家公司拥有明显超过竞争对手的优势。进而，这种优势或许可以转化为公司在一定时期内对项目享有的排他性权利。但这种权利毕竟不同于法律制约，而且其效力的衰减速度可能会明显快于预期。在这种情况下，项目本身的预期寿命是不确定的，而只是一个估计值。不可思议的是，期权预期寿命的不确定性可能会扩大现值的差异，并借此提高项目权利的期望价值。

延迟期权的应用

延迟期权为我们认识两个常见的投资问题提供了一个有趣的视角。首先是专利权的估值，尤其是那些目前还不可行但在未来有可能生效的专利权。此外，这也有助于我们判断研发费用是否能带来价值。其次是对自然资源型资产的分析，如闲置土地和未开发的石油储量。

㊀ 具有价值创造能力的现金流是可增加净现值的现金流，相当于具有等价风险的投资，它是超过该投资所要求的收益率以上的超额收益部分。

专利权

专利权赋予公司以开发和销售产品的权利,但只有在产品销售带来的预期现金流现值超过其开发成本时,公司才会兑现其专利权,如图5-4所示。否则,公司可能会选择搁置专利,而不是为之投入更多的开支。假设 I 为开发该专利产品的成本现值,且 V 为开发带来的预期现金流现值,那么公司拥有产品专利的收益可描述为如下公式:

$$投资收益 = I - V$$

因此,我们可以把产品专利看作一种看涨期权,其中,产品本身即为期权的标的资产。○

将专利视为期权的意义重大。首先,由这个观点可以推断出,即使是无法存续的专利也依旧会有价值,尤其是在波动性较大的行业里。其次,它表明,如果企业认为等待带来的收益在现金流上要多于损失,那么它就有可能延迟开发有存续能力的专利。在没有出现激烈竞争的情况下,这种行为更为常见。最后,高风险行业的专利权价值要高于低风险行业,因为期权

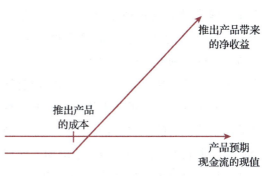

图5-4 推出新产品的收益

的价值因波动性的加剧而增加。如果我们把研发看作为取得这些专利而不可避免的费用,那么这就意味着,以未知程度较高且存在更大不确定性的领域为研发目标,有助于项目研发收益的最大化。因此,我们可以预期,制药公司会将更多的研发预算分配给基因治疗,而非流感疫苗。○关于这个问题,我们将在第15章中做深入研究。

自然资源期权

在以自然资源为目标的投资中,标的资产就是自然资源,而且资产的价值依赖于两个基本变量:资源的预计数量及其价格。比如说,在一个金矿中,标的资产的价值就是基于当期黄金价格而估算的黄金储备价值。在大多数此类投资中,初始成本主要为资源的开采费用。被开采资产的价值与开采成本的差额即为资源所有权人的利润(见图5-5)。我们将开采成本定义为 X,将开采资源的预计价值定义为 V,那么自然资源投资期权的潜在收益可表述为:

○ Schwartz, E., 2002, "Patents and R&D as Real Options," working paper, Anderson School at UCLA.
○ Pakes, A., 1986, "Patents as Options: Some Estimates of the Value of Holding European Patent Stocks," *Econometrica*, v54, 755-784. 尽管本文并未明确将专利作为期权进行估值,但它确实包含了投资者通过投资利用专利创造价值的公司而获得的收益。收益分布类似于期权组合,即大多数投资亏损,少数赢家创造了大部分收益。

$$对自然资源投资的收益 = \begin{cases} V - X & (V > X) \\ 0 & (V \leq X) \end{cases}$$

因此,对自然资源的期权投资具有类似于看涨期权的收益函数。⊖

那么,将自然资源储备视为期权会给我们带来什么启发呢?首先,自然资源类企业的价值可以表述为两个部分价值之和:已开采储备的预期现金流按传统风险调整后的价值,以及未开采储备的期权价值。尽管随着自然资源价格的上涨,两个部分的价值都会增加,但后者会因价格波动性的加剧而具有更高的价值。因此,即使石油价格本身不上涨,

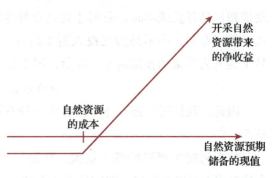

图5-5 开采自然资源的收益

只要价格的波动性提高,石油公司的价值就应随之增加。其次,即使预期现金流公允合理,但传统的折现现金流估值依旧会低估自然资源公司的价值,因为它没有考虑未开采储备所固有的期权价格。最后,随着价格波动性的提高,自然资源储备的开采将会放缓。期权的时间价格会不断增加,使得执行期权(开采储备)的可能性降低。同样的分析也可以扩展到其他任何大宗商品类企业(比如黄金和铜储备),甚至可以涵盖空置的土地或房地产。曼哈顿空置土地的所有者有权选择是否开发土地以及何时开发,并根据房地产的市场价值做出这一决定。⊖

在使用实物期权进行决策这个方面,矿业及大宗商品企业始终走在前列。早在当下实物期权大行其道之前,它们已开始使用这项技术。其中的一个重要原因就是,自然资源期权最符合使用期权定价模型所需要的先决条件。通过观察大宗商品的市场价格并据此迅速调整其行为(在开采和勘探方面),企业可以进行高效学习。此外,如果我们认定排他性为实物期权拥有价值的先决条件,而天然的稀缺性显然可以给自然资源期权带来这种排他性。毕竟,地下石油和黄金的储备是有限的,曼哈顿的闲置土地也就那么多。最后一点,自然资源储备最接近于满足期权定价模型所依赖的套利和复制要求;无论是标的资产(自然资源)还是期权,都是可以买卖的。在第13章中我们将深入剖析实物期权模型在大宗商品企业估值中的使用。

扩展投资期权

在某些情况下,企业之所以接受一笔投资,要么是着眼于未来的其他投资,要么是

⊖ Brennan, M. and E. Schwartz, 1985, "Evaluating Natural Resource Investments," *The Journal of Business*, v58, 135-157.

⊖ Quigg, L, 1993, "Empirical Testing of Real Option-Pricing Models," *Journal of Finance*, vol. 48, 621-640. 笔者对1976~1979年的2 700个未开发房地产项目及3200个已完工房地产项目的交易数据进行了研究,并在未开发项目中找到因等待期权而出现的溢价证据。

为了进入其他市场。在这两种情况下，我们可以认为，初始投资为公司提供了扩展期权，因此，企业应该愿意为获得这种期权而付出代价。此时，公司可能会心甘情愿地在第一笔投资上蒙受损失，因为它认为，扩展期权带来的价值足以补偿初始投资的损失。

为了检验该期权，我们假设进入新市场或参与新项目带来的预期现金流现值为 V，进入该市场或接受该项目所需要的投资总额为 X。此外，我们还假设，公司面对固定期限，到期时必须决定是否利用这个机会。最后一个假设是，如果公司不进行初始投资，以后就会彻底丧失这个机会。由此情景可以推断出图 5-6 所示的期权收益。

可以看到，在固定期限到期时，如果该时间点的预期现金流现值超过进入市场的成本，那么公司会进入新的市场，或是进行新的投资。

不妨考虑一个扩展期权的简单示例。迪士尼正考虑在墨西哥创办西班牙语版本的迪士尼频道。公司估计，这笔投资会出现亏损，且净现值为负数。在大多数情况下，负

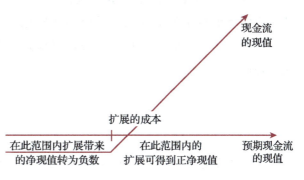

图 5-6 扩展期权的现金流

净现值表明拒绝投资是最理智的选择。但如果假设墨西哥业务的业绩好于预期，那么迪士尼就会继续投入更多资金，将该网络扩展到其他拉美地区。基于目前对该市场的估值，迪士尼认为，这笔投资预期现金流的现值将低于成本，从而导致该投资最终的净现值为负数。但项目的可取之处在于，现值毕竟只是估计值，迪士尼对市场的把握并不深入，而且这个价值还有很大的不确定性。最后，假设迪士尼必须对墨西哥的投资在固定期限内（比如说 5 年）内做出是否继续扩展的决策。

我们可以将对拉丁美洲的扩展性投资视为一种期权，其价值的不确定性就是期权价值的来源。如果扩展方案带来的价值超过在墨西哥初始投资的损失，那么迪士尼就可以证明，继续扩大投资是合理的。

在现实中，估计扩展期权价值时需要考虑的问题与估值延迟期权价值基本类似。在大多数情况下，拥有扩展期权的公司不会受到必须在具体时间内决定是否扩展投资的限制，因而它们所面对的是敞口期权，而最理想的情况，则是它们对期权的期限拥有自由裁量权。即使在期权期限可估计的情况下，考虑到规模和产品的潜在市场可能都是未知的，因此对它们的估计或许站不住脚。为说明这个问题，我们不妨再看看迪士尼的例子。我们假设了 5 年的时间限制，也就是说，在 5 年之后，迪士尼必须决定是否将这项业务扩展到其他拉丁国家，但即便是在该频道播出，该时限仍有可能尚未指定。此外，我们还假设，扩展投资的成本和现值最初是已知的。但事实上，在进行初始投资之前，公司可能还无法合理做出这个估计，因为它对潜在市场掌握的信息还屈指可数。

启示

公司含蓄地利用扩展期权为投资决策提供依据——虽然投资的净现值为负数，但可以为公司提供开拓新市场或销售新产品的重要机会。期权定价方法之所以能强化这个观点的严谨性，不仅在于它能估计该期权项的价值，还体现在它为期权价值最大化的情景提供了洞见。总体而言，按照扩展期权，业务波动性较大且收益率较高的企业（如生物技术或计算机软件）拥有的价值，显然要高于收益率相对较低的稳定型企业（如住房、公用事业或汽车生产）。具体而言，正是以扩展期权为基础，我们才能得出如下观点：投资的实施应服从战略要点，或是应该把大型投资分解为若干阶段。此外，它也是公司可通过积累现金或限制借款以保持财务灵活性的理由。

战略考量

在很多收购或投资项目中，收购公司认为交易将会在未来带来竞争优势。这些竞争优势涉及范围甚广：

- **进入不断成长的市场或是规模更大的大市场**：投资或收购可以让公司进入一个更大或是更有发展潜力的市场，而且进入速度远快于其他方式。比如说，美国公司可以通过收购墨西哥零售企业，来达到向墨西哥市场扩展的目的。
- **技术专长**：在某些情况下，收购的动机是获得专有技术，从而让收购方扩大其现有市场或是拓展新市场。
- **品牌名称**：有的时候，为了收购拥有较高价值品牌的公司，企业需要支付高于市场价格的溢价，因为在收购方看来，他们在未来可以利用这些品牌拓展新市场。

尽管这些潜在优势均可为不符合财务标准的初始投资提供依据，但并非所有优势都能造就有价值的期权。如果这些优势确实存在，那么期权的价值将取决于这些优势转化为可持续超额收益的程度。因此，只有在收购方认为它对目标市场或技术拥有具有一定程度排他性占有权的情况下，为这些优势支付溢价才是合理的。我们可以用两个例子来说明这一点。当一家中国电信企业对国内某个大型市场享有独家服务权的时候，外国电信公司应该愿意为收购这家中国企业支付溢价。因此，进入中国市场这个选项或许值得它们支付大价钱。⊖另外，对于印度的零售企业，发达国家零售企业则需要对支付实物期权溢价采取审慎态度，尽管收购方可能认为，印度或将成长为一个

⊖ 有必要进一步提醒的是，如果仅拥有市场排他权但不掌握定价权，也就是说，由政府为你向客户收取的价格制定价格，那么项目基本上是不存在超额收益的（因而没有期权价值）。

财源滚滚的大市场。考虑到这个拥有诱人前景的市场面对所有进入者开放，而不仅限于现有零售商，因此，它或许不会转化为可持续超额收益。简而言之，这样的机会不是期权。

多阶段项目与投资

在进入新合约或进行新投资时，公司经常可以分阶段实施。尽管这样做可能会丧失潜在的增值机遇，但它可以保护企业免受下行风险的影响，让它们在每个阶段上衡量市场需求，并判断是否应进入下一阶段。换句话说，我们可以把一个标准项目转换为一系列扩展期权，其中，每个期权均依赖于前一个期权。对此，我们给出如下两个建议：

- 有些项目如按一次性投资考察可能缺乏吸引力，但如若能分阶段投资，或许可以成为好项目。
- 有些项目如按全部投资考察似乎已不乏吸引力，但如若能分阶段投资，可能会更有吸引力。

对于分阶段投资形成的期权，其创造的价值收益必须和成本进行比较。分阶段投资可能为那些决定以一次性投资占领市场的对手提供机会。此外，它还有可能抬高每个阶段的成本，因为企业在这种情况下无法发挥规模经济效应。

如果从期权角度在分阶段投资和一次性投资之间进行选择，我们可以得到诸多启发。在如下这些项目中，分阶段投资有助于实现投资收益的最大化：

- **拥有巨大进入壁垒的项目**：防止竞争对手进入市场，并利用这种壁垒延缓全面生产的进度。因此，如果一家公司拥有产品专利或其他法律抵御竞争的保护性措施，那么这家公司开始只需投入少量资金，并随着对产品的了解逐渐增加而不断扩大投资。
- **市场规模及项目最终能否成功存在重大不确定性的项目**：在这种情况下，如开始投入少量资金并不断扩大规模，可防止产品销售状况未能达到预期所带来的损失，并在各个阶段逐步加深对市场的了解。随后，这些信息可以在产品设计及市场推广的后续阶段发挥作用。许耀文认为，风险投资者以分阶段形式投资于初创企业，部分原因是为了在各个阶段获得等待和学习的价值期权，部分原因是为了减少企业家面对高风险（但很有希望）机会时过于保守的可能性。[⊖]

⊖ Hsu，Y.，2002，"Staging of Venture Capital Investment：A Real Options Analysis," working paper, University of Cambridge.

- **需要对基础设施进行大规模投资（固定成本较大）且经营杠杆率较高的项目：** 通过分阶段实施项目所节约的费用，最终还要归结于每个阶段所需要的投资，所以，成本基数越大的公司，成本节约总额很可能也越大。所以，资本密集型项目以及需要大量初始营销费用的项目（比如消费品企业的新品牌产品）可通过分阶段实施创建的期权得到更多收益。

成长型企业

在20世纪90年代的股市繁荣期，我们曾目睹一大批量刚刚诞生的互联网初创企业，尽管它们拥有庞大的市值，但是在盈利、现金流和收入等方面无比难堪。按照传统估值模型，我们很难以预期现金流来证明这些市场估值的合理性，甚至是可能性都值得怀疑。但有些人绞尽脑汁地从扩展期权理论中找到一个有趣的解释：这些公司的投资者买的是期权，他们的终极目标是在潜能巨大的电子商务市场中占有一席之地，而非传统意愿上的股票投资。⊖

虽然这个观点很有诱惑力，而且也确实有助于抚慰那些觉得为这些成长型企业付钱太多的投资者，但这种推理的背后显然存在危险。而其中最大的一个问题就是，让实物期权拥有价值所必需的"排他性"要素被遗忘了。假设你在1999年买进一家网络公司的股票，而现在，你还要为公司正在打造的大规模在线市场支付溢价。我们进一步假设，这个在线市场即将成为现实。那么，在事先没有向这家网络公司支付溢价的情况下，你能否参与这个市场？我们认为答案是肯定的。毕竟，和这个市场的诸多新加入者一样，无论是沃尔玛还是苹果，都有能力成为这个在线市场的一部分。

财务弹性

在决定需要多少借款以及向股东返还多少现金（以股息和股票回购形式）时，管理者必须考虑到，这些决策对他们未来实施的新投资或是应对意外突发事件的能力会带来怎样的影响。在实务中，它意味着企业必须维持超额偿债能力或是更大的现金余额，在确保当前偿债需求之外，满足未来可能出现的任何资金需求。虽然维持这种财务弹性对企业是有益的，但也需要付出成本。毕竟，现金余额只能赚取低于市场平均水平的收益率，而超额偿债能力则意味着，企业必须承担较高的资本成本，从而放弃一部分价值。

但是从实物期权角度可以认为，有些公司有必要维持巨大的现金余额和超额偿债能力，之所以这么做，是为了获得一种可选择权——随时把握未来有可能出现的意料之外的高收益项目。

⊖ Schwartz, E. S. and M. Moon, 2001, "Rational Pricing of Internet Companies Revisited," *The Financial Review* 36, pp. 7-26. 对这个观点的另一种简单解读来自：Mauboussin, M., 1998, "Get Real: Using Real Options in Security Analysis," CSFB Publication, June 23, 1999。

在将这种财务弹性作为一种期权进行估值时,我们可以考虑以下框架:从资金流出角度看,公司可以根据自身历史状况及行业现状,对未来时期需用于再投资的资金数量做出预测。另外,从资金来源角度看,公司还可以对未来的内部融资数量以及通过资本市场的外部融资数量做出预判。假设实际再投资需求可能完全不同于再投资的预期需求。为方便起见,我们可以假设,这家公司完全掌握其创造资金的能力。在这种情况下,维持超额偿债能力或大额现金余额的优势(及价值)体现在,公司可以通过超额偿债能力及过剩现金满足超过可动用资金的任何再投资需求。不过,这些项目的回报来自公司预期从项目中取得的超额收益。

将财务弹性视为一种期权,可以为我们了解财务弹性在什么条件下最有价值提供有益的洞见。比如说,使用上述建立的模型,我们可以得出如下结论:

- 在其他条件保持不变的情况下,相对于业务稳定因而超额收益率非常有限的企业,当公司业务的盈利性远超过最低目标收益率时,其财务的灵活性也越大。这就是说,如果项目能赚取相当可观的超额收益,那么它就可以用财务弹性的必要性来解释持有过剩现金余额及超额债务能力的原因。
- 考虑到企业为这些再投资需求提供融资的能力首先依赖于内部资金创造能力,因此,在其他条件保持不变的情况下,对于收益稳定且在公司价值占有较大比重的公司而言,财务弹性的价值自然相对有限。而对于处于创业初期、快速发展阶段的企业而言,由于收入还很少或者尚未实现盈利,导致其内部资金创造能力较弱,因此,财务弹性对它们当然意义重大。请注意,技术公司通常很少对外借钱,而且会积累大量的现金余额,这就是最有利的证据。
- 对于内部资金有限的公司,只要能利用外部资金市场——银行借款、债券以及发行新股份,即使财务弹性有限甚至没有财务弹性,依旧有可能撑下去。在其他条件相同的情况下,企业在外部资本市场上筹集资金的能力(和意愿)越大,财务弹性对它们的重要性就越低。这或许可以解释,缺乏融资渠道的私人公司或小企业为什么比大企业更重视财务弹性。此外,公司债券市场的存在,也会影响到财务弹性的价值。在公司无法发行债券而且不得不完全依靠银行进行融资的市场环境下,企业获得资金的渠道相对狭窄,因而更需要保持足够的财务弹性。

对财务弹性的需求和估值取决于公司未来再投资需求的不确定性。与再投资需求呈周期性波动的企业相比,再投资需求具有较高可预测性的公司对财务弹性的重视性相对较低。在传统的公司金融理论中,最优债务比率是指资本成本最小时对应的债务比率。因此,企业没有动机去积累大量的现金余额。但这种世界观直接源于我们的一个隐含性假设,即资本市场有着巨大的包容性,进入这个市场无须花费成本或者成本低得可以忽略不计。因此,将内部及外部资本约束引入融资模型,会让我们的分析更细致入微——理性企业的负债可能要低于最优负债，而且尽量不向股东返还现金。

放弃投资的期权

当项目带来的现金流达不到预期时，我们就需要考虑最后一种方案——放弃项目这个选项。体现这种期权价值的一种方法，就是借助于第3章所讨论的决策树。在现实世界的大多数投资分析中，决策树的适用性是有限的；通常它只适用于多阶段项目，并且给出项目在每个阶段上的概率。而期权定价法则通过一种更具普通型的估值方法，将放弃期权的价值纳入投资分析中。为说明这一点，我们不妨假设 V 是一个项目持续到其寿命结束时的剩余价值，L 为该项目在同一时点的清算价值，或者说放弃项目的价值。如果项目的寿命期为 n 年，那么可以将项目持续的价值与清算（放弃）价值进行比较。如果持续价值较高，则应继续进行该项目；如果放弃项目的价值较高，那么拥有放弃期权的投资者即可考虑放弃该项目：

- 如果 $V>L$：继续执行项目；
- 如果 $V<L$：放弃项目，并收到剩余价值 $L-V$。

图5-7为项目在不同情况下的收益，它表明项目收益为继续投资预期价值的函数。

与延迟及扩展期权不同的是，放弃期权具有看跌期权的特征。

不妨考虑一个简单的例子。假设一家公司正在考虑进行一项为期10年的项目，该项目首先需要投入1亿美元初始资金，以设立房地产合伙企业，其中，项目预期现金流的现值为9 000万美元。项目的净现值为负数（-1 000万美元），

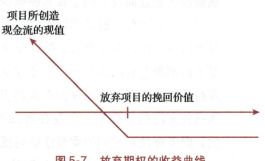

图5-7 放弃期权的收益曲线

但我们假设，公司可选择在未来10年内随时放弃项目，并将其所有权份额以5 000万美元的价格出售给合作企业的其他合作人。

如果放弃期权的价值超过1 000万美元（即投资的负净现值），那么这笔投资就是有意义的。但需要注意的是，由于剩余现金流的现值减少，因此，随着剩余寿命期的缩短，放弃期权就成为越来越有吸引力的选择。

在前面的分析中，我们采取了一个不切实际的假设，即放弃期权的价值实现已明确指定，而且在项目期间不会发生变化。但这只在某些非常特殊情况下才有可能出现，也就是说，将放弃期权写到合同条款中。但是在更多的情况下，公司是有权选择放弃的，而这就要求对残值预先做出估计（估计自然存在误差）。此外，放弃期权还有可

能在项目整个生命周期内发生变化，因而难以使用传统的期权定价方法。最后，放弃一个项目完全有可能只招致成本，而不会带来任何清算价值，比如说制造企业可能需要向工人支付遣散费。在这种情况下，除非持续投资的预期现金流现值在原有负数基础上进一步减少，否则，放弃是没有意义的。

启示

综上所述，放弃期权也是有价值的，这个事实为公司建立财务弹性提供了理论基础，使得它们可以收缩或终止不能兑现预期目标的项目。但它还表明，如果企业只想着如何帮助客户背离契约责任并借此创造收入，那么它们放弃的或许远远多于它们所得到的。

免责条款

当企业开始涉足一笔需要大量前期投入的长期风险投资时，它必须清楚地认识到，只要项目一开始，它就有可能会后悔投资这个项目。而摆脱这种需要未来耗费更多资源的长期义务，恰恰是放弃期权的核心所在。诚然，这种灵活性在一定程度上取决于你所从事的业务；退出针对服务业的不良投资显然要比退出对基础设施业务的投资更容易做到。但同样不可否认的是，如果公司能在项目不能按计划进行时有更多的选择，那么公司完全可以在进行这些投资时采取行动。

第一个同时是最直接的方法，就是通过契约，与参与投资的其他各方共同缔造灵活的运营机制。因此，与供应商签署的合同可以逐年起草签订，而不是一次性签订长期合同，使用暂时性聘请的员工，而不是永久性员工。项目使用的实体厂房可采取短期租赁形式取得，而不是一次性购置；财务投资可分阶段进行，而不是先期投入一次性支付。虽然拥有这种灵活性需要付出代价，但收益可能更高，尤其是在波动性较大的行业。前期投资所需要的资金可以和其他投资者共同承担，合作者不仅应该具有雄厚的资金实力，还要有坚持下去的意愿，即便进展不顺也不会轻言放弃。这些无疑都是为合作投资提供了理论基础，尤其是对那些资源有限的小企业而言，寻找资金充裕的大公司与它们分担风险，绝对是值得的。

但这些做法也不是没有代价的。与供应商签订短期协议，使用租赁的实体厂房，可能比独立投资承担更高的成本，因此，必须权衡由此招致的额外成本与维持放弃投资期权所带来的收益。

对顾客的激励

意在增加收入的公司有时会为顾客提供放弃期权，诱使他们购买产品和服务。假设有一家公司采取跨年度合同形式销售产品，并同时为顾客提供随时免费取消合同的权利。尽管这有助于促成交易并提高销售额，但也会带来巨大的成本。在发生经济衰退时，无法履行义务的客户很有可能会取消合同。实际上，这些公司只是让它们的美好时光更美好，让它们的恶名更可怕。因此，我们需要将收入及收益波动性增加带来的成本与收入增长创造的潜在收益进行比较，只有这样，才能确定最终的净收益是否为正值。

对那些追求市场份额最大化或提高收入增长率等营销目标的公司来说，这个问题同样也是一个警示。为客户提供有价值的期权往往有助于实现这些目标。销售人员更希望达成他们的销售目标，而且不会特别考虑因对客户做出承诺而可能承担的长期成本，而公司却有可能因此而江河日下。

转换期权

尽管放弃期权考虑到取消投资所带来的价值，但仍有一种过渡性中间方案值得考虑。有的时候，公司可以根据需求变化调整产能。如果能做到这一点，就可以使投资变得更有价值。例如，我们不妨看看一家正准备使用新电厂发电的电力企业。假设这家公司可以满负荷运行，生产100万千瓦·时的电力；或是使用一半产能（而且成本会大幅降低）发电生产50万千瓦·时。在这种情况下，公司可以随时监测电力需求以及每千瓦·时的收入，以决定动用全部产能还是一般产能更为合理。然后，将这种转换期权价值与最初取得这种灵活性的成本进行比较。

至于不同企业如何管理成本结构以及各种战略的收益比较，航空业为我们提供了一个有趣的案例。在这个深陷困境的行业里，美国西南航空公司之所以能长期维持盈利，一个重要原因就是公司以成本灵活性作为决策过程的核心要素。从最初选择仅使用一种机型承担全部航线⊖到大多数情况下拒绝进入大城市机场（避免高昂的机场使用费），这家公司创造了同行业最灵活的成本结构。因此，在收入下滑（这也是经济衰退时不可避免的事情）的情况下，当其他航空公司处于破产边缘时，美国西南航空公司依旧可以通过降低成本而维持盈利。

关于实物期权的注意事项

通过对实物期权潜在用途的讨论，我们可以一瞥这种工具何以让从业者和企业情有独钟。归根到底，我们忽略了资本预算的基本原则，比如说，存在实物期权的情况下，应拒绝净现值为负数的投资。实物期权法不仅鼓励我们接受不符合传统财务标准的投资，而且更有可能让我们在对投资不太了解的情况下进行投资。在这里，无知不仅不是缺点，反而成为一种优点，因为它提供了预计价值和由此形成的期权价值的不确定性。为防止实物期权理论被那些为不良（和高风险）决策寻找理由的管理者所利用，我们必须对使用这种方法的条件进行合理制约。也就是说，在使用实物期权方法

⊖ 从创建开始一直到最近，美国西南航空公司始终以波音737作为主力机型，这就减少了为各机场派驻不同机型维修人员的压力。

时，必须明确如何对它们估值。

首先，并非所有投资都会内嵌期权，而且即使存在期权，也并非所有期权都是有价值的。为评估一笔投资能否创造需要分析和估值的有价值的期权，我们需要明确回答如下三个关键问题：

- **首次投资是否会成为后期投资及扩展的先决条件？** 如果不是的话，首次投资对后期投资/扩展的必要性如何？不妨考虑此前我们讨论的专利权或未开采石油储备作为期权所具有价值的分析。如果没有最初对研发的投资或是向其他公司购买专利权，公司就不可能拥有自己的专利权；如果不参与政府拍卖的竞价或是向其他石油公司购买原矿，它就无法拥有对未开采石油储备的权利。显然，这里的所说的初始投资（研发支出或拍卖竞价）是公司拥有第二个期权的前提。现在，我们再考虑一下迪士尼向墨西哥扩展业务的案例。西班牙语频道的初始投资为迪士尼提供了有关市场潜力的信息，如果没有这些信息，他们可能不会进一步开发更大的拉美市场。不同于专利权和未开采石油储备的例子，在这里，初始投资并非第二次投资的先决条件，尽管管理层可能会这样认为。我们可以看到，当一家公司收购另一家公司时，它们就有可能获得进入一个大市场的期权，但投资与随后扩展之间的联系并无直接关系。通过收购一家互联网服务提供商而立足于互联网零售市场，或是借助于收购巴西啤酒厂而取得进入巴西啤酒市场的期权，均属于这种情况。

- **公司是否对后期的投资及扩展拥有排他性权利？** 如果不是的话，初始投资是否能为后续投资提供明显的竞争优势？归根到底，期权的价值并非来自第二笔投资乃至后续投资带来的现金流，而是来自这些现金流创造的超额收益。第二笔投资创造超额收益的可能性越大，第一笔投资的期权价值就越大。取得超额收益的程度在很大程度上依赖于第一笔投资在进行后续投资时能为公司带来多大的竞争优势。我们不妨再次考虑一种极端情况——通过研发投入来获得专利。作为专利所有权人的公司，据此取得生产该产品的独家权利，而且在市场潜力巨大的情况下，公司将享有项目带来的超额收益。作为另一种极端情况，我们假设这家公司可能没有对后续投资带来任何竞争优势。在这种情况下，这些投资能否带来超额收益就值得怀疑了。实际上，大多数投资存在于两个极端之间，更大的竞争优势对应于更高的超额收益和更大的期权价值。

- **竞争优势的可持续性如何？** 在竞争激烈的市场中，超额收益会引来竞争对手，而竞争则会挤出超额收益。公司拥有的竞争优势越具有可持续性，初始投资中包含的期权价值就越高。竞争优势的可持续性是两种力量相互作用的结果。首先是竞争的性质：在其他条件相同的情况下，在竞争对手咄咄逼人且新对手容易进入的行业中，竞争优势的衰减速度更快。其次是竞争优势的本质。如果企业控制的资源有限且具有稀缺性（就像自然资源储备和空置土地一样），竞争优势可能会维系较长时间。另外，如果竞争优势的本质体现为先发优势或是技术性专长，那么这种优势很快就会受到对手的攻击。而体现这种期权价值最直接的方式，就是期权本身的寿命期。期权的寿命期可以是竞争优势的可持续时间。也就是说，只有在此期间内取得的超额收益，才是期权所创造的价值。

其次，在以实物期权为决策提供依据时，这个理由不能完全是定性的。换言之，如果管理者以实物期权观点为依据，主张接受收益水平较低的项目或是为一笔收购支付溢价，那么就必须要求他们对这些实物期权进行估值。此外，他们还要证明，项目所带来的经济利益超过了成本。对于这两个要求，有些人可能会提出两点异议。第一，很难对实物期权进行估值，因为估值所需要的输入变量难以取得，而且这些变量往往存在大量噪声。第二，期权定价模型的输入变量很容易受到操纵，使得它们可以为任何可能结论提供辩词。虽然这两个观点都有道理，但即便是有误差的估计也总比没有任何估计好。实际上，试图从量化角度估算实物期权价值的过程，也是理解价值动因的第一步。

关于使用期权定价模型对实物期权进行估值这个问题，我们还有最后一点需要提醒。期权定价模型——无论是二项式模型或是布莱克-斯科尔斯模型，无不基于如下两个基本原则——复制和套利。要实现两个原则的任何一个，都需要对你的标的资产和期权进行交易。交易上市公司股票的期权当然很容易实现——你可以直接交易股票和上市期权，但是要对专利权或扩展性投资机会进行估值就困难得多了，因为标的资产（由专利带来的产品）和期权本身都是不能直接交易的。尽管这绝不意味着我们无法对专利权形态的期权进行估值，但它的确表明，这样的货币化要困难得多。期权模型或许可以对这个价值做出正确的估计，这一点可能毫无疑问，但专利权的任何潜在买家都未必会支付这个价钱。

本章小结

与强调贬值风险的分析调整价值法、模拟技术和决策树等方法不同，实物期权法则是以乐观的视角看待不确定性。虽然实物期权不否认不确定性会招致损失，但它也认为，可以利用不确定性发掘潜在收益，也就是说，利用最新的信息放大收益空间，并降低投资所固有的损失风险。从本质上看，我们可以认为，传统的风险调整估值法无法体现这种灵活性，因此，我们应该在风险调整价值的基础上增加期权溢价。本章探讨了三种潜在的实物期权以及每一种期权的应用。首先是延迟期权：在这种情况下，对投资享有排他性权利的公司可以选择何时接受投资，以及何时在必要的情况下推迟投资。然后是扩展期权：利用这种期权，公司心甘情愿接受初始投资的损失，寄希望于在初始投资基础上不断扩展，涉足其他投资或市场。通过最后一种期权，投资者可以在投资过程的早期阶段放弃没有希望赚钱的项目。

对于专利权、自然资源或是独家许可等情况，以它们为基础的实物期权显然是有价值的，但如果标的资产缺乏上述诸情况下所固有的这种排他性权利，支持期权溢价的依据自然难以成立。尤其是在投资新兴市场中尚处于亏损状态的公司时，市场规模庞大、存在巨大盈利前景之类的观点，就有可能会招致严重错误。虽然企业对市场的评估可能是正确的，但如果缺少进入壁垒，它们就会很难在这个市场实现超额收益，更不用说赶走竞争对手了。毋庸置疑，并非所有机会都是期权，也并非所有期权都拥有可观的经济价值。

附录 5A　期权及期权定价的基础理论

通过期权，期权持有者有权在期权到期日或之前以约定价格（即所谓的行权价格或履约价格）购买或出售指定数量的标的资产。由于这是一项权利而非义务，因此，持有者可以选择不行使权利并允许期权到期。期权分为两种：看涨期权和看跌期权。

期权收益

在看涨期权中，期权购买方有权在期权到期之前的任何时日以固定价格购买标的资产，这个价格被称为敲定价格、执行价格或行权价格（exercise price）。如果该资产的价值在到期时低于执行价格，那么该期权不会被执行，并存续至到期而失效。如果资产的价值大于执行价格，则该期权会被执行，即期权买方按执行价格购买股票，资产价值和行权价格之间的差额构成这笔期权投资的收益。投资的净利润是利润总额与初始支付价格的差额。我们可以通过收益曲线说明期权到期时的现金收益。对于看涨期权，如果标的资产的价值低于执行价格，则期权投资的净收益为负数（等于购买该看涨期权所支付的价格）。如果标的资产的价格超过行使价格，则总收益为标的资产价值与执行价格之间的差额，净收益为总收益与购买看涨期权所支付价格的差额。我们可以在图 5A-1 中看到上述关系。

在看跌期权中，期权的买方有权在期权到期之前的任何时日以固定价格出售标的资产，该价格也被称为敲定价格、执行价格或行权价格。买方需要为购买这种权

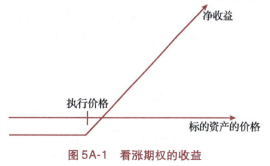

图 5A-1　看涨期权的收益

利支付价格。如果标的资产的价格高于执行价格，那么该选择权不会被执行，并延续至到期失效。如果标的资产的价格低于执行价格，看跌期权的所有者将行使期权，按执行价格出售股票，并将执行价格与资产市场价值之间的差额确认为总利润。同样，该利润扣除购买看跌期权的初始成本即为这笔交易的净利润。如果标的资产的价值超过执行价格，则该看跌期权的净收益为负数，其利润总额为资产市场价值低于执行价格时的执行价格与标的资产市场价值之间。图 5A-2 汇总了上述关系。

图 5A-2　看跌期权的收益

还有一点需要加以区分，期权通常可划分为美式期权或欧式期权。两者之间的主要区别在于，美式期权可以在到期之前的任何时日行权，而欧式期权只能在到期时点行权。因此，提前行权的可能性会导致美式期权比类似的欧式期权更有价值，但这也导致美式期权更难以估值。为使用针对欧式期权而设计的估值模型对美式期权进行估值，我们需要采用一个补充因子。在大多数情况下，与期权剩余期限和交易成本相关的时间溢价会导致提前行权成为一种次优选择。换句话说，对于实值期权（in-the-money option，或称价内期权，是指具有内在价值的期权。当看涨期权的执行价格低于市场价格时，该看涨期权具有内在价值；当执行价格高于市场价格时，则看跌期权具有内在价值），其持有者出售期权带来的收益要高于行使期权的收益。㊀

期权价值的决定因素

期权的价值取决于与标的资产和金融市场有关的一系列相关变量。

标的资产的当前市场价值：期权是一种依赖标的资产获得价值的资产，因此标的资产价值的变化会影响到期权通过该资产所实现的价值。由于看涨期权可为持有者提供按固定价格购买标的资产的权利，因此资产价值的增加会提高看涨期权的价值。另外，看跌期权的价值则会随着标的资产价值的增加而下降。

㊀ 尽管提前行权通常不是最优选择，但这个规则至少存在两种例外情况。一种情况是标的资产支付大量股息，从而降低了资产的价值，进而减少了以该资产为基础的看涨期权的价值。在这种情况下，如果期权的时间溢价低于因支付股息而带来的预期资产贬值，那么持有者可以赶在除息日之前执行看涨期权。另一种例外是，在市场处于高利率时，如果投资者同时持有标的资产和执行价格远低于市场价格的深度看跌期权（deep in-the-money put），就会出现这种情况。此时，看跌期权的时间溢价可能低于提前执行该期权和赚取执行价格利息所带来的潜在收益。

标的资产价值的变化：期权买方获得按固定价格购买或出售标的资产的权利。标的资产价值的波动性越大，期权的价值就越大。无论是看涨期权还是看跌期权，概莫能外。尽管风险指标（方差）的增加会提高价值这一结论似乎有悖常理，但期权的确不同于其他有价证券，因为期权买方的损失永远不会超过他们为购买期权所支付的价格；另外，它们通过标的资产价格上涨所能实现的收益则是没有上限的。

对标的资产支付的股息：如果在期权期限内对标的资产支付股息，那么我们就可以预期，该标的资产的价值会下降。因此，对于以该标的资产为基础的看涨期权而言，应该是预期股息支付水平的递减函数，而看跌期权的价值则是预期股息支付的递增函数。针对看涨期权，我们可以用一种更直观的方式理解股息支付，即它相当于延迟执行实值期权的成本。要理解这背后的原因，不妨考虑一下以流通股票为标的资产的期权。如果看涨期权拥有内在价值——属于价内期权，那么期权持有者会执行期权并取得总收益，行使看涨期权需要为持有者提供股票，并赋予他们随后凭借该股票获得股息的权利，而不执行该期权则意味着放弃股票日后支付的股息。

期权的执行价格：用来描述期权的一个关键特征就是执行价格。在看涨期权中，当持有人获得以固定价格购买标的资产的权利时，期权的价格会随着执行价格的上涨而下跌；看跌期权则赋予持有者按固定价格出售的权利，期权价格会随着执行价格的上涨而增加。

期权的到期时间：随着到期期限的延长，看涨期权和看跌期权的价值都会增加。因为到期时间越长，就可以为标的资产价值提供更长的变动时间，从而增加了两种类型期权的价值。此外，针对看涨期权，买方必须在到期时支付固定价格，这个固定价格的现值也会随着期权期限的延长而下降，从而提高了看涨期权的价值。

与期权期限相对应的无风险利率水平：由于期权的购买者需要为购买期权而支付相应的价格，因此这笔支出会带来机会成本。这个成本的大小取决于利率水平和期权的到期时间。由于行权价格不必在期权到期之前实际支付（或接受），因此在计算行权价格的现值时，需要在期权的估值中考虑无风险利率。在这种情况下，利率上升必然会增加看涨期权的价值，降低看跌期权的价值。

表5A-1总结了上述变量及其对看涨期权及看跌期权价格的预期影响。

表 5A-1　影响看涨期权及看跌期权价格的各变量总结

因素	对看涨期权的影响	对看跌期权的影响
标的资产价值增加	增加	减少
执行价格提高	减少	增加
标的资产价格的波动性提高	增加	增加
到期时间的延长	增加	增加
利率上升	增加	减少
支付的股息增加	减少	增加

期权定价模型

1972年,费希尔·布莱克(Fischer Black)和迈伦·斯科尔斯(Myron Scholes)在他们的开创性论文中,针对不支付股息的欧式期权估值提出了估值模型,自此以来,期权定价理论取得了长足发展。布莱克和斯科尔斯使用的是"复制组合"(replicating portfolio),该组合由标的资产和无风险资产组成,并具有与被估值期权相同的现金流,随后,他们以此为基础推导出最终的估值公式。虽然这个推导过程在数学上极为复杂,但它的基本原理完全适用于另一种更简单的二项式期权估值模型。

二项式模型

二项式期权定价模型(binomial option pricing model)的基础是资产定价过程的一个简单公式,在这个过程中,资产可在任何时间段内取两种可能价格之一。图5A-3为针对股票定价过程的二项式模型的一般表达式。

在图5A-3中,S代表当前股票的价格,在任何时间段内取两种可能价格之一。价格上涨到Su的概率为p,下降到Sd的概率为$1-p$。

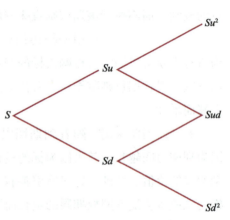

图5A-3 二项式定价路径的常见形式

创建复制组合的目标,就是使用有无风险借款/贷款及标的资产构成的资产组合,复制出与被估值期权相同的现金流。这里适用于套利原理,而且期权价值必须等于复制组合的价值。在前述的通用公式中,股票价格可在任何时间段内上涨到Su或是下降至Sd,因此,对执行价格为K的看涨期权而言,其复制组合包括借款B和收购的标的资产Δ,其中:

$$\Delta = 所购买标的资产单位的数量 = \frac{C_u - C_d}{Su - Sd}$$

式中 C_u——股票价格为Su时的看涨期权价值;

C_d——股票价格为Sd时的看涨期权价值。

在跨期的二项式过程中,估值必须采取迭代方式,即从最后一个时段开始,然后向前期移动,直到当前时点。复制该期权的组合逐步创建并进行估值,从而提供期权在该时段的价值。二项式期权定价模型的最终结果是以复制组合形式表述该期权的价值,其中,复制组合由标的资产的股份(期权的变化率)和无风险借贷/贷款构成:

看涨期权的价值 = 标的资产的当前价值 × 期权价值变化率
− 复制该期权所需要的借款

不妨考虑一个简单的例子(见图5A-4)。假设我们的目标是对执行价格为50美元的看涨期权进行定价,该期权预计在两个时间段后到期,标的资产的当期价格为50美元,其价格变化且预期遵循二项式过程。

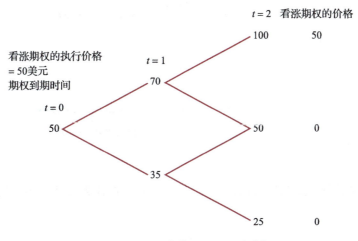

图 5A-4 股票价格——二项式路径

现在,我们假定利率为 11%。另外,我们给出如下定义:

Δ——复制组合中的股票数量;

B——复制组合中的借款金额。

我们的目标是合成金额为 Δ 的股票和金额为 B 的借款,以复制出执行价格为 50 美元的看涨期权现金流。这个过程需要通过迭代方式进行,即从最后一个周期($t=2$)开始,然后通过二项树进行回溯。

步骤 1:从末端节点开始向后推算,如图 5A-5 所示

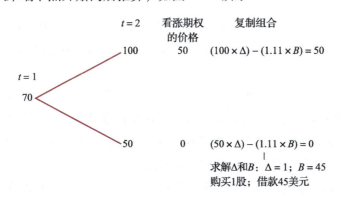

图 5A-5 复制 $t=1$ 且 $S=70$ 美元情况下的组合

因此,如果股票价格在 $t=1$ 时为 70 美元,那么借入 45 美元和买入 1 股股票即可获得与买入看涨期权相同的现金流。如果股票价格为 70 美元,那么 $t=1$ 时的看涨期权价值为:

看涨期权的价值 = 复制头寸的价值 = $70 \times \Delta - B = 70 - 45 = 25$(美元)

再考虑在 $t=1$ 时,二项式另一个分支的情况,如图 5A-6 所示。

如果股票在 $t=1$ 时的价格为 35 美元,那么该看涨期权就没有价值。

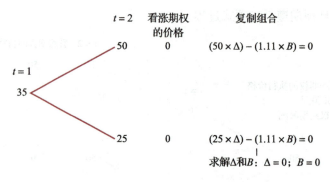

图 5A-6　复制 $t=1$ 且 $S=35$ 美元情景下的组合

步骤 2：向后移动到较早时段，并辅助一个与被估值期权具有相同现金流的组合（见图 5A-7）。

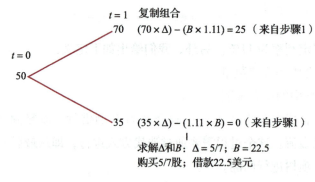

图 5A-7　复制 $t=0$ 时的组合

换句话说，只要同时借入 22.50 美元并购买 5/7 的股票，即可得到与执行价格为 50 美元的看涨期权相同的现金流。因此，该看涨期权的价值必然等于上述投资组合的价值：

看涨期权的价值 = 复制组合的价值 = 5/7 × 当前股票价格 − 22.50 = 13.20（美元）

二项式模型为我们提供了解析对期权价值决定因素的洞见。期权的价值并不依赖于资产的预期价格，而是取决于它的当前价格，毕竟，只有当前价格才能反映未来预期，这也是套利的直接后果。如果期权价值偏离复制组合的价值，投资者就可以创建一个套利头寸，也就是说，建立一个无须投资、不涉及风险且具有正收益的套利组合。举例来说，如果复制看涨期权的投资组合在成本上高于市场上的看涨期权，那么投资者就会在市场上直接购买看涨期权，出售持有的复制组合，即可得到买卖差价形成的利润。两个仓位的现金流一进一出，相互抵消，使得后期不存在净现金流收支。此外，随到期时间的延长、价格变动（u 和 d）的增加以及利率的提高，使得期权价值也会相应提高。

布莱克−斯科尔斯期权定价模型

二项式模型是一个针对资产价格变动的离散时间模型，它涵盖了价格变动之间的时间间隔（t）。随着时间间隔的缩短，t 无限趋近于 0，极限分布可采取如下两种形式之一：如果随着 t 趋近于 0，价格变得逐渐减少，极限分布体现为正态分布，全额价格变动过程反映为连续变动；如果在 t 趋近于 0 时，价格变动仍然很大，则限制分布表现为泊松分布，即允许价格呈现跳跃式分布。

当限制分布表现为正态分布时，适合于采用布莱克-斯科尔斯模型，该模型明确假定，价格变动过程为连续的。⊖

模型 最初的布莱克-斯科尔斯模型是针对不分红的欧式期权估值而设计的。因此，在这个版本的模型中，无论是提前执行期权或是支付股息的概率，都不会影响期权价值。按照布莱克-斯科尔斯模型，看涨期权的价值可以表述为如下变量的函数：

S——标的资产的当前价值；

K——期权的价格；

t——期权的有效期限；

r——与期权期限相对应的无风险利率；

σ^2——标的资产的对数价值变动（方差）。

模型本身表述为：

$$看涨期权的价值 = SN(d_1) - Ke^{-rt}N(d_2)$$

其中，$d_1 = \dfrac{\ln\left(\dfrac{S}{K}\right) + \left(r + \dfrac{\sigma^2}{2}\right)t}{\sigma\sqrt{t}}$，$d_2 = d_1 - \sigma\sqrt{t}$。

使用布莱克-斯科尔斯模型对期权进行估值的过程包括以下步骤：

步骤 1：使用布莱克-斯科尔斯模型的输入变量来估计 d_1 和 d_2。

步骤 2：估计与这些标准正态变量对应的累积正态分布函数 $N(d_1)$ 和 $N(d_2)$。

步骤 3：采用针对连续时间的现值公式估算期权执行价格的现值：

$$执行价格的现值 = Ke^{-rt}$$

步骤 4：根据布莱克-斯科尔斯模型估算看涨期权的价值。

在布莱克-斯科尔斯模型中，决定价值的因素与二项式模型完全相同，包括股票价格的当前价值、股票价格的变动、期权的到期时间、执行价格和无风险利率。在二项式估值模型中，复制组合的原则同样是布莱克-斯科尔斯模型。事实上，内嵌于布莱克-斯科尔斯模型中的就是复制组合：

$$看涨期权的价值 = SN(d_1) - Ke^{-rt}N(d_2)$$

购买 $N(d_1)$ 的股份　　借入该金额的负债

$N(d_1)$ 是创建复制组合所需要的股份数量，被称为期权变化率（option delta）。该

⊖ 由于上市公司股东承担的责任是有限的，因此股票价格不可能低于零，而且正态分布要求某些无限负值的概率，使得股票价格本身不可能服从正态分布，在布莱克-斯科尔斯模型中，我们假设股票价格自然对数的分布服从对数性正态分布。正因为如此，该模型中使用的方差为股票价格的对数方差。

复制型组合采取自我融资——资金全部来自内部，与期权在有效期内各阶段的价值相同。

模型的局限性及修正　上述布莱克-斯科尔斯模型的版本并未考虑到提前行使期权或支付股息的可能性，但这两者实际上都会影响到期权的价值。尽管对这两个因素的调整还不够完善，但毕竟可以对价值进行一定程度的修正。

股息　支付股息会降低股票的价格，因此随着股息支付的增加，看涨期权的价值会降低，而期权则更有价值。处理股息的方法之一，就是估计期权的标的资产在有效期内支付的预期股息现值，并将这个数值从当前资产价值中扣除，从而取得上述模型中的变量 S。但随着期权期限的延长，这种做法显然会愈加不可行，因此，我们建议采用另一种替代方法。如果标的资产的股息支付率 $\left(y = \dfrac{股息}{资产的当前价值}\right)$ 在期权期限内预期保持不变，那么我们即可修订布莱克-斯科尔斯模型，以考虑股息的影响：

$$C = Se^{-yt}N(d_1) - Ke^{-rt}N(d_2)$$

其中，$d_1 = \dfrac{\ln\left(\dfrac{S}{K}\right) + \left(r - y + \dfrac{\sigma^2}{2}\right)t}{\sigma\sqrt{t}}$，$d_2 = d_1 - \sigma\sqrt{t}$。

从直观角度来看，上述修正会带来两个效果。首先，将资产价值按股息支付率折回到现在，以考虑股息支付造成的预期价值下降。其次，在利率中扣除股息支付率，以反映持有（复制组合中）股票的低成本。调整的最终累积净效应反映为看涨期权价值的减少和看跌期权价值的增加。

提前行权　布莱克-斯科尔斯模型针对欧式期权的估值，而我们考虑的大多数期权均为美式期权，即可在到期前的任何时候行权。即使不深究该估值模型的机制，我们也可以判断，在考虑提前行权的情况下，美式期权的价值至少不低于欧式期权，而且高于欧式期权的可能性更大。我们可以通过三种基本方法处理提前行权的可能性。第一种方法是继续使用未经调整的布莱克-斯科尔斯模型，并将估值结果值视为真实价值的底线或保守估计值。第二种方法是评估期权在每个可能行权日的价值。对于股票期权，这种方法的基本要求就是评估期权在每个除息日的价值，并以最大值作为看涨期权的估计值。第三种方法则是使用二项式模型的修订版本反映提前行权的可能性。

尽管很难估计出二项式中每个节点的价格，但我们可以使用依据历史数据估计到的方差，来计算二项式中的预期上涨及下跌变动率。为说明这一点，我们假设 σ^2 为股票价格的对数方差，则二项式中的价格上涨及下跌变动率可按如下公式得到：

$$u = \text{Exp}\left[\left(r - \dfrac{\sigma^2}{2}\right)(T/m) + \sqrt{\sigma^2 T/m}\,\right]$$

$$d = \text{Exp}\left[\left(r - \dfrac{\sigma^2}{2}\right)(T/m) - \sqrt{\sigma^2 T/m}\,\right]$$

其中，u 和 d 是二项式中单位时间的价格上涨及下跌变动量，T 是期权的有效期限，m 为该期限内的期间数量。用 u 乘以每个期间的股票价格，即可得到价格在该期间内的上涨和下跌量。据此，我们就可以对资产进行估值。

行权对标的资产价值的影响　针对布莱克-斯科尔斯模型的演化均基于这样一个假设：执行期权不会影响标的资产价值的假设。对上市公司股票期权而言，这有可能是正确的，但某些类型的期权显然不会如此。例如，执行认股权证会增加已发行股票的数量，从而为公司带来新的现金流。显然，上述两种情况都会影响到股票价格。⊖

与其他类似看涨期权相比，行权（稀释）的预期负面影响会降低认股权证的价值。布莱克-斯科尔斯模型对股票价格的稀释调整非常简单，只需根据期权行权的预期稀释进行股票价格调整即可，对认股权证而言，上述调整表述为：

$$按稀释调整后的 S = \frac{S \times n_s + W \times n_w}{n_s + n_w}$$

式中　S——股票的当前价值；

　　　W——未执行认股权证的市值；

　　　n_w——未执行认股权证的数量；

　　　n_s——流通股的数量。

在执行认股权证时，流通股数量增加，股价下跌。分子反映了包括流通股股票和未执行权证在内的股票市场价值。S 的减少会降低看涨期权的价值。

由于需要以权证价值来估计稀释调整后的 S，而估计权证价值也需要稀释调整后的 S，因此，上述分析具有循环性。为了解决这个问题，我们可以首先使用认股权证的某个估计值（如行权价值）开始分析，而后用认股权证的新估计值进行迭代计算，直到按模型得到的认股权证估值结果与事先设定的估计值趋于一致。

对看跌期权的估值　看跌期权的价值可以通过套利关系，借助具有相同执行价格和相同到期日的看涨期权估值模型得出，该套利关系表述为：

$$C - P = S - Ke^{-rt}$$

其中，C 为看涨期权的价值，P 为看跌期权的价值（具有相同的期限和执行价格）。

上述套利关系的推导非常简单，被称为买权-卖权平价公式（put-call parity）。为说明买权-卖权平价公式的原理，不妨考虑如下组合：

（1）卖出一个看涨期权，并买入一个具有相同执行价格 K 和同一到期日"t"的看跌期权；

（2）以当前股票价格 S 购买股票。

上述组合头寸的收益是无风险的，且在到期日（t）总是得到执行价格 K。为体现这个过程，我们假设到期日的股票价格为 S^*：

⊖ 认股权证是由公司发行的一种看涨期权，它既可以作为管理层股权激励的一种方式，也可以是为了筹集股权资金。

组合头寸	到期日 (t) 的收益：如 $S^* > K$	到期日 (t) 的收益：如 $S^* < K$
卖出看涨期权	$-(S^* - K)$	0
买入看跌期权	0	$K - S^*$
买入股票	S^*	S^*
合计	K	K

由于上述头寸可得到确定的收益 K，因此，其价值应等于 K 按无风险利率 e^{-rt} 折现后得到的现值：

$$S + P - C = Ke^{-rt}$$

$$C - P = S - Ke^{-rt}$$

我们可以采用上述关系对看跌期权进行估值。也就是说，以针对等价看涨期权的布莱克－斯科尔斯模型估计看跌期权的价值：

$$看跌期权的价值 = Se^{-yt}[N(d_1) - 1] - Ke^{-rt}[N(d_2) - 1]$$

其中，$d_1 = \dfrac{\ln\left(\dfrac{S}{K}\right) + \left(r - y + \dfrac{\sigma^2}{2}\right)t}{\sigma\sqrt{t}}$，$d_2 = d_1 - \sigma\sqrt{t}$。

The Dark Side of Valuation

第二部分

宏观变量的难点

第 6 章　不稳定的根基:"危险"的无风险利率

第 7 章　风险投资:风险价格的评估

第 8 章　事关大局的宏观环境:经济的真实面目

第 6 章　The Dark Side of Valuation

不稳定的根基
"危险"的无风险利率

在金融理论中，风险－收益模型的起点，就是将资产定义为无风险资产，并使用该资产的预期收益率作为无风险收益率。然后，根据这个无风险利率衡量风险投资的预期收益率，并将风险带来的预期风险溢价加回到无风险收益中。

但是什么使得资产无风险？我们如何估计无风险利率？我们在本章中将考虑这些问题。在这个过程中，我们必须理解不同货币的无风险利率可能会有所不同，以及如何调整折现现金流估值以反映这些差异。我们也会看看估计无风险利率变得困难的情况，以及我们可以用来应对挑战的机制。此外，我们还要看到无风险利率时估值的阴暗面，以及估值的后果。

什么是无风险资产

要理解是什么让一项资产远离风险，不妨回想一下投资风险是如何衡量的。购买资产的投资者期望能在持有资产的期限内取得收益。而在这个持有期内，他们获得的实际收益率可能与预期收益率有很大差异，造成这种差异的根源就可以归结为风险。在金融学中，风险是根据预期收益围绕实际收益的变化率来衡量的。在这种环境下，要让投资没有风险，那么，它的实际收益率就应该始终等于预期收益率。

为说明这一点，我们不妨假设投资者购买 1 年期国库券（或其他任何不存在违约概率的 1 年期债券）并准备持有 1 年，预期收益率为 5%。在 1 年持有期结束时，该投资者针对这笔投资得到的实际收益率始终为 5%，等于预期收益率。图 6-1 为这笔投资的收益率分布规律。

由于实际收益率不存在围绕预期收益率的波动，因此这笔投资是无风险的。我们还可以从另一个角度认识无风险投资——投资相对于其他投资的表现。无风险投资的收益率应该与市场上的风险投资收益率不存在相关性。需要提醒的是，如果我们接受无风险资产的第一个定义，即能带来有保障收益的投资，这个命题自然成立。也就是说，无论在什么情况下，只要是能带来相同收益率的投资，就应该与收益率在不同场合存在波动的风险投资不相关。

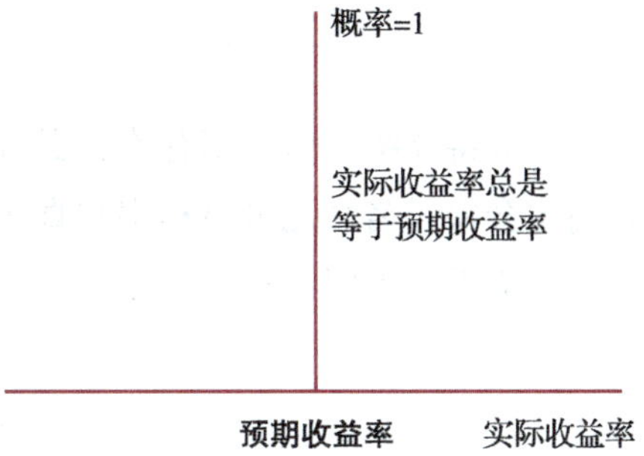

图6-1 无风险投资的概率分布

为什么说无风险利率至关重要

无风险利率是估计股权成本和资本成本的基础。计算股权成本的方法，就是在无风险利率上追加风险溢价，溢价的大小取决于一笔投资的风险以及总体股权风险溢价（针对具有平均风险水平的投资）。计算债务成本的基础则是在无风险利率上追加违约利差，利差大小取决于公司的信用风险。因此，在其他条件保持不变的情况下，使用较高的无风险利率会提高折现率，进而降低了折现现金流估值模型中的现值。

无风险利率水平的重要性还体现在其他方面。随着无风险利率的上涨及折现率的提高，构成公司价值的成长型资产和现有资产结构也会发生变化（见图6-2）。由于成长型资产能在未来创造更多的现金流，因此在无风险利率上升的情况下，成长型资产的价值下降幅度要高于资产价值的降幅。

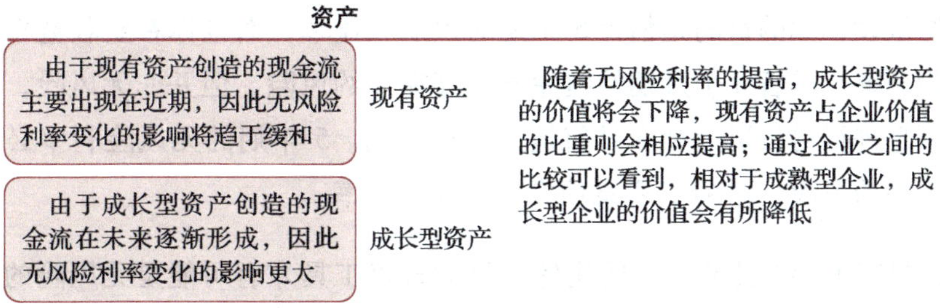

图6-2 资产价值类型的影响

如果我们按现有资产和成长型资产对企业进行分类，那么在其他条件保持不变的情况下，当无风险利率上涨时，成长型企业应该受到的负面影响要比成熟型企业更大。

此外，无风险利率的变化还会对其他估值输入变量带来影响。我们针对股票（股票风险溢价）和债务（违约利差）采用的风险溢价可能会随着无风险利率的变化而变化。尤其是无风险利率的大幅增加，往往会导致风险溢价的上升，从而加剧了对折现率的影响。假设无风险利率为3%时，投资者要求的风险溢价为4%，但如果无风险利率上升到10%，投资者要求的风险溢价自然要大得多。最后，造成无风险利率变动的因素——预期的通货膨胀率和真实的经济增长率，也会影响到公司的预期现金流。

无风险利率的估计

本节将介绍如何对不存在违约实体的市场无风险利率进行最合理的估计。此外,我们还会探讨名义无风险利率与真实无风险利率之间有何不同,以及为什么无风险利率会因货币的不同而有所差异。

投资无风险的基本要求

如果我们将无风险投资定义为可确切知道预期收益率的投资,那么在什么情况下,投资的实际收益率总是等于预期收益率呢?我们认为,要出现这种情况,必须满足两个基本条件:

- **第一个条件是不存在违约风险**。从根本上说,这个条件排除了所有私人公司发行的任何有价证券,因为即使是最大、最安全的公司也存在一定的违约风险。唯一可能无风险的有价证券就是政府证券,这倒不是因为政府比公司更守信,而是因为它控制着货币的印刷发行权。至少在名义上,政府应该能履行对债务的承诺。尽管这个看似简单的假设并非总能成立,尤其对前任政府做出的承诺以及用本币以外其他货币得到的借款,政府也有可能拒绝履约。
- **无风险证券必须满足的第二个条件却经常被人们所忽略**。如果投资的实际收益率等于预期收益率,那么这笔投资就不存在再投资风险。为说明这一点,我们不妨假设,你的目的是估计 5 年期的预期收益率,而且你希望收益率能达到无风险利率。尽管 6 个月期的国库券不存在违约风险,但并非无风险,因为将票面利息进行再投资的利率目前是无法预测的。5 年期的无风险利率必须是 5 年期无违约风险(政府)零息债券的预期收益率。

总之,只有不存在违约风险的实体发行的投资工具才有可能是无风险的。用于推导无风险利率的具体工具肯定会有所不同,具体依赖于你希望获得有保障收益的期限。

纯粹性解决方案

如果我们同时接受投资无风险的两个前提——无违约风险和无再投资风险,那么无风险利率必然会随时间敞口的变化而变化。因此,我们只能使用 1 年期无违约担保债券得到 1 年现金流的无风险利率,使用 5 年期无违约债券得到 5 年期现金流的无风险利率。

事实上,即使是由无违约实体发行的传统型 5 年期债券,也不可能在 5 年内实现无风险收益,因为每隔 6 个月取得的利息只能按不确定的利率进行再投资。解决这个问题的一种办法就是剥离附着于债券的利息,让债券成为零息债券。在这个情况下,在每个付息期内,都可以使用该期间到期的无违约零息债券的利率作为无风险利率。在美国,零息国债已交易数年,因此,获得各期间的无风险利率显然是轻而易举的事情。即使是没有交易的零息债券,我们也可以通过使用息票债券的利率来估计每个期间的零息债券利率。为此,我们可以从单期债券开始,将该债券的利率设定为同期零息债券利率。然后,逐步延长期限,顺序求出以后每个期间的零息利率。例如,如果债券按年支付利息,而且你可以得到1年期及2年期债券的如下信息:

- 利率为2%的1年期息票债券价格 = 1000;
- 利率为2.5%2年期息票债券价格 = 990。

设定1年期息票债券,我们可以得到1年期债券的利率:

$$债券价格 = 1000 = \frac{本金+息票利息}{1+1年期零息利率} = \frac{1000+20}{1+r_1}$$

由于债券按面值交易,因此1年期零息利率等于债券的票面利率2%。

对于2年期的息票债券,我们可以得到2年期债券的利率:

$$债券价格 = 990 = \frac{票面利息_1}{1+r_1} + \frac{票面利息_2+本金}{(1+r_2)^2} = \frac{25}{1.02} + \frac{1025}{(1+r_2)^2}$$

对2年期息票债券的利率,我们得到的结果为$r_2=3.03\%$。随后,我们可以将1年期和2年期债券的利率合并为3年期债券,从而得到3年期债券的利率,依此类推。2008年9月,我们利用美国国债(价格和票面利率)数据得到如表6-1所示的零息利率。

表6-1 美国国债在2008年9月的零息利率

到期时间(年)	票面利率	价格	收益率	零息利率
1	1.50%	100.00	1.50%	1.500 0%
2	1.75%	99.00	1.77%	2.273 9%
3	2.00%	98.00	2.04%	2.717 2%
4	2.25%	97.50	2.31%	2.941 1%
5	2.50%	98.00	2.55%	2.954 3%
6	2.75%	99.00	2.78%	2.951 0%
7	3.00%	98.00	3.06%	3.378 9%
8	3.25%	97.00	3.35%	3.788 4%
9	3.50%	99.00	3.54%	3.717 4%
10	3.75%	98.00	3.83%	4.152 2%

如果接受无风险利率应与现金流时间期限相匹配的观点,我们就可以把表6-1中的利率作为无风险利率,即第一年的无风险利率为1.5%,第二年为2.27%,依此类推。

在成熟市场上,估算各年度无风险利率并无实际意义。原因有两点:首先,按照任何形态正常的收益曲线,⊖由于利率不会在长期内出现明显偏离,因此它对使用特

⊖ 我们以历史标准来定义收益曲线的"形态正常"。例如,20世纪美国市场的收益率曲线向上倾斜,长期(10年)国库券的利率较短期(3个月)国库券的利率高出约2%。

定年份无风险利率所得到的现值影响可能很小；其次，我们目前在分析中采用的其余参数都是相对这些无风险利率加以定义。也就是说，我们在估算第 1 年股权成本时采用的股权风险溢价，必须相对 1 年期无风险利率加以定义，而不是像常规计算方法那样采用 10 年期利率。这往往会导致短期无风险利率的股权风险溢价相对较高，并有可能抵消对股权成本的最终影响。比如说，我们可以假设 1 年期无风险利率为 2%，10 年期无风险利率为 4%，并进一步假设，相对于 10 年期无风险利率的股权风险溢价为 4.5%，而相对于 1 年期无风险利率的股权风险溢价为 6%。此时，对具有平均风险水平的投资来说，1 年期现金流的股权成本为 8%（=2%+6%），而 10 年期现金流的股权成本则是 8.5%（=4%+4.5%）。

那么，在什么情况下应使用特定年份的无风险利率呢？如果收益曲线向下倾斜（短期利率远高于长期利率）或是以较大斜率过度向上倾斜，且长期利率超过短期利率 4%，那么使用特定年份的无风险利率更为合理。比如说，在市场危机期间，短期利率和长期利率（在任一个方向上）出现巨大差异都不罕见。如果决定使用特定年度的无风险利率，那么我们还应估计特定年份的股权风险溢价和违约利差，以确保各变量口径一致。

一种务实的折中

如果决定放弃特定年份的无风险利率，那么我们必须提出一个适用于所有现金流的无风险利率。但我们应该采用怎样的利率呢？答案之一就是久期匹配（duration matching）。这个答案的根源在于银行广泛采用的利率风险管理策略。简而言之，当银行在面对资产（通常是对企业和个人发放的贷款）的利率风险时，它们有两种选择。一种选择是，尝试将各项资产的现金流和具有相同现金流的负债相匹配。这会抵消利率风险，却难以付诸实践。另一种选择就是将资产的平均久期与负债的平均久期进行匹配，尽管由此带来的风险对冲不够完全，但需要的投入也相对很少。

在估值中，我们可以使用这种久期匹配策略的一种变通方式。我们对所有现金流使用同一个无风险利率。为确定这个无风险利率，我们将适用于无风险资产的无违约证券久期设定为被设定现金流的久期。⊖在大多数企业估值中，我们均有足够的理由假设，现金流的久期很长，尤其是在假设现金流可永续形成的情况下，其久期可能更长。2004 年，标准普尔采用股息折现模型，得到标准普尔 500 指数中的股票久期约为 16 年。⊖由于股息低于股权现金流，因此我们预期的真实久期会更短，对标准普尔 500

⊖ 在以项目为中心的资本预算中，项目的持续时间通常在 3~10 年。而在估值中，持续时间往往更长，因为我们通常假设公司的寿命期是无限的。在这种情况下，久期通常超过 10 年，并随着公司的预期增长而延长。

⊖ 在股息的折现模式中，股权的久期可表述为：股权久期 = $\dfrac{1}{(\text{股权成本} - g) \times (1 - \Delta g / \sigma r)}$，其中，$r$ 为无风险利率。

指数而言接近 8 年或 9 年。由于按票面价值交易的 10 年期附息债券（票面利率约为 4%）的久期接近 8 年，⊖因此对大多数成熟型企业的全部现金流，我们均以 10 年期国债利率作为无风险利率。高成长型企业的股权久期相应增加，而对于创建初期现金流为负数的初创企业，其股权的久期可能高达 20～25 年。因此，在对这些公司估值时，我们有理由以 30 年期的国债利率作为无风险利率。⊜

10 年期和 30 年期债券的利率差异很小。⊜而在估计股权风险溢价和违约利差时，以前者为基础显然比以后者为基础更容易。因此，我们认为，对所有现金流，均以 10 年期债券利率作为无风险利率在实践中是一种非常可行的方法，至少在成熟市场中如此。在特殊情况下，如果特定年份的利率在各期间的变化较大，我们应考虑使用随时间变化的无风险利率。

货币效应

即便接受以 10 年期无违约债券利率即为无风险利率的观点，我们在任何时点得到的数字依旧是不同的，具体取决于我们在分析中所使用的币种。比如说，2017 年 9 月 14 日，美国的 10 年期国债利率为 2.19%。如果我们假设美国财政部永远不会出现违约，那么这个利率就是美元的无风险利率。在同一天，以日元计价的 10 年期日本国债市场利率为 0.03%。如果我们假设日本政府肯定会履行合约义务，该利率即为日元的无风险利率。按照相同的逻辑，我们在图 6-3 中显示出以不同币种计价的 2 年期及 10 年期政府债券利率，其发行国政府的信用等级至少达到 AAA 级，因而不存在违约的可能性。

请注意，图 6-3 中出现了两个有趣的现象。首先，瑞士政府债券（以瑞士法郎计价）的短期利率和长期利率均为负值，而日元债券利率在短期内为负值。在过去几年里，尽管这些负利率曾让分析师困惑不已，但他们始终认为，无须对负利率做出极端反应。我们将在稍后讨论负利率对估值的影响。其次，瑞典克朗的短期利率高于长期利率，表现为收益曲线向下倾斜，尽管这种情况不常见，但并非无法解释。图 6-3 中并没有提及欧元，至少有 11 个欧盟成员国政府发行了 10 年期债券，这些债券均以欧元计价，但利率存在差异。图 6-4 归集了 2017 年 9 月 14 日的 2 年期利率和 10 年期利率的数据。

由于这些政府均无法技术性地控制欧元货币的印刷，因此所有这些国家都存在一定程度的违约风险。不过，市场风险已初见端倪，希腊和葡萄牙等国家发行的政府债券违约风险明显高于德国和法国的国债违约风险。为得到欧元的无风险利率，我们以各国发行的 10 年期欧元政府债券利率的最低利率作为无风险利率；如果按照这个原则，德国在 2017 年 9 月发行的 10 年期欧元债券利率 0.42% 就应该成为无风险利率。㉕

⊖ 对于期限为 10 年、票面利率为 4% 的债券，如按票面价值交易，则该债券的久期为 8.44 年。
⊜ 对于期限为 30 年、票面利率为 4% 的债券，如按票面价值交易，则该债券的久期接近 18 年。
⊜ 在唯一在这两种债券方面均拥有悠久历史的美国债券上，这两个利率在过去 40 年期间的差异始终低于 0.5%。
㉕ 如果认为该利率本身即内含违约风险，那么我们即可在德国的无风险利率中扣除一个很小的违约利差，从而得到欧元的无风险利率。

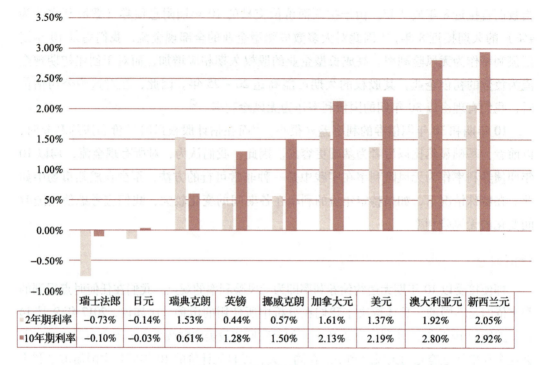

图6-3 各种货币的无风险利率

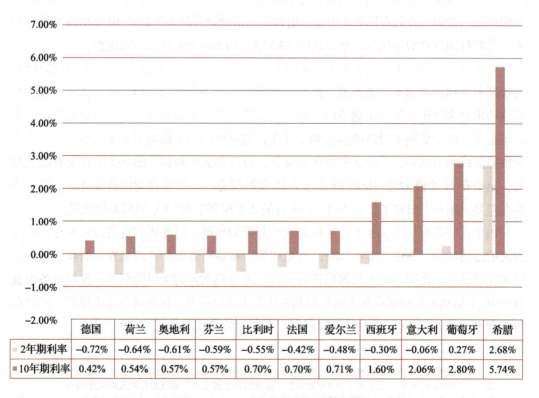

图6-4 以欧元计价的政府债券利率

因此，在2017年9月14日这个时点上，无风险利率应该处于瑞士法郎的-0.10%到新西兰元的2.92%这两个极端利率水平之间，但这又引发了如下两个问题：

- **为什么无风险利率会因货币的不同而变化？** 由于我们指定为无风险利率的利率均拥有相同的到期时间（10年），并且均无违约风险，因此造成这种差异的唯一重要因素就是预期的通货膨胀率。高通货膨胀率货币的无风险利率要高于低通货膨胀率的货币。比如说，按照我们给出的数字，可以预期，新西兰元的通货膨胀率将高于美元，而美元的通货膨胀率则高于日元。
- **我们应在估值中采用哪个无风险利率？** 如果说高无风险利率会带来高折现率，并在其他所有条件不变的情况下减少现值，那么，和使用美元无风险利率相比，使用日元无风险利率似乎应该能得到更高的公司价值。但预期通货膨胀率才是造成无风险利率存在差异的主要原因，这是我们不应忽略的事实。如果我们因为日元拥有较低的无风险利率和折现率而决定采用日元进行估值，那么估值所采用的现金流也必须以日元计价。如果日元的预期通货膨胀率较低，那么以日元表示的预计增长率和现金流就应该反映这一事实。因此，不管日元的低无风险利率和低折现率能带来怎样的收益，最终必然会因以日元计价的现金流损失而全部抵消。

总而言之，用于得到预期收益率的无风险利率应该与相应现金流采取一致的计量标准。也就是说，如果以名义美元衡量现金流，那么无风险利率就应该是美国国债利率。不管被分析的公司来自巴西、印度还是俄罗斯，概莫能外。这看起来似乎不合逻辑，毕竟考虑到这些国家的风险较高，无风险利率显然不能反映真实的风险。这也意味着，决定如何选择无风险利率的，不是项目或者公司的所在地，而是估算项目或公司现金流时所采用的货币。因此，雀巢可以用瑞士法郎估计预期现金流，用瑞士长期政府债券利率作为无风险利率来估计预期收益率，通过对现金流折现得到公司估值；但雀巢也可以使用英镑进行估值，相应地，现金流使用英镑计价，而无风险利率则采用英镑利率。

如果两种货币的利率差不能合理体现两者的预期通货膨胀率差异，那么使用不同货币得到的估值就有可能会不同。尤其是估值货币的利率低于通货膨胀率时，项目和资产将被严重高估。但风险在于，利率注定会在某个时点上调，以纠正利率差与通货膨胀率差的差异，此时，在这一点上的两种估值会同时趋于收敛。

真实无风险利率和名义无风险利率

在不稳定的高通货膨胀率环境下，估值通常是以真实利率进行的。这实际上意味着，现金流是用真实增长率估算的，不考虑价格通货膨胀带来的增长。为保持一致，在这种情况下，用于折现的折现率也必须是真实折现率。要获得真实的预期收益率，我们就必须从真实的无风险利率开始。虽然政府债券提供的收益率名义上是无风险的，但实际上并非无风险，毕竟，预期通货膨胀率可能会出现波动。目前的标准方法是以名义利率减去预期通货膨胀率，以得到真实的无风险利率，但这种方法充其量也只是对真实无风险利率的估计而已。

直到最近，能用来估计真实无风险利率的无违约可交易证券还屈指可数，但通货膨胀指数化国债的出现填补了这一空白。尽管通货膨胀保值债券（TIPS）不会为投资者提供有保证的名义收益率，却能带来有保障的真实收益率。也就是说，如果通货膨胀率为4%，通货膨胀指数化国债的真实收益率为3%，那么其名义收益率就应该为7%（=4%+3%），如果通货膨胀率仅为2%，名义收益率就应该为5%。图6-5 为2003年1月~2017年6月的美国10年期通货膨胀指数债券相对于10年期国债名义利率的真实利率。

图6-5　通货膨胀保值债券与10年期国债

需要提醒的是，我们可以把国债名义利率和真实利率之差视为市场的通货膨胀率预期。㊀在上述期间，基于上述利率的平均预期通货膨胀率为2.08%。

在美国，人们以通货膨胀指数化为基础的国债利率作为真实无风险利率。在这里，唯一的问题是，在美国这样的市场中，由于通货膨胀率长期处于低位，因而很少要求进行真正的估值，而实际完成的估值更是寥寥无几。遗憾的是，我们最需要进行真正

㊀ 国债和通货膨胀保值债券之间的利率差异是对预期通货膨胀的近似衡量，更精确的数值可通过如下公式获得：预期通货膨胀率 = $\dfrac{1+名义国债利率}{1+通货膨胀保值债券利率} - 1$。

估值的市场，恰恰是缺少与通货膨胀指数挂钩的无违约风险债券的市场。在这些市场中，实际无风险利率可通过如下两种思路之一进行估算。

第一个观点是，只要资本能自由流向实际收益率最高的经济体，那么各个市场的真实无风险利率就不会出现差异。按照这种观点，我们可以把根据通货膨胀指数化美国国债得到的美国实际无风险利率，作为任何市场的真实无风险利率。

第二个观点则适用于跨国资本流动存在摩擦和约束的情况。在这种情况下，就长期而言，一个经济体的预期真实收益率应等于该经济体处于均衡状态下的预期长期真实增长率。因此，在德国等成熟的经济体，其实际无风险利率应远低于增长潜力相对较高的经济体（如越南）。

只要遵守一致性原则，在企业估值时，不管是以真实折现率对真实现金流进行折现，还是以任意货币的名义折现率对相同货币计价的名义现金流进行折现，最终得到的公司价值应该是相同的。

评估无风险利率的问题

在前面的章节中，我们假定政府债券在大多数情况下不存在违约风险，因此政府债券的利率是无风险利率。即使是在欧元区这个唯一没有任何个别政府能增发货币的地区，我们依旧假设，德国政府接近于无违约风险政府，并据此进行估计。在本节中，我们则考虑一种更严格的情况，即政府要么没有以本地货币发行的长期债券，要么即使有，这些债券也存在违约风险。此外，我们还将探讨某些特殊情况，根据历史和基本面因素，我们不认可现有的无风险利率，并认为这个利率过低或是过高。

市场上无长期政府债券

在上一节中，我们以美国、日本和英国等国政府债券的当前市场利率作为各自货币的无风险利率。但如果不存在对应货币的长期政府债券，或者即使存在，这些债券也没有交易，会出现怎样的情况呢？本节将探讨由此带来的后果。

背景设定

对于很多国家（及其相关货币），获得无风险利率的最大障碍就是政府没有发行以本地货币计价的长期债券。那么，这些政府如何进行融资呢？很多国家选择通过银行贷款、世界银行或国际货币基金组织（IMF）取得借款，这就规避了市场的干扰。对位于撒哈拉以南的大部分非洲国家来说，情况确实如此。只有很少几个国家的政府发行了债券，但债券采用成熟国家的货币计价，而非本国货币发行。1992～2006年，巴西政府发行的长期债券以美元计价，而不是巴西本国的货币——雷亚尔。2017年，在南美洲的 12 个国家中，只有少数国家政府持有以本国货币计价的长期债券。最后，尽管有些政府也发行了长期债券，但它们随后要么是为国内投资者提供了特殊的刺激手段（如税收减免），要么是以强制措施发行这些债券，导致这些债券的利率偏离了真实情况。

估值难点

当市场上没有本币计价的长期政府债券广泛交易时，分析师在评估该市场的企业价值时，往往会选择阻力最小的路径来估计现金流和折现率，但这有可能导致估值过程中的货币错配。对于折现率，分析师认为以成熟市场的货币估算无风险利率和风险溢价更容易。比如说，对位于拉美地区的公司，他们选择的货币是美元，并按美元估计折现率。对于现金流，分析师要么坚持使用本地货币计价的现金流，要么按即时汇率把这些现金流转换为成熟市场的货币。同样是对于拉美地区的企业，他们将以本币计价的现金流按即期汇率折算成美元。如果使用这些现金流和折现率计算公司价值，那么由此带来的价值必将漏洞百出，因为隐含在现金流中的预期通货膨胀率完全不同于内含于折现率中的预期通货膨胀率。不妨以一家墨西哥公司为例，假设以墨西哥比索估计现金流，以美元估计折现率。2017 年年初，比索的预期通货膨胀率约为 4%，而内含于美元折现率的预期通货膨胀率却只有 2%，由此会高估这家公司的价值。需要提醒的是，使用即期汇率将比索计价的现金流转换为美元现金流，丝毫无助于解决这个问题。

◎ 案例 6-1 货币错配对估值的影响

假设你正在对一家巴西公司进行估值，并获得该公司在未来 3 年及此后年度中以名义雷亚尔（BR）计价的现金流估计值。

年度	以雷亚尔（BR）计价的现金流（百万雷亚尔）
1	100
2	110
3	121
以后年度	每年按 6% 的增长率永续增长

假设巴西雷亚尔对美元的即期汇率为 2 雷亚尔兑换 1 美元，那么根据当期美国国债利率 4%，以美元计算的当期资本成本为 9%。最后，我们再假设美元的通货膨胀率为 2%，巴西雷亚尔的通货膨胀率为 6%。如果用即期汇率转换现金流，并在第 3 年后保持增长率稳定不变，那么，我们可以得到这家公司的价值为 17.8955 亿美元（约合 35.791 亿美元），计算过程如表 6-2 所示。

表 6-2 现金流和汇率

年度	以雷亚尔计价的现金流（百万雷亚尔）	汇率	以美元计价的现金流（百万美元）	现值（百万美元）
1	100	0.5	50.00	45.87
2	110	0.5	55.00	46.29
3	121	0.5	60.50	46.72
终值			2 137.67	1 650.67
公司价值				1 789.55

请注意，在第 3 年结束时计算得到的终值为：

$$终值 = 60.50 \times \frac{1.06}{9\% - 6\%} = 2137.67（百万美元）$$

在使用即期汇率将未来以雷亚尔计价的现金流转换为美元现金流的过程中，我们实际上就已经把巴西雷亚尔 6% 的通货膨胀率嵌入预期现金流当中，并通过折现率反映 2% 的美元通货膨胀率。此外，计算终值采用的增长率为名义雷亚尔的增长率，而折现率则是以美元计算的折现率。可以预料，通货膨胀率的错配必然导致我们高估该公司的价值。

估值方案

如果政府没有发行以本币计价的长期债券（或是我们认为至少能反映该国市场利率的债券），那么我们可以通过两种解决方案保证估值的一致性原则。第一种方案是采用成熟市场的货币（而不是本地货币）估算折现率，然后将现金流转换为该成熟市场的货币。第二种方案则是估计本币的折现率，尽管这会给无风险利率的确定带来麻烦。

以成熟市场货币进行估值

如果运用合理，公司价值不应该依存于我们在估值时选择的币种，因此，一种可行的方案就是使用其他（成熟市场）货币进行公司估值。如果难以获得巴西雷亚尔的无风险利率，就可以使用美元或欧元对巴西公司进行估值。为此，我们首先需要估算美元的折现率。正如我们在上一节里提到的，最合理的无风险利率应该美国国债利率（而不是以美元计价、嵌入违约利差的 10 年期巴西国债利率）。为保证一致性，必须将通常以雷亚尔计价的现金流换算为美元现金流。这种转换必须采用预期的美元兑雷亚尔汇率，而不是即期美元兑雷亚尔汇率。虽然可以通过远期或期货市场提供近期市场的估计值，但估算未来汇率的最好方式，还是根据两种货币的预期通货膨胀率，使用购买力平价理论：

$$第 t 期的预期雷亚尔兑美元汇率 = 预期雷亚尔兑美元汇率 \times \frac{(1 + 预期通货膨胀率_{巴西雷亚尔})^t}{(1 + 预期通货膨胀率_{美元})^t}$$

使用这个预期汇率，可以确保嵌入到预期现金流中的通货膨胀率与嵌入到折现率中的通货膨胀率保持一致。

◎ **案例6-2 以成熟市场货币计价**

我们不妨回头看看上一个案例中的估值过程。在将现金流转换为美元时，如果我们使用的不是即期汇率，而是按6%的雷亚尔通货膨胀率和2%的美元通货膨胀率估算的预期雷亚尔/美元汇率，那么估值结果将如表6-3所示。

表6-3 调整后的现金流和汇率

年度	以雷亚尔计价的现金流（百万雷亚尔）	汇率（雷亚尔/美元）	汇率（美元/雷亚尔）	以美元计价的现金流（百万美元）	现值（百万美元）
1	100	2.078 4	0.481 132 075	48.11	44.14
2	110	2.159 9	0.462 976 148	50.93	42.86
3	121	2.244 6	0.445 505 350	53.91	41.63
终值				785.49	606.54
公司价值					735.17

雷亚尔的通货膨胀率越高，随着时间的推移，就会导致货币贬值越大。此外，以收益第3年5391万美元的美元现金流和2%的预期增长率（反映美元而非雷亚尔的通货膨胀率）计算的终值为：

$$终值 = 53.91 \times \frac{1.02}{9\% - 2\%} = 785.49(百万美元)$$

我们得到的目前公司价值为735.17百万美元（14.7035亿巴西雷亚尔）。这个结果在现金流和折现率的计算上采取了更一致的假设，而且远低于我们在案例6-1中获得的1789.55百万美元估值结果。

使用本地货币估值

我们还可以使用当地货币进行估值，将折现率转换为本地货币的折现率。在这种情况下，预期现金流仍以本币计价。为此，我们可以通过三种方式弥补本地货币的无风险利率：

- **汇总法**：由于任何货币的无风险利率均可表述为该货币预期通货膨胀率和预期真实利率之和，因此我们可以尝试分别估算这两个部分。要估计预期通货膨胀率，我们可以从当前通货膨胀率开始，推导出未来的通货膨胀率。对于真实利率，我们可以采用与通货膨胀率指数挂钩的美国国债利率，因为全球的真实利率都应该是相同的。例如，2017年，土耳其的预期通货膨胀率为9%，美国的通货膨胀保值国债利率为 0.56%。两者相加，我们即可得到土耳其里拉的无风险利率为 9.56%。

- **远期汇率**：远期合约和期货合约可以提供有关货币利率的信息，因为利率平价决定了即期汇率和远期利率之间的关系。例如，泰铢兑美元的远期汇率可以表述为：

$$\text{远期利率}^t_{\text{泰铢兑美元}} = \text{即期汇率}_{\text{泰铢兑美元}} \times \frac{(1+\text{利率}_{\text{泰铢}})^t}{(1+\text{利率}_{\text{美元}})^t}$$

例如，如果目前的即期汇率为 1 美元兑换 38.10 泰铢，10 年远期汇率为 1 美元兑换 61.36 泰铢，且目前的 10 年期美国国债利率为 5%，那么，10 年期泰国无风险汇率（以名义泰铢计算）可以计算为：

$$61.36 = 38.10 \times \frac{(1+\text{利率}_{\text{泰铢}})^{10}}{1.05^{10}}$$

在上述公式中，求解泰国利率，即可得到 10 年期无风险利率为 10.12%。但这种方法的最大缺陷在于，在很多新兴市场国家，我们很难得到超过 1 年的远期利率，⊖而这些市场恰恰也是我们最感兴趣的市场。

- **货币转换**：在成熟市场，由于计算贴现率所需要的其他变量（如股权风险溢价和违约利差）要容易得多，因此最后一种同时也是最有效的方案，就是计算成熟市场货币的总体折现率，再将这个折现率（r）转换为本地货币的折现率。

$$r_{\text{本地货币}} = (1+r_{\text{外国货币}}) \times \frac{1+\text{预期通货膨胀率}_{\text{本地货币}}}{1+\text{预期通货膨胀率}_{\text{外国货币}}}$$

例如，假设一家印度尼西亚公司以美元计算的资本成本为 14%，而印度尼西亚卢比的预期通货膨胀率为 11%（美元的通货膨胀率为 2%）。因此，印度尼西亚卢比的资本成本可表述为如下公式：

$$\text{资金成本}_{\text{印度尼西亚卢比}} = 1.14 \times \frac{1.11}{1.02} - 1 = 0.24058 \text{ 或 } 24.06\%$$

请注意，这与我们此前的观点完全一致，即货币利率的唯一差额应该就是预期通货膨胀率。要实现这种转换，我们仍需要估计本地货币和成熟市场货币的预期通货膨胀率。

有了这三种方法，我们就可以得到符合一致性原则的本地货币现金流和本币折现率。

⊖ 如果只存在 1 年期远期汇率，可以通过 1 年期本币借款利率反推出长期利率的近似值，即计算出 1 年期国债的利差，再将这个利差与长期国债利率相加即可。比如说，假设泰国债券的 1 年远期汇率为 39.95，我们获得了 1 年期泰铢无风险利率 9.04%（考虑到 1 年期国债的利率为 4%）。将 5.04% 的利差与 5% 的 10 年期国债利率相加，即可得到 10 年期泰铢的利率为 10.04%。

◎ 案例6-3 以本地货币计价

在前面的案例中,我们以美元进行的整体估值来修正通货膨胀率带来的不匹配问题。而在本案例中,我们将继续使用名义雷亚尔计价的现金流,并使用2%的美元通货膨胀率和6%的雷亚尔预期通货膨胀率,将9%的美元资本成本转换为以雷亚尔表示的资本成本:

$$\text{以雷亚尔表示的资本成本} = \text{以美元表示的资本成本} \times \frac{1+\text{预期通货膨胀率}_{\text{巴西雷亚尔}}}{1+\text{预期通货膨胀率}_{\text{美元}}} - 1$$

$$= 1.09 \times \frac{1.06}{1.02} - 1 = 0.1327 \text{ 或 } 13.27\%$$

如表6-4所示,以名义雷亚尔计价的现金流按13.27%进行折现,我们即可得到目前的公司价值。

表6-4 现金流　　　　（金额单位:百万雷亚尔）

年度	以雷亚尔计价的现金流	现值
1	100	88.281 114 77
2	110	85.729 107 47
3	121	83.250 872 92
终值	1 763.142 857	1 213.084 148
公司价值		1 470.345 243

终值的计算采用雷亚尔的名义增长率6%和以雷亚尔表示的资本成本(四舍五入):

$$\text{终值} = 121 \times \frac{1.06}{0.1327 - 0.06} = 17.631\,428(\text{亿雷亚尔})$$

请注意,这家公司的价值是14.7035亿雷亚尔。这和在案例6-2中以美元做公司估值得到的结果是相同的。

政府也会违约

迄今为止,我们始终假设,政府不会违约,至少对本币借债不会违约。尽管这个假设貌似合理,但在某些国家有可能受到质疑,因为这里的投资者已笃定,即便是对本币借款,政府也会违约。

背景设定

到目前为止,我们的讨论始终基于这样一个假设:政府不会违约,至少对本币借款不会违约。但是在很多新兴市场经济体中,这个假设或许已不再站得住脚。在这些市场中，人们认为其政府有可能违约，甚至国内借款也不例外。对大多数国家，信用评级机构均采用两个主权评级评价一国违约的可能性，一个针对外币借款，另一个针对本币借款。尽管后者通常高于前者，但几个国家的本币信用评级已不再是 Aaa（穆迪对无违约国家设定的标准）。表 6-5 列出了部分新兴市场国家的本币信用评级和外币信用评级（有关数据请参阅本章附录 6A）。

如果我们接受穆迪对上述国家风险的评级结果，那么我们可以认为，这些国家发行的长期支付债券均包含违约风险。其中，巴西政府债券的风险明显高于中国政府债券的风险。

表 6-5 部分国家的本币及外币信用评级：2017 年 1 月

国家	本币评级	外币评级
巴西	Ba2	Ba2
中国	Aa3	Aa3
印度	Baa3	Baa3
俄罗斯	Ba1	Ba1

估值难点

当存在本币长期债券时，分析师通常会选择以这些债券的市场利率作为无风险利率，尽管利率本身隐含了违约风险。例如，印度政府在 2017 年 1 月发行的以卢比计价的长期债券，其利率为 6.40%，在计算印度企业以卢布表示的股权成本和资本成本时，分析师会将这个利率作为无风险利率。如表 6-5 所示，印度的本币信用评级为 Baa3，这表明，以卢比计价的印度支付债券确实存在违约风险，并且构成利率的部分要素明显源于这种风险。尽管以卢比表示的折现率似乎应更高，以合理反映印度的政府风险，但是将这个风险纳入无风险利率中，有可能导致重复计量风险。在以 6.40% 作为估算卢比折现率的无风险利率时，分析师往往对印度公司采用较高的股权风险溢价。实际上，调整新兴市场股权风险溢价的一种方法，就是把该国的违约差价合并到成熟国家的股权风险溢价中。

估值方案

在这种情况下，考虑到问题在于本币债券的利率包含了违约利差，因而解决方案也非常简单。如果能估计出债券当前市场利率中有多少可归结于违约风险，那么我们从市场利率中扣除这个违约利差，即可得到该货币无风险利率的估计值。再次以印度卢比债券为例，我们以印度本地货币的信用评级作为衡量违约风险的标准，从而得到 2.54% 的违约利差。从市场利率中扣除这个违约利差，即得到印度卢比的无风险利率为 3.86%：

$$\text{印度卢比的无风险利率} = \text{以卢比计价的债券市场利率} - \text{违约利差}$$
$$= 6.40\% - 2.54\% = 3.86\%$$

我们如何将信用评级转化为违约利差呢？表 6-6 估算了债券在不同主权信用评级上对应的常见违约利差。在估算表中数字的时候，我们面对的一个问题是，在新兴市场国家，以美元或欧元计价的债券寥寥无几。这就出现了有些信用评级只有一个国家的数据、有些信用评级没有数据的情况。为解决这个问题，我们采用了主权信用违约掉期（CDS）市场的利差。目前，我们可以得到近60个国家的违约利差数据，我们按不同信用评级对这些数据分类，并对拥有相同信用评级的各国、地区的违约利差进行平均。⊖ 另一种估计违约利差的方法就是比较主权信用评级和企业的信用评级。换句话说，拥有Ba1评级的国债应该与拥有Ba1评级的公司债券具有相同的违约风险。在这种情况下，我们可以以公司债券的违约利差作为相同主权信用评级的违约利差。表6-6总结了不同主权信用评级在2017年1月对应的典型违约利差。

请注意，至少在2017年1月，公司债券在较高信用评级上对应的利差大于主权债券利差，而在较低信用评级上则低于主权利差。因此，如采用主权利差（或公司利差），在使用这种方法估算巴西的国债违约利差时，考虑到巴西的信用评级为Ba2，将会得到3.47%（或3.00%）的违约利差。

采用这种方法，我们可以使用现有的本币政府债券以及相应的主权评级数据，估算新兴市场国家及地区货币的无风险利率。由此，部分国家及地区货币在2017年1月的无风险利率如图6-6所示。

需要提醒的是，各国政府发行的债券利率差异较大，更重要的是，各国货币的无风险利率相去甚远。国债利率的差异至少在部分上可以归结于国家风险，而货币无风险利率的差异则是各国通货膨胀率的差异。

表6-6 各主权信用评级在2017年1月对应的典型违约利差

穆迪评级	主权债券的违约利差（%）	企业债券的违约利差（%）
Aaa	0.00	0.60
Aa1	0.46	0.70
Aa2	0.57	0.80
Aa3	0.70	0.90
A1	0.81	1.00
A2	0.98	1.10
A3	1.39	1.25
Baa1	1.84	1.40
Baa2	2.20	1.60
Baa3	2.54	2.00
Ba1	2.89	2.50
Ba2	3.47	3.00
Ba3	4.16	3.25
B1	5.20	3.75
B2	6.36	4.50
B3	7.51	5.50
Caa1	8.66	6.00
Caa2	10.40	6.50
Caa3	11.55	7.00

无风险利率会随时间而改变

货币的无违约长期利率，也是我们用来估计股权成本和资本成本的无风险利率。但这个比率必将随着时间的推移而改变，而且它的变化同样会带来估值的变化。尽管事实大多如此，但相对于历史水平或基本面要素，也会出现当期无风险利率偏高或偏低的情况，而且这种偏离在长期内更有可能是单向的，也就是说，始终维持偏高或者偏低。

⊖ 例如，土耳其、印度尼西亚和越南全部拥有Ba3的信用评级，它们在截至2008年9月的CDS息差分别为2.95%、3.15%和3.65%，三个国家的平均利差为3.25%。

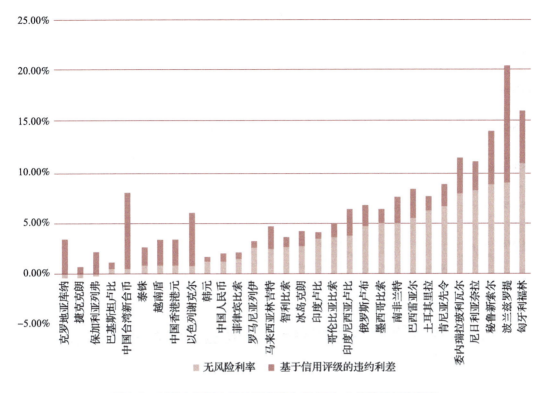

图 6-6　新兴市场国家及地区货币在 2017 年 1 月的无风险利率

情景设定

回顾美国国债的利率发展轨迹，我们可以得出如下两个结论。首先，利率是不稳定的，随着时间的推移而波动和变化，而且在某些时期加剧波动。其次，证据表明，国债利率在大多数时期处于"正常"范围内，而且随着时间的推移，高于或低于这个范围的偏差会得到纠正。图 6-7 根据 1928～2016 年的国债利率（年终数字）反映了上述两个发现。

虽然美国国债利率曾在较长时期内维持稳定，但是在稳定期中间也会穿插着波动期。经历了 20 世纪 60 年代的长期稳定后，利率在 20 世纪 70 年代迎来了 10 年之久的剧烈震荡。还需要提醒的是，随着时间的推移，利率似乎最终要回复到 5%～7% 这一范围；很多人认为，这就是美国的正常利率范围。在过去 10 年中，很多人认为，美国的利率已跌至历史最低点——2008～2017 年这 10 年期间，平均国债利率仅为 2.55%。

要理解到底是哪些因素造成利率的波动以及针对不同货币存在的差异，可以借助于费雪方程（Fisher equation），利用这个方程式将无风险利率分解为预期通货膨胀率和真实利率。如果以最近 1 年的实际通货膨胀率作为预期通货膨胀率的预测值，将实际增长率作为真实利率估计值，那么我们就可以估计出内在无风险利率，即上述两者之和。图 6-8 将这个数字和美国国债利率进行了比较。

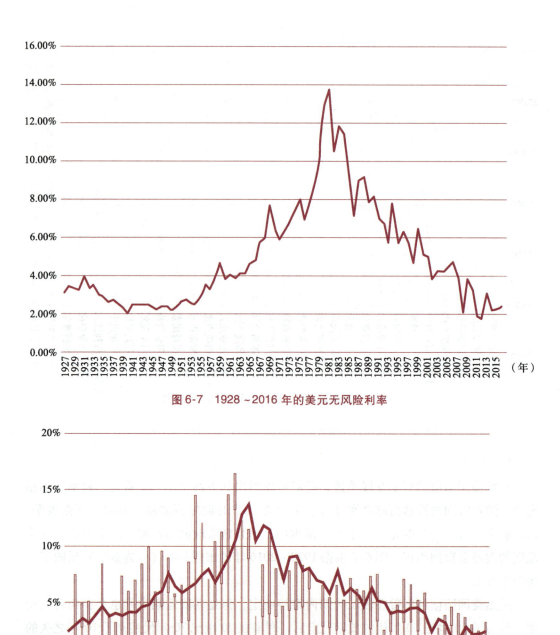

图 6-7　1928～2016 年的美元无风险利率

图 6-8　1954～2016 年的美国国债利率及无风险利率

请注意，利率在长期内出现的变动，在很大程度上可以解释为通货膨胀率和实际增长率的变化。此外，美国国债利率在 2008～2017 年的低位运行和美联储的宽松货币政策几乎无关，而是更多地受制于经济停滞和低通货膨胀率，尽管有些人对此观点持反对态度。

尽管有关其他国家长期利率的历史数据有限，但我们完全有理由相信，新兴市场，尤其是拉丁美洲国家的利率波动更为剧烈。这种波动性源自通货膨胀预期的变化。此外，要为这些市场设定利率的正常范围显然要困难得多，毕竟，这些市场的利率波动性过于剧烈，尽管在某些时期维持在一位数字，但个别时期可以高达三位数。

估值难点

在对公司进行估值时，一旦出现偏离所谓"正常区间"的利率时，分析师往往会用他们自认为更为正常的比率取而代之。比如说，如果国债的利率是2.5%，那么分析师可能会在估值中以5%作为正常的无风险利率。在2016年和2017年，欧元、瑞士法郎和日元均曾出现负利率，当时，这种以正常利率取代当期利率的做法达到了顶峰。分析师认为，负利率既不正常，也不可接受，而且使用这些利率得到的估值结果必然过高（因为折现率太低），于是他们在估值中要么转用其他货币，要么使用正常化利率。

虽然这看起来似乎合乎逻辑，但有可能存在三个问题。第一个问题就是，它毕竟只是在旁观者眼中看到的"正常"。不同的分析师会对包含在这个数字中的内容给出不同的判断。这里有一个非常简单的对比：与2002年或2003年左右新入道的美国分析师相比，20世纪80年代后期开始从业的分析师通常会采用较高的"正常"利率，也就是说，所谓的"正常"完全取决于他们的经验。第二个潜在问题是，使用"正常"无风险利率而非当前利率，会影响到估值后果。比如说，在保持其他所有条件不变的情况下，如使用5%的无风险利率对公司进行估值，既有可能降低公司价值，也有可能造成估值过高。不过，目前尚不清楚这一结论到底是源于分析师对利率的看法（比如说，利率太低）还是对公司的看法。第三个问题是，由于基本面的变化，利率会随着时间而变化。因此，低利率通常对应于低通货膨胀率、低增长经济、通货紧缩的负利率以及经济增长停滞。如果采用不同于当前利率的正常无风险汇率，而且不对形成当前利率的基本面因素进行调整，将会导致估值结果的不一致。例如，假设通货膨胀率长期处于低位，且经济濒临崩溃，因而造成当期无风险利率水平很低。如果无风险利率反弹至正常水平，这要么是因为通货膨胀率回归历史常态，要么是因为经济复苏。在保持通货膨胀率和实际增长率不变的情况下，仅对无风险利率进行规范化处理，必将导致估值出现偏差。

在相对估值法中，改变无风险利率带来的影响更为微妙。在比较各公司的市盈率或EV/EBITDA倍数时，尽管无风险利率水平通常不属于显性因素，但它的变化有可能会给公司带来各不相同的影响。举例来说，如其他条件保持不变，无风险利率的提高给成长型企业的负面影响应大于成熟型企业；增长带来的价值完全来自未来现金流，而现有资产创造的现金流则出现在近期，受折现的影响自然相对较小。因此，使用不当的分析师往往会发现，成长型企业在高利率情境下会被低估，而成熟型企业则会在低利率情境下被低估。

◎ **案例6-4 针对利率的观点与估值**

假设我们在2008年9月对道氏化学公司进行估值，这是一家非常稳定的成长型企业。为此，我们做如下假设：

- 预计明年的税后营业利润将达到30亿美元；预计收入将按3%的增长率永续增长。
- 道氏化学公司在2007年的资本收益率为15%，为此，我们预计公司将永久性保持这个资本收益率。
- 美国长期国债的利率为4%，基于这个无风险利率的资本成本为8%。

我们认为，美国国债的利率偏低，而且最终会回复到正常水平，我们将这个正常说估计为5%。基于这个正常无风险利率的资本成本为9%。

如使用9%的资本成本对道氏化学公司进行估值，那么我们可将公司的估值构成表述为：

明年的税后经营利润 = 30（亿美元）

$$再投资率 = \frac{预期增长率}{资本收益率} = \frac{3}{15} = 20\%$$

明年的预期 $FCFF = EBIT \times (1-t) \times (1-再投资率)$
$= 30 \times (1-0.2) = 24（亿美元）$

$$公司价值 = \frac{明年的预期FCFF}{资本成本 - g} = \frac{24}{9\% - 3\%} = 400（亿美元）$$

由于公司在分析时点的市场价值为440亿美元，因此我们可以得出结论，这家公司被高估了。但我们得到的估值之所以较低，根本原因是使用了5%的正常无风险利率，而不是4%的实际利率。假设公司按8%的实际资本成本进行估值，估值过程可表述为：

$$公司价值 = \frac{明年的预期FCFF}{资本成本 - g} = \frac{24}{8\% - 3\%} = 480（亿美元）$$

按目前的市场价值计算，该公司确实被低估了。实际上，我们认为道氏化学公司被高估的初步结论，完全反映了我们对公司的假设以及对利率的看法。后者是我们得出最终结论的主要原因。事实上，正是利率的选择导致公司价值减少了80亿美元（从480亿美元降至400亿美元）。

估值方案

常识告诉我们，不管我们对利率进行了多么深入的思考，也不管我们的利率推导过程多么缜密，但是要我们对利率的个人看法带入到个别公司的估值中，显然是不可取的。但这是否意味着，在对公司进行估值时，我们一定要坚持使用当前的无风险利率呢？不必。在进行公司估值时，我们依旧可以借鉴利率的市场预期。比如说，我们假设当前的10年期国债利率为3.5%，这也是未来10年的无风险利率。但我们也可以利用长期国债的期货市场或远期市场，看看市场对10年后的利率预期是多少。随后，我们将这个预期利率作为未来的无风险利率（可能是在计算终值时）。当然，我们可以单独考虑个人对市场利率的看法，毕竟，它们确实会对股票和资产配置决策的整体价值产生影响。在实践中，你可以让用户自己去决定该如何使用你的研究报告，以及应该信任哪些，哪些需要他们独立思考。如果用户只认同你对宏观经济的分析，但不接受你对公司的微观结论，那么他们会加倍重视你针对利率和资产配置提出的观点。另外，如果他们对个股分析的信任程度超过你的利率观点，他们自然会关注你的公司估值和建议。

无风险利率总论

如果扩大一下视野，我们可以把无风险利率评估构成划分为几个步骤，第一步就是选择货币，并在此基础上延续下去，包括如何考虑未来的汇率水平等。这些步骤如图6-9所示。

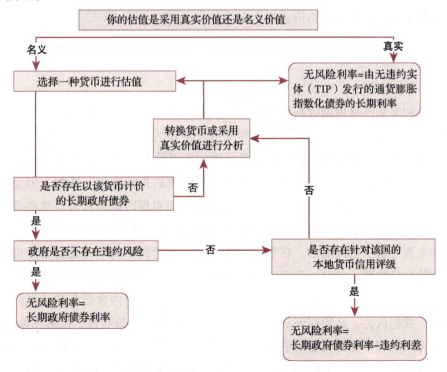

图6-9　估计无风险利率的基本流程

归集本章要点，我们可以得出关于无风险利率的如下基本规则：

- **无风险利率应该是确实不存在违约风险**。针对违约或其他因素而嵌入风险利差的利率并不是无风险利率。正因为这样，我们才主张，不能把很多新兴市场的本币政府债券利率作为无风险利率。
- **选择的无风险利率必须和现金流的定义保持一致**。如果现金流采用真实价值，无风险利率也应该采用真实价值。如果现金流的计价采用某种特定货币，无风险利率也必须以该货币定义。换句话说，在选择了货币之后，无风险利率就必须是针对这种货币的无风险利率，而且不应该对公司所在地或估值对象的差异而有别。因此，在用欧元对俄罗斯公司进行估值时，无风险利率就应该是欧元的无风险利率（如德国 10 年期债券利率）。
- **如果你对利率有强烈的个人看法，一定不要把这种想法带到个别公司的估值中**。换句话说，即使你认为无风险利率会随着时间的推移而上升或下降，当时要在估值中反映这些观点，显然不可取。一旦这样做，你的最终估值结果就会反映你对利率和公司的这些个人看法，毕竟，我们不可能在结果中破译出所有变量的影响。
- **以历史平均利率取代当期利率，从而对利率进行所谓的规范化调整，是一种危险的做法**。诚然，利率的波动具有周期性波动，并周而复始地回归历史均值，但同样不可否认的是，利率水平在很大程度上依赖于基本面：通货膨胀预期和真实的经济增长率。如果对利率进行正常化调整，并维持经济增长和通货膨胀数据不变，那么你的估值必将出现偏差。

本章小结

无风险利率是所有预期收益模型的起点。要成为无风险的投资，这笔投资就必须满足两个条件：首先是不存在与现金流相关的任何违约风险，其次是投资可能不存在再投资风险。根据这些标准，计算预期收益率的无风险利率应该是无违约风险（政府债券）的零息率，而且这个利率必须和适合于现金流的折现率相互匹配。但是在实践中，只需将无风险资产的久期与被分析现金流的久期实现匹配即可满足这些要求。按照公司金融和估值理论，我们可以把长期政府债券的利率作为无风险利率。

本章主要考虑了三种情景。在第一种情景中，我们找不到以特定货币计价的长期政府债券的交易数据。此时，我们建议以其他货币进行估值，或是根据远期市场或基本面要素估算无风险利率。第二种情景是长期政府债券利率内含潜在违约风险。在这种情况下，我们认为，必须在该货币的无风险利率中扣除违约利差。在第三种情景中，当前长期无风险利率相对历史水平而言偏高或偏低。我们姑且不去评价这种看法恰当与否，但我们的观点是，最好不要让这种利率观影响到我们对公司的价值评估。

附录6A

表6A-1　各国和地区的主权信用评级（穆迪评级），FC=外币信用评级，LC=本币信用评级

国家/地区	FC	LC	国家/地区	FC	LC
阿布扎比	Aa2	Aa2	捷克共和国	A1	A1
阿尔巴尼亚	B1	B1	刚果民主共和国	B3	B3
安道尔	不适用	不适用	丹麦	Aaa	Aaa
安哥拉	B1	B1	多米尼加共和国	B1	B1
阿根廷	B3	B3	厄瓜多尔	B3	B3
亚美尼亚	B1	B1	埃及	B3	B3
澳大利亚	Aaa	Aaa	萨尔瓦多	B3	B3
奥地利	Aa1	Aa1	爱沙尼亚	A1	A1
阿塞拜疆	Ba1	Ba1	埃塞俄比亚	B1	B1
巴哈马	Baa3	Baa3	斐济	B1	B1
巴林	Ba2	Ba2	芬兰	Aa1	Aa1
孟加拉国	Ba3	Ba3	法国	Aa2	Aa2
巴巴多斯	Caa1	Caa1	加蓬	B1	B1
白俄罗斯	Caa1	Caa1	格鲁吉亚	Ba3	Ba3
比利时	Aa3	Aa3	德国	Aaa	Aaa
伯利兹	Caa2	Caa2	加纳	B3	B3
百慕大	A2	A2	希腊	Caa3	Caa3
玻利维亚	Ba3	Ba3	危地马拉	Ba1	Ba1
波斯尼亚和黑塞哥维那	B3	B3	英属格恩西（海峡群岛）	不适用	不适用
博茨瓦纳	A2	A2	洪都拉斯	B2	B2
巴西	Ba2	Ba2	中国香港	Aa1	Aa1
保加利亚	Baa2	Baa2	匈牙利	Baa3	Baa3
柬埔寨	B2	B2	冰岛	A3	A3
喀麦隆	B2	B2	印度	Baa3	Baa3
加拿大	Aaa	Aaa	印度尼西亚	Baa3	Baa3
开曼群岛	Aa3	Aa3	爱尔兰	A3	A3
智利	Aa3	Aa3	马恩岛	Aa1	Aa1
中国内地	Aa3	Aa3	以色列	A1	A1
哥伦比亚	Baa2	Baa2	意大利	Baa2	Baa2
哥斯达黎加	Ba1	Ba1	牙买加	B3	B3
科特迪瓦	Ba3	Ba3	日本	A1	A1
克罗地亚	Ba2	Ba2	英属泽西海峡群岛	不适用	不适用
古巴	Caa2	Caa2	约旦	B1	B1
塞浦路斯	B1	B1	哈萨克斯坦	Baa3	Baa3
肯尼亚	B1	B1	卡塔尔	Aa2	Aa2
韩国	Aa2	Aa2	刚果共和国	B3	B3

(续)

国家/地区	FC	LC	国家/地区	FC	LC
科威特	Aa2	Aa2	罗马尼亚	Baa3	Baa3
吉尔吉斯坦	B2	B2	俄罗斯	Ba1	Ba1
拉脱维亚	A3	A3	卢旺达	B2	B2
黎巴嫩	B2	B2	沙特阿拉伯	A1	A1
列支敦士登	Aaa	Aaa	塞内加尔	B1	B1
立陶宛	A3	A3	塞尔维亚	B1	B1
卢森堡	Aaa	Aaa	阿联酋沙迦	A3	A3
中国澳门	Aa3	Aa3	新加坡	Aaa	Aaa
马来西亚	A3	A3	荷属圣马丁	Baa2	Baa2
马耳他	A3	A3	斯洛伐克	A2	A2
毛里求斯	Baa1	Baa1	斯洛文尼亚	Baa3	Baa3
墨西哥	A3	A3	南非	Baa2	Baa2
摩尔多瓦	B3	B3	西班牙	Baa2	Baa2
蒙古	Caa1	Caa1	斯里兰卡	B1	B1
黑山	B1	B1	文森特和格林纳丁斯	B3	B3
摩洛哥	Ba1	Ba1	苏里南	B1	B1
莫桑比克	Caa3	Caa3	瑞典	Aaa	Aaa
纳米比亚	Baa3	Baa3	瑞士	Aaa	Aaa
荷兰	Aaa	Aaa	中国台湾	Aa3	Aa3
新西兰	Aaa	Aaa	泰国	Baa1	Baa1
尼加拉瓜	B2	B2	特立尼达和多巴哥	Baa3	Baa3
尼日利亚	B1	B1	突尼斯	Ba3	Ba3
挪威	Aaa	Aaa	土耳其	Ba1	Ba1
阿曼	Baa1	Baa1	乌干达	B2	B2
巴基斯坦	B3	B3	乌克兰	Caa3	Caa3
巴拿马	Baa2	Baa2	阿拉伯联合酋长国	Aa2	Aa2
巴布亚新几内亚	B2	B2	英国	Aa1	Aa1
巴拉圭	Ba1	Ba1	美国	Aaa	Aaa
秘鲁	A3	A3	乌拉圭	Baa2	Baa2
菲律宾	Baa2	Baa2	委内瑞拉	Caa3	Caa3
波兰	A2	A2	越南	B1	B1
葡萄牙	Ba1	Ba1	赞比亚	B3	B3

The Dark Side of Valuation 　第 7 章

风险投资
风险价格的评估

作为估值对象的大多数投资和资产，都具有一定程度甚至是非常大的风险。尽管企业估值的部分挑战在于如何评估这家企业的风险，但同样重要的是如何评估市场为承担风险所要求的价格。前者针对个别资产，而后者则是适用于所有资产的一般性估值准则。

本章将探讨影响所有估值的两个输入变量。第一个变量是股权风险溢价，它是投资者针对平均风险水平的股权投资所要求的最低溢价。第二个变量是违约利差，它是贷款人针对企业贷款收取的、超过无风险利率的溢价。首先，我们将考察风险溢价之于估值之所以如此重要的原因，随后，我们再来考虑决定风险溢价的诸多因素以及导致风险溢价在不同时间和不同国家存在差异的根源。在此基础上，我们将介绍评估这些数字的常用方法以及这些实践可能带来的问题。最后，我们还需要了解造成风险价格评估异常困难的诸多情景、难点来自何处以及一些克服这些难点的方案。

风险溢价何以如此重要

风险价格是评估企业融资成本的关键。为此，我们可以使用第 1 章介绍的资产负债表阐述这个概念，具体如图 7-1 所示。

需要注意的是，无论是股权成本还是债务成本，不仅都依赖于被分析企业的风险特征，包括信用状况及相对风险水平，也是我们赋予违约风险（违约利差）和股权风险（股权风险溢价）的市场价格。后者适用于所有投资，而前者则针对具体投资。

我们首先考虑股权成本。我们在第 2 章中指出，用来估计股权成本的所有风险－收益模型都有一个共同的侧重点：它们衡量无法通过多样化投资分散的非系统风险。

而各种模型的差异就在于如何衡量这种不可分散的风险。在资本资产定价模型（CAPM）中，市场风险体现为贝塔系数（beta）。将贝塔系数乘以股权风险溢价，即可得到风险资产的总体风险溢价。在诸如套利定价和多因素模型等互不相同的估值模型中，贝塔系数是按不同市场风险因子估计的，而且每个因子都有它自己的价格（风险溢价）。我们在表7-1中总结了四种常见的估值模型，以及股权风险溢价在每一种模型中扮演的角色。

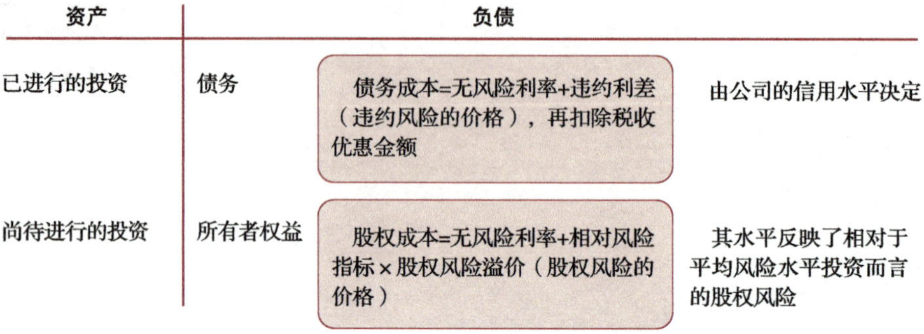

资产	负债		
已进行的投资	债务	债务成本=无风险利率+违约利差（违约风险的价格），再扣除税收优惠金额	由公司的信用水平决定
尚待进行的投资	所有者权益	股权成本=无风险利率+相对风险指标×股权风险溢价（股权风险的价格）	其水平反映了相对于平均风险水平投资而言的股权风险

图7-1 风险的价格——对融资成本的影响

表7-1 风险-收益模型中的股权风险溢价

模 型		股权风险溢价
CAPM	预期收益率 = 无风险利率 + 贝塔系数$_{资产}$（股权风险溢价）	投资于市场投资组合（包括所有高风险资产）、超过无风险利率的风险溢价，该组合包括所有风险资产
套利定价模型（APM）	预期收益率 = 无风险利率 + $\sum_{j=1}^{j=K} \beta_j$（风险溢价$_j$）	针对个别（未指定）市场风险因子的风险溢价
多因素模型	预期收益率 = 无风险利率 + $\sum_{j=1}^{j=K} \beta_j$（风险溢价$_j$）	针对个别（指定）市场风险因子的风险溢价
代理模型	预期收益 = $a + b \times$ 代理变量1 + $c \times$ 代理变量2（其中，代理变量为市值、市净率或收益动量等企业特征）	尽管无须计算出明确的风险溢价，但代理变量之间的相关系数可反映出投资者的风险偏好

除代理模型以外，其他模型均需要三个输入变量。第一个是无风险利率，我们已在第6章里讨论估计无风险利率的难点和问题。第二个变量是被分析投资项目的一个或若干个贝塔系数（有些CAPM模型仅涉及一个贝塔系数，但多因素模型和部分CAPM模型需要多个贝塔系数）。在随后的几章里，我们将探讨如何对个别公司的贝塔系数做出最合理估计的问题。第三个变量是针对全部风险资产组合（CAPM模型）的风险溢价和针对APM模型及多因素模型中市场风险因子的风险溢价。请注意，在所有这些模型中，股权风险溢价均为针对整个市场的数字，因为它们并不是针对个别公司或资产，而是会影响到所有风险投资的预期收益。采用更高的股权风险溢价会提高所

有风险投资的预期收益率，从而降低投资本身的价值。因此，股权风险溢价对价值的影响可能要超过所有公司特定变量（如现金流、增长率甚至是贝塔等特定企业的风险指标）。

债务成本取决于公司违约风险以及市场以违约利差形式（超过无风险利率部分的利率）表示的风险价格：

$$债务成本 = 无风险利率 + 违约利差 \quad 违约风险给定$$

在这里，第一个输入变量同样为企业特定变量，而第二个变量则覆盖整个市场。当违约利差增加时，所有公司的债务成本都会上涨，但增幅的大小则会因不同公司而异。

风险的价格包含股权风险溢价和违约价差两个部分。虽然两个变量并非始终同步变动，但我们完全有理由预见，它们受到相同因素的影响。在投资股票时，如果投资者越来越担心风险并要求更高的溢价，那么我们就会预期违约利差上升。在下一节中，我们可以看到决定这两个指标的因素。

决定风险溢价水平的因素是什么

假如股权风险溢价和违约利差是恒定的，估计它们自然就容易得多。但遗憾的是，两者都会随着时间的推移而改变。本节将重点解析决定股权风险溢价的诸多因素，在此基础上，然后将讨论范围扩大到违约利差。

股权风险溢价

在投资股权类资产（或风险资产）时，投资者会要求取得超过无风险收益率以上的超额收益，而股权风险溢价就是这个"额外"要求的收益。可以预想，在总体经济中，几乎所有要素都能影响到股权风险溢价。可以认为，股权风险溢价应是如下因素的函数：

- **风险厌恶倾向**：显而易见，第一个同时也最重要的影响因素，就是投资者对市场的风险厌恶倾向。随着投资者的风险厌恶倾向不断加剧，股权风险溢价自然会相应上升；反之，当投资者的风险厌恶情绪减轻时，股权风险溢价则会下降。虽然风险厌恶倾向在不同投资者之间各有不同，但决定股权风险溢价的，则是全体投资者的风险厌恶倾向。这种个体风险厌恶倾向的变化最终表现为股权风险溢价的变化。但是要把风险厌恶倾向与预期股权风险溢价联系起来就不像看上去那么容易了。要确定这种相关性的方向非常简单——风险厌恶倾向越高，就对应着越高的股权风险溢价。但要深究一步，就需要对投资者的效用函数给出更精确的判断，明确投资者效用与财富（以及财富的变化）之间是如何关联的。正如我们将在本章后面所看到的那样，人们通常会认为，大多数古典效用模型均无法对现实中的股权风险溢价做出合理解释。

- **经济风险**：作为一个资产类别，股权的风险源自于对总体经济健康性及其可预测性的普遍担忧。更直观地说，与通货膨胀率、利率和经济增长率可预测的经济体相比，上述变量波动性较大的经济体应具有较低的股权风险溢价。一系列相关研究对股权风险溢价与通货膨胀率之间的关系进行了检验，结果各不相同。针对通货膨胀率水平与股权风险溢价之间关系的研究显示，两者几乎不存在相关性。相比之下，迈克尔·布拉德特（Michael Brandt）和王乐平通过2003年的研究却发现，在诸多真实经济增长率和消费决定风险厌恶倾向和风险溢价水平的新闻中，关于通货膨胀的消息占据主导地位。[一]他们提出的证据显示，如果通货膨胀率高于预期，股权风险溢价就会增加，而在低于预期时，股权风险溢价则会下降。综合各方面的研究成果，我们似乎有理由得出这样的结论：决定股权风险溢价的不是通货膨胀率的绝对水平，而是通货膨胀率水平的不确定性。

- **信息**：在投资股票时，基础经济的风险表现为该经济体中个别企业披露的收益及现金流的波动性。有关这种波动性的信息通过多种渠道传递给市场。显然，在过去的20年中，投资者获得的信息在数量和质量方面都发生了巨大变化。在20世纪90年代末的市场繁荣期，某些人认为，我们在此期间看到的低股权风险溢价反映了这样一个事实：投资者对其投资掌握了更多的信息，从而导致2000年市场信心大增和风险溢价的下降。但随着一系列财务丑闻在市场崩盘后浮出水面，股权风险溢价开始提高，于是，另一些人将这归咎于信息质量的恶化和信息超载。实际上，他们无非是在主张，随着越来越多可靠性参差不齐的信息出现在眼前，反倒让投资者对未来失去信心。在新兴市场，信息差异或许是造成投资者对某些国家要求的风险溢价高于其他国家的原因之一。毕竟，就信息透明度和信息披露要求方面而言，各个市场的差异的确很大。比如说，对于像俄罗斯这样的市场，企业能提供的经营和公司治理信息寥寥无几（而且仅有的信息往往也是有缺陷的），因此，这些市场的风险溢价确实有理由超过美国之类的成熟市场，毫无疑问，美国公司提供的信息不仅更可靠，而且也更容易被投资者所获取。

- **市场流动性**：除基础实体经济风险和企业信息不精确之外，股票投资者还要考虑非流动性造成的额外风险。在清盘股票仓位时，如果投资者必须接受大幅折扣的股票价格或是要支付高额交易成本，那么他们今天当然只愿意支付较低的

[一] Brandt, M. W. and K. Q. Wang (2003). "Time-varying risk aversion and unexpected inflation," *Journal of Monetary Economics*, v50, pp. 1457-1498.

股票价格（也就是说，要求获得较大的风险溢价）。公开交易股票市场具有足够广度和深度的概念往往会让人们认为：流动性不足给股权风险溢价带来的总体净效应该很小。但两个方面的原因促使我们对这种观点持怀疑态度。首先，并非所有股票都是广泛交易的，而且非流动性在各股票之间差异很大；交易高度分散的大盘股股票的成本非常低，而交易场外股票的成本却高得多。其次，非流动性的总体成本可能会随时间而变化，而且微小的变化即有可能对股权风险溢价造成重大影响。尤其是在经济增长放缓和危机时期，非流动性成本似乎会有所增加，从而放大上述两种现象对股权风险溢价的影响。

- **灾难性风险**：在投资股票时，灾难性风险的可能性始终是存在的。尽管这种事件不经常出现，而一旦出现就有可能造成财富剧烈贬值。在股票市场上，美国在1929~1930年遭遇的"大萧条"以及20世纪80年代后期日本股市的崩溃就是这样的例子。在发生这些事件的时候，大量投资者面对股市暴跌的风险，他们的投资价值大幅折损，以至于他们根本就不可能在有生之年寻回损失。⊖尽管发生灾难性事件的概率可能很低，却不可能彻底规避，而且股权风险溢价必须反映这种风险。

违约利差

股权风险溢价衡量的是投资者对股权投资的要求，而违约利差则是投资高风险公司债券所要求的风险溢价。因此，在决定两者的诸多要素中，至少有一部分应该是重叠的。两者的差异在于，对债券而言，贷款人关心的是下行风险，或者说，这也是他们确实应该关心的事情，尤其是针对能否按时收到约定的支付（包括利息和本金）。

此外，决定股权风险溢价的两个关键因素也对违约利差具有重大影响。第一个因素就是风险厌恶倾向。可以预见，当贷款人（债券的购买者和银行）的风险厌恶倾向增强（或减弱）时，违约利差会相应提高（或降低）。由于投资者往往会同时投资于股票及债券市场，因此风险厌恶倾向的变化通常会同时对股权风险溢价和违约利差产生同向影响。第二个决定因素是经济风险。当经济的波动性加剧时，企业的收益也会反映这种波动。面对这种波动性的增强，股票投资者的反应就是要求获得更高的股权风险溢价，债券投资者也不能超然物外，因为收益波动性的增加必然会加大企业在未来无法偿付利息的可能性。正如我们将在下节看到的那样，在经济增长放缓和震荡加剧时，违约利差通常会放大，而在经济趋于健康稳定时，违约利差则会相应缩小。

⊖ 对那些恰好赶在1929年股市崩盘前投资美国股票的投资者来说，他们直到20世纪40年代才看到指数水平最终恢复到危机前水平。而在1987年日经指数达到40 000点时入市的投资者，他们直到2008年仍背负着50%的亏损（即使是在考虑到股息之后）。

估算风险溢价的标准方法

分析师在估值时会如何估计他们所采用的股权风险溢价和违约利差呢？尽管不同的分析师可能会给出不同的答案，但我们将重点讨论估计这两个指标的最常用方法。

股权风险溢价

估计股权风险溢价最常用的方法就是历史溢价法（historical premium approach）。按照这种方法，我们需要估计股票在较长时期内的实际收益率，并将其与无违约证券（通常为政府债券）的实际收益率进行比较。随后，我们计算按年均基础计算出两个实际收益率的差额，这个差额即代表历史风险溢价。本节将深入研究这种方法。尽管风险-收益模型的使用者或许已经达成一种共识，即历史溢价是未来风险溢价最理想的估计值，然而，它和我们在实践中观察到的实际溢价水平却存在着惊人的巨大反差。依据上述方法得到的历史溢价相去甚远，从最低的3%到最高的12%。考虑到我们采用的几乎是完全相同的历史数据，因此，如此之大的差异确实令人费解。不过，我们可以从如下三个方面解释风险溢价的这种分歧：估计所采用的时间段不同、无风险利率和市场指数上的差异以及收益率在长期内进行平均化的方式不同。

- **时间段**：即使我们认同历史的风险溢价是对未来股权风险溢价最理想的估计，但我们仍有可能在估计溢价时采用不同跨度的时间段。作为目前使用最广泛的风险溢价数据服务机构，伊博森联合咨询公司（Ibbotson Associates）用于计算股票收益率和无风险利率的数据可追溯到1926年。[⊖]其他应用不太普及的数据库也可追溯到1871年甚至1802年。[⊖]尽管很多分析师使用了回溯至初始日的全部数据，但以更短时间段（如50年、20年甚至只有10年）的数据计算历史风险溢价的分析师同样不在少数。
- **无风险利率和大盘指数**：我们可以将股票的预期收益率与短期政府债券（国库券）或长期政府债券（国债）进行比较。股票风险溢价的估计对象可以是两者中任意其一。考虑过去80年中的大部分时间里，美国的收益率曲线始终处于上升趋势，因此，相对短期政府债券（如国库券）估算的风险溢价自然要大于相对国库券得到的美国国债。此外，历史风险溢价还会受到股票收益率估计方式的影响。使用具有悠久历史的指数，譬如道琼斯30指数，似乎是一种显而易见的解决方案，但道琼斯指数的收益率或许不能很好地反映股市的整体收益。因

⊖ Ibbotson Associates, *Stocks, Bonds, Bills and Inflation*, 2007Edition.
⊖ 西格尔在《股市长线法宝》一书中指出，1802~1870年的股权风险溢价为2.2%，1871~1925年为2.9%（Siegel, Jeremy J., *Stocks for the Long Run*, Second Edition, McGraw Hill, 1998, 该书中文版已由机械工业出版社出版）。

此，很多数据机构在估计股票的年收益率时，转而依赖标准普尔 500 指数等覆盖范围更大的指数。
- **平均法**：在估计历史股权溢价时，最关键的一点就是如何计算股票、长期国库券和短期国库券的平均收益率。算术平均收益率是对一系列年收益率进行的简单平均，而几何平均值衡量的则是复合收益率。[⊖]

至于到底需要向前追溯多长时间、使用何种无风险利率以及如何计算平均（算术或几何）收益率这些问题，看起来似乎微不足道，但一旦认识到你的这些选择对股权风险溢价的影响，你就不会这么认为了。在这里，我们不再依赖数据服务供应商提供的汇总数值，而是使用 1928 ~ 2016 年的股票、短期国库券和长期国库券的原始收益率数据进行估值。[⊜]如果我们在时间段、无风险利率和平均法等方面采取不同的方案，股权溢价会出现怎样的变化呢？为了回答这个问题，我们以表 7-2 估计了股票在不同时间段上超过长期国库券和短期国库券的算术风险溢价和几何风险溢价。

表 7-2　历史股权风险溢价（ERP）的估计期间、无风险利率及平均法　（%）

	ERP：股票 - 短期国库券		ERP：股票 - 长期国库券	
	算术平均	几何平均	算术平均	几何平均
1928 ~ 2016 年	7.96	6.24	6.11	4.62
1967 ~ 2016 年	6.57	4.37	5.26	3.42
2007 ~ 2016 年	7.91	3.62	6.15	2.30

需要提醒的是，即使仅考虑三个历史时间段，股权风险溢价的范围也达到了 2.39% ~ 7.96%，而具体数值则取决于具体选择。因此，分析师采用的股权风险溢价反映了这种不确定性，而不同分析师采用的数字相去甚远，这当然不足为奇。

违约利差

股权风险溢价是一个嵌入到股票价格中的隐含数字，因此，和这个难以解析的股权风险溢价不同的是，我们在公司借款时即可得到违约差价的数值。在现实中，违约利差至少在举债时是应该可以得到的。在实务中，我们可使用两种基本方法估计违约利差。第一种方法在公司拥有可交易的未偿还债券时更为普遍。而在公司仅拥有不可交易债务（通常为银行贷款）时，第二种方法较为常见。

- **评级/债券利差法**：对于拥有未清偿债务的公司，标准普尔、穆迪和惠誉等评级

⊖ 复合收益率是根据投资的期初价值（价值$_0$）和期末价值（价值$_N$）按如下公式计算得到的：几何平均值 = 价值$_N$/价值$_0^{\frac{1}{N}}$ - 1。

⊜ 美国国债利率的原始数据来源于圣路易斯美国联邦储备委员会提供的美联储数据档案。以 6 个月期国库券利率作为短期国库券的收益率，以 10 年期国库券利率用于计算一个固定期限的 10 年期美国国债收益率，股票收益采用标普 500 指数的收益率。

机构通常根据其违约风险对它们进行信用评级。评级结果以字母形式反映了评级机构对每家公司出现违约风险可能性的评价。例如，穆迪为债券提供的信用评级范围是从安全级别最高企业的 Aaa 级，到已出现违约公司的 D 级。根据信用评级可以轻松得到违约利差。由于在每个信用评级上均有大量公开交易的债券，因此我们可以观察这些债券进行交易时所采用的市场利率，在此基础上，倒推出每个评级对应的违约利差。表 7-3 汇总了各信用等级截至 2017 年 9 月对应的违约利差。

表 7-3 债券的信用评级及相应的违约利差

信用评级	对应的典型违约利差（%）	信用评级	对应的典型违约利差（%）
AAA	0.60	B +	3.75
AA	0.80	B	4.50
A +	1.00	B -	5.50
A	1.10	CCC	6.50
A -	1.25	CC	8.00
BBB	1.60	C	10.50
BB +	2.50	D	14.00
BB	3.00		

根据表 7-3，我们可以认为，2017 年 9 月，对拥有 BBB 信用评级的公司应适用于 1.60% 的违约利差。将这个利差与无风险利率相加，即可得到适用于公司债务的税前成本。

- **账面利率法**：即使在像美国这种公司债券发行很普遍的市场，大多数公司的债务仍主要依赖于银行贷款。由于大多数企业没有获得信用评级，因而也就无法通过信用评级获得违约利差。对于这些公司，分析师会根据其账面债务以及企业实际承受的利息费用估算出"账面利率"：

$$\text{账面利率} = \frac{\text{每年的利息费用}}{\text{债务的账面价值}}$$

因此，如果一家公司披露的账面债务为 2 亿美元，利息费用为 1000 万美元，那么，这家公司的账面利率就应该是 5% $\left(=\frac{1000}{20\,000}\right)$。

情景设定

我们采用的股权风险溢价和违约利差数值显然会对估值产生影响。本节将探讨估计这些数字可能遇到困难的三种情景。第一种情景出现在历史数据相对较少的市场，这也是很多新兴市场的情况——大多数公司只有银行贷款，而没有债券评级。在第二种情景对应的市场中，尽管存在历史数据，但这些数据并不能对未来风险溢价给出明确的信号。在第三种情景中，风险溢价会因基本面的变化而变化，从而导致未来可使用的风险溢价高度不确定。

无历史数据和债券评级

如果不要求我们在缺乏或没有历史数据的市场上估计未来的股权风险溢价和违约利差,我们就不可能认识到历史数据的重要性。因此,我们将在本节中着重探讨这种情况、针对缺乏数据的不当措施以及可采取的解决方案。

背景设定

针对美国市场,获取较长时期的历史数据显然不是什么困难的事情,但是在其他很多市场中,这项任务则要困难得多,甚至是不可能完成的任务。新兴市场显然就属于这种情况,它们的股票市场大多存续时间有限(比如东欧和中国),或是在过去几年经历了重大变化(如拉美国家和印度)。即便是很多西欧国家的股票市场也如此。德国、瑞士和法国等经济体显然可以归类于成熟经济体,但直到最近,它们的股票市场才呈现出某些共性。这些市场大多由少数几家大公司主宰,而众多企业依然保持非上市状态,除少数股票外,大多数股票的交易量很小。造成股权风险溢价和违约利差难以估计的是,在这样的市场中,大多数公司往往不发行债券,或是没有可用于估计债务成本的信用评级。

估值难点

在历史股权风险溢价难以计算、数值不可靠或是存在噪声的市场中,分析师采取的估计方法往往会带来稀奇古怪的数字,反过来又导致估值偏高或偏低。

- **不加思考地一味使用历史风险溢价**:尽管存在这些问题,但数据服务机构依旧试图以非美国市场的现有数据去估计历史风险溢价。为理解这种做法的潜在问题,我们在表7-4中总结了主要非美国市场在1976~2001年的历史股权风险溢价的算术平均值以及各估计值的标准误差。⊖

表7-4 1976~2001年非美国市场的股权风险溢价　　　　　　　　(%)

国家	周平均值	每周标准差	股权风险溢价	标准误差
加拿大	0.14	5.73	1.69	3.89
法国	0.40	6.59	4.91	4.48
德国	0.28	6.01	3.41	4.08
意大利	0.32	7.64	3.91	5.19
日本	0.32	6.69	3.91	4.54
英国	0.36	5.78	4.41	3.93
印度	0.34	8.11	4.16	5.51

⊖ Salomons, R. and H. Grootveld, 2003, "The equity risk premium: Emerging vs. developed markets," *Emerging Markets Review*, v4, 121-144.

（续）

国家	周平均值	每周标准差	股权风险溢价	标准误差
韩国	0.51	11.24	6.29	7.64
智利	1.19	10.23	15.25	6.95
墨西哥	0.99	12.19	12.55	8.28
巴西	0.73	15.73	9.12	10.69

在试图寻找各国股权风险溢价各有不同的原因之前，我们必须强调估计值标准误差大小的重要性，毕竟，我们使用的估计期间只有 25 年。基于这些标准误差，我们自然无法否定这样一个假设：所有国家的股权风险溢价都大于零，而且基于这个假设，我们有必要衡量这个溢价的大小。如果估计值标准误差太大以至于丧失实用价值，那么我们就有必要考虑一下，在某些新兴国家的股票市场上，历史风险溢价到底存在多大的噪声。在这些市场，拥有可靠数据的历史通常不足 10 年，而且年度股票收益率的标准差非常大。新兴市场的历史风险溢价或许可以提供有趣的轶事，但显然无法运用于风险 – 收益模型。

- **存在根本性缺陷的溢价**：当分析师以有限的历史数据推导股权风险溢价依靠账面利率得到债务成本时，最终得到的数字可能不切实际，甚至完全背离事实。比如说，在股市大幅下挫的情况下，如果仅使用 5 年或 10 年期的数据，由此得到的超过无风险利率的风险溢价可能是负数。尽管实际的股权风险溢价确有可能为负数，但预期的股权风险溢价显然不会是负数。如果投资者进行无风险投资可以获得 4% 的收益率，那么除非他们相信股票投资能带来更高的收益率，否则他们就不会投资股票。同样，当分析师以账面利率作为债务成本时，由于公司未取得信用评级，也没有发行可交易的债券，因此，如果公司的账面上已存在低成本的短期负债，那么分析师得到的数值就有可能低于无风险利率。但是在现实中，任何企业都不可能以低于无风险利率的利率取得借款，而且强行使用依赖这个假设得到的债务成本，只会带来有缺陷的估值。
- **转换为成熟市场的货币及输入变量**：在缺乏历史数据和债券评级的情况下，一些新兴市场的分析师会转向在成熟市场估值时采用的货币（如美元）。随后，他们再使用该市场的股权风险溢价进行估值。按这种模式，他们以美元对印度尼西亚的企业进行估值，并使用美国的历史风险溢价 4.62% 来计算股权成本。但这种做法存在的问题是：国家风险不会因为货币的转换而消失。此外，不管你在分析中使用的是印度尼西亚卢比还是美元，印度尼西亚的风险溢价（以美元计）都应高于美国的风险溢价。

估值方案

如果缺乏或没有计算股权风险溢价所需要的历史数据，也找不到用来计算债务成本的违约利差，那么我们就可以通过某些方案取得合理的近似值。对于股权风险溢价，我们可以从成熟市场的股权风险溢价入手，通过追加国家风险溢价得到最终的总风险溢价。对债务成本和违约利差，我们可以独立估计公司的债券信用等级（综合评级），在适当提高成熟市场违约利差的基础上得到最终的借款成本。

股权风险溢价——成熟市场的延伸　在新兴市场，我们几乎永远也得不到美国市场那样的历史数据。因此，在这些市场上，考虑到股票收益率的高波动性，我们完全可以得到这样的结论：尽管可以计算出这些市场的历史风险溢价，但由于估算的标准误差太大，以至于由此得到的结果毫无实用价值。因此，更可取的做法是在成熟市场历史风险溢价的基础上，去估计新兴市场的股权风险溢价：

$$\text{股权风险溢价}_{\text{新兴市场}} = \text{股权风险溢价}_{\text{成熟市场}} + \text{成熟市场的国家风险溢价}$$

在估算成熟股票市场基本溢价的时候，我们主张将美国的股票市场视为成熟市场的典范，毕竟，美国有足够的历史数据对风险溢价做出合理的估计。在下面的例子中，我们对新兴市场在 2017 年 9 月的股权风险溢价进行了估计。利用美国股票市场的历史数据，我们得到的估计结果是：1928～2016 年，美国国债超过股票的几何平均溢价为 4.62%。要估计国家风险溢价，我们可采用如下三种方法之一：

- **国债的违约利差**：最简单同时也是最容易取得的一个国家风险指标，就是信用评级机构对一个国家国债给出的信用评级（标准普尔、穆迪和 IBCA 均提供主权信用评级）。尽管这些评级衡量的是违约风险，而非股权风险，但它们受制于诸多影响股权风险的因素，如国家货币的稳定性、预算和贸易平衡以及政治稳定性等。⊖主权评级的另一个好处是，可以用它们来估计超过无风险利率的违约利差。例如，2017 年 9 月，穆迪对巴西给出的主权信用等级 Ba2，与此对应的违约利差为 3.47%。在使用违约利差来衡量国家风险时，分析师通常会将它们与该国所有企业的股权成本和债务成本相加，得到估值所采用的股权成本和债务成本。如果我们假设美国和其他成熟股票市场的总股权风险溢价为 4.62%，那么考虑与巴西主权信用等级对应的违约利差为 3.47%，则巴西企业的总风险溢价应该为 8.09%。⊖巴西也发行以美元计价的债券，因而可据此评估巴西企业的违约利差。例如，2017 年 9 月，以美元计价的 10 年期巴西债券收益率为 5.86%，较美国 10 年期国债的当日收益率 2.19% 高出 3.67%。将这一价差与成熟市场（美国历史价格）4.62% 的溢价水平相加，我们即可得到巴西风险溢价为 8.29%。
- **相对标准差**：一些分析师认为，市场的股权风险溢价应反映股权风险在各市场

⊖ 标准普尔的官方网站解释了对主权国家进行信用评级的过程，见 http：//www.ratings.standardpoor.com。
⊖ 如果一个国家拥有主权信用评级，且没有以美元计价的债券，那么我们可以使用与主权信用评级对应的一般性利差作为该国债券的违约利差。这些数字可参见笔者的个人网站：http：//www.damodaran.com。

之间的差异，并最终归结为这些市场的股价波动性程度。传统的股权风险衡量标准就是股票价格的标准差；标准差越高，与之相应的风险通常也越大。如果我们对不同市场的标准差进行比较，就可以得到一个相对风险指标：

$$\text{相对标准差}_{\text{国家}X} = \frac{\text{标准差}_{\text{国家}X}}{\text{标准差}_{\text{美国}}}$$

将这个相对标准差乘以适用于美国股票的股权溢价，即可计算出任何一个市场的总风险溢价：

$$\text{股权风险溢价}_{\text{国家}X} = \frac{\text{股权风险溢价}_{\text{美国}}}{\text{相对标准差}_{\text{国家}X}}$$

现在，我们不妨假设以美国 4.62% 的股权风险溢价代表成熟市场的股权风险溢价。按周收益率计算，标准普尔 500 指数在 2015 年 9 月~2017 年 9 月的年均标准差为 11.77%。相比之下，Bovespa（巴西股票指数）的同期标准差为 20.13%。[1]根据这些数值，我们可以对巴西的总风险溢价计算如下：

$$\text{股权风险溢价}_{\text{巴西}} = 4.62\% \times \frac{20.13\%}{11.77\%} = 7.90\%$$

因此，国家风险溢价可以按如下方式求得：

$$\text{国家风险溢价}_{\text{巴西}} = 7.90\% - 4.62\% = 3.28\%$$

虽然这种方法在直观上颇有吸引力，但如果计算标准差的市场具有完全不同的市场结构和流动性，这种比较就会带来问题。在高风险的新兴市场，由于市场严重缺乏流动性，其股票市场的标准差会相对较低。因此，这种相对法会低估这些市场的股权风险溢价。

违约利差与相对标准误差汇总法：尽管与主权信用评级对应的国家违约利差是一个重要的起点，但它们毕竟只是反映违约风险的溢价。从直觉出发，我们可以预期，一国的股权风险溢价应大于该国的违约风险溢价。为确定两者之间的差额，我们可以将估计违约利差采用的债券市场的波动性与该国股票市场的波动性进行比较。由此，我们即可得到国家股权风险溢价的估计值：

$$\text{国家风险溢价} = \text{国家违约利差} \times \frac{\sigma_{\text{股票}}}{\sigma_{\text{国债}}}$$

为说明这个问题，不妨再以巴西为例。如前所述，2017 年 9 月，与巴西主权信用评级对应的违约利差为 3.47%，巴西股票指数的年标准差为 20.13%。使用 2 年期的每周收益率，以巴西本币计价的 10 年期国债年化标准差为 14.41%。[2]由此，我们可以得到巴西的国家股权风险溢价为：

---

[1] 如果历史波动性数字不值得信赖，可利用期权市场得到美国和 Bovespa 的隐含波动率，两者分别约为 20% 和 38%。

[2] 这两个标准差均采用股票指数收益率和 10 年期债券收益率计算得到。

$$\text{巴西的国家股权风险溢价} = 3.47\% \times \frac{20.13\%}{14.41\%} = 4.85\%$$

与股权标准差法不同的是，上述溢价是在成熟市场股权风险溢价基础上加成得到的。需要提醒的是，如果主权信用评级下降或股票市场的相对波动性加强，那么该国的风险溢价就会相应增加。这同样是对成熟市场股权风险溢价加成后的结果。因此，按照这种方法，如果美国的股权风险溢价为4.62%，那么巴西的总股权风险溢价将为9.47%。

尽管这种方法及前一种方法均以股票市场的标准差来判断国家风险溢价，但它们的计量标准是不同的。违约利差与相对标准差汇总法的基础是国债，而相对标准差方法则使用美国市场的标准差。这种方法假定，投资者更有可能在巴西政府债券和巴西股票之间进行选择，而前一种方法则假设在各股票市场之间进行选择。本章附录7A归集了各国在2017年1月的国家风险溢价和股权风险溢价。

债务成本 诚然，大多数拥有债券和债券评级的公司都在发达国家，而且这些公司又大多集中在美国。表7-3根据美国可交易公司债券的利率，将违约利差与债券的信用评级关联起来。在新兴市场甚至很多发达市场（西欧和日本），获得债务成本估算过程的这两个输入变量都变得越来越困难。大多数企业没有信用评级（其债务多为不可交易的银行贷款），而且找不到足够的公司为这些国家制定类似于表7-3的信用评级表。为了避免像大多数分析师那样依赖于账面利率，或者对债务成本采取不切实际的估计，我们提出了一个两步骤的方案。

步骤一：估算综合评级。公司的债券评级主要依赖于现金流创造能力、现金流稳定性以及债务履约情况等公开获得的信息。因此，我们完全有理由使用信评机构在估算过程中采用的财务比率估算公司的信用评级。在第2章里，我们曾介绍了这个流程的一个衍生，即根据公司的利率覆盖率估算其信用评级。

步骤二：调整美国违约利差使之适用于其他市场。在步骤一中，我们将根据美国公司债券估计的违约利差引申到其他市场，为此，我们拟定了两个假设。第一个假设是，考虑到跨国公司可以利用违约利差的差异进行套利，因此，为承担违约风险而要求的价格应对所有市场采取标准化形式。在这种情况下，如果欧洲银行收取的违约利差始终低于美国公司债券的违约利差，那么美国公司就会选择向欧洲银行借款，而不是在美国发行债券。同样，如果美国公司债券的违约利差始终低于欧洲银行的违约利差，那么欧洲企业就会选择到美国发行债券，进行债务融资。第二个假设是，按美元债券计算的违约利差可以调整为其他货币。因此，如果美国BBB级债券的违约利差为2.00%，那么我们可以将违约利差与欧元的无风险利率相加，得到BBB级欧洲公司债券的税前成本。尽管这种做法或许适用于欧元（毕竟，欧元的无风险利率非常接近于美元的无风险利率），但对于无风险利率完全不同的货币，这种方法可能会带来误导性。譬如，对一家拥有 BBB 信用评级的印度尼西亚公司来说，就不太可能按这种方法得到的成本借到钱，也就是说，将 2.00% 的违约利差与印度尼西亚的无风险利率 12% 相加，得到 14% 的税前债务成本。可以预见，随着利率的上升，违约利差也会相应增加。要解决这个问题，最简单的办法是先用美元估算印度尼西亚企业的债务成本，将美元违约利差与本国国债利率相加。然后，我们再考虑两种货币之间的通货膨胀率差异，据此将美元的债务成本转换成印度尼西亚卢比的债务成本：

$$卢比的债务成本_{卢比} = (1 + 债务成本) \times \frac{1 + 预期通货膨胀率_{卢比}}{1 + 预期通货膨胀率_{美元}} - 1$$

按上述公式，如果一家印度尼西亚公司的美元债务成本为 6%，且美元的预期通货膨胀率为 2%，印度尼西亚卢比的预期通货膨胀率为 10%，那么，印度尼西亚卢比的债务成本可表述为如下公式：

$$卢比的债务成本 = 1.06 \times \frac{1.10}{1.02} - 1 = 0.1431 \text{ 或 } 14.31\%$$

历史数据的不完整性

即使是对于美国这样的市场——拥有几十年之久的股票及债券收益率历史数据，采用历史股权溢价依旧会带来巨大的误差。本节将探讨以历史推导股权风险溢价带来的一些问题、坊间对这种不确定性采取的不当反应以及如何更准确地估计未来风险溢价。

背景设定

在传统的股权风险溢价估算方法中，我们需要计算在较长时期投资股票可以取得的平均收益率。然后，我们将这个数值与投资美国国债可实现的平均收益率进行比较。但在这个过程中，我们会遇到两个问题。首先是历史风险溢价，因为即使在很长的时间段内，历史数据也会出现严重噪声。其次，一个拥有较长时期历史收益率的市场很可能只是一个成功的幸存者，因此，利用这个市场的数据估算股权风险溢价，难免会出现偏差。

噪声估计
在上一节中，我们着重指出，在新兴市场，在较短时期内估计得到的风险溢价存在标准误差，而且我们将这些标准误差作为历史溢价不值得信赖的理由。如果使用更多的历史数据，风险溢价估计值的标准误差理应会有所减小，但即便采用 80 年甚至是 100 年的数据，标准误差仍然会居高不下。事实上，考虑到 1926~2016 年股价[⊖]的年均标准误差为 20%，因此，我们可以针对不同估算期来估计与风险溢价估

⊖ 有关股票收益率、长期债券收益率和短期债券收益率的历史数据，可查阅 www.stern.nyu.edu~adamodar 的"最新数据"。

计值对应的标准误差[⊖]，结果如表7-5所示。

表7-5 历史风险溢价的标准误差

估值区间	风险溢价估计值的标准误差	估值区间	风险溢价估计值的标准误差
5 年	$\frac{20\%}{\sqrt{5}} = 8.94\%$	50 年	$\frac{20\%}{\sqrt{50}} = 2.83\%$
10 年	$\frac{20\%}{\sqrt{10}} = 6.32\%$	80 年	$\frac{20\%}{\sqrt{80}} = 2.23\%$
25 年	$\frac{20\%}{\sqrt{25}} = 4.00\%$		

即便使用整个时间段（约90年），也会出现高达2.2%的明显标准误差。需要提醒的是，无论是按10年还是25年估算的标准误差，都有可能与实际风险溢价一样大，乃至更大。但我们认为，缩短估计区间所付出的代价似乎远远超过获得最新溢价所带来的好处。

那么，延长回溯时间（到1871年甚至更早之前）付出的代价是什么呢？首先，随着时间向前追溯，交易较为清淡，而且交易的保存还不完善，因此，来自较早时间段的数据可靠性更低。其次，而且更重要的是，市场本身会随着时间的推移而变化，导致风险溢价可能不适合现在。就波动性和风险而言，1871年的美国股票市场更像是今天的新兴市场。因此，使用较早数据得到的风险溢价可能与目前市场的相关性不大。

幸存者偏差 鉴于历史风险溢价法已得到广泛使用，因此，这种方法的诸多缺陷并未引起更多关注，这的确令人不可思议。首先看看它的基础假设：投资者的风险溢价不会随时间而变化，且（市场投资组合的）平均风险投资在估算时间段内保持稳定。在现实中，我们很难找到愿意始终坚守这一论点的人。而解决这个问题最显而易见的方法——以最近的时间段进行估计，又会直接引发第二个问题，即历史风险溢价估计值所固有的巨大噪声。如果这些标准误差出现在非常长的时期内，它们或许还是可以忍受的，但仅在较短时间就出现如此大的标准误差，显然是无法接受的。

即使可以得到时间足够长的历史数据，而且投资者的风险厌恶情绪在这段时间内不会出现系统性变化，但问题依旧存在。对于像美国这种股票市场历史悠久的市场，它们代表的是"幸存者市场"。换句话说，假设你在1926年投资于全球最大的股票市场，比如说美国，[⊖]那么，1926~2000年，对很多其他股票市场的投资注定会获得低于美国股市的风险溢价，部分投资或将导致投资者在此期间收益甚微，甚至遭遇亏损。因此，即便假设投资者具有理性并在价格中考虑风险因素，幸存者偏差依旧会导致历

⊖ 这些标准误差的估计值有可能被低估了，因为它们的出发点是年收益率与时间不相关这一假设。但大量实证证据表明，收益率会随时间的推移而变化，这会显著增加这些标准误差的估计值。

⊖ Jorion, Philippe and William N. Goetzmann, 1999, "Global Stock Markets in the Twentieth Century," *Journal of Finance*, 54 (3), 953-980. 他们研究了39个不同的股票市场，并得出如下结论：美国股市是1921年到20世纪末表现最佳的市场。除美国之外，他们还给出了所有被研究股票市场的几何平均股权溢价——3.84%。

史溢价大于美国这种成熟市场的预期溢价。

估值难点

如果在较长时期内估计的股权风险溢价存在明显的标准误差（噪声），分析师该如何应对呢？有些人选择对噪声视而不见，并以知名数据服务机构提供的风险溢价估计值来搪塞外界的质疑。还有人将估计值中的噪声为己所用，最常见的方式是人为选择最适合个人偏差的溢价，然后以溢价处于合理区间为自己的选择做辩词。

- **从外部获取溢价数据**：一些数据服务机构为分析师提供风险溢价方面的数据。但最著名、历史最悠久的溢价数据机构还得算是伊博森联合咨询公司，这家总部位于芝加哥的服务公司采用20世纪70年代以来的美国股票及债券历史数据估算风险溢价。虽然伊博森联合咨询公司已不再提供此类估计值，但Duff-Phelps公司已接手数据更新的任务。由于这些股权风险溢价数据在业内广泛使用，而且可追溯到1926年的股票收益数据，因此，使用这些溢价的分析师很少会受到质疑。在此，我们无意评判伊博森联合咨询公司所提供的股权风险溢价数据质量如何，但是，将估值中最关键数据的决定权全部交由外部数据服务机构，丝毫不加判断，无疑是估值中不可饶恕的失职。
- **有偏见的溢价**：此前，我们就已经注意到，由历史数据推导出的股权风险溢价可能会出现明显的标准误差。从更务实的角度看，股票和债券收益率历史数据为我们提供的是股权风险溢价的区间值，而不是某个单一数字。有些分析师将股权风险溢价分布在较大数值区间这个事实发挥到了极致。如果想吹大企业价值，他们就可以在区间的底部（对应于较低的风险溢价）取值；如果想压低企业价值，他们就会把目光转移到区间的顶部（对应于较高的风险溢价）。但无论是哪种情况，他们的个人偏见都会左右估值采用的风险溢价。

估值方案

如果说即便是覆盖90年时间的股权风险溢价也难免嘈杂，并且股票市场的"幸存者偏差"会增加股权风险溢价，那么我们只能另辟蹊径，寻找缩小估计值误差范围的方法。在本节中，我们将着重探讨两种方法。首先是全球溢价法，我们将考察全球不同市场的股权风险溢价，并尝试以这些数据估计目标市场的股权风险溢价。其次是隐含溢价法，我们将彻底放弃历史风险溢价，并通过当前股票价格倒推出股权风险溢价。

全球溢价法

我们怎么才能减轻幸存者偏差呢？一种解决方案就是在较长时间段内同时观察多个股票市场的历史风险溢价。Dimson、Marsh和Staunton（2002，2006）在这个方面的探索无疑最具有代表性，他们估计了21个股票市场在1900~2016年的收益率，其研

究结果归集于表7-6当中。○

表7-6 股票市场在1900~2016年的历史风险溢价

国家/地区	股票-长期政府债券			几何平均值（%）	算术平均值（%）	标准误差（%）
	几何平均值（%）	算术平均值（%）	标准误差（%）			
澳大利亚	6.00	7.40	2.24	2.57	4.37	1.95
奥地利	5.60	10.40	1.62	4.15	5.67	1.74
比利时	3.00	5.40	1.93	2.07	3.27	1.57
加拿大	4.20	5.60	2.35	3.86	6.03	2.16
丹麦	3.30	5.20	3.28	5.28	8.35	2.69
芬兰	5.90	9.40	1.97	3.62	5.18	1.78
法国	6.20	8.70	3.12	4.30	7.68	2.89
德国	6.10	9.90	2.70	5.91	9.98	3.21
爱尔兰	3.60	5.90	2.17	3.86	5.95	2.10
意大利	5.70	9.50	2.52	2.55	5.26	2.66
日本	6.20	9.30	2.15	5.35	7.03	1.88
荷兰	4.50	6.60	2.08	2.32	4.21	1.96
新西兰	4.40	6.00	2.15	5.21	7.51	2.17
挪威	3.20	5.90	1.82	1.80	3.28	1.70
葡萄牙	4.60	9.20	1.93	4.06	5.29	1.61
南非	6.20	8.20	1.91	4.52	6.49	1.96
西班牙	3.30	5.40	1.88	4.10	5.18	1.48
瑞典	4.00	6.00	1.62	4.04	5.15	1.45
瑞士	3.60	5.30	1.70	2.00	3.50	1.60
英国	4.40	6.10	1.80	3.60	4.90	1.60
美国	5.50	7.40	1.80	4.30	6.40	1.90
欧洲	3.30	5.10	1.70	3.10	4.40	1.50
全球（不包括美国）	3.50	5.10	1.70	2.80	3.80	1.30
全球（包括美国）	4.20	5.60	1.60	3.20	4.40	1.40

需要提醒的是，这21个市场的平均风险溢价水平远低于美国股市的风险溢价。比如说，这些市场的几何平均风险溢价仅为3.20%，远低于美国市场的同期值4.30%。同样的结论也适用于算术平均溢价，各国市场的算术平均溢价为4.20%，低于美国的5.50%。实际上，收益差异体现的恰恰是幸存者偏差，也就是说，如采用仅依赖美国数据的历史风险溢价，会导致未来数值偏高。

隐含溢价法

当投资者对一项资产进行定价时，他们言外之意就是在告诉你，他们需要这项资产必须达到怎样的预期收益率。因此，如果一项资产每年可得到的永久现金流为15美

○ Dimson, E., P. Marsh, and M. Staunton, 2002, *Triumph of the Optimists: 101 Years of Global Investment Returns*, Princeton University Press, NJ; Credit Suisse Global Investment Returns Sourcebook, 2017。

元，而投资者为该资产支付的价格为 75 美元，那么投资者就是在向全世界宣布，他的资产收益率将是 20% $\left(=\frac{15}{75}\right)$。股息折现模型（DDM）最能体现隐含股权溢价的内涵。在 DDM 中，股权价值来自投资带来的预期股息的现值。在某些特殊情况下，如假设股息以固定速度永续增长，我们就能得到传统的稳态增长模型，即戈登模型（Gordon model）：

$$股权价值 = \frac{下一期的预期股息}{最低股权收益率 - 预期增长率}$$

从本质上说，它就是按固定速度增长的股息的现值。在这个模型的四个输入变量中，有三个是可以直接取得或估计的，它们是：市场的当前水平（价值）、下一期的预期股息以及收益和股息的长期预期增长率。而唯一的"未知"元素就是投资者所要求的最低股权收益率；在解决这个问题时，我们可以取得股票的隐含预期收益率。这个隐含预期增长率减去无风险利率，即可得到隐含的股权风险溢价。

举例来说，假设标准普尔 500 指数的当前水平为 900 点，指数的预期股息收益率为 2%，而收益和股息的长期预期增长率为 7%，那么求解最低股权收益率的公式如下所示：

$$900 = \frac{0.02 \times 900}{r - 0.07}$$

由此，我们得到 r：

$$r = \frac{18 + 63}{900} = 9\%$$

如果目前的无风险利率为 6%，则投资者要求的最低收益率为 3%。

将该模型延伸到更具一般性的条件，我们可做出如下变通：最初的模型将实际支付的股息视为唯一的股权现金流，调整之后，股权现金流将来自潜在股息，而不是实际股息。在笔者此前的研究（2002，2006）中，股权自由现金流（FCFE），或者说扣除税收、再投资需求和偿还债务后的现金流，即是衡量潜在股息的一个指标。[⊖]举个例子，在过去 10 年中，企业实际支付的股息仅为 FCFE 的一半。如果说这个现实让估值充满挑战，那我们还可转而求助于一种更简单的替代方案。当公司将 FCFE 的一部分用作留存现金时，随着时间的推移，它们会积蓄大量的现金余额，并利用这些现金进行股票回购。将股票回购和已支付股息总额加到一起，才能更好地体现股权现金流合计额。此外，还可以通过模型的扩展，纳入一个高成长阶段，即收入和股息的增长率（通常较高，但并非一贯如此）完全不同于稳定增长阶段。考虑到这些调整，我们可以将股权价值改写为如下公式：

⊖ Damodaran, A., 2002, *Investment Valuation*, John Wiley and Sons; Damodaran, A., 2006, *Damodaran on Valuation*, John Wiley and Sons.

$$股权价值 = \sum_{t=1}^{t=N} \frac{E(FCFE_t)}{(1+k_e)^t} + \frac{E(FCFE_{N+1})}{(k_e - g_N)(1+k_e)^N}$$

在上述方程中，存在一个为期 N 年的高成长期，$E(FCFE_t)$ 为第 t 年的预期股权自由现金流（潜在股息），k_e 为股权投资者的预期收益率，g_N 为第 N 年（成长期结束）之后的稳定增长率。根据目前的潜在股息和价格，我们可以求出投资者要求的最低收益率。该最低收益率减去无风险利率，即可得到一个更符合现实的股权风险溢价。

考虑到标准普尔 500 指数的悠久历史和普遍接受性，因此，在推导隐含股权风险溢价时，它显然应该是一个合乎逻辑的指数。在本节中，我们首先要估计 2017 年 1 月 1 日的隐含股权风险溢价。2016 年 12 月 31 日，标准普尔 500 指数报收于 2238.83 点，截至 2017 年的 12 个月内，成分股公司支付股息和回购达到 108.67。此外，对成分股公司在未来 5 年收益增长率的一致估计结果为 5.54%，而且我们假设，以股息和回购形式返还的现金总额按这一比例同步增长。⊖ 考虑到这样的增长率显然是无法永久持续的，因此，我们采用了一个两阶段估值模式。也就是说，我们首先假设增长率在 5 年内保持 5.54%，之后，该增长率降至 2.45%（即无风险利率）。⊖ 表 7-7 总结了未来 5 年的高成长期以及之后稳定增长期第一年的预期股息和回购。

表 7-7 标准普尔 500 指数在 2017 年 1 月 1 日的预计现金流

年度	股息 + 指数回购	年度	股息 + 指数回购
1	114.69	4	134.82
2	121.04	5	142.28
3	127.75	6	145.77

如果我们假设，这些数值是对预期股息的合理估计，而且指数定价正确，那么，我们即可以将估计值改写为如下形式：

$$2238.83 = \frac{114.69}{1+r} + \frac{121.04}{(1+r)^2} + \frac{127.75}{(1+r)^3} + \frac{134.82}{(1+r)^4}$$
$$+ \frac{142.28}{(1+r)^5} + \frac{145.77}{(r - 0.0245) \times (1+r)^5}$$

请注意，在上述方程中，最后一项是指数按 2.45% 的稳定增长率折现得到的终值。按照该方程，我们即可得到投资者要求的最低收益率 r 为 8.14%；减去 10 年期国债利率（无风险利率），即可得到 5.69% 的隐含股权溢价。我们可以将这个过程在图 7-2 中加以描述。

⊖ 我们采用了分析师对个别公司做出的估计值的平均值（自下而上）。另外，我们也可以使用标准普尔 500 指数收益由高及低的估计值。

⊖ 长期国债利率为预期通货膨胀率和预期实际利率之和。如果假设实际增长率等于实际利率，那么长期稳定增长率应等于长期国债利率。

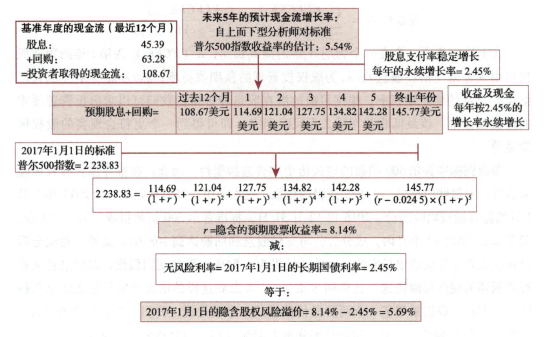

图 7-2　标准普尔 500 指数在 2017 年 1 月 1 日的隐含股权风险溢价

诚然，这种估算股权风险溢价的方法也难免存在标准误差，因为计算增长率的输入变量有可能不正确，但其标准误差毕竟要比使用历史风险溢价的情况小得多。例如，当我们对 2017 年 1 月的现金流和增长率采取不同的估计时，得到的股权风险溢价将为 4.50%~6.16%，显然，这个区间比采用历史风险溢价得到的数值范围小得多。

风险溢价也是变化的

在上一节中，我们曾提到股权风险溢价和违约利差的决定因素，其中就包括真实经济的不确定性以及投资者的风险规避倾向等。由于决定股权风险溢价和违约利差的基本因素可能会随时间而变化，因此股权和债务本身的风险溢价都有可能在不同时点存在明显差异。风险溢价随时间而形成的这种波动，必然会加剧市场上所有资产估值的波动性。

背景设定

股权风险溢价和违约利差都会随时间的推移而变化。由于违约利差是外在可见的，因此，我们可以直接观察这些利差随时间的变化情况，而股权风险溢价则较为复杂。历史风险溢价往往无助于缓解这种波动性，而隐含溢价甚至能反映股权风险溢价在很短时间段内的变化，尤其是指数的变动会对股权风险溢价产生影响——在其他条件保持不变的情况下，较高（或较低）的指数对应于较低（或较高）的隐性股权风险溢价。同样，违约利差也会随时间而改变。图 7-3 绘制出了 Baa 级债券（10 年期国债）和标准普尔 500 指数在 1960~2016 年的违约利差。

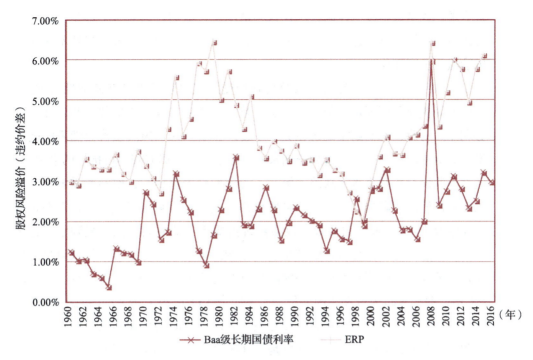

图7-3 股权风险溢价和债券违约价差

从运行机制方面看,我们以潜在股息(包括回购)作为现金流,并采用两阶段的折现现金流模型。⊖需要强调的是,违约利差和股权风险溢价随时间推移而变化有多大,以及两者发生同步变化的频率如何。在某些时段,它们会出现相反方向的变化——比如在20世纪90年代的互联网泡沫时期,违约利差增加,股权风险溢价下降,而在2002~2006年则出现了相反的情况。这两个特定时期之后都出现了市场调整。如果只考虑股权风险溢价,需要强调的则是股权风险溢价的波动性自2008年以来的大幅提高。使用历史风险溢价或是能带来更稳定数值的变量在20世纪可能还不成问题,因为在那个时期,股权风险溢价至少在美国是相对稳定的,但过去10年的市场危机已彻底改变了这种格局。即使在发达市场,股权风险溢价的波动性也出现了较大提高。

估值难点

尽管全球化及全球性政治风波已让股权风险溢价更加变幻莫测,但那些不愿接受风险溢价动态化的分析师显然还未适应这种形势。对此,他们会采用以下几种对策:

- **无知是福**:很多分析师将股权风险溢价视为由外部强加于估值过程的一个数字(由外部人或是他们所就职的公司提供),因此,他们对这些数据上的控制力非

⊖ 我们使用了分析师对1980年后5年盈利增长率的估计值。而在1960~1980年,由于无法获得分析师的估计值,我们采用过去5年的历史增长率作为预测增长率。在20世纪80年代末之前,由于股票回购还不常见,因此,实际支付的股息与潜在股息非常接近。但是在过去的20年里,这两个数字已严重背离。

常有限，或是根本没有控制权。在这种情况下，他们自然对这个数字变化的原因或不确定性不感兴趣。不过，他们没有意识到正在发生的事实显然不意味着风险溢价没有变化。

- **笃信中值回归规律**：虽然大多数分析师接受股权风险溢价具有波动性的观点，但依旧固执地采用固定溢价，而且这个数字通常来自股票历史数据和以往的债券利差。对此，他们给出的理由是，（股票和债务的）风险溢价会随着时间的推移而皈依历史常态。尽管从长期来看，中值回归的确有着不可抗拒的吸引力，但这个假设存在两个重大缺陷。第一，即使发生中值回归，回归所需要的时间也会对价值产生影响。例如，如果假设当前的股权风险溢价为7%，常态化的风险溢价为4%。我们再假设，风险溢价需要5年的时间才能恢复到常态化水平，那么这个时间段将对价值产生重大影响。第二，无论是对于股权风险溢价还是违约利差，构成常态化水平的内容尚未达成共识。在过去10年计算得到的"平均"股权风险溢价和违约差价完全不同于在过去20年或40年得到的结果。
- **一致性优先于正确性**：很多分析师习惯于采用不随时间变化的固定股权风险溢价和违约利差，对此，他们的理由是，这些输入变量会影响到所有公司的价值。此外，也有人主张，对分析师来说，保持一致性（使用相同的风险溢价）要比正确更重要。在这种论点中隐含了一个假设：高估股权风险溢价和违约利差对所有公司产生相同程度的影响，但事实显然并非如此。当分析师使用的股权风险溢价超过（或低于）当前水平时，他们会低估（或高估）所有公司的价值，但是和成熟型企业相比，这种效应对成长型企业（其现金流主要来自未来）的影响更大。

估值方案

当风险的价格不断波动变化时，我们就必须在估值实践中体现这一现实。

- **当前隐含溢价**：在上一节中，我们介绍了根据当前股价和预期现金流估计得到的隐含股权风险溢价。这笔费用具有前瞻性和动态性，而且需要反映市场时时刻刻的变化。比如说，2008年9月12日，我们估计的标准普尔500指数的隐含股权风险溢价为4.54%。由于股票价格每天都在变化，隐含的溢价也会随之变化，因此我们可以随时估计隐含股权风险溢价的当前值。通过观察2008年9月12日~2009年1月1日这段时间内出现的市场超常波动，我们可以一窥这种方法的实用性。图7-4为标准普尔500指数及其隐含股权风险溢价的逐日变动情况。

    需要提醒的是，如按实际收益和隐含股权风险溢价定义，这个风险溢价会与历史常态水平发生多大的偏离呢？如果我们的目标是获得市场中性估值（反映你对公司而不是市场的看法），那么我们就需要在 9 月 12 日采用 4.54% 的风险溢价，而在 10 月 16 日，则需要对同一家公司采用更高的溢价——6.5%。

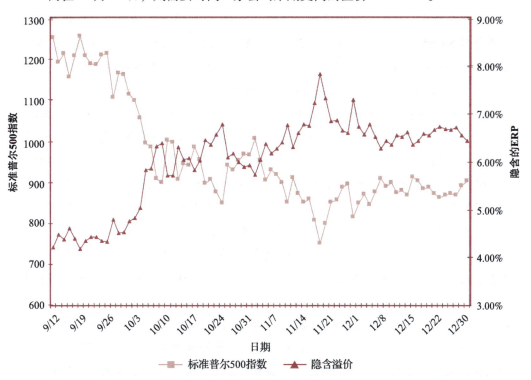

图 7-4　2008 年 9 月 12 日~2009 年 1 月 1 日的隐含股权风险溢价

- **以违约利差为基础的股权风险溢价**：如果不愿接受以当前股价为基础的股权风险溢价，那么，我们还可以采用另一种解决方案。风险溢价在各个市场之间应该是相互关联的。当债券投资者对违约风险要求较高的风险溢价时，我们就可以预期更高的股权风险溢价。因为前者是可观察到的（从债券价格和利率），因此，如果两者之间密切相关，那么我们就可以借助债务的违约利差估计股权的风险溢价。在图 7-3 中，我们可以看到股权风险溢价在较长时期内跟随违约利差的变化情况。1960~2016 年，股权风险溢价与 Baa 级债券违约差价的平均比率为 2.15，中位数约为 2.02。因此，2017 年 9 月 1 日，我们将这个比率乘以 Baa 级债券的违约差价 2.48%，从而得到对当日 ERP 的估计值：

Baa 级债券在 2017 年 9 月 1 日的违约差价 = 2.48%

$$股权风险溢价 = 违约利差 \times \frac{中位数比率或 ERP}{违约价差} = 2.48\% \times 2.02 = 5.01\%$$

使用这种方法的优点是：Baa 级债券的违约差价是一个在市场上可公开获取的已知数量，因而很容易取得。但它的缺点显而易见：股权风险溢价与债券利差的比率在过去 50 年中始终是不稳定的，最低曾下降至 1.02（2000 年），最高曾上升到 6.15（1978 年）。

◎ 案例 7-1　重视 3M——市场前后危机

在第 2 章中，我们使用折现现金流模型对 3M 公司进行了估值，我们的估值结果是每股 86.95 美元。在估算股权成本时，我们使用了 4% 的股权风险溢价，我们认为，这个取值对成熟市场而言是合理的溢价水平。对于债务成本，根据我们对公司预计的 AAA 信用评级，采用了 0.75% 的违约差价。

图 7-4 显示出，2008 年 10 月 16 日，股权风险溢价已扩大至 6%。与此同时，AAA 级债券的违约利差则上升至 1.40%。在其他所有估值变量保持不变的情况下，如果我们调整股权风险溢价和违约利差这两个变量，那么资本成本将会增加到 11.16%，每股价值则会降至 64.57 美元。而股价从 9 月 12 日的每股 80 美元跌至 10 月 16 日的每股 62 美元，体现出这种价值的大幅下跌。但这同样需要假定：风险溢价在四周内发生的急剧变化将成为一种永久性变化。

另一种折中性的解决方案，就是接受风险溢价已在短期内上升这一现实，但是就长期而言，终将回归或是接近历史常态水平。实际上，我们可以在高增长期（未来 5 年）使用较高的隐含溢价 6%，而后再回到成熟市场的稳定增长型溢价 4%。至于违约利差，我们首先对未来 5 年采用 1.40% 的价差，并在进入稳定增长期间调整到 0.75%。按照这样的假设，每股价值的估计值将增加到 77.78 美元。如果我们假设只是部分回归平均水平，每股价值会下降至 70.52 美元。表 7-8 列出了有关风险溢价的假设及其对每股价值的影响。

表 7-8　3M 公司的每股价值和风险溢价

估值时间	股权风险溢价	AAA 评级的违约利差	资本成本	每股价值
2008 年 9 月	4%	0.75%	8.63%	86.95 美元
2008 年 10 月	6%	1.40%	11.16%	64.57 美元
2008 年 10 月	前 5 年为 6%，此后为 4%	前 5 年为 1.40%，此后为 0.75%	前 5 年为 11.16%，此后为 6.76%	77.78 美元
2008 年 10 月	前 5 年为 6%，此后为 5%	前 5 年为 1.40%，此后为 1%	前 5 年为 11.16%，此后为 7.56%	70.52 美元

本章小结

我们认为，投资者为承担股票投资风险（股权风险溢价）和债务违约风险（违约利差）而收取的价格，会对个别资产的估值产生重大影响。但是在大多数估值中，分析师要么依靠外部数据机构（伊博森和标准普尔）获取这些数据，要么使用完全不可行的值（比如说，小于零的股权风险溢价或是低于无风险利率的债务成本）。

本章介绍了股权风险溢价和违约利差的决定因素，并指出这两者均有可能随时间而改变。此外，我们还探讨了三种可能出现问题的情况。首先，在历史数据有限或没有历史数据的市场中，对债务和股权的历史风险溢价而言，标准方法是失灵的。因此，在这些市场中，我们建议以成熟市场溢价为出发点，充分利用它们的历史数据，并最终确立风险溢价。其次，我们研究了风险溢价估计中存在的噪声，即使在拥有大量历史数据的市场中，我们也会因幸存者偏差而夸大溢价。为解决这个问题，我们主张采用全球诸多市场的平均股权风险溢价或隐含股权风险溢价，毕竟它们才是投资者愿意为股票支付的价格。最后，我们考虑了风险溢价在短期内可能发生显著变化的可能性，为此，我们以2008年9月到10月的全球市场危机说明了这一点。在市场危机期间，对于需要进行公司估值的分析师而言，当风险溢价发生变化时，隐含股权溢价最有可能反映市场现实。一般地说，随着全球经济出现的结构性转变，采用隐含股权风险溢价法等更具前瞻性的动态方法，应该比依赖历史风险溢价的回顾性静态数据更有意义。

但更有普遍意义的结论是，我们在估值中使用的风险溢价，会给被估值资产的价值带来深远影响，而且这种效应对高成长企业更为显著。因此，我们不仅应该充分理解股权风险溢价和违约差价的取值，还应认识到我们的估计值可能与市场假设存在的差异。

附录7A

表7A-1　各国和地区在2017年1月的股权风险溢价（ERP）和国家风险溢价（CRP）
（以5.69%的美国ERP作为成熟市场的基准值）

国家/地区	ERP	CRP	国家/地区	ERP	CRP
阿布扎比	6.40%	0.71%	约旦	12.09%	6.40%
阿尔巴尼亚	12.09%	6.40%	哈萨克斯坦	8.82%	3.13%
安道尔	8.82%	3.13%	肯尼亚	12.09%	6.40%
安哥拉	12.09%	6.40%	韩国	6.40%	0.71%
阿根廷	14.94%	9.25%	科威特	6.40%	0.71%
亚美尼亚	12.09%	6.40%	吉尔吉斯斯坦	13.51%	7.82%
阿鲁巴	7.96%	2.27%	拉脱维亚	7.40%	1.71%
澳大利亚	5.69%	0.00%	黎巴嫩	13.51%	7.82%
奥地利	6.25%	0.56%	列支敦士登	5.69%	0.00%
阿塞拜疆	9.24%	3.55%	立陶宛	7.40%	1.71%
巴哈马	8.82%	3.13%	卢森堡	5.69%	0.00%
巴林	9.96%	4.27%	中国澳门	6.55%	0.86%
孟加拉国	10.81%	5.12%	马其顿	10.81%	5.12%
巴巴多斯	16.35%	10.66%	马来西亚	7.40%	1.71%
白俄罗斯	16.35%	10.66%	马耳他	7.40%	1.71%
比利时	6.55%	0.86%	毛里求斯	7.96%	2.27%
伯利兹	18.49%	12.80%	墨西哥	7.40%	1.71%
百慕大	6.90%	1.21%	摩尔多瓦	14.94%	9.25%
玻利维亚	10.81%	5.12%	蒙古国	16.35%	10.66%
波斯尼亚和黑塞哥维那	14.94%	9.25%	黑山	12.09%	6.40%
博茨瓦纳	6.90%	1.21%	蒙特塞拉特	8.82%	3.13%
巴西	9.96%	4.27%	摩洛哥	9.24%	3.55%
保加利亚	8.40%	2.71%	莫桑比克	19.90%	14.21%

(续)

国家/地区	ERP	CRP	国家/地区	ERP	CRP
布基纳法索	14.94%	9.25%	纳米比亚	8.82%	3.13%
柬埔寨	13.51%	7.82%	荷兰	5.69%	0.00%
喀麦隆	13.51%	7.82%	新西兰	5.69%	0.00%
加拿大	5.69%	0.00%	尼加拉瓜	13.51%	7.82%
佛得角	13.51%	7.82%	尼日利亚	12.09%	6.40%
开曼群岛	6.55%	0.86%	挪威	5.69%	0.00%
智利	6.55%	0.86%	阿曼	7.96%	2.27%
中国内地	6.55%	0.86%	巴基斯坦	14.94%	9.25%
哥伦比亚	8.40%	2.71%	巴拿马	8.40%	2.71%
刚果民主党共和国	14.94%	9.25%	巴布亚新几内亚	13.51%	7.82%
刚果共和国	14.94%	9.25%	巴拉圭	9.24%	3.55%
库克群岛	16.35%	10.66%	秘鲁	7.40%	1.71%
哥斯达黎加	9.24%	3.55%	菲律宾	8.40%	2.71%
科特迪瓦	10.81%	5.12%	波兰	6.90%	1.21%
克罗地亚	9.96%	4.27%	葡萄牙	9.24%	3.55%
古巴	18.49%	12.80%	卡塔尔	6.40%	0.71%
库拉索	16.35%	10.66%	哈伊马角（酋长国）	6.90%	1.21%
塞浦路斯	12.09%	6.40%	罗马尼亚	8.82%	3.13%
捷克共和国	6.69%	1.00%	俄罗斯	9.24%	3.55%
丹麦	5.69%	0.00%	卢旺达	13.51%	7.82%
多米尼加共和国	12.09%	6.40%	沙特阿拉伯	6.69%	1.00%
厄瓜多尔	14.94%	9.25%	塞内加尔	12.09%	6.40%
埃及	14.94%	9.25%	塞尔维亚	12.09%	6.40%
萨尔瓦多	14.94%	9.25%	沙迦	7.40%	1.71%
爱沙尼亚	6.69%	1.00%	新加坡	5.69%	0.00%
埃塞俄比亚	12.09%	6.40%	斯洛伐克	6.90%	1.21%
斐济	12.09%	6.40%	斯洛文尼亚	8.82%	3.13%
芬兰	6.25%	0.56%	南非	8.40%	2.71%
法国	6.40%	0.71%	西班牙	8.40%	2.71%
加蓬	12.09%	6.40%	斯里兰卡	12.09%	6.40%
格鲁吉亚	10.81%	5.12%	圣马丁	8.40%	2.71%
德国	5.69%	0.00%	圣文森特 & 格林纳丁斯	14.94%	9.25%
加纳	14.94%	9.25%	苏里南	12.09%	6.40%
希腊	19.90%	14.21%	瑞典	5.69%	0.00%
危地马拉	9.24%	3.55%	瑞士	5.69%	0.00%
根西岛（国家）	6.25%	0.56%	中国台湾	6.55%	0.86%
洪都拉斯	13.51%	7.82%	泰国	7.96%	2.27%
中国香港	6.25%	0.56%	特立尼达和多巴哥	8.82%	3.13%
匈牙利	8.82%	3.13%	突尼斯	10.81%	5.12%
冰岛	7.40%	1.71%	土耳其	9.24%	3.55%
印度	8.82%	3.13%	特克斯和凯科斯群岛	16.35%	10.66%
印度尼西亚	8.82%	3.13%	乌干达	13.51%	7.82%
伊拉克	14.94%	9.25%	乌克兰	19.90%	14.21%
爱尔兰	7.40%	1.71%	阿拉伯联合酋长国	6.40%	0.71%
马恩岛	6.25%	0.56%	英国	6.25%	0.56%
以色列	6.69%	1.00%	美国	5.69%	0.00%
意大利	8.40%	2.71%	乌拉圭	8.40%	2.71%
牙买加	14.94%	9.25%	委内瑞拉	19.90%	14.21%
日本	6.69%	1.00%	越南	12.09%	6.40%
泽西岛（州）	16.35%	10.66%	赞比亚	14.94%	9.25%

The Dark Side of Valuation 第 8 章

事关大局的宏观环境
经济的真实面目

任何企业都必须存活于一个更大的经济体中，有的企业面对的是国内市场，但更多企业面对的是全球市场，因此，我们对宏观经济变量所做的假设，必然会影响到所有公司的估值。在本章里，我们首先将探讨真实经济、通货膨胀以及汇率的变化会如何影响企业估值。此外，我们还将解析每个变量的历史表现。另外，我们将会看到，在估值过程中，分析师会如何处理（或是规避）其中的某一个变量。分析师往往对经济增长和通货膨胀做出不切实际的隐含假设，或是干脆提出前后不一的明确假设。最后，我们将分析是否应该将自己的观点建立在这些宏观经济变量基础之上，如果是，怎样以最合理的方式做到这一点。

真实经济的增长

每个企业都要受到经济形势的影响，但不同企业受影响的程度可能会有所不同。本节探讨的是真实经济增长会如何影响个别公司的估值，并探究真实经济增长的历史轨迹。

真实经济的增长何以如此重要

在对公司进行估值时，我们首先需要估计其收入、收益和现金流的增长。在做出这些估计时，尽管我们倾向于关注公司的特定指标，但公司的运营指标毕竟还要受制于公司所处经济环境的影响。简而言之，与经济增长放缓甚至萎缩时期相比，当企业处于经济繁荣期的时候，其收入和收益指标自然要好看得多。考虑到我们是对未来数据的预测，因此，对个别公司的估计必然依赖于我们如何看待未来若干年经济形势的发展前景。

尽管所有公司都会受到经济增长率的影响，但它们受影响的程度不尽相同。在房地产和汽车等周期性行业企业，我们倾向于认为企业受整体经济增长影响的程度较大。反之，粮食生产企业对经济处于繁荣还是衰退期的敏感性应该小得多。因此，对未来经济增长持乐观情绪，会导致前者相对于后者的价值更高。经济增长率的变化对估值的影响同样会因企业而有所不同，具体还要取决于企业的价值主要来自现有资产还是增长型资产。可以预见，与成熟型企业相比，拥有大量增长型资产的公司显然对总体经济变化的敏感度更高。

最后，经济增长还会影响其他与估值相关的关键市场变量。在第 6 章中，我们曾提到无风险利率通常会随时间而变化，而且这种变化往往与真实经济增长率有关。当经济增速加快时，无风险利率通常会上升，而经济放缓则会导致无风险利率下降。在第 7 章中，我们追踪了股权风险溢价和违约利差随着时间推移而发生的变化，并着重指出这种趋势会因经济和投资者风险倾向的不确定而激化。

回顾历史

真实经济增长率在各年度之间的变化是怎样的呢？答案显然取决于我们所研究的经济体，不同经济体的经济增长率自然各有不同。在本节的第一部分中，我们将重点介绍美国经济的实际增长情况，并列示真实增长率和名义增长率在长期内的变化情况。此外，我们还将探讨真实经济增长率会对上市公司的收入及股息总额带来怎样的影响。在本节的第二部分中，我们将拓展研究范围，涉足亚洲和拉丁美洲等高速增长型新兴市场。

美国真实经济增长的演变史

美国在 20 世纪逐渐成为全球最大的经济强国，但它的经济增长并非从未休止，其间也曾出现过长期的经济衰退和停滞，"大萧条"就是最典型的例子。图 8-1 总结了 1929～2016 年美国实际国内生产总值（GDP）的年度变化情况。

至少按美国国家经济研究局（NBER）的定义，图中的阴影部分应代表经济衰退期。实际 GDP 连续两个季度出现负增长，已成为定义经济衰退期的不成文法则。表 8-1 总结了美国自 1945 年以来呈现的商业周期，表中每个周期的长度均以月份表示。

纵观这段漫长的历史时期，一些有趣的现象可能会影响到我们如何处理估值中的实际增长率：

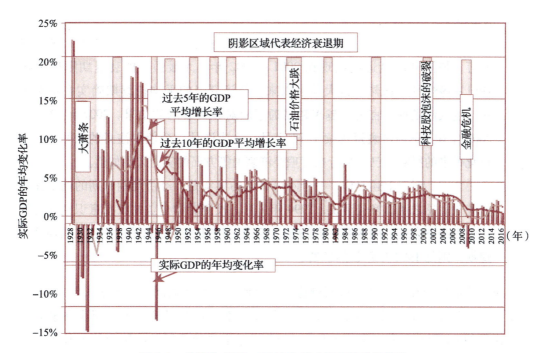

图 8-1 美国在 1929～2016 年的实际经济增长情况

表 8-1 美国在 1945～2016 年出现的经济衰退期

衰退期的开始时间	衰退期的结束时间	衰退期的长度（单位：月）
1945 年 3 月	1945 年 10 月	7
1948 年 12 月	1949 年 10 月	11
1953 年 8 月	1954 年 5 月	10
1957 年 9 月	1958 年 4 月	8
1960 年 5 月	1961 年 2 月	9
1970 年 1 月	1970 年 11 月	11
1973 年 12 月	1975 年 3 月	16
1981 年 8 月	1982 年 11 月	16
2008 年 8 月	2009 年 2 月	7
2001 年 3 月	2001 年 11 月	8
2008 年 1 月	2009 年 6 月	18
平均长度		11
中位数		10
最长的衰退期时间		18
最短的衰退期时间		7

资料来源：美联储经济在线数据数据库（FRED）。

- **经济周期的持续时间是不可预测的**：经济周期的长度不存在系统规律性，因此，我们很难预测下一轮周期的时间点和持续期。1982～1990 年和 1991～2001 年的繁荣期最长（达到或超过 100 个月），但此前的繁荣期仅持续了 28 个月。尽管繁荣期的平均持续时间为 55 个月，但这个周期在第二次世界大战后已开始不

- **经济衰退期的时间长短不一**：自大萧条以来，经济衰退期的长度在 8~18 个月不等，最温和的衰退期出现在 2001~2002 年，而最强烈的衰退期则出现在 1981~1982 年。诚然，自大萧条以来，经济衰退的平均持续期确实在不断缩短，这或许是央行官员正越来越精通于应对经济衰退的结果。2007 年 12 月~2009 年 6 月的经济衰退延续了 18 个月，这或许是一个值得注意的信号——全球化带来的影响，已让央行在管理经济衰退等方面的实力大不如前。

- **后见之明**：对于上述表格，一个不可否认的事实是：经济周期日期的确定完全依赖于后见之明。换句话说，1990 年 7 月，投资者和企业并没有意识到他们正在陷入经济衰退。而 NBER 将 1990 年 7 月~1991 年 3 月这段时间定义为经济衰退期，则是 1992 年年初的事情了。

如果我们接受经济周期不可预测这样一个命题，而且强调估计未来 5 年或 10 年而不是下个季度的实际增长率，那么我们的任务就变得相对简单了（至少在事后看来是这样的）。图 8-1 为未来 5 年和未来 10 年经平滑处理后的实际经济增长率，并以此为基础进行各年度同期实际增长数据的对比。例如，在 1954 年估计的 10 年期增长率为 1954~1963 年的平均增长率。值得注意的是，这些长期预测结果已逐渐趋于稳定，尤其是在第二次世界大战以来。5 年期和 10 年期的平均增长率均在 2%~3%。这种稳定性表明，使用长期内的实际增长率数字比预测各年度增长率更重要（而且更可行）。

实际增长率会通过企业披露的收益及现金流影响其估值。因此，图 8-2 显示出，实际经济增长率的变化，使得标准普尔 500 指数的总收益和股息在长期内呈现出不同的状态。

回顾标准普尔 500 指数成分股公司在过去 80 年的收益和分红情况，我们可以看到三种趋势。第一，收益和股息均对经济状况高度敏感，在经济衰退期间，两者都会出现下降。第二，收益随时间推移的波动性超过股息。第三，尽管盈利增长与实际经济增长之间存在松散的相关性，但两者并不总是保持同步，在某些实际增长率处于高（低）位时期，盈利增长率反而较低（高），这反映出企业运营状况与整体经济形势以及公司全球化这两个方面的滞后性。比如说，尽管美国经济增长缓慢，但美国企业的盈利增长率却在 2009~2016 年保持强势，部分原因就在于美国公司拥有大量的海外收入。

这些趋势在图 8-3 中一览无遗，它显示出标准普尔 500 指数在较长时期内随实际经济增长率变化的情况。

从实际 GDP 增长率以及标准普尔 500 指数的变化出发，我们很容易看到，指数的波动性远超过经济的波动性。此外，我们还能在图 8-3 中发现一种有趣而且更微妙的关系。在实际经济增长放缓之前，股票价格似乎会先行下跌，并在实际经济复苏开始之前率先回弹。

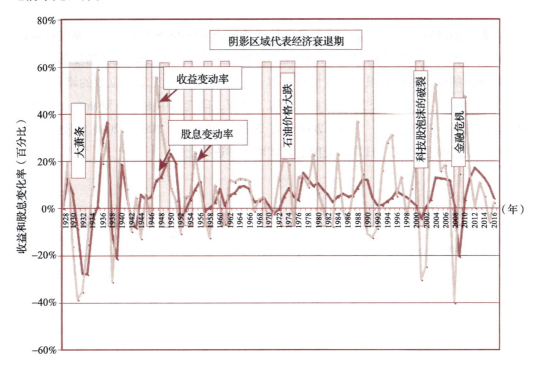

图 8-2　标准普尔 500 指数成分股公司的收益和股息

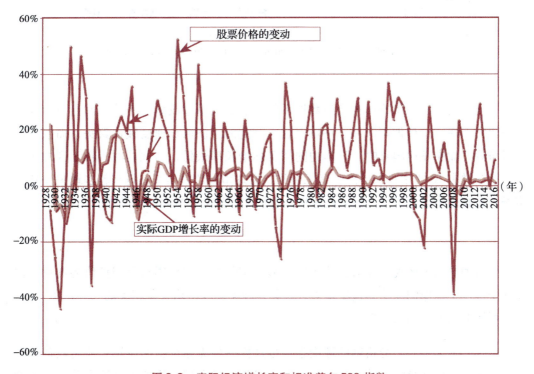

图 8-3　实际经济增长率和标准普尔 500 指数

各国经济实际增长率的差异

与新兴经济体尤其是高度依赖大宗商品或特定产业的经济体相比，在美国这样的成熟市场上预测短期和长期实际经济增长率显然简单得多。从全球经济角度看，这些新兴经济体的规模还很有限，但这恰恰可以让它们在繁荣期实现两位数的增长速度，而在衰退期遭遇灾难性的下跌。图 8-4 总结了巴西、印度、中国和俄罗斯在如下四个时间段的实际经济增长率：1997～2001 年、2002～2006 年、2007～2011 年及 2012～2016 年，并与欧盟国家、日本和美国的真实增长率进行比较。

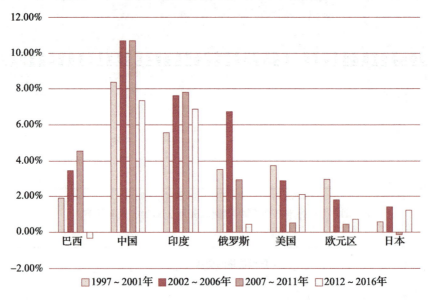

图 8-4　各国和地区 GDP 的实际增长率

小规模新兴经济体的真实经济增长不仅在速度上超过成熟经济体，而且波动性也往往较大。在"金砖四国"中，中国在这一时期的经济增长速度独占鳌头，而俄罗斯稍显滞后。而在发达国家中，日本的同期实际增长率最低，与此同时，欧元区的实际增长率在过去 10 年中也在下降。毫无疑问，发达市场的公司正在越来越多地关注新兴市场，尤其是中国，毕竟，只有在这里，它们才有机会发掘新的增长潜力。

估值难点

分析师热衷于体现实际增长的效应，解读实际增长如何影响公司价值的奥秘，但在这个过程中，他们往往会过度发力。尤其是和实际经济增长率相关的三种估值方法，均有可能造成最终结果的失真：

- **预测未来周期**：分析师的理论起点是这样一种无懈可击的逻辑：公司收益取决于总体经济处于复苏期还是衰退期，但随后又自相矛盾地去预测当前经济周期的走向，甚至去预测未来经济周期，这种情况在周期型企业的估值中尤为突出。如图 8-1 所示，预测经济周期的起点和终点就已经够困难了，而预测未来经济周期几乎是不可能的。

- **以强烈的个人倾向性看待经济形势**：在分析整体经济时，有些分析师会持有强烈的个人倾向；他们习惯于对未来经济走势做出好于或是弱于当期水平的结论，然后把这些观点带入公司估值中。对未来经济增长持乐观态度的分析师总能发现被低估的公司，而看空未来经济的分析师则无一例外地会发现所有公司都被高估，考虑到他们的观点带有强烈的个人偏见，这样的结论不足为奇。
- **高真实增长率 = 高收益**：传统理论认为，强大的经济增长率可以转化为强劲的收益增长率和高股价。但图 8-2 告诉我们，现实并非一贯如此，尤其是在企业规模越来越大、收入越来越依赖海外市场的情况下，经济增长率和企业利润率的偏离程度越来越大。因此，即使国内经济停滞不前，企业的盈利能力依旧有可能强劲有力，而在国内经济增长强劲时，企业的收益增长却有可能止步不前。

总而言之，在进行企业估值时，分析师最好不要做经济预言家，这不仅是因为预测经济会干扰他们对个别企业的研究，而且人们在预测宏观经济时确实鲜有成功的先例。

估值方案

我们应该如何处理估值中的实际经济增长率呢？最好的答案就是宁缺毋滥，专注于具体的公司，而不是总体经济。具体而言，如下方法值得效仿：

- **对预测结果进行平滑处理**：假设我们对一家成熟的周期型企业进行估值。我们很清楚，尽管这家公司已进入成熟阶段，但未来收益依旧不稳定，因为它所面对的总体经济形势是不稳定的。正如前面所讨论的那样，任何试图预测未来经济周期的努力，都是一种毫无意义、枉费心机的徒劳。因此，如果你预测的对象是各项经营数据（包括增长率、资本收益率和资本成本）在整个周期内将会怎样，并将这些数字用于公司估值，那么你的估值无疑将更加合理有效。因此，在第 13 章中，在对丰田公司这家周期性汽车制造企业进行估值时，我们将对当期收益进行正态化处理，并使用平滑处理后的 1.5% 作为丰田公司这家成熟型企业的永续增长率。之所以采取这种做法，是因为我们深知，公司在经济繁荣期会有更高的增长率，而衰退时期的增长率则要低得多，但我们毕竟没有能力去预测经济会在何时走向繁荣、何时转入萧条，因此，我们认为，采用平滑处理后的增长率进行估值，更有可能得到更合理可信的估计结果。
- **不要让个人对经济的观点干扰你的估值**：每个人都对经济有自己的看法，并试图把这些观点纳入估值当中，这是很自然的事情，尤其是对那些我们认为对经济形势更敏感的被估值企业。但这样做的危险在于，它会导致你的每次估值都受制于你如何看待被估值公司和总体经济，进而造成其他人无法使用你的估值去做投资判断。那么，到底该如何在估值中体现经济形势的影响呢？答案很简单，不管你的观点如何，一定要用普遍接受的共识去体现经济对企业估值的影响。尽管你的个人观点可能与此相悖。在完成公司估值之后，根据你个人对经济的看法以及这些观点如成为现实会造福于或是加害于哪些板块和哪些类型的股票，进行一次独立的分析。如果投资者信任你对经济的判断，就会采用你的观点，决定应投资于哪个板块，而你对公司的观点，则会成为投资者在这些板块中选择个股的依据。

- **重视经济增长率与公司收益率之间的联系**：要使实际经济增长转化为公司收益的增长和更高的企业价值，就必须确立两者之间的诸多关联性。首先，公司的相当部分收入必然来自它所处的经济体。对于巴西航空工业公司这样的巴西企业而言，考虑到国内市场仅能为公司贡献一小部分收入，因此，巴西经济较高的实际增长率对公司的影响相对有限。其次，竞争格局应该让公司拥有足够的定价能力，从而将收入增长转化为收益增长和超额收益。如果企业面对的是经济高速增长而令人窒息的惨烈竞争，那么更有可能的结果是低收入增长和负的超额收益。最后，这个过程可能存在滞后，也就是说，今天的经济高速增长将给公司带来长达两三年的收入增长，尤其是对基础设施投资较大且投产准备期很长的行业，这种时滞性可能更明显。

归根到底，结论同样可以归结为简单的一句话：如果你的工作是评估一家公司的价值，那么，你用来钻研经济增长和研究经济的时间越多，用来了解这家公司并对它进行估值的时间就越少。

预期的通货膨胀

每家公司的估值都会受到未来通货膨胀预期的影响。在本节中，我们首先看看为什么通货膨胀会对价值产生如此重大的影响、以往的通货膨胀率有何规律，以及通货膨胀率在不同货币之间存在的差异性及造成这种差异性的原因。

预期通货膨胀何以如此重要

如第6章所述，估值的标准既可以是名义价值，也可以是真实价值。如果是名义价值，就需要在现金流和折现率中考虑预期通货膨胀率。在名义估值中，预期通货膨胀会影响我们在分析中使用的关键参数：

- 无风险利率是指无违约债券的利率，因而应包含预期的通货膨胀率。因此，我们根据这个无风险利率得到的股权成本和债务成本也包含有预期通货膨胀率的成分。

- 在我们用来预测未来现金流的增长率中，既包括实际产出带来的收入增长，也包括预期通货膨胀率。考虑到通货膨胀率越高，企业就可以收取越高的价格，因此，增长率会随着通货膨胀率的提高而增加。

换句话说，改变预期通货膨胀率会影响名义估值的所有方面。正因为这样，我们才始终强调货币选择对名义估值的重要性：预期通货膨胀率可能在不同货币之间存在很大差异。图8-5显示了通货膨胀率、币种选择和其他估值参数之间的相互关系。

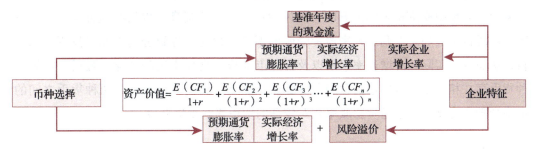

图8-5 币种选择、通货膨胀率和价值

在实际的估值中，现金流和折现率都没有预期通货膨胀因素，而实际增长率也只能来自实际产出的增长率。分析师选择实际估值法的一个原因，就是试图规避通货膨胀率变化的影响。但出于如下原因，我们对通货膨胀的预期以及这些预期的变化同样会影响到真实估值：

- 税收通常是按名义收入而不是实际收入计算的。考虑到并非利润表中的项目全部以相同的通货膨胀率进行调整，因此，针对实际收入的税率可能会因通货膨胀率的提高而偏离名义收入的税率。比如说，在大多数经济体中，折旧是按照为资产支付的原始价格计提的，因此，在购买时即可确定折旧享受的税盾效应。如果通货膨胀加速，即使公司能通过涨价形式将通货膨胀转嫁给客户，但由于折旧带来的税收优惠保持不变（无须对通货膨胀率进行调整），因此，公司的税后现金流仍有可能会下降。⊖
- 在很多情况下，分析师首先估计名义值，并从中扣除预期通货膨胀，从而需要估算出实际折现率和实际现金流。因此，采用较高的预期通货膨胀率会减少实际折现率和实际现金流。

⊖ 假设一家公司的EBITDA为1亿美元，折旧费用为4000万美元，且无利息支出。此外，公司的收入需缴纳40%的边际税。该公司披露的净利润为3600万美元，再投资之前的现金流为7600万美元（折现后的净利润）。现在，我们在分析中采用10%的通货膨胀率，并假设企业可按通货膨胀率调整其产品价格。因此，EBITDA提高至1.1亿美元，但折旧保持为4000万美元。现在，公司披露的净利润为4200万美元，再投资前的现金流为8200万美元。如果我们将后者换算成实际数值，那么，实际EBITDA为1亿美元，实际净利润为3780万美元，实际现金流为7380万美元，较之前减少了220万美元。

- 不同产品和服务的通货膨胀率不尽相同。由于通货膨胀率因产品和服务而异，因此，它们的相对价格也会发生变化。在这种情况下，某些公司的现金流增长速度会远高于基本通货膨胀率，而有些公司的现金流增长率则会低于通货膨胀率。我们采用3%预期通货膨胀率对一家公司得到的估值，可能不同于我们按5%预期通货膨胀率对公司得到的估值。总而言之，通货膨胀率在估值中绝不是可以忽略不计的中性项目，它的变化必然会对估值后果带来影响。

预期通货膨胀会影响到我们在前两章里提到的两个变量——无风险利率和股权风险溢价。当预期通货膨胀率上升时，无风险利率会相应提高，以反映这种预期，而股票风险溢价也会随之上调。未来通货膨胀的不确定性还会导致公司不愿意投资长期项目，从而改变实际经济增长率水平以及哪些市场板块会发生这种变化。最后，如果一种货币存在相对于其他货币的预期通货膨胀，那么，我们可以预见，两种货币之间的汇率会随之变化，导致通货膨胀率相对较高的货币逐渐发生贬值。

回顾历史

如果预期通货膨胀率固定不变，就很容易在估值中反映通货膨胀的影响。因为通货膨胀率会随着时间的推移而变化，而且对不同的货币也各不相同，从而对估值产生巨大影响。本节首先回顾一下美元通货膨胀率的演变历史，而后再看看各种货币的通货膨胀率差异。

美国通货膨胀率的演变史

在探讨通货膨胀率在不同时期的演变之前，我们首先需要明确如何来衡量通货膨胀。这是一项非常复杂的工作，尤其是对于美国这样一个庞大而复杂的国家。至少在理论上，通货膨胀率应体现出在不同时期购买一揽子代表性商品和服务的成本差异。可以预见，通货膨胀率会因篮子中所包含的商品及服务不同而有所差异。在美国，存在着三种广泛使用的通货膨胀指标，其中的每一个指标均有着悠久的历史：

- 消费者价格指数（CPI）衡量的是消费者为特定一揽子商品支付的加权平均价格差异。它是零售价格压力的反映，进口商品关税、所得税及消费税均会对其造成影响。
- 生产者价格指数（PPI）衡量的是美国生产企业全部产出的加权平均成本。由于该指标反映了生产者取得的收入，因而不包含销售税和消费税。
- 国民生产总值消除物价波动指数（GNP消除通货膨胀指数）衡量的是通货膨胀率，是整个经济体生产的全部商品及服务组合的价格通货膨胀率，其对象并非CPI中所采用的狭义上的商品服务组合。

上述三个指标存在某些共同的问题。第一个问题是，即使相对价格变化，用于计算通货膨胀率的商品及服务篮子也保持稳定。换句话说，即使石油价格相对篮子中的其他商品大幅上涨，也假设石油在篮子中的比例保持不变。但是在现实中，消费者可以使用较少的汽油并调整其消费量，以便于反映相对价格。商品篮子的第二个问题是没有考虑隐含成本。例如，住宅成本可以按租用房屋的租金成本来衡量，而不是拥有房屋的隐含成本。由于房价的上涨速度比房屋租金上涨快得多，比如说2002～2006年就出现了这种情况，因此，通货膨胀率将会被低估。图8-6为这三种通货膨胀指标在1921～2016年的变动。

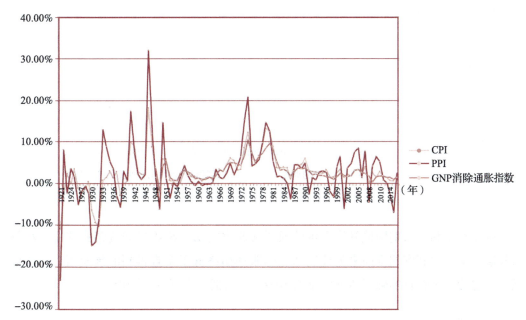

图8-6　美国的通货膨胀率

需要提醒的是，尽管三个通货膨胀指标之间还存在差异，但它们都会随着时间的推移而同步变动。计算方式的差异有时会导致一个指标滞后于其他指标。在此期间的大部分时间里，美国的通货膨胀率均保持较低水平，徘徊在1%～4%。20世纪30年代和第二次世界大战期间曾出现了高通货膨胀；20世纪70年代出现通货膨胀率加速上涨现象，在此10年的最后几年里，通货膨胀率曾高达两位数。而唯一持续性的通缩则出现在大萧条时期，物价水平在1932年和1933年的年下跌幅度超过10%。自2008年金融危机以来，美国已连续多年出现通货紧缩，平均通货膨胀率始终低位运行。

图8-6中的三个通货膨胀指标显示出这段时期的实际通货膨胀水平。在大部分估值中，我们强调的是预期通货膨胀。有两项指标旨在反映预期通货膨胀率，其中一项来自密歇根大学针对消费者通货膨胀预期进行的调查，另一项则由10年期名义利率和通货膨胀指数化的长期美国国债利率倒推而来：

$$预期通货膨胀率 = \frac{1-长期美国国债利率}{1-通货膨胀指数化长期美国国债利率} - 1$$

图 8-7 显示了这两项指标自 2003 年以来的变动情况，2003 年也是通货膨胀指数化长期美国国债开始交易的时间点。

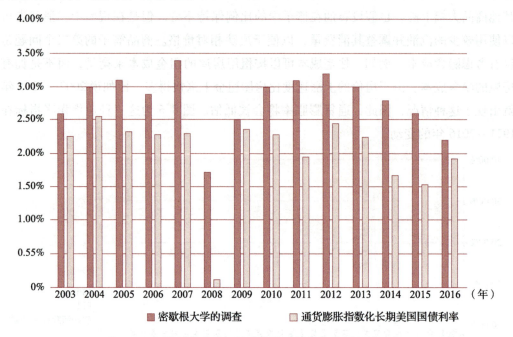

图 8-7　预期通货膨胀：消费者调查及长期美国国债利率

调查数字和以长期国债利率表示的通货膨胀率密切跟踪历史通货膨胀数字。尽管由长期美国国债利率倒推而来的预期通货膨胀率始终低于调查得到的预期值，但在此期间，它确实更符合实际通货膨胀率的走势，因而拥有更好的预测能力。

通货膨胀、收益和股价

正如我们在本节开始时指出的那样，预期通货膨胀率之所以和估值有关，是因为收益和股息均有可能受通货膨胀率变化的影响。为了检验这种关系，我们在图 8-8 中列示了标准普尔 500 指数的总收益率和通货膨胀率（以 CPI 衡量）在长期内的对应关系。

请注意，尽管名义收益率在高通货膨胀期间以较高速度增长，但这种关系中存在着巨大噪声，尤其是在通货膨胀发生变化的年份。例如，1971~1980 年，年均通货膨胀率为 8.19%，但在此期间，收益率则以 10.57% 的年复合增长率增长，而且在该 10 年的最初几年里，收益率增长率滞后于通货膨胀率，这就导致收益的实际增长率略低于 2.5%。1981~1990 年，通货膨胀率下降到 4.47%，名义收益增长率也降至 4.74%，由此得到的实际收益增长率几乎接近于零。自 2008 年以来，收益增长率与通货膨胀率之间的关联性日趋弱化，这再次验证了全球化效应的影响。

企业在高通货膨胀期间实现的收益高速增长，似乎说明高通货膨胀有利于股价和企业价值。为检验这个命题是否属实，我们在图 8-9 中列示了通货膨胀率与标准普尔 500 指数变动在 1928～2016 年的关系。

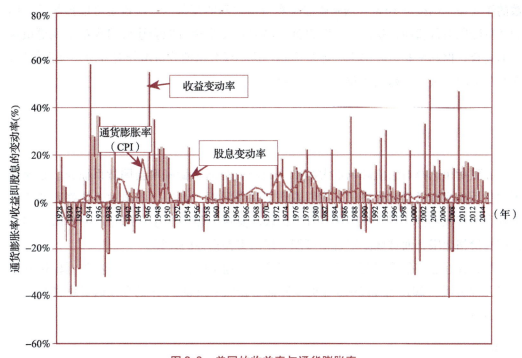

图 8-8　美国的收益率与通货膨胀率

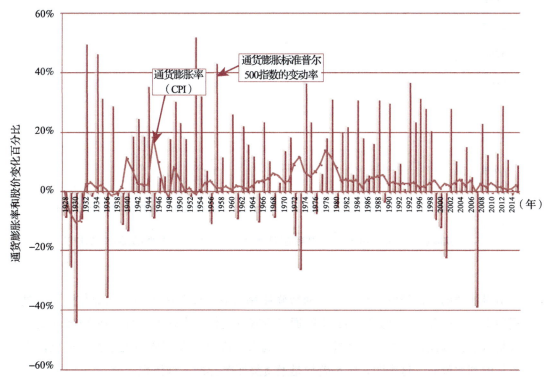

图 8-9　美国的股票价格和通货膨胀率

在股票价格方面，我们很难找出任何模式。20世纪70年代，标准普尔500指数每年仅增长10%左右，盈利增长保持稳健；在通货膨胀率维持低位的1981～1990年，指数的年收益率则接近16%。通货膨胀率和价值之间的复杂关系应该是可以预料的，因为通货膨胀对价值而言就是一把双刃剑。高通货膨胀率可能会让公司收益实现更快速度的增长，但利率和折现率也会随之提高，这不仅会抵消收益增长对价值的提振效应，在某些情况下甚至会超过收益的经济影响。

不同货币的通货膨胀率

导致货币选择对估值影响重大的唯一原因就是通货膨胀率会因货币而异。在比较不同货币的实际通货膨胀率时，我们遇到了两个问题。首先，各国对通货膨胀的衡量方式存在很大差异，因而难以进行直接比较。其次，很多国家对部分产品和服务实行强制性价格上限，而这些固定价格可能会扭曲提振指标的计算。

尽管存在这些估算问题，但比较不同货币的通货膨胀率仍是有意义的。图8-10显示了7种货币在2015年和2016年的实际通货膨胀率及2017年的预期通货膨胀率。

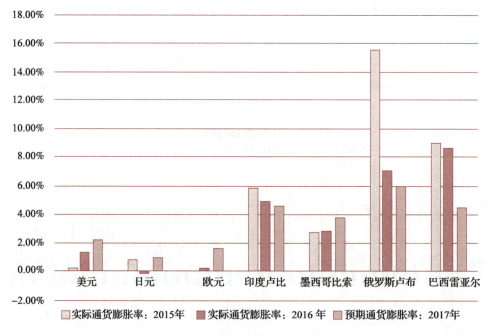

图8-10　不同货币的通货膨胀率

值得注意的是，俄罗斯和巴西的通货膨胀率最高，印度和墨西哥的通货膨胀率处于适中水平，而美国、欧元区和日本的通货膨胀率较低。实际上，日本在2016年曾出现通货紧缩，因此，日本的利率处于史上最低水平应该是顺理成章的事情，而巴西和俄罗斯的利率最高，这表明，汇率差异是通货膨胀差异的一种体现。

估值难点

在通货膨胀这个问题上，分析师的错误五花八门，针对世界不同地区各有不同，这主要源于各个国家通货膨胀历史的差异。在出现过高通货膨胀甚至是恶性通货膨胀的国家，分析师往往会耗费大量时间去研究适合于估值的通货膨胀率，而在通货膨胀率水平较低且保持稳定的国家，分析师往往会忽略通货膨胀。纵观这两个群体，他们在通货膨胀方面的问题主要体现为：

- **混用货币**：尽管这里无须重复我们在第 6 章里针对币种的讨论，但有一点需要重申的是，我们选择的货币之所以会给估值中采用的数字带来影响，唯一的原因就是我们使用的预期通货膨胀率。基于这个原理，我们在估值中可能出现的最危险的一个错误，就是混用不同的货币，也就是说，用一种货币估算现金流，用另一种货币估算折现率。对于拉美和土耳其的市场分析师而言，由于对当地的高通货膨胀货币缺乏信心，促使他们最终会选择美元进行估值，但他们需要当心的是，折现率很容易转换为美元，但如果处理不当，会造成现金流依旧以当地货币计算（这往往是因为增长率是根据以当地货币表示的历史数据得到的）。使用币种错配会导致公司价值被高估。而在币值稳定的市场上，分析师同样会出现这种币种错配问题，这种错配往往源自更微妙的问题，并出现在所处经济正在经历通货膨胀的转变时期，即从低通货膨胀到高通货膨胀，或是由高通货膨胀转为低通货膨胀。同样，出现这个问题的原因是影响现金流的很多基础数值（如增长率和资本收益率）来自以往的低通货膨胀率时期，而折现率则反映了高通货膨胀率的目前状态。这就导致分析师低估公司价值，比如在 20 世纪 70 年代美国通货膨胀率快速上升时期，很多美国分析师都遇到这样的问题。

- **内在的不一致性**：预期通货膨胀率几乎会影响到估值的每个输入参数，因此，如果为反映不同通货膨胀预期而改变某个参数而保持其他参数不变，就会出现参数不一致的问题。所以，较高的通货膨胀率会转化为较高的折现率和增长率，但这种影响不仅限于这两个数字。衡量会计收益的指标，如股权收益率和已投资本收益率，通常都是按名义价值计算的，而且必将受到估值期间通货膨胀率的影响。正如我们将在下一节中看到的那样，汇率以及按汇率预测得到的所有估计值也会如此。我们很容易看到，在通货膨胀率发生变化时，如果只对某个参数（如折现率）进行选择性调整，而对其他输入参数相应进行调整，那么会出现内在不一致的估值。

- **过度纠结于通货膨胀率的对错**：高通货膨胀率会给所有承受者带来经济和情感上的伤害。在经历了不稳定的通货膨胀时期之后，分析师很自然地会痴迷于如何找到最准确的通货膨胀率数字，并且会错误地做出假设——只要你采用的通货膨胀率在数字上准确,你的估值也一定是准确的。那么,何以称这个假设是错误的呢?我们很难预测通货膨胀率,而且即使能保证估值的一致性,它对估值的影响也是难以量化的。尽管高估通货膨胀率会导致估值采用的现金流和增长率过高,但这又会被同样高估的折现率所抵消。有意思的是,当分析师将更多精力用来寻找正确的通货膨胀率并利用这个数字进行估值时,反倒有可能导致估值偏离正轨。

估值方案

在估值中,针对通货膨胀率采取的补救措施完全可以借鉴实际经济增长率的原则——越少越好。具体可以遵循如下基本原则:

- **了解货币**:要以合理的方式解决通货膨胀率问题,第一步同时也是最关键的一步,就是了解你选择用来估值的货币,包括从现金流、增长率到折现率等所有估值变量。因此,我们不能询问管理人员打算以多大的增长率来预计未来 5 年的收入,因为这样的要求可能会让你得到按不同货币计量的数字,相反,你应该要求他们采用以某种特定货币计量的增长率,如果找不到这个按特定货币表示的增长率数字,至少应该清楚计量增长率所采用的货币,以便于按你的要求进行货币转换。
- **通货膨胀率计量的一致性**:按照同样的逻辑,不应不加选择地接受给定的输入变量,尤其是来自外部渠道的参数,而是应该考虑这些参数中包含的通货膨胀率成分。因此,如果你正在估算过去 5 年收入的历史增长率,就应取得同期的通货膨胀率。如果通货膨胀形势在此期间发生变化,可对通货膨胀率数字做相应调整。作为所有估值项目的一个标准,尤其是估值货币处于高通货膨胀的不稳定形势时,我们有必要核对所有估值参数,看看这些参数隐含的通货膨胀率或是明确包含的通货膨胀率是否一致。
- **对通货膨胀率问题的落脚点**:最好的消息或许就是,保证通货膨胀率数字的正确性并不那么重要,相反,最重要的是确保我们用来预测现金流和折现率的通货膨胀率数字相互匹配。

如果你仍纠结于通货膨胀预期以及它会如何影响你的估值,那么我们这里有一个简单的建议。在对一家公司估值时,我们可以对受通货膨胀影响的折现率、现金流和增长率等输入变量做出明确假设,并以此对估值结果进行检验。随后,改变通货膨胀率,并分析这种调整对所有输入变量的影响,以及最终对估值结果的影响。你会注意到,只要保持一致性原则,通货膨胀给价值带来的影响会远远小于你的预期。按照这种做法,你就可以减少在估计或预测未来通货膨胀率上耗费的精力,因而有更多时间去研究真正重要的估值参数。

汇率

与实际经济增长率及通货膨胀率一样，我们对汇率的观点同样会影响到我们对个别公司的估值。在本节中，我们首先将考虑汇率的重要性，而后再探讨在汇率问题上有可能导致估值偏离正轨的实践做法。

汇率何以如此重要

汇率的既往变化和未来预期都有可能对估值产生影响。对于有海外业务的公司而言，其披露的收入会因汇率变化而变化。汇率的有利变动会给它们带来更高的收益，而反向变动则会造成巨大损失。但需要注意的是，到底怎样的汇率变动是有利的或是不利的，还要取决于海外收入的性质。如果公司的成本发生在国内，而收入则来自海外，那么本币的贬值会导致收益增加。另外，如果公司的成本发生在海外，但收入主要来自国内市场，比如说一些软件公司即是这种情况，那么本币的疲软则会造成收益恶化。对未来汇率变化的预期还体现在预期增长率的差异上。因此，如果我们预计本币会随着时间的推移而继续贬值，那么就会预期拥有海外收入的公司收益大量增长。另外，对成本发生在海外的公司而言，这样的预期则会给收入增长带来相反的效应。对汇率的看法甚至会影响到只从事国内业务的公司，因为它们相对于海外对手的竞争优势会受到汇率预期的影响。如果预计本币贬值，那么与纯粹的国内公司相比，外国公司将处于劣势，这进而会影响到国内公司的未来增长、收入和收益预期。

在新兴市场，关于汇率的看法有时可能会发挥超乎寻常的作用，因为分析师为方便起见，往往会选择以外币对新兴市场的企业公司进行估值。因此，很多拉美公司的估值都以美元计价，因为针对本币的无风险利率和风险溢价更难以估计，但这就要求同样以美元计量这些公司的未来现金流，尽管实际发生的现金流可能以墨西哥比索或是巴西雷亚尔计价。为了把以当地货币计价的现金流转换为美元现金流，就需要借助于未来的预期汇率（本地货币兑美元）。

针对汇率的观点和预期还会以另一种方式影响估值。在汇率剧烈波动时，一些公司会选择对货币头寸进行对冲保值，由此招致的对冲成本会降低营业利润和企业价值。但其他公司有可能利用汇率变动进行投机式赌博，如果判断正确，它们会大赚一笔，但如果失误，就有可能遭受巨大损失。因此，在对公司进行估值时，我们还需了解针对未来汇率走势进行的对冲保值或投机活动，但这些信息显然不易取得。

回顾历史

在 1971 年以前，全球金融还在执行固定汇率制度。只有在政府进行货币贬值或重估币值时，汇率才会发生变化。由于这种固定汇率往往不能反映经济的真实面貌（通货膨胀率、市场利率和经济体的真实增长率），因此，当市场汇率与官方汇率出现较大背离时，对高估和低估最严重的货币，就会出现黑市。在1971年的布雷顿森林会议之后，主要货币允许上浮（并皈依市场价格），但大多数新兴市场仍继续实行固定利率结构，有些国家甚至至今还在沿用固定汇率制。

市场历史最悠久的货币无疑是美元、英镑、瑞士法郎和日元。在图8-11中，我们可以看到以美元和按贸易额加权的美元为基准，这些货币相对于主要货币的汇率变动情况。

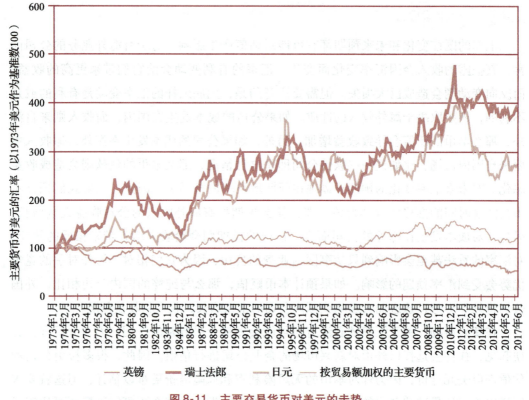

图 8-11　主要交易货币对美元的走势

需要注意的是，币值上升表示本币对美元走强，如瑞士法郎和日元；币值下降则表示本币对美元的价值走弱，如英镑。这里有两个问题需要提醒。首先，不同货币的币值往往沿不同方向移动。在此期间，美元相对英镑出现升值，而对瑞士法郎和日元则大幅贬值。对每一种货币，升值和贬值变动均存在很长的周期。比如说，相对于瑞士法郎，美元在1980年出现贬值，但在20世纪80年代上半段则强劲升值，而在下半段又再度转为贬值。币值的相对变化在一定程度上归结于经济的基本面——在20世纪七八十年代，日元对其他主要货币的强势升值反映出日本正在崛起成为新的全球经济强国，但也有变动源自货币发行国有意而为之的政策。美国在2001年以后就曾积极推动美元贬值，以提高美国公司在海外市场的竞争力。

图8-12显示出美元对欧元的走势，欧元于1999年取代了各成员国货币（如法国法郎和德国马克）而成为欧盟通用货币。

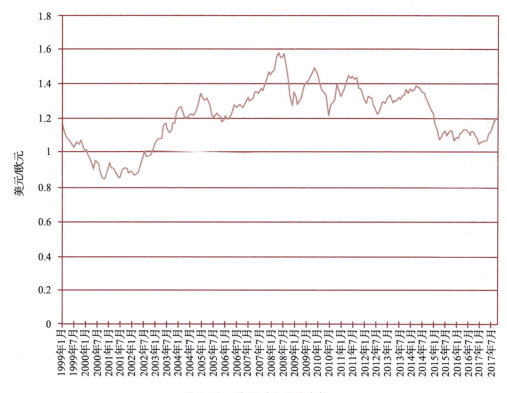

图 8-12 欧元对美元的走势

欧元于 1999 年 1 月推出后,最初曾出现贬值,并在当年 6 月达到 0.85 美元/欧元,但此后对美元的汇率一路提升,在 2008 年 4 月达到历史高点,突破 1.575 美元/欧元的关口,但在过去 10 年里持续下行,并在 2016 年 12 月下跌至 1.05 美元/欧元,直到 2017 年才开始反弹。

在过去的 20 年中,一些新兴市场货币纷纷采取了市场定价政策。与图 8-11 及图 8-12 中显示的发达市场货币相比,这些货币价值的波动性更大。图 8-13 为墨西哥比索、印度卢比、巴西雷亚尔和人民币在 1995~2017 年的币值走势。

1995~2002 年,巴西雷亚尔兑美元汇率几乎下跌了 80%,但是 2002~2008 年增值两倍多。2012~2015 年,巴西雷亚尔兑美元汇率再次转向,几乎下跌一半,直到 2016 年和 2017 年才趋于稳定下来。这些汇率的波动并不让人感到意外。短期内的走势源于这些市场的政治动荡和经济波动,但汇率的长期走势则更多地反映了各国通货膨胀率的差异。1995~2017 年,印度卢比、墨西哥比索和巴西雷亚尔兑美元汇率的跌幅均达到甚至超过一半,而同期的人民币兑美元汇率则不断走强。

虽然传统观点认为,美国、日本和西欧等成熟经济体(有相近的通货膨胀率)的货币价值不会出现剧烈震荡,但我们在第 7 章中提到的 2008 年全球金融危机,或许会促使重新思考这个命题。图 8-14 为美元兑欧元、日元和巴西雷亚尔汇率在当年 9 月 12 日~10 月 16 日的走势。

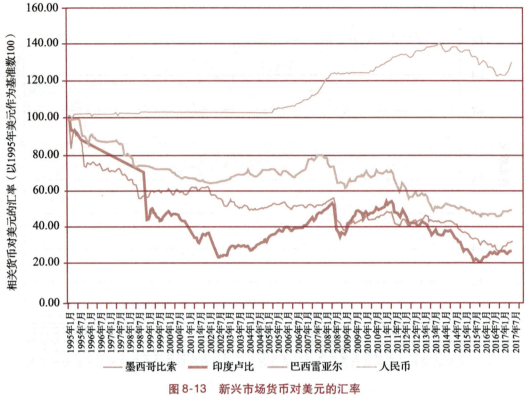

图 8-13 新兴市场货币对美元的汇率

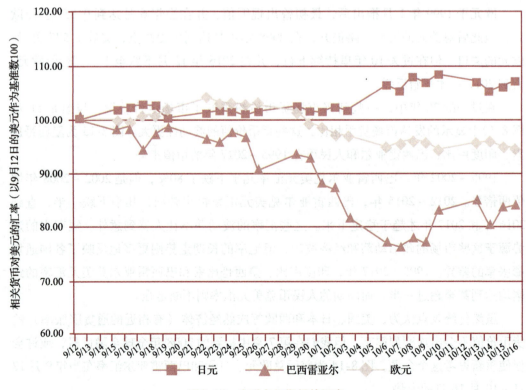

图 8-14 金融危机期间的汇率

虽然巴西雷亚尔的波动或许是可预测的,但欧元的大幅贬值(兑美元的汇率已下跌近8%)和日元的升值(上涨约10%)表明,汇率波动不只局限于新兴市场国家的货币。

估值难点

几十年前,当大多数企业在国内市场取得全部或大部分收入时,分析师自然无须考虑或是处理汇率问题,但这样的日子早已一去不复返了,因为大多数公司的主要乃至全部收入来自国外市场,甚至是那些没有发生其他货币成本的公司,也不例外。因此,逃避汇率已不再是可行的选择,因为汇率变动会影响它们的收入增长、营业利润率甚至折现率。遗憾的是,分析师处理汇率的方式往往给他们带来估值错误,而以下做法就是这些错误的根源:

- **推导即期汇率**:在对拥有外币收入或成本的企业进行估值时,分析师使用当期汇率对未来现金流进行转换,而且这样的估值实践居然司空见惯。这种情况尤其常见于期货市场很有限或是尚不存在的货币,为此,分析师给出的理由就是他们别无选择。但在这个过程中,他们会将不一致的通货膨胀假设引入估值,这个问题可以这样理解:假设你用美元对一家印度公司进行估值,比如说巴贾杰摩托车公司,并计算其美元的资本成本。此外,还假设你预测了以印度卢比计价的现金流,并使用即期汇率(美元/卢比)把这些现金流转换为美元。在这个过程中,你的现金流中包含了4%~5%的卢比通货膨胀率,在计算出的资本成本中则嵌入了1.5%~2%的美元通货膨胀率。因此,你对巴贾杰摩托车公司做出过高估值自然也就没有什么大惊小怪的了。

- **对汇率的观点**:另一种错误则恰恰相反,分析师对未来汇率持有强烈的个人看法,并义无反顾地把这种观点纳入估值中。如果你聘请咨询公司预测汇率并向它们支付服务费,这个问题会更糟糕,因为你会觉得,既然是花钱买到的东西,就一定要将它们用到估值中。结果会怎样呢?假设你以美元重新对巴贾杰摩托车公司进行估值,但你认为,尽管卢比的通货膨胀率较高,但在未来5年内有可能会升值。如果使用这些预测的汇率,就会导致巴贾杰摩托车公司的估值更高,但这显然会让你面临这样的风险——你如何判断美元/卢比汇率以及如何看待公司未来,两种观点会共同影响到你的结论。实际上,假如让前者决定你的结论,那么作为投资者,你赚钱的方式自然会容易得多:你只需预测汇率期货市场,而不必绞尽脑汁地去研究汽车股板块。

- **货币风险**:如果说折现现金流估值法的本质,就是用风险调整后的折现率对预期现金流进行折现,那么在投资于存在汇率风险的公司时,投资者似乎有理由要求得到更高的预期收益率。按照这个逻辑,我们可以预期,对海外收入占全部收入近一半的可口可乐公司而言,其股权成本应高于收入来源主要是美国的怪兽饮料公司。然而，这个推论显然忽略了风险指标的一个关键组成部分，即在衡量公司的风险时，投资者应考虑这笔投资给整个组合带来的额外风险，而不是孤立地看到投资本身的风险。即使你只投资于在美国成立的公司，汇率风险的影响依旧难以逃避，在你的投资组合中，某些公司会因为美元的坚挺而受伤，也有些则会因此而受益。事实上，随着投资者的投资标的日趋多元化和全球化，它们或许会借助于交易型开放式指数基金，因此，你可能会说，货币风险正在成为一种可分散的风险，因而无须对货币风险进行折现率调整。另一个需谨慎考虑的原因也会促使以提高折现率的方式体现货币风险。作为一种宏观经济风险，汇率风险也是全球最常见的对冲标的，很多公司都在使用远期、期货和期权等工具隔离汇率变动对收益的冲击。

随着我们的预测工具变得越来越复杂、数据越来越丰富，我们很容易会陷入自己挖掘的陷阱，自以为是地以为我们能预测汇率，并将其纳入估值中。如果你的任务就是对一家公司进行估值，而不是拿汇率玩定价游戏，那么让自己成为汇率预测者只会让你折戟而归。

估值方案

对分析师来说，很难让他们的估值摆脱其汇率观点的影响。为避免让汇率观点左右你的估值，我们建议各位应遵循一些简单的规则：

- **使用购买力平价**：在形形色色的汇率会议上，我们最先听到的理论之一就是购买力平价的概念，即汇率的变化将导致不同货币具有相同的购买力。因此，随着时间的推移，拥有较高通货膨胀率的货币会相对于拥有较低通货膨胀率的货币出现贬值，而且汇率的这种变化可以表述为两种货币之间通货膨胀率差额的函数。例如，在从现在开始的第 n 期，一种外汇（FC）兑美元（$）的预期汇率可表述为这种外汇的预期通货膨胀率和美国预期通货膨胀率的函数：

$$第n年的预期汇率_{FC/\$} = 即期汇率 \times \frac{(1 + 预期通货膨胀率_{FC})^n}{(1 + 预期通货膨胀率_{\$})^n}$$

- 尽管有人会提出反对观点，购买力平价或许在长期内成立而在短期内并不成立，但这种批评显然是经不起仔细推敲的。即使你认为汇率的变动方向不同于按购买力平价预测的方向，但需要提醒的是，在你的估值中，保持通货膨胀率一致性的唯一方法，就是假设汇率的长期变动走势终究要反映两种货币之间的通货膨胀率差异。那么，远期市场或期货市场的预测汇率又怎样呢？考虑到这些汇率均为市场定价，因此只要使用和远期利率一致的通货膨胀率，就不会出现任何问题。也就是说，如果外币兑美元的远期市场汇率预计贬值3%，那么该货币的通货膨胀率就应该比美国的通货膨胀率高出3%左右。

- **隔离汇率观点对估值的影响**：即使你坚信，汇率会随着时间的推移而趋向于特定方向，但不管这种观点是基于你对经济基本面的分析还是对市场动力的判断，出于我们在上一节中指出的原因，务必不要让它影响到你的估值。实际上，考虑到我们在汇率预测方面的尴尬记录，这种做法不仅可以为你省钱，还会减少你的估值错误。
- **从投资者的视角看待汇率风险**：在第2章中讨论折现率时，我们曾指出，必须从一家公司边际投资者的角度来估计汇率风险，而不是站在你我的立场上。正是基于这样的观点，我们才认为，只有不可分散的风险才需要纳入折现率中，而不是全部风险。用这种观点认识汇率显然是有益的，因为它会让我们关注谁是一家公司的边际投资者，以及他们是如何看待汇率风险的。考虑到边际投资者是分布于全球各地的机构（例如黑石或富达国际），因此，我们应认为，汇率风险会导致收益的波动和股价的变化，但这显然不意味着一定要提高折现率。如果你的估值对象是一家小型上市企业或私营企业，那么这个结论或许会值得推敲，但这显然是一个值得探讨的话题。

你或许会觉得，有必要使用一种单独的工具来处理宏观经济变量。如果你的估值对象对宏观经济形势（真实增长率、通货膨胀率或汇率）极为敏感，那么你可以使用模拟估值法，利用这些变量的概率分布对公司进行估值。因此，在对周期型企业进行估值时，不应以某个数值点代表真实经济增长率，相反，我们可以采取更现实的方法，根据实际经济增长的分布，为被估值公司给出一个价值区间。

本章小结

每个企业的价值都依赖于我们对整体经济、通货膨胀率和汇率的未来预期。面对如此之多的不确定因素，可以想象，分析师要对这些变量做出合理假设是多么困难。对此，有些人不能或是不愿意做出明确假设，于是，他们通过估值中使用的公司具体数字做出隐形假设。有些人根据上年度的数据预测未来年度的变量，从而把上年度真实经济、通货膨胀率和汇率的一举一动全部纳入未来的估计和估值中。还有些人对宏观经济变量的未来走势做出强假设，并通过这些假设对估值过程施加重大影响。

正如我们在本章所看到的，我们需要的是一种模式。对于实际经济增长率、通货膨胀率和汇率，我们建议采取如下两种处理方式。首先，不管你对这些变量的未来走势多有信心，务必不要将你的这些个人观点带入公司估值中。作为资产配置过程的一部分内容，你可以利用自己的宏观观点做出判断——你是否应该投资股票、应投资于哪些板块以及应集中于哪个领域。其次，宏观变量会影响到所有估值参数；也就是说，增长率、现金流和折现率以及内部一致性问题要比这些变量的正确性更为重要。

The Dark Side of
Valuation

第三部分

生命周期各阶段的估值难点

第 9 章　蹒跚学步：年轻的初创企业
第 10 章　崛起之星：成长型企业
第 11 章　长大成人：成熟型企业
第 12 章　日落西山：衰退型企业

第 9 章 The Dark Side of Valuation

蹒跚学步
年轻的初创企业

对处于生命周期早期的企业进行估值显然不是一件易事，部分原因在于这些企业缺乏经营历史，还有一部分原因是大多数初创企业尚未走出初创阶段并取得成功。本章着眼探讨了我们在估值初创企业时面对的挑战，并介绍了很多从事初创企业估值者为得到企业价值而采取的捷径。对于初创企业的估值，尽管很多通过长期实践而形成的规则确有其合理之处，但也有一些规则不可避免地会带来错误和偏差值。

身处经济大潮中的初创企业

虽然说企业家应该为经济增长提供动力的观点早已成为陈词滥调，但毋庸置疑的是，任何一个充满活力的经济体都需要大量朝气蓬勃的新生创意企业，并通过努力在市场上站稳脚跟。在本部分里，我们首先将探讨初创企业在企业生命周期中的位置以及它们在整体经济中扮演的角色。之后，我们将进一步探究初创企业的某些共同特征。

初创企业的生命周期论

如果说每个企业都脱胎于一个想法，那么初创企业则呈现出梯次推进的序列（见图9-1）。有些初创企业至少从商业角度来看还尚未成形：企业的所有者刚刚形成一种创业理念，他们认为这种创意将填补市场上某个尚未满足的需求。有些初创企业则更进一步，不仅小有规模，而且已经把创意升级为商业产品，只是还收入有限或者尚未取得收入。还有一些初创企业在走上商业成功的道路上已初见成效，它们的产品或服务已经找到市场，不仅已实现收入，体现出市场潜力，而且至少已略有盈余。

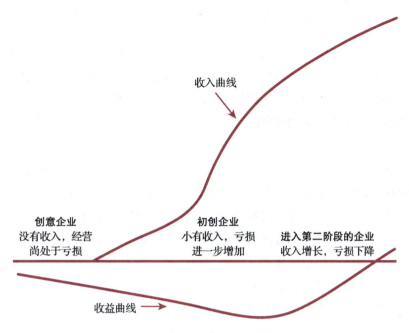

图 9-1 处于生命周期中早期阶段的企业

由于初创企业在规模上通常很小，因此它们在整个经济中构成了很小的一个部分。但出于如下诸多方面的原因，它们在整体经济中往往扮演着与规模不成比例的重要角色。

- **就业**：尽管鲜有仅针对初创企业就业问题的研究，但相关证据确实表明，小企业创造新就业岗位的能力远不是其规模所能体现的。按照美国独立企业联合会的估计，在近几年中，美国新创造就业岗位中约有 2/3 来自小企业，而且这些新就业岗位中的很大一部分又来自初创企业。㊀
- **创新**：早在 20 世纪 90 年代初，来自哈佛商学院的战略研究大师克莱顿·克里斯坦森（Clayton Christensen）认为，突破性的创新，或者说颠覆传统经济运行机制的创新不太可能来自成熟型企业。它们已经拥有太多，而创新或将会让它们丧失既得利益。突破性创新更可能来自一无所有、无所畏惧的创业企业。因此，在线零售业的开创者只能是初创的创业先锋亚马逊，而不是传统的大型零售商。
- **经济增长**：至少在过去几十年中，增长最快的经济体大多是那些新企业出生率较高的经济体。因此，美国的经济增长速度之所以能在 20 世纪 90 年代远远超过西欧国家，主要得益于小规模高新技术企业的快速增长。印度的经济增长同样依赖于小公司，而不是来自现有企业。

初创企业的特点

正如我们刚才提到的，初创企业是多种多样的，但它们也有某些共性。在本节中，

㊀ 《NFIB 小企业政策指南》，"来自小企业的贡献"。

我们将探讨这些共同的属性，并着重强调初创企业估值所面对的主要问题：

- **没有经营历史**：初创企业的历史非常有限，这显然是最大的风险。在这些企业中，很多或许只拥有一两年的经营和财务数据。比如说，有些初创企业拥有的财务数据可能还不到一年。刚刚新鲜出炉的企业甚至还没有可以出售的产品，尚停留在产品和市场创意阶段。
- **收入微不足道甚至没有收入，经营尚处于亏损状态**：初创企业的历史很短，而且这段历史中只包含很少的经营细节，导致其价值非常有限。处于创业阶段的企业收入微薄，甚至还没有收入，费用往往与企业的创建有关，而不是创造收入。各种要素综合起来，这些企业会出现严重的经营亏损。
- **依赖于私募股权**：除少数特殊情况外，初创企业依赖私募股权投资，而不是公开市场。在创业初期，股本几乎全部由创始人（及其朋友和家人）提供。随着未来成功的前景逐渐明朗以及企业对资金需求的增加，以获取公司所有权份额为目的的风险投资者也逐渐成为股权资本的来源。
- **生存概率有限**：大多数初创企业活不到看到成功的那一天。很多研究为这种观点提供了佐证，只不过这些研究得到的失败概率有所不同。一项针对5196家澳大利亚初创企业的研究发现，每年都会有9%的初创企业宣告夭折，10年期间的失败比例更是高达64%。⊖根据美国劳工统计局《就业与工资季度普查》（QCEW）提供的数据，Knaup和Piazza（2005，2008）计算了多家企业的生存统计情况。⊖此次普查涉及公共和私营部门的890多万家美国企业的信息。在1998～2005年的7年数据库中，两位学者得出的结论是：在1998年成立的全部企业中，44%的企业存活期达到4年，只有31%的企业能存续到第7年。此外，他们还将这些企业划分为10个行业，并对每个行业的生存率进行了估算。表9-1列示的结果为每个行业和全部样本中每年生存下来的企业所占比例。

表 9-1　创建于 1998 年的新企业的生存比例　　　　　　　　　　　　　　（%）

	第1年	第2年	第3年	第4年	第5年	第6年	第7年
自然资源	82.33	69.54	59.41	49.56	43.43	39.96	36.68
建筑业	80.69	65.73	53.56	42.59	36.96	33.36	29.96
制造业	84.19	68.67	56.98	47.41	40.88	37.03	33.91
运输业	82.58	66.82	54.70	44.68	38.21	34.12	31.02
信息行业	80.75	62.85	49.49	37.70	31.24	28.29	24.78
金融行业	84.09	69.57	58.56	49.24	43.93	40.34	36.90
商业服务	82.32	66.82	55.13	44.28	38.11	34.46	31.08

⊖ John Watson and Jim Everett, 1996, "Do Small Businesses Have High Failure Rates?" *Journal of Small Business Management*, v34, pp. 45-63.

⊖ Knaup, Amy E., May 2005, "Survival and longevity in the business employment dynamics data," *Monthly Labor Review*, pp. 50-56; Knaup, Amy E. and M. C. Piazza, September 2007, "Business Employment Dynamics Data: Survival and Longevity," *Monthly Labor Review*, pp. 3-10.

（续）

	第1年	第2年	第3年	第4年	第5年	第6年	第7年
医疗服务	85.59	72.83	63.73	55.37	50.09	46.47	43.71
休闲娱乐	81.15	64.99	53.61	43.76	38.11	34.54	31.40
其他服务业	80.72	64.81	53.32	43.88	37.05	32.33	28.77
所有公司	81.24	65.77	54.29	44.36	38.29	34.44	31.18

- 需要提醒的是，各行业内的企业生存率不尽相同。在信息行业（包括高科技）中，只有25%的企业能存活到7年。另外，近44%的医疗服务企业可以存续到这个时期。表9-2提供了将上述样本延续到2015年的更新数据，数据仍来自美国劳工统计局。

表9-2 新成立企业的生存率，2005~2015年　　　　（%）

年份	2005	2006	2007	2008	2009	2010	2011	2012	2013	2014	2015
0	100	100	100	100	100	100	100	100	100	100	100
1	80	78	77	75	77	79	79	79	80	80	不适用
2	69	66	64	63	66	69	69	69	69	不适用	不适用
3	60	57	56	57	60	62	62	62	不适用	不适用	不适用
4	53	50	50	52	55	56	56	不适用	不适用	不适用	不适用
5	47	45	46	48	50	51	不适用	不适用	不适用	不适用	不适用
6	43	42	43	44	46	不适用	不适用	不适用	不适用	不适用	不适用
7	41	40	40	41	不适用	不适用	不适用	不适用	不适用	不适用	不适用
8	38	37	38	不适用	不适用	不适用	不适用	不适用	不适用	不适用	不适用
9	36	35	不适用	不适用	不适用	不适用	不适用	不适用	不适用	不适用	不适用
10	34	不适用	不适用	不适用	不适用	不适用	不适用	不适用	不适用	不适用	不适用

（存续时间（年））

- 根据这张表格，我们可以看到，在2005年创立的全部企业中，有34%的存活期达到10年，在2015年仍存在；在2006年创立的企业中，则有35%存活到了2015年，存续期达到9年。在上述时间范围内，生存率始终维持在较低水平，并受到整体经济的影响，这一点体现在2008年和2009年的银行业危机期间较为明显，企业失败的比例略高于其他时期。还需注意的是，企业在成立最初几年里的失败率最高，如果一家企业能熬过第3年或者第4年，其失败率将会显著下降。
- 股权的多重索取权：初创企业需要反复筹集股权资金，对前期参与融资过程的股权投资者而言，后续股权投资者的参与有可能会减少他们的投资价值。因此，为确保前期投资者的利益，初创企业的股权投资者通常会要求取得保护，以免出现这种情况。作为一种保护形式，他们可以对经营和清算现金流拥有第一索取权。此外，投资者还可以通过控制权或否决权，在公司的经营决策过程中取得发言权。由此可见，初创企业股权所能享有的索取权可能体现在诸多方面，进而影响到股权价值。

估值问题

初创企业的历史有限，股权资源来源于私人渠道，而且极易遭受夭折，这些事实都会加大对其估值的难度。在本节中，我们首先考虑在折现现金流估值法中可能遇到的问题；随后，我们再谈谈这些问题对相对估值法可能带来的影响。

内在（DCF）估值法

第 2 章介绍了构成内在估值法的四个基本要素，即现有资产创造的现金流、未来增长创造的价值、折现率中包含的风险以及对进入成熟期企业的判断。对于初创企业来说，每个要素都将成为极大的挑战，而且这些挑战最终都可以归结于它们的共同特征。

现有资产

评估现有资产价值的标准方法，就是根据公司的当前财务报表和历史业绩来估计这些资产的现金流，在此基础上确定其价值。对某些初创企业来说，现有资产占公司整体价值的比例太小，以至于花费精力去估计现有资产的价值毫无意义。而对现有资产确实有可能拥有一定价值的初创企业而言，最大的问题就是公司的现有财务报表几乎无法为估值提供任何有价值的信息，造成这种情况的原因可能是：

- 由于缺乏历史数据，因此在宏观经济形势趋于恶化时，我们很难估计来自现有资产的收入会如何变化。换句话说，如果你只取得 1 年期的财务数据，那么你很难判断这一年的收入到底是昙花一现还是可持续的。此外，缺乏此前年度的数据，还会导致我们难以分析收入在企业调整定价政策或是面临新竞争对手时会如何变化。
- 初创企业为追求未来增长而投入的费用往往与创造当前收入发生的费用混在一起。比如说，在某些初创企业，销售管理费用达到收入 3~4 倍的情况司空见惯，因为这些企业需要在其中列支培育未来客户的开销。因此，要评估现有资产的价值，我们就必须将这些费用与名副其实的运营费用分开，但这并非易事。通常，即使财务报表可以为评估现有资产价值提供相应的历史数据，这些资产也只能代表初创企业整体价值中的一小部分。这意味着，如果要对这个企业估值，那么你就应该减少花费到这个价值构成要素上的时间，用更多的时间去估算增长型资产的价值。

增长型资产

初创企业的大部分价值来自增长型资产。因此，能否合理估算这些公司的价值，核心问题同时也是最大的障碍，就是如何对增长型资产进行估值。我们在对初创企业估值时经常遇到的问题包括：

- 这些企业要么缺乏收入，要么缺少历史记录，这意味着，我们在估算未来收入时无法使用以往的收入增长率。在这种情况下，我们往往会依赖于公司自己对未来收入的估计，而这些数字必然夹杂着各种各样的偏见和误差。
- 即使我们可以估算未来几年的收入，但仍需要估计未来若干年的收益会如何随着收入的变化而变化。同样，初创企业往往倾向于报喜不报忧，而且缺少经营收入历史这一事实，注定会导致我们难以评价公司的未来利润率。
- 我们在第2章里曾指出，决定价值的要素并不是收入乃至收入增长本身，而是增长的质量。为判断增长的质量，我们需要考察公司用来创造预期增长的再投资规模。为此，我们认为，只有当公司实现的资本收益率高于增长性投资的资本成本时，才会形成具有价值创造效应的增长。这个简单明了的概念显然是对初创企业再直接不过的考验，因为它们的新增投资几乎没有任何创造预期资本收益的基础。历史数据也无法为估值提供太多的参考，因为公司以往的投资屈指可数，而且这些投资也是在近期内发生的。在这种情况下，当期资本收益率通常会成为估计未来收益率的起点，而初创企业目前的收益率往往还是负数。总之，我们很难预测初创企业的未来收入及营业利润率增长情况。而再投资假设必须与增长率假设保持一致的要求，则让上述问题雪上加霜。

折现率

估计公司风险和得出折现率的标准方法取决于公司股票的市场价格。为此，我们可以根据市场指数收益率对股票收益率进行回归，以估算股权的贝塔系数，并根据公开交易债券的目前市场价格来估计债务成本。此外，基于公司边际投资者具有多元化特征这一假设，估计股权成本的传统风险–收益模型只强调市场风险，或者说，不能通过多元化投资而分散的风险。

对初创企业而言，这些假设显然是值得怀疑的。首先，大多数初创企业的股权尚未公开交易，也没有可公开交易的债券。因此，我们无法通过对历史收益率进行回归计算来获得股票的贝塔系数，或是用市场利率作为债务成本。更糟糕的是，初创企业的股权持有者要么完全投资于该公司（创始人），要么投资于多家公司（风险资本家）。因此，这些投资者不太可能接受这样的观点：唯一重要的风险就是无法通过多元化投资分散的风险。相反，他们至少会要求对公司的部分特殊风险得到补偿。最后，我们还指出，初创企业的股权资金可能来自诸多渠道，而且进入公司的时间及其所附带的条件可能相去甚远。可以想象的是，不同股权在索取权方面的差异或将导致它们具有不同的成本。因此，和仅对剩余现金流享有索取权的股权成本相比，对现金流享有第一索取权的股权成本可能会更低。

最后但也是最重要的风险当然就是夭折。正如我们在表 9-1 和表 9-2 中所看到的，很多初创企业无法成长为健康的盈利实体。尽管这种风险可能很大，却很难在折现率中得到体现，当然，也更难以被纳入现金流折现估值（DCF）模型中。DCF 衡量的是持续经营价值，而失败的概率则属于离散的一次性风险。因此，试图以提高折现率来反映夭折风险显然不符合持续经营以及 DCF 的基本概念。

终值

如果说终值构成一般性企业整体价值的很大一部分，那么它在初创企业价值中占据的比例只会更大。实际上，终值在初创企业当前价值的比例可以高达 90% 或是 100%，甚至超过企业价值的情况也不罕见。因此，作为估计终值的先决条件，针对企业会在何时达到稳定增长状态的假设以及稳定增长阶段的特点，很可能对我们评估初创企业价值产生重大影响，但这项任务显然会因为我们无力回答如下三个问题而复杂化：

- **公司能否走过创业阶段、活到稳定增长阶段？** 正如上一节中所指出的那样，很多初创企业永远都无法实现稳定增长，而且其终值也不会像持续经营企业给价值带来意外的收获。因此，估计企业在其生命周期早期生存下来的概率，显然是估值的一个关键组成要素，但这个概率的估计未必简单。
- **公司会在什么时候实现稳定增长？** 即使我们假设一家公司能在未来实现稳定增长，但是要估计何时会出现这种情况非常困难。毕竟，有些企业可以在几年内达到稳定状态，而有些企业则在进入成熟期之前需要经历更长的高速增长阶段。此外，竞争对手的行为也会影响到企业的增长过程，这一事实必然会让我们对企业会在何时实现稳定的判断更加复杂。
- **公司在稳定增长阶段会有何表现？** 我们曾在第 2 章里指出，决定终值大小的不只有稳态增长率的大小。同样重要的是我们对稳定阶段的风险和超额收益做何假设。实际上，与超额收益最终将收敛于零或负值的假设相比，如果我们假设一家企业能永久性实现超额收益，那么其终值会更高。虽然我们需要对任何公司做出这种判断，但初创企业缺少超额收益的历史数据，显然会让我们的估计难上加难。

股权索取权的价值

在估计了现金流并计算出折现率和现值之后，我们就可以估算公司全部股权的价值。如果公司全部股权的索取权都是等价的，比如只发行一种股票的上市公司就属于这种情况，那么，我们就可以将公司的股权价值按比例平均分配给全部股权索取权，从而得到每一份索取权的价值。对初创企业而言，公司如何筹集股权资金的方式，可能会导致我们在对价值分配进行判断时面临更多问题。首先，和在公开市场上发行股票不同，初创企业的股权资金是陆续向私人投资者筹集的，这就有可能造成股权索取权的差异化。换句话说，公司在新融资轮中与投资者达成的协议可能完全不同于以前达成的股权投资协议。其次，各种股权索取权对现金流和控制权的诉求可能大不相同，有些权利所有者享有的权利可能优于其他人。最后，在每一轮新的融资中，股权投资者往往都会要求他们在后续融资和投资决策中的权利得到保护。这种股权索取权多样化最终带来的效应，在将股权价值分配到各类索取权时，我们既要对享有优先现金流和控制权的索取权进行估值，也要对某些索取权独自享有的保护权进行估值。

相对估值法

在以估值现金流折现模型对初创企业估值过程中，上述提到的诸多困难促使一些分析师转而考虑采取相对估值法，这实际上就相对于使用倍数法及比较法进行初创企业的估值，但如下因素反而会加大相对法估值的难度：

- **你可以采用哪些价值衡量尺度？** 所有估值倍数都必须采用某些基础标准来衡量价值。常规的价值尺度包括收益、账面价值和收入。但对初创企业而言，这些指标都有可能带来问题。由于处于生命周期的早期阶段的初创企业大多会出现亏损，因此我们根本就无法计算出市盈率和 EBITDA 等倍数。此外初创企业仅有很短的运营时间，其账面价值可能也非常小，并不能反映投资于企业的真实资本。收入标准同样会带来问题，因为初创企业很有可能还没有实现任何收入，即便是刚刚进入商业生产阶段的企业，其收入也可能微乎其微。
- **你的可比公司是哪些公司？** 在使用相对估值法评估上市公司的价值时，可比公司往往是同一板块中的公开交易对手。但对初创企业来说，比较的对象在理论上应该是从事相同业务的其他初创企业，但这些企业通常是未上市企业，也找不到相应的市场交易价格（或是其他可以计算得到的倍数）。尽管我们可以参考相同板块上市公司的交易倍数，但这些公司的风险、现金流和增长特征毕竟不同于被估值的初创企业。
- **最合理的风险衡量指标是什么？** 很多用于相对估值的风险指标均来自市场。因此，人们通常使用股票收益率的贝塔系数或标准差作为衡量股权风险的标准，但对私人持股的初创企业而言，这些指标却无从获取。在某些情况下，人们可以用会计数字（收入及收益）的标准差来衡量投资风险，但对存续时间很有限的初创企业显然不能计算出这一偏差。

- **如何控制企业的生存率?** 在使用现金流折现估值法的时候,我们曾提到初创企业高死亡率的问题,这同样也是相对估值法需要面对的问题。当然,我们可以凭直觉认为,初创企业的相对价值(以及我们给出的收入或收益倍数)会随着其生存率的提高而增加,但要把这种经验法则付诸实践绝非易事。

总之,面对内在估值法在变量估计时遇到的诸多挑战,相对估值或许是一种简洁明了的解决方案。我们在使用内在估值法时所面临的所有问题,都是我们在使用相对估值时无法规避的。

估值难点

在评估初创企业价值时,考虑到分析师在变量估计时遇到的诸多挑战,他们自然会寻找一种至少能从表面上摆脱这些障碍的解决方案。然而,在这些解决方案中,相当一部分不仅不能解决问题,反而会成为导致初创企业估值出现偏差的根源。本节将着重探讨我们针对初创企业估值总结的常见难点,以及它们是如何影响风险投资估值的。

- **只强调收入和利润,而忽略中间细节**:我们很难估算初创企业详细的现金流和再投资。因此,很多初创企业的估值只强调起点(收入)和终点(收益,通常为股票收益率),而对两者之间的诸多项目(导致收入不同于收益的项目)或再投资需求(导致收益不同于现金流的项目)却很少关注,甚至完全置之不理。
- **只强调短期结果,而忽略长期效应**:对初创企业,我们研究的时间跨度越长,我们感觉所做估计的不确定性就越大。于是,很多分析师将此作为缩短估算期的理由,在估值中仅做3~5年的预测。"超过这个时间点的预测过于困难",这就是他们选取较短时间跨度内提供的理由。
- **混淆相对估值与内在估值**:为解决无法估计较长时期现金流的问题,那些对初创企业估值的分析师把相对估值法当作灵丹妙药。因此,他们通常以当年的预期收入或收益乘以退出时点的估值倍数来估算预测期结束时(3~5年)的价值,而这个倍数本身的数值则来源于从事相近业务的上市公司。
- **将所有不确定因素统统归结于折现率**:投资初创企业带来的风险,不仅包括涉及收入波动性以及宏观经济形势敏感度等传统因素,还包括企业缺乏存续能力,不能取得商业成功的可能性。因此,在对私人企业估值时,分析师通常会提高折现率,以反映他们对企业各种各样的顾虑,包括企业丧失生存能力的可能性。
- **根据股权稀释情况调整股份数量**:在融资方面,刚刚创建的成长型企业往往依赖未来几年的新股发行,以弥补因经营资金短缺和再投资需求造成的现金流缺口。在这种情况下,由于现有股权投资者在未来几年的持股比例会因新股发行而越来越小,因此,必须将未来几年出现的摊薄效应体现在现有股权的价值中。

面对这个事实,很多分析师采取的对策是:通过估计未来的新股发行并针对新股发行情况调整目前股票数量,以此对未来的股份稀释效应做出调整。这就产生了一种无解的循环问题:因为只有估计出未来几年的股价,才能估计未来的新股发行量;但是要估计未来的股价,就必须先估计出未来的新股发行量。

- **对不同股权的索取权差异进行临时性的随意调整**:正如我们在前一部分中所指出的那样,在现金流和控制方面,不同股权对初创企业可能有着不同的索取权。因此,当判断对现金流享有索取权或是持有优先控制权的股权价值时,很多分析师会依赖于经验法则,但这些法则要么是主观随意的,要么来自无法令人信服的统计样本。

所有这些做法都常见于初创企业的传统估值方法——风险投资估值法。在第 3 章里,我们曾简单介绍过这种方法的四个基本步骤:

1. 我们首先估计未来一年的预期收入或收益,而不涉及未来更远的时间段:最常见的预测期为 2~5 年。在大多数情况下,预测期需要和风险投资家计划出售企业或公开上市的时间点相互匹配。

2. 预测期结束时的价值按未来年度预期收益乘以相同业务板块上市公司的收益倍数(市盈率)估算。在某些情况下,也可以根据同行业中近期被收购或已上市其他公司的数据计算市盈率:

$$预测结束时的股权价值 = 预期收益_{第n年} \times 预测市盈率(PE)$$

另外,可以用预测期结束时的收入乘以上市公司的收入倍数得到整个企业的价值(EV,而不只是股权价值):

$$预测期结束时的企业价值 = 预期收入_{第n年} \times 预测的企业价值/销售收入$$

这种方法适用于可能到生命周期后期才能实现盈利的公司。

3. 按目标收益率对预测期结束时的估计价值进行折现。折现率通常被设定为一个较高数值,以体现企业经营过程中可能出现的风险以及企业丧失存续能力的可能性。由于企业夭折的风险较高,因此风险投资者要求得到的收益率往往会远远超过我们针对上市公司采用的折现率。

$$目前的股权价值 = \frac{预测结束时(第 n 年)的股权价值}{(1 + 目标收益率)^n}$$

表 9-3 根据企业在生命周期中所处的阶段对风险投资家要求的目标收益率进行了总结。

表 9-3　风险投资者对处于生命周期不同阶段的初创企业要求得到的目标收益率

发展阶段	典型的目标收益率
初创期	50%~70%
第一阶段	40%~60%
第二阶段	35%~50%
过渡期/IPO	25%~35%

我们怎么才能知道这些收益率中是否已包含了生存风险呢？最直观的判断标准是：随着企业不断进入生命周期的下一个阶段和失败概率的不断下降，目标收益率会逐渐降低。除此之外，风险资本家在每个阶段上得到的实际收益也会大幅减少。截至 2014 年，风险投资者（VC）在整个生命周期中按投资总额取得的实际收益率如表 9-4 所示。

表 9-4　风险投资者在 2014 年实现的收益率　　　　　　　　　　　　（%）

	3 年期	5 年期	10 年期	25 年期
针对早期及种子阶段的风险投资	19.25	16.83	9.81	29.41
针对后期及扩张阶段的风险投资	14.21	16.57	12.80	13.15
针对多阶段的风险投资	17.42	14.81	10.33	13.33
全部风险投资	18.04	16.07	10.28	22.11
纳斯达克指数	22.05	15.85	8.09	9.83
标准普尔 500 指数	20.41	15.45	7.67	9.62

在最长的时间段（25 年）内，风险投资家赚取的收益率尤其是针对早期投资的收益率，明显高于同期投资者在公开市场上取得的收益率。但这种高收益率也体现出明显的幸存者偏差，即对于其中最不成功的风险投资者，被投资企业的存续时间远低于 25 年。⊖但即使是这些畸高的收益率也远不如表 9-2 中列示的目标收益率。比如说，在过去的 25 年里，针对早期创业的 VC 投资者实现的年收益率为 29.4%，远低于 50%~70% 的目标收益率。实际上，在分析中使用的高目标收益率是大多数投资（往往都无法存续到需要进行退出估值的阶段）无法企及的。而在较短时间段内，风险投资实现的收益率与公开市场的投资收益率并不存在显著差异，这表明，风险投资的成功与否，需要很长时间才能得到检验。

4. 风险投资者为企业提供资金，作为回报，需要得到企业一定比例的股权。在判断这个需要让渡的股权比例时，我们必须分清两种估值：一种是投资之前的估值，即企业在得到风险资本注资之前的价值；另一种是投资之后的估值，即企业在得到风险资本出资之后的价值。至少对风险投资估值法而言，这两个数字的差额就是风险投资者新注入的资本：

投资后的估值 = 投资前的估值 + 新注入资本

接下来的问题是，我们在第 3 步得到的价值到底是投资前估值还是投资后估值，而答案则取决于谁来回答这个问题。如果按第 2 步将资本注入视为实现未来收益基本前提的观点以及按第 3 步得到的价值，那么风险投资者会说，第 3 步得到的价值是投资后的估值，扣除他们新注入的资本，即可得到他们应取得的股权比例。

⊖ 上述收益率数字来自剑桥联合咨询公司（Cambridge Associates）编制的风险资本指数，为控制幸存者偏差带来的影响，这家公司试图将已清算合伙企业纳入该指数当中，但这种修正也只能部分解决幸存者偏差带来的问题。

从 VC 的角度看，新 VC 有权获得的股权比例 = 新注入资本/（按第 3 步得到的当前股权价值 – 新注入的资本）

而企业创始人和现有股权投资者当然不会赞叹这样的逻辑，他们可以提出这样的理由：他们完全可以从其他渠道获得新的资本，因此，第 3 步得到的价值应该是投资前估值。按照这个假设，投资后估值应该是第 3 步中的价值与现金余额之和，这样，风险投资者有权取得的股权比例会远低于按 VC 视角计算的比例。

从现有所有权人的角度看，新 VC 有权获得的股权比例 = 新注入资本/（按第 3 步得到的当前股权价值 + 新注入的资本）

由于风险投资估值法的透明度较低，因此，我们很难判断谁对谁错，或者说哪一方更占上风，而最终结论往往取决于两方之间的讨价还价能力孰强孰弱。正如我们所看到的那样，风险投资估值法存在几个问题，而且很多问题源于我们之前提到的操作实务：

- 由于只强调收入和利润，忽略中间项目和后续项目，风险投资估值法只会加剧双方之间的博弈。由于价值会随着预期收益（收入）的增加而增加，因此企业现有的股东必然会不遗余力地抬高这个价值，而不考虑未来股权投资对价值的提振效应。作为博弈的另一方，风险投资家自然愿意采用更低的收入和收益值，因为压低这个价值，可以让他们以相同数量的资本换取更大的股权比例。因此，这个预测值就会成为双方讨价还价的焦点，自然，他们也就不再会以严肃、客观的态度去对待这个问题。
- 风险资本估值法试图不去估计详细的企业长期运营状况，而规避这个最严峻挑战的方法，就是通过缩短预测期，不贸然估计未来状况，并采用根据可比公司当前交易得到的估值倍数。但企业在 3 年后交易的收益倍数或收入倍数取决于该时点后的现金流。因此，不去估计这些现金流或是忽略现金流的不确定性，显然不等于这种不确定性不存在。
- 估值的准确性与用来对公司未来价值进行折现的目标收益率有关。这个目标收益率是风险投资者要求获得的最低收益率，他们毕竟是公司的股权投资者，有理由获得与风险相匹配的收益率。这个收益率包含了企业夭折的可能性。但依这个数字作为公司未来价值的折现率，会带来两个问题。第一个问题是，需要折现的未来价值必须是股权价值。在我们使用预期股权收益率和市盈率时，当然就属于这种情况，但如果使用的是收入倍数和企业价值倍数，情况则并非如此了。在后一种情况下，作为折现率的应该是资本成本率，而不只是股权投资者要求的收益率。第二个问题是，将企业失败的概率纳入折现率中，也就是意味着，在企业沿着整个生命周期轨道前进的过程中，这个收益率将保持不变。

- 在风险投资估值法中,对投资前和投资后价值的区分往往只存在于旁观者的眼中,部分原因就在于,这种方法并没有对如何使用风险投资资本及其与未来收益估计值之间的关系做出明确假设。例如,如果现有股权投资者利用部分或全部新注入资本将其对公司持有的股权套现,那么投资后的价值就不应包括这部分因套现而退出公司的资金。归根到底,我们必须牢记一点:风险投资者的成功与估值技能的关系不大,它更多地取决于能否根据产品质量和管理水平选择正确的被投资企业,对这些公司合理定价(而不是估值),并在适当时机退出投资,实现投资收益。

◎ 案例9-1 以风险投资估值法对安全邮件软件公司进行估值

安全邮件软件公司(Secure Mail Software)是一家小企业,其开发了一种新的计算机病毒筛选程序,据信,这款新软件会比现有的杀毒程序更有效。创始人持有公司的全部股份,而且公司没有任何债务。这家公司刚刚成立1年。公司为在线用户提供免费的测试版软件,但从未正式销售这款产品(收入为零)。在存续的1年时间里,公司已支出了1500万美元的费用,因此,这一年出现了经营亏损。作为一名风险投资者,你找到这家公司,准备提供3000万美元的增资,主要用于在未来两年内对该软件进行商业开发并扩大市场。为了对公司进行估值,你决定采用风险投资估值法:

1. 创始人认为,这款杀毒程序将很快找到市场,并在第3年实现收入3亿美元。
2. 通过考察生产计算机杀毒软件的上市公司,你最终找到两家公司,你觉得这两家公司具有较好的相关性和可比性:

公司名称	市值($)	对外负债($)	现金($)	企业价值($)	收入($)	EV/销售额
赛门铁克(Symantec)	9 388	2 300	1 890	9 798	5 874	1.67
迈克菲(McAfee)	4 167	0	394	3 773	1 308	2.88

你决定使用两家公司的平均值作为估值倍数,也就是说,这家公司的企业价值为收入的2.275倍:⊖

$$3 \text{ 年后的估值} = \text{第3年的收入} \times EV/\text{销售额} = 3 \times 2.275$$
$$= 6.8289(\text{亿美元})$$

3. 因为这家企业已拥有可投放市场的产品,但在商业运营尚无成功的历史业绩,因此,你决定使用50%的目标收益率。由于企业没有待偿还的债务,因此,估计价值完全为股权价值,目前的价值可按如下公式计算:

⊖ 作为风险投资者,你可能会主张使用更低的数字(采用赛门铁克的估值倍数)。另外,安全邮件软件公司的创始人则会认为其公司的定价更接近于迈克菲。

$$目前价值 = \frac{第3年的估计价值}{(1+目标收益率)^3} = \frac{6.8289}{1.50^3} = 2.02334(亿美元)$$

4. 为了得到投资前的估值，你作为风险投资者，还需要将 2.023 34 亿美元的投资后估值扣除新注入公司的现金：

$$投资前价值 = 投资后价值 - 新注入资本 = 2.02334 - 0.3$$
$$= 1.7234(亿美元)$$

随后，风险投资公司在资本注入后持有的股权比例可如下公式计算：

从 VC 视角认为：

$$VC 持有的股权比例 = 新注入资本 / 投资前价值$$
$$= 0.3/1.7234 = 17.40\%$$

但创始人会对这个比例不以为然，在他们看来，按第 3 步得到的估值应该是投资前的价值，只有在加上新注入资本后才是投资后价值，并据此认为，风险投资公式按投资后估值可以得到的持股比例为：

从创始人角度认为，$VC 持有的股权比例 = 新注入资本 / 投资后价值$
$$= 0.3/(2.02334 + 0.3) = 12.91\%$$

需要提醒的是，这些数字是可商谈的，而双方约定的最终数字将反映出 VC 和公司创始人之间的讨价还价能力。风险投资家会竭力压低未来收入，对最后一年收入采用更保守的估值倍数，并采用更高的目标收益率。所有这些因素都会降低公司价值，从而让他们以相同的投资取得更高的股权份额。而公司的现有股东则力争抬高未来收入的预测值，对最后一年收入使用更高的估值倍数，并采用更低的目标收益率，从而尽可能地提高公司价值，并以较低的股权比例换取相同的资金。

估值方案

面对初创企业估值过程中的诸多不确定因素，分析师寻找捷径的做法当然是可理解的，但这不等于说，不能对初创企业进行系统性估值。在本部分中，我们首先介绍的是估计初创企业内在价值的基础。然后，我们将继续探讨如何调整相对估值法，以便于最合理地体现初创企业的特殊性。最终，我们将讨论如何将实物期权用于初创企业估值——至少可以运用于对某些小企业的估值。

折现现金流估值法

为了将折现现金流模型用于初创企业的估值，我们将系统介绍整个估计过程，再考虑如何在每个阶段以最合理的方式体现初创企业的特点。

讲故事的重要性

在估值初创企业时，很多分析师、创始人和风险投资公司就是在讲故事，他们将企业价值依附于市场或是潜在利润这样的故事上。还有很多人则走向另一个极端，他们只看数字，不看其他，在他们看来，一旦背离数字就有可能招致偏见。但为了更好地进行企业估值，我们还需要将这两套技能综合起来，从关于被估值企业的故事开始，而后将这个故事转化为估值的输入变量和价值。这种模式适用于所有公司，尤其是经营历史很短且历史数据难以反映未来收益和现金流的初创企业。

要从讲述公司的估值并最终完成估值，需要经过几个步骤，我们在图9-2中总结出这些步骤。

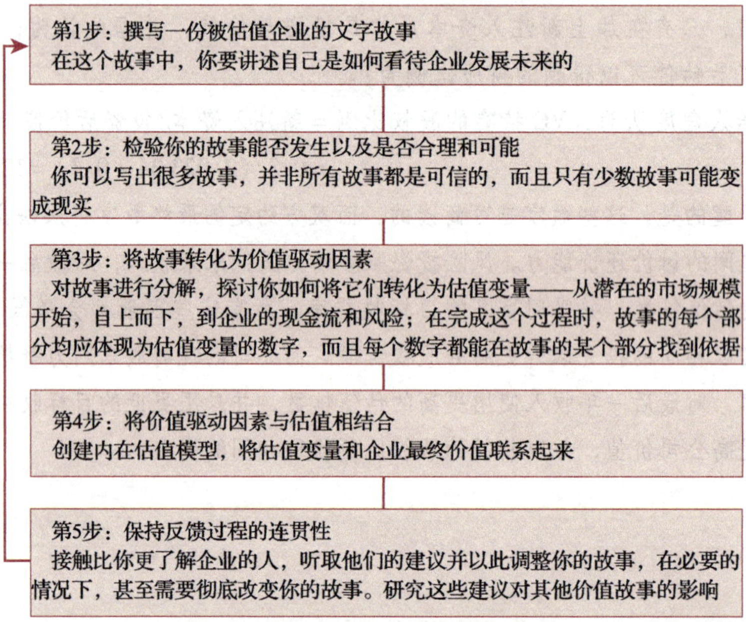

第1步：撰写一份被估值企业的文字故事
在这个故事中，你要讲述自己是如何看待企业发展未来的

第2步：检验你的故事能否发生以及是否合理和可能
你可以写出很多故事，并非所有故事都是可信的，而且只有少数故事可能变成现实

第3步：将故事转化为价值驱动因素
对故事进行分解，探讨你如何将它们转化为估值变量——从潜在的市场规模开始，自上而下，到企业的现金流和风险；在完成这个过程时，故事的每个部分均应体现为估值变量的数字，而且每个数字都能在故事的某个部分找到依据

第4步：将价值驱动因素与估值相结合
创建内在估值模型，将估值变量和企业最终价值联系起来

第5步：保持反馈过程的连贯性
接触比你更了解企业的人，听取他们的建议并以此调整你的故事，在必要的情况下，甚至需要彻底改变你的故事。研究这些建议对其他价值故事的影响

图9-2 从故事到数字的估值过程

在第1步中，要撰写出一个关于企业的故事，我们首先需要了解企业所从事的业务及其面对的竞争。为确保这个故事尽可能的客观现实，而非天方夜谭，就必须在第2步中检验故事的可行性、合理性和可能性。每次检验都应比前一次更严格；在每100个故事中，或许只有10几个是可行的，而有可能变成现实的故事更是凤毛麟角。在第3步中，我们将故事的每个部分转换为估值变量，收入增长率、利润率、再投资率和风险都应该和你的故事交相呼应。在第4步中，我们将估值变量代入估值模型，并得到公司的估值。最后，在第5步中，我们对得到的估值进行反馈、审核，以便于进一步完善故事的情节。

未来现金流的估计

如前所述，很多对初创企业进行估值的分析师只是简单地预测短期收入和利润。为此，他们给出的理由是：在长期内，由于不确定因素太多，以至于很难进行更详尽的估计。但我们认为，尽管存在不确定性，但还是要在总体上理解经营支出，并在收益基础上综合考虑其他因素，从而对现金流进行估计。我们可以通过两种方式完成现金流的估计。第一种也就是我们所说的"自上而下"式方法，即我们从公司出售产品或服务的总体市场出发，得到公司的收入和利润。第二种则是"自下而上"式方法，按照这种模式，我们必须在公司产能范围内进行估算；估算产品或服务的销售数量，据此得到收入、收益和现金流。

自上而下式方法

按照这种方法，我们首先需要估计产品或服务的总市场规模，并在收入基础上推导出其他项目。也就是说，我们首先从估算收入开始，而后考虑维持这个收入所需要的产能（以及创造这个产能所需要的资本）。这个过程包含的步骤如下。

1. **产品/服务的潜在市场**：推导公司收入的第 1 步，就是估计其产品和服务的潜在总市场。在这个节点上，我们需要面临两个挑战：

- **定义公司提供的产品/服务**：如果对公司提供的产品或服务采用狭义上的定义，那么受这个定义的限制，其潜在市场就会更小。如果我们采用相对广义的定义，对应这个定义的市场规模也会相对较大。比如说，我们将亚马逊网站定义为图书零售商（这也是网站在 1998 年的现实定位），则当年这个市场的总销售额还不足 100 亿美元，这就是 1998 年的全年图书零售总额。反之，如果将亚马逊网站定位为一般零售商，将会形成更大的潜在市场。尽管这个定义在 1998 年时可能难以成立，但随着亚马逊在 1999 年和 2000 年持续扩大产品，其一般零售商的定位也趋于合理。
- **估计市场规模**：在定义了市场之后，我们就需要估计这个市场的总体规模。对拥有现成市场的产品或服务来说，最好的数据来源往往是行业出版物和专业预测机构。几乎所有行业都存在跟踪本行业运营细节的贸易组织。仅在美国就成立了近 7600 个行业贸易组织，其追踪的业务从航空航天到电信，几乎无所不包。⊖在很多行业，都存在以商业和咨询为目的专门从事收集商业信息的公司。例如，加特纳集团（Gartner）就是一家从事收集并提供有关各类信息技术业务（包括软件）数据的企业。

⊖ 维基百科提供了一个相当完整的的行业贸易组织列表，且附有与每个组织的链接。

- **整个市场的长期发展态势**：由于我们需要预测未来收入，因此，必须了解整个市场随着时间的推移预期会出现怎样的变化或增长。提供当前市场规模数据的机构往往也会同时提供这类信息。

2. **市场份额**：了解了整体产品或服务的总体市场规模，以及整个市场将如何随时间的推移而变化，我们就需要估计被分析企业在这个市场上占有的市场份额，体现为长期内的市场份额和达到稳定状态之前的短期市场份额。显然，这些估算有利于公司产品或服务的质量及其和竞争对手的比较情况。在估计过程中，一种有效的方法就是列示出目标市场中当前的最大企业，并通过图示绘制出被估值企业进入市场后最终可能取得的份额。但我们还需考虑另外两个变量。第一个变量就是初创企业管理实现预期市场份额的能力。很多企业家都有非常不错的想法，但苦于缺乏必需的管理和业务能力，以至于无法将创意转化为商业成果。正是出于这个原因，风险资本家尤其看重企业家以前是否拥有成功的创业记录。第二个变量则是初创企业为实现产品/服务的预期市场份额可动用的资源。任何对市场份额做出的乐观预测，都需要以对产能和市场营销的大笔投资为基础；没有这些投入，产品不会自我创造出来，更不能自己销售出去。

3. **营业费用/利润率**：尽管收入可以成为估值的起点，但对投资者而言，只有最终实现盈利的公司才具有价值。因此，下一步是估算和预计收入相关的运营成本。但由于缺少经营历史，而且初创企业在估算时往往会面对大额经营亏损，因此这个过程尤为艰难。为此，我们再次将估算过程分解为两个部分。在第一部分中，我们的核心是估计稳定状态下的营业利润率，这个指标主要通过参照同行业现有公司得到。在取得目标利润率后，我们就可以分析预计的利润率如何随时间的推移而变化。对某些公司而言，这种"利润率轨迹"可能会比其他公司更加波动起伏，其中，对估算影响最大的要素当属固定成本和竞争地位。在这个阶段中，最后一个需要面对的问题是：我们应如何确定预测需要达到的详细程度。换句话说，我们是否只需估计营业利润率和净利率，还是需要兼顾个别经营费用项目，如人工、物料、销售和广告费用等？按照经验，我们预测公司未来的不确定性越大，需要达到的详细程度就应该越低。听起来让人觉得有悖常理的是，提高预测详细程度能改善价值估计的前提，而且是唯一的前提，就是这些细节所包含的信息是不可或缺的信息。如果分析师在预测第1年的收入时就遇到困难，还怎么能指望他对第5年的劳动力成本或广告费用做出合理的预测？根本都没有必要去尝试。因此，在对初创企业估值时，一个重要的原则就是（细节）越少（精确度）越好。

4. **以增长为目的的投资**：在我们要求公司股东去预测收入和利润时（第2步和第3步），他们自然会以乐观的态度去做预测——收入以指数速度递增，利润率迅速逼近目标值。但是在任何竞争性业务中，收入增长和利润率的提高都不可能是没有代价的。

因此，最关键的就是要预测公司需要以多大的再投资去创造这种预期增长。对制造企业来说，再投资意味着需要投资兴建额外的生产能力。对高科技企业而言，这种再投资不仅涉及对研发和新专利的投资，还包括对人力资本（雇用软件程序员和研究人员）的投资。两方面的原因要求我们高度关注这个过程。首先，这些投资对应着现金流出，从而影响到最终成为可归属投资者现金流的利润。其次，这种再投资往往会导致负的现金流，而这又需要以新的资本注入加以弥补，这一点对初创企业来说尤为突出。在这种情况下，要么需要现有股权投资者让渡他们持有的所有权份额（转让给新出资的股权投资者），要么需要增加新投资来维持企业的发展。

5. **计算税负影响**：对正常经营的公司来说，税收影响的计算通常非常简单，只需将预期的税前营业利润乘以税率即可。此时，唯一真正称得上估计问题的就是使用哪个税率，是边际税率还是有效税率。处于亏损状态的初创企业需要解决两个估值问题。首先，这些公司大多从未有过纳税经历（因为它们始终未能实现盈利），因而也就不存在有效税率。其次，以前的损失以及近期未来预计出现的净经营亏损可结转后期，从而抵减以后年度应纳税的利润总额。因此，这些前期亏损对企业而言具有避税效应。处理这些亏损的最直接方式，就是在企业尚处于亏损时期进行累积，并跟踪净经营亏损的结转额。在公司实现正利润的前几年里，我们首先用这个净经营亏损抵减应纳税收益，导致企业基本上无须纳税。在净经营亏损完全弥补之后，我们就需要根据税法规定使用边际税率。这是一个相对保守的解决方案。另一个思路就是使用同行业正常经营公司的平均有效税率。

6. **内部一致性检验**：使用自上而下式方法的一个问题就是对营业利润率和再投资率的估计均为独立进行的，这就有可能导致两个数字相互不一致。换句话说，相对于我们对预期收入增长率的预测，再投资率的估计值可能太高，也可能太低。检验内部一致性的一个简单办法就是根据收益和再投资的预测值计算资本收益率：

$$资本收益率的计算值 = \frac{预计的税后营业利润_t}{投入到公司的投资_{t-1}}$$

在上述公式中，分子为预测的营业利润，分母为截至第 $t-1$ 期的累计再投资总额（净资本支出和非现金营运资金的变动额之和）与（估值时点）初始资本之和：

$$已投入资本_{t-1} = 已投入资本_0 + \sum_{n=1}^{n=t-1} 再投资_n$$

在接近稳定状态时，我们可以将上述资本收益率的计算值与行业平均水平进行比较（避免让你的估值企业成为异类），并同时与公司本身在稳态状态下的资本成本进行比较。如果资本收益率的计算值远高于行业平均水平和资本成本，即可表明，针对既定的预期收益率，你对公司在预测期内的再投资预测值不足。相反，如果资本收益率计算值低于行业平均水平和资本成本，则表明再投资预测值在既定收入和盈利预测基础上过高。

◎ **案例 9-2　初创企业现金流的估计——安全邮件软件公司**

我们将以安全邮件软件公司为例来介绍自上而下式估值方法,此外,我们也曾以该公司为例来说明风险投资估值法。

1. 市场总规模:安全邮件软件公司正在规划出售新的杀毒软件。我们采用加特纳集团提供的 2008 年全球安全软件(包括杀毒软件)市场总规模数据。表 9-5 总结了 2008 年的全球市场规模估计值以及 2009~2012 年的预测值。

表 9-5　全球安全软件市场的预测　(金额单位:百万美元)

年份	当前:2008	2009	2010	2011	2012	2013
市场增长率	不适用	5.50%	5.50%	5.50%	5.50%	5.50%
总体市场规模	10 500	11 078	11 687	12 330	13 008	13 723

在 2012 年之后,我们估计 2013~2018 年的整体市场增长率为 5%,此后按 3% 永续增长。

2. 市场份额:为估计安全邮件软件公司占有的市场份额,我们可以参考一下 2008 年全球最大杀毒软件公司的市场份额。根据加特纳集团提供的数据,我们在表 9-6 中列出了全球几家最大的杀毒软件公司及其占有的市场份额。

表 9-6　2007 年全球最大的杀毒软件公司

(金额单位:百万美元)

公司名称	2007 年收入总额	市场份额
赛门铁克	2 789	26.60%
迈克菲	1 226	11.80%
趋势科技	810	7.80%
IBM	608	5.80%
CA	419	4.00%
EMC	415	4.00%
其他	4 171	40.00%

在功能和价格两方面,安全邮件软件公司的软件产品都足以和竞争对手相媲美。此外,公司管理层中包括了以前曾有过软件创业成功经历的企业创始人。因此,我们估计,安全邮件软件公司将在进入稳定状态后(预计在 10 年后)获得 10% 市场份额。

3. 营业利润率/毛利率:为估算未来 10 年的预期营业利润率,我们研究了 2007 年全球杀毒软件行业主要上市公司的税前营业利润率和已投资资本的税后收益率(请参阅表 9-7)。

表 9-7　主要杀毒软件企业的税前盈利能力指标

公司名称	营业利润率(税前)	已投资资本收益率(税后)
赛门铁克	13.05%	17.07%①
迈克菲	12.91%	22.80%
趋势科技	14.50%	17.89%

①赛门铁克拥有的商誉余额为 110 亿美元。在计算资本收益率时,我们已扣除了一部分商誉。

我们假设，到 2018 年，安全邮件软件公司的税前营业利润率将达到 13%，接近赛门铁克和迈克菲披露的数值。但利润率有可能出现较大波动，毛利率至少在未来 3 年为负数。表 9-8 为安全邮件软件公司未来 10 年的预计收入和营业利润率。

表 9-8 安全邮件软件企业的预期收入、毛利率和利润

（金额单位：百万美元）

年份	总体市场规模	市场份额	收入	税前营业毛利率	税前营业利润率
2009	11 078	0.50%	55	−10.00%	−5.54
2010	11 687	1.50%	175	−5.00%	−8.77
2011	12 330	2.50%	308	−1.00%	−3.08
2012	13 008	4.00%	520	5.00%	26.02
2013	13 723	5.00%	686	10.00%	68.62
2014	14 409	6.00%	865	10.60%	91.64
2015	15 130	7.00%	1 059	11.20%	118.62
2016	15 886	8.00%	1 271	11.80%	149.97
2017	16 680	9.00%	1 501	12.40%	186.15
2018	17 515	10.00%	1 751	13.00%	227.69

4. 税收：在计算安全邮件软件公司的税收时，我们的出发点是这样一个事实：在整个生命周期中，公司的累积营业亏损为 1500 万美元。在前 3 年里，我们预计公司出现经营亏损，并将这些亏损归集到净经营亏损中，然后，以净经营亏损抵减第 4 年和第 5 年的应纳税收入。此外，我们以 40% 的美国边际税率作为公司在未来年度承受的税率。表 9-9 列示出了公司的净经营亏损以及每年应支付的税金，税金按 40% 的税率计算。

表 9-9 净经营亏损、税收及税后营业利润 （百万美元）

年份	税前营业利润	年初净经营亏损	年末净经营亏损	应纳税营业利润	税收	税后营业利润
2009	−5.54	15.00	20.54	0.00	0.00	−5.54
2010	−8.77	20.54	29.30	0.00	0.00	−8.77
2011	−3.08	29.30	32.39	0.00	0.00	−3.08
2012	26.02	32.39	6.37	0.00	0.00	26.02
2013	68.62	6.37	0.00	62.24	24.90	43.72
2014	91.64	0.00	0.00	91.64	36.66	54.99
2015	118.62	0.00	0.00	118.62	47.45	71.17
2016	149.97	0.00	0.00	149.97	59.99	89.98
2017	186.15	0.00	0.00	186.15	74.46	111.69
2018	227.69	0.00	0.00	227.69	91.08	136.61

5. 再投资：我们假设，考虑到市场总体规模的持续扩大，以及安全邮件软件公司市场份额的持续增加，公司的收入将在 10 年后增至 13.5 亿美元。为了估算公司需要以多少再投资达到这个收入水平，我们使用了 1.95 的行业平均收入／已投资

资本比（按同行业上市公司的收入和账面资本计算）。此外，在估计每年的再投资时，我们还假设进行再投资与实现增长之间存在一年的滞后时间。我们的估计数字如表9-10所示。

表9-10 按年度估算的再投资金额 （金额单位：百万美元）

年份	收入	下一年度的收入变动额	销售收入/资本	再投资金额
2009	55	120	1.95	61.49
2010	175	133	1.95	68.17
2011	308	212	1.95	108.75
2012	520	166	1.95	85.05
2013	686	178	1.95	91.49
2014	865	195	1.95	99.76
2015	1 059	212	1.95	108.62
2016	1 271	230	1.95	118.13
2017	1 501	250	1.95	128.31
2018	1 751	53	1.95	26.95[①]

① 2019年的收入为18.04亿美元，比2018年的收入高出3%。

需要提醒的是，第1年的再投资是根据第1年~第2年的收入变动额和1.95的收入/资本比率计算得到的：

$$第1年的再投资 = \frac{收入_2 - 收入_1}{收入资本比率} = \frac{175 - 55}{1.95} = 61.49(百万美元)$$

依此类推，我们对以后年度重复上述计算，即可得到以后年份的再投资金额。

6. 内部一致性检验：作为对上述估计的最终检验，我们需要计算出每年的再投资金额，即从最初500万美元的资本投资开始，将这个数字与每年增加的再投资相加，即可得到当年年末的累计再投资总额。如表9-11所示，将每年的税后营业利润除以累计的投资，即可得到税后的资本收益率。

表9-11 投资资本和投资资本收益率的估计值

（金额单位：百万美元）

年份	税后营业利润	再投资金额	年初投入资本	年末投入资本	资本收益率
2009	-5.54	61.49	5.00	66.49	-110.78%
2010	-8.77	68.17	66.49	134.67	-13.18%
2011	-3.08	108.75	134.67	243.42	-2.29%
2012	26.02	85.05	243.42	328.47	10.69%
2013	43.72	91.49	328.47	419.96	13.31%
2014	54.99	99.76	419.96	519.71	13.09%
2015	71.17	108.62	519.71	628.34	13.69%
2016	89.98	118.13	628.34	746.46	14.32%
2017	111.69	128.31	746.46	874.78	14.96%
2018	136.61	26.95	874.78	901.72	15.62%

我们可以根据每年年初投入的资本计算各年度的资本收益率。⊖由此可以得到，2018年的资本收益率为15.62%，虽然低于表9-6所示的行业平均资本收益率，但接近安全邮件软件公司在进入稳定状态后的预计资本收益率15%。上述假设的结果如表9-12所示，该表根据安全邮件软件公司在未来10年持续经营的假设，列示出公司的预期现金流、税后营业利润和再投资金额。

表9-12　安全邮件软件公司的预期企业自由现金流（FCFF）（百万美元）

年份	税后营业利润	再投资金额	FCFF
2009	-5.54	61.49	-67.03
2010	-8.77	68.17	-76.94
2011	-3.08	108.75	-111.84
2012	26.02	85.05	-59.03
2013	43.72	91.49	-47.77
2014	54.99	99.76	-44.77
2015	71.17	108.62	-37.45
2016	89.98	118.13	-28.15
2017	111.69	128.31	-16.62
2018	136.61	26.95	109.67

需要提醒的是，收益转变为正数的时间远远超前于现金流；现金流因维持未来增长流出的再投资而低于收益。实际上，未来10年的现金流始终为负数，这就是在初创企业中常见的所谓"烧钱"现象。为此，安全邮件软件公司必须发行新股票或是债务来筹集新的资本，以弥补再投资造成的现金短缺。在本章的随后部分，我们会再次讨论这个问题，以及由此产生的股权稀释及其对目前每股价值的影响。

在本节前面的讨论中，我们曾提到，要对一家公司估值，你首先需要炮制一个故事，然后再让这个故事和估值变量及价值联系起来。如果你还在思考到哪儿去找到这个关于安全邮件软件公司的故事，那么我们有必要提醒，每个估值变量都和我们正在撰写的这段故事有关。图9-3列示出了这个故事与安全邮件软件公司相关数字之间的关联。

因此，我们对安全邮件软件公司赋予的价值将反映出我们对这家公司的预期：这是一家有巨大发展空间的企业，有望在杀毒软件业务中获得大量市场份额，而且也有强大的竞争优势，因而可以实现较高的利润率和资本收益率。只需改编这个故事，以扩大其覆盖范围——安全邮件软件公司进入新的市场，或是缩小覆盖范围——技术进步给杀毒软件市场引入新的竞争参与者，都会改变企业价值。

⊖ 另一种方法是使用在相应期间投入的平均资本。考虑到我们使用的是年末现金流（而不是年中现金流），因此，为保持一致性，资本额为每年年初投入的资本。

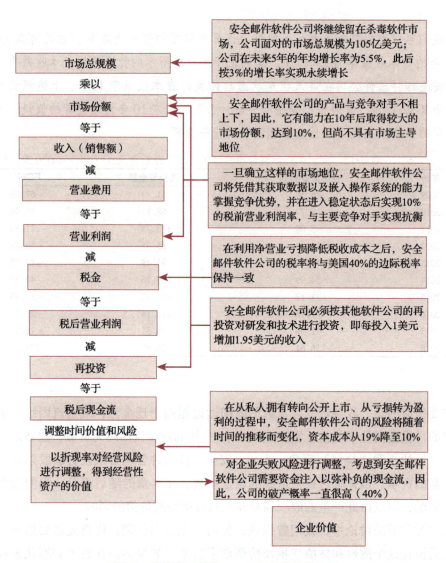

图9-3 从故事到数字——安全邮件软件公司

自下而上式方法

自下而上式方法是一种相对封闭的企业预期现金流估计方式。在自上而下式方法中，我们从市场总规模起步，而后逐渐下行，估计公司的收入和现金流。而在自下而上式方法中，我们则是从估计产能投资开始，然后，在产能范围内估计收入和现金流。总体上，我们可以将这种方法划分为以下几个步骤：

1. **产能规模及投资**：在这一过程中，我们首先对企业为达到投产所需要的投资进行估计，这个投资决定了企业的生产能力。这个步骤本身存在一种制衡关系，即尽管投资扩大产能可以让我们在未来生产和销售更多的产品，但维持这种产能所需要的资本（包括财力和人力）也会相应增加。一旦人力或资金受到限制，我们或许只能接受更低的产能，而不是无休止地扩大产能。

2. 销售量及收入：在确定了产能约束之后，我们还需估计在预测期内的每个期间内可以销售多少单位的产品，以及每单位产品收取的价格。在这个阶段中，我们不仅需要考虑产品或服务的潜在市场，还要考虑这个市场的（当前和潜在）竞争态势。我们对定价的选择会决定产品销售的数量。较低价格往往对应于更多的销售额，但未必会带来更高的利润。

3. 运营成本：根据每个时期的产品销售数量，我们可以估算出各期的生产成本。这些估计值不仅应包括产品的直接投入成本，还应包括销售费用、管理费用及其他间接成本。后者必须和第 2 步中的销售数量假设保持一致。

4. 税收：根据收入和费用估计值估计公司在每个时期创造的应纳税所得额以及由此产生的税收。在这个阶段，我们还需要划分资本性支出和费用性支出，以便于计算资本性开支带来的折旧及摊销。此外，我们还要区分营业费用和财务费用（利息支出），以确定企业现金流和股权现金流。企业现金流无须扣除财务支出，而股权现金流则需要扣除财务费用。

5. 追加再投资：尽管我们已在第 1 步中估计了初始投资，但为了维持或扩大企业的盈利能力，公司仍需在较长时期内持续进行再投资。为此，我们需要确定企业为保持创收能力而进行的再投资。如果企业需要营运资金，那么增加收入也会相应增加对运营资金（库存和应收账款）的投资，这部分投资同样需要计入再投资。

根据经验，考虑到产能的制约，采用自下而上式方法估计现金流会产生较低的预期现金流和收益。因此，自下而上式方法更适合那些在对外筹集资本时受到严重制约的企业（规模太小或是业务类型不匹配）或是成功严重依赖于少数关键人员的企业。一般来说，与自上而下式方法相比，针对个人的服务性企业（如医疗行业、管道业务和餐馆等）使用这种方法可以得到更大价值，除非这种服务可以采取连锁方式或是非常易于复制。

◎ 案例 9-3 有机餐厅的现金流估计——健康膳食餐厅

查尔斯·布莱克是纽约市一家五星级餐厅的大厨，他决定辞职创业，开办一家自己的餐厅。他将餐厅的位置选在新泽西州的一个郊区城镇，餐厅的定位是采用有机农产品烹制健康型家庭膳食。㊀我们将采用自下而上式方法提供的步骤估计这家餐厅的现金流。

1. 产能投资：健康膳食餐厅（Healthy Meals）将设在主要大街的沿街店面。这种店面必须拥有装修精致的高档厨房，这需要 8 万美元的投资。经营许可、法律手续及其他开办成本预计将达到 2 万美元，因此，这 10 万美元的初始投资成本是马上可以在税前扣除的项目。㊁初始成本的一半（5 万美元）来自银行贷款，贷款

㊀ 布莱克先生长期居住在该镇，也是当地的名人。
㊁ 布莱克先生当年的应税收入足以抵减这笔可在税前扣除的开支。

利率为7%。厨房（由布莱克先生亲自担任厨师）每天可以生产烹制60份家庭餐。

2. 销售数量及收入：餐厅出售带包装的外卖式家庭套餐，最多可供6个人享用，预期每份套餐在第2年的单价为60美元。考虑到以后几年的通货膨胀，价格预计将会上涨（假设每年的通货膨胀率为2%）。餐厅在第2年预计平均每天将售出约20份套餐。此外，我们还预计销售额将逐年提高，并在5年后达到每天出售50份套餐的最高点。㊀餐厅计划每年营业300天左右。表9-13归集了健康膳食餐厅未来5年的预期收入情况。

表9-13 健康膳食餐厅的预期收入

	第1年	第2年	第3年	第4年	第5年
日均出售套餐数量	20	30	40	45	50
每年营业天数	250	250	300	300	300
每份套餐的价格（美元）	60.00	61.20	63.67	67.57	73.14
收入总额（美元）	300 000	459 000	764 070	912 192	1 097 095

3. 运营成本：经营餐厅需要支付多项固定的运营成本。在这些费用中，包括店面需要在次年开始支付的2.5万美元年租金，预计明年将达到10万美元的销售管理费用。从第2年开始，这些开支也需要按通货膨胀率逐年增加。膳食的原材料成本占收入总额的30%，劳动力成本（厨房辅助人员和配送人员）预计占收入的20%。尽管劳动力成本不包括布莱克先生的薪水，但假如他继续留在五星级餐厅做厨师的话，第2年仍可以拿到8万美元的年薪。随着时间的推移，他的年薪也应该按着通货膨胀率增加。表9-14估算了健康膳食餐厅在未来5年内的运营成本和利润。

表9-14 健康膳食餐厅的预期营业利润　　　　　　　　　　　（美元）

	第1年	第2年	第3年	第4年	第5年
收入	300 000	459 000	764 070	912 192	1 097 095
减：租金费用	25 000	25 500	26 010	26 530	27 061
减：原材料成本	90 000	137 700	229 221	273 657	329 128
减：劳动力成本	60 000	91 800	152 814	182 438	219 419
减：损失的厨师年薪（机会成本）	80 000	81 600	83 232	84 897	86 595
减：销售及管理费用	100 000	102 000	104 040	106 121	108 243
营业利润	-55 000	20 400	168 753	238 548	326 649

4. 税收：在计算税收成本时，我们以40%的边际税率代表联邦、州及地方征收的税收总额。由于全部开办投资均作为免税项目可在税前扣除，因此我们不考虑由此带来的折旧费用。表9-15为健康膳食餐厅的预计税收费用及税后营业利润。

㊀ 虽然厨房每天可以生产60份套餐，但预期餐厅在每天都按这个数量进行生产和销售显然是不现实的。

表 9-15　健康膳食餐厅的预期税收和税后营业利润　　　　　　　　　（美元）

	第1年	第2年	第3年	第4年	第5年
营业利润	−55 000	20 400	168 753	238 548	326 649
减：税款	−22 000	8 160	67 501	95 419	130 660
税后营业利润	−33 000	12 240	101 252	143 129	195 989

我们假设，布莱克先生损失的年薪在第1年即可申报为餐馆的损失，享受税前扣除的待遇。

5. 追加再投资：由于布莱克先生打算在第5年后继续经营这家餐厅，因此，到了那个时候，他必须为更新厨房用具和翻新店面进行再投资。尽管投资的确切时间尚不明确，但我们假定，他需要每年在税后营业利润中预留10%，作为这笔费用的准备金。表9-16为健康膳食餐厅在偿付债务之前的预期税后现金流。

表 9-16　健康膳食餐厅的预计税后企业现金流　　　　　　　　　　（美元）

	第0年	第1年	第2年	第3年	第4年	第5年
$EBIT(1-t)$	—	−33 000	12 240	101 252	143 129	195 989
减：再投资	60 000	−3 300	1 224	10 125	14 313	19 599
=FCFF	−60 000	−29 700	11 016	91 127	128 816	176 390

需要提醒的是，初始投资为税后的初始投资成本。10万美元的初始投资可在税前扣除，享受40%的税收优惠待遇。

折现率的估计

我们在第2章里介绍了估算折现率所需要的参数。总体上，我们需要根据被估值公司的贝塔系数估计股权成本，根据违约利差度量（以及实际信用评级或综合评级）计算公司的债务成本。然后，我们按债务和股权市场价值计算的权重得到企业的资本成本。而对于初创企业，理论和估计上的障碍都会加大这些要素的估计难度。

- **贝塔系数和股权成本**：初创企业往往由无其他投资的所有权人或是已部分实现多元化投资者的风险投资者持有。因此，假定需要定价的唯一风险是市场风险是不合理的。股权成本必须包含公司的某些特定风险（针对风险投资者），甚至需要纳入全部的公司特定风险（对没有其他任何投资的所有者）。由于初创企业的股份通常是不能公开交易的，因此根据股票价格估计贝塔系数的常规性做法不适用于初创企业。
- **债务成本**：初创企业几乎不发行任何债务；相反，它们的债务融资几乎全部来自银行贷款。在这种情况下，债券的信用评级无法体现初创企业的违约风险。

尽管我们可以使用第 2 章中介绍的流程估计其综合评级，但由此产生的债务成本可能无法适当反映这些小型创业企业的实际利率水平，因为银行可能会在市场贷款利率的基础上向他们收取溢价。

- **债务比率**：由于初创企业的股权和债务都是不可交易的，因此我们不能以市场价值计算得到资本成本所需要的债务和股权权重。

尽管风险资本家采用的"目标收益率"具有主观随意性，但上述问题汇聚到一起，导致"目标收益率"成为一种合理的选择。为此，我们围绕以下步骤构建了一种替代性流程：

1. **行业平均值**。尽管被估值公司可能还不是上市公司，但同行业中的其他公司可能已经走过生命周期的早期阶段并公开交易。因此，我们可以使用这些上市公司的贝塔系数估算被估值企业的市场风险。一般来说，这个贝塔系数应该是上市公司回归贝塔系数的平均值，并对该贝塔系数去杠杆后即可得到企业的贝塔系数：

$$\text{行业的无杠杆贝塔系数} = \frac{\text{上市公司回归贝塔系数的平均值}}{1 + (1 - \text{税率}) \times \text{上市公司按市值计算的负债股权比率平均值}}$$

2. **对风险分散程度进行调整**。如前所述，初创企业所有者的风险集中度往往较高。实际上，整个公司可能仅由创始人一人拥有，也就是说，投资者的身家性命就寄托于这笔投资。为体现这种投资缺乏风险分散性的特征，我们仍需借助于上市公司的样本。此外，在通过回归计算得到这些公司的市场贝塔系数的同时，也可以估计出企业风险中有多少是来自市场的（体现为回归过程中的 R^2 和相关系数）。用市场贝塔系数除以上市公司与市场的相关系数，我们即可得到放大贝塔系数，我们称之为总贝塔系数（total beta），这个贝塔系数体现的是被估值企业的全部风险，而不仅仅是市场风险：

$$\text{总贝塔系数} = \frac{\text{市场贝塔系数}_{\text{同行业上市公司}}}{\text{与市场的相关性}_{\text{同行业上市公司}}}$$

这个总贝塔系数要远高于市场贝塔系数。由此得到的股权成本对应于完全非多样化投资的投资者，即以被估值企业为唯一投资的投资者。随着公司的扩大，并不断引入风险投资，公司开始吸引具有一定风险分散性的投资者。尽管风险投资者倾向于同时投资于多个企业，但这些投资往往属于同一行业或是局限于少数几个行业。与仅投资于一家公司的投资者相比，风险投资者持有的投资组合与市场具有更高的关联性，而且由此得到的风险投资者面对的总贝塔系数会更低：

$$\text{总贝塔系数}_{VC} = \frac{\text{市场贝塔系数}_{\text{同行业上市公司}}}{\text{与市场的相关性}_{VC\text{的投资组合}}}$$

因此，随着企业逐渐走入生命周期中的下一个阶段，它们会吸引更多、风险分散程度更高的风险投资者参与其中，并使得公司的股权成本不断下降。最终，如果公司上市或是给上市公司收购，其股权成本将会收敛于市场贝塔系数。

3. **考虑使用债务以及债务成本**。不应以没有债务评级作为使用账面利率或是主观随意确定债务成本的借口。如第 6 章中所述，我们可以根据现有（甚至是非上市公司）的财务比率数据估算任何企业的综合债券评级。因此，我们计算小企业的利息覆盖率，并据此得到综合信用评级和税前债务成本（即将根据信用评级得到的违约利差与无风险利率相加）。我们还需考虑对上述得到的债务成本进行再次调整，即通过附加利差来体现这些企业的小规模属性。因此，对拥有相同 BBB 信用评级但收入规模不同的企业，银行收取的利息也会有所不同，收入仅为 100 万美元的小企业承受的利率要高于收入达到 10 亿美元的大公司。

4. **了解管理层偏好及行业平均水平**。有些初创企业的所有者极度偏好使用债务（而更常见的情况是对借钱退避三舍）。在这些情况下（而且这些情况并不常见），我们可以使用管理层指定的目标负债率来计算资本成本。而在更常见的情况下，如果所有权人并不清楚他们会使用多少负债，尤其是在企业处于高度成长时期，最好的办法就是参照同行业的上市公司，以上市公司的平均市场债务比率作为被分析企业的债务比率。

5. **随着时间的推移，所有估值变量都需考虑预期变化**。随着企业在整个生命周期中不断进入下一个阶段，我们应预期到企业的风险和现金流特征也是不断变化的。事实上，我们在盈利和现金流的预测值中即已考虑到这些预期变化。因此，为确保一致性，我们还应考虑到股权成本、债务成本和资本成本在较长时期内的预期变化。比如说，如果一家初创企业完全采用股权融资，并由创始人持有全部股份，如果企业目前的股权成本为 30%，那么我们不应认为这个成本是恒定的。一方面，对初创企业而言，随着风险分散程度更高的投资者不断进入企业，我们应认为其股权成本会随着时间的推移而不断降低。另一方面，随着盈利的增加并趋于稳定，企业会接受更多债务融资，这同样会导致股权成本发生变化。对某些初创企业而言，你可能会发现，或许是因为它们还没有产品或服务，或许是因为其商业模式尚不稳定，导致你无法使用前面介绍的方法。在这种情况下，与其浪费时间绞尽脑汁地调整折现率，还不如采纳我们的建议，使用一种更简单的方法，利用不同企业的资本成本分布区间来估算折现率。图 9-4 总结了美国公司和全球企业在 2017 年年初按美元计价的资本成本分布情况（如需进行货币转换，将以美元表示的资本成本与该货币相对美元的通货膨胀率差相加，即为以该货币表示的资本成本）。

因此，如果需要对一家初创企业进行估值，你唯一需要做的事情，就是对被估值企业在上述分布区间内的位置做出判断（其他很多企业的估值也是如此）。因此，假如你在 2017 年对一家高风险初创企业进行估值，如果这家企业拥有高风险分散度的投资者，业务遍布全球市场，那么你就应该采用 10.68% 的美元资本成本，这个数字在全球企业资本成本中排在第 90 个百分位位置。和此前介绍的方法一样，随着时间的推移，企业规模不断扩大，盈利能力逐步改善并趋于成熟，我们应下调适用于企业的资本成本，并最终回归8.03%这一全球企业的资本成本中位数。

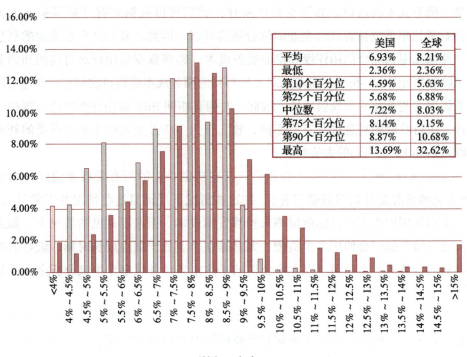

图9-4 资本成本的分布范围——2017年的美国企业及全球企业

◎ 案例9-4 安全邮件软件公司折现率的计算

为计算安全邮件软件公司的股权成本和资本成本，我们需要从杀毒软件行业的无杠杆贝塔系数起步。首先，我们计算出已上市安全软件公司的回归贝塔系数平均值，并按这些公司典型财务杠杆调整后的贝塔系数作为安全邮件软件公司的贝塔系数，计算过程如下所示：⊖

全部安全软件公司的平均贝塔系数 = 1.24

全部安全软件公司的平均负债股权率 = 6%

全部安全软件公司的无杠杆贝塔系数 = 1.24/[1 + (1 − 0.4) × 0.06] = 1.20

我们让这个无杠杆贝塔系数在整个10年期间内保持不变，但我们假设，在前两年里，企业的唯一股权投资者就是创始人，且该创始人完全不具有风险分散性（即全部投资仅限于这家公司）。随后，我们计算出安全邮件软件公司贝塔系数回

⊖ 在这里，我们并没有将样本限制在只生产杀毒软件业务的企业范围内，而是采用12家从事安全软件业务的公司作为样本。此外，我们假设，40%的边际税率适用于所有这些企业。

归后的平均 R^2 系数，并使用此数字估计全邮件软件公司的总贝塔系数：

全部安全软件公司与市场拟合的平均 R^2 系数 = 0.16

全部安全软件公司与市场的平均相关系数 = 0.40

第1年和第2年的总贝塔系数 = 市场贝塔系数／平均相关系数
$$= 1.20/0.40 = 3.00$$

从第3年开始，我们预计，这家公司将引入一位风险投资者，虽然该投资者尚未实现完全风险分散化，但持有的投资组合包括多家软件公司。这个投资组合和市场的相关系数预计为0.50，这将导致第3年以后的总贝塔系数趋于下降：

第3年和第4年的总贝塔系数 = 市场贝塔系数／平均相关系数
$$= 1.20/0.50 = 2.40$$

在第4年结束时，我们预计有调整规模更大的风险资本家对这家公司进行投资。他们的投资组合涉及来自多个行业的成长型企业，且投资组合与市场的相关系数为0.75：

第5年和第10年的总贝塔系数 = 市场贝塔系数／平均相关系数
$$= 1.20/0.75 = 1.60$$

最后，我们预计该公司将在第10年年底公开上市，届时，市场贝塔系数将适用于这家公司。

由于公司的所有者始终反对使用债务融资，而且行业本身的杠杆率也很低（$D/E=6\%$），因此我们假设，公司的资金将在很长时期内全部来自股权融资。如表9-17所示，我们以4%的无风险利率和5%的市场风险溢价计算安全邮件软件公司各年度的股权成本。

表9-17 安全邮件软件公司的股权成本和资本成本

年份	市场贝塔系数	与市场的相关系数	总贝塔系数	股权成本(%)	负债比率(%)	资本成本(%)
2009	1.2	0.40	3.000 0	19.00	0.00	19.00
2010	1.2	0.40	3.000 0	19.00	0.00	19.00
2011	1.2	0.50	2.400 0	16.00	0.00	16.00
2012	1.2	0.50	2.400 0	16.00	0.00	16.00
2013	1.2	0.75	1.600 0	12.00	0.00	12.00
2014	1.2	0.75	1.600 0	12.00	0.00	12.00
2015	1.2	0.75	1.600 0	12.00	0.00	12.00
2016	1.2	0.75	1.600 0	12.00	0.00	12.00
2017	1.2	0.75	1.600 0	12.00	0.00	12.00
2018	1.2	0.75	1.600 0	12.00	0.00	12.00
2018年之后	1.2	1.00	1.200 0	10.00	0.00	10.00

请注意，在完全没有债务的情况下，股权成本即为资本成本。

◎ 案例 9-5 健康膳食餐厅折现率的计算

为了估计健康膳食餐厅的股权成本，我们首先从餐厅业上市公司的贝塔系数开始，并剔除这些公司财务杠杆的影响：[1]

全部餐厅业上市公司的平均回归贝塔系数 = 0.902

全部餐厅业上市公司的平均负债股权比率 = 25%

餐厅企业的无杠杆贝塔系数 = 0.902/[1 + (1 - 0.4) × 0.25] = 0.78

与安全邮件软件公司的贝塔系数一样，我们仍通过估计上市餐厅企业与市场的平均相关系数，调整餐厅所有者/厨师缺乏风险分散性对该贝塔系数的影响：

餐厅企业与市场的平均相关系数 = 0.333

餐厅企业的无杠杆总贝塔系数 = 0.782/0.333 = 2.346

不同于资金全部来自股权的安全邮件软件公司，我们假设，健康膳食餐厅的所有者计划按7%的利率向银行借款5万美元，而且随着业务的扩大，企业会继续借款。我们假设，健康膳食餐厅在借款时将采用上市餐厅的负债比率（负债股权比率25%，负债资本比率为20%），而不是依赖于公司的账面负债比率。由此可以得到，杠杆贝塔系数的计算过程如下：

健康膳食餐厅的杠杆贝塔系数 = 2.346 × [1 + (1 - 0.4) × 0.25] = 2.70

采用4%的无风险利率和5%的股权风险溢价，我们可以按照这个贝塔系数计算出股权成本。在这里，我们以银行贷款的利率作为税前债务成本。[2] 表9-18 为健康膳食餐厅的股权成本和资本成本。

表 9-18 健康膳食餐厅的股权成本和资本成本

	第1年	第2年	第3年	第4年	第5年
总贝塔系数	2.70	2.70	2.70	2.70	2.70
股权成本	17.50%	17.50%	17.50%	17.50%	17.50%
债务成本（税后）	4.20%	4.20%	4.20%	4.20%	4.20%
债务-资本比率	20.00%	20.00%	20.00%	20.00%	20.00%
资本成本	14.84%	14.84%	14.84%	14.84%	14.84%

由于公司尚无其他股权投资者，因此我们将在较长时期内将股权成本和资本成本维持在14.84%的水平上。

当期价值的计算以及对企业生存概率的调整

按照最后两个步骤得到的预期现金流和折现率，是确定目前企业价值和股权价值

---

[1] 样本中包括22家公开上市的餐厅企业，我们假设适用于这些公司的边际税率为40%。
[2] 由于这是一笔新的银行贷款，因此我们假设银行按已知违约风险收取正常利率。

的基础。但是在这个阶段中，只有对如下三个要素做出调整后，我们才能得到公司价值。首先是确定在预测期结束时会发生什么——相关假设是我们评估企业期末价值的基础。其次是如何对企业经营失败的概率进行调整。这个问题尤其适用于初创企业，毕竟初创阶段也是企业最有可能夭折的时期。至于我们需要处理的最后一个要素，就是如何将关键人物失败的影响体现到价值中，这一点对于依赖一个或少数关键人物获得成功的企业尤为突出。

终值

此前，我们曾介绍了如何以最合理方式估计一家初创企业在预测期内的收益和现金流。毋庸置疑，在未来的某个时点，我们必须终止现金流的估计，一部分原因在于不确定性的增加，还有一部分原因则是出于实务角度。无论停止的原因是什么，我们都需要估计出企业在这个时点的价值。这个估计出来的"终值"构成企业价值的很大一部分，但对于近期现金流小甚至是负数的初创企业来说，这个终值显然构成了价值的主要成分。我们可以通过三种方法估算初创企业的终值：

- 可以将公司视为具有持续经营能力，并就此做出现金流永续增长的合理假设。我们曾在第 2 章里提到过，终值可以表述为永续增长率以及相应超额收益（超额收益是一笔投资的资本收益率与资本成本之差）的函数。
- 如果因企业的生存高度依赖某个或少数几个关键人物或者本身为小企业，使得现金流也需要增长假设不适合于被估值企业，那么我们可以对预计现金流将预测期之后的持续时间进行假设，并估计出这些现金流的现值作为终值。
- 针对终止，最保守的假设是，公司在预测期结束时将被清算，在这种情况下，公司在整个生命周期的累积资产残值就是其终值。

需要提醒的是，作为实务中的惯例，人们通常使用相对估值法（倍数）来估计终值，但显然和内在价值的概念不一致。在上述的三种方法中，到底应采用何种方法计算，应取决于被估值公司的特征。如果被估值公司已成功完成首次公开发行或是被上市公司收购，那么采用永续增长模型最为合理。对规模较小、缺少远大发展规划的公司，由于它们的成功就在于能否熬过预测期并继续创造现金流，因此按有限期限内的现金流得到的价值更为合理。而清算价值则适用于经营时期有限企业，比如说，企业持有的经营许可证在 5 年后自动到期。

◎ 案例 9-6　安全邮件软件公司终值和企业价值的计算

我们之所以在第 10 年年末计算安全邮件软件公司的终值，是出于如下三个原因：

- 这是与稳定增长假设3%相一致的第1年。换句话说，这个增长率低于整体经济的无风险利率和名义增长率。
- 营业利润率直到第10年年末才达到目标水平（13%）。
- 假设公司已准备进行首次公开发行，这样，我们就可以确定永续假设条件的贝塔系数以及股权成本和资本成本。

根据这10年期间的数字，我们预计，安全邮件软件公司的税后营业利润将达到1.3661亿美元，收入达到17.51亿美元。我们首先预测第11年的收入和税后营业利润：

$$收入_{11} = 收入_{10} \times (1 + 稳定增长率)$$
$$= 17.51 \times (1 + 0.03) = 18.04(亿美元)$$

$$税后营业利润_{11} = 收入_{11} \times 稳定的营业利润率$$
$$= 18.04 \times 0.13 \times (1 - 0.40) = 1.4071(亿美元)$$

为估计出公司需要多少再投资才能维系3%的永续增长率，我们不妨假设安全邮件软件公司的稳定增长率为15%（请注意，我们之所以需要对高增长阶段的再投资进行假设，其目的就是维持这个收益率。尽管该收益率低于行业平均水平，但仍高于稳定增长阶段下10%的资本成本）。

$$稳定增长阶段的再投资率 = 稳定增长率 / 稳定状态的资本收益率$$
$$= 3\% / 15\% = 20\%$$

$$归属于企业的自由现金流_{11} = 税后营业利润_{11} \times (1 - 再投资率)$$
$$= 1.4071 \times (1 - 0.20) = 1.1257(亿美元)$$

最后，根据稳定增长阶段10%的资本成本（参见表9-16），我们得到终值如下：

$$终值 = \frac{企业自由现金流 FCFF_{11}}{稳定状态的资本成本 - 稳定增长率} = \frac{1.1257}{0.10 - 0.03}$$
$$= 16.0813(亿美元)$$

将这个终值计入预期企业自由现金流（见表9-11中的估计值），并按各年度的资本成本（见表9-17）进行折现，我们即可得出当期的经营性资产价值（见表9-19）。

表9-19 安全邮件软件公司的预期现金流和当前价值

（金额单位：百万美元）

年份	FCFF	终值	资本成本	累计资本成本	现值
2009	-67.03		19.00%	1.190 00	-56.33
2010	-76.94		19.00%	1.416 10	-54.33
2011	-111.84		16.00%	1.642 68	-68.08
2012	-59.03		16.00%	1.905 50	-30.98
2013	-47.77		12.00%	2.134 16	-22.38

(续)

年份	FCFF	终值	资本成本	累计资本成本	现值
2014	-44.77		12.00%	2.390 26	-18.73
2015	-37.45		12.00%	2.677 10	-13.99
2016	-28.15		12.00%	2.998 35	-9.39
2017	16.62		12.00%	3.358 15	-4.95
2018	109.67	1 608.13	12.00%	3.761 13	456.72
					177.56

请注意，资本成本是累计计算的，以反映成本随时间而发生的变化。因此，第5年的资本成本应计算如下：

$$\text{第5年的资本成本} = (1.19)^2 \times (1.16)^2 \times 1.12 = 2.134\,16$$

根据预期的现金流和折现率，我们可以得到营业性资产的目前价值为1.7756亿美元。

◎ 案例9-7 健康膳食餐厅终值和目前价值的计算

对于健康膳食餐厅，我们之所以采用较短的计算期，是因为它在第5年底触及因现实原因和财务因素而形成的产能限制。作为一家非上市的私人餐厅，我们当然不愿意假设，它会永久性地创造产生现金流或是被上市公司所收购。因此，我们做出以下假设：

- 在第5年，公司的税后营业利润（195 989美元）和企业自由现金流（176 390美元）（见表9-15）将按2%的通货膨胀率继续增长。在第15年年底，我们假设这家餐厅停业清算，届时，所有资产均无残值。
- 餐厅所有者始终是企业唯一的股权投资者，而且我们假设前5年形成的债务比率将在未来10年保持不变。因此，在整个预测期内，资本成本将始终维持为14.84%（见表9-17）。按照这些假设，我们可以使用增长型年金公式计算餐厅在第5年年末的终值：⊖

$$\text{终值} = \frac{FCF_5(1+g)\left[1 - \frac{(1+g)^n}{(1+r)^n}\right]}{r - g}$$

$$= \frac{176\,390 \times 1.02 \times \left[1 - \frac{(1.02)^{10}}{(1.1484)^{10}}\right]}{0.1484 - 0.02} = 973\,098(\text{美元})$$

⊖ 这个等式是经过简化的。如果将10年预测期中的年现金流按资本成本折现，我们可以得到相同的结果。

将这个估计值与表 9-16 中的年现金流估计值相加，而后按 14.84% 的资本成本进行折现，我们即可得出如表 9-20 所示的公司经营资产价值的估计值。

表 9-20　健康膳食餐厅目前的现金流和价值　　　　　　　　　　　（美元）

	第 0 年	第 1 年	第 2 年	第 3 年	第 4 年	第 5 年
EBIT $(1-t)$	—	-33 000	12 240	101 252	143 129	195 989
减：再投资	60 000	-3 300	1 224	10 125	14 313	19 599
FCFF	-60 000	-29 700	11 016	91 127	128 816	176 390
终值						973 098
资本成本		14.84%	14.84%	14.84%	14.84%	14.84%
现值	-60 000	-25 862.07	8 352.91	60 167.98	74 062.28	575 491.14
经营性资产的目前价值	632 212					

生存概率

很多初创企业在激烈的市场竞争压力下中途夭折。对此，我们建议采取一种两步骤方法，而不是针对这种可能性去调整折现率（这毕竟太困难了）。在第 1 步中，我们假设公司能够生存下去并实现健康的财务状况，并根据这一假设对公司进行估值。实际上，我们在估算终值并按风险调整折现率对现金流进行折现时，就是在使用这个假设。在第 2 步中，我们再来考虑公司无法生存的可能性。为此，我们可以通过如下三种方法之一对企业失败的概率做出估价：

- **行业均值法**：在本章的前面，我们曾提到 Knaup 和 Piazza（2007）的一项研究。他们使用美国劳工统计局的数据，对 1998～2005 年不同行业的企业生存概率进行了估计。在这里，我们可以将这项研究提供的行业平均值作为同行业个别企业的生存概率。例如，对一家已存续 1 年的软件公司，它在未来 5 年中出现失败的概率（见表 9-1）可以设定为 40.07%（即存活 2 年的概率 64.85% 与存活 7 年的概率 24.78% 之差）。在这种情况下，我们采用了一概而论的思路，对所有公司均使用特定时期内（1998～2005 年）的结论进行平均。
- **概率法**：估计企业失败概率的另一种复杂方法，就是参照一段时期内（比如说过去 10 年）取得成功和遭遇失败的公司。根据这些公司，我们可以尝试建立一个模型，根据公司特定的特征，如公司的现金持有量、创始人的年龄和阅历、所从事的业务以及尚未偿还的债务，预测公司遭遇失败的概率。
- **模拟法**：我们在第 3 章中曾提到，在面对不确定性时，模拟法可以很好地发挥作用。如果可以指定收入、利润和成本的概率分布（而不仅是期望值），那么我们就可以确定公司会在哪些条件下失败（比如说，成本占收入的比例超过 30% 以及债务偿付日期即将到来），并据此估计失败的概率。

在得到失败的概率后,我们可以把公司价值表述为两种情景下的预期值:持续经营情景下的内在价值(按折现现金流计算)和失败情景下的清算价值:

期望值 = 持续经营价值 × (1 - 失败概率) + 清算价值 × 失败概率

◎ **案例 9-8　调整安全邮件软件公司的价值以求生存**

此前,我们估计了安全邮件软件公司的价值,并假设公司能够生存下去,在持续经营的基础上最终成功上市。考虑到公司目前还没有收入,因此,这显然是一个基于乐观态度做出的假设。但公司很有可能无法生存,部分原因在于,这家公司毕竟还是一个处于初创时期的创业公司;另一部分原因则在于,按照发展规划,它需要在未来 10 年内取得新的资本注入。如果资本耗尽,无论是因为市场危机还是投资者自身的顾虑,公司都无法兑现预期增长。

为估计企业生存的概率,我们首先看看 Knaup 和 Piazza 的结论,数据显示,在过去的 5 年中,只有 25% 的软件公司生存下来。但考虑到安全邮件软件公司拥有一款有效的杀毒软件产品(虽然还处于测试阶段),而且公司创始人曾有过成功创业的经历,因此,我们将生存概率上调至 60%。而在公司失败的前提下,我们的假设是清算收入接近于零,毕竟,对于软件公司来说,可以出售并收回残值的有形资产寥寥无几。因此,经营性资产的预期价值可写为:

经营资产的预期价值 = 持续经营价值 × (1 - 失败概率) + 清算收入价值 × 失败概率
$$= 177.56 \times (1 - 0.4) + 0 \times 0.4$$
$$= 106.54(百万美元)$$

这个结果显然远低于我们用风险投资法得到的 2.0334 亿美元估值。在这种情况下,内在价值的减少至少可以归结为如下三个因素:

- 创建初期的股权投资者缺乏风险分散性,导致股权成本较高。
- 公司在高增长阶段的大部分时间里,预期现金流均为负数。
- 公司遭遇失败的概率还很高。

随着时间的推移,企业失败的概率会逐渐降低,股权成本下降,现金流由负数转为正数并逐渐增加,公司价值将随着生存率的提高而大幅增加。表 9-21 为安全邮件软件公司在各年度的价值,直至在第 10 年实现预期首次公开发行。

表 9-21　安全邮件软件公司的未来价值(金额单位:百万美元)

年末	未来现金流的现值	失败的概率(%)	价值
目前	177.56	40	106.54
1	278.33	35	180.91
2	408.15	30	285.71

（续）

年末	未来现金流的现值	失败的概率（%）	价值
3	585.29	25	438.97
4	737.97	15	627.28
5	874.30	10	786.87
6	1 023.98	5	972.78
7	1 184.32	0	1 184.32
8	1 354.58	0	1 354.58
9	1 533.75	0	1 533.75
10	1 608.13	0	1 608.13

请注意，每个期末的价值均为该时点以后现金流按累计资本成本的折现值。前3年（公司仍处于亏损期）出现失败的概率仍很高，但此后则逐渐降低。有意思的是，即使公司的增长预期和故事均未改变，但生存概率本身始终是初创企业价值不断提高的一个重要动因，这完全是因为，失败概率会随着公司不断趋于成熟而减小。

失去关键人物的折扣率

对初创企业尤其是从事服务业的初创企业，其成功往往依赖于所有者或个别关键人物。因此，在这些关键人物中，一旦有某个人或是多个人放弃企业，那么企业价值就有可能发生显著变化。为评价失去关键人物给公司价值带来的折损，我们建议，首先按现状（关键人物仍参与企业）对公司进行估值，然后再考虑缺少这些个人给收入、利润和预期现金流带来的减损。考虑到主要人物的离开必然会影响到公司的利润和现金流，因此，企业价值会因这些人的离开而降低。关键人物离开造成的价值折损可按如下方法计算：

$$失去关键人物的价值折扣率 = \frac{企业价值_{现状} - 企业价值_{失去关键人物}}{企业价值_{现状}}$$

这样一个简单的公式，不可能准确评价关键人物流失带来的现金流损失，因为这个价值折损不仅会因企业而异，具体个人对企业的重要性也不尽相同，因而其离职带来的损失自然有所不同。估计这种损失的一种方法，就是调查现有客户，了解他们在关键人物离职会做何反应，而后，将这种影响体现到经营预测中。

◎ **案例9-9　调整关键人物离职对健康膳食餐厅的估值影响**

此前，我们按632 212美元的预期现金流估算了健康膳食餐厅的价值。在决定餐厅未来成功的诸多要素中，一个关键要素就是创始人兼主厨布莱克在餐厅所在郊区小镇拥有的社交连接。因此，餐厅价值严重依赖于布莱克先生的健康状况及其后续参与程度。所以，要评估布莱克离职会给企业价值带来多大的影响，我们就必须估计这给现金流和价值带来的影响。我们认为，虽然布莱克先生可以找到替代厨师（其薪水按我们为布莱克估计的8万美元），但如果他离开餐厅，餐厅收入每年将下降20%。表9-22为餐厅在收入下降后的现金流和价值情况。

表9-22 健康膳食餐厅在没有关键人物情况下的价值

	初始	第1年	第2年	第3年	第4年	第5年
收入		240 000	367 200	611 256	729 753	877 676
减：租金费用		25 000	25 500	26 010	26 530	27 061
减：原材料成本		72 000	110 160	183 377	218 926	263 303
减：劳动力成本		48 000	73 440	122 251	145 951	175 535
减：损失的厨师年薪（机会成本）	80 000	81 600	83 232	84 897	86 595	
减：销售及管理费用		100 000	102 000	104 040	106 121	108 243
营业利润		-85 000	-25 500	92 346	147 329	216 939
减：税收		-34 000	-10 200	36 938	58 932	86 776
税后营业利润		-51 000	-15 300	55 408	88 397	130 164
减：再投资	-60 000.00	-5 100	-1 530	5 541	8 840	13 016
FCFF	60 000.00	-45 900	-13 770	49 867	79 558	117 147
终值						646 269.679 7
资本成本		14.84%	14.84%	14.84%	14.84%	14.84%
现值	60 000	-39 968.65	-10 441.13	32 925.46	45 741.38	382 204.58
企业的当期价值	470 462					

按照较低的收入和利润，我们得到的公司价值为470 462美元。在这种情况下，失去关键人物的价值折扣率为25.58%：

$$失去关键人物的价值折扣率 = \frac{企业价值_{现状} - 企业价值_{失去关键人物}}{企业价值_{现状}}$$

$$= \frac{632\,212 - 470\,462}{632\,212} = 25.58\%$$

显然，如果布莱克先生决定出售这家餐厅，就会出现这种价值折扣。考虑到收购方必然在估值中扣除这个价值，因此，他们愿意支付的价格会比最初的估值减少约25.58%。所以，如果在收购完成后，布莱克先生同意在一定的过渡时期继续担任餐厅厨师，那么为新所有者顺利实现过渡提供帮助，会大大缓解失去关键人物造成的价值折损效应。㊀

㊀ 毋庸置疑，收购方当然希望布莱克先生签署一项同业禁止协议，承诺不会与新买家争夺市场。

评估企业股权索取权的价值

要从上市公司的企业价值得到股权价值的方法很简单。我们只需加回现金和有价证券，扣除负债，再除以已发行股票的数量，即可得到每股股票的价值。而对尚未上市的初创企业，每个阶段都有自己的特殊之处。

从经营性资产到公司价值：如何考虑现金与资本注入

在成熟型企业中，现金余额是公司通过运营实现的累积现金，这个数值通常是静态的，与此不同的是，初创企业的现金余额是动态的，这主要归结于两个方面的原因。首先，这些公司的新投资项目资金来自累计现金，而不是持续经营创造的利益。由此造成的"烧钱"效应会迅速耗尽公司的现金余额。其次，初创企业需要定期筹集新的资本。这些资本注入不仅会增加现金余额，而且代表了企业整体价值的很大一部分。

对第一个问题，我们建议谨慎对待。我们的观点是，不能用上期财务报表中的现金余额与经营性资产价值相加，而是应该使用更新后的现金余额数字（即反映本期数量的现金余额）。为解决资本注入的影响，我们还需回想一下风险投资估值法部分提到的投资前估值和投资后估值概念。在对企业自由现金流进行折现时，我们把再投资需求视为现金流出，因此，我们实际上是在计算经营性资产的价值，这种做法没有考虑到可用来进行这些投资的库存现金。也就是说，只有加上期初现金余额，才是公司在投资前的价值：

$$投资前的公司价值 = \sum_{t=1}^{t=\infty} \frac{E(FCFF_t)}{(1+资本成本)^t} + 现金及有价证券$$

$$投资前的股权价值 = 投资前的公司价值 - 现有债务$$

如果公司以债务或股权形式筹集新的资金，那么资本注入中留在公司的部分（而不是现有股东准备套现而流出公司的部分）将增加价值，此时，投资后的公司价值为：

$$投资后的公司价值 = 投资前的公司价值 + （新的资本注入 - 所有者套现取得的现金）$$

$$投资后的股权价值 = 投资后的公司价值 - 现有债务 - 新债务$$

如果你认为，投资前价值对应于不包括新资本注入的公司价值，而投资后价值则是包括新资本注入的公司价值，那么我们会稍有异议，区分这两种价值的不只有新的资本注入，我们还要考虑更多反映价值差异的准备。在计算投资前的价值时，我们可以估计现金流、增长率和风险，它反映的是公司在获得资本注入情况下的融资方式。我们完全可以想象一种极端情况，即新资本注入是公司的唯一融资渠道，如果没有新的资本注入，公司就有可能面临夭折；在这种情况下，投资前的估值可能为零。另外，未上市公司有可能获得多个风险资本家的青睐，因此，即使某一家风险投资机构没有提供风险资本，公司的现金流、增长率和风险也不会受影响。在这种情况下，投资后估值与投资前估值的差异就在于这新注入的资本。然而，在这两种情况之间，还有更多值得揣摩的情景，比如说，在没有资本注入的情况下，公司可能不得不下调增长预期，这就会导致企业价值减少，而且企业面对的风险水平也会发生相应变化。

从公司价值到股权价值：如何考虑债务

很多初创企业从不借钱。而某些确实需要借钱的初创企业，为了赢得贷款人的接受，就不得不为它们的债务增添一点特色，比如说，股权期权就是一种最常见的方式。与成熟型企业相比，发行可转换债券在初创企业中更为普遍。因为可转换债券属于一种混合型债券——最终被转换的期权属于股权，未行使转权的部分为债务，因此，从公司价值推导出股权价值的过程自然要棘手得多。严格地说，我们应该只需从公司价值中减去可转换债券中的债务部分，即可得到股权价值：

$$股权价值 = 公司价值 - 可转换债券中的债务部分$$

在估计出股权价值后，我们可以将价值在期权持有人（可转换债券或其他类似产品）和标准股权投资者之间进行分配。

股权索取权的差异

在得到初创企业的总股权价值后，我们还需要在各种索取权持有者之间进行股权价值的分配。这个过程会很复杂，因为与只发行一类股票的上市公司不同，在初创企业中，不同股权享有的索取权很少是完全同质的。相反，有些股权索取权的持有人对公司现金流享有优先权，而其他股权则对企业享有控制权，因此，后者必然会对公司的运营方式拥有更大的权力。所以，在不同股权索取权持有者之间分配股权价值时，我们必须考虑这种现金流优先权和控制权对估值的影响。⊖

现金流索取权

股权索取权中可以嵌入两种类型的现金流优先权利。第一种优先权允许某些股权投资者有权对经营性现金流享有优先分配权，即在其他索取权持有者参与分配之前，他们按一定比例优先进行经营性现金流的分配，这种权利通常采取优先股的形式。在公司清算并对投资者分配剩余现金流时，享有第二种优先权的投资者可优先进行分配。

在对运营现金流（优先股）享有的第一种索取权进行估值时，最简单易行的方法，就是将这些优先股股息按低于其他现金流索取权的折现率进行折现，因此这会给拥有这种优先权的股权带来溢价。实务中的最大问题是选用适当的折现率。如果接受优先股权等于债务的观点，那么我们就可以采用估计税前债务成本的方式计算适用于优先股的折现率。实际上，我们可以如下方式计算考虑优先股支付固定股息对风险折现率的影响：

$$风险调整折现率 = 无风险利率 + 反映违约风险的利差（拖欠股息支付形成的违约）$$

⊖ 本章针对如何对现金流优先权和控制权进行最合理的估值进行简单介绍。有关这个话题的全面论述，见如下论文：Damodaran, A., 2008, "Claims on Equity: Voting and liquidity differences, cash flow preferences and financing rights"。

对于违约利差的估算，可采用估算无信用评级公司债务成本的常用方法。我们可以财务比率估算出公司对应的综合信用评级，然后，根据该信用评级确定相应的违约利差。现实中，经常用于确定综合债券评级的一个财务比率就是利息覆盖率：

$$利息覆盖率 = 营业利润/利息费用$$

还可以对利息覆盖率进行调整，在分母中加入优先股股息（将优先股股息视为利息费用）：

$$优先股覆盖率 = 营业利润/(利息费用 + 优先股股息)$$

我们应按由此得到的结果确定优先股的综合评级。在此基础上，按综合评级估计优先股的违约利差和风险调整成本。由于优先股股息是在利息费用之后支付的，因而不具有抵税效应，因此，由此得到的优先股成本应高于债务的税前成本；但应低于股权成本，因为优先股股东先于普通股股东获得股息。

$$税前债务成本 < 优先股股息对应的成本 < 股权成本$$

至于股息是累积股息还是非累积股息的问题，同样可在这种情况下进行检验，即适用于累积优先股的折现率应低于非累积优先股的折现率。

在某些情况下，优先股股东也会在公司清算时对现金流享有优先分配权。但不同于反映持续性索取权的股息，清算是一次性事件，而且我们对两者采用的估值方法也是不同的。针对清算现金优先权的估值方法，就是把清算的可能性以及清算得到的预期现金流纳入现金流折现模型中，从而得到目前的企业价值。为此，最简单的一种方法是创建两种情景。在第一种情景中，我们在公司持续经营的前提下评估股权索取权的价值。我们实际上就是在假设，现金流（股息或自由现金流）永续存在，并在此基础上计算现值。在第二种情景中，我们假设公司将在特定时点（如从现在起的 5 年后）被清算。然后，我们根据该期间（如 5 年）内每一期的现金流和最后一期的清算现金流，计算出股权索取权的价值。在得到这两种情景下的索取权价值后，我们就可以估计发生每种情景（持续经营和清算）的概率，并计算其预期价值。这种方法的前提是，假定清算将仅在特定时点发生，并且可以对发生清算的概率做出合理估计。

对控制权的索取权

在初创企业中，股权投资者之间控制权索取权上的差异体现为两种方式。在第一种方式里，一类股权拥有企业的经营权，并拥有可决定企业价值的日常经营决策权，而另一类股权代表的是被动型股权投资者。比如说，合伙企业中的有限合伙人就属于这种情况，他们只提供资金，不参与公司的日常运营，而普通合伙人则对企业运营拥有控制权。在第二种方式中，某些类别的股权可能被授予有限的权利，也就是说，仅在发生某种特定事件时（如并购或上市等）才能触发这些权利生效。我们可以将这些权利松散地归纳为两类：一类是否决权，如果股东认为特定事件会导致其利益受到损害，那么股东可行使这种权利阻止此类事件发生；另一类是保护权，行使这类股权可防止其股东价值受到损害，或其持有股防止被稀释。

否决权

否决权是指避免某个事件发生的权利。尽管这项权利确实有助于维护它所赋予的索取权，但这往往以牺牲公司总体利益为代价。通过降低特定事件（收购或首次公开发行）发生的概率，确实有可能增加公司的总体价值，但是在维护特定索取权利益的同时，也会降低企业的预期价值，进而降低企业全部索取权的价值总和。例如，假设一家公司由现有经理人经营，公司价值为1000万美元，对收购方而言的价值为1500万美元，被收购的概率为40%。如果公司只发行一类流通股，发行总量为1000万股，那么，每股价值计算如下：

$$每股价值 = \frac{按现状拥有的价值 \times (1 - 被收购的概率) + 并购价值 \times 被收购的概率}{股份数量}$$

$$= \frac{1000 \times (1 - 0.4) + 1500 \times 0.4}{1000} = 1.20(美元/股)$$

现在，我们假设公司发行了两类股权——500万股不享有特殊权利的A股，500万股对收购事件享有否决权的B股。在这种情况下，收购的概率下降到20%。我们可以通过每股股权的估值反映这一变化：

$$不享有特殊权利股份的每股价值 = \frac{1000 \times (1 - 0.2) + 1500 \times 0.2}{1000}$$

$$= 1.10(美元/股)$$

需要提醒的是，B类股东会导致公司价值损失100万美元。他们有可能与公司讨价还价，为放弃否决权而获得这个数量的补偿。因此，B股的每股价值可按如下方式计算：

$$B股的每股价值 = \frac{每股价值 + 损失的价值}{B股的数量}$$

$$= 1.10 + \frac{1200 - 1100}{500} = 1.30(美元/股)$$

也就是说，由于B级股东享有否决权，因此他们的股权价值高于A股，但只有在他们愿意放弃否决权时，才能实现这个高出的价值。保护权的估值可能更为复杂，因为这些权利不仅仅局限于否决的权利。实际上，股权索取权的拥有者有权就特定事件造成的价值获得现金流补偿。这更像是一种期权，它提供了一种防止出现某种不利后果的权利，因而也可以期权估值的方式进行估值。

稀释效应

在本章的前面部分，我们曾提到，初创企业往往需要筹集新股份，以弥补未来几年因经营亏损和再投资需求而造成的负的预期自由现金流。这种"稀释效应"会减少现有股权的价值。那么，我们应该如何在折现现金流模型中体现这种价值损失呢？答案似乎有点不可思议，实际上，我们无须采取任何针对性措施，因为只要方法正确，折现现金流估值法本身就会体现新股发行造成的稀释效应。

为说明 DCF 模型是如何体现稀释效应的，我们不妨接受这样一个命题：资本注入需求的起因是自由现金流为负数。在对一家初创企业进行估值时，如果你预测未来几年内的企业自由现金流为负数，那么你实际上就是在假设，公司必须在这段时间里筹集新的资本，并使用计算资本成本所采用的负债股权比率。因此，如果你计算资本成本时采用的组合为股权占 100%，这就相当于假设，企业自由现金流为负数的年份里，你将通过发行新股的方式为公司筹集新的股权资金。尽管这会增加公司的股份总数，但在目前计算每股价值时无须考虑增加的股份数量，原因很简单——目前的经营资产价值是未来自由现金流的现值，而且这个数值会因未来几年的负现金流而减少。实际上，这本身就是一种对股权稀释做出的调整，按未来发行的股份调增目前的股份数量，只会造成重复计算。

为了更清楚地反映稀释效应，我们不妨回顾一下表 9-19 中针对安全邮件软件公司的估值。请注意，在现金流转向正数并确定终值之前的未来 10 年里，公司的预期自由现金流始终为负值。通过将全部企业自由现金流和终值折现到今天，我们得到的公司经营性资产价值为 1.7756 亿美元，但由于预测期内的预期现金流为负数，这个价值也会相应减少。事实上，如果我们不考虑第 1 年～第 10 年的负自由现金流，那么安全邮件软件公司的价值将达到 4.5672 亿美元。消耗的现金导致公司经营性资产的价值减少了 61.12%，这就是稀释效应对企业价值的调整。而以估算价值（1.7756 亿美元）除以增发股份数量来反映预期的摊薄效应，将导致对增发股份的重复计算。

◎ 案例 9-10　对安全邮件软件公司股权索取的估值

要确定经营性资产价值得到安全邮件软件公司的股权价值，我们首先需要考虑公司的现金余额和债务。公司目前拥有 500 万美元现金，无尚未偿还的债务。投资前估值可按如下公式计算：

经营性资产的预期价值（已经生存概率进行调整）= 1.0654（亿美元）

（百万美元）

加：现有现金余额 =	5.00
投资前的公司价值 =	111.54
减：现有债务 =	0.00
投资前的股权价值	111.54

假设有一位风险投资家计划向公司新注入 3000 万美元的股权资金，并假定这笔资金全部留在公司里，那么投资后的公司价值和股权价值都将发生改变：

（百万美元）

投资前的公司价值 =	111.54
加：资本注入	30.00
减：原股东从公司中提取的现金	0.00
投资后的公司价值	141.54

风险资本的注入可能需要我们对风险计算采取两种可能的调整。一种是，风险投资者的风险分散程度显然会超过单一的所有权人，对后者而言，他们的全部投资仅限于这一家公司。投资多样化的增加会提高风险投资者的投资组合与市场之间的相关性，进而转化为较低的总贝塔系数和股权成本。另一种可能需要调整的是失败概率。增加 3000 万美元的现金余额，会减少公司发生失败的概率，因为公司可以使用这笔钱满足近几年的现金需求。比如说，如果我们假设资本注入导致公司发生失败的概率从 40% 下降到 30%，此外，由于 VC 的风险分散度高于公司创始人，从而导致公司最初几年的股权成本略低（16%），那么公司在投资后的价值将提高至 1.6685 亿美元。⊖

相对估值法

相对估值法的本质在于，我们根据市场对可比公司支付的价格对被估值公司进行定价。但对初创企业而言，这个命题显然更具挑战性，毕竟这些公司在运营方面鲜有可以对外展现的资本，而且又是非上市的私人企业。尽管存在种种障碍，但分析师仍试图将针对上市公司开发的相对估值法延伸到私人企业的估值中。总的来说，在对私人企业估值时，分析师面对的最大挑战就是如何找到真正具有可比性的公司。有些分析师只专注其他私人企业的交易价格，他们认为，这些企业可能与被估值初创企业有着更多的共同点。但有些分析师对私人企业的交易价格不屑一顾，他们的策略是从相同行业上市公司的市场价格出发，并对可比公司与被估值企业在基本面上的差异进行调整。

私人企业的交易倍数

考虑到我们的估值对象是初创的私营企业，因此，我们需要了解其他人近期收购类似企业实际支付价格的依据。这种方法的基础就是私人企业的交易倍数。因此，至少在理论上，我们需要针对与被估值公司相似（拥有相同的业务、类似的规模并处于生命周期的同一阶段）的私人企业建立一个数据库，收集这些公司近期买卖交易的信息，尤其是它们的交易价值。然后，我们再计算出这些数值与某个共同变量（收入、利润或是特定行业的某个指标），据此得到收购者愿意为这些私人企业支付的某个倍数。将这个倍数乘以被估值公司的同一个变量，即可得到公司的价值。

⊖ 风险资本家不太可能接受较高的估值，除非他们可以取得全部增加的价值，毕竟是他们注入的资本创造了这个价值增值。

估值难点

尽管以前最大的问题就是缺乏有组织的私人企业交易数据库，但这种情况已不复存在。很多私人咨询机构均提供包含这些数据的数据库（尤其是价格），但仍存在其他一些问题，包括：

- **公平交易**：使用私人交易价格的风险之一，就是其中的某些交易可能不是公允交易，其价格仅反映了被出售的企业价值。实际上，交易价格还有可能包括与具体交易相关的其他服务和附带因素。因此，如果医师同意在诊所出售后继续任职一段时间，以便于实现收购后的平稳过渡，那么他就有可能因此而得到更高的出售价格。
- **时间点差异**：非上市公司并购交易不经常发生，并且有一个事实不容忽视：同一家私人企业在特定时期内不可能出现数十次交易。对于上市公司，我们可以个别交易价格计算所有公司在某个时间点的倍数，非上市公司的并购交易往往在时间上参差不齐。因此，在非上市公司交易的数据库中，可能会包含从2008年6月到2008年12月的交易，而在如此长的时间段中，上市公司几乎可以损失45%的价值。
- **可比变量**：为了比较不同规模的公司，我们通常需要将市场价格除以某个标准变量。对上市公司，我们可以采用的标准变量包括收入（价格/销售额、EV/销售额）、盈利（PE、EV/EBITDA）或账面价值等形式。虽然我们在技术上也可以对非上市公司并购交易采用这种方式，但不得不面对三个方面的潜在障碍。第一，有些初创企业的当前收入和利润还很小，甚至尚未实现收入，更不用说盈利了，而且它们所能提供的数据并不能真正体现其最终的潜力。第二，非上市私人企业的会计准则存在很大差异，这些差异可能会导致它们的盈利缺乏可比性。第三，私人企业的所有权人关心的是如何最大程度地减少缴纳给政府的税款，因此，其财务报告披露的数字（针对税收目的）与公司的实际收益几乎有可能相去甚远，这一点应该不足为奇。
- **非标股票**：正如前所述，在初创的私人企业中，股权索取权在现金流和控制权方面可能存在很大差异。私人企业的股权交易价格会体现出企业股权中所包含的这些索取权。因此，我们很难用一家公司的股权特征去概况另一家具有不同特征的股权。
- **非美国企业**：目前可以得到和使用的大多数交易数据库均针对美国非上市私人企业的并购交易。考虑到我们需要越来越多地对来自其他市场的初创企业进行估值，尤其是某些高风险的新兴市场，因此，对于这些数据如何乃至是否适用于这些市场情况，我们目前尚不得而知。

实用性和最佳实践

什么时候适合于使用非上市私人企业交易数据对初创的私人企业进行估值呢？从

经验来看，这种方法最适合于计划维持小规模非上市公司特征的企业，而不是那些准备通过不断扩大业务并有可能公开上市的企业。如果被估值公司所在行业拥有大量非上市的企业，而且企业并购交易频繁，那么同样适合于采取这种方法。比如说，在对医疗或牙科诊所及其他小型零售企业进行估值时，就可以考虑采用这种方法。而对于某些从事极其特殊或非正常业务的企业，这种方法就很难派上用场了。

如果决定使用非上市私人企业交易对比法对初创企业估值，那么有些常规性策略或许有助于提高估值的准确性：

- **选用受主观选择影响较小的比较变量**：为解决非上市私人企业在会计和运营标准等方面差异较大的问题，我们可以选取受主观选择影响较少的变量。比如说，收入倍数（更难以受到人为篡改或操纵）应优于收益倍数。我们甚至可以可比价值扩大到被估值企业特有的业务量变量，如普通医疗诊所的患者人数或水管维修业务的客户数量。
- **估值的对象是企业，而不是股权**：在第 4 章里，我们将估值倍数分为股权倍数（股权价值与股权收益或账面价值的比例）与企业价值倍数（企业价值与营业利润、现金流或资本账面价值的比例）。考虑到私人企业的股权索取权和债务存在的巨大差异，企业价值倍数的适用性应优于股权倍数。换句话说，我们首先是对整个企业进行估值，在此基础上计算股权价值，要比直接对股权估值更可取。
- **从大型数据集入手**：由于非上市私人企业的并购交易并不频繁，因此从大型公司数据集入手，并收集所有交易数据是最优选择。这有助于我们剔除某些缺乏合理性的交易数据（这些交易可能不满足公允交易的要求）。
- **对时点差异进行调整**：即便使用针对非上市私人交易的大型数据集，个别交易之间依旧存在时点差异。在市场稳定时期，这或许算不上问题，但我们还是应通过价值调整（尽管这种调整可能较为粗略）来体现时点差异。例如，如果以 2008 年 6 月发生的交易对 2008 年 12 月的交易进行估值，那么我们就需要按公开市场的同期下跌幅度（如 Russell 5000 等小盘股指数，在此期间的下跌幅度约为 40%）下调 2008 年 6 月交易的价格，使得两笔交易的价格在时间上具有可比性。
- **强调基本面差异**：不能因为我们采用的方法是相对估值法，就放弃企业价值依赖于基本要素（增长率、现金流和风险）这个最基本的原理。如果我们能以其他非上市企业交易的指标来反映这些基本面因素，那么我们的估值结果就有可能会更可靠。假如我们不仅能得到非上市私人企业的交易价格，还能获得这些企业在交易之前的收入增长情况和企业的存续时间（以其成熟度和风险水平），显然更有助于改善估值的质量。为此，我们可以通过数据分析，判断交易价值与这些变量之间是否存在着某种关系。如果有的话，我们可以将这种关系体现到估值过程中。

来自上市公司的估值倍数

获取上市公司交易价格和交易倍数的最新数据显然就容易得多了。事实上，对于确实无法找到非上市私人企业交易数据的分析师来说，这也是他们使用相对估值法时的唯一选择。但这种做法的缺点在于，我们参照的标准是更成熟的上市公司，而估值对象是年幼的非上市公司，将从前者身上学到的定价方法直接运用于后者，显然缺乏应有的可比性。

估值难点

在将公开市场的估值倍数应用到非上市公司，尤其是尚处于生命周期早期阶段的初创企业时，面临的问题是显而易见的：

- **生命周期对基本面的影响**：假如我们认为只有熬过生命周期的早期阶段并取得成功的初创企业才有可能上市，那么我们就不得不接受这样一个事实，上市公司的基本面要素肯定不同于非上市公司。和非上市公司相比，上市公司的规模通常较大、增长潜力相对较小而且具有更稳定的市场。这些差异都将体现在投资者为上市公司支付的交易倍数上。
- **生存概率**：另一个相关的要点是年轻企业的失败率很高。然而，随着这些公司建立了产品供应线，其失败的概率就会降下来。和年轻企业相比，上市公司的存活概率比较大。在其他条件（增长和风险）维持不变的情况下，无论基于哪个变量（如收入、利润和账面价值），上市公司都应该以更高的市场价值进行交易。
- **风险分散性较高的多元化投资者与风险分散性较低的非多元化投资者**：此前，我们讨论了针对初创私人企业估值的风险和折现率。为此，我们提到，与非上市公司中的股权投资者相比，上市公司中的投资者往往是风险分散性较高的多元化投资者，他们对风险自然有着不同的看法。这种差异可以体现为非上市公司股权投资者需要承受更高的股权成本。因此，我们从投资者多样化更高的上市公司样本出发，利用它们的利润倍数或收入倍数对非上市私人企业进行估值，必然会导致高估后者的价值。
- **可缩变量**：即使假设我们可以从上市公司数据库中获得合理的收入倍数或收益倍数，我们仍然还要面对最后一个问题。初创企业的当期收入通常很少，而且很多企业还处于亏损状态，因此，其账面价值往往对估值没有任何参考意义。所以，用倍数乘以任何一个财务指标，得到的都会是一个怪异的估值结果。

实用性和最佳实践

到底哪些类型的非上市私人企业最适合采用上市公司倍数进行估值呢？一般来说，那些希望进入一个更大的市场、独立上市或是被上市公司收购的初创企业，是采用这种方法的最好对象。实际上，我们的估值对象是我们对目标企业的未来预期状态，而不是它的当期状态。

有些简单做法有助于我们规避严重的估值错误，提高估值结果的准确性：

- **使用未来的收入和利润**：我们此前曾提到，在使用倍数法对初创企业估值时，一个常见的问题就是，公司当期的经营无法带来看得见的结果：收入非常低，利润甚至还是负数。为此，一种解决方案就是预测公司在生命周期后期阶段的经营业绩，并将这些未来的远期收入和利润作为估值的出发点。实际上，我们就是使用5年以后的收入或利润，来估算公司在5年后的企业价值。
- **根据公司在估值时点的具体特征适当调整估值倍数**：如果我们利用未来5年的经营状况对公司进行估值，那么我们就必须采用与公司在这个时点上相适宜的估值倍数，而不是直接采用今天的倍数。不妨考虑一个简单的例子。假设我们需要对一家公司估值，在未来5年内，由于它会从一个非常小的公司发展成为更成熟的企业，因此我们预计，这家公司在未来5年内的年复合增长率将达到50%。此外，我们还假设，公司的收入增长率将在5年后降至较为平稳的水平，按10%的年复合增长率永续增长。因此，在第5年，我们采用的收入倍数或收益倍数就必须反映这个10%的预期增长率，而不是此前5年的50%。
- **对生存概率进行调整**：当估计初创企业的内在价值时，我们根据公司丧失存续能力的概率对估值进行调整，以体现失败概率带来的影响。这是我们必须坚持的基本原则，因为任何基于未来收入或收益得到的价值，本身就是以企业生存或成功假设为基础的。
- **对缺乏风险分散性的非多元化调整进行调整**：针对按未来收入和收益估算的公司价值或股权价值，必须折现为现值才是我们所需要的企业价值。为此，我们可以借鉴内在估值法部分针对私人企业贝塔系数和股权成本介绍的调整方法。也就是说，我们可以使用较高的折现率对企业的未来预测价值进行折现，以反映目前非多元化股权投资者缺乏风险分散性的特征。实际上，我们就是在假设，这家公司会在未来年度公开上市（以便于使用上市公司的倍数），届时，非多元化问题自然就此解决。

◎ **案例9-11 使用相对估值法对安全邮件软件公司进行估值**

在使用相对估值法对安全邮件软件公司进行估值时，我们之所以可以采用上市公司作为可比公司，是出于如下两个原因：

- 这家公司渴望成为一家规模更大的公司，并最终实现公开上市。
- 涉及初创非上市软件公司的并购交易寥寥无几。

在寻找可比公司的样本时，我们最初只考察在风险投资估值法中选用的三家杀毒软件企业——赛门铁克、迈克菲和趋势科技。不过，我们已经认识到，不可能以如此有限的几个样本进行估值。因此，我们扩大了选用的样本规模，纳入了市值低于1亿美元的所有上市软件公司。我们将这些上市公司的企业价值/销售额按如下三个变量进行回归计算：贝塔系数（作为衡量风险的指标）、未来5年的收入预期增长率（体现增长率的差异）和资本收益率（衡量增长的质量）：

$$企业价值/销售额 = 0.33 - 0.6 \times 贝塔系数 + 77.6 \times 收入增长率 + 55.3 \times 资本收益率$$

然后，我们根据回归结果得到安全邮件软件公司在第5年的企业价值/销售额预测值，并以如下参数作为自变量：公司在第5年的总贝塔系数（1.60）、第6年~第10年的预期收入增长率（根据表9-8中的预测可得到预期收入增长率为21.2%）和第5年的资本收益率（根据表9-11，将第5年的资本收益率估计为13.31%）：

$$安全邮件软件公司在第5年的企业价值/销售额预测值 \\ = 0.33 - 0.6 \times 1.6 + 7.6 \times 0.212 + 5.3 \times 0.1331 = 1.6866$$

用这个倍数乘上公司在第5年的收入6.86亿美元，我们即可得到公司第5年的价值为11.57亿美元。为得到公司的当期价值，我们进行了两项调整。我们对该公司于第5年前倒闭的可能性（40%）做了调整，并得到了一个预期价值：

- 我们对公司在第4年之前遭遇失败的概率（40%）进行调整，并达到如下预期价值：

$$预期价值 = 公司在第5年的估值 \times (1 - 失败概率) \\ = 11.57 \times (1 - 0.40) = 6.9422(亿美元)$$

- 在将第5年的估计值折现为现值时，我们采用了内在估值法中针对第1年~第5年采用的较高股权成本：

$$公司目前的价值 = \frac{6.9422}{1.19^2 \times 1.16^2 \times 1.12} = 3.2529(亿美元)$$

按照这种方法对安全邮件软件公司进行估值，我们得到的经营性资产的终值为3.39亿美元。这个数值要高于公司的内在价值，部分原因就在于，我们忽视了公司在第1年~第5年出现负现金流的可能性。因此，在计算每股价值时，我们需要对作为除数的股票数量进行调整，以反映公司为满足预期资本要求而增发的股份数量。

实物期权

我们在第 5 章里介绍了实物期权的概念：公司进入新业务领域形成的期权，有时可以为企业内在价值带来溢价。初创企业在某些情况下同样适用于实物期权观点。为此，我们将在本节中研究实物期权对初创企业的适用性。

初创企业的拓展期权

无论是对现金流折现法还是相对估值法，我们都需要从收入和收益两方面考虑初创企业的成功预期。因此，我们可以认为，估值已经体现了企业的发展潜力。与此相反的观点是，在某个企业或某个市场上取得的成功，有时可能会成为在其他企业或市场上取得成功的垫脚石：

- **新产品**：现有产品或服务的成功，有时可能是企业引入新产品的契机。一个典型的例子就是微软公司在针对个人计算机开发的微软操作系统（MS-DOS 和 Windows）基础上，开发出了一款盈利能力更强的产品线 Microsoft Office。另一个例子则是苹果公司推出的 iPhone，实际上，这款产品恰恰是苹果公司充分利用了 iPod 带来的客户群。尽管在推出最初产品时，两家公司可能根本就没有预见到新产品（Microsoft Office 和 iPhone），但初始产品的成功显然为新产品提供了良好的启动平台。
- **新市场**：在某些情况下，企业可以凭借产品在某个市场上取得的成功，逐步扩展到其他市场，并取得同样的成功。在这方面，可口可乐、麦当劳和很多零售公司的经历极具说服力，它们立足国内市场的稳固地位，成功实现了海外扩张。当然，有些例子似乎存在运气的成分：原本针对某个市场开发的产品，不经意间却发现了新的市场。一个有趣的例子就是最初针对治疗溃烂病开发的药物，却在降低胆固醇方面取得了良好疗效。

为什么我们不能把针对新产品和新市场的期望体现到现金流和价值中呢？我们当然可以做这样的尝试，但这里面会出现两个问题。首先，在最初进行估值的时点，我们对这些潜在产品和市场空间的预测还非常模糊，而且现金流会反映这种不确定性。换句话说，无论是微软公司还是苹果公司在推出 MS-DOS 和 iPod 时，还不可能想象 Microsoft Office 或 iPhone 的潜在市场是怎样的。其次，在最初产品推出及后续开发过程中获取的信息和经验教训，都会给企业的后续产品提供有益的借鉴。这种学习和适应性行为会形成一种期权价值。

对初创企业拓展期权的估值

我们的估值对象是拓展期权目前的价值，考虑到此时的期权还存在巨大的不确定性，那么，我们应如何进行估值呢？不妨借助如下四个步骤确定实物期权的相关数字（和溢价）。

1. **估算扩展期权目前的预期价值及相应成本**。在对实物期权进行估值时，第 1 步似乎完全有悖常理。假设我们在今天开始对新产品的拓展，那么我们需要确定估计拓展带来的现金流现值是多少，以及拓展所需要的成本有多大。换句话说，苹果公司在推出 iPod 的那一刻，就需要考虑推出 iPhone 的可能性及其现金流。很多分析师当然会拒绝这样的估计，理由就是他们对潜在产品和市场知之甚少，但这恰恰是期权价值的源泉。

2. **评估拓展期权估计价值的不确定性**。在第 2 步中，我们不仅要面对整个过程固有的不确定性，还要尝试以现金流的标准差来衡量这种不确定性。我们可以通过两种方法做到这一点：一种方法就是基于市场的指标，同行业上市公司的标准差可以很好地替代；另一种方法则是对拓展性投资进行模拟，从而得到多次模拟的现金流预期数值的标准差。

3. **确定公司必须兑现拓展方案的时间点**。针对新市场和新产品的拓展期权不可能是毫无限制的。从现实角度来看，公司必须在某个时日做出实施或放弃拓展方案的决定。在某些情况下，这个日期可能依赖于某些特定因素，如专利权的到期或许可证的更新日期，而在另一些情况下，这些制约因素可能是自己人为强加的。

4. **对扩展期权的估值**。到此为止，期权估值的投入变量已准备就绪，下面的任务就是进行估值。假设我们现在实施拓展方案，那么拓展带来的预期现金流的现值即为标的资产的价值，而拓展方案的当期成本则是期权的执行价格。价值的标准差体现了标的资产的波动性，期权的期限是必须对拓展计划做出决策的时间点。从理论上说，二项式期权定价模型应该更适合于实物期权的定价，因为该模型允许提前行使期权，但传统的布莱克-斯科尔斯模型同样可为大多数实物期权提供合理的近似值。

实物期权理论的局限性

我们用来证明实物期权溢价（我们可以将从现有产品及市场中学习到的东西扩展到新产品和市场中，从而增加价值）的论点，同样适用于任何初创企业。然而，在对拓展期权进行估值并以此增加传统价值结果之前，我们还需进行一项关键性测试，即排他性测试。换句话说，学习和适应行为带来的收益仅限于被估值企业，但适用于市场中的其他企业。譬如，我们不妨考虑本节第一部分阐述实物期权理论的两个例子。微软公司在开发 Office 方面的排他性源于它对操作系统的独家控制权。因此，在为这个操作系统开发软件时，微软公司比其他竞争对手（Lotus、WordPerfect）拥有显著的优势。苹果公司的排他性则来自开发 iPod 给他们在创新和时尚两方面带来的声誉，而这两方面恰恰是市场接受 iPhone 的关键要素。

实物期权理论的魅力就在于我们可以为传统折现现金流估值结构带来溢价。但有些人把这个观点延伸合理范围之外，甚至已近乎滥用。因此，一些分析师认为，折现现金流估值法低估了所有初创企业的价值，因而应对所有初创企业考虑期权溢价。有的分析师则未认识到期权溢价的条件性，笼统地理解实物期权理论，认为所有拥有高成长潜力的公司都适用于期权溢价。也就是说，无论是成长型市场（如软件和两类能源）的科技企业，还是来自大规模新兴市场（如印度和中国）的中小公司，只要是成长型企业，就应该在传统估值基础上增加期权溢价。但是在这个过程中，他们往往是对成长创造的价值进行了重复计算——折现现金流估值法中的预期现金流已经考虑到成长的价值，而后又通过溢价重复体现。尽管实物期权是一种强大而有效的估值工具，但它们的选择显然是有选择、有条件的。只有当预期的扩张机会未能在预期现金流中得到体现，或是被估值企业在竞争中拥有显著的竞争优势，才适用于实物期权估值法。

◎ 案例9-12 对安全邮件软件公司涉足数据库系统形成的扩展期权进行估值

我们已根据杀毒软件带来的潜在现金流对安全邮件软件公司进行了估值，但这家公司还有可能利用杀毒软件形成的客户群以及杀毒软件所依赖的技术，在未来5年的某个时候开发出数据库软件程序。

- 如果安全邮件软件公司决定马上实施这个拓展计划，那么他们需要花费约5亿美元开发这个新的数据库程序。
- 根据安全邮件软件公司目前对数据库程序市场掌握的信息，公司预计在未来10年内，每年创造的税后现金流约为4000万美元。适用于数据库软件业务的非上市私人公司的资本成本为12%。
- 对于从事数据库软件业务的上市公司，企业价值的年标准差为50%。
- 5年期美国国债的利率为3%。

为确定扩展期权的价值，我们使用上述信息得到期权的输入变量：

S	=标的资产的价值 =在今天进入数据库软件市场实现的预期现金流的现值 $=40\times(1-1/1.12^{10})/0.12=226$（百万美元） $=2.26$（亿美元）
K	=行权价格=进入数据库软件市场的成本=500（百万美元） =5（亿美元）
t	=期权的期限=存在扩张机会的时间段=5年
s	=标的资产的标准差=50%
r	=无风险利率=3%

将上述数据代入布莱克-斯科尔斯模型中,得到以下结果:⊖

$$买入期权的价值 = SN(d_1) - K \times e^{-rt}N(d_2)$$
$$= 226 \times 0.4932 - 500 \times e^{-0.03 \times 5} \times 0.1282$$
$$= 563(百万美元) = 5.63(亿美元)$$

请注意,这些数据并不支持在今天即开始开发数据库程序——预期现金流的现值(2.26亿美元)远低于成本(5亿美元),但安全邮件软件公司有两个方面的有利因素。首先,它可以根据杀毒程序的运营情况来完善对数据库市场的估值。其次,它可以根据先前收集到的信息调整数据库程序,以扩大潜在市场和现金流的规模。

如果接受扩展期权的这个价值,那么我们就应该把它与之前按内在估值得到的安全邮件软件公司价值1.1154亿美元相加,才是公司最终的价值。在这种情况下,我们证明使用期权定价模型合理性的依据,就是安全邮件软件公司通过专有技术而获得的排他性和杀毒程序形成的客户群。

本章小结

不可否认的是,初创企业给估值带来了最严峻的挑战。在估值实务中,面对诸多相互叠加的障碍——存续时间短且缺乏有价值的历史记录、经营亏损且存在夭折的可能性,要求我们尽量避免以使用未来估值倍数和随意上调折现率的方式体现这些不确定性。

本章介绍了将传统估值模型用于初创企业估值的流程。尽管这些方法需要我们估计某些难以敲定的输入变量,但方法本身依旧是有意义的,毕竟它促使我们面对诸多不确定性来源,竭力收集更多的信息,并在此基础上做出最合理的估计。诚然,在按传统估值方法得到的价值上,我们可能希望以溢价来体现未来机遇勾勒出的美好前景,但归根到底,实物期权模型的使用还应局限于那些对这些机会拥有排他性权利的企业。

⊖ 我们对 d_1 和 d_2 的计算方法如下:$d_1 = \dfrac{\ln\left(\dfrac{226}{500}\right) + \left[0.03 + \dfrac{(0.50)^2}{2}\right] \times 5}{0.50 \times \sqrt{5}} = -0.0171$

$d_2 = -0.0171 - 0.50 \times \sqrt{5} = -1.1351$

The Dark Side of Valuation　第 10 章

崛起之星
成长型企业

在第 9 章中，我们考察了初创企业估值的难点。在这个过程中，我们面对的困难之一就是企业的生存问题，因为很多年轻公司在生命早期即告夭折。但那些通过竞争的考验并最终成功的企业又会怎样呢？本章将重点探讨已成为成长型企业的一类企业。其中的部分企业会继续保持私人运营状态，但有部分企业会选择公开上市，一部分原因在于它们需要资金，还有一部分原因则是让所有者在公开市场兑现其成功，为他们提供一个收获真金白银的机会。

本章讨论的是我们在对成长型企业估值时面临的问题。我们对初创企业估值时出现的很多顾虑——经营时间短暂而且不稳定、未来增长高度不确定以及风险状况的捉摸不定，在估值成长型企业时依旧存在，尤其是对于处于成长阶段初期的企业。不过，好在我们用来处理这类企业的数据和工具已趋于完善。然而，原有的问题尚未得到解决，新的问题却随之而来：随着企业规模的扩大，增长率会发生怎样的变化呢？进入公开资本市场并面对市场的诸多不确定性因素，会给企业的融资和投资决策带来怎样的影响呢？

成长型企业

不管处在生命周期的哪个阶段，企业无不渴望成为一家充满生机活力的成长型企业。作为第 9 章讨论的对象，初创企业的愿望是经受住市场的严峻考验并发展成为成长型企业，而成熟型企业则在锐意进取，不断努力重塑自己，成为名副其实的成长型企业。在本节中，我们将探讨成长型企业的魅力何在，以及成长型企业在经济和公开市场中扮演的角色。

成长型企业的生命周期论

尽管投资者和管理者经常把成长型企业和成熟型企业看作不同的群体,但是在现实世界中,两者之间的差异微乎其微。那么,到底哪些企业算得上成长型企业呢?尽管实务中成长型企业的定义五花八门,但这些定义全部出自主观判断,而且漏洞百出:

- **基于行业分类的标准**:很多分析师在将某些公司归类为成长型企业或成熟型企业时,依据的是它们所属的行业。按这个标准,美国的高科技公司自然被视为成长型企业,而钢铁公司则是典型的成熟型企业。但这个定义显然忽略了特定行业内不同企业在增长前景角度展现出的巨大差异。确实,英特尔和微软之类的高科技公司远比处于企业这个发展阶段的某些成长型企业更成熟。
- **分析师对企业的增长预测以及企业的成长历史**:将某些企业定义为成长型或成熟型企业的第二类标准,依赖于以股票分析师预测为基础的未来预期收益增长情况。对不存在预期增长的某些服务企业,可采用以往的收益增长率作为衡量增长的标准。在这两种情况下,拥有较高增长率的企业会被视为成长型企业;至少到底需要多高的增长率,则依赖于主观判断和整体的市场增长态势。例如,如果整体市场的年收益率为10%,那么,企业可能需要达到25%的增长率才能进入成长型企业的行列。如果市场的总体收益率增长率仅为5%,那么收益增长率达到15%即可成为成长型企业。不过,这种方法的局限性在于,它只强调收益,而不考虑销售收入或销售数量。毕竟,很多年轻的高成长型企业在收入呈指数级增长的同时,仍要面对亏损局面。另外,成熟型企业凭借效率改进和极低的销售数量增长率,即可实现可观的收益增长水平。
- **基于市场分类的标准**:晨星咨询公司(Morningstar)的一项重要业务就是跟踪共同基金的业绩,按照它们的分类标准,共同基金分为投资于成长股的共同基金和投资于成熟型企业的共同基金。晨星咨询公司的分类标准就是标的公司所在市场的倍数。它认为,对于成长型企业,其股票交易对应的收益、收入和账面价值的倍数应高于成熟型企业。鉴于我们的估值重点在于决定市场是否对股票基于正确的定价,因此这似乎是在市场永远正确这个隐含假设条件下进行的反向验证过程。

上述三种定义(按行业分类、收入增长率和市场倍数)都会造成错误分类。尽管目前尚不存在完美的替代方案,但我们还是建议采用第1章介绍的资产负债表进行判断。图10-1侧重于资产负债表的资产一侧,即全部资产可以划分为现有投资和增长型资产。

图 10-1 资产负债表的资产一侧

成长型企业的大部分价值来自增长型资产,即企业预期在未来将会进行的投资。听起来,这似乎只是对前述成长型企业分类标准的重复——拥有高增长率的企业即可以被视为成长型企业,但区别还是明显的。正如我们在第 2 章中所指出的那样,增长型资产的价值不仅取决于预期增长率的多少,更依赖于增长所带来的超额收益。尤其重要的是,如果新增投资给公司创造的资本收益率等于资本成本,那么这些新增投资没有任何价值。这种分类的问题在于是对公司估值之后进行的,因为只有评估了公司的基本面(新投资的预期收益率和资本成本)之后,你才能做出相应的判断。

无论采用何种方式将企业划分为成长型企业或是成熟型企业,我们都需要从生命周期角度认识企业的成长属性。在第 9 章中,我们曾尝试对处于生命周期最初阶段的初创企业进行估值。而本章讨论的企业已走过在这个生命周期中可能最艰难的阶段,而且在这个跋涉过程中收获颇丰。由于成长阶段可能延续多年,因此我们在本章中探讨的成长型企业自然也是多种多样的。有些成长型企业的规模可能很小,而且风险很高,这和我们在第 9 章中分析的初创企业有相似之处。还有一些成长型企业则在其成长周期中更进一步,因此,和初创企业相比,它们更接近于我们将在第 11 章中讨论的成熟型企业。

在任何经济体中,成长型企业都扮演着关键角色,它们的影响力往往不止局限于经济产出。和成熟型企业相比,成长型企业在实际经济(产出和就业)中占据的比例可能很小。但成长型企业是经济增长的引擎,因为它们是给实际经济带来长期发展变化的主力军。比如说,美国的传统制造业早已退出核心舞台,在过去的 20 年里,美国就业和经济产出增长的很大一部分来自高新技术及医疗保健产业,而这些领域的很多企业均可归属于成长型企业。

最后,如果以上市公司为考察对象,我们会发现,占成长型企业的整体市场价值的比例将远高于它们所占的实体经济的比例。市场价值与当期经营性资产的差距源于诸多要素,包括利率水平、风险溢价以及对未来经济增长的普遍预期。在 21 世纪初的技术股高峰期,科技公司占据了标准普尔 500 指数成分股总市值的近 35%。但仅在一年后,行业崩盘,科技股的上述比例便大幅下跌至 17%。

成长型企业的特点

成长型企业在规模和增长前景等方面不尽相同，而且遍布各个行业，但它们都存在某些会影响到估值的共同特征。在本节中，我们将详细阐述其中的某些共有属性：

- **财务数据具有动态性**：在对企业进行估值时，我们所采用的大部分企业信息来自其财务报表（利润表、资产负债表和现金流表）。成长型企业的一个特点就在于，这些报表中的数字始终处于持续变化的状态。这种变化不仅体现在本年数据可能与上一年数据截然不同，而且即使在较短时期内，这些数字也有可能发生显著变化。例如，对很多小规模的高成长型企业，最近4个季度的收入和收益可能完全不同于前一个财务年度的收入和收益（即便前一个财务年度的基准日仅仅在几个月之前）。
- **股权既可由私人持有，也可公开上市**：传统观点认为，初创企业在最初阶段取得成功的自然路径就是公开上市，并利用资本市场筹集新的资金。但是在实践中，这种转变既不是有序的，也不具有可预测性，这种现象源自如下四个方面的原因。第一个原因是，从私人公司到公开上市企业的转型在不同经济体之间有所不同，它依赖于体制因素以及资本市场的发展状况。从历史上看，美国成长型企业在进入公开市场时，在生命周期中所处的阶段总体上早于欧洲的成长型企业，这背后的部分原因在于，公开上市是美国风险投资者的首选退出途径。第二个原因是，在任何既定市场中，利用公开市场筹集新资金这种模式都会随着市场的涨跌而变化。以美国为例，首次公开发行在牛市期间增长强劲，而在熊市时期则萎靡不振。在2008年最后一个季度爆发的市场崩盘时期，首次公开发行完全陷入停滞。第三个原因是上市路径会因行业而异。与制造业和零售业等传统行业的公司相比，高科技和生物技术等行业的公司在上市时往往处于生命周期的较早阶段。上述三个原因相结合，导致本章介绍的成长型企业可以采用私人股权（风险投资）和上市股票的组合来筹集股权资金。换句话说，有些成长型企业是非上市公司，有些则是上市公司。即使在这些上市公司中，风险投资者和创始人仍是很多公司的大股东。第四个原因体现为，非公开股权市场流动性的改善以及公开市场投资者投资非上市公司意愿的增强，也会导致某些年轻的初创企业在较长时期内保持私人企业的状态。
- **规模失调**：在第1章里，我们曾指出会计和财务资产负债表之间的差异，前者主要关注于现有投资，而后者则将增长型资产纳入进来，这一点对成长型企业尤为突出。如果公开上市交易的话，这些公司的市值往往会远超过会计（或账面）价值，因为前者包含了增长型资产带来的预期价值，而后者通常不包含这部分价值。此外，市场价值可能与公司的营业利润和收入等财务数据不一致。

很多拥有数亿乃至数十亿市值的成长型企业可能只有微乎其微的收入，甚至还处于亏损状态。同样，这背后的原因在于会计数字只反映企业的现有投资，而这些投资可能只占公司整体价值的很小一部分。
- **债务的使用**：尽管各行业的债务使用情况可能不尽相同，但无论从事什么行业，成长型企业的债务相对于企业价值（内在价值或市场价值）的比例会低于相同行业的稳定型企业。原因很简单，现有资产创造的现金流不足以支撑它们举借更多的债务。在高科技等行业，拥有大量盈利和现金流的成长型企业甚至不愿意举债。而在电信等他行业，由于债务比率低于成熟型企业，因此，负债反而成为成长型企业的首选融资模式。
- **市场历史短暂且处于持续变化状态中**：我们需要由市场价格来确定估值的几个关键变量，尤其是风险参数（如贝塔系数）的估算。即使是已公开上市的成长型企业，往往也只有很短暂的历史，而且变化无常。比如说，一位在 2009 年研究谷歌股票的分析师，他能利用的经营业绩也只有 4 年的时间，这显然属于典型的短期分析。但即使这短短 4 年的历史数据，也可能价值有限甚至派不上用场，因为公司在这段时间内经历了巨大的变迁。在此期间，谷歌已从一家收入仅为数百万美元、利润微薄的小企业发展成为一家拥有数十亿美元收入、利润丰厚的大企业，从典型的小盘股公司发展为令市场翘首的大盘股公司。

尽管这些对成长型企业的影响程度可能因企业而异，但的的确确是成长型企业中的普遍现象。

估值问题

成长型企业的共同特征——财务的动态性、公开上市股权和私人股权的结合、市场价值与经营数据的分离、对股权融资的依赖以及短暂而起伏不定的市场历史，会给内在估值法和相对价值法带来影响。

内在估值法

如果说公司的内在价值依赖于现金流和风险特征，那么对于可追溯到生命周期所处阶段的成长型企业而言，其估值必然会遇到问题。在本节中，我们将根据构成内在价值的基本要素——现有资产的价值、增长型资产的价值、风险（折现率）、终值以及每股股权价值，逐一解析增长型企业的具体估值问题。

现有资产

在对现有资产估值时，我们首先从这些资产所创造的并按适当风险调整折现率折现的现金流入手。对于成长型企业而言，两方面的因素会导致现金流的计量更加复杂：

- **利润指标欠佳**：对成长型企业，现有资产往往只占整体价值的很小一部分，当企业扩大开支用于维持和培育增长型资产时，现有资产会显得不足挂齿。譬如，我们不妨可以考虑折现现金流估值模型中的一个标准假设——现有营业利润可视为由现有资产形成，因而应成为评估现有资产价值的基础。对任何企业来说，现有的营业利润（或亏损）都是扣除销售、广告和其他管理费用的余额。我们可以假设这些开支与现有资产相关，但这个假设或许不适合成长型企业。毕竟，在成长型企业中，销售人员可能没有兴趣去推销现有产品；相反，他们更关注的是为公司的未来产品培育客户群。因此，如果把所有销售费用都视为营业费用，那么我们就会低估现有资产的收益能力，进而低估其价值。

- **盈利能力不稳定**：如果说价值的一项重要参数就是衡量企业未来盈利能力的指标，那么，对于成长型企业来说，利润率和收益率会随时间而发生显著变化这一事实，只会加剧我们做出预测的难度。不同于利润率趋于稳定或是在狭窄区间内小幅波动的成熟型企业，以历史利润率和收益率来预测成长型企业的未来价值，或许无法得到合理的结果。

增长型资产

显而易见，成长型企业的大部分价值来自增长型资产，这就要求我们必须合理评价增长型资产的价值。为合理估算成长型企业所拥有的增长型资产价值，面对的挑战或许会让我们望而生畏：

- **对增长产生的扩张效应**：在考量企业的预期增长率时，我们首先需要回答的一个重要问题就是公司规模的变化会给增长率带来怎样的影响。譬如，我们不妨考虑一家年复合增长率在过去 5 年达到 80% 的公司。今天，这家公司的规模显然要比 5 年前大得多（假设规模扩大了 18 倍）。⊖ 考虑到如此庞大的规模基数，这家公司在未来一年几乎完全没有可能维持 80% 的增长率。总而言之，随着公司规模的扩大，实现既定增长率将变得愈加困难。

- **成功会引来竞争**：一家小公司可以不声不响地发大财，有时甚至能创造出匪夷所思的盈利能力。但随着公司的成长，成功自然会引起更大、更具掠夺性的竞争对手的关注，而且这些垂涎三尺的竞争对手往往拥有更重要的资源。由此而来的竞争必然会压缩原有的盈利能力以及增长所带来的价值。

⊖ 按 80% 的年复合增长率计算，1 美元在 5 年后的终值将接近于 19 美元，也就是说，5 年内的总增长率可达到 1800%。

- **宏观经济的影响**：尽管所有公司都要面对宏观经济的冲击，但小企业的产品大多属于可有可无的细分产品，因此，在经济危机面前，小企业显然更脆弱、更不堪一击。在经济向好时，消费者倾向于购买他们的产品，但是在经济转入衰退或增长放缓时，这种需求必然会受到压制。因此，在对增长型资产估值时，我们必须回答上述问题——增长率在规模扩大时出现的递减速度如何，如何在竞争中逃过对手的攻击，整体经济增长会对企业增长率带来怎样的影响。

折现率

决定折现率的两个关键因素是企业基础投资的风险水平以及企业用来融资的债务与股权结构。在两个维度上，成长型企业在估值时都要面对挑战：

- **现有资产的风险与增长型资产的风险比较**：由于成长型企业的企业价值主要来自增长型资产和现有资产，因此考量两类资产的风险将对我们的估值方式产生重大影响。换句话说，如果增长型资产比现有资产的风险更高，那么我们就应该对前者的预期现金流采用更高的折现率，并对现有资产创造的现金流采用较低的折现率。不过，依赖历史信息，尤其是股票价格数据来判断风险水平显然是非常困难的，因为这些信息大多属于合并口径（而非针对具体运营实体的现有资产或增长型资产）。
- **市场价值比率、账面价值比率及市场价值的波动**：在计算资本成本时，估算债务和股权权重的常规做法是使用两者的市场价值。对成长型企业，我们也应采取相同的做法，但股票价格的波动显然会导致权重受到价格变化的影响。尤其是股票价格下跌时，可能导致企业的负债率过高，进而造成企业的资本成本下降；在很多人看来，这的确有悖常理。
- **企业风险会随着时间的推移而改变**：如果说计算成长型企业的当前风险参数和负债比率不是一件容易的事情，而另一个简单的事实只会让这项任务变得难上加难。对于成长型企业，无论是风险参数还是负债率，都会随着时间的推移而变化，从而导致各年度的折现率不尽相同。更具体地说，随着时间的推移，企业规模会不断扩大（这也是成长型企业的基本特征），因此，我们应做出这样的预测：现有资产在整体价值中将占有更大的比例，而风险度量也将发生变化，以反映企业收益水平的不断提高（并趋于稳定）。与此同时，企业的负债能力也会相应增加。如果企业打算充分利用这种能力，那么其负债率自然会发生变化。一般来说，在对走向成熟型企业过程中的成长型企业进行估值时，折现率在前期应相对较低，并在趋于成熟的过程中逐渐下调。

终值

任何企业的估值都无法规避这样两个关键性问题：公司将在什么时候发展成为一个稳定的成长型企业，以及它在这一阶段上将会展现出的特征？第一个问题的答案将决定企业维持高增长时期的时间长度，因为在计算终值时，我们所依据的假设就是超过该时点后的公司将处于永续增长状态。而对第二个问题的答案，尤其是新投资所带来的风险和收益，将直接影响到我们对公司在既定增长水平上给出的估值结果。尽管这些估值问题存在于任何估值中，但出于如下原因而对成长型企业尤为突出：

- **终值构成企业价值的很大一部分**：考虑到成长型企业通过现有资产创造的现金流相对有限，使得终值在整体价值中占据了很大的比例，因此对于如何得到企业终值以及企业在实现该终值时的状态，我们所采取的假设对成长型企业估值的影响显然要大于成熟型企业。
- **终值假设的不确定性更大**：除终值占企业价值的比重大于成熟型企业带来的问题之外，如下两方面的原因也增加了成长型企业估值的不确定性。首先，我们的估值对象往往是尚未经过考验的初创企业，并且我们不仅需要评估其持续增长的速度，还要判断它如何应对更激烈的竞争。其次，企业持续发展这一事实，也造成我们难以判断企业希望进入哪些市场乃至将直面怎样的竞争对手。
- **终值的特征**：在本节的前面，我们探讨了得到成长型企业当期现金流、收益率和折现率时面对的困难。而公司在 10 年或 15 年后进入稳定增长阶段时，我们需要再次估计这些数字。因此，假如不能估计出成长型企业在目前的资本成本，那么似乎也没有理由相信，我们能估计出这家公司在 10 年或 15 年后的资本成本及其他数字。

估计成长型企业终值的矛盾之处在于，尽管我们的首要目标是得到正确的估计结果，但我们的估计最初并无多少可值得依赖的前提。因此，我们解决这个矛盾的方式，将成为我们能否为成长型企业得到合理估值的关键。

每股价值

为了从经营性资产的价值得到每股权益的价值，我们通常会在经营性资产价值基础上增加现金与交叉持股的价值，减去债务和非股权索取权，然后再除以公司发行的股票数量。虽然这些步骤同样适用于成长型企业，但对后者而言，我们在每个步骤上都会遇到问题：

- **现金余额和现金消耗率**：在大多数公司的估值中，我们均是从财务报表（通常是最近的资产负债表）获得关于现金余额的信息。对成长型企业，尤其是处于成长初期的成长型企业，由于再投资需求可能很大，因此现金余额可能会以非常快的速度被消耗掉。现金使用的速度，也就是通常所说的现金消耗率，可能会导致今天（我们对公司进行估值的时点）的现金余额完全不同于最近一期财务报表上的现金余额。
- **可转换债券和优先股**：当成长型企业向非股权投资者筹集资金时，它们很少会使用传统形态的债务——银行贷款和直接债券；相反，更常见的是采用可转换债券，既可以采取附有股权优惠条件的银行贷款形式，也可以是可转换债券。使用这种混合型贷款的最大优势就是，通过为贷款人提供股票期权为代价而换取较低的利息支出水平。在计算股权价值时，只有债务才是可以扣除的，因此，我们应将可转换债券分解为债务和股权两部分，其中股票选择权归属于后者。
- **有表决权股票和无表决权股票**：尽管有表决权股票和无表决权股票并非专属于成长型企业的现象，但它们在成长型企业中的确比成熟型企业更常见。这在很大程度上是因为这些公司历史短暂，创始人不仅是享有决定控制权的股东，而且有能力控制他们所创造的公司。要在向普通公众募集股本的同时留住控制权，手段之一就是创建两种类型的股票，并通过留住表决权股票维持对公司的控制权。因此，在估算每股股票的价值时，如存在这两类股票，我们就必须确定如何区分拥有优先表决权的股票与没有投票权（或权限较低）的股票。

总之，对成长型企业而言，从经营资产的价值得到每股股权价值的过程伴随着一系列的障碍和分歧。

相对估值法

面对前面通过的内在估值法的诸多问题，很多分析师自然会以为，相对估值法更有益于体现成长型企业的发展轨迹。可以预料，在使用相对估值法时，同样无法避免折现现金流估值法遇到的问题：

- **可比公司**：以相同行业其他上市公司做可比公司的传统做法，会出于如下原因存在而招致危险。首先，在相对成熟的行业，成长型企业之间在基本面或定价倍数等方面将会（而且应该会）呈现出较大的差异性，相似性很小甚至根本就不存在。其次，即使行业中的所有公司都不乏增长潜力，但成长型企业在风险和成长特征方面依旧可能相去甚远，从而导致以行业平均数代表个体特征的做法缺乏合理性。
- **基准角度的价值及估值倍数的选择**：大多数估值倍数表述为收入、盈利和账面价值在基准年度的价值。譬如，在估计市盈率时，我们通常将当日股价除以最近一个财政年度或最近 4 个季度的每股收益。如果一家公司的历史很短，这些指标的当前值与公司的未来潜在值可能毫无相似之处。市盈率的使用即可说明这一点，上述做法可能会造成成长型企业的市盈率非常高（因为当期的每股收益相对当日股票价格而言很小），或是得出没有实际意义的数值（当期盈利为负数，导致市盈率无法计算）。即使向上回溯到收益表的 EBITDA 甚至是收入，也无助于解决问题，因为这些项目的取值和企业价值相比都非常有限。

- **对增长率差异的调整**：因为增长潜力是决定这些企业之间差异的关键维度，因此在对公司进行比较或是在行业平均数基础上进行推导时，对增长率的控制至关重要。遗憾的是，增长率和价值之间的关系过于复杂，以至于简单概括并不足以解决问题，使得分析师和投资者情有独钟的相对估值法根本就派不上用场。增长水平不仅会决定企业价值，也会影响到成长期长度以及与增长率相对应的超额收益。换句话说，即使两家公司拥有相同的预期收益增长率，但它们在其他方面的差异，依旧会导致它们按不同收益倍数进行交易。
- **对风险差异的控制**：增长和风险是一对孪生变量，一个变量的数值越高往往对应于另一个变量越高。尽管确定两者对价值的综合效应是所有估值的难点，但这个问题对相对估值法而言尤为突出，毕竟很多公司兼具高增长率和高风险的特征。此外，由于风险和成长属性会随着时间的推移而变化，这对所有成长型企业来说都是不可避免的，因此，适用于公司经营数据的估值倍数也应随之变化。

当使用倍数与可比公司对成长型企业估值时，分析师可能会对估值形成一种虚假的安全感，因为他们并没有明确阐述估值依据的假设，而是依赖于隐含的假设。但实际情况是，与折现现金流估值法一样，使用相对估值法得到的估值同样会存在误差。

估值难点

鉴于我们在对成长型企业估值时会面对诸多估计问题，因此分析师在评估这些公司价值时，估值难点自然会呈现出形形色色的形态。在本节中，我们将看到，对未来的不现实或不合理假设如何会导致成长型企业的估值发生偏差，对此，我们的讨论对象是折现现金流估值法，而后是相对估值法。

折现现金流估值法

成长型企业估值中的估计问题（如本章前面所述）让分析师焦头烂额，也促使他们试图另辟蹊径，为此，他们往往从更成熟型企业的估值经验中寻找突破口。

以当前数字为估值起点

大多数估值的起点是一组来自基准年度的数据，这些数据通常来自最近的财务报表。在使用这种模式对初创企业估值时，如下几个原因会导致分析师的估值所依赖的基础既不稳定，也不牢靠。第一，对处于生命周期初期阶段的成长型企业来说，这些数字可能非常小，而且没有多大意义。很多成长型企业收入微薄，而且尚处于亏损状态，因此，依据这两个数字进行的推导可能很危险。第二，初创企业的经营成本和资本支出往往缺乏明确的分界线，这就有可能导致盈利和再投资（资本支出）数字被扭曲。比如说，如果大部分销售费用用于创造未来增长并计入营业费用，那么收入和资本支出都会被低估。第三，数据的波动性可能会导致相同指标在各年度之间发生重大变化，比如营业利润率和资本收益率等估值的基础输入变量。通常，在某些预测企业个别利润表项目（如营业利润、资本支出和折旧）的估值公式或模型中，依赖的完全是这些项目的历史数据，因此，这种盲目的预测只会带来毫无意义的估值结果。

规模递减问题

在前面的章节中，我们曾提到了对增长可持续性的担忧，也就是说，随着企业规模的扩大，基于规模效应和竞争的加剧，成长型企业的增长率会以多快的速度下降。在使用历史增长率来预测未来增长时，分析师很容易高估分析对象的潜力，因为他们会使用尚处于初创时期的小企业增长率去推导一家大型企业的增长率。在现实中，这种过度乐观的增长表现在两个方面：成长期的增长速度超过企业可维持的增长速度；增长期远超过可能的期限。事实上，被估值的成长型企业在 10 年乃至更长时期内维持 25% 或更高的复合增长率并不罕见。

◎ **案例 10-1　增长率与规模递减效应——奶昔小站（2017 年 10 月）和 Snap（2017 年 2 月上市）**

为说明企业规模扩大对高增长率的影响，我们以本章随后将详细讨论的两家公司作为例证。

- 奶昔小站是一家创建时间不长的高档连锁餐厅（主要销售汉堡包和奶昔产品），2004 年，它在纽约创建了第一家餐厅，在初战告捷的基础上，公司不断发展。截至 2017 年，公司已成为名副其实的全球性企业，在美国拥有 107 家餐厅，并在海外设立了 7 家餐厅。2015 年，公司公开上市。
- Snap 是一家创建于 2011 年的社交媒体公司，当时，公司曾宣布将于 2017 年 2 月上市。在首次公开发行时，Snap 披露，截至 2016 年，公司已拥有约 1.7 亿用户，广告收入达到 4.045 亿美元。

奶昔小站的收入从 2012 年的 5740 万美元增加到 2016 年的 2.6848 亿美元，年复合增长率为47.29%。如果我们假设公司将在未来10年继续以这个年复合增长率增长，那么到2027年，其收入将增加到129亿美元。尽管这绝非全无可能，但可能性极小。为理解这背后的原因，我们不妨看看图10-2：它对美国餐饮行业中最大企业和奶昔小站的收入进行了比较，前者为2017年的收入，而奶昔小站的收入则是2017年的实际收入和2027年的预计收入。

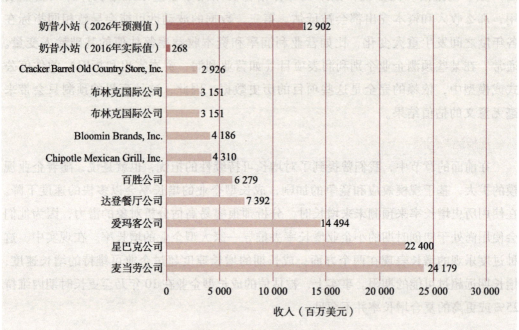

图10-2 奶昔小站与美国餐饮企业的收入情况

请注意，按照公司以往持续披露的增长状况，奶昔小站将在2026年成为美国第四大餐饮企业——在竞争激烈的餐饮行业中，这对一家小众型餐饮连锁企业来说显然是一项艰巨甚至是不可能完成的任务。

Snap的收入甚至呈现出超高速增长态势，从2015年的5900万美元暴涨到2016年的4.05亿美元，总体增长率达到586%。如果按这样的增长率持续下去，只需几年时间就可以给Snap带来天文数字般的收入。对于Snap，我们或许可以心安理得地假设它至少可在未来5年内维持55%左右的年均增长率，按这个速度，公司在第5年的预计收入将达到36亿美元，并在第10年接近100亿美元。在线广告市场容量巨大（2017年的规模为3000亿美元），并且随着企业不断摆脱传统广告模式的束缚，市场规模还将继续扩大。因此，按照我们把Snap讲述为一家视觉社交媒体企业的故事，并假设Snap的收入在未来5年可以达到55%的复合增长率，那么，这家公司在5年后将占据整体市场约3%的市场份额。

增长、再投资和超额收益

对于成长型企业，对收入和收益增长率的过度关注往往会让我们忽视另一个对确定价值同样至关重要的变量。这个变量就是公司为这种增长所不可或缺的再投资。我们曾在第 2 章中指出，不能带来超额收益的增长（即收益率超过股权成本和资本成本的增长）不会增加企业价值。因此，在对成长型企业估值时，我们必须认识到，与某个增长率相对应的超额收益同样至关重要。

在很多折现现金流估值案例中，人们在估计超额收益时往往缺乏足够的细心（甚至完全没有考虑到），这种现象充分体现于两个关键估值变量（采用的增长率以及维系这种增长所需要的再投资率）之间的不一致性。考虑到成长型企业实现有效增长的潜力（即得益于提高现有资产收益率带来的增长）不大，因此，除非进行大规模投资，否则企业几乎不可能在较长时期内维持两位数的增长速度。所以，在对成长型企业估值时，如果在假设收入和营业利润高速增长的同时不考虑再投资或仅考虑有限的再投资，都将高估公司的价值。

在某些情况下，也会出现相反方向的错误。当分析师做出低增长率与高再投资率并存的假设时，往往会给出低估值。在公司为实现高增长而大规模进行再投资时，如果分析师以当前再投资数据为基础估计未来的再投资时，往往就会出现这种情况。试想一下，随着公司规模的扩大，如果分析师继续沿用之前的增长率假设，却让公司的再投资率维持现有水平，会发生怎样的情形呢？按这样的假设，他们只会造就一家背负高额投资支出却享受不到高增长好处的高成长企业。

◎ **案例 10-2　再投资率、增长率与价值——缺乏一致性造成的影响**

在这个例子中，我们不妨看看两家成长型企业的估值情况：首先，我们将对它们的增长率和再投资率采取不相同的假设，随后再考虑这种不一致性给估值带来的影响。

在第一个例子中，我们假设一位分析师正对一家成长型企业进行估值。公司在当年的税后营业利润为 1000 万美元，再投资金额为 100 万美元。⊖ 此外，我们还假设，分析师预测，这家公司在未来 5 年内将按 20% 的增长率持续增长，并在 5 年后按 4% 的增长率永续增长，估值将以 10% 作为固定的资本成本。如使用公司目前的再投资率来预测未来现金流，我们可得到如表 10-1 所示的数字。

⊖ 对一家高成长型企业来说，某个既定年度的再投资率可能很低，造成这种现象的原因是多方面的。一个原因是再投资的一次性。换句话说，一家公司可能已在去年完成了大手笔的再投资，因此今年无须进行新的再投资。另一个原因是，资本开支的会计数字可能无法反映企业为创造增长而进行的再投资，可能是因为再投资金额已经包含在运营支出（销售费用）中，也可能是因为再投资被错误地计入运营支出（如研发支出）。

表 10-1　公司的预期自由现金流　　（百万美元）

	第1年	第2年	第3年	第4年	第5年
税后营业利润	12.00	14.40	17.28	20.74	24.88
减：再投资	1.20	1.44	1.73	2.07	2.49
企业自由现金流	10.80	12.96	15.55	18.66	22.39
终值					388.18
现值	9.82	10.71	11.68	12.75	254.93
目前的公司价值					299.89

请注意，用于估计终值的现金流是从第1年起按4%增长的第5年现金流，尽管这种做法不值得提倡，但的确很常见。

$$\text{终值} = \frac{FCFF_5 \times (1+g)_{\text{稳定}}}{r-g} = \frac{22.39 \times (1+0.04)}{0.10-0.04} = 388.18 \text{（百万美元）}$$

基于这些数字，我们得到的公司价值为2.9989亿美元。这显然大幅高估了公司的真实价值，因为分析师低估了公司的再投资需求。我们是如何做出这个判断的呢？如表10-2所示，按每年估计的增长率和再投资率，我们可以逐年倒推出公司为满足这个假设所需要做出的资本收益率。

表 10-2　推导得到的隐含资本收益率

	第1年	第2年	第3年	第4年	第5年	第6年
再投资率	10.00%	10.00%	10.00%	10.00%	10.00%	10.00%
预期增长率	20.00%	20.00%	20.00%	20.00%	20.00%	4.00%
隐含的资本收益率	200.00%	200.00%	200.00%	200.00%	200.00%	40.00%

虽然最初年份的较高增长率可以用"效率更高"为由来解释，但现有资产远低于新增投资这一事实，则让这个理由站不住脚。

在第二个例子中，我们假设一位分析师对一家成长型企业进行估值。公司的税后营业利润为1000万美元，最近一年的再投资金额为800万美元。假定分析师采用与第一个例子相同的增长率和资本成本，即未来5年的增长率为20%，随后按4%永续增长，公司的资本成本为10%。同样，我们假设公司将维持当前的再投资率水平，由此，我们估算的现金流如表10-3所示。

表 10-3　公司的预期自由现金流　　（百万美元）

	第1年	第2年	第3年	第4年	第5年
税后营业利润	12.00	14.40	17.28	20.74	24.88
减：再投资	9.60	11.52	13.82	16.59	19.91
企业自由现金流 FCFF	2.40	2.88	3.46	4.15	4.98
终值					86.26
现值	2.18	2.38	2.60	2.83	56.65
目前的公司价值					66.64

同样，终值按现金流在第 5 年增长 4% 的假设进行计算：

$$终值 = \frac{FCFF_5 \times (1+g)_{稳定}}{r-g} = \frac{4.98 \times (1+0.04)}{0.10-0.04} = 86.26(百万美元)$$

公司的目前价值为 6664 万美元。由于分析师事先锁定了再投资率，因此得到的结果显然低估了这家公司的真实价值。尽管这个再投资率对高增长阶段而言还算合理，但对处于稳定增长阶段的企业来说显然太高了。同样，如表 10-4 所示，由再投资率和增长率倒推出隐含的资本收益率时，我们就可以看到这一点。

表10-4 推导得到的隐含资本收益率

	第1年	第2年	第3年	第4年	第5年	终止年度 (6)
再投资率	80.00%	80.00%	80.00%	80.00%	80.00%	80.00%
预期增长率	20.00%	20.00%	20.00%	20.00%	20.00%	4.00%
隐含的资本收益率	25.00%	25.00%	25.00%	25.00%	25.00%	5.00%

请注意，针对高增长阶段假设的资本收益率为 25%。对有投资机会的公司来说，这个资本收益率确实很高，但并非不合理。然而我们计算终值时隐含的资本收益率为 5%，这完全有可能低于资本成本。除非有明确理由认为，这家公司的管理者始终在一意孤行地糟蹋价值，否则这样的假设显然不切实际。

归根到底，在计算终值时，如果完全按相同增长率重复上年度的计算过程，以估计次年的终值结果，这种做法往往是危险的，而对成长型企业来说更是加倍危险。

增长率和风险

正如我们在估计超额收益时必须将增长率和再投资率联系起来一样，风险水平和增长率同样应保持同步。随着预测时点的逐渐后移，公司不断扩大并趋于稳定，预期增长率持续递减，因此，我们应预计，企业的风险水平也应随之下降。但是在很多成长型企业的估值中，资本成本通常是开始估值时一次性确定，并在经历高增长时期转型为成熟型的过程中保持不变。在其他全部条件保持不变的情况下，这样的假设必然会导致成长型企业的价值被低估。实际上，在调减增长率的过程中，估值对象要面对成熟型企业所承受的全部负面影响，却享受不到成熟型企业的任何好处。

信任基于市场的风险指标

对于估值中的风险参数，如贝塔系数和股权成本，通常都是使用历史数据估算得到的。例如，我们对股票收益率按市场指数收益进行回归来估计公司的贝塔系数。但对成长型企业，如下两方面原因会导致这种做法得到有误导性的估计结果。首先，这些公司的股票刚刚上市，因此，从历史数据得到的估计必然存在很大的误差估计。其次，公司的基本特征在上市期间会发生明显变化，在这种情况下，以历史贝塔系数的估计值作为未来贝塔系数的估计值，显然是不合理的。

如图10-3所示，我们不妨用2015年10月~2017年10月的股票历史收益率来估计奶昔小站的贝塔系数。

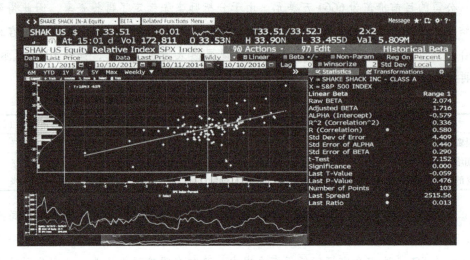

图10-3　奶昔小站的贝塔系数历史估计值

尽管回归得到的贝塔系数为1.72，这个估计结果的标准误差却达到0.29。此外，贝塔系数还反映了2015~2017年的风险水平，在此期间，公司迅速扩张，餐馆数量大幅增加。因此，使用此贝塔系数估计未来年份的股权成本，有可能造成回归估计值具有非常大的标准误差。此外，这个数字也无法反映企业基本面发生的变化。

处理可转换债券和附表决权股票的简单方法

在介绍成长型企业估值难点的部分中，我们曾提到，这些公司在进行债务融资时，发行可转换债券的可能性远大于直接举债，而且可转债会基于表决权方面的差异形成不同类型的股票。在处理这两个问题时，分析师在对成长型企业进行估值时，往往会采取简化的假设。通常，他们习惯于将成为转股的可转换债券全部视为债务，而在转股之后则将转股部分全部视为股权。充其量，他们也只会假定，可转换债券最终将转换为股票，并使用转股后的股份总数（全部摊薄）作为计算每股价值的基础。

对于有表决权的股票和无表决权的股票，这样的刻意疏忽或许并无大碍，即不考虑不同股票在表决权上的差异，或是认为表决权没有价值；或者按照高度简化的经验法则，为享有表决权的股票假设一个固定的溢价率（如5%）。

市场肯定知道我不知道的事情：市场价格的磁力

在对上市公司估值时，找到股票的市场价格，然后判断我们的估计值靠近这个数的程度是再容易不过的事情。事实上，股市上存在一种反馈机制，即当价格和价值之间存在巨大差异时，会促使分析师重新审视估值采用的假设，而这种修订必然会不断缩小两者的偏离度。而对成长型企业来说，这个反馈环路是与生俱来的，因为分析师很清楚，任何对未来的估计都是不值得信赖的。假设一位分析师认为自己对增长率、现金流和风险的假设是合理的，但得到的估计值只有市场价格的 1/4，那么他的第一反应就是返回去，提高最初设定的增长率和收益率，再降低折现率，这样，估计值就会逐渐靠近股票的市场价值。事实上，以估值倍数确定终值这种常见做法的初衷，就是为了得到接近价格的估值，在这个例子中，只要在计算终值时提高倍数，就可以让这两个数字趋于一致。

相对估值法

为避免相对估值法带来的以偏概全问题，有些分析师会纠缠于复杂的折现现金流估值法，而有些分析师则转而寻求用更简单的方法处理增长率问题。因此，在对成长型企业估值时，因为这些假设过于简单而带来的缺陷，自然会导致相对估值法出现偏差。

基于行业的可比较数据

在相对估值法的实务中，最基础的工作就是从同行业的其他公司中找到可比企业。因此，软件公司的可比公司是其他软件公司，能源公司的可比公司是其他能源公司。但是在对成长型企业进行估值时，这种做法可能很危险，尤其是在成长特征存在较大差异的行业。我们不妨以软件行业为例。尽管这个行业不乏高速增长的公司，但也有微软这样的成熟型企业。因此，如果使用行业平均倍数对个别软件企业进行估值，最终的结果可想而知。

行业的特定倍数

在使用倍数对某些成长型企业估值时，我们面对的一个重要问题就是找不到任何可用于衡量价值的实质性经营变量。很多处于生命周期前期阶段的成长型企业尚处于亏损状态，净利润、营业利润和 EBITDA 均为负数，以至于无法使用任何基于收益的估值倍数。有些分析师并没有使用唯一可能是非负数的经营变量——收入，而是选择行业特定的运营指标。20 世纪 90 年代后期，随着新兴互联网企业的崛起，分析师开始用网站访问者数量的倍数对它们进行估值。也就是说，有线电视和电信公司的企业价值就是企业用户数量的某个倍数。按这种方法，对于像 Snap 这样的社交媒体公司，将用户数量按一定比例扩大即为企业价值。但是对所有估值对象，分析师都会选择行业内的低估值企业，即可比公司的单位访问者/订户/用户价值。

尽管缺少经营变量或许可以为使用行业特定倍数提供理由，但它也给估值造成了一些严重问题。首先，几乎没人能判断某个行业的特定倍数到底是高还是低或者是否合理。换句话说，虽然我们不会用 100 倍的收入为某个公司估值（因为我们很清楚，这个数字太离谱），但不代表不会使用单位用户 3000 美元的标准去估值。这在一定程度上是因为我们不太清楚甚至根本就不知道每个用户的合理价值应是多少。其次，对特定行业的倍数来说，我们更难以评价到底是否应对基本面（如果有的话）要素进行控制。因此，我们可以判断哪个变量会导致市盈率在不同公司存在差异（参见第 4 章），却无从知晓导致单位用户价值在不同公司之间存在差异的关键因素到底是什么。

增长率与价值的关系不切实际

在对成长型企业估值时，大多数分析师都很清楚，增长率会影响到估值倍数。他们深知，与低速成长型企业相比，高速成长型企业的收入倍数、收益倍数或任何其他经营变量的倍数应该更高。与此同时，他们又希望保持倍数的简单性，避免分析增长率与价值关系的复杂性。这一点体现在如下两种方式的估值中：

- **纯粹的讲故事**：有些分析师刻意规避增长率的定量差异，在对高成长型企业使用更高估值倍数的同时，完全依赖于"增长的故事"，对增长率和价值之间的关系避而不谈。按这种模式，他们主张，中国消费品公司应该按高于欧洲同类企业的收益倍数进行交易，因为中国更具有潜在增长。不过，对于到底应采用多高的增长率及其所对应的溢价，他们自己也迷糊不清。
- **主观调整倍数**：保持简单性但又不失严谨性的一种折中方案，就是将增长率纳入估值倍数中。但这需要我们对增长和价值之间的关系做出不合理的假设。以市盈率为例，我们都知道，高成长型企业的市盈率应高于低成长型企业，而投资低 PE 股票则会让你偏爱低成长企业。为克服这种偏差，分析师提出了 PEG，即 PE 和预期增长率之比：

$$PEG = PE / 每股收益的预期增长率$$

例如，如果一家公司的预期市盈率为 20，预期的每股收益增长率为 10%，则该公司的 PEG 应为 2。PEG 较低的公司表明其股价较便宜，因为你只需按较低的价格即可获得预期的增长率。

在估值中，所有捷径都要付出代价。PEG 确实很简单，但它的代价显然也更为沉重。首先，它没有考虑到风险的影响。如果两家公司的预期盈利增长率相同，那么高风险公司的 PE（和 PEG）应低于低风险公司的 PE（和 PEG）。其次，它假定 PE 与增长率同比增长，因此，当经济增长率加倍的时候，公司的市盈率也出现倍增。但实际并非如此，在增长率提高的过程中，价值增长率并不会同步增长，而是会呈现出递减趋势。图 10-4 显示出公司在不同预期增长率假设条件下的内在 PEG。它表明，在使用传统的 PEG 进行估值时，公司是如何被低估（或高估）的。内在 PEG 反映出 PE 与增长率之间的复杂关系，而传统方法却假设 PE 在增长率变化时保持不变（始终等于1）。

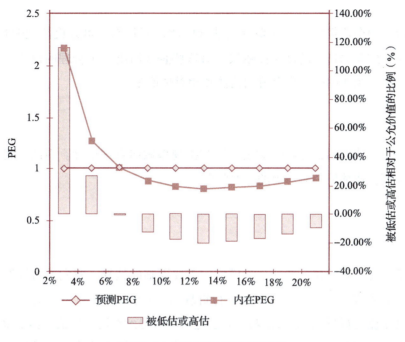

图 10-4　内在 PEG 和传统 PEG

考虑到传统 PEG 对增长率和 PE 做出的错误假设，因此它会导致我们得出这样的结论：即使不掺杂任何主观臆断，高增长的企业也会被低估，而低增长的企业则被高估。

未来倍数和基本面的变化

当本年度的收入和利润数值太小或是为负数时，一些分析师会采用收入和利润的预测值来计算可比公司的未来估值倍数。这种做法不无道理，在第 9 章中介绍针对历史不长的成长型企业估值，我们就曾建议采用这种方法。但需要记住的是，我们对未来一年给出的收入或收益倍数应反映公司在当年的特征，而不是目前的特征。很多分析师使用以当前增长特征为基础的倍数计算未来价值，这就相当于重复计算增长率。譬如，假设一家公司目前的收入为 5000 万美元，未来 5 年的预计年收入增长率为 50%；公司在第 5 年的收入将达到 3.8 亿美元。如果仅仅因为公司目前拥有 50% 的高增长，就按较高倍数乘以第 5 年的收入进行估值，这实际上就是将增长率重复考虑了两次。因此，更合理的估值方法是采用与第 5 年后增长率相适应的倍数（可能远低于 50%）。

估值方案

虽然成长型企业带来了一些棘手的估计问题，但我们总可以设法规避这些问题，减少内在不一致问题带来的极端性错误，对这些企业给出一个合理的价值。本部分将描述针对成长型企业的折现现金流估值法和相对估值法。

折现现金流估值法

折现现金流估值的目标就是对现金流和折现率做出合理估计。因此，我们将在下面介绍成长型企业估值中应考虑的一些问题。

模型的描述和选择

第 2 章描述了我们在折现现金流模型中需要面临的选择。我们既可以对整个企业进行估值（以资本成本对公司现金流进行折现），也可以直接对股权估值（以股权成本对股权现金流进行折现）。虽然两种方法应对股权得到相同的价值，但如果我们假设债务比率随时间而变化，那么股权现金流的估计就会比资本成本的估计困难得多。对于前者，由于债务规模是持续变化的，因此，我们需要预测每个时期的新债务发行、偿还债务以及利息支付情况，而后者则依赖于负债比率的变化。

考虑到很多成长型企业的资本结构中鲜有债务，甚至根本没有债务，因此分析师往往以被估值公司无债务为由而完全依赖股权估值模型。但这实际上等于假设，成长型企业将继续沿用不发行债务进行融资的政策，即使是在增长率下降且公司趋于成熟时也不例外。但如果我们采取更合理的假设——随着时间的推移，成长型企业将发展成为成熟型企业，并适时采纳成熟型企业的融资惯例，那么企业估值模型就可以为分析师提供更大的灵活性，充分体现这些变化。

毋庸置疑，使用折现现金流模型同样需要考虑高成长特性，甚至是营业利润率也会随着时间的推移而改变。在对成长型企业估值时，有些分析师采用了将当前特征固化被估值企业的僵化模型，有些则审时度势地灵活调整输入变量，从经验看，前者的表现显然不及后者。

最后，我们有必要再次重复和强调第 9 章的建议，也就是说，对历史短暂或完全没有历史的初创企业来说，必须杜撰一个合理可行、具有内在一致性的故事，将估值中的数字紧密联系起来，这一点至关重要。在对初创企业采用的内在估值法过程中，必须提醒的是，将成长型企业所涉及的所有个别变量（收入增长率、营业利润率、再投资率和风险）联系起来的纽带，就是我们为这家公司杜撰的故事。

经营性资产的估值

如果我们接受这样一种说法——在对成长型企业估值时,企业估值模型比股权估值模型更适用,那么估值过程的第一步就应该是对其经营性资产进行估值,包括现有资产和成长型资产。

收入增长率

估值过程的起点是未来收入的估计。在估计这些数字时,我们在第9章里针对初创企业提出的很多因素依旧适用。最大的问题也就是我们在本章里反复强调的一个问题,就是比例因子。收入增长率将会随着公司规模的扩大而下降,而且只要我们的增长预测能够兑现,所有成长型企业都应该随着时间的推移而扩大。安德鲁·迈特里克(Andrew Metrick,2006)对增长率如何对规模扩大而变化进行了检验,为此,他对比了高成长型企业在首次公开发行后第一时间的收入增长率与所在行业的收入增长率,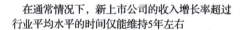结果如图10-5所示。

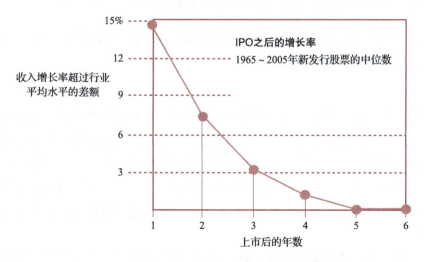

图10-5 首次公开发行后的年收入增长率

资料来源:Andrew Metrick,《纽约时报》。

当公开上市时,公司的增长率通常远高于行业平均水平。需要注意的是这些高成长型企业的收入增长率趋近行业平均水平的速度。收入增长率超过行业平均水平的差额在首次公开发行后第1年为15%,第2年降至7%,第5年继续减少到仅有1%,到第6年完全趋同于行业平均水平。当然,我们并不是说这种情况发生在每一个高成长

⊖ Metrick,A.,2006,Venture Capital and the Finance of Innovation,John Wiley & Sons.

型企业身上。但综合多方面证据确实表明，长期保持高增长率的成长型企业是一种例外，而非常态。

对既定企业来说，要判断其收入增长率的下降到底有多快，通常需要了解这家公司的具体情况，包括公司产品及服务所在市场的整体规模、企业的竞争优势及其产品和管理质量等。在竞争不太激烈（或可规避竞争）、管理水平较高的大规模市场中，企业可以在较长时间内维持高收入增长率。⊖

我们可以使用个别工具评价针对个别公司未来收入增长率的假设是否合理：

- **绝对收入金额的变化**：一个简单的测试是计算各期收入总额的绝对变化值，而不是依赖于相对性的增长率。即使有经验的分析师，也经常会低估增长的复合效应以及高增长率在较长时期对收入造成的膨胀效应。面对增长带来的非理性繁荣，按既定收入增长率计算收入的绝对变化值或许是一种更理性的解决方案。
- **以往的历史**：考虑公司以往的收入增长率，可以让我们认识到增长率在过去是如何随公司规模的扩大而变化的。对那些喜欢用数学解决问题的人来说，或许可以利用隐藏在相互关系中的线索预测未来增长。
- **行业数据**：最后一种工具就是了解同行业成熟型企业的收入增长率，从而认识到公司规模扩大过程中的合理增长率应是多少。

总之，所有成长型企业的预期收入增长率都会随着时间的推移而下降，但不同公司的下降速度会有所差异。

目前利润率与目标利润率

要从收入得到营业利润，我们还需要了解营业利润率的长期变化。而最容易、最方便的情景是：被估值企业的当前利润率具有可持续性，因此可以把当期利润率直接用作未来的预期利润率。事实上，如果真是这种情况的话，我们当然没有必要预测收入增长率，只需一门心思地研究营业利润率的增长情况即可，因为两者的趋势完全是同步的。但对大多数成长型企业而言，目前的利润率都是不可持续的，会随时间的推移而改变。

我们首先从最可能的情景开始，即当前利润要么是负数，要么太低，以至于无法让企业长期可持续下去。这可能出于三个方面的原因。第一个原因是公司需要在增长初期承担固定的前期成本，而支出带来的收入和利润需要在后期才能体现。基础设施企业通常会遇到这种情况，如能源、电信和有线电视等。第二个原因是把创造增长的资本型开支与经营费用混为一谈。我们之前曾指出，成长型企业的销售费用往往以创造未来增长为目的，而不是当期的销售额，但它们往往被计入当期的其他营业费用中。

⊖ 关于这个问题的进一步讨论，请参考 Damodaran, A., 2008, The Origins of Growth, Working Paper, SSRN。

随着公司的成熟，这个问题会逐渐被吸收，从而导致利润率和利润逐渐提高。第三个原因是支出与收入之间可能存在的滞后。如果本年度发生的费用需要在 3 年后才能带来收入的增长，那么本期的利润和利润率必然不会太高。

另一种可能性是，当期利润率太高，并且会随着时间的推移而下降；尽管这种可能性不大，但确有可能发生，尤其是那些在小市场中拥有细分产品的成长型企业。在现实中，由于市场容量可能太小，以至于很难引起规模更大、资本更充裕的竞争对手的注意，这就使得企业在维持现状的前提下，向这个相对封闭的市场收取更高价格。但随着企业的发展，这种情况也会发生变化，其利润率将会下降。此外，高利润率还有可能源于企业拥有竞争对手所没有的专利权或其他法律保护，但随着这种壁垒的消失，利润率自然会下降。

在上述两种情况下——低利润率逐渐提高，收敛于较高的水平，或是高利润率逐步下降，趋近于更具可持续性的水平，我们都需要合理判断出，目标利润率的水平应该是怎样的，以及当前利润率会如何在长期内趋近这一目标。要回答第一个问题，我们通常可以研究公司所在行业的平均营业利润率，以及行业中规模较大、更稳定企业所达到的利润率。而第二个问题的答案则取决于导致当前利润率与目标利润率出现差异的根源。以基础设施公司为例，两者的差异反映了投资转化为经营和产能得到充分利用多需要的时间。

维系增长所需要的再投资

在前几个章节中，一个共同的主题就是强调，任何增长都不是没有代价的，企业只有通过再投资才能实现增长。正如我们在本章前面所言，在成长型企业的再投资历史的基础上提出未来的再投资假设，这种做法是极其危险的。换句话说，如果只考虑最近一年的净资本支出和营运资金变化，并假设这些项目将继续与收入保持相同的增长速度，那么我们预测的再投资数字就有可能既不现实，也不符合我们的增长假设。

为估算成长型企业的再投资，我们可以采取如下三种方法之一，最终的选择主要取决于被估值公司的具体特征：

- **针对处于生命周期早期阶段的成长型企业**：我们可以采用与年轻成长型企业相同的估计路线图，即根据收入变化额及收入－资本比估算再投资金额：

$$再投资的金额_t = 收入变动额_t / (销售收入/资本)$$

　　销售收入－资本比可以按公司数据（比净资本支出或营运资金数字更稳定）和行业平均数进行估算。因此，如假设销售收入－资本比为 2.5，收入增加 2.5 亿美元，那么再投资就应该是 1 亿美元。如根据未来一期的收入估算当期的再投资，我们就可以在计算中体现再投资与收入变化之间的滞后效应。

- **针对收益和再投资历史数据较为健全的企业**：我们可以利用第 2 章提到的基本面与增长率之间的关系：

$$\text{营业利润的预期增长率} = \text{资本收益率} \times \text{再投资率} +$$
$$\text{效率增长率(资本收益率提高带来的增长)}$$

对于利润率、收益率及资本均已达到可持续水平的非常态情况,公式中不存在第二个项目——效率增长率。

- **针对已为未来几年投资建设新产能的成长型企业**:它们在近期内几乎无须进行再投资。因此我们可以通过预测其产能的利用情况,来判断投资休止期将会持续多久,以及公司何时需要重新开始再投资。在投资休止期内,再投资可能很少,甚至为零,与此同时,收入和营业利润则保持健康增长。

但针对上述全部三类企业,尽管在高增长阶段无须估算其再投资需求,但只要企业进入成熟阶段,这份轻松便荡然无存。成熟阶段的再投资应严格依附于企业的基本面情况:

$$\text{成熟阶段的再投资率} = \text{增长率}_{稳定} / \text{资本收益率}_{稳定}$$

事实上,即使是在完全不考虑增长时期营业利润率和资本收益率的情况下估计再投资率,我们也需要追踪资本收益率估计值的情况(基于营业利润和已投资资本预测值得到的资本收益率)。之所以这样做,是为了确保资本收益率维持在合理范围内。我们已在第 9 章中介绍了这个过程。

与增长率及经营数字保持一致的风险状况

构成成长型企业资本成本的组成要素——贝塔系数、股权成本、债务成本以及债务比率,与成熟型企业并无二致。成长型企业和成熟型企业的区别就在于,它们的风险状况会随着时间的推移而变化。在成长型企业的估值中,维系均衡的关键就在于随时调整折现率,使之与各期的增长率和利润率假设保持一致。如下是两条一般规律:

- 当收入增长率处于最高点时,成长型企业的股权成本和债务成本也处于高位,但随着收入增长的放缓和利润率的提高,债务成本和股权成本应随之下降。
- 随着利润率的改善和增长率的下降,还会出现另一种现象。当公司创造的现金流超过所需要的现金数量时,可将多余的现金用于支付股息和偿还债务。尽管企业不需要使用这种负债能力,而且确实有些公司也没有利用其负债能力,但债务带来的税收优惠还是会导致某些企业举债,导致债务比率不断提高。

总之,对成长型企业来说,资本成本在其整个生命周期内不应是一个固定不变的数字。相反,它应该是一个每年都不同的数字,与根据我们预测的其他企业变量保持同步。

在估计风险参数(贝塔系数)方面,我们需要尽量利用成长型企业的有限价格数据。这种估计的标准误差可能很大。为此,我们可以选取与被估值企业具有相同风险、增长率和现金流特征的其他上市公司,并根据它们的数据获得 β 估计值。如果说这种按自下而上方式得到的贝塔系数（使用行业的平均贝塔系数，而非回归贝塔系数）适合于所有企业，那么它应该更适用于成长型企业。

对存在前期经营亏损结转到后期或预计未来将继续亏损的成长型企业，在计算折现率时，必须考虑最后一个因素。债务的税收优势体现为借贷成本可在税后扣除，但这种优势能否发挥则取决于企业是否有正收益用来抵消利息费用。如出现经营亏损（并结转到后期），那么利息支出就无法享受税收优惠，或是可享受的税收优惠很有限，而且债务的税后成本可以反映这个事实。

稳定增长假设：公司未来将会有怎样的状态，以及会在什么时候达到这种状态

我们对终值所做的假设对成长型企业而言尤为重要，因为和成熟型企业相比，终值在公司当前价值中占据了更大的比例。那么，成长型企业会在什么时候发展成为成熟、稳定增长的企业呢？虽然我们对这种类型企业掌握的信息要多于初创企业，但这样的估计仍然很困难。这就像你面对一个十几岁的年轻人，然后猜测他中年时期会长成什么样子，或是会做什么工作。在这个问题上，尽管我们不可能对所有成长型企业找到唯一的答案或方法，但还是可以利用第 2 章及本章的讨论归纳出下列得到的一般性建议：

- **不要等待太长时间才让公司进入稳定增长阶段**。在介绍成长型企业估值的"估值难点"时，我们曾提到，分析师往往给成长型企业设定一个非常漫长的增长期，并用以往的增长经历来证明这个假设的合理性。如图 10-5 所示，即使是对于最有前途的成长型企业，规模递减效应和市场竞争也会让它们的增长率大幅降低。因此，超过 10 年，尤其是伴随高增长的成长期是难以维系的，因为只有少数公司才能实现这样的成长。在出现确凿证据之前，采取例外手段进行企业估值显然不是一种值得提倡的做法。
- **在假设被估值公司进入稳定增长期时，应赋予它稳定成长型企业的特征**。为体现内部一致性的重要性，我们应调整公司的特点，以体现这种稳定的增长态势。如前一节所述，折现率是按较低的债务成本和股权成本及较高的负债比得到的。而对再投资来说，最关键的假设就是我们为稳定增长阶段设定的资本收益率。尽管某些分析师认为资本收益率应设定为稳定增长期的资本成本，但我们仍需要体现公司的具体特征。因此，我们建议，在稳定增长期间，资本收益率与资本成本的差额应收缩至可持续水平（小于 4% 或 5%）。

在成长型企业中，现金流的本质（初期较低或是为负数，此后逐渐增加，并在后期达到较高水平）确保了终值构成了整个公司价值的主要部分，占比可达 80%、90% 甚至超过 100%。正如我们在第 9 章中指出的那样，当成长型企业兼具高增长率和高再投资需求时，就会出现终值超过公司价值 100% 的情景，这就会造成预测期之后出现负的现金流。于是,某些分析师即以此为理由,反对使用折现现金流估值模型,并认为高增长阶段假设应完全服从于终值假设,但事实并非如此。计算终值的基准年度价值(第5年或第10年的收益及现金流)依赖于对高增长阶段的假设。因此,改变这些假设,必然而且也理应对价值产生巨大影响。

◎ 案例10-3　经营性资产的估值——2017年2月实现IPO的Snap

为了在2017年2月对首次公开发行时点的Snap进行估值,我们首先从2016年招股说明书中披露的数字开始,并将这些数字和2015年的价值进行了对比,具体如表10-5所示。

表10-5　估计数汇总　　　　　　　　　　　(百万美元)

	2015年	2016年
收入	58.70	404.50
营业利润	-365.30	-522.10
净利润	-372.90	-514.50
总债务	13.50	5.10
账面净值	764.10	1 518.90
现金	640.80	987.40
实收资金	136.80	536.60

总体上看,在2015年和2017年首次公开发行之间,Snap在所有指标上均显示出一家大型企业的特征——收入、营业利润和实收资本。

决定Snap价值的两个关键假设,就是关于未来几年的收入增长率和预计的税前营业利润率。

- 对于Snap,我们完全有理由认为,至少在未来5年内的年均收入增长率可以达到55%,这样,公司在第5年的预计收入将达到36亿美元,如按此速度持续增长,收入将在第10年接近100亿美元。在线广告市场容量巨大(2017年为3000亿美元),而且随着企业不断摆脱传统广告业务的束缚,市场容量还将继续扩大。根据我们将Snap视为视觉社交媒体企业的故事,如果Snap的收入在未来5年内按55%的复合增长率持续增长,那么它将在整体市场上占据3%左右的市场份额。

- 随着收入的增长,我们假设Snap的营业利润率将最终稳定在25%的水平上,略低于谷歌和Facebook(这也是全球最大、最成功的在线广告公司之一)披露的利润率。

表10-6归集了上述估计结果以及我们对每年税收和税后营业利润率的估计值。

表 10-6 Snap 的收入和营业利润 （金额单位：百万美元）

年份	收入	收入增长率	税前营业利润率	税前营业利润	净营业亏损	税收	税后运营利润
过去12个月	404.48		−96.62%	(390.80)	400.00	—	(390.80)
1	626.95	55.00%	−35.81%	(224.50)	624.50	—	(224.50)
2	971.77	55.00%	−5.40%	(52.51)	677.01	—	(52.51)
3	1 506.24	55.00%	9.80%	147.58	529.43	—	147.58
4	2 334.67	55.00%	17.40%	406.21	123.22	—	406.21
5	3 618.74	55.00%	21.20%	767.16	—	193.18	573.98
6	5 228.87	44.49%	23.10%	1 207.85		362.36	845.50
7	7 006.05	33.99%	24.05%	1 684.95		505.48	1 179.46
8	8 651.21	23.48%	24.52%	2 121.70		636.51	1 485.19
9	9 773.80	12.98%	24.76%	2 420.23		726.07	1 694.16
10	10 015.21	2.47%	24.88%	2 491.91		747.57	1 744.34
终止年份	10 262.58	2.47%	25.00%	2 565.65		769.69	1 795.95

请注意，Snap 在起始年度有结转的净营业亏损（NOL）为 4 亿美元（反映首次公开发行之前的累积亏损），并在上市后的两年继续累计经营亏损。我们跟踪并使用这个数字计算每年的税收和税后运营利润。第 3 年和第 4 年的全部以及第 5 年的部分预期营业利润用于弥补上述净营业亏损，体现出净营业亏损在这些年度的税收递减效应。因此，按照我们的估计，Snap 在第 6 年之前承受的实际税率均低于 30% 预期有效税率。⊖

为确保有足够再投资来维持上述的预期增长，我们按 2.00 的销售收入–资本比来估计 Snap 的再投资需求。⊖ 表 10-7 汇总了由此得到的再投资及自由现金流情况。

表 10-7 Snap 的预计企业自由现金流 （金额单位：百万美元）

年份	税后营业利润	销售收入变化	对资本的影响	再投资	FCFF	投资资本	隐含的ROC
过去12个月	−390.80					990.67	−39.45%
1	−224.50	222.47	2.00	111.23	−335.73	1 101.91	−20.37%
2	−52.51	344.82	2.00	172.41	−224.93	1 274.32	−4.12%
3	147.58	534.47	2.00	267.24	−119.66	1 541.55	9.57%
4	406.21	828.43	2.00	414.22	−8.01	1 955.77	20.77%
5	573.98	1 284.07	2.00	642.03	−68.06	2 597.80	22.09%
6	845.50	1 610.12	2.00	805.06	40.44	3 402.87	24.85%
7	1 179.46	1 777.19	2.00	888.59	290.87	4 291.46	27.48%
8	1 485.19	1 645.16	2.00	822.58	662.61	5 114.04	29.04%
9	1 694.16	1 122.58	2.00	561.29	1 132.87	5 675.33	29.85%
10	1 744.34	241.41	2.00	120.71	1 623.63	5 796.04	30.10%

⊖ 在第 5 年，Snap 开始纳税，但考虑到公司仍有部分营业亏损结转到后期，因此其实际承担的税率低于 30%。
⊖ 这是高度成熟型社交媒体企业的典型收入–资本比。在这里，我们不考虑再投资与收入变化之间的滞后效应。如考虑这种滞后效应，再投资数字将会更高，因为再投资带来的收入变化需要在未来若干年之后才能体现出来。

对于现金流,有两种趋势需要提醒。首先,前两年的再投资流出伴随着经营亏损,从而在这段时期内形成负的现金流。尽管公司在第3年开始实现了正收益,但再投资需求形成的现金流出,依旧导致第3年~第5年的现金流为负数。在检验再投资数字时,我们计算了两个数字。第一个数字是每年投入的资本,我们的估计方法就是将上一年的资本投入与本年度的再投资金额相加。第二个数字是资本收益率,它等于每年的税后营业利润除以截止上年末累计投入的资本。⊖因此,我们可以看到,估算期开始时的资本收益率为负值,但在估计期结束时则提高至30.10%,这与我们对Snap的乐观预期一致。

为估算用于对这些现金流折现的资本成本,我们首先假设Snap的初始贝塔系数为1.18(基于在线广告企业的无杠杆贝塔系数和Snap的负债股权比率)。⊜以10年期美国国债利率2.47%为Snap的无风险利率,并假设公司的股权风险溢价为5.84%,由此可以得到估值开始时的股权成本为9.35%。⊜由于公司尚未偿还的债务余额很少(相对于资本的0.72%),税前债务成本为5%,且不存在可抵销前5年成本的税收优惠,因此Snap在此期间的资本成本为9.32%。随着公司收入的增长和利润率的提高,我们认为,公司将在贝塔系数、债务成本和债务比率等方面趋近于典型的全球性广告企业,其资本成本最终将收敛于8.25%的行业平均水平。我们对未来几年资本成本的估计如表10-8所示。

表10-8 Snap的债务成本、股权成本及资本成本

年份	贝塔系数	股权成本	债务税前成本	成本节约	税后债务成本	债务比率	资本成本
1	1.18	9.35%	5.00%	0.00%	5.00%	0.72%	9.32%
2	1.18	9.35%	5.00%	0.00%	5.00%	0.72%	9.32%
3	1.18	9.35%	5.00%	0.00%	5.00%	0.72%	9.32%
4	1.18	9.35%	5.00%	0.00%	5.00%	0.72%	9.32%
5	1.18	9.35%	5.00%	0.00%	5.00%	0.72%	9.32%
6							9.11%
7	资本成本按第5年的水平(9.32%)按线性增加进行调整,在第10年达到8.25%的行业平均水平						8.89%
8							8.68%
9							8.46%
10							8.25%

⊖ 当期投入资本 = 当期债务的账面价值 + 当期股权的账面价值。
⊜ 在线广告公司的无杠杆贝塔系数为1.17,Snap的D/E率为0.72%,因此,杠杆贝塔系数 = 1.17 × [1 + (1−0) × 0.0072] = 1.18。
⊜ Snap的股权风险溢价(ERP)按公司收入在各地区的份额计算得到,其中,在美国占87.35%,欧洲占9.04%,世界其他地区占3.61%;美国的ERP为5.69%,欧洲为6.81%,世界其他地区为7.06%,因此Snap的 $ERP = 0.8735 \times 5.69\% + 0.0904 \times 6.81\% + 0.0361 \times 7.06\% = 5.84\%$。

随着公司趋于成熟，资本成本将从第 1 年的 9.32% 下降到第 10 年的 8.25%，并在此后维持在这个水平上。[⊖]

最终，我们假设作为一家稳定的公司（对应于第 10 年以后），Snap 将依赖其庞大、忠诚的用户群体，永久性地维持 12% 的资本收益率，这个数字高于公司的资本成本。此外，我们还假设在第 10 年以后，增长率不会超过我们在分析时采用的无风险利率 2.47%。最后，我们假设再投资率和终值可按如下公式计算：

$$第10年以后的再投资率 = \frac{稳定状态的增长率}{稳定状态的资本收益率} = \frac{2.47\%}{12.00\%} = 20.58\%$$

$$终值 = EBIT_{11} \times (1-t) \times \frac{(1-再投资率)}{资本成本 - 稳定增长率}$$

$$= 1795.95 \times (1-0.2058) \times (0.0825 - 0.0247) = 24\,676.22（百万美元）$$

到此为止，我们得到了 Snap 的现金流和资本成本，因此我们可以估算经营性资产的当期价值，具体如表 10-9 所示。

表 10-9　Snap 的现金流、折现率和现值　（金额单位：百万美元）

年份	资本成本（%）	累积资本成本	FCFF	终值	现值
1	9.32	1.093 2	-335.73		-307.10
2	9.32	1.195 1	-224.93		-188.20
3	9.32	1.306 5	-119.66		-91.58
4	9.32	1.428 3	-8.01		-5.61
5	9.32	1.561 5	-68.06		-43.59
6	9.11	1.703 7	40.44		23.73
7	8.89	1.855 2	290.87		156.78
8	8.68	2.016 3	662.61		328.64
9	8.46	2.186 9	1 132.87		518.02
10	8.25	2.367 3	1 623.63	24 676.22	11 109.44
（现金流现值的总和 = 11 500.95）					

需要提醒的是计算过程中的两个细节。首先，现金流是按累计资本成本折现的，反映出资本成本是随着时间的推移而变化的。比如说，第 7 年的累计资本成本计算如下：

$$第7年的累计资本成本 = 1.0932^5 \times 1.0911 \times 1.0889 = 1.8552$$

其次，公司经营性资产的价值为 115.01 亿美元，而终值已经超过了这个数字。事实上，公司在前 5 年的现金流现值总额为 -6.33 亿美元，这主要是因为次年年度的现金流始终为负数。从直觉上看，这代表了现有股东丧失的股权（或者用更委婉的词语，他们的股权被稀释），因为公司需要在未来几年通过股权融资筹集更多的资金。顺便说一下，这也是为什么我们现在没有通过调整股票数量来体现未

⊖ 另一种估算第 6 年~第 10 年资本成本的方法，就是单独估算每个输入变量，其中贝塔系数、债务成本和债务比率分别按行业平均值线性递增。

来股票发行,因为这样的调整会造成重复计算。

在对 Snap 进行估值的过程中,你或许会想,我们为 Snap 讲述的故事到底是什么?这个故事如何与这些数字联系起来?在图 10-6 中,我们让 Snap 的故事和用来对经营性资产估值的数字一一对应。

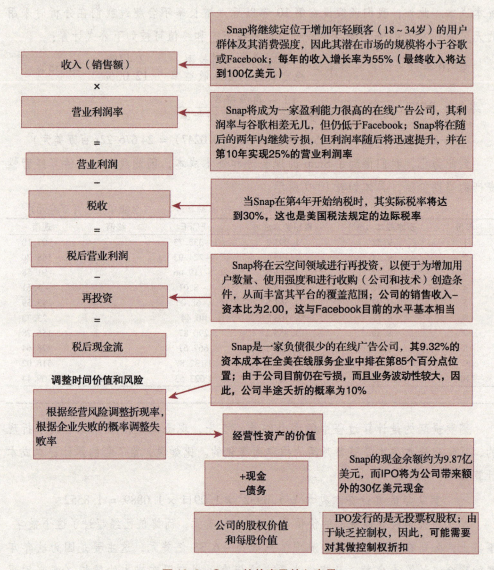

图 10-6　Snap 的故事及输入变量

请注意,每个输入变量都和故事的某个部分相关联,而且各变量的取值依赖于 Snap 的发展愿景能否实现——通过专注于更年轻、更追求视觉效应的用户群体,在社交媒体市场中创建一个特殊的细分市场。

◎ 案例 10-4　经营性资产的估值——2017 年 11 月的奶昔小站

为得到奶昔小站经营性资产的价值，我们首先需要更新相关数字，以反映公司的最新运营数据。表 10-10 归集了奶昔小站（截至 2017 年 10 月）最近 12 个月的数据，数据来自公司最新发布的年度报告（截至 2017 年 12 月）和季度报告（截至 2017 年 6 月的季度）。

表 10-10　奶昔小站最近 12 个月的经营数据　　（百万美元）

	上年度财务报告	上年度截至第二季度	本年度截至第二季度	过去 12 个月
收入	268.48	120.64	168.07	315.91
研发费用	0.00	0.00	0.00	0.00
营业利润或 EBIT	27.84	13.65	17.37	31.56
利息支出	0.40	0.18	0.67	0.89

最近更新的数字表明，与上年度报告披露的数字相比，公司在过去 12 个月的收入更高，但营业利润则更低。

与之前的估值一样，我们仍然从收入和营业利润的估计开始，如表 10-11 所示。

表 10-11　奶昔小站的收入和营业利润（金额单位：百万美元）

年份	收入	收入增长率	税前利润率	税前营业收入	净营业亏损	税收	税后营业利润
过去 12 个月	315.90	—	11.38%	35.95	—	8.99	26.97
1	379.08	20.00%	11.61%	44.00	—	11.00	33.00
2	454.90	20.00%	11.84%	53.84	—	13.46	40.38
3	545.88	20.00%	12.06%	65.84	—	16.46	49.38
4	655.05	20.00%	12.29%	80.50	—	20.12	60.37
5	786.06	20.00%	12.52%	98.38	—	24.60	73.79
6	915.37	16.45%	12.74%	116.64	—	29.16	87.48
7	1 033.45	12.90%	12.97%	134.03	—	33.51	100.53
8	1 130.08	9.35%	13.20%	149.13	—	37.28	111.85
9	1 195.62	5.80%	13.42%	160.49	—	40.12	120.37
10	1 222.52	2.25%	13.65%	166.88	—	41.72	125.16
终止年份	1 250.03	2.25%	13.65%	170.63	—	42.66	127.97

由于公司没有经营亏损结转到本期，因此我们假设未来几年的税收以 25% 的边际税率为基础缴纳。⊖ 与 Snap 估计的相比，奶昔小站在两个方面存在明显差异。首先，我们假设奶昔小站的收入增长率的下降速度远快于 Snap，因为作为一家高档餐馆，奶昔小站的潜在市场要比作为在线广告运营商的 Snap 小得多。其次，奶

⊖ 按估值时点 2017 年 10 月执行的税收改革方案，公司税率将降至 20%。为此，我们假设在经过立法机构的博弈过程之后，公司税税率最终将是 25%。

昔小站已经实现盈利，其税前的营业利润率为11.38%。虽然我们假设奶昔小站的营业利润率将在未来10年逐渐趋近于13.65%的行业平均水平，但这一数字仍维持相对稳定。

为估计公司将在未来几年需要进行的再投资是多少，我们假设奶昔小站销售收入－资本比为2.37，这个取值相当于公司目前的总体销售收入－资本比（3.39）与全国餐厅行业平均值（1.39）的中间值。奶昔小站较高的销售收入－资本比反映了这样一个事实：由于价格较高，因此公司的单个餐厅平均收入超过其他餐饮连锁店。表10-12采用这些再投资数字对公司自由现金流（FCFF）进行了估计。

表10-12　奶昔小站的再投资和现金流（金额单位：百万美元）

年份	税后营业利润	销售收入的变化	销售收入－资本比	再投资	公司自由现金流	已投资资本	隐含的资本收益率
1	33.00	63.18	2.37	26.71	6.29	313.06	10.54%
2	40.38	75.82	2.37	32.06	8.32	345.12	11.70%
3	49.38	90.98	2.37	38.47	10.92	383.58	12.87%
4	60.37	109.18	2.37	46.16	14.21	429.74	14.05%
5	73.79	131.01	2.37	55.39	18.39	485.13	15.21%
6	87.48	129.31	2.37	54.67	32.81	539.81	16.21%
7	100.53	118.08	2.37	49.93	50.60	589.73	17.05%
8	111.85	96.63	2.37	40.85	70.99	630.59	17.74%
9	120.37	65.54	2.37	27.71	92.66	658.30	18.28%
10	125.16	26.90	2.37	11.37	113.78	669.67	18.69%

尽管奶昔小站在前6年里实现了盈利，但其自由现金流始终为负数，这主要归咎于公司的再投资需求（用于开设新的餐厅）太高。和Snap一样，根据营业利润和再投资的预测值，我们即可计算出隐含的资本收益率，从而对再投资金额进行检验。⊖在开始估值的时点，公司的资本收益率为10.54%，但在第10年年末则提高到18.69%，这个数字同样反映出公司"品牌名称"带来的影响。

为计算奶昔小站目前的股权成本，我们首先按1.28的贝塔系数开始估值，这是针对小型特色餐厅的无杠杆贝塔系数，并利用奶昔小站目前的负债股权比率考虑杠杆的影响。⊖无风险利率采用2.25%的2017年10月美国国债利率，股权风险溢价设定为5.73%，它反映的事实是：美国市场为奶昔小站2016年收入贡献的比例约

⊖ 在估算已投资资本时，我们从当期资本的账面价值4.7559亿美元开始（即债务＋股权－现金），而后，在此基础上逐年增加当年的再投资金额，即可得到该年度年末的最新资本金额。

⊖ 小型特色餐馆的无杠杆贝塔系数为0.9587。奶昔小站在2017年10月的股权市值为8.7734亿美元，奶昔小站的未偿还债务总额（包括租赁）为2.0289亿美元。因此，奶昔小站的杠杆率＝0.9587×[1＋(1－0.25)×(2.0289/8.7734)]＝1.28。

为97%，来自其余市场的收入3%。⊖按照这些数字，奶昔小站的初始股权成本为9.59%。⊖在最近一期的财务报告中，奶昔小站披露的常规债务为1120万美元，但是在将租赁承诺转换为债务后，这个数字上升至2.0289亿美元。再加上3.35%的税前债务成本，我们对这家公司估计的初始资本成本为8.26%。⊜随着时间的推移，公司规模逐渐扩大，盈利能力不断加强，企业本身也趋于成熟，因此，我们假设公司的资本成本将下降至6.75%，基本相当于2017年餐饮行业成熟型企业的风险水平。表10-13归集了奶昔小站的资本成本。

表10-13 奶昔小站的债务成本、股权成本及资本成本

年份	贝塔系数	股权成本	债务税前成本	税前成本节约	税后债务成本	债务比率	资本成本
1	1.28	9.59%	3.35%	25.00%	2.51%	18.78%	8.26%
2	1.28	9.59%	3.35%	25.00%	2.51%	18.78%	8.26%
3	1.28	9.59%	3.35%	25.00%	2.51%	18.78%	8.26%
4	1.28	9.59%	3.35%	25.00%	2.51%	18.78%	8.26%
5	1.28	9.59%	3.35%	25.00%	2.51%	18.78%	8.26%
6							7.96%
7	资本成本按第5年的水平（8.26%）按线性增加方式调整到6.75%的全球行业平均水平						7.65%
8							7.35%
9							7.05%
10							6.75%

与Snap一样，在第5年～第10年，奶昔小站的资金成本呈线性方式从8.26%降至6.75%。

然后，我们对处于稳定成长阶段的奶昔小站进行估值。作为一家风险较小的企业，公司的资本成本应较低（6.75%）。考虑到餐厅业务的竞争态势以及消费者口味的变化速度较快，因此，我们假设公司在10年后只能实现相当于资本成本的资本收益率，也就是说，不再存在超额收益。公司的再投资率和终值计算过程如下：

$$\text{稳定状态的再投资率} = \frac{\text{稳定状态的增长率}}{\text{稳定状态的资本收益率}} = \frac{2.25\%}{6.75\%} = 33.33\%$$

$$\text{终值} = EBIT_{11} \times (1-t) \times \frac{1-\text{再投资率}}{\text{资本成本} - \text{稳定状态的增长率}}$$

$$= 127.97 \times \frac{1-0.33333}{0.0675-0.0225} = 18.9592（亿美元）$$

⊖ 美国的股票风险溢价为5.69%，世界其他地区的股票风险溢价为7.08%。因此，奶昔小站的股票风险溢价 = 0.9706 × 5.69% + 0.0294 × 7.08% = 5.73%。

⊖ 奶昔小站的股权成本 = 2.25% + 11.28 × 5.73% = 9.59%。

⊜ 奶昔小站的股权市值为8.7773亿美元，债务总额为2.0289亿美元，税前债务成本 = 无风险利率 + 违约利差 = 2.25% + 1.10% = 3.35%，资本成本 = 9.59% × $\frac{8.7734}{8.7734-2.0289}$ + 33.35% × (1-0.25) × $\frac{2.0289}{8.7734+2.0289}$ = 8.26%。

最后，我们将预期自由现金流和预期公司自由现金流以及表 10-14 中的资本成本汇总，从而计算出公司经营性资产的价值。

表 10-14 奶昔小站的现金流、折现率和价值

（金额单位：百万美元）

年份	资本成本	累计资本成本	公司自由现金流	终值	现值
1	8.26%	1.082 6	6.29		5.81
2	8.26%	1.172 0	8.32		7.10
3	8.26%	1.268 7	10.92		8.60
4	8.26%	1.373 5	14.21		10.35
5	8.26%	1.486 9	18.39		12.37
6	7.96%	1.605 2	32.81		20.44
7	7.65%	1.728 1	50.60		29.28
8	7.35%	1.855 1	70.99		38.27
9	7.05%	1.985 9	92.66		46.66
10	6.75%	2.120 0	113.78	1 895.92	947.98

现金流现值的总和 = 1 126.86

以累计资本成本作为折现率，我们将公司经营性资产的价值估计为 11.27 亿美元。

由经营性资产的价值得到每股股票价值

对成长型企业而言，将经营资产价值转化为每股股票价值的过程可能充满危险，其中的很多风险已在之前的章节中加以总结。在本节中，我们将概述针对这些风险（至少是部分风险）的预防措施。

现金和非经营性资产

在本章的前面部分中，我们曾提到，成长型企业会以很快的速度耗尽现金余额，而使用最新财务报表中的现金余额有可能带来误导性价值。至少在理论上，我们在对一家公司估值时，了解其目前的现金余额是有益的。虽然非公开股票市场的投资者无从获得这些信息，但收购方（或至少是善意的收购方）应该可以从目标公司获取这些信息，并使用这个信息估计企业的最新价值。即使是公众投资者也可以利用两种公开信息——发布上一期财务报表以来的公司现金流和新的融资，从而判断公司的当前资金余额。例如，假设公司披露的最近 12 个月的 EBITDA 为 –8000 万美元，那么公司的最新现金余额（3 个月之前）就是 1 亿美元。如果公司在过去 3 个月没有任何新的融资行为（通过发行股票或债务筹集资金），那么公司目前的现金余额可能接近 8000 万美元，而不是 1 亿美元（这个结果等于从现金余额减去估计的 –2000 万美元 EBITDA，即 –8000 万美元的 1/4）。

债务和其他非股权索取权

如果可转换债券是成长型企业的首选融资方式，那么我们就应该将其视为混合型证券，即由部分债务和部分股权构成。由于可转换期权部分为股权，其余为债务，因此将可转换债务分解为债务和股权的最简单方法，就是在估值时将可转换债务视为直接债务，并将转股后的剩余部分作为债务处理。譬如，假设一家成长型企业有未偿还的 5 年期可转换债券，债券的面值为 5000 万美元，票面利率为 4%。假设公司以使用传统债务方式计算的税前债务成本为 10%。我们将可转换债券视为传统债券那样进行估值：[1]

$$可转换债券的债务价值 = (5000 \times 4\%) \times \frac{1 - (1.10)^{-5}}{10\%} + \frac{5000}{(1.10)^5}$$

$$= 3863(万美元)$$

从可转换债券的市场价值中减去上述价值，即为可转换期权的价值。因此，如果可转换债券的交易价格为 5200 万美元，那么转换期权（股权）部分的价值就应该为 1337 万美元。[2]在对这家公司估值时，我们将这个部分视为股权，其余部分则是作为计算当前资本成本所采用的债务。只需从公司价值中扣除债务部分的价值，我们即可得到股权部分的总体价值。债务可能带来问题的另一方面，就是债务比率会随着时间而变化，而且这些变化会引起公司债务余额的变化。考虑到股权价值就是（扣除债务后的）企业价值，因此分析师往往纠结于是否应该扣除当期未偿还债务（可以忽略不计）或未来预期债务（可能非常大）。在对公司估值时，这个问题的答案很简单——必须扣除当期的未偿还债务，尽管其价值相对未来债务而言可能微乎其微。

对投资后估值的修正

在我们得出成长型企业的股权价值之后，最后一步就是将股权价值给企业的各类股份。在进行这个最终判断时，必须牢记三个注意事项。

生存率和非流动性

前两个需要考虑的要素完全针对于年轻的成长型企业。必须将生存概率纳入价值中，而流动性不足则需要对这个价值进行折扣，但这两个因素对成长型企业而言并不明显。成长型企业的生存概率远高于初创企业；其股权的流动性也更好，尤其是已公开上市的成长型企业。但即便是已上市交易的成长型企业，有时也会停业，尤其是在现金耗尽时，破产绝非不可能的事情。与相对更为成熟的企业相比，这些公司的股票交易频率要低得多（并且交易成本也高得多）。

---

[1] 为方便起见，我们使用了假设的年利息支付额。只需做简单调整，即可使用该公式计算按半年支付的利息费用额。

[2] 如得不到债务的市场价值，可以其账面价值作为市场价值的近似值。

当生存确实成为不可忽略的问题时,我们建议采用第 9 章提出的方法。总而言之,就是要估计成长型企业遭遇失败的可能性和后果(体现为股权投资者在企业破产时可以得到的价值)。然后,以股权的预期价值反映持续经营企业价值和破产企业价值的加权平均值,其中两者的权重分布为成功和失败的概率。同样,如果流动性不足导致贬值,我们也可采用上一节介绍的方法之一,即调整资本成本或是在投资后估值的基础上考虑流动性折扣。

表决权的差异

在计算每股股票价值的过程中,最后一个需要考虑的因素就是各类股票在表决权方面的差异。尽管我们可以预见到,享有表决权的股票在交易中应取得超过无表决权股票的溢价,但差异的大小则依赖于表决权股票的价值,因此这个差异在不同公司之间会有所不同。

表决权到底值多少钱呢?最早关于表决权股份溢价的研究主要针对拥有不同类型表决权股份的美国企业。Lease、McConnell 和 Mikkelson(1983)发现,在 Z 市场交易中,表决权股票相对于无表决权股票的平均溢价为 5%~10%。[1]此外,他们还发现,在一定时期之后,表决权股票的溢价会消失,或是按低于非投票股票的价格折价交易。对于这个令人不可思议的发现,一定程度上可以归结为表决权股票的相对非流动性(在表决权股票中,通常只有一小部分可用于公开交易)。Reilly(2005)进一步深化了这项研究,他对 1994~1999 年 28 家同时发行表决权股票和无表决权股票的公司进行了检验,结果显示,表决权股票溢价的中位数从 1994 年的 2% 增加到 1999 年的 2.8%。[2]

近几年,这项针对表决权股份溢价的分析已扩大到其他市场,在这些市场,差异性表决权股权的存在更为普遍。英国和加拿大的溢价水平与美国基本相当(5%~10%)。而拉丁美洲(50%~100%)、以色列(75%)和意大利(80%)等市场的溢价水平则相对较高。Nenova(2003)对 18 个国家 661 家公司的投票溢价情况进行了比较研究,她发现,控制性表决权的价值中间数在不同国家差异很大,在美国不到 1%,而在法国、意大利、韩国和澳大利亚的溢价则达到或超过 25%。对此,她的结论是,法律环境是解释这种差异性的关键因素。此外,她还发现,在少数股东和非表决权股东受到更好的法律保护的国家,表决权溢价相对较小,而对少数股东和非表决权股东缺乏保护的国家,表决权的溢价相对较大。[3]

在表决权投票和非表决权股票之间进行价值分配时,最常见的方法就是利用这些研究结论验证溢价的合理性。以美国为例,表决权股份的溢价通常设定在 5%~10%。

---

[1] Lease, R. C., J. J. McConnell, and W. H. Mikkelson, 1983, "The market value of control in publicly traded corporations," *Journal of Financial Economics*, v11, 439-471.

[2] Reilly, R. F., 2005, "Quantifying the Valuation Discount for Lack of Voting Rights and Premium," *American Bankruptcy Institute Journal*.

[3] Nenova, T., 2003, "The value of corporate voting rights and control: A cross-country analysis," *Journal of Financial Economics*, v68, 325-351.

虽然这种经验法则不值得完全信赖，但我们将在本章里接受其合理性，至于其合理性，我们将在第 11 章里进行检验。

◎ **案例 10-5　根据经营性资产的价值确定股票的每股价值——Snap（2017 年 2 月）和奶昔小站（2017 年 11 月）**

从经营性资产价值得到股权价值，我们只需加上现金，再扣除债务即可。对于 Snap，我们需要考虑并妥善处理的一个事实是，它正处于首次公开发行的边缘，而且同时拥有两类股票（其中一类不享有表决权）。此外，我们还必须判断，目前的亏损状态以及持续的负现金流是否会让公司面临破产风险。对奶昔小站而言，我们享有研究以租赁形式承担债务以及存在两种不同表决权股票并存的后果。

Snap

此前，我们将 Snap 的经营性资产估值为 115.01 亿美元。为获得每股股票的价值，我们还必须对失败风险进行调整，并加回当期现金余额，扣除尚未归还的债务余额：

- **失败风险**：Snap 已成功吸引到风险投资资金，并相应增加了资本总额，但它仍是一家面临风险的公司。公司的亏损还在飞速增加，而且只有用更多的资本才能维持目前的增长。一旦因为管理层不受信任或是市场危机而被投资者抛弃，公司将无法继续发展。如果遭遇失败，公司将不得不将企业或资产出售给出价最高的收购者。因此，我们对 Snap 设定的失败概率是 10%，这个数值不高但不可忽略，不高是因为它的市场概况使其能够获得资本，不可忽略是因为市场的情绪随时都会发生改变。此外，我们还假设，一旦真正陷入破产境地，Snap 的清算收入只能达到经营性资产预期公允价值的 20%。根据这些输入变量，我们将 Snap 的估值下调为 105.81 亿美元：

    调整后的经营性资产价值 = 经营性资产的折现现金流估值 ×

    （1 − 失败概率）+ 破产收入 × 失败概率

    = 115.01 × 90% + 115.01 × 20% × 10%

    = 105.81（亿美元）

- **现金余额和上市收益**：Snap 在 2016 年 12 月的财务报表中披露了 9.87 亿美元的现金余额。不过，该公司还计划通过 IPO 募集 30 亿美元，并将这些收益用于支付未来的投资需求。⊖因此，我们在经营性资产价值的基础上加上 IPO 筹集资金及现金余额，即可得到公司在 IPO 发行后的估值：

⊖ 如创始人/所有人转让股权进行套现，我们就需要在估值中剔除这部分现金。

公司价值 = 调整后的经营性资产价值 + 现金余额 + IPO 的净收入
         = 105.81 + 9.87 + 30 = 145.68（亿美元）

- **债务**：截至 2016 年 12 月底，Snap 披露的债务余额为 2.04 亿美元，我们从公司价值中扣除这笔债务，即可得到股权价值：

Snap 的股权价值 = Snap 的公司价值 − 债务
                = 145.68 − 2.04 = 143.64（亿美元）

- **普通股的股权价值**：为估计普通股股票的价值，我们需要考虑到 Snap 持有 4490 万股权期权尚未未付这一事实，该期权的执行价格为 2.33 美元，平均期限为 3 年。为此，我们需要这部分期权的价格 7.97 亿美元从股权价值总额中扣除：

股票价值（普通股）= 股权价值 − 股票期权的价值
                   = 143.64 − 7.97 = 135.67（亿美元）

- **每股价值**：由于我们已剔除了股票期权的价值，因此以这个数字除以实际已发行股票的数量（不是摊薄后的数量），即可得到每股 10.91 美元的股票价值：

每股价值 = 普通股 / 在外流通的股票价值
         = 135.67 / 12.4310 = 10.91（美元/股）

对 Snap 来说，复杂性源于公司创始人/所有人持有全部表决权股票，而新发行的股票均为无表决权股票。因此，由于缺乏表决权，在对这些股票估值时，我们需要考虑流动性折扣，但考虑到投资者认为公司管理良好（在 IPO 的时点），而且管理层发生变更的可能性很低，因此流动性折扣可能很小。

奶昔小站

和 Snap 相比，在从奶昔小站的经营性资产价值计算股权价值的过程中，难度要小得多。在 2017 年 6 月的最新财务报表中，奶昔小站披露了 8554 万美元的现金余额，与 2016 年 12 月披露的 7360 万美元现金余额相差不多。由于公司已实现了正盈利，我们完全有理由假设，2017 年 10 月估值时点的现金余额可维持现状。对于债务，唯一容易混淆的细节就是大部分债务均采用了租赁形式。在 2.0289 亿美元的总债务中，1.92 亿美元为未来租赁承诺的现值。但从估值角度看，我们认为，没有必要将这两种债务区分开来。因此，根据之前为奶昔小站估算的经营性资产价值 11.2686 亿美元，奶昔小站的股权价值可按如下方法计算（还需扣除 5201 万美元的少数股东权益）：

股权价值 = 经营性资产的价值 + 现金余额 − 少数股东权益 − 负债
         = 11.2686 + 0.8554 − 0.5201 − 2.0289 = 9.5751（亿美元）

要从这个数值得到每股价值，我们还需关注如下两个细节。首先，必须考虑以往对管理层授予的股权期权。我们估算的公司尚未执行的期权价值为 236 万美元，平均执行价格为 21.10 美元，平均到期期限为 8 年，由此得到的税后价值为 0.4391 亿美元。㊀其次，公司目前发行了两类股票——由散户投资者持有和交易的 0.1521 亿股 A 股，以及由创始人/所有权人持有的 0.1077 亿股 B 股。B 类股票拥有的投票权为 A 股的 10 倍。如果不考虑投票权的价值，我们估计的每股价值应为 35.17 美元：

$$每股普通股的价值 = 股权价值/(A 类股票总数 + B 类股票总数)$$
$$= (9.5751 - 0.4391)/(0.1521 - 0.1077)$$
$$= 35.17(美元/股)$$

需要注意的是，考虑到控制权要素，应对 B 股给予一定的股权溢价。如果我们假设 B 股对 A 股的溢价为 10%，那么我们就可以估算出 A 股和 B 股的每股价值：

$$A 股的每股价值 = 股票价值/(A 股总数 + B 股享有的溢价 \times B 股总数)$$
$$= (9.5751 - 0.4391)/(0.1521 + 1.10 \times 0.1077)$$
$$= 33.77(美元/股)$$
$$B 股的每股价值 = A 股的每股价值 \times B 股享有的溢价$$
$$= 33.77 美元/股 \times 1.10 = 37.14(美元/股)$$

请注意，公司的累计市值依旧保持为 9.136 亿美元，我们做的唯一一件事，就是将这个市值在两类股票之间重新分配。确定 10% 溢价的依旧是以往针对表决权股票的研究。在第 11 章中，我们将考虑采用一种更深入的方法来估计控制权（及表决权股票/非表决权股票）的价值。

对不确定性的处理

几乎可以肯定的是，无论怎样关注细节，也不管使用多少信息，我们对成长型企业价值的估计精度都不可能超过成熟型企业。这种不确定性会导致分析师对投资后估值产生焦虑——他们会对最初的差错感到遗憾，于是，他们不仅会竭力缩小这个估计值与市场价格的差异，甚至想消除不同估值之间的差异（不同分析师的估值结果不可能完全相同）。

但需要提醒的是，造成这种不确定性的主要原因并不是信息的质量或所用估值模型的精度，而是来自现实世界的复杂多样。未来总是充满了各种各样的惊喜和意外，

㊀ 我们使用的是标准布莱克-斯科尔斯模型，并在行使期权时对潜在摊薄和税收节约额进行调整。

而对于将价值主要寄托于未来的成长型企业来说，这就意味着价值的不可捉摸。对那些在成长型企业股权估值中出现错误而且需要承担责任的分析师，这倒是一个小小的安慰。在第3章里，我们介绍的概率法大大丰富了可采取的估值方法，包括决策树、模拟法和情景分析法等。这些方法或许适用于成长型企业，原因倒不是它们能提供更精确的价值估计或是更有效的风险指标，而是它们可以让分析师对自己的价值估计结果更自信。在Snap的估值中，我们对初创企业的假设相互依赖，按照这样的假设，我们得到的每股价值为10.91美元。显而易见，在只关注收入增长率、营业利润率、销售收入–资本比和资本成本等假设的情况下，改变任何或是所有假设，都会带来估值结果的显著改变。我们不可能回避这种不确定性的现在（而且回避也不可能解决问题），相反，可以利用模拟方法，将所有变量的点估计值取代为分布区间。替代结果如图10-7所示。

针对Snap的模拟估值法生成了一些有趣的结果，这些结果可能会影响到你是否投资，以及你如何看待这家公司。首先，公司的股票可能没有任何价值，而且价值分布体现出明显的正偏态，即正态分布曲线偏向超过每股30美元的右侧，这一点当然不值得意外。其次，我们可以使用这种分布来评价股票被低估或高估的可能性。比如说，当发行价格为20美元/股时，模拟法的结果会表明，该股票被高估的可能性高达80%。

针对成长型企业的不确定性，另一种可以采取的方法就是强调企业价值的两个关键性驱动因素之一。此外，我们不仅要考虑这些驱动要素对各种假设的影响，还需关注当前价格的盈亏平衡点。比如说，假设收入增长率是决定企业价值的关键要素，那么我们就可以问，多高的收入增长率才能证明当前市场价格的合理性。然后，我们就可以继续分析，作为投资者，我们是否能接受这个市场隐含的收入增长率。以奶昔小站的估值为例，按照我们采取的假设，公司的每股价值为35.71美元。在激烈竞争的餐饮行业中，时尚会迅速褪去，利润率始终面对下行压力，因此，我们重点分析了收入增长率和营业利润率变化对每股价值的影响，结果如表10-15所示。

按照每股33.77美元的现行市场价格（2017年10月），我们可以看到，收入增长率与营业利润率（阴影单元格）的现行组合带来了更高的估值。作为奶昔小站的投资者，这些数字就是你为实现超额收益而必须接受的期望值。而作为奶昔小站的管理者，这张表格可以帮助你考量企业价值将如何随着定价及营销策略的调整而变化。譬如，如果下调汉堡的价格，虽然奶昔小站的收入有可能加速增长，但也可能会削弱公司的利润率。因此，对价值的最终影响将依赖于收入增长率和利润率的实际结果。

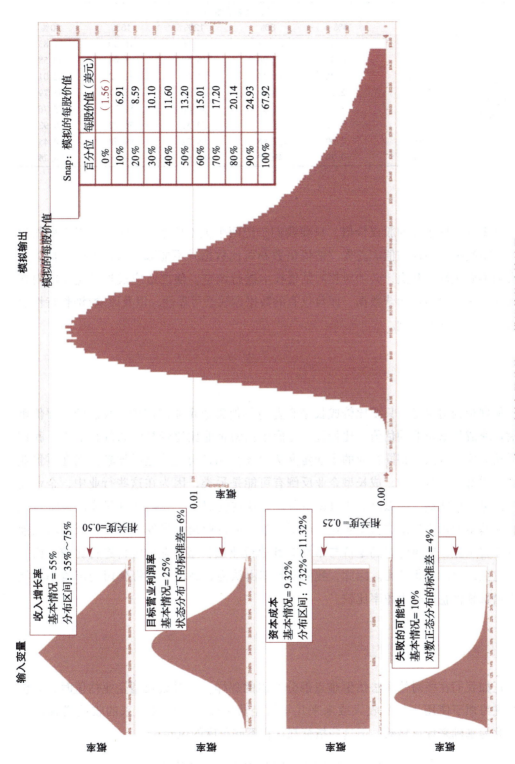

图10-7 Snap在IPO时的每股价值——模拟估值法的结果

表 10-15　奶昔小站每股价值的变化，2017 年 11 月　　　　　　　　（金额单位：美元）

		税前的目标营业利润率				
		4%	8%	12%	16%	20%
未来 5 年的收入增长率	5%	-0.27	5.25	10.78	16.30	21.83
	10%	0.41	7.96	15.50	23.04	30.58
	15%	1.26	11.45	21.63	31.82	42.01
	20%	2.30	15.92	29.54	43.17	56.79
	25%	3.56	21.61	39.66	57.71	75.76
	30%	5.11	28.81	52.52	76.22	99.92
	35%	7.00	37.86	68.72	99.58	130.45
	40%	9.29	49.15	89.02	128.89	168.76

相对估值法

对于成长型企业的股权价值，只要我们牢记两个关键要素，就完全可以借助相对估值法得到独立的评估值。首先，估值倍数和可比数据并不能减少成长型企业估值所固有的不确定性。其次，必须对相对估值技术进行调整，使之适应成长型企业的内在局限性——缺少当期运营数据，而且仅有的数据也缺乏可靠性，以及风险/增长特性会随着时间的推移而变化。

可比公司

最理想的情况是，只要比较成长型企业与其他类似企业的定价，我们即可评价市场对这家成长型企业的估值。比如说，在像成长型企业比比皆是的软件行业中，我们只需接受传统方法，将同行业的企业定义为可比公司即可完成这种比较。而在零售业和汽车零部件等行业中，成长型企业反倒有可能是另类，因为在这些行业中，企业要么早已进入成熟期，要么已处于衰退阶段。在这些情况下，我们或许只能放弃常规做法，从基本面角度界定成长型企业，而不是单纯从行业角度出发。对于一家有增长前景的零售企业，应该将它的定价与市场对其他行业成长型企业的定价进行比较，而不是比它更成熟的零售公司。因此，我们没有理由认为，高增长零售公司的市盈率不能与高增长软件企业的市盈率比较。

估值倍数和基准年份的选择

正如我们在相对估值法估值难点部分指出的那样，在对成长型企业估值时，分析师往往习惯于使用当年的收入或未来几年的经营指标估计值（未来的收益或收入），并以此为基础来计算倍数，但这些指标都存在不同程度的风险：

- **收入倍数**：收入倍数的问题完全是因为它掩盖了被估值企业正在大量亏损的事实。因此，我们建议，在考虑合理收入倍数的构成要素中，应纳入预期的未来利润率（应为估计值）。在其他因素保持不变的情况下，我们可以预见，和预期利润率较低的公司相比，对于预期利润率较高的公司（处于成熟阶段），其交易的当期收入倍数更高。
- **未来的收益倍数**：该指标隐含地假定，被估值的公司将生存到下一年，而且针对下一年的收益估计是合理的。如使用未来倍数，那么对生存概率的控制将成为分析的关键。那些生存概率更大的公司应该比失败概率更大的企业拥有更高的收益倍数。

作为一般性规则，我们建议，对处于早期阶段的成长型企业，应尽量避免使用当期账面价值或当期收益的倍数，因为这些数字可能很小，而且极不稳定。

对增长率和风险水平差异的调整

在构建可比公司组合和挑选适当的比较倍数时，不管我们多么谨慎，公司之间终究会在基本面上存在显著差异。正如我们在本章前面提到的那样，分析师为控制这些差异而采取的两种方式——讲故事，或是假定倍数与增长率同比增长，都会产生有误导性的结果。事实上，在进行比较时，如果我们需要对多个变量进行控制，那么两种方法都会失效。

在处理各企业在增长率和风险方面的巨大差异时，最灵活的方法就是采用多元回归法。选择的倍数是因变量，而我们试图控制的增长率、风险及其他基本面要素则代表自变量。在可比公司样本数量足够多的情况下，我们不仅可以控制尽可能多的变量，还可以充分考虑增长率与每个变量之间的复杂关系。

◎ 案例 10-6 奶昔小站的相对估值——2017 年 11 月

在考虑奶昔小站在 2017 年相对其他餐厅的定价时，我们提取了美国 43 家上市餐饮企业的信息，包括跟踪这些公司的分析师提供的未来 5 年收益增长率估计值。[一] 表 10-16 为这些公司的总体市盈率（PE）、预期增长率和 2 年期的贝塔系数，以及与 2017 年 10 月奶昔小站数据的比较。

表 10-16 餐厅行业的 PE、增长率和风险   （金额单位：百万美元）

	市值	市盈率	预期增长率	贝塔系数	PEG
行业平均值	40 090	26.80	14.40%	0.82	2.00
行业中位数	33 783	19.99	14.10%	0.74	1.69
行业最低值	11 569	9.73	5.50%	0.23	0.67
行业最高值	102 445	93.88	25.00%	2.01	12.52
奶昔小站	31 637	63.81	23.50%	1.71	2.72
相对于中位数的差异率	-6.35%	219.18%	66.67%	130.70%	61.12%

[一] 总体样本中包括 84 家公司，其中只有 34 家公司实现了正收益（可计算市盈率）和未来 5 年的收益预期增长率。

首先，我们考虑一下分析师针对成长型企业最常使用的两种方法：

- **主观判断法**：奶昔小站在2017年10月的市盈率为63.81，远高于行业的平均市盈率（26.80）。对此，持乐观态度的分析师肯定会以奶昔小站拥有较高的预期盈利增长率（23.5%，行业平均水平为14.4%）作为依据。而持悲观态度的分析师则会关注到，奶昔小站的风险水平太高（贝塔系数为1.71，而行业平均值为0.82），这说明公司股票估值过高。
- **PEG**：控制增长率差异的一种简单方法，就是检验我们在前面提到的PEG。PEG比较低，表示公司被低估。奶昔小站的PEG为2.72：

  奶昔小站的 $PEG = PE/$ 预期增长率 $= 63.81/23.5 = 2.72$

由于该行业的平均PEG低于2.00，这似乎表明奶昔小站已被明显高估。

由于这两种方法均不能合理反映增长率和风险的影响，而且PEG又假设PE与增长率同步增长，因此，我们在图10-8中描绘了这家餐厅未来5年的市盈率与预期每股收益增长率之间的关系。

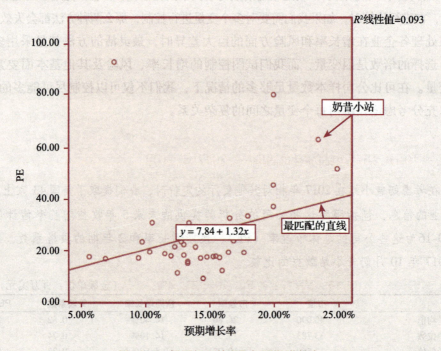

图 10-8　餐厅行业的 PE 与预期增长率

请注意，尽管奶昔小站是它们当中市盈率最高的企业之一，但它的增长率也很高。我们以市值为每家公司的权重，将市盈率对预期增长率和贝塔系数进行回归分析，结果如下（在系数下面括号中的数字为 t 统计量）：

$$PE = 3.66 + 164.80 \times 预期增长率 - 2.00 \times R^2 = 15.3\%$$
$$(0.44) \quad\quad\quad (2.97) \quad\quad\quad\quad\quad\quad\quad (0.31)$$

不出意料，高成长企业也拥有较高的市盈率，而高风险则会压低市盈率，但唯有增长效应才具有统计上的显著性。利用分析师针对奶昔小站未来5年预测的每股收益增长率23.5%，以及奶昔小站的2年期贝塔系数估计值1.71，我们可以估计这家公司的预期市盈率为：

奶昔小站的预期 $PE = 3.66 + 164.80 \times 0.235 - 2.00 \times 1.71 = 38.97$

按63.81的现行市盈率计算，利用相对估值法对奶昔小站得到的估计结果高估近64%。

◎ 案例10-7　Snap的相对估值——2017年2月

对于收入微薄、账面价值几乎忽略不计而经营亏损严重的Snap来说，使用相对估值法的难度可想而知。首先，考虑到公司的财务报表，我们唯一可使用的倍数就是收入倍数。为此，我们可考虑以四种方法处理相对估值法，并根据各自的利弊择优选用：

- **非财务运营指标倍数**：克服收入少和负收益的一个简单方法，就是将价值与反映未来发展潜力的运营指标关联起来。比如说，对于社交媒体公司，我们可以从相同行业的上市公司入手，计算这些公司的单个用户企业价值，并用这个数值乘以Snap的用户数量，即可得到Snap的企业价值。例如，按照这种方法，2017年2月，所有社交媒体公司的每个用户平均市场价值约为100美元（企业价值）。以这个数字乘以Snap的1.7亿名用户，即可得出全部用户的价值为170亿美元。使用这种方法的好处是，即使是在企业尚无收入和利润的新兴行业，同样可以得到价值。但需要承担的风险是，你的判断完全依赖这些与未来收入和收益相关的倍数指标。当然，这种方法还有更完整的模式：找到能解释各企业单个用户价值之间存在差异的变量，在对Snap估值时，对这些变量进行调整。例如，Facebook的单个用户市场估值接近150美元，而Twitter的单个用户价值仅为40美元，两者的差距在很大程度上归因于用户的消费强度——体现为用户每天在平台上花费的分钟数量。2017年年初，用户在Snap平台上平均每天花费的时间为28分钟，相比之下，Facebook用户在2016年的平均每天使用时间为1小时，而Twitter只有每天4分钟。按强度倍数计算，Snap的单个用户价值约为95美元。
- **收入倍数**：如果行业中的每家公司都有收入，那么我们就可以按收入的倍数估计企业价值，如果被估值企业的收入增长率和预期利润率较高，就可以将估值结果适当上调；如果风险较大，则相应地对结果进行下调。

- **未来价值**：在对成长型企业使用估值倍数时，一个最大的难点就是目前数字未必能体现我们对公司未来的预期。而解决这个问题的一个方法，就是使用预测的收入及其他运营数据进行估值。因此，对 Snap，我们就可以利用之前对未来收入及利润的估计。在表 10-6 中，我们做出预测，Snap 在第 5 年的收入为 36.18 亿美元，税前营业利润为 7.67 亿美元。纵观 2017 年 2 月在线广告行业规模较大的上市公司，我们可以估计出，整个行业的总体企业价值/销售收入比率为 4.25。将这个比例乘以 Snap 在第 5 年的收入，记得得到 153.8 亿美元的预期企业价值（第 5 年）：

    第 5 年的预期企业价值 = 36.18 × 4.25 = 153.8（亿美元）

    将这个数值按 Snap 前 5 年内的资本成本 9.32% 进行折现（见表 10-8），即可计算出当期企业价值为 98.49 亿美元：

    $$当期企业价值 = \frac{153.8}{1.0932^5} = 98.49（亿美元）$$

    这种方法依赖于三个前提。第一个前提是，公司会存续下去，并在第 5 年实现盈利。考虑到目前的经营亏损和累积债务，这个命题既有可能成为现实，也有可能不发生。第二个前提是，我们对第 5 年收入及营业利润率的预测是合理的。如果我们高估或低估了这些数字，那么，由此得到的估值结果自然有失公允。第三个前提是，被估值公司必须在这 5 年内与行业其他企业保持同步，只有这样，才有理由采用行业平均倍数作为公司的估值倍数。

- **融合法**：这种方法借用了上述第三种方法的基本要素，即在使用未来收入和利润的同时，兼顾其他两个要素。第一个要素是风险，它体现在将价值折为现值的折现率以及公司经营失败的概率中。第二个要素是使用的倍数并非行业平均值，而是能反映公司在未来一年基本特征的倍数。为得到这个数值，我们需要参考该倍数与当前整个行业基本面要素之间的关系。

    我们首先考虑一下第二个要素。为了衡量收入倍数如何随行业预期增长率的变化而变化，我们需要将企业价值/销售收入比对在线广告行业目前的预期收入增长率和营业利润率进行回归。回归结果如下：

    $$\frac{Snap 的企业价值}{销售收入比} = 3.23 + 6.15 \times 营业利润率 + 5.48 \times 预期增长率$$

    为估计 Snap 在第 5 年年末交易的收入倍数，我们可按表 10-6 提供的数据，估计出第 6 年～第 10 年的收入增长率为 20.32%，第 5 年的税前营业利润率为 23.18%。将这些数字进行回归，我们可得到企业价值/收入比在第 5 年年末的预测值：

$$\frac{第5年年末的企业价值}{收入比预测值} = 3.23 + 6.15 \times 0.2318 + 5.48 \times 0.2032 = 5.80$$

用这个倍数乘以第 5 年的收入，即为公司的企业价值。再将这个价值折现到今天，并考虑到 10% 的失败概率，我们可以得到这家公司的当期企业价值估计值：

Snap 在第 5 年的收入 = 36.19（亿美元）

Snap 在第 5 年的企业价值 = 36.19 × 5.80 = 209.90（亿美元）

Snap 的当期企业价值 = $209.90/1.0932^5 \times (1 - 10\%) = 121$（亿美元）

这个结果略高于按折现现金流模型得到的经营性资产估计值 106 亿美元。

本章小结

在对成长型企业估值时，我们同样需要面对和初创企业一样的问题，只不过是问题的难度可能略小而已。在预测未来时，历史运营数据只能提供一种短暂、不稳定而且未必有价值的参照。毕竟，成长型企业的大部分价值来自未来的预期增长率有多高、这种增长率能持续多久以及增长的质量如何，显而易见，这些都难以预测。尤其是随着企业规模的扩大，增长率衰减的速度将成为决定企业价值的关键因素。根据股票价格数据估计风险参数，可能会给我们带来稀奇古怪的价值，而且企业的风险状况也是随着其增长率的变化而变化的。

面对这些挑战，分析师往往会寻求捷径，这些捷径或许可以为他们节省时间，但有可能带来误导性的估值结果。在企业规模扩大的过程中，他们对增长率的变化熟视无睹，以至于让高增长成为企业的常态，但这显然是不可能的；对于风险和再投资，他们往往会做出与增长预期不一致的假设。归根到底，他们最关心的是企业会在什么时候进入稳定增长期以及为获得终值而采取的假设。在相对估值法中，他们始终钟情于成熟型企业的标准实务。他们习惯于以业内的其他公司作为可比公司，并按照收入倍数或未来的收益倍数进行估值。他们要么对企业之间的差异熟视无睹，要么也只是以主观或简单粗暴的方式进行调整。

按照折现现金流估值模型，成长型企业的成功估值需要三个关键要素。首先，我们对增长率和利润率的假设不仅需要反映市场的潜力和竞争态势，还要体现出公司规模随时间推移而发生的变化。其次，只有对企业给予足够的再投资，才能维系预测的增长率。最后，必须实施调整公司的风险参数，以便于与企业的增长特征相适应。随着企业从高增长阶段进入稳定增长阶段，股权成本、债务成本和资本成本都可能下降。因此，对于相对估值法，必须对比较过程中的增长率和风险差异进行适当调整，这一点至关重要。

第 11 章 The Dark Side of Valuation

长大成人
成熟型企业

磨难发生在企业生命周期的每个阶段。大多数初创企业都无法通过早期历练而成为成长型企业,而且大量成长型企业会发现,增长只是短暂的,随后,它们要么破产,要么被大企业收购。在本章里,我们讨论的重点是那些熬过艰辛的竞争阶段并最终走向成熟的企业。这种成熟不仅体现在增长率方面,还体现在风险状况和收益特征等方面。

对处于生命周期成熟阶段的企业来说,估值方面遇到的问题应该最少,毕竟它们已经拥有了长期的经营和市场历史,使得我们能根据这些历史数据估计大多数估值变量。此外,它们已形成了稳定的投融资模式,从而形成了长期稳定的基本面(风险和收益)特征。这自然让我们对这些数据的估计更有把握。但这些既定模式也会带来问题,因为并非所有长期流传的做法都是合理的。换句话说,有些成熟型企业做出的融资和投资选择既非最优也不合理,只是它们一直在这么做而已。如果有更称职的管理者,这些企业完全有可能以不同(更好的)的方式运行,并拥有更高的价值。因此,在对成熟型企业估值时,分析师必须兼顾两个口径的价值——现有价值和最优价值。分析师处理这两种价值的方式,将在很大程度上决定估值的质量。

身处经济大潮中的成熟型企业

成熟型企业是大多数经济体的脊梁。虽然成长型企业或许更能吸引我们的想象力和注意力,但成熟型企业则为经济体提供了大部分的产出和就业机会。在本节中,我们首先探讨如何界定成熟型企业,并在此基础上揭示成熟型企业的某些共有特征。

成熟型企业的生命周期论

在企业的生命周期论中,最初的起点是一家创意企业。如果这个企业能生存下去,它就会从一个初创的成长型企业(通常是私人持有)转变为更成熟的成长型企业(通常会选择公开上市)。正如我们在第 10 章中指出的那样,即便是最优秀的成长型企业,最终还是会遇到增长的障碍,其中的一部分原因是成功会让企业规模不断扩大,还有一部分原因则是成功引来的外来竞争。因此,问题的关键不在于企业是否能成为成熟型企业,而是在于什么时候完成这种转型。

将企业分类为成长型企业和成熟型企业的方法之一就是看它的增长率,低速增长的企业往往被视为成熟型企业,但这种方法有两个问题。首先,考虑到增长是一个连续性过程,因此我们选择任何一个增长率作为临界点,都是出于我们的主观判断。假如我们区分成长型企业和成熟型企业的临界点是 6%,而不是 4%,那么就会有更多的企业成为成熟型企业。其次,并非所有经营指标都是以相同速度增长的。因此,我们必须确定,我们用来分类的增长率到底是收入增长率、销售量增长率还是收益增长率。可以想象,一家拥有低收入增长率的公司至少在短期内可以实现利润的高速增长。

一种认识增长的更好方法,就是使用我们在第 10 章编制的资产负债表结构(见图 11-1)。这种结果强调的并不是收入或收益增长等经营指标,而是探究企业价值中来自现有投资和增长型资产的比例。如果说成长型企业的价值主要来源于增长型资产的增加,那么成熟型企业的绝大部分价值就应该来自现有投资。

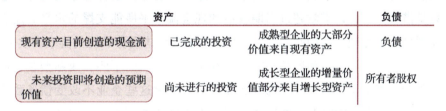

图 11-1 成熟型企业的财务资产负债表

我们可以将所有企业作为样本,以成熟型资产创造的价值在企业价值中的比例为标准,并以该比例的分布区间来确定界定成熟型企业的临界值。因此,我们可以按成熟型资产所创造价值的比例排位,将排在全部公司中前 20 位的公司定义为成熟型企业。定义成熟型企业的这个临界值因不同的市场而异。在印度和中国等成长型经济体中,这个比例显然会低于美国及西欧,而且这个临界值还会随着时间的推移而变化。在经济增长放缓时,比如 2008 年和 2009 年这段时间,这个临界值就应该低于经济繁荣时期。

成熟型企业的特征

尽管不同行业的成熟型企业之间存在明显差异,但它们也有一些共同的特征。本节将探讨它们的共同点,并着眼于这些共性对估值的影响:

- **收入增长逼近经济增长率**：前一部分指出，很多公司在收入增长率和收益之间相去甚远。对成熟型企业来说，效率的改进可以带来收益增长率的提高，但收入增长仍难以改变。在大多数情况下，成熟型企业的收入增长率最终会等于或者至少趋近于总体经济的名义增长率。
- **利润率已定型**：成长型企业的另一个特点是利润率趋于稳定。但也有例外，比如大宗商品和周期性企业，它们的利润率会因整体经济而变化，甚至成熟型企业的利润率也不稳定。我们将在本书随后部分中讨论这类企业，不过，即使这些公司在整个经济周期或大宗商品价格周期中的利润率也是相对稳定的。
- **是否有竞争优势**：成熟型企业展示出的最明显的特征就是它们所拥有的竞争优势，这种优势体现为它们在投资上创造的超额收益。虽然某些成熟型企业的超额收益已趋近于零甚至变成负数，但确实有很多成熟型企业依旧保持着显著的竞争优势（和超额收益）。由于价值是由超额收益决定的，因此和超额收益趋于零的公司相比，拥有正超额收益的公司同时拥有更高的企业价值，即使其增长率已近强弩之末也是如此。
- **负债能力**：随着公司趋于成熟，其营业利润率和净利润率会相应提高，而再投资需求则会下降，使得企业有更多的现金用于偿还债务。在这种情况下，尽管各个企业对负债能力激增的反应可能截然不同，但所有成熟型企业的债务比率都应有所提高。有些企业会选择让全部或大部分负债能力闲置下来，继续沿用此前作为成长型企业制定的融资政策。还有些企业则会做出过度反应，它们不只是借钱，而且让借款超过当期收益和现金流水平所能支撑的水平。还有些企业则采取更为理性的中间立场，在借款时充分考虑财务状况的健康和改善。
- **现金的积累和返还**：随着盈利的改善和再投资需求的下降，成熟型企业通过运营创造的资金量会超过企业的现金需求量。如果这些企业不改变债务政策或股利政策，现金余额将开始在这些公司内部不断积累起来。公司持有过度的现金余额，以及应如何将过度持有的现金余额返还给股东，几乎已成为所有成熟型企业的标配问题。
- **外延式增长**：对于大多数企业（及其管理者）而言，从成长型企业向成熟型企业的转变并非易事。随着企业的规模越来越大，来自企业内部的投资机会已无法支撑现有的增长动力，于是，很多企业自然会寻找捷径，以期继续保持原有的高增长率。一种方案就是通过收购寻求增长，尽管这可能需要付出高昂的代价。收购其他企业可以为企业带来提高收入和收益的新动力。

最后一点需要指出的是，并非所有成熟型企业都是大企业。很多小企业在很短时间内就发展到增长极限，变身为小规模的成熟型企业。有些成长型企业在达到稳定增长阶段之前经历了长期的增长时期。这些企业往往成为我们界定成熟型企业的大企业，比如说，可口可乐、雀巢和威瑞森电信公司（Verizon）就是其中的典范。

估值问题

和初创企业与成长型企业一样，成熟型企业的特征也会给估值过程带来挑战。在本部分中，我们首先关注成熟型企业在折现现金流估值法和内在估值法中遇到的估值问题。而后，我们会看到，这些问题同样存在于相对估值法。

内在估值法（DCF）

如果说公司的内在价值是投资带来的预期现金流按风险调整折现率折现得到的现值，那么成熟型企业似乎应是最容易估值的企业类型。尽管事实通常确实如此，但是在这些企业长期而貌似稳定的历史外表之下，依旧有可能隐藏着问题。

现有资产

我们将成熟型企业归结为利用现有资产获得大部分价值的企业。因此，能否正确衡量这些资产的价值，对成熟型企业而言自然远比前两章讨论的成长型企业更重要。考虑到对现有资产估值的关键变量就是估计其创造的现金流，因此，在对成熟型企业估值时，我们会面对两个问题。

- **可控制的收益**：成熟型企业尤其擅长利用会计准则赋予的自主权，对其收益数据进行管理。尽管这种管理未必等于会计舞弊或财务欺诈，但它确实有可能意味着，当公司主动利用会计准则所赋予的选择权时，实际披露的现有资产收益会远高于采用保守型财务政策的类似公司。因此，如果不考虑这种"会计"思维方式的差异，当公司采取激进的会计政策时，其现有价值就有可能被高估，而采取保守会计政策的公司则会被低估。
- **管理低效**：成熟型企业拥有长期、稳定的经营历史。这一事实会诱使我们相信，以往数据（营业利润率和资本收益率）是对现有资产未来收益能力的合理估计，但过去的收益只能反映公司在这段特定时期内的管理方式。考虑到管理者可能没有做出正确的投融资决策，因此，披露收益有可能低于现有资产在更优或最优管理下可能达到的水平。如果确有可能出现这种管理变革，那么利用报告收入就会导致低估现有资产的价值。

总而言之，只因为有长期可参照的经营历史，就认为成熟型企业的现有资产更易于估值，这样的说法仅适用于管理良好的公司，或是管理层地位非常稳固以至于现有管理层被替换概率很小的公司。

增长型资产

公司可以通过两种方式创造增长型资产。一种方式是投资可创造超额收益的新资产和新项目，这种方式即通常所说的有机增长，相当于内涵式增长；另一种方式则是收购现有企业，从而缩短实现增长的过程，这种方式被称为无机增长或收购驱动性增长，相当于外延式增长。尽管生命周期的任何阶段都可以启用这两种方案，但成熟型企业更有可能采取"收购得到的增长"，这主要源于三个方面的原因。第一个原因是，随着公司的成熟，相对于可投资的对象，对内投资机会逐渐稀少。第二个原因是，随着公司规模的扩大，新投资也必须达到一定规模才能对整体增长产生影响。寻找数十亿美元的内部投资项目当然不易，但是要找到这种规模的收购项目，显然不是困难的事情，而且收购几乎可以对整体增长带来立竿见影的效果。第三个原因是针对投资和回收期之间需要经历很长时间的企业。在这些企业中，由于投资的滞后效应，使得新资产的初始投资要经过很长时间之后才能带来增长。而通过收购，我们实际上就是在缩短收益实现的时间。

那么，内在估值法的结果是什么呢？作为一般性规律，收购驱动型增长的估值要比有机增长困难得多。通过有机增长，公司需要在各个时期进行持续性的小额投资，而收购往往是偶然性的一次性投资。在一年内完成一笔价值数十亿美元的收购之后，企业可能在随后两年里悄无声息，而后再次进行一次大手笔收购。如果将增长与基本面因素联系起来，我们可以感受这种大手笔投资的后果：

$$\text{预期增长率} = \text{再投资率} \times \text{资本收益率}$$

虽然有机增长和收购驱动型增长均依赖于再投资率和资本收益率，但是要估计收购公司的这些数字显然困难得多。如果完全采取惯例，以最新一期的财务报表再投资数据为准，那么我们既有可能夸大再投资率（比如说，公司在此期间进行了大量收购），也有可能低估这个数字（这段时间恰恰是两次收购之间的间歇期）。此外，计算通过收购投资的资本收益率也非常困难，部分原因在于对支付收购价格的会计处理方式和商誉价值的分配方式，还有部分原因则是我们进行判断的依据很有限。

折现率

在估算折现率时，我们的分析对象是拥有更多数据可供使用的成熟型企业，因此，估值的基础更为坚实。大多数成熟型企业早已公开上市交易，这让我们可以获得更多的历史价格数据。此外，这些企业的风险状况基本确定，这显然有助于数据的稳定。因此，与前两章讨论的成长型企业相比，利用这些公司的历史数据估算的股权风险参数更有说服力。此外，很多成熟型企业都会通过发行公司债券来进行债务融资，至少在美国是这样的，这就带来两个方面的好处。首先，我们可以获得这些债券的最新市场价格和收益率，它们也是计算债务成本的主要变量。其次是与债券相应的债券评级，信用评级不仅是反映违约风险水平的基本指标，也是估算违约利差和债务成本的前提。

但还是有三个估计问题会影响到折现率的估计。首先，成熟型企业的融资渠道是多样性的，从而形成一个多种债务构成的组合——债务的利率既有固定的又有浮动的，既有优先级债务又有次级债务，还可以使用不同的币值和不同的到期日。由于这些债务往往有不同的利率（甚至是不同的信用评级），因此在计算负债率和债务成本时，分析师面对着如何处理这种复杂性的严峻挑战。其次，折现率（债务成本、股权成本和资本成本）会受到企业债务和股权结构的影响。依据当前市场价格数据和信用评级得到的估计数，反映的是公司在目前的融资组合。一旦组合结构发生变化，就必须重新估算折现率。最后一个因素仅针对依靠收购追求增长的企业。收购从事不同业务或具有不同风险状况的公司，都有可能会改变折现率。

终值

和所有内在估值法一样，终值同样是成熟型企业整体价值的主要构成部分。由于成熟型企业的增长率通常会接近于整体经济的增长率，因此与成长型企业相比，成熟型企业终值的计算似乎更直接，也更简单。虽然这确有可能，但如下两个因素依旧会造成计算过程的失真：

- **稳定的增长率与不稳定的风险及投资状况**：很多成熟型企业的增长率非常低，以至于完全维持稳定的增长（因其低于经济增长率和无风险利率），但估值的其他变量未必能反映这种成熟度。因此，如果一家公司拥有2%的收入增长率和收益增长率，那么，假如以增长率为标准，就可以认为这家公司已进入稳定期；但如果公司的贝塔系数为2.00，且税后营业利润的90%用于再投资，就不能将其视为稳定型企业。要成为一个可以终值计算法评估的稳定增长型企业，首先要求它能实现可持续增长。此外，它还应具有稳定型企业的风险状况（风险水平接近市场的平均水平），并表现出稳定型企业的行为特征（主要体现在再投资方面）。
- **低效状态永久化**：现有资产带来的现金流以及我们利用历史数据得到的折现率，会反映出企业的决策选择。在公司管理未达到最优化的前提下，如更换不同的管理团队，其现金流就有可能得到改善，折现率可能会有所下降。在估计终值时，如果我们锁定当前值（利润率、投资收益率和折现率），而且公司经营不善，那么我们实际上就是在假设，当前状态将永久持续下去，从而低估公司的价值。

因此，公司处于稳定增长阶段且可使用终值公式估值的假设并不是可以轻易做出的，即便成熟型企业也不例外。

相对估值法

成熟型企业的收入和收益账面价值通常已非常可观,因此在使用相对估值法时,我们当然不会因为数据不足而发愁。我们可以估算收入倍数、收益倍数或是账面值倍数,并对被估值企业与其他公司的定价进行比较:

- **价值类型是否太多了**:对成熟型企业而言,找到适当的可比公司远比前两章讨论的成长型企业要容易得多。但我们采用的每个倍数都会带来不同的估值结果,这一事实也会给我们带来问题。换句话说,相对估值法是一个主观性过程。我们使用的既可以是公司估值倍数,也可以是股权估值倍数;这个倍数既可以是收入倍数的函数,也可以依赖收益倍数或者账面价值倍数;我们可以选择的可比公司也是不同的,对此,我们的不同选择会导致我们对同一家公司给出完全不同的价值。因此,对于成熟型企业,我们面对的问题并不是我们无法估计其相对价值,而是在于有太多价值可供我们选择。

- **管理层的调整**:我们计算的收入倍数、收益倍数和账面价值倍数反映的是当前由目前管理层运营的成熟型企业。如果公司的管理层发生变化,就有可能改变这些数字,此时,我们会面对现金流折现估值法一样的问题。那么,在相对估值法中,我们怎样更好地反映管理层变革的可能性以及随之而来的价值增长呢?但这个问题远不止于此,因为不同管理层如何影响到运营数字这个问题,同样也会影响到其他所有潜在的可比企业。

- **收购噪声**:收购驱动型增长不仅是导致内在估值失真的重要根源,也会造成相对估值法的失真。收购的会计处理结果(创造了商誉这种资产以及商誉的后续处理)会影响到企业的收益和账面价值,导致依据这些数字得到的倍数失真。

- **财务杠杆的变化**:另一个可能对相对估值造成影响的因素,就是财务杠杆的改变。凭借债转股和资本重组等方式,成熟型企业的债务比率可以在一夜之间面目全非,而有些倍数也会受到这些企业行为的显著影响。一般而言,与基于债务和股权合计价值为基础的企业价值或企业倍数相比,市盈率和市净率等股票倍数受财务杠杆变化的影响更大。比如说,使用借入资金的回购股票,会减少流通股的数量,从而大幅降低了市值,但它对企业价值的影响并不大(因为我们只是以债务取代股权)。出于同样的原因,在企业改变负债率时,股权收益(每股收益或净收益)将会改变,但营业利润不会变化。

估值难点

尽管成熟型企业的估值难点往往少于成长型企业或处于衰退期的企业,但这只是相对而言，难点依旧会层出不穷。在这个部分中，我们将探讨成熟型企业的估值因缺乏一致性或假设不合理而出现失真的若干情形。

成长型企业的成长

如果我们界定成熟型企业的标准就是企业是否从现有资产获得大部分价值，那么增长假设似乎不会明显改变这些公司的价值，但是和增长相关的三种常见错误还是会影响到估值：

- **将利润增长与收入增长混为一谈**：我们曾提到，很多成熟型企业的收入增长和收益增长可能会表现出不同的趋势，至少在短期内，有可能是非同步的。因此，若能提高现有资产的运营效率，企业的利润增长率就有可能高于收入增长率。如果分析师只关注前者，而忽视后者，那么他们就有可能使用利润增长率来估计收入，从而高估成熟型企业的价值。
- **将不可持续的增长率与稳定的增长率混为一谈**：假设增长率可永久持续的优势在于，它允许我们不考虑时下永续增长点以后的现金流，只计算终值即可得到企业价值。我们在第 2 章中曾指出，稳定增长模型存在两个约束条件。第一个约束是，增长率不能超过经济的名义增长率，在这种条件下，就可以将名义无风险利率来替代这个稳定增长率。第二个约束是，公司的风险状况和投资收益也应该与这个稳定增长率保持一致，即风险最终收敛于所有企业的平均风险水平，而超额收益即使不等于零，也应该逐渐趋于零。但是在对成熟型企业估值时，分析师往往会忽略其中的一个甚至是两个约束条件，将稳定增长模型用于增长率高于无风险利率的公司，或是在该增长率条件下采取了与成长型企业不匹配的风险收益假设。对于前一种做法，他们的辩词往往是增长率已经足够接近经济增长率，故而可以简化处理：成熟型企业的增长率仅为 4%，而经济的增长率已经达到 3%。但他们没有考虑到的是，即便只是略微突破稳定增长率的上限（即不能超过无风险利率），也会对价值产生巨大影响。

◎ 案例 11-1 稳定的增长和不稳定的投入——2009 年年初的荷美尔食品公司

荷美尔食品公司（Hormel Foods）主营包装肉类和其他食品的生产销售，作为一家上市公司，它已拥有了有近 80 年的历史。2008 年，公司披露的税后营业利润为 3.15 亿美元，由此得到的 5 年期复合增长率约为 5%。此外，该公司的当期资本支出为 1.26 亿美元，与当年的折旧额基本匹配；在过去的 5 年中，营运资金平均每年增加约 4400 万美元。公司的贝塔系数为 0.83，负债比例为 10.39%。在估值时点，市场的无风险利率为 2.35%，边际税率估计为 40%，我们使用的股权风险溢价为 6%；公司债务的违约差价为 1.25%。因此，荷美尔食品公司的资本成本计算如下：

股权成本 = 无风险利率 + 贝塔系数 × 股权风险溢价
$$= 2.35\% + 0.83\% \times 6 = 7.33\%$$

债务成本 = 无风险利率 + 违约利差（按信用评级选取）
$$= 2.35\% + 1.25\% = 3.60\%$$

资本成本 = $7.33\% \times 0.8961 + 3.60\% \times (1 - 0.40) \times 0.1039 = 6.79\%$

假设分析师最终将荷美尔食品公司确定为稳定成长型企业。他会主张，公司当时的增长率已非常低，足以达到稳定增长率的水平，并且其业绩表现也近似于稳定成长型企业，资本支出与折旧相互抵销。⊖ 于是，分析师根据公司自由现金流的估计值 2.71 亿美元（=3.15 亿美元 - 0.44 亿美元），对公司做如下估值：

$$\text{荷美尔食品公司的经营性资产价值} = \frac{\text{公司自由现金流}_{\text{去年}} \times (1+g)}{\text{资本成本} - g}$$

$$= \frac{2.71 \times (1 + 0.05)}{0.0679 - 0.05} = 158.97 \text{（亿美元）}$$

加上当期的现金余额（1.55 亿美元），再减去负债（4.5 亿美元），即可得到公司的股权价值：

股权价值 = 经营性资产的价值 + 现金 - 债务
$$= 158.97 + 1.55 - 4.5 = 156.02 \text{（亿美元）}$$

将上述数值除以流通股票的数量（13 453 万股），即可得出每股 115.97 美元的价值，这个结果远高于分析时点的 32 美元每股价格。

但是在急于锁定这个投资机会之前，我们还应该注意到，内部的不一致性使得上述估值存在致命性缺陷。首先，尽管将 5% 作为 1983 年或 1995 年的稳定增长率或许无可置疑，但把这个增长率用在 2009 年 1 月就不合适了。事实上，按照 2.35% 的无风险收益率，表明未来的通货膨胀率及真实的经济增长率预期明显更低。因此，稳定增长率不应高于 2.35%。第二个不一致之处在于，虽然资本成本可能符合稳定增长型企业的情况——确实，0.83 的贝塔系数处于 0.80~1.20 的稳定区间，但分析师对永续现金流设定的再投资率则与他们采用的增长率不相符：

$$\text{再投资率} = \frac{\text{资本支出} - \text{折旧} + \text{营运资金的变动}}{\text{税后营业利润}}$$

$$= \frac{126 - 126 + 44}{305} = 14.49\%$$

⊖ 对此，分析师给出的理由是，1981~2008 年，美国经济的平均名义增长率约为 5%，因此，这个增长率就应该是企业的稳定增长率。

如假设增长率为5%，这就意味着，荷美尔食品公司的新投资将取得34.5%的资本收益率，这远高于目前14%左右的资本收益率：

$$\text{隐含资本收益率} = \frac{g}{\text{再投资率}} = \frac{0.05\%}{0.1449\%} = 34.5\%$$

总而言之，如果使用过高的增长率（针对稳定增长期），而且与该增长率对应的资本收益率同样过高，就会导致估值出现偏差。

并购带来的不一致性

我们曾提到，如果企业的增长来自收购其他企业而不是内部投资，那么就会对我们进行估值所依赖的数值带来影响。增长率、风险指标和会计收益的计算都有可能因收购而出现偏差。

在对收购型企业进行估值时，分析师最常犯的错误是不能看穿历史会计数字背后的真相。在对一家公司估值时，分析师通常使用收入和收益的历史增长率作为预测未来的基础，而且会使用现金流表中披露的资本支出数值，但这个过程隐含着内在的不匹配。运营数字的增长率反映了公司在这段特定时间内进行的收购行为，而会计上对资本支出的定义并不包括并购。因此，从根本上说，不加区分地使用这些数字，会导致未来的收购表现出较高的预期增长率，却没有考虑到并购的成本。

在估算再投资率和资本收益率等输入变量时，第二种错误就是过度依赖近期的财务报表。正如前面指出的那样，并购往往是一次性的非经常性行为，因此最近一期的财务数据可能会因为并购行为而出现偏差。这种错误会导致收购受到伤害，造成某些并购公司对收购标的过高估值，而有些收购公司则对收购标的估值过低。

◎ 案例11-2　并购带来的不一致性——2009年年初对思科公司的估值

20世纪90年代是一个属于思科公司的时代。思科公司绝对是一家驾驭网络和互联网大潮的企业，正是借助这股力量，思科公司的市值从1991年的40亿美元一跃增加到1999年的超过4000亿美元。在这段时期，思科公司采取的增长战略给其带来了丰厚的回报。公司并不是在内部独立开发新技术，而是收购了一批有发展前景的小规模高科技公司，并对它们进行纯商业性质的发展。虽然这种战略的回报能力已有所衰减，但思科公司仍将收购化为企业增长的主要力量。表11-1总结了思科公司在2005~2008年的各年度收入及收益情况，同时披露了公司每年的折旧、资本支出和收购金额。

表 11-1　思科公司的收入、收益和再投资情况

（金额单位：百万美元）

年份	2005	2006	2007	2008	合计	增长率
收入	24 801	28 484	34 922	29 540	117 747	6.00%
营业利润	7 416	6 996	8 621	9 442	32 475	8.38%
税后营业利润	5 298	5 114	6 682	7 414	24 508	11.85%
净利润	5 741	5 580	7 333	8 052	26 706	11.94%
资本支出	692	772	1 251	1 268	3 983	
折旧	1 020	1 293	1 413	1 744	5 470	
营运资金的变动	−34	−81	−36	−57	−208	
再投资	−362	−602	−198	−533	−1695	
收购	911	5 399	3 684	398	10 392	
修改再投资	549	4 797	3 486	−135	8 697	

在上述表格的最后一列中，我们看到的是思科公司在这段时期内的总收入及总收益增长率。这些数字表明，公司在此期间实现了健康的增长——年均收入增长率达到6%，营业利润率和净利润率几乎达到12%。但根据内部投资（净资本支出与营运资金的变化）得到的再投资数据似乎与成长型企业不相符，因为整个时期的再投资总额为负值（约−16.95亿美元）。但只有考虑到这期间103.92亿美元的收购支出，我们才能看到问题的全貌。因此，将这笔成本计入再投资中，将导致再投资的总成本增加到87亿美元。

为说明增长率和再投资率不匹配带来的危险性，我们需要考虑根据历史数据对估算经营指标未来增长率的后果，以及在计算再投资金额时仅使用传统资本支出的影响。表11-2归纳了按这些假设得到的未来5年预计现金流。

表 11-2　现金流和再投资不匹配带来的影响

（金额单位：百万美元）

	基准年度	增长率	第1年	第2年	第3年	第4年	第5年
收入	29 540	6.00%	31 313	33 192	35 185	37 296	39 535
税后营业利润	7 414	6.00%	7 859	8 330	8 830	9 360	9 922
折旧	1 744	6.00%	1 849	1 960	2 077	2 202	2 334
资本支出	1 268	6.00%	1 344	1 425	1 510	1 601	1 697
营运资金的变化	−57	6.00%	−60	−64	−68	−72	−76
公司自由现金流	7 947	6.00%	8 424	8 929	9 465	10 033	10 635

为谨慎起见，我们使用历史上的收入增长率作为预测全部数字增长率的基础。请注意，公司的自由现金流之所以超过了每年的税后营业利润，是因为我们假设再投资始终保持负值，而且负数的绝对值越来越大。即使在终值计算中对增长率和再投资率做出合理假设，我们也会高估思科公司的价值，因为按照这样的假设，我们实际上只考虑到收购驱动型增长带来的收益，却忽略了收购的成本。

不现实的重组

成熟型企业可能存在管理不善的问题，或者未实现管理的最优状态。对这些公司估值时，分析师往往会试图在他们估计的价值中体现管理层变更的影响，但他们采取的价值调整通常是不合理的。

在处理管理层变更的可能时，最具破坏性的方式就是为公司估值结果增加一个主观性的溢价。这个增加项通常被称为控制权溢价，通常相当于公司价值的20%～25%。在进行这种调整时，分析师的依据通常是收购公司为被收购企业支付的实际价格超过市场价格的溢价。如果收购公司支付的价格比当前市场价格平均高出20%，那么他们就认为，这个溢价必定能反映他们可为目标公司调增的价值。但这种观点的问题在于，收购支付的溢价不仅反映了对控制权的预期，还要受到其他两个变量的影响——合并预期产生的协同效应的预期价值以及收购方超额支付的价格。

在某些情况下，分析师也会认识到新管理团队对公司运营特征的影响。但他们对经营利润率和资本收益率所做的调整，却不能反映现实情况。事实上，这些数字的唯一共同点就是比眼前的数字更漂亮。比如说，他们会将公司的营业利润率从目前的10%上调到14%，却不考虑如此高的营业利润率在公司所在的行业是否可行，甚至是否有可能。

最后一个问题是，被估值公司是否已被明确定位为收购目标以及分析师本人熟悉收购方。如果收购方在投资方面的精明已尽人皆知，比如KKR、黑石集团或是卡尔·伊坎这些无往而不胜的投资者，那么分析师就会将他们的估值置于以往交易的光环下。换句话说，如果一个精明的投资者认为一家公司应该比现有价值高出2亿美元，那它一定就值这么多钱，因为精明的投资者应该知道自己在做什么。于是，一家公司的价值就应该是聪明的投资者愿意为这家公司支付的价格。

债务和价值

除企业管理处于次优状态以外，成熟型企业在融资方面也有可能处于次优状态。它们为购置资金的债务融资可能太多或是太少，或者债务和资产互不匹配（例如，使用短期负债为长期资产融资）。

在试图应对融资组合发生变化的可能性时，分析师经常会不自觉地陷入一个误区——固定股权成本和债务成本，改变债务和股权组合的结构。由于股权成本通常要高于债务成本，因此这种假设带来的结果是可预见的，即我们在提高负债比率的同时，资本成本将趋于下降（进而导致公司价值增加）。

很多分析师会采取另一种方法——只计算债务的税收优惠，并将这个数字和不包括债务的公司价值加到一起。这是调整现值法（APV）的另一种版本，它只考虑债务带来的税收收益，却没有考虑债务的成本。当然，按照这样的方法，公司的价值必然会随着公司负债的增加而提高。

有的分析师甚至会采用一种怪异的方法，即在对企业估值时，随着债务比例的提高，他们会调整债务成本和股权成本或引入增加债务带来的预期破产成本（调整现值法），从而将借款成本纳入分析中，但在这个过程中，分析师往往习惯于采用目标负债比率，而不是实际的负债率。公司现有管理层对财务杠杆的选择，以及他们如何看待合理负债率的结构，可能不同于估值采用的目标负债率。在这种情况下，以目标负债率对公司进行估值，得出错误结果的概率非常大。

◎ **案例 11-3　债务与价值——只有上限而没有下限的负债**

在案例 11-1 中，我们假设荷美尔食品公司的当期股权成本为 7.33%，债务的税后成本为 2.16%，负债股权比率为 10.39%，在此基础上，我们为荷美尔食品公司估算的当期资本成本 6.79%。考虑到这个负债率远低于行业的平均负债率 25%，因此分析师决定将行业平均负债率作为目标负债率，并重新计算公司的资本成本。但是在进行计算过程中，他们决定将股权成本和债务成本保持为当前水平：

$$资本成本 = 7.33\% \times 0.75 + 2.16\% \times 0.25 = 6.04\%$$

即使我们接受荷美尔食品公司的实际负债率将逐渐趋近于目标负债率这个假设（但它没有义务保证一定要达到这个结果），这个资本成本依旧低于真实成本。如果荷美尔食品公司提高其负债率，股权风险就会增加（造成提高了股权成本），而且债务的违约风险也会增加（从而推高债务成本）。我们将在本章随后部分中探讨这个过程的原理。

相对估值法

在使用倍数法和可比法对成熟型企业进行估值时，导致内在价值发生偏差的不一致性往往会以微妙的方式展现出来。除了其他各种相对估值法存在的共性问题——找到合适的可比公司以及对增长率和风险差异的调整均非易事，运营效率发生变化以及财务杠杆存在差异的可能性，同样会导致相对估值出现扭曲。

我们首先考虑的问题是，如何以最合理的方式反映管理层变化的可能性。在使用相对估值法对成熟型企业进行估值时，如果分析师认为被估值公司管理不佳，那么他们往往会依据可比公司的数据计算市场倍数，然后在这个基础上增加控制权溢价（与我们在内在价值部分提到的 20% 作为溢价比例）。这种方法的问题不仅在于溢价本身的随意性，还体现在溢价比例所对应的基准价值。如果公司的市场价格已经体现出管理层变动的可能性，那么在可比公司交易的市场倍数中至少已包含了一部分控制权溢价。因此，在相对估值中增加控制权溢价，实际上是对该溢价的重复计算。为了说明这一点，不妨假设我们需要对一家 EBITDA 为 1 亿美元的水泥公司进行估值，为此，我们选择公开上市的其他水泥公司（所有可比公司的基本面与被估值公司相似），这些公司的交易价格为 EBITDA 的 6 倍。也就是说，按相对估值法，这家水泥公司的企业价值为 6 亿美元：

$$\text{企业价值}_{\text{被估值公司}} = EBITDA_{\text{被估值公司}} \times EV/EBITDA_{\text{可比公司}}$$

现在，我们再假设，你认为所有可比公司均管理不善，并且更换管理团队可能会增加收入。从表面上看，在 6 亿美元估值基础上增加一笔溢价，似乎能合理地体现出企业管理出现优化的可能性。但事实告诉我们，这种做法是错误的。如果市场接受我们对公司管理不善的评价，而且认为通过调整管理层导致企业运营改善的可能性很大（比如 50%），那么，市场价格就应该反映出这种预期。因此，EV/EBITDA 倍数已经反映了一半的控制权溢价。由此可见，在企业经营不善并存在改进的潜力时，相对估值法并不简单。在调整市场价格（和市场倍数）时，不仅需要我们对被估值公司做出判断，还要对可比公司以及市场价格的内涵进行判断。

对于成熟型企业，负债率出现大幅变化的可能性也会影响到这些公司的相对估值结果。在使用股票倍数对成熟型企业估值时，分析师很可能会发现，在通过举债为回购股票融资时，他们使用的数据有可能因资本结构的变化而被颠覆，或是因可比公司在债务使用方面的巨大差异而出现偏差。在后一种情况下，如果公司在经济景气时采用较高的负债率，考虑到杠杆率的提高会增加每股收益，因此按市盈率得到的估值似乎会更低。当公司业绩不佳时，高负债率就会给这些公司造成伤害，其收益的下降幅度会大于行业中的其他企业。

估值方案

面对估值中的估计问题以及成熟型企业估值的难点，要做出合理估值，我们需要正确处理成熟型企业的两个方面：一方面是如何以最合理的方式判断成熟型企业的增长价值，尤其是在增长来源于并购的情况下；另一方面是如何评价改变成熟型企业运营方式对价值的影响。正如前面提到的那样，当企业长期由现有管理层保持的时候，它在运营和财务方面出现低效行为的可能性更大。

增长与并购

有些公司主要以并购来实现增长，对这些企业的估值自然要面对重重挑战，但我们还是可以遵循一些简单的规则，尽可能减少并购给估值带来的影响。

（1）对公司以往进行的收购到底是偶然之举还是长期战略的一部分做出判断。这个判断显然是主观性的，因为它依据的完全是并购动机以及管理层对并购的看法。如果我们得出的结论是：过去的收购完全是未来不会重复的特殊事件，那么在考虑再投资率和增长率的时候，我们都可以在估值中对并购视而不见。这实际上等于说，我们对公司未来预测的增长率应低于过去的增长率（因为以往的增长率因并购而被放大），而再投资率只需考虑内部投资。

（2）如果并购是公司长期战略的一部分内容，那么我们就需要收集被估值企业的长期（3~10年）并购成本（包括以支付股票为对价的并购）数据。⊖ 如果并购交易的频率不高，那我们就需要适当延长收集数据的时间跨度。

（3）估计公司在此期间的再投资率，将并购成本视为资本支出的一部分：

$$\text{调整后的再投资率} = \frac{\text{资本支出} + \text{收购成本} - \text{折旧}}{\text{税后营业利润}}$$

在长期内考察这个比率，可以让我们对收购的一次性和大额性进行调整。

（4）将税后营业利润除以已投资资本的账面价值（股权与净负债的合计），即可得到第2章讨论的传统资本收益率指标。但如果并购带来了商誉，那么商誉本身及其调整就会导致这个资本收益率指标出现偏差。如果我们认为，商誉反映的是目标公司增长型资产的溢价，那么这个调整过程很简单：

$$\text{资本收益率} = \frac{\text{税后营业利润}}{\text{负债的账面价值} + \text{股权的账面价值} - \text{现金} - \text{商誉}}$$

考虑到营业利润来源于现有资产而不是增长型资产，因此我们需要从已投资资本中扣除商誉，以保持估值变量的一致性。然而，这对一贯喜欢出高价的收购企业来说可能过于慷慨，毕竟商誉不仅包括为增长型资产支付的溢价，还包括控制权溢价和协同效应溢价以及为收购支付的任何超额部分。在信息完整的情况下，我们只需扣除因增长型资产形成的那部分商誉，而留下因协同效应、控制权溢价和超额支付的部分。前两项应属于已投资资本的一部分，是因为真实的协同效应溢价和控制权溢价应该能带来更高的收益。而最后一部分之所以也构成已投资资本的一部分，是因为始终支付超额价格的企业只会继续面对低下的投资收益率，让企业价值被收购所吞噬。⊖

◎ **案例11-4　对作为收购方的成熟型企业进行估值——重提2009年年初的思科公司**

虽然思科公司辉煌的成长时代已成为历史，但这家公司仍在继续收购，而且披露的增长率太高了，以至于不可能长久地维持下去。之前，我们曾探讨了增长率和收购不匹配给估值的影响。在这里，我们看看如何将收购型增长及收购成本纳入估值中。

⊖ 对于以股票支付为对价的收购，我们需要收集为收购而发行的新股票数量以及新发行股票在收购时点的价格信息。

⊖ 虽然没有企业愿意对商誉进行这样的分解，但我们还是可以根据目标公司在收购时点的特征或者分析收购方的历史状况进行独立的估计。如果收购公司有过大型收购的经验，而且收购后的经历并不愉快或是出现商誉减值，那么我们就似乎有理由得出这样的结论，应把大部分商誉计入已投资资本。

对思科公司而言，收购显然是推动增长的一个组成部分。因此，对思科公司的估值，尽管对增长率和再投资率不考虑并购依旧可以满足一致性要求，但这种做法显然不能反映现实。为评价估值并购可能对现金流产生多大影响，我们将并购视为资本支出，并通过表11-3看看公司在过去4年里的再投资总额。

表11-3 思科公司在2005~2008年的再投资率

（金额单位：百万美元）

年份	2005	2006	2007	2008	总计
税后营业利润	5 298	5 114	6 682	7 414	24 508
资本支出	692	772	1 251	1 268	3 983
折旧	1 020	1 293	1 413	1 744	5 470
营运资金的变动	-34	-81	-36	-57	-208
常规性再投资金额	-362	-602	-198	-533	-1 695
再投资率	**-6.83%**	**-11.77%**	**-2.96%**	**-7.19%**	**-6.92%**
收购金额	911	5 399	3 684	398	10 392
调整后的再投资金额	549	4 797	3 486	-135	8 697
调整后的再投资率	**10.36%**	**93.80%**	**52.17%**	**-1.82%**	**35.49%**

思科公司在4年期间的平均再投资率为35.49%，其中收购金额计入资本支出。在某些年份（2006年和2007年），思科公司的收购行为几近疯狂，但在其他年份（2005年和2008年），思科公司从并购市场销声匿迹。㊀

考虑到增长难题的另一个方面就是投资实现的资本收益率，因此我们使用两个不同的已投资资本指标来估计思科公司的资本收益率。首先，我们将全部商誉计入已投资资本中，然后，我们再扣除商誉总额：

$$\text{资本收益率(ROC)}_{\text{不扣除商誉价值}}$$
$$= \frac{\text{税后营业利润}_{2008}}{\text{债务的账面价值}_{2007} + \text{股权账面价值}_{2007} - \text{现金}_{2007}}$$
$$= \frac{9565 \times (1 - 0.375)}{7773 + 31\,490 - 3728} = 16.61\%$$

$$\text{资本收益率(ROC)}_{\text{扣除商誉价值}}$$
$$= \frac{\text{税后营业利润}_{2008}}{\text{债务的账面价值}_{2007} + \text{股权账面价值}_{2007} - \text{现金}_{2007} - \text{商誉价值}}$$
$$= \frac{9565 \times (1 - 0.375)}{7773 + 31\,490 - 3728 - 12\,121} = 25.53\%$$

㊀ 由于思科公司每年都会进行一系列小规模的收购业务，因此和那些很少出手而一旦出手就是大手笔的公司相比，思科公司面对的挑战自然小得多。对于前者，收购持续的平均时间以及收购后的判断都要困难得多。

考虑到思科公司在收购方面的良好业绩，而且其收购目标均为收入和收益很少的初创型高科技企业，因此我们始终采用不包括商誉价值的已投资资本。

如果假设再投资率和上述得到的资本收益率是可持续的，那么由此得到的增长率为9.06%：

预期增长率 = 再投资率 × 资本收益率 = 35.49% × 25.53% = 9.06%

我们假设思科公司能在未来5年继续维持这一增长率，并保持当前的风险状况和资本成本不变；公司的贝塔系数为1.73，负债率为7.46%，资本成本为11.95%。⊖我们在表11-4中总结了公司在未来5年的预期现金流，并计算出每年的现值。

表11-4 思科公司在高增长阶段的预期现金流

（金额单位：百万美元）

	当前年份	第1年	第2年	第3年	第4年	第5年
EBIT × （1－税率）	5 978	6 520	7 111	7 755	8 458	9 225
减：再投资总额	－135	2 314	2 524	2 752	3 002	3 273
公司自由现金流	6 113	4 206	4 587	5 003	5 456	5 951
资本成本		11.95%	11.95%	11.95%	11.95%	11.95%
现值		3 757	3 660	3 566	3 474	3 384
再投资率	－1.82	35.49%	35.49%	35.49%	35.49%	35.48%

在第5年之后，公司的增长率将降至2.35%（按无风险利率上限设定）。此外，我们还将假设，思科公司的贝塔系数将降至1.20（按稳定增长阶段的上限设定），且负债率和债务成本保持不变。这将导致资本成本降至6.86%。同时，我们还假设思科公司保持10%的资本收益率，高于永久性的资本成本，因此，我们可以按如下方式估算再投资率和终值：

$$再投资率 = \frac{g_{稳定}}{ROC_{稳定}} = \frac{2.35\%}{10\%} = 23.5\%$$

$$终值 = \frac{税后运营收入_5 \times (1 + g_{稳定})(1 - 再投资率)}{g_{稳定} - 资本成本_{稳定}}$$

$$= \frac{9225 \times (1 + 0.0235) \times (1 - 0.235)}{0.0686 - 0.0235}$$

$$= 160\,102（百万美元）= 1601.02（亿美元）$$

将这个数值按11.95%的当前资本成本折现到今天，再加上前5年现金流的现值，由此得到的公司经营性资产价值为1089.01亿美元。⊖

⊖ 我们采用2.35%的无风险利率和6%的股权风险溢价来估算股权成本。假设债务成本为3.60%，对应于公司的综合信用评级为AAA，边际税率是37.5%。

⊖ 尽管计算终值采用的是稳定期的资本成本6.86%，但终止必须按高增长时期的资本成本进行折现。要得到这个终值，投资者需要在未来5年承担更高的风险。

为得到每股股票的价值，我们在上述价值基础上增加当前现金余额（51.91亿美元），扣除负债（77.58亿美元）和未执行管理层激励期权（16.21亿美元）的价值，再除以已发行股票总数（58.5559亿股份），即可得到17.88美元的每股价值：

$$每股价值 = \frac{1089.01 + 51.91 - 77.58 - 16.21}{58.5509} = 17.88（美元／股）$$

2009年1月，思科公司的交易价格为每股16.15美元，比我们的估值低10%左右。

管理层的变更

如果说成熟型企业估值的关键就在于评价运营方式调整带来的潜在价值变化，那么找到评估这种效应的更优方法就变得至关重要。在本部分中，我们讨论的起点是考察所有企业提升价值的潜力，为此，我们首先关注企业运营方式的变化，在此基础上，探究融资政策和融资策略是如何改变价值的。之后，我们进一步讨论实现价值变化的潜力以及将实现这种变化的可能性转化为控制的控制权价值。最后，我们将对预期控制权价值对如下两个方面的影响做出评估：成熟型企业的估值以及表决权股票溢价的估计。

经营性重组

当对公司进行估值时，我们预测收益和现金流的基础，就是对公司将如何运营而设置的假设。如果这些数字以现有财务报表为基础，那么，我们实际上就是在假定，这家公司将继续按照现有方式运行下去。在本节中，我们将采用贯穿于本书的内在价值模型，探讨经营性的变化如何体现在估值当中。在这种方法中，企业的价值是5个关键变量的函数。第一个变量是现有资产或已完成投资产生的现金流。第二个变量是所谓高增长及超额收益时期（公司在此期间凭借已投资创造的收益率超过资本成本的部分）的预期现金流增长率。第三个变量是在公司成为稳定成长型企业之前所经历的时间。第四个变量是折现率，它反映了投资的风险水平以及为投资提供资金的融资结构。第五个变量是公司持有的现金、交叉持股及其他可增加经营性资产价值的非经营性资产。图11-2概括了这5个元素可能会出现怎样的变化。

企业创造新增价值的方法包括提高现有业务创造的现金流、增加预期增长率和高成长时期的长度、降低融资的综合成本以及改善非经营性资产的管理效率等。在本节里，我们将介绍除融资成本之外的上述其他手段。

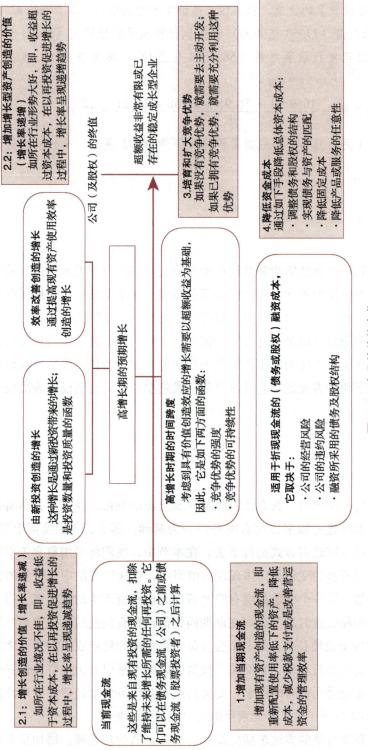

图11-2 企业的价值变化

增加现有资产创造的现金流

价值的第一源泉当然是公司的现有资产。这些资产反映了已经完成并为公司带来当期营业利润的投资。如果这些投资的收益率低于资本成本，或者收益率低于最优管理所能达到的水平，那么企业价值就存在提升的机会。通常，为增加现有资产现金流而采取的措施可划分为以下几类：

- **重新配置资产**：如果企业投资形成的资产效率低下，那么我们可以通过剥离这些业绩不佳的资产来提高公司的现金流和价值，⊖或者将资产从现有用途中转移到能创造更高价值的用途上。一个典型示例是，当一家零售企业同时拥有店面时，如果将用于零售的店面转换为商业房地产，企业价值就有可能得到提升。
- **改善运营效率**：当公司运营效率低下时，减少或消除这些效率低下的环节或行为就有可能增加经营现金流和企业价值。因此，如果一家电信公司人员臃肿，那么通过减少员工规模，就有可能给企业创造价值。而一家因工厂设备陈旧而亏损的钢铁公司，可以通过更换更高效的设备来提高价值。在近年的美国和西欧等发达国家，制造业公司通过向劳动力成本较低的新兴市场转移业务，节约了大量的成本。
- **减轻税负**：尽管每个企业都有纳税义务，但纳税负担不应超过股权税负。只要有机会合法降低税收负担，企业就应该抓住机会。跨国公司可以通过将更多业务（以及由此创造的收益）转移到税负较低的地区来减少实际上纳税。此外，风险管理在较低税负方面也可以发挥作用，比如说，将收入均匀分布在各个财务期间，因为个别期间的高收益会导致企业承受较高的税负。
- **降低资本维护和运营资金的投资**：在税后营业利润中，很大一部分往往被重新投资到企业中，用于维持现有的运营，而不是创造未来的增长。这类再投资包括对资本维护（用于维护和替代现有资产的资本支出）以及存货或应收账款的投资。在这种再投资中，大部分可能是企业正常运营不可或缺的，因为资产会出现老化，公司需要以营运资金来实现销售。但有些公司也存在创造节余的潜力，尤其是在营运资金方面。假设一家零售企业目前的存货相当于销售额的10%，而行业的平均库存销售额比仅为5%，那么，如果这家公司能将存货销售比降至行业标准水平，它们就可以节约大量的现金流。

来自预期增长的价值

只要能在高成长期实现快速增长，并实现超过资本成本的收益率，那么即使是现金流水平较低的企业，仍然可以具有很高的价值。如前所述，较高的增长既可以来自新增投资，也可以源自对现有资产的有效利用：

⊖ 从表面上看，剥离收益不佳或亏损企业似乎像是拿到了走向价值殿堂的门票。但真正的考验是，剥离价值是否能超过企业持续经营带来的价值。如果这样的话，剥离就是合理的。毕竟，当一家企业盈利不佳时，潜在买家不太可能为它支付溢价。

- 对于新增投资，更高的增长率只要来自更高的再投资率或新投资更高的资本收益率，或两者兼而有之。较高增长率并不总能自然而然地转化为更高的价值，因为增长效应可能会被其他估值变量的变化而抵消。因此，较高的再投资率通常会带来较高的预期增长率，但由于再投资会减少自由现金流，因此，再投资率的提高至少在短期内对应于较低的现金流。⊖ 如果新投资实现的资本收益率高于（或低于）资本成本，那么当再投资率提高时，企业价值将会增加（或减少）。同样，尽管较高的资本收益率会提高预期增长率，但如果新投资处于风险较高的业务，而且资本成本的增长速度超过资本收益率的增长速度，那么企业价值依然有可能下降。
- 对现有资产，这种效应更加清晰：资本收益率的提高会转化为增长率和价值的提高。如果企业能够在未来5年内将现有资产的资本收益率从2%提高到8%，那么这家企业就会迎来更健康的成长和更高的价值。

在这两种途径中，哪一种更有希望为企业创造新的价值呢？答案取决于被估值公司的具体情况。对资本收益率较低的成熟型企业（尤其在低于资本成本时），减少再投资和较低增长率会带来价值的增加。而对于现有资产相对较少且收益率超过资本成本的小规模公司，增加再投资和提高增长率则会创造更多的价值。

延长高增长期的长度

如前所述，在未来的某个时点上，所有企业都会成为稳定成长型企业，其增长率等于或低于企业所面对的经济增长率。此外，只有在投资收益率超过资本成本时，增长才会带来价值。显然，在其他条件不变的情况下，高增长和超额收益持续的时间越长，企业的价值就越高。但需要提醒的是，在竞争激烈的产品市场上，任何企业都不可能长期维持超额收益，因为只要存在超额收益，就会吸引新的竞争对手不断进入市场。因此，如果接受高增长率能与超额收益并存这个假设，那么我们实际上就等于接受了另一个隐含性假设：这个市场存在着阻碍其他企业进入市场获得超额收益的壁垒，而且这个壁垒是长期存在的。考虑到企业增长率高于平均增长率的时间长度与存在进入壁垒之间的这种关系，因此，企业增加价值的一种方式就是在强化现有进入壁垒的同时，制造新的进入壁垒。当然，我们还可以换一种说法，即任何能创造超额收益的公司都拥有明显的竞争优势，而建立这些优势就可以带来价值。

对非经营性资产的管理

对于价值创造的前三个要素，我们强调的是企业利用经营性资产创造价值的方式。而公司价值的相当一部分还有可能来自非经营性资产——现金和可交易有价证券、对

⊖ 必须把收购视为再投资中的一部分资本支出。因此，尽管提高再投资率对企业来说相对容易，但是要在维持较高资本收益率的前提下进行再投资，显然绝非易事。

其他公司持有的股权以及养老基金资产等。如果这些资产存在管理低效问题，就等于说企业存在增值潜力。

现金与可交易有价证券　在传统估值中，我们假设，将公司持有的现金和可交易有价证券与经营性资产价值相加，即为公司的价值。这个假设的言外之意就是说，我们认为现金和有价证券属于中性投资（即投资的净现值为零），能在既定风险水平下实现公允的收益率。因此，如果公司将20亿美元现金余额投资于国库券和商业票据，尽管只能得到较低的收益率，但这就是我们对这种投资的预期收益率。

但也存在两种情况，使得大额现金余额可能不再符合价值中性的特征，也就是说，它们能为企业创造价值增值的机会。首先，第一种情况就是将现金按低于市场水平的收益率进行投资。因此，如果公司将20亿美元现金余额全部存入无息支票账户，这种做法显然无益于股东的利益最大化。而在投资者担心管理层会滥用现金进行错误的投资或收购时，则会出现第二种情况。但不管是哪一种情况，都会对现金价值进行折扣，以反映管理层滥用现金的可能性以及这种滥用会给价值带来的破坏性后果。以上述拥有20亿美元现金的公司为例，如果假设存在这样一种情况——公司可使用这笔现金进行一次收购，并为此次收购多支付5亿美元的对价，投资者认为出现这种情况的概率为25%，那么这家公司所持现金的价值可按如下方式估算：

$$现金的价值 = 现金余额 - 出现不良投资的概率 \times 不良投资的成本$$
$$= 20 - 25\% \times 5 = 18.75（亿美元）$$

在现金价值存在折扣的情况下，以股息或股票回购形式向股东返还全部或部分现金更有助于维护股东。

对其他公司的持股

当公司收购其他公司的股权时，这些持股的股权价值需要加入投资公司的经营性资产价值，两者之和才是公司的股权价值。在传统的估值模型中，这些投资对价值的影响同样是中性的。和现金一样，这种交叉持股带来的潜在问题，就是导致市场（以真实价值为基础）对公司价值计提折扣。

我们很难对交叉持股进行估值，尤其是在子公司的风险特征和增长状态不同于母公司时，难度就更大了。如果不同业务的公司之间大量交叉持股，那么它们会发现，这些持股的价值通常会被市场低估，这一点并不令人感到惊讶。在某些情况下，造成这种价值低估的原因可能是信息缺口，即企业未能向市场传达有关增长、风险和现金流等方面的重要细节。此外，低估还有可能是因为市场对母公司管理交叉持股的能力持怀疑态度，并将这种顾虑转化为对合并价值的折扣。⊖ 如果可采取这种直接计提折扣的方式，提升价值的办法就简单了——只需将交叉持股剥离或分拆出去，揭示这部分股权的真实价值，就应有助于改善母公司股东的利益。

⊖　针对企业集团的研究认为，它们的折扣相当于交易价格的5%~10%。

养老基金义务（和负债） 大多数公司均持有大量的养老金义务和相应的养老金资产。考虑到这部分负债和资产会随着时间的推移而扩大，因此它们既有可能带来威胁，也可能创造机会。如果公司对养老基金资产管理不善，那么它们就有可能面对养老金资金缺口问题，从而降低公司的股权价值。另外，如果公司养老金基金资产的收益率高于预期收益率，则有可能会导致养老金计划出现资金过剩，从而提高了股权价值。有很多方法可以从养老基金的投资中创造价值，但有些投资可能存在道德风险问题。第一种方法是提高养老基金资产的投资效率，为股东带来更高的风险调整收益率和价值。第二种（也是存在质疑更多的）方法则是和员工就养老金水平重新谈判，减少公司对养老基金的负债，或是在持有养老基金资产的同时，将缴款义务转嫁给其他实体（如政府）。

财务重组

在本节中，我们将考察融资方式影响资本成本并通过资本成本影响估值的两个方面。首先，我们来看看，当企业通过债务与股权的组合为运营筹集资金时，我们应如何以最合理的方式，在资本成本中体现组合结构的变化。其次，我们再来看看，融资方式的选择（体现在优先程度、期限、币种和其他附加特征等）会如何影响到资金成本和企业价值。

融资结构的改变

在金融界，一个长久以来始终争论不休的问题就是，债务和股权组合的变化是否会改变企业价值。问题的答案似乎显而易见——债务的成本永远低于股权，但是在现实中，要做出这个选择并不容易。在本部分中，我们首先以定性方式对债务融资和股权融资方式进行权衡。然后我们将利用三种工具，评价融资组合对价值产生的影响。

债务融资和股权融资的权衡关系 作为融资方式，债务相对股权而言拥有两个方面的主要优势。首先，债务融资的利息是可在税前扣除的，即享有税收优惠，而股权现金流（如股息）通常不可在税前扣除。⊖因此，税率越高，使用债务融资创造的税收收益就越大。这种情况绝对适用于美国，而世界其他地区也是如此。债务融资的第二个好处就更加微妙了。有人认为，使用债务会促使管理人员在项目选择上更加严谨。换句话说，如果公司完全由股权融资，且拥有强大的现金流，那么公司的管理者往往会变得越来越懒惰。假如一个项目运营不良，那么管理人员可以用巨大的经营性现金流掩盖管理失败的证据，而且很少会有投资者注意到隐藏在总数背后的问题。但如果这些管理者使用债务为项目融资，经营不善的项目几乎很难逃脱债权人的眼睛。由于

⊖ 这种情况在美国尤其明显，在巴西等其他一些市场中，股权现金流也能享受税收优惠。但即使是在这些市场中，债务的税收优势也往往高于股权的税收优势。

公司需要支付债务的利息，因此投资太多业绩不佳的项目，就会让企业陷入财务困境甚至破产，而管理者的命运当然是失业。相对于股权，债务融资的弊端体现在三个方面——预期的破产成本、代理成本以及未来融资灵活性的丧失：

- 预期的破产成本包括两个组成部分。首先，在债务增加的同时，破产的概率也会随之提高。其次就是破产成本，这又可以划分为两个方面：一方面是破产带来的直接成本，如法律费用和法院费用，这些费用可能会消耗掉破产公司资产清算价值的很大一部分；另一方面的（而且同样是破坏性的）成本是指陷入财务困境的企业会因此而影响到其运营。当客户意识到一家公司已陷入财务困境时，他们往往会终止购买这家公司的产品；供应商会停止提供赊销，员工开始另谋出路。过度负债可能会导致企业陷入螺旋式的下跌过程，并最终以破产而告终。
- 代理成本来源于公司股权投资者和债权人在利益上的差异与冲突。当高风险投资取得成功时，股权投资者的收益往往要高于贷款人。因此，从个人意愿出发，股权投资者倾向于接受风险更大的投资，而债权人则恰恰相反。此外，他们还会调整融资和股利政策以服从于他们的个人利益。当贷款人意识到这种可能性时，他们会修订贷款协议的条款，采取两种方式保护自己的利益：一种方式就是在贷款协议中增加相关条款，限制未来的投资、融资及股利政策，但这些约定会带来法律和监督成本；另一种方式则是从股权投资者必定会采取侵害债权人利益的假设出发，并通过较高利率弥补未来的预期损失。在这两种情况下，借款人均需承担代理成本。
- 如果公司在目前借入更多资金，那么它们就会失去在未来举借债务的能力。未来融资灵活性的丧失，意味着这家公司有可能无法进行原本希望进行的投资，因为它无法为这些投资筹集资金。表11-5列举了债务融资与股权投资的固有差异。

表11-5 债务融资与股权融资的比较

债务的优势	债务的劣势
债务的税收优惠：考虑到税法规定的债务优惠，增加债务会增加价值	预期的破产成本：当企业借款增加时，破产的可能性也会增大；破产概率乘以破产成本即可得到预期的破产成本
强化了原则性：在持有大量现金流且主要依赖股权融资的公司中，债务会使管理者对开展的投资项目更为谨慎	代理成本：随着股权投资者和债权人之间的利益冲突加剧，借款人的成本会相应上升（来自监督成本和利息支付的增加）
	未来融资灵活性的丧失：当企业在目前使用负债能力时，就会丧失在未来利用这种负债能力的能力

在没有税收、违约风险以及代理问题（体现在管理者与股东之间以及股东与债权人之间的利益冲突）的特殊情况下，债务既没有优势，也没有劣势。这种情况显然属于米勒-莫迪利亚尼模型（MM模型）的经典情景：债务对价值没有任何影响。但是

在现实世界中，由于税收优惠、代理问题以及违约概率的不可避免性，使得企业显然存在一个债务和股权的最优组合问题。也就是说，企业可能负债太多，也可能太少，二者都会对价值带来负面影响。

评价融资结构对价值影响的工具 有三种基本工具可以帮助我们确定公司可以承担的债务数量。基础型资本成本法忽略了间接的破产成本，增强型资本成本法试图引入间接破产成本，调整现值法（APV）则试图在价值中体现债务的税收优惠效应。

- 在基础型资本成本法中，最优负债股权比率是公司资本成本达到最小化时的负债股权比率。实际上，我们维持经营现金流固定不变，并假设债务变化只会改变资本成本。这样，当资本成本达到最小化时，我们即可实现公司价值的最大化。
- 增强型资本成本法在分析中引入了间接破产成本。在这种情况下，最优债务比率是指实现公司价值最大化时的现金流和资本成本组合。
- 在调整现值法中，债务和业务相互独立，因此，我们可以认为公司没有债务。然后，分别考虑债务对价值的正面效应和负面效应。

为说明这三种方法，我们再次以案例11-1中荷美尔食品公司的资本成本计算过程为例。

资本成本法 资本成本法的基础就是以折现现金流模型进行公司估值。在这个模型中，将公司预期现金流（扣除税收和再投资需求但未扣除债务偿还之前的现金流）按资本成本进行折现。如果公司能维持现金流不变，并降低资金成本，那么现值就会相应增加。因此，最优债务比对应于资本成本最小化的比率。

从表面上看，资本成本在负债比率提高时会如何变化这个问题似乎微不足道。债务成本几乎总是低于企业的股权成本。但这个答案显然忽略了企业增加负债的动态效应。要理解债务的影响，不妨考虑一下决定资本成本的两个要素——股权成本和债务成本：

$$资本成本 = 股权成本 \times \frac{股权}{债务 + 股权} + 税前债务成本 \times (1 - 税率) \times \frac{债务}{债务 + 股权}$$

当公司借入更多的负债时，股权就会变得更危险。尽管经营性资产（和收入）没有变化，但公司必须在目前支付利息，而且财务杠杆会放大股权收益的风险，因此股权成本是债务比率的递增函数。此外，随着借款的增加，违约风险也随之增加，这又进一步提高了债务成本。因此，负债对资本成本的正反两方面影响可归纳如下：以债务替代股权的好处，相当于以成本较低的融资方式取代成本较高的融资方式。这个过程的负面影响是，负债和股权两方面风险的增加提高了这两个要素的成本，从而提高了资本成本。资本成本的最终结果到底是增加还是降低，取决于哪个方面的影响占据主导地位。我们在图11-3中体现了两种融资方式的利弊权衡。

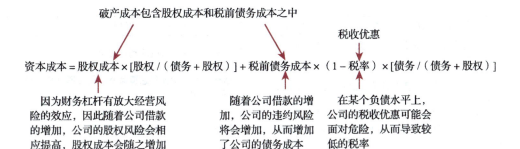

图 11-3　资本成本和债务成本的利弊权衡

为理解资本成本法的运行机制,我们需要循序渐进地进行分析。

(1) 首先以风险-收益模型为起点,估算公司的股权成本。比如说,在资本资产定价模型中,我们将使用以下公式计算股权成本:

$$股权成本 = R_f + 股权贝塔系数 \times 股权风险溢价$$

在上述等式中,R_f 为无风险利率。在负债比率发生变化时,无风险利率和股权风险溢价都不会变化,因此我们只需估算一个输入变量——股权的贝塔系数。为了估计这个数字,我们需要以资产贝塔系数或无杠杆贝塔系数为基础。⊖当公司增加负债时,我们需要重新计算负债股权比率,并根据重新计算的比率计算加杠杆的贝塔系数:⊜

$$杠杆贝塔系数 = 无杠杆贝塔系数 \times \left[1 + (1-税率) \times \frac{负债}{股权}\right]$$

杠杆贝塔系数为股权贝塔系数,它会随着公司负债的增加而增加。在股权贝塔系数增加时,股权成本也会提高。

(2) 我们再看看债务成本,在公司的既定违约风险下,债务成本是我们在目前获得长期借款需要支付的利率:

$$税前债务成本 = R_f + 违约价差$$

当公司增加借款时,其违约风险(以及违约差价)就会上升。为简化违约风险的衡量,我们可以估算每个债务信用级别的利息费用,并根据这个费用计算利息覆盖率:

$$利息覆盖率 = \frac{营业利润}{利息费用}$$

随着债务的增加,利息支出会相应增加;如果保持营业利润固定不变,就会在较高债务水平下得到较低的利息覆盖率。在第 2 章里,我们曾提到将利息覆盖率转换为综合信用评级的过程,并以此为基础计算负债的违约价差。表 11-6 列出了这个过程的基本步骤。

⊖ 估算无杠杆贝塔的最简单方法就是参照同行业中的上市公司,首先计算出这些公司的平均回归贝塔系数,然后再得出这些公司的负债股权比率。这个过程在我的个人网站上有更详细的描述。
⊜ 这是杠杆贝塔系数方程的一种变形。其他人对贝塔系数采取假设的方法,还有些人则干脆不考虑税收的影响。使用这其中的任何一种方法都会得到类似的结果。

表 11-6　资本成本的计算过程

股权成本 = R_f + 股权贝塔系数（股权风险溢价）	税前债务成本 = R_f + 违约价差
首先从企业的贝塔系数开始（资产贝塔系数或无杠杆贝塔系数）	估算各债务水平对应的利息费用
在公司增加负债时，重新计算负债股权比率（D/E）	根据利息费用计算利息覆盖率：利息覆盖率 = 营业利润/利息费用
根据这个负债股权比率计算杠杆贝塔系数：杠杆贝塔系数 = 无杠杆贝塔系数 × [1 + (1 - 税率) × (负债/股权)]	估算各债务水平对应的综合信用评级
根据杠杆贝塔估计股权成本	按照该综合信用评级确定违约利差，与无风险利率相加，即为债务的税前成本

尽管资本成本法功能强大，但它显然也存在缺陷，可能造成企业采取错误的融资组合。尤其需要强调的是，分析过程的三个基本要素都非常烦琐：

- **间接破产成本**：第一个缺陷就是现金流在负债比率增加时仍保持固定的假设。对于债务比率上升（且债券评级较低）的公司，间接破产成本会导致营业利润无法维持现有水平。
- **以静态方法应对动态现实**：第二个缺陷在于方法本身是静态的，它的基础是上一年度的营业利润以及当前的利率和违约利差水平，但前提是会发生变化的。进入衰退期的周期性公司、重大订单的损失或者竞争的加剧，都会改变公司的最优债务比率。
- **风险承担假设**：在这种方法中，当公司继续增加债务时，我们对不同权利人承担的市场风险和违约风险做出了严格假设。比如说，在计算杠杆贝塔系数和无杠杆贝塔系数的方法中，我们采取的方法假设全部市场风险完全由股权投资者承担。

◎ 案例 11-5　资本成本方法——2009 年年初的荷美尔食品公司

在案例 11-1 中，我们探讨了荷美尔食品公司在 2009 年 1 月的情况，并根据 10.39% 的现有负债比率计算出 6.79% 的资本成本。按照 2009 年 1 月的违约利差，我们使用资本成本法计算了荷美尔食品公司在不同债务比率下的债务成本和股权成本，计算结果如表 11-7 所示。

表 11-7　荷美尔食品公司的股权成本、债务成本和资本成本

（金额单位：百万美元）

负债率（%）	贝塔系数	股权成本（%）	债券评级	债券的利率（%）	税率（%）	债务成本（税后）（%）	WACC（%）	企业价值
0	0.78	7.00	AAA	3.60	40.00	2.16	7.00	4 523
10	0.83	7.31	AAA	3.60	40.00	2.16	6.80	4 665
20	0.89	7.70	AAA	3.60	40.00	2.16	6.59	4 815

（续）

负债率 （%）	贝塔系数	股权成本 （%）	债券评级	债券的利率 （%）	税率 （%）	债务成本 （税后）（%）	WACC （%）	企业价值
30	0.97	8.20	A+	4.60	40.00	2.76	6.57	4 834
40	1.09	8.86	A−	5.35	40.00	3.21	6.60	4 808
50	1.24	9.79	B+	8.35	40.00	5.01	7.40	4 271
60	1.47	11.19	B−	10.85	40.00	6.51	8.38	3 757
70	1.86	13.52	CCC	12.35	40.00	7.41	9.24	3 398
80	2.70	18.53	CC	14.35	38.07	8.89	10.81	2 892
90	5.39	34.70	CC	14.35	33.84	9.49	12.01	2 597

我们使用 0.78 的无杠杆贝塔系数来估计杠杆贝塔系数，其中负债比率按 10% 的级次逐渐递增，从零开始，一直达到最高的 90%。此外，表 11-7 还显示负债比率上升对公司债券评级、债务利率、税率、债务成本、加权平均资本成本（WACC）以及公司价值带来的影响。需要提醒的是，由于利息支出超过营业利润，因此当负债率超过 80% 时，有效税率开始下降。在计算每个资本成本对应的公司价值时，首先以现有公司价值为基础，当负债率从现有水平变化为新的水平时，计算由此带来的各年度融资成本变化额，将现有公司价值与该变化额的现值相加，即为这个资本成本对应的公司价值。因此，在负债率为 30% 时（最优负债率），公司价值应按如下方法计算：

债务比率为 30% 时的公司价值

$$= 现有公司价值 + \frac{（现有资本成本 - 债务比率为 30\% 时的资本成本）\times 现有公司价值}{债务比率为 30\% 时的资本成本 - 稳定增长率}$$

$$= 46.72 + \frac{(6.79\% - 6.57\%) \times 46.72}{6.57\% - 0.22\%} = 48.34（亿美元）$$

随着债务比例的提高，股权成本和债务成本均会上升，而资本成本则会下降，从而导致企业价值至少在开始时会增加。在债务比率达到 30% 之前，债务带来的优势超过其成本，在达到这个临界值之后，资本成本重新开始提高，而公司价值则开始下降。为最大限度降低荷美尔食品公司的资本成本，最优债务比率应维持在 30% 左右，即总债务约为 14 亿美元。

增强型资本成本法：通过增强型资本成本法，我们引入了三项创新。首先，将间接成本内置于预期的营业利润中。当公司的信用评级被下调时，可以调整营业利润，反映因客户、供应商和投资者做出反应而造成的营业利润损失。因此，我们就可以考虑间接破产成本之类的困境成本。其次，我们提高分析的动态性。也就是说，我们考察的不再是营业利润的单一静态数字，而是采用营业利润的分布区间，这个区间对应着一系列的最优债务比率。最后，可以调整计算杠杆贝塔系数的公式，以反映债权人有时需要承担市场风险（债务的贝塔系数大于 0）这一事实。由于后两种调整对最优债务比率的影响不大，因此在本节中，我们仅对第一种修改加以分析。

为了对困境成本加以量化，我们将营业利润与公司的债券信用评级联系起来。如表 11-8 所示，在公司的信用评级低于 A（即低于投资级别）之后，困境成本占收益的百分比将有所下降。

表 11-9 显示了增强型资本成本法的分析结果，在表中，我们计算了荷美尔食品公司在不同债务比率下的资本成本、营业利润和公司价值。

表 11-8 营业利润与债券信用评级的对应关系

债券评级	EBITDA 的下降
A 或更高	无效
A –	2.00%
BBB	5.00%
BB +	10.00%
BB	15.00%
B +	20.00%
B	20.00%
B –	25.00%
CCC	40.00%
CC	40.00%
C	40.00%
D	50.00%

表 11-9 采用增强型资本成本法得到的企业价值、资本成本和债务比率

（金额单位：百万美元）

负债率（%）	贝塔系数	股权成本（%）	债券评级	债券的利率（%）	税率（%）	债务成本（税后）（%）	WACC（%）	企业价值
0	0.78	7.00	AAA	3.60	40.00	2.16	7.00	4 524
10	0.83	7.31	AAA	3.60	40.00	2.16	6.80	4 665
20	0.89	7.70	AAA	3.60	40.00	2.16	6.59	4 815
30	0.97	8.20	CCC	12.35	40.00	7.41	7.96	1 987
40	1.20	9.53	D	22.35	18.41	18.24	13.01	903
50	1.44	10.97	D	22.35	14.73	19.06	15.01	781
60	1.80	13.12	D	22.35	12.27	19.61	17.01	688
70	2.39	16.72	D	22.35	10.52	20.00	19.01	615
80	3.59	23.90	D	22.35	9.20	20.29	21.01	556
90	7.18	45.45	D	22.35	8.18	20.52	23.01	507

只要债券评级能维持投资级，荷美尔食品公司的价值便保持不变。事实上，它的价值在其债券取得 AAA 评级和债务比率为 20% 时达到最高水平。但是，只要评级低于投资级，困境成本就开始出现，导致荷美尔食品公司的企业价值大幅下降。因此，按未经调整的资本成本法，原来 30% 的最优债务比率似乎已不再谨慎。现在，最优债务比率变成 20%，也就是说，荷美尔食品公司的最优负债总额约为 12 亿美元，而不是原来的 9.34 亿美元。

调整现值法：在调整现值法中，我们明确了因债务税收收益而创造的价值。此外，我们需要从无负债公司的企业价值（无杠杆公司的价值）中扣除因高破产成本而破坏的价值：

公司价值 = 无杠杆的企业价值 +（债务的税收收益 − 债务带来的预期破产成本）

和其他两种方法一样，最优债务水平同样是公司价值最大化所对应的债务水平。

调整现值法包括三个步骤。首先就是估计无杠杆公司的价值。对此，我们可以通过两种不同方法：

- 估计无杠杆贝塔系数，它相当于以无杠杆贝塔系数为基础的股权成本。然后，我们使用这个股权成本（也是无杠杆公司的资本成本）进行公司估值。
- 从公司的当期市场价值开始，减去当期债务带来的税收收益，再加上债务带来的预期破产成本。通过这个过程，我们实际上从市场价值中剔除了反映公司当期债务账面价值的部分。

其次，计算不同债务水平形成的税收收益的现值。最简单的方法就是假设税收优惠带来的收益具有永续性，在这种情况下，我们可以采用如下公式：

$$税收收益 = 债务总额 \times 税率$$

请注意，我们可以很容易地调整这个公式，使之适用于一般意义上的债务。但关键在于，必须对利息的节税按税前债务成本进行折现，才能得出节税金额的价值。在调整现值法的某些修订版本中，对税收收益按无杠杆的股权成本进行折现，而在另一些版本中，则是在有限时间段内考虑现值，而非永久性的。

最后，计算各债务水平对应的破产概率，然后，将破产概率乘以破产成本（包括直接成本和间接成本），即为预计的预期破产成本。在估计破产概率时，通常采用之前在计算债务成本时介绍的综合评级过程。但直接破产成本和间接破产成本的估计则是调整现值法最困难的部分，也因此经常被一带而过。然而如果不对这些代表债务缺陷的成本进行估计，那么由此得到的最优债务比率自然是100%。

如果假设直接破产成本和间接破产成本约为荷美尔食品公司目前企业价值的25%，那么我们可计算出不同负债率对应的公司价值，具体如表11-10所示。

表 11-10　荷美尔食品公司的调整现值　（金额单位：百万美元）

负债比率（%）	债务	税率（%）	无杠杆的企业价值	税收收益	债券评级	违约概率（%）	预期破产成本	加杠杆的企业价值
0	0	40.00	4 477	0	AAA	0.07	1	4 476
10	467	40.00	4 477	187	AAA	0.07	1	4 663
20	934	40.00	4 477	374	AAA	0.07	1	4 850
30	1 402	40.00	4 477	561	A+	0.60	8	5 030
40	1 869	40.00	4 477	748	A-	2.50	33	5 192
50	2 336	40.00	4 477	934	B	36.80	498	4 913
60	2 803	40.00	4 477	1 121	CCC	59.01	826	4 772
70	3 271	40.00	4 477	1 308	CC	70.00	1 012	4 773
80	3 738	38.07	4 477	1 423	CC	70.00	1 032	4 867
90	4 205	27.99	4 477	1 177	C	85.00	1 201	4 452

请注意，无杠杆公司价值在任何负债比率水平下均保持不变。在达到某个临界点时，税收收益会随着债务的增加而增加，但只要利息费用超过营业利润，税收优惠就会趋于固定（进而失去节税效应）。当负债比率增加时，预期破产成本也会随着破产

概率的提高而增加。在负债比率达到40%时，公司价值实现最大化。

债务评价工具小结： 所有这三种方法均按可持续的现金流来确定最优债务比率。它们均不考虑市场价值或增长前景，笔者认为这一点是恰当的。公司的现金流越稳定，可预测性越好，现金流在金额上就越大（占企业价值的百分比），公司的最优债务比率也就越高。此外，债务最重要的好处体现在税收优惠带来的收益上。因此，税率越高，最优债务比率也越高。

根据迄今为止的研究，可以看到，最适合采用大量财务杠杆的企业是具有大量可预测现金流的成熟型企业。而即将进入生命中最美好时光的成长型企业，却不适合大量采用高财务杠杆（体现为占价值的百分比）。和现金流的规模相比，这些公司拥有较高的市场价值。它们通常需要将这些现金重新投入企业中（而不是支付利息支出），以创造未来的增长。图11-4反映了负债能力在企业从初创期向衰退期转化过程中的变化。

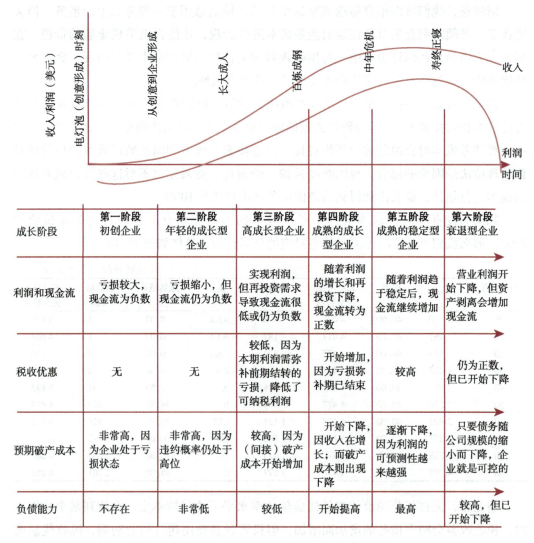

成长阶段	第一阶段 初创企业	第二阶段 年轻的成长型企业	第三阶段 高成长型企业	第四阶段 成熟的成长型企业	第五阶段 成熟的稳定型企业	第六阶段 衰退型企业
利润和现金流	亏损较大，现金流为负数	亏损缩小，但现金流仍为负数	实现利润，但再投资需求导致现金流很低或仍为负数	随着利润的增长和再投资下降，现金流转为正数	随着利润趋于稳定后，现金流继续增加	营业利润开始下降，但资产剥离会增加现金流
税收优惠	无	无	较低，因为本期利润需弥补前期结转的亏损，降低了可纳税利润	开始增加，因为亏损弥补期已结束	较高	仍为正数，但已开始下降
预期破产成本	非常高，因为企业处于亏损状态	非常高，因为违约概率仍处于高位	较高，因为（间接）破产成本开始增加	开始下降，因收入在增长；而破产成本则出现下降	逐渐下降，因为利润的可预测性越来越强	只要债务随公司规模的缩小而下降，企业就是可控的
负债能力	不存在	非常低	较低	开始提高	最高	较高，但已开始下降

图11-4 企业在生命周期各阶段的负债能力

最后一点，宏观形势对最优债务比率的影响相对有限。在这个问题上，我们必须打破市场人士经常宣扬的两个误区。第一个误区是最优债务比会随着利率的下调而提高。诚然，降低利率有助于降低债务成本，但它也降低了股权成本，而决定融资方案的则是两者的相对成本，而不是债务的绝对成本。第二个误区则是最优债务比率随违约利差的下降而提高。事实上，低违约利差确实会降低债务成本，但违约利差通常仅在风险溢价减少时会下降。换句话说，当违约利差和股权风险溢价均下降时，债务成本和股权成本才会同时下降。只有当一个指标下降而另一种指标保持不变时，才能说一种融资模式优于另一种融资模式。从这个意义上说，2003～2007年是一个例外：违约利差下降，而股权风险溢价则保持相对稳定。这并不奇怪，因为它为企业增加借款和开展杠杆交易提供了激励。

融资类型

设计公司融资架构的基本原则，就是确保债务现金流尽可能与资产现金流实现匹配。如果债务现金流与资产现金流不匹配（使用短期债务为长期资产提供融资，以一种货币来偿还以另一种货币计价的债务，或者以浮动利率债务为易受高通货膨胀负面影响的资产提供融资），公司必定面对更高的违约风险和资本成本以及更低的企业价值。在这种情况下，企业可以使用衍生产品和互换工具缓解这些不匹配问题，从而在一定程度上提升企业价值。

不过，要把这个关于融资与资产相互匹配的直观概念及其对违约风险的影响体现到实务中并非易事。在很多情况下，资产融资的不匹配问题只有在形成危机之后才能显现出来。如果公司利用短期融资为长期资产融资，那么它就无法通过再融资偿还其债务，以至于不得不借助资产出售来偿债。因此，我们建议在融资匹配原则中纳入一个更简单的规则。企业往往习惯于使用一系列令人眼花缭乱的债务组合，并以完全按利息支付来界定的低成本作为理由。但需要注意的是，如果按照这个逻辑，如同以低通货膨胀率货币（日元、美元或欧元）借款的成本要低于以高通货膨胀率货币（比索或卢布）借款的成本，在大多数期限内，短期债务的成本都会低于长期债券。因此，我们没有必要确定每个层次债务的不同成本，相反，我们建议将全部债务整合为一个以综合成本衡量的组合。这个综合成本应体现公司的总体违约风险（而不是特定债券或债务的违约风险）和长期借款成本（即使公司采用的是短期债务）。

控制权的期望值

只有明确判断运营和融资变化对价值的影响而不是随意找一个控制权溢价，我们才能更好地处理控制权价值问题。在本节中，我们首先将汇总和归纳管理变化对价值的影响，而后我们再来考虑出现这种改变的概率。我们得到的分析结果就是控制权的预期价值，在此基础上，我们再用这个价值来检验一系列估值问题。

管理变革的价值

如果我们将价值视为企业投资、融资及股利决策带来的结果，那么企业价值就应该依赖于我们对公司最优（或次优）管理状态的设定。在我们对一家公司进行估值时，假设继续保留现有的管理实务，并将此时的价值定义为现状价值。另外，我们再换一个角度重新考虑这家公司的价值，假设公司目前处于最优管理状态，并将此时的估值定义为最优价值，那么管理变革创造的价值可描述为如下公式：

$$\text{管理变革创造的价值} = \text{最佳价值} - \text{现状价值}$$

管理变革创造的价值是我们改善公司运营方式带来的直接后果。对已经处于最优管理状态的公司来说，管理变革的价值为零，而对一家管理不善的公司而言，这个价值可能是一个非常可观的数字。

此外，回溯这个价值实现过程，也能让我们清晰地看到，不同公司创造价值的路径肯定会有所差异。对不同公司来说，次优化管理也可能体现为不同的方式。而对现有资产管理不善的公司而言，价值的增加主要来自对这些资产进行更有效的管理——增加这些资产带来的现金流和更有效的增长。如果公司采取稳健的投资政策和激进的融资政策，价值增加的源泉则是债务和股权结构的变化以及资本成本的降低。表11-11揭示了现有管理可能存在的潜在问题、解决这些问题的答案以及对价值带来的影响。

表 11-11 创造价值的方法

潜在的问题	表现的方式	可采取的解决方案	对价值的影响
现有资产管理不当	营业利润率低于同行水平，资本收益率低于资本成本	改善对现有资产的管理效率，这可能需要剥离部分业绩不佳的资产	提高现有资产的营业利润率和资本收益率，从而增加营业利润；通过资本收益的提高，在近期内实现有效增长
在管理方面投入不足（在把握增长机会方面过于保守）	高增长时期的再投资率较低，且资本收益率较高	增加对新投资的再投资，尽管这可能意味着较低的资本收益率（但仍超过资本成本）	由于增长能创造价值，因此高增长时期的高增长率和高再投资率能创造更高的价值
在管理方面投入过度（企业开始投资于侵蚀价值的新投资项目）	高再投资率和低于资本成本的资本收益率	降低再投资率，直到资本边际收益率至少等于资本成本	由于增长已不再破坏价值，因此高增长时期的低增长率和低再投资率会带来更高的价值
管理层未能合理利用可能存在的战略优势	高增长期很短或根本就不存在，与此同时，超额收益率很低或不存在	充分利用竞争优势	更高的超额收益、持续时间更长的增长期会带来更高的价值
管理层在利用债务融资方面过于保守	债务比率低于最优水平或行业平均值水平	增加债务融资	在提高负债率和降低资本成本的情况下，可以带来更高的公司价值
管理层过度利用债务融资	债务比率高于最优水平	减少融资规模	降低债务比率和资本成本，可带来更高的公司价值

(续)

潜在的问题	表现的方式	可采取的解决方案	对价值的影响
管理层使用了不当的融资类型	考虑到公司的盈利能力，其债务成本已高于合理水平	通过互换工具、衍生产品或再融资工具实现债务与资产的匹配	降低债务成本和资本成本，可带来更高的公司价值
管理层持有多余的现金，而且其现金管理能力未得到市场的信任	现金和可交易有价证券在公司价值中占有很大比例。公司的以往投资业绩不佳	通过股息或股票回购等方式向股东返还现金	尽管企业价值会因支付现金而减少，但因为公司持有的现金在估值时需要折扣，因此，股东会因此而受益
管理层一直投资于非关联公司	与其他被市场低估的公司相互持有大量股份	首先应尽可能提高交叉持股的透明度；如果不足以解决问题，可剥离交叉持股	一方面，企业价值会因剥离交叉持股而减少；另一方面，又会因为剥离收到的现金而增加；当交叉持股被市场低估时，后者应超过前者，从而实现净价值的增加

◎ **案例 11-6　荷美尔食品公司的估值——2009 年年初的现状价值与最优价值**

为确定荷美尔食品公司的控制权价值，我们需要对公司进行两次估值——第一次估值是假设现有管理层将继续经营这家公司，第二次估值则假设公司由最佳管理团队运营。在估算现状价值时，我们假定公司将维持现有的融资组合（负债比率为 10.5%）。此外，我们还假定，荷美尔食品公司将继续执行现有的投资政策，以维持目前的再投资率及未来 3 年的资本收益率保持不变。在第 3 年结束时，我们假设公司将进入稳定增长状态，超额收益将减少到零。表 11-12 总结了在现状条件下对荷美尔食品公司估值所采取的假设。

表 11-12　在现状条件下对荷美尔食品公司估值的输入变量

	高增长阶段	稳定增长阶段
高增长期的时间跨度	3 年	3 年后
增长率	2.75%	2.35%
用于计算资本成本的债务比率	10.39%	10.39%
用于计算股权成本的贝塔系数	0.83	0.90
无风险利率	2.35%	2.35%
风险溢价	6.00%	6.00%
债务成本	3.6%	4.50%
税率	40.00%	40.00%
资金成本	6.79%	7.23%
资本收益率	14.34%	7.23%
再投资率	19.14%	32.52%

关于高增长阶段，这里有两点需要提醒。首先，高增长期持续时间较短，而且在此时期的增长率较低（仅为 2.75%），这反映出现有管理层在再投资政策方面较为保守。现有投资的资本收益率较为健康（14.34%），但公司只将税后营业利润的 19.14% 用于再投资。其次，我们估算的低增长率本身不足以支持稳定增长模

型，因为它仍高于无风险利率，且目前创造的超额收益（接近于 7.45%）并不符合稳定型企业的特征。表 11-13 总结了我们对荷美尔食品公司前 3 年的现金流估计及这些现金流对应的现值。

表 11-13 荷美尔食品公司的现金流和当期价值

（金额单位：百万美元）

	当期	第 1 年	第 2 年	第 3 年
$EBIT \times (1-税率)$	315	324	333	342
减：再投资	60	62	64	65
公司自由现金流	255	262	269	276
资金成本		6.79%	6.79%	6.79%
现值		245	236	227

在稳定增长的情况下，我们将增长率降至无风险利率；与此同时，我们还假定资本收益率将降至等于 7.23% 的资本成本。由于我们通过了稳定增长阶段的贝塔系数，使得资本成本略有增加：

$$再投资率 = \frac{g_{稳定}}{ROC_{稳定}} = \frac{2.35\%}{7.23\%} = 32.52\%$$

$$终值 = \frac{税后运营收入_3 \times (1+g_{稳定})(1-再投资率)}{g_{稳定} - 资本成本_{稳定}}$$

$$= \frac{342 \times (1+2.35\%) \times (1-32.52\%)}{7.23\% - 2.35\%}$$

$$= 4840(百万美元) = 48.40(亿美元)$$

将第 3 年年末的终值按当期 6.79% 的资本成本折现为现值，与前 3 年现金流的现值相加，我们可以得到经营性资产的价值为 46.82 亿美元。再加上公司的现金持有量（1.55 亿美元），减去负债（4.91 亿美元）和尚未执行的管理层激励期权的价值（5300 万美元），即可得到普通股的股权价值。将结果除以流通股总数（1.3453 亿股），即可得到每股 31.91 美元的价值：

$$每股价值 = \frac{46.82+1.55-4.91-0.53}{1.3453} = 31.91(美元／股)$$

为对处于最佳管理状态下的公司进行估值时，我们采取了三项关键性改变：

- **增加债务融资的比例**：根据前一部分中对荷美尔食品公司融资组合的分析，我们将债务比率从 10.56% 提高至 20%。即使考虑到股票的风险较高（贝塔系数上升到 0.90），但公司在高增长阶段的资本成本下降至 6.63%，并在稳定增长阶段略回升至 6.74%。

- **更高的再投资率**：我们假设，公司将更积极地寻找新投资项目，因而采用更高的再投资率 40%，但我们仍假设，资本收益率将下降到 14%。

- **更长的增长期**：公司在稳定阶段拥有若干关键性品牌。我们假设，公司可以利用这些品牌在较长时期内创造超额收益，即将超额收益的持续时间从3年延长到5年。

表 11-14 汇总了基于上述假设得到的估值变量。

表 11-14　荷美尔食品公司在最优管理状态下的估值变量

	高增长阶段	稳定增长阶段
高增长期的时间跨度	5 年	永远
增长率	5.60%	2.35%
用于计算资本成本的债务比率	20.00%	20.00%
用于计算股权成本的贝塔系数	0.90	0.90
无风险利率	2.35%	2.35%
风险溢价	6.00%	6.00%
债务成本	3.60%	4.50%
税率	40.00%	40.00%
资金成本	0.10%	6.74%
资本收益率	14.00%	6.74%
再投资率	40.00%	34.87%

表 11-15 为根据这些假设得到的现金流、终值以及公司的当前价值。

表 11-15　在最优管理状态下的现金流和现值

（金额单位：百万美元）

	当期	第 1 年	第 2 年	第 3 年	第 4 年	第 5 年
EBIT×（1－税率）	315	333	351	371	392	414
减：再投资	131	133	141	148	157	165
公司自由现金流	184	200	211	223	235	248
终值						6 282
资金成本		6.63%	6.63%	6.63%	6.63%	6.63%
现值		187	185	184	182	5 655
经营性资产价值	5 474					

最后，我们按现状条件下的估值对现金、负债和管理层期权做相同的调整，从而得到最优管理状态下的每股价值：

$$\text{每股价值} = \frac{5474 + 155 - 491 - 53}{134.53} = 37.80（\text{美元／股}）$$

由此可见，在荷美尔食品公司由不同管理团队的运营下，公司的每股价值为 37.80 美元，比现状条件下的每股价值增加 5.89 美元。这个差额即是荷美尔食品控制权的总价值。

管理变革的可能性

对管理不善的公司来说，尽管改变管理层所带来的价值可能很可观，但只有相应调整管理政策，才能真正实现价值的增加。虽然有时可以通过说服现有管理层改变运营方式来实现这种调整，但大多数情况下还是要彻底替换这些管理者。如果管理层变动的可能性不大，那么控制权的期望值也不会很高。在本节中，我们首先考虑实现管理变革的方式，在此基础上讨论决定管理变革概率的若干因素。

管理变革的机制

改变公司运作方式绝非易事，总体而言，它可通过如下四种方式得以实现：

- **采取激进策略的机构投资：** 他们可以对公司管理层在道德上或者至少在经济上做出劝诫。作为有话语权的股东，大型机构投资者做出的提案往往在于改善公司治理，避免公司高层管理者采取极端性行为。由养老基金与私人投资者构成的组合，完全有可能对现任管理者采取不妥协的姿态。凭借其持有的大额股权，这些机构投资者可以提议股东会调整不利于股东利益的政策。这些建议的核心往往是公司治理。调整董事会选举方式以及删减公司章程中的反收购条款，就是大股东影响公司治理的常见示例。

- **代理人竞争：** 当投资者对公司先行经营方式不满意时，就会为争夺代理表决权而向现任管理者发起挑战。拥有了足够的表决权，投资者就可以派出代表参与董事会，并取得修改管理政策的权利。在大多数公司中，投资者是用脚投票的——在对公司管理层不满时即抛出，这就相当于把权利让渡给现任管理者。但是在某些公司，主动参与型的投资者与现任管理者争夺散户投资者的代理权，意在让他们提名的候选人当选董事会成员。尽管他们未必总能成功地赢得多数投票，但确实有助于提醒管理者要对股东负责。有证据表明，代理权竞争在经营不善的公司中更为常见，而且在管理政策和经营绩效等方面产生了较大影响。

- **更换管理层：** 第三种方法就是试图将公司的现有管理者替换为更胜任的人选。在上市公司中，这个过程需要一个有解雇高层管理者意愿的董事会。在大多数公司，高层管理者的离职通常是因为退休或死亡，而且继任者往往会延续现任者的风格。然而，在某些情况下，董事会因为对公司业绩的不满而强制高层管理者退出，并引入新的管理层领导公司，这就为重新评估公司的当前管理政策和重大政策调整提供了一个契机。几年之前，在美国以外，强制管理者离职的现象还不普遍，但在今天已成为家常便饭。

- **敌意收购：** 第四种同时也是最极端的方法，就是由投资者或其他公司对公司进行敌意收购。收购完成后，收购方通常会更换现任管理层，并修改公司的管理政策。来自投资者的压力、CEO 的更换以及代理人竞争，都是从内部对管理层施加的约束。如果这些策略无一奏效，那么股东唯一可以采取的手段就是撤资了，寄希望于公司成为敌意收购的目标，由收购方接管公司，并从外部强制性改变经营方式。要发挥敌意收购对管理层的约束机制，还需要在如下几个方面落实到位。首先，管理不善、经营不佳的公司应该是合理的收购目标。其次，现行制度应为潜在的敌意收购者提供合理的成功概率；不应对公司现有人员持有偏见，或者至少可以忽略不计。最后，在收购完成后，收购方必须调整目标公司的管理者和管理政策。

决定管理变革的要素

即使管理层能力不足或是缺乏对股东利益的关心已成为共识，但仍存在保留公司现任管理层的倾向。更换管理层的部分难度源自有利于在职者的制度体系，还有一部分原因则导致更换管理层非常困难，甚至根本就不可能。总体而言，公司管理层是否会发生变化的决定性因素包括如下四个方面：

- **制度问题**：对于被视为管理不善和运营不佳的公司，挑战现任管理层的第一大障碍来自制度层面。某些制约因素源于筹集挑战现任管理层所需资金方面的困难，某些因素源自收购方面的法规限制，还有一部分因素可以归结为惯性：
    - 首先，你需要筹集资金来收购管理不善的公司，而这个过程受到的任何限制都会妨碍敌意收购的进行。在资本市场（股票市场和债券市场）不发达的经济体中，敌意收购非常罕见，这一点也不奇怪。因此，从总体上看，我们认为，在金融市场开放的情况下，更换管理不善企业管理层的可能性会更大，而且各类投资者均可取得低成本的资金（而不仅局限于信誉良好的大公司）。
    - 美国以外的很多金融市场均对收购活动设置了大量的法律和制度限制。尽管很少有市场会完全禁止并购，但各种限制性措施的累积效应，往往会导致敌意收购几乎成为不可能的事件。
    - 如果这些公司的股东属于消极的财务投资者，而且在收购方或其他投资者为开展收购或争夺代理权进行的股份收购无动于衷，那么很可能会让现任管理者在外界挑战面前岿然不动。
- **企业层面的特定限制**：在某些企业中，不管现任管理者有多么无能，他们都可以借助公司采取的行动抵御来自股东的压力。这种保护的形式多种多样，既可以通过对公司章程制定反收购修正条款，也可以采取精心设计的交叉持股结构，或是发行具有不同表决权的股票。在某些情况下，现任管理者往往拥有足够多的股份击溃对其发起的任何挑战。而维护现任管理层最常见同时也是历史最悠久的方式，就是发行具有不同表决权的股票。在最极端的形式中，现任管理者甚至持有全部享有表决权的股份，对公众投资者只发行无表决权的股份。在拉丁美洲及欧洲的大部分地区，这已成为常态，而非例外，[⊖]在这些市场，公司

⊖ Faccio, M. and L. Lang, 2002, "The Ultimate Ownership of European Corporations," *Journal of Financial Economics*, v65, 365-396. 他们对欧洲的5232家企业进行了分析，结果显示，有37%的上市公司是由公众广泛持股的高度分散性企业，但仍有44%的家族控制企业采取交叉持股和金字塔持股结构。

通常向公众投资者发行无表决权的股票，将全部享有表决权的股份留给控制性股东和管理人员。实际上，这就允许公司的内部人员仅凭少量股份即可控制所有流通股的命运。而更常见的现象是，公司可通过发行享有不同表决权的股票来实现这个目标。

- **公司的持股结构**：管理层可以借助各种股权结构取得对公司的控制权，包括金字塔和交叉持股。在金字塔股权结构中，投资者通过对一家公司拥有的控制权来控制其他公司。比如说，甲公司可以持有乙公司50%的股份，再使用乙公司的资产购买丙公司50%的股份。这样，控制甲公司的投资者最终控制了乙公司和丙公司。研究表明，在亚洲和欧洲的家族企业中，金字塔结构是巩固家族控制权最常用的方法。而在交叉持股结构中，集团下属的各公司之间相互持有对方股份，这样，集团的控制性股东就可以凭借不到50%的流通股股权控制所有下属公司。20世纪90年代，大多数日本公司（被称为财团）和韩国公司（财阀）广泛采用交叉持股的股权结构，确保这些公司的管理层有效抵御来自股东的压力。

- **大股东和管理者**：在某些公司，大股东同时作为公司管理者的模式，成为敌意收购或更换管理层的重大阻碍。不妨以像甲骨文这样的公司为例，公司的创始人兼首席执行官拉里·埃里森持有近30%流通股。即使没有投票权的高度分散，他也能有效地对敌对收购者发起阻击。为什么这些股东/管理者甘愿牺牲公司的很大一部分市场价值，依旧要维系对公司的不当管理呢？第一个原因或许可以归结为他们的自恃与自大。作为创始人的首席执行官，自然无须担心来自外部投资者的压力，因此，他们往往倾向于实行集权能力，进而犯下更严重的错误。第二个原因是，内部股东往往将全部身家寄托于公司，从个人利益出发，但是有利于这些内部股东的事情，未必有利于公司的其他投资者。

哪些因素有助于提高更换管理层的概率　如果说市场上存在一个永恒的主题，那么这个主题就是变化。那些被视为在外部挑战面前百毒不侵的管理者同样会发现，他们的权威迟早会受到挑战。在本节中，我们将考虑一些可能促成这种变革的因素：

- 首先，兑现公司治理的规则注定会随着时间的推移而变化，这种变化既有可能有利于在职管理者，也有可能有利于公司股东。譬如，近年来，很多新兴市场经济体在制度层面倾向于为公司股东挑战管理层创造条件。欧洲也出现了类似趋势，而在几年之前，现任管理者在与股东的较量中还明显占据上风。这种改革的动力来自机构投资者，他们早已厌倦了在公司管理者拙劣的决策面前只能选择忍气吞声的现实。

- 即使规则允许投资者挑战管理决策，但大多数投资者仍会采取用脚投票的被动方式。而这正是需要主动型投资者发挥作用的空间，他们愿意在公司中担任要职，并将其持股作为挑战和调整公司管理体制并推动企业变革的平台。在美国，这种类型的投资者最早出现于 20 世纪 80 年代。[1]尽管他们在世界其他地区的出现比美国晚了很多，但时至今日，主动型投资者已成为更多国家投资舞台上不可或缺的一道风景。

- 要改变管理层能在外部挑战面前固若金汤的观念，最有力的证据，莫过于广为人知的敌意收购或是大企业 CEO 被罢黜的事件。比如说，20 世纪 90 年代后期，Olivetti 对意大利电信的敌意收购改变了欧洲市场的格局，进而扭转了欧洲大型企业的管理层可以对股东挑战熟视无睹的观点。

估计管理层发生变更的概率　虽然我们可以列出管理层变化的诸多决定因素，但是定量估计出发生这种变化的概率，显然要困难得多。最有可能的统计方法就是采用 logit 或 probit 回归模型，这种方法通过对比以前管理层发生过变化的公司与未发生变化的公司，从而对管理层变更的概率做出估计。研究人员已使用这种技术对收购和 CEO 被动离职事件进行分析。

在最早一篇通过比较收购目标公司与非目标公司评价收购可能性的文章中，Palepu（1986）指出，被收购的目标公司规模通常小于非目标公司，而且投资效率低下。[2]在随后的一篇论文中，North（2001）又得出这样的结论：内部人及管理层持股比例较低的公司更有可能成为收购目标。[3]但这两篇文章并没有刻意关注敌意收购问题。Nuttall（1999）则发现，在敌意收购中，目标公司倾向于按低于其他公司的市账比进行交易。Weir（1997）的研究进一步发现，敌意收购目标公司的投资收益较低。[4]

Pinkowitz（2003）并未找到证据，支持拥有大量现金余额的公司更有可能成为敌意收购目标这一传统观点。[5]总体上看，成为敌意收购的目标公司往往在规模上较小，而且交易价格与账面价值之比和投资收益率也处于较低水平。[6]

虽然很多 CEO 的更替是自愿的（退休或职位变更），但有些 CEO 则是被董事会

---

[1] Del Guercio, D. and J. Hawkins, 1999, "The Motivation and Impact of Pension Fund Activism," *Journal of Financial Economics*, v52, 293-340. 笔者研究了 5 只积极鼓励的退休基金：CREF、CALPERS、CALSTRS、SWIB 和 NYC。这些基金的投资占 1987～1993 年全部养老基金投资的 20%。作者认为，与其他公司相比，由积极鼓励型投资者持股的公司更有可能成为敌意收购和管理层变革的目标。

[2] Palepu, K. G., "Predicting Take–Over Targets: A Methodological and Empirical Analysis," *Journal of Accounting and Economics*, 8 (1986), 3-35.

[3] North, D. S., 2001, "The Role of Managerial Incentives in Corporate Acquisitions: the 1990s Evidence," *Journal of Corporate Finance*, 7125-149.

[4] Nuttall, R., "Take–Over Likelihood Models for UK Quoted Companies," Nuffield College working paper, Oxford University (1999); Weir, C. "Corporate Governance, Performance and Take–Overs: An Empirical Analysis of UK Mergers," *Applied Economics*, 29 (1997), 1465-1475.

[5] Pinkowitz, L., 2003, "The Market for Corporate Control and Corporate Cash Holdings," working paper, SSRN. 他对 1985～1994 年发生的敌意收购进行了研究，并得出如下结论：拥有大量现金余额的公司不太可能成为敌意收购的目标。

[6] 有的研究则得出了相反的结论，Franks 和 Mayer（1996）对英国的敌意收购进行了研究，但他们并未发现目标公司业绩不佳的证据。Franks, J. and C. Mayer, "Hostile Takeovers and the Correction of Management Failure," *Journal of Financial Economics*, v40, 163-181.

强制罢免的。近年来,研究人员对最可能发生 CEO 强制性更替的时间点进行了研究:

- 第一个因素是**股票价格和收益表现**,如果公司的这两个指标落后同行业企业或市场预期,遭遇强制性收购的可能性就更大。[一]管理不善的一种表现就是在收购中支付过高的价格。有证据显示,对于在收购中支付过高对价的收购公司,其 CEO 比非收购公司的 CEO 更有可能被替换。[二]
- 第二个因素是**董事会的结构**,如果董事会的规模较小[三],且由外部人员构成[四],以及首席执行官未兼任董事会主席时,公司 CEO 被强制性替换的可能性更大。[五]
- 第三个同时也是最关键的因素是**所有权结构**。在机构投资者持股比例较高而内部人士持股比例较低的公司中,CEO 遭遇强制性变更的情况更为普遍。[六]此外,在过度依赖股票市场取得资金注入的公司,这种现象似乎更为频繁。[七]
- 最后一个因素是**行业结构**,身处竞争性行业中的 CEO 更有可能被替代。[八]

总而言之,在所有 CEO 遭遇强制性解职的公司中,均和敌意收购中的目标企业有异曲同工之处。首先这些企业管理不善,运营不佳,其次它们往往有着更有效的董事会和更主动的投资者,从而在保证公司不成为敌意收购目标的情况下实现管理层的更替。

一个普遍存在的误区是,只有在收购时才涉及控制权问题。相反,我们认为,所有上市公司的股价中都包括了控制权的预期价值,它反映了公司管理层被变更的可能性以及变更所带来的价值。

[一] Warner, J., R. Watts, and K. Wruck, 1988, "Stock Prices and Top Management Changes," *Journal of Financial Economics*, v20, 461-492; Murphy, K. and J. Zimmerman, 1993, "Financial Performance Surrounding CEO Turnover," *Journal of Accounting and Economics*, v16, 273 – 316; Puffer, S. and J. B. Weintrop, 1991, "Corporate Performance and CEO Turnover: The Role of Performance Expectations," *Administrative Science Quarterly*, v36, 1-19.

[二] Lehn, K. and M. Zhao, 2004, "CEO Turnover After Acquisitions: Do Bad Bidders Get Fired?," working paper, University of Pittsburgh.

[三] Faleye, O., 2003, "Are large boards poor monitors? Evidence from CEO turnover," working paper, SSRN. 使用比例风险模型,他发现,董事会中每增加一名董事,被迫更换 CEO 的概率都会降低 13%。

[四] Weisbach, M., 1988, "Outside Directors and CEO Turnover," *Journal of Financial Economics*, v20, 431-460.

[五] Goyal, V. K. and C. W. Park, 2001, "Board Leadership Structure and CEO Turnover," *Journal of Corporate Finance*, v8, 49-66.

[六] Dennis, D. J., D. K. Dennis, and A. Sarin, 1997, "Ownership Structure and Top Executive Turnover," *Journal of Financial Economics*, v45, 193-221.

[七] Hillier, D., S. Linn, and P. McColgan, 2003, "Equity Issuance, Corporate Governance Reform and CEO Turnover in the UK," working paper, SSRN. 他们发现,在新股发行或进行配售之前,CEO 更有可能被迫离职。

[八] DeFondt, M. L. and C. W. Park, 1999, "The effect of competition on CEO turnover," *Journal of Accounting and Economics*, v27, 35-56.

◎ 案例11-7 控制权变更的可能性——2009年年初的荷美尔食品公司

对荷美尔食品公司来说，要精确估计控制权变化的概率或许非常困难，但荷美尔基金会持有该公司47.4%流通股这一事实，显然是影响控制权问题的一个关键要素。尽管基金会由独立受托人管理，却和现任管理层保持密切联系，因此，它不太可能对意欲改变公司关键内容的敌意收购视而不见。即使出现管理层变化，也必须是在基金会授权下进行。但发生这种变化的概率并不为零，因为在其他很多与荷美尔食品具有相同股权结构的公司中，决定公司决策权的基金会最终认识到，如果不更换现任管理层，他们就要承受公司价值的巨大损失。因此，我们假设管理层发生变更的概率为10%。事实上，只有在公司面对极端性威胁的情况下，基金会才会介入并同意更替管理层。

启示

在找到衡量控制权预期价值的指标之后，我们不仅要确保它适用于打算收购一家公司的收购方，还要适用于公司中的所有投资者。对上市公司而言，我们看到的市场交易价格应反映控制权的预期价值，就如同有表决权股份相对于无表决权股份的溢价一样。

期望和股票价格

要了解控制权预期价值如何体现在股票价格中，不妨假设你身处一个从未发生过管理层变更的市场，而且市场对公司的估值基本有效。在这种情况下，所有公司都应按现状价值进行交易，这个价格公允地反映了现任管理层的优势和缺陷。现在，假设你打算通过敌意收购或强制更换CEO的形式，将管理层变更的可能性引入这个市场。如果市场在定价方面继续维持足够的效率，那么所有公司的股价都应该上涨，从而反映出现这种情况的可能性：

市场价值 = 现状价值 + (最佳价值 − 现状价值) × 管理层发生变更的概率

这个可能性对股票价格的影响程度因公司而异。对管理不善、管理层变更概率较高的企业来说，控制权的期望值最高。而对于管理良好且管理层变动概率很小甚至不可能会变动的企业，控制权的期望值则最低。

很多人质疑，市场是否有能力对此做出具有一定精确度的估计，以及投资者是否确实会设法估计控制权的预期价值。大量证据显示，尽管市场或许不会以非常复杂的模型去做估值，但它们确实会对控制权进行估值和定价。

控制权的预期价值在市场价值中体现的程度，将给收购方、投资者和研究人员带来重大影响：

- **超过市场价格的溢价会形成过多支付**。如果当前的市场价格已包含了全部或部分控制权价值,那么管理层变更对市场价值的影响(与现状价值相反)会很小,或是没有任何影响。如果市场已假设公司的管理层将被更换,并将这个假设体现在股票价格中,那么即使这是一家管理不善的公司,收购者也应对超过当前市场价格的溢价持谨慎态度。

  我们不妨设想一个极端的例子。假设你拥有一家公司,目前的现状价值为1亿美元,最优管理条件下的价值为1.5亿美元。此外,我们还假设,市场已考虑到公司管理层将在近期被更换的可能性。这家公司的市值将为1.45亿美元。如果收购方决定为该公司支付大额溢价(如4000万美元),考虑到这家公司目前管理不善这一事实,这个溢价导致收购者出现了过度支付现象。在这个例子中,他为一家价值仅为1.5亿美元的公司支付了1.85亿美元的收购对价。

- **任何导致管理层变更的概率发生变化的市场认知都给全部股票造成巨大影响**。例如,针对某一家公司的敌意收购,可能会导致投资者调整对所有公司发生管理层变更事件的概率估计,从而造成股价上涨。考虑到敌对收购通常集中在某些行业,如20世纪80年代的石油行业,因此,可以预料的是,针对单一公司的敌意收购往往会导致行业内其他公司的股价普遍上涨。

- **拙劣的公司治理对应于低股价**。公司治理不善的代价可以体现在股票价格中。毕竟,良性公司治理的实质,就在于它让股东有权利去更换管理不善的公司管理层。因此,在公司治理有效的市场中,股票价格将反映出不良管理发生更替的更高概率和更高的控制权预期价值。反之,在公司治理薄弱的市场中,要更换不称职的管理层非常困难,甚至是不可能的。因此,在这些市场中,股票价格反映并不能充分体现控制权的预期价值。公司治理方面的差异,最有可能体现在管理质量最差的公司中。

◎ **案例11-8 市场价格和控制权的预期价值——2009年年初的荷美尔食品公司**

不妨看看对荷美尔食品公司先前的估值。我们曾估计了公司的现状股权价值和最优股权价值,并得出以下结果。

	股权价值	每股价值
现有管理状态	42.93亿美元	31.91美元
最优管理状态	50.85亿美元	37.80美元

此外,我们估计,管理层发生变更的概率仅为10%。如果我们假设这些数值均为合理的估计值,那么,荷美尔食品公司的每股预期价值如下:

每股预期价值 = 31.91 × 0.90 + 37.80 × 0.10 = 32.51(美元/股)

如果我们的估值是正确的,那么,股票应按32.51美元进行交易。估值时的实际市场价格约为 32.25 美元。如果假设市场价格和我们估算的每股价值都是正确的，则市场价格可采用控制权变化的概率及控制权的期望价值来表示：

每股预期价值 = 现状价值 + (最佳价值 − 现状价值) × 管理层发生变更的概率

32.25 美元/股 = 31.91 美元/股 + (37.80 − 31.91) × 管理层发生变更的概率

假设我们估计的现状价值和最优价值均接近于正确值，那么市场得到的管理政策发生的概率应为 5.6%。

有表决权投票与无表决权股票

要把有表决权股票的溢价与控制权预期价值联系起来，我们可以从一个非常简单的例子入手。假设一家公司发行的有表决权股份数量为 $n_{有表决权}$，无表决权股份的数量为 $n_{无表决权}$，且有表决权股份拥有对公司的全部控制权。在这种情况下，在发生敌意收购时，公司管理层可以完全不考虑无表决权股东的观点，并与收购方达成最有利于自己的协议。⊖ 此外，我们进一步假设，公司在现行管理状态下的价值为 V_b，最优管理状态下的价值为 V_a，且管理层发生变更的概率为 π。由于无表决权股份对是否可更换管理层没有任何发言权，因此，无表决权股份的每股价值完全依赖于现状价值：

$$无表决权股份的每股价值 = \frac{V_b}{n_{有表决权} + n_{无表决权}}$$

有表决权股份按溢价交易，溢价水平反映了控制权的预期价值：

$$有表决权股份的每股价值 = \frac{V_b}{n_{有表决权} + n_{无表决权}} + (V_a - V_b) \times \frac{\pi}{n_{有表决权}}$$

因此，有表决权股份的溢价应为公司管理层发生变更的概率（π）和管理层变更价值（$V_a - V_b$）的函数。

如果无表决权股东受到保护或有权参与部分控制权预期价值的分配，那么有表决权股份和无表决权股份之间的价值差额将会缩小。比如说，通过更换管理者，让无表决权股东享有一部分控制权价值，而不是借助于敌意收购，就会出现这种情况。此时，公司的价值会相应增加，使得全体股东同时受益。

有一类特殊类型的有表决权股票被称为黄金股。在国有企业的私有化过程中，我们有时会看到这类股票。在私有化完成后，通常由政府保留这些股份；从本质上说，它让政府对公司的重大决策享有否决权。实际上，黄金股允许政府对企业的运营方式保留一定甚至是巨大的控制权。虽然黄金股票不可交易，但它们通过降低控制权的预期价值而影响到可交易股票的价值。

如果说导致有表决权股份拥有溢价的主要原因是控制权的价值，那么我们可以得出如下几个结论：

⊖ 事实上，即使是无表决权的股东，在收购事件中也至少会得到部分保护，参与一部分收益的分配。

- 如果不存在改变管理层和控制权的机会，那么，有表决权股份和无表决权股份之间的价值差额就应该为零。这显然取决于股权的集中度。如果公司发行的表决权股份相对很少，且全部由内部人持有，那么管理层发生变更的概率就有可能接近于零，此时的交易价格应与非表决权股价相同。另外，如果公众持有的有表决权股份比例很高，管理层发生变更的概率就会相应提高，而且有表决权股份的交易价格应反映由此形成的溢价。

- 在其他条件相同的情况下，和管理良好的公司相比，在管理不善的公司中，有表决权股票交易价格超过无表决权股票交易价格的溢价应更高。因为对前者而言，控制权的期望价值接近于零，因此，这些公司的有表决权股份和无表决权股份应具有基本相同的交易价格。而在管理不善的公司中，控制权的预期价值相对更高，相应造成表决权股票的溢价相应较高。

- 在其他条件相同的情况下，有表决权股份的数量相对无表决权股份的数量越少，有表决权股票享有的溢价就应该越高。由于控制权的预期价值除以有表决权股份的数量，即为每股表决权股份享有的溢价，因此，这个数字越小，每股价值就越高。但我们还需权衡这样一个事实：在有表决权股票数量很少时，它更可能完全被现任管理者和内部人士持有，这就会减少管理层发生变更的可能性。

- 在其他条件相同的情况下，公众持有且可用于交易的有表决权股份比例越大，有表决权股份的溢价就应该越高。当有表决权股份完全或是大部分由管理层及内部人持有时，控制权发生变动的可能性就很小，相应地，控制权的预期价值自然也很低。

- 任何显示有表决权股份对无表决权股份享有优势的事件，都有可能影响到全部表决权股份交易的溢价。控制权的预期价值依赖于一种观念，即公司的管理层是可以变更的。而在现任管理层非常牢固的市场中，有表决权股票的交易或许不存在溢价，因为投资者无从评定控制权的价值。在这个市场中，如果敌意收购或是监管规制的变化能为无表决权股东提供适当的保护，就可以提高所有企业控制权的预期价值，进而增加有表决权股份的交易溢价。

总之，我们可以预见，对于管理不善且股份高度分散的公司，表决权股票的溢价应该最高；而在管理良好且表决权股份集中于内部人士及管理层手中的公司，表决权股票的溢价应该最小。

◎ **案例11-9 有表决权股份和无表决权股份的估值**

在考虑有表决权股份和无表决权股份的估值时，我们不妨以两家公司为例：2004年的巴西航空工业公司（Embraer）以及2009年安德玛公司（Under Armour）。和大多数典型的巴西企业一样，巴西航空工业公司同时发行普通股（有表决权）

和优先股（无表决权）两种股票。安德玛公司也发行了这两类股票，且全部表决权投票均由公司创始人凯文·普朗克（Kevin Plank）持有。

巴西航空工业公司

我们需要对公司进行两次估值，首先是现行管理状态下的价值，而后是最佳管理状态下的价值。在由现有管理层经营的情况下，我们的估值结果是125亿巴西雷亚尔。该估值所依据的假设是：公司至少在短期内将继续维持保守的（低债务）融资政策和较高的投资收益率（尽管再投资率较低）。而后，我们对最佳管理状态下进行的估值结果为147亿巴西雷亚尔，该估值假设公司在债务及再投资政策上更为主动。

公司发行的有表决权股份数量为2.425亿股，无表决权股份数量为4.767亿股。管理层变动的可能性之所以相对较低，部分原因在于大部分有表决权股份由内部人持有，⊖还有一部分原因则是巴西政府对公司有重大影响力。⊖假设管理层发生变更的概率为20%，我们估计的有表决权股份和无表决权股份价值为：

$$无表决权股份的每股价值 = \frac{现状价值}{有表决权股份数量 + 无表决权股份数量} = \frac{125}{2.425 + 4.767}$$
$$= 17.38（巴西雷亚尔/股）$$

有表决权股份的每股价值 = 现状价值 + （最佳价值 - 现状价值）× 管理层发生变更的概率 $= 17.38 + 0.2 \times \frac{147 - 125}{2.425} = 19.19$（巴西雷亚尔/股）

按我们的假设，有表决权股份应按10.4%的溢价进行交易。

安德玛公司

假设我们估计的安德玛公司普通股的现状价值为12.68亿美元。再次评估安德玛的最优价值时，需要考虑两个方面的变化——通过增加品牌名称，使得复合收入增长率提高到15%（而不是12.5%），并实现了更高的资本收益率10%（而不是9%），且这种影响具有永续性，那么，公司的股权价值将是14.44亿美元。A类股票的数量为3679.1万股，每股享有1票表决权；B股发行数量为1250万股，每股享有10票表决权。考虑到全部B股均由公司创始人持有，因此，我们可以假设，公司管理层发生变更的概率仅为10%。由此，我们可按如下方式计算控制权的预期价值和每票表决权的价值：

$$每股现状价值 = \frac{现状价值}{A类股数量 + B类股数量}$$
$$= \frac{1268}{36.791 + 12.5} = 25.72（美元/股）$$

⊖ 在2.425亿有表决权的股份中，80%由4家机构平均持有，它们是Cia Bozano、Previ、Sistel和欧洲集团。因此，它们是这家公司的实际控制人。

⊖ 巴西政府仅持有0.8%的有表决权股份，但是在巴西航空工业公司客户得到的融资中，有很大一部分来自持有该公司9.6%无表决权股票的巴西开发银行（BNDES）。

$$控制权的预期价值 = (最佳价值 - 现状价值) \times 管理层发生变更的概率$$
$$= (1444 - 1268) \times 10\% = 1760 \text{(万美元)}$$
$$= 17.6 \text{(百万美元)}$$

$$有表决权股份的每股价值 = \frac{控制权的预期价值}{表决权票数总额} = \frac{17.6}{36.791 \times 1 + 12.5 \times 10}$$
$$= 0.1088 \text{(美元/股)}$$

$$每股表决权价值 = \frac{控制权的预期价值}{表决权票数总额} = \frac{17.6}{36.791 \times 1 + 12.5 \times 10}$$
$$= 0.1088 \text{(美元/股)}$$

$$A 股的每股价值 = 每股现状价值 + 1 \text{个表决权的价值}$$
$$= 25.72 + 0.11 = 25.83 \text{(美元/股)}$$

$$B 股的每股价值 = 每股现状价值 + 10 \text{个表决权的价值}$$
$$= 25.72 + 0.11 \times 10 = 26.82 \text{(美元/股)}$$

本章小结

总体而言，对成熟型企业的估值难度要低于高成长型企业，毕竟对于前者，我们拥有更多有关收入、现金流和收益等方面的相关历史数据。但这并不等于说，对成熟型企业的估值不存在任何挑战。在本章里，我们着眼于成熟型企业可能出现估值困难的两个方面：有些成熟型企业需要以收购启动增长，以及管理层发生变更造成价值变化的可能性。

在对收购公司进行估值时，需要我们处理两个方面的估计问题。首先是收购行为具有一次性和大额性，在经历一个年度的大举收购之后，公司可能在次年的收购市场上悄无声息。其次是对收购的会计处理，由于它与内部投资在处理方式上采取了不同的方式，因而有可能扭曲资本收益率等关键性指标。为此，我们并没有单独处理收购，而是在估算再投资时将收购成本纳入资本支出中，并以长期平均值来抚平各年度之间的波动。在考量收益率时，我们假设商誉代表增长型资产的溢价，并从投资资本中扣除商誉价值。

在处理管理层发生变更的可能性及其对价值的影响时，我们需要对公司进行两次估值，首先是对处于现任管理层条件下的公司进行估值（现状价值），其次是对处于其他最优管理层条件下的公司再次估值（最优估值）。这两个数字的差额即为控制权的总体价值。将这个数值乘以管理层发生变更的概率，即可得到控制权的预期价值。这个价值不仅影响到收购企业的估值，而且适用于所有上市公司及其表决权股份溢价的估值。

The Dark Side of Valuation   第 12 章

日落西山
衰退型企业

在第 9 章中，我们研究了处于生命周期中最初阶段的企业，并试图最合理地解决这样一个现实问题，即大多数年轻的初创企业都无法熬过艰难的创业期，更不用说成长为健康的企业。在第 10 章中，我们继续探讨了进入生命周期下一个阶段的企业——成长型企业，在这个阶段，估值的最大挑战就是在企业不断扩大规模和竞争对手不断涌入市场的同时，如何合理地估计企业的增长率。在第 11 章中，我们开始深入考察已进入生命周期中成熟阶段的企业，大多数成长型企业都试图不要成为这个群体中的一员，但它们又别无选择。此外，我们还讨论了收购和管理层变革给估值带来的后果。在本章中，我们把目光转移到处于生命周期最后一个阶段的企业——衰退型企业，并对决定此阶段企业估值的关键问题加以剖析。

尽管本章讨论的问题主要针对衰退型企业，但是在对处于衰退中的企业进行估值时，大多数分析师面临的首要问题则是来自心理上的。作为一个普通人，我们的本性应该是乐观的，而这种态度在企业估值中的体现，就是我们对未来正增长率和更高现金流的期待。在对衰退型企业估值时，我们却只能违背自己的本性，并以低于目前水平的现金流来估计未来的现金流。在本章的第一部分中，我们将探讨衰退型企业现金流的估算过程，并在后半部分中了解企业陷入衰退或危机带来的可能后果，以及如何以最合理的方式将这种可能性体现在估值中。

身处经济大潮中的衰退型企业

在每个经济体，都会有很多已走过自己黄金时代的公司，而且这些公司往往聚集在某些部门。在它们当中，有些可能是对经济总产量和就业举足轻重的大公司。比如说,在美国,汽车和钢铁企业就曾是国家经济的命脉,然而在过去的几十年里,这些企业却处于持续衰退状态。即便如此,它们仍提供了大量的就业岗位,在整个经济中占据了相当大的比例。

衰退型企业的生命周期理论

正如我们在第11章中曾提到的那样,成长型企业显然不想成为成熟型企业,而成熟型企业则在不断挖掘新的增长根源。同样的道理,也没有任何一家成熟型企业想要走下坡路,因为这只能意味着利润和价值的损失。那么,我们应如何区分成熟型企业和衰退型企业呢?和前几章一样,我们同样可以使用资产负债表来揭示两者之间的差异(见图12-1)。

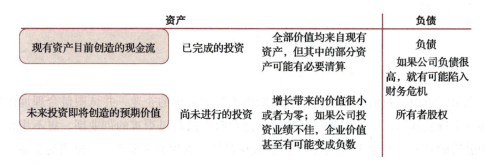

图 12-1 衰退型企业的财务资产负债表

成熟型企业与衰退型企业的差异体现在如下两个关键方面。首先是资产负债表的资产一侧。如果说成熟型企业的大部分来自现有资产,只有一小部分来自增长型资产,那么衰退型企业则恰恰相反,增长型资产给企业创造的价值是零(或接近于零)。事实上,我们经常会看到,衰退型企业的增长型投资只会让它们丧失价值,尤其是在再投资率低于资本成本时,这种现象尤为明显。现有资产不仅涵盖了衰退型企业的全部价值,而且在现实中,有些企业通过清算或剥离这些资产带来的价值,甚至超过对它们持续经营所能创造的价值。其次,在资产负债表的负债一侧,衰退型企业则面临着过度杠杆化造成的更严重影响。因此,它们绝不应指望着能以未来的更高收入来偿还现有债务。换句话说,衰退和危机往往会携手而至。

衰退型企业的特征

在本节中,我们首先来看看衰退型企业通常会具有哪些共性特征,并着眼于它们给公司估值带来的问题。需要再次提醒的是,这些特征并非是所有衰退型企业都拥有的,实际上,只要具备其中的大多数特征,就足以把它们纳入这个群组中:

- **收入停滞或已开始下降**:对于一家已陷入衰退阶段的企业,它的最明显迹象或许就是,即使市场形势一片大好,它也没有能力持续性增加收入。收入停滞或增长率已低于通货膨胀率这一事实表明公司已经营乏力。更能说明问题的是，这种收入趋势不仅适用于被分析的公司，而且适用于公司所处的整个行业。这足以推翻将收入增长乏力归咎于管理不善的说法（因而可以通过引入新管理团队加以解决）。

- **利润率下降或已形成亏损**：衰退型企业的收入停滞通常伴随着营业利润率的下降，部分原因在于公司正在丧失定价能力，还有一部分原因则是公司为防止收入进一步减少所采取的主动降价行为。这两个方面结合到一起，共同导致这些企业的经营收入持续恶化甚至出现负增长，当然，它们也会通过出售资产而实现暂时性盈利或是其他一次性利润。
- **资产剥离**：衰退型企业的一个重要特征就是其现有资产有时对其他公司更有价值——他们可以将这些资产用到其他使用效率更高的用途上，因此，资产剥离出现在衰退型企业中的频率，往往会高于处在生命周期初期阶段的企业。当衰退型企业面对大量需要偿还的债务时，在避免违约的动机或是偿还债务的压力下，剥离资产的需求会变得更强烈。
- **大额支付——支付股息和股票回购**：衰退型企业几乎没有可创造价值的增长型投资，也鲜有可产生正现金流的现有资产或是带来现金流入的可剥离资产。如果确实没有可担心的债务危机，那么衰退型企业不仅可以支付大笔股息，有时甚至可以支付超过收益的股息，而且完全有理由进行股票回购。
- **财务杠杆的弊端**：如果说债务是一把双刃剑，那么衰退型企业面对的往往是危险的一面。由于现有资产的收益陷入停滞，并且收益增长的可能性微乎其微，因此很多衰退型企业不得不面对沉重的债务负担，自然也就不足为奇了。需要注意的是，在这些债务中，大部分可能是当企业处于生命周期更健康阶段时欠下的，而且这些债务按目前状况已无法履行。除了在履行已承诺债务方面遭遇的困难之外，这些公司在为筹集偿债资金方面还要面对更多困难，因为债权人往往对它们的融资要求提出更苛刻的条款。

估值问题

在对衰退型企业估值时，我们面临的问题大多源自这些企业的共同特征。我们采用的大多数企业价值估值技术，无论是内在估值法还是相对估值法，均针对健康企业，而且被估值对象均处于正增长状态中。然而，如果企业预计会随着时间的推移而不断收缩，或者危机已近在眼前，这些方法就会彻底失效。

内在估值法（DCF）

公司的内在价值等于它在整个生命周期中创造的预期现金流的现值。尽管这个原理不会因为企业的衰退而改变，但现实中的问题有可能给估值带来大量障碍。

现有资产

在对公司的现有资产估值时，我们首先估计出这些资产创造的预期现金流，并按风险调整折现率对它们进行折现。这也是大多数估值技术的标准流程，但衰退型企业的两个特征则有可能对这个过程产生一定的影响：

- **收益率低于资本成本**：在很多衰退型企业中，现有资产（即使尚能创造收益）的收益率已低于资本成本。后果是显而易见的，按资本成本对现金流折现得到的企业价值自然会低于公司对企业投入的资本。从估值角度来看，这既令人无法接受，但绝非出人意料：收益率低下的资产只会破坏价值。
- **剥离效应**：如果现有资产的收益率低于资本成本，一种合理的对策就是出售或剥离这些资产，并寄希望于最慷慨的买家会为它们支付不菲的价格。从估值角度来看，资产剥离会造成历史数据的中断，从而增加了预测的难度。要理解资产剥离对历史数据的影响，我们不妨设想一家在去年中旬剥离大部分资产的公司。去年的全部运营数据（收入、利润和再投资）都会受资产剥离的影响，丧失了连续性，但年度财务数字包含被剥离资产在剥离前的部分时间内创造的经营业绩。同样，对使用历史价格或者收益参数得到的贝塔系数等风险参数，也会因为出现当期中间的资产剥离而被扭曲。至于资产剥离对预测的影响，可以想象，如果一家公司预计将在未来几年剥离大部分资产，那我们就只能绞尽脑汁地去估计其收入和利润了。我们不仅需要精准确定将要剥离的资产以及该剥离对经营收入和利润的影响，还必须估算剥离业务本身的收益。换句话说，尽管剥离活动本身不影响价值，但预期的剥离收入与持有被剥离资产的价值之差则会影响企业价值。

因此，在对衰退型企业的现有资产估值时，最大的问题在于，这些资产带来的现金流价值有可能低于通过剥离这部分资产所实现的价值。

增长型资产

衰退型企业通过增长型资产得到的价值少之又少，因此，对这部分的估值不应该对价值形成重大影响。尽管事实是大多数情况如此，但我们还是要考虑到这样的可能性：有些衰退型企业不愿承认现实，并继续投资于新资产，似乎它们还有无限的增长潜力。但如果这些新增资产的收益率低于资本成本，那么增加新资产带来的价值就应该是负值，也就是说，再投资只会侵蚀公司的价值。

我们还可以进一步思考这个问题。如果我们将资产剥离看作投资资本的减少，那么对于衰退型企业来说，衰退型企业的再投资率在未来几年有可能成为负数。这至少会在可预见的未来形成负的增长率。很多分析师的估值基础知识来源于健康的企业，因此，面对负的增长率和超过收益的现金流，往往会让他们感到无所适从，但这样的组合恰恰是很多衰退型企业的基本特征。

折现率

如果说资本成本是债务成本和股权成本的加权平均值，那么是什么导致我们难以估计衰退型企业的这些数字呢？首先，衰退型企业的标志性大额股息和股票回购，可能会影响我们用来计算股权债务比率的总体价值。尤其是在向股东返还大量现金时，如果是通过股息，会降低股票的市场价格；如果是通过股票回购，则会减少流通股的数量，从而最终减少了股票的市场价值。如果公司没有同比偿还债务，那么债务比率就会上升，从而最终影响到债务成本、股权成本和资本成本。

其次，财务危机的存在会给股权成本和债务成本产生重大影响。债务成本会随着违约风险的增加而提高，有些评级公司会将公司的信用评级下调至垃圾级，比如BB、B甚至更低。如果公司的营业利润低于利息支出，债务的税收优惠也会消失，从而造成债务的税后成本进一步上升。随着负债股权比率的攀升，收益波动性的增加还会导致股权成本相应提高。从指标上看，如果分析师使用滞后的回归贝塔系数来反映股权风险，那么他们或许会发现，自己面对的是一种股权成本低于税前债务成本的非正常情景。⊖但最终结果更多地体现了他们为公司选择的"错误"贝塔系数，而非现实。

终值

我们已在前述章节中详细探讨了计算终值的一般性流程。首先，我们需要为公司估计一个可永久维持的增长率；但需要提醒的是，这个增长率不应超过总体经济的增长率，在这里，我们可以无风险利率代替总体经济增长率。随后，我们需要对公司可永久维持的超额收益做出合理假设，并根据这个数字来预测公司的再投资率。最终，我们估计出终值计算所采用的折现率，作为风险参数，这个折现率应反映公司将会进入更为稳定状态的事实。

在这个过程的每个阶段上，处于衰退和危机中的企业都要面对特殊的挑战。在第

⊖ 对陷入财务困境中的公司来说，如下两个方面的原因会导致回归贝塔系数可能无法充分体现股权风险。首先，它是使用长期历史回报计算得到的。如果公司在其中的某个时段保持健康（或者至少比现在更健康），那么由此得到的回归贝塔系数就会低估了真正的贝塔系数。其次，在遭遇危机期间，公司的股票价格往往存在较大的波动性，但这种波动通常与市场无关；股价可能会因为债务重组谈判或破产传言而上下波动。由于回归贝塔系数反映的是个股相对于大盘的变动情况，因此，在出现财务困境期间，这个数值有可能会降低。

一阶段中，我们必须考虑被估值企业未能进入稳定增长阶段的重大可能性。很多陷入危机的企业会发生债务违约、倒闭或是被清算。即使我们预期一家企业能生存下去并进入稳定状态，我们预测的永续增长率也应远低于经济增长率和通货膨胀率，在某些情况下，增长率甚至有可能是负值。从本质上讲，企业还将继续存在，但随着市场的萎缩，它也会加速收缩。在第二个阶段中，衰退型企业给我们带来最大的估计问题就是企业的利润率将远远低于目前的资本成本，因此，我们没有任何理由对未来持乐观态度。

实际上，对于这样一家企业，最合理的假设或许就是让它永久维持低于资本成本的资本收益率。这将对再投资和终值都带来影响。最后，我们在上一节中提到的与折现率相关的估计问题，同样存在于终值的计算中。换句话说，当一家公司陷入危机时，它在这一时刻的股权成本和债务成本可能高得令人难以置信。哪怕只是让这些数字维持或接近当前水平，也会导致终值难以接受。

从经营性资产到每股股权价值

从经营性资产得到每股股权价值的过程完全遵循标准模式。在经营性资产的基础上，加上现金及其他非经营性资产，再减去未偿还债务及公司发行的全部股票期权（既包括融资型期权，也包括管理层期权）的价值，除以已发行股票的数量，我们即可得到每股股权价值。但在这个过程中，我们需要面临三个问题，尤其是对已陷入危机的衰退型企业。

我们对第一个问题不会感到陌生：很多公司在生命周期早期阶段就已经在亏损。公司目前的现金余额可能与资产负债表披露的现金余额几乎没有什么相似之处。对处于亏损的收入衰退型企业来说，它有可能在很短时间内即耗尽现金余额。因此，如果没有考虑到这一点，就有可能导致股权估值过高。

第二个问题是，陷入危机的企业的债务市场价值（或估值）会低于其账面价值。这并不难理解，因为债务是在以前取得并按当时价值入账的，在那个时候，公司还处于健康状态。考虑到违约风险已上升，因此债务的价值自然会降低。需要注意的是，即使公司未发行债券，只有未偿还的银行贷款，情况依旧如此。两种情况的不同之处在于，对于尚未偿还的债券，债务价值的下跌体现为债券交易价格的下降，因为债券是可交易的；对银行贷款来说，价值的下跌则是隐含不可见的。那么，这对估值股权会带来怎样的后果呢？我们不妨考虑一个简单的例子，假设我们将一家公司的经营性资产估值为8亿美元；与此同时，这家公司的债务尚未完成，且账面价值为10亿美元，而市值仅为5亿美元。在现金流折现估值中，持续经营的概念要求我们始终采取市场价值进行估值。因此，无论是计算资本成本所需要的债务比率，还是需要从公司价值中扣除的股权价值，我们使用的均为市场价值。但是在上面的这个例子中，会让我们感觉到，将股权（企业价值减去债务的市场价值）估值为3亿美元的结论似乎有点站不住脚。毕竟，此时的市场已认为公司存在很大的违约概率。实际上，如果我们假设这家公司被另一家财务状况更健康的企业所收购,并由收购方承担债务,那么当我们重新估计这家公司的股权价值时,便可对上述解决方案的脆弱性一览无遗。因为我们认为,收购方的违约风险较低,因此,当被估值公司的债务被转移给收购方之后,其价值即上升到账面价值;在公司价值保持不变的情况下,债务价值的提升,自然会导致股权价值大幅削减,甚至有可能变成负数,这显然是不合理的。

导致股权价值估计遭遇困难的第三个问题是,当公司陷入危机时,其债务和股权之间往往存在一个灰色地带,使得两者不能截然区分。不良债务本身不仅就具有股权的某种特征,而且贷款人通常也会凭借其债权谋求并取得股权地位,这种权利可以采取股票期权的形式,也可以是债权转股权的特权。在这种情况下,我们需要对这些股票期权进行估值,并从整体股权价值中扣除这部分价值之后,才是普通股的价值。事实上,对陷入危机的企业来说,债务重组谈判可以在一夜之间改变公司的债务、股票期权和普通股价值。当大型贷款人同意接受公司以股份换取债务的方案时,其对每股股权价值带来的影响是不可预测的。

相对估值法

面对内在估值法在衰退型企业或危机企业估值中遭遇的障碍,有些分析师会转而求助于相对估值法,但他们马上会发现,在使用估值倍数与可比数据时,前述几个部分提到的估计问题依旧会或隐或现:

- **规模变量**:所有估值倍数都需要按某个共同变量按比例缩放,这些变量基本上可以划分收入、收益、账面价值以及特定行业指标。对陷入危机的企业而言,盈利和账面价值自然无须考虑了——前者是因为很多衰退型企业均已处于亏损状态,而后者则是因为长期亏损累积起来,可能会导致股权的账面价值变成负值。尽管我们可以计算企业价值与收入的倍数,但这样做实际上相当于我们给出了一个内在假设,即公司将能扭转运营并实现利润。
- **可比公司**:在对衰退型企业进行估值时,我们要面临两种可能发生的情况。第一种情况是,尽管我们的估值对象是一家衰退型企业,但行业内的其余企业仍保持健康,并处于增长状态之中。由于市场认为衰退型企业和健康企业之间存在巨大差异,因此,这种情况下的最大障碍,就是找出衰退型企业的交易价格相对于健康企业的折扣率。我们需要面对的第二种情况是,在被估值的衰退型企业或危机企业的所在行业中,很多公司甚至是所有公司都具有相同的特征。在这种情况下,我们可以采用的变量自然会受到限制,而且还需要考虑如何针对企业的衰退程度对这些变量进行调整。比如说,2009年年初,福特、通用汽车和克莱斯勒等公司均表现出增长乏力的迹象,但通用汽车的处境显然最糟糕,其次是克莱斯勒和福特,也就是说,三大汽车制造商的衰退程度不尽相同。

- **对危机的考虑**：尽管分析师经常会针对前两个问题提出创造性解决方案，譬如使用未来收益的变量并对衰退程度的差异进行控制，然而，一旦企业陷入危机，任何比较都将失去意义。换句话说，如果这些企业不仅已进入衰退状态，而且还被视为危机企业，那么我们应该预见到的是，和那些只是很有可能破产的企业相比，破产概率较高的企业的交易价格会更低（因此适用于较低的估值倍数）。除非我们明确地对破产可能性进行控制，否则在使用相对估值法时，我们会低估第一类公司，并高估第二类公司。

到此为止，有一点应该已经很清楚：任何影响内在估值法的准确性的问题，都会出现在相对估值法中。对于因债务过多和收入下降造成的衰退，它的所有症状（增长率为负数、营业利润率很低或为负数、收入停滞以及存在破产概率）都不会因为我们改用收入倍数进行估值而消失。

估值难点

在对衰退企业或危机企业估值时，分析师经常会发现，适用于健康企业的工具和方法在它们身上一一失效。而对一个曾拥有强健的财务历史而今却整体陷入危机的行业，这个问题会变得尤为糟糕，因为分析师很难割舍让他们习以为常的老规则和老标准。在本节中，我们将探讨衰退型企业和危机企业估值中的一些难题。

习惯性乐观主义

在本章开始时，我们曾指出，分析师在估值衰退型企业时面临的最大问题之一就是，他们不得不抵制估值过程中固有的乐观情绪。在对危机企业的估值中，这种乐观主义体现在三个方面：

- **增长率**：分析师早已习惯于将增长率估计为正数，对他们来说，这已成为得心应手的标准规程，正增长率不仅针对短期，而且是大多数公司的永久状态。因此，在对衰退型企业估值时，分析师会按未来的正增长率去预计当前的利润变化趋势，这已形成常态，而背后的原因则再简单不过，因为他们对大多数公司都是这么做的。但这种看待企业未来的看法显然与现实相互冲突，因为收入停滞和利润率下降与未来收益的正增长率显然是不相容的。对危机企业使用正增长率的结果，就是我们高估未来的收益和现金流，从而高估这些公司的价值。
- **折现率**：很多危机公司的估值依赖于这样一种假设——被估值企业最终将归属于债权人，与此同时，原本的不良债务和风险股权被更安全的债务和股权取而代之。实际上，这些企业是按照行业中健康企业的资本成本进行估值的。这背后的隐含假设是，不管当期问题导致折现率出现怎样的偏差，但这些问题很快就会迎刃而解。

- **超额收益和利润率**：除了按正增长率估计盈利以外，分析师还会假设被估值公司的利润率和超额收益最终将恢复到历史平均水平（即使不能马上应验，但迟早会出现这一天）。尽管这对某些衰退型企业来说确有可能，但对其他企业来说恐怕不太可能，甚至完全不可能。将正收入增长率、利润率持续改进以及健康企业的折现率结合到一起，得出的结论可想而知：大多数衰退型企业和危机企业都会被低估。

◎ **案例 12-1　对西尔斯百货的估值——2008 年 9 月的过度乐观估值**

西尔斯百货是一家具有悠久历史和良好声誉的知名零售企业。但是在 2008 年之前的 10 年时间里，这家零售巨头始终处于亏损状态。公司的核心客户群已放弃了西尔斯百货，并转向塔吉特和沃尔玛等零售商。在截至 2008 年 2 月的财政年度中，西尔斯百货 2007 年度的收入为 507 亿美元，仅比 2006 年高出 3.2%；营业利润为 15.4 亿美元，较 2006 年的营业利润减少了 17.7%。2008 财年，西尔斯百货减少经营门店的数量，并回购了价值近 29 亿美元的本公司股票。最终，西尔斯百货当年零售业务的资本收益率为 4.99%，远低于 7.50% 的资本成本。从总体上看，西尔斯百货的所有指标都在恶化。

要对西尔斯百货做出过度乐观的估值，我们可以采取以下假设：

- 未来 5 年，公司收入将以每年 6% 的速度增长，而后降至 4% 的稳定增长率。在此期间，税前营业利润率将恢复至公司在健康状况时所达到的 5%。
- 公司的资本成本马上下降至 7.13% 的行业平均水平，并永远维持在这个水平上（2008 年 9 月的国债利息率为 4.09%，股权风险溢价为 4.5%）。
- 公司的资本收益率将迅速回升至 12%，即西尔斯百货的新投资将达到零售行业的平均水平。这也是公司的永久性资本收益率。

按照这些假设，我们首先估算前 5 年的现金流（见表 12-1），并以 7.13% 的资本成本对这些现金流进行折现。

表 12-1　未来 5 年公司的预期自由现金流

（金额单位：百万美元）

	当期	第 1 年	第 2 年	第 3 年	第 4 年	第 5 年
收入增长率		6%	6%	6%	6%	6%
收入	50 703	53 745	56 970	60 388	64 011	67 852
营业利润率	3.05%	3.44%	3.83%	4.22%	4.61%	5%
EBIT	1 548	1 850	2 183	2 549	2 951	3 393
EBIT（1－税率）		1 147	1 353	1 580	1 830	2 103
减：再投资		574	677	790	915	1 052
公司自由现金流		574	677	790	915	1 052
现值		535	590	643	695	745

注：税率 = 38%。

需要提醒的是，随着收入的增长以及税前营业利润率从3.05%（当前）增加到5%的目标值（按线性递增），营业利润出现大幅增长。按6%的收入增长率和12%的资本收益率，我们将公司在5年期间的再投资总额估计为税后营业利润的50%。在第5年年底，我们假设公司进入稳定增长状态，按4%的增长率永续增长，并根据12%的资本收益率估计再投资率：

$$稳定增长阶段的再投资率 = \frac{稳定增长率}{稳定状态的资本收益率} = \frac{4\%}{12\%} = 33.33\%$$

$$终值 = \frac{税后营业利润_5 \times 稳定增长率 \times (1 - 再投资率)}{稳定状态的资本成本 - 稳定增长率}$$

$$= \frac{2103 \times 1.04 \times (1 - 0.333)}{7.13\% - 4\%} = 45\,797（百万美元）$$

$$= 457.97（亿美元）$$

将终值折现，再加上现金流的现值，即可得到经营性资产的价值为356.63亿美元：

$$经营性资产价值 = 535 + 590 + 643 + 695 + 745 + \frac{45\,797}{1.0713^5}$$

$$= 35\,663（百万美元）= 356.63（亿美元）$$

再加上现金（1622百万美元），减去债务（7782百万美元），即可得到每股股权价值为223.90美元，这明显高于分析时点的股票价格76.25美元：

$$每股价值 = \frac{35\,663 + 1622 - 7728}{132.01} = 223.90（美元／股）$$

折现率的扭曲

在上一节中，我们指出，在对衰退型企业和危机企业估值时，乐观主义者会以同行业健康企业的风险参数取代将被估值企业的当前风险参数。但这些分析师还算靠谱，比他们不靠谱的大有人在：有些分析师使用目前的债务数据，却依靠公司历史数据（债务的账面利率和贝塔的回归）来估计风险参数，而后再将这些数据固定下来，并永续使用。之所以这么说，是出于如下几个方面的原因：

- 很多衰退型企业和危机企业的负债率远高于行业平均水平，这种情况就长期而言是不可持续的，也不符合持续经营的概念。因此，如果按90%的市场平均债务-资本比率对航空公司进行估值，并假设公司将保持这个估值水平，另外又假设公司财务将恢复健康状况，这本身就是相互矛盾的。
- 如果按债务成本的标准计算方法——采纳公司债券的目前市场利率，就可能会导致债务成本畸高。比如说，2009年1月，对于很多公司发行且具有重大违约风险的债券，其到期收益率均超过了 20%。如果分析师按回归得到的贝塔系数估计股权成本，那么他们会发现，自己陷入了无所适从的境地，即股权成本远低于债务的税前成本。为解决这个问题，分析师也曾尝试了很多创造性解决方案，但很多方案要么缺乏理论基础，要么缺少实证依据。在这些方法中，其中的一种就是使用账面利率，即用利息费用除以债务的账面价值。由于账面上的大部分债务是在公司处于相对健康的时期取得的，因此按账面利率得到的债务成本在数字上似乎更为合理。另一种方法则是按照股权风险高于债务风险的逻辑，随意性地将股权成本提高到高于税前债务成本的水平。虽然这个逻辑本身无可挑剔，但调整的任意性显然是不合理的。

- 诚然，利息费用可以在税前扣除，从而享受免税优惠，而且大多数企业的税后成本确实远低于债务的税前成本。我们可以按税前成本与（1－税率）的乘积计算税收收益。但如果分析师采用这种模式认识衰退型企业和危机企业，就会遗漏税收优惠观点的一个关键部分。要兑现利息费用的税收优惠的效应，公司首先需要有足够的营业利润支付这些利息支出。如果公司一直在亏损，而且现在还在亏损，并预计今后将会继续亏损，那么我们就有可能在较长时间内无法享受债务带来的税收优惠。

总而言之，危机企业的折现率必须体现它们所面对的危机，并随着时间的推移而调整，从而符合我们对未来盈利能力和财务状况的假设。

◎ 案例 12-2　折现率的扭曲——2009 年 2 月的拉斯维加斯金沙集团

拉斯维加斯金沙集团旗下拥有和经营的资产包括位于拉斯维加斯的威尼斯人娱乐场、拉斯维加斯金沙会议中心以及中国澳门的金沙娱乐场。这家公司确实不符合衰退型企业的传统定义——其收入从 2005 年的 17.5 亿美元增加到 2008 年的 43.9 亿美元，此外，它还有另外两家赌场正在开发中，不过它在 2008 年的最后一个季度曾面临一场重大财务危机。2008 年，有关公司能否履行债务的传言导致股价和债券价格发生暴跌，跌幅分别约为 90% 和 40%。

截至 2009 年 1 月，公司仍未摆脱债务违约的阴影，这种恐惧也在债券和股票价格上得到了体现：

- 公司债券的信用等级被穆迪（和标准普尔）评定为 B2。由拉斯维加斯金沙集团发行的债券将于 2015 年到期，到期收益率为 19.82%。尽管公司在财务报告中披露的 2009 年营业利润为 1.64 亿美元，但整个年度的最终经营成果净亏损 2.29 亿美元，亏损原因主要是当期的利息支出 4.22 亿美元。因此，虽然边际税率达到了 38%，但公司只能享受一小部分利息支出带来的税收优惠：

$$\text{税收优惠比率(税率)} = \text{边际税率} \times \frac{\text{利息支出} - \text{净亏损}}{\text{利息支出}}$$

$$= 38\% \times \frac{4.22 - 2.29}{4.22} = 17.37\%$$

- 按照2007年1月~2009年1月这两年的每周收益率,可以得出回归贝塔系数为2.78。根据无风险利率3%(分析时点的10年期债券利率)和6%的股权风险溢价,我们可以得到公司的股权成本为19.03%:

$$\text{股权成本} = 3\% + 2.78 \times 6\% = 19.68\%$$

- 集团在2009年1月的市值为27.27亿美元,远高于22.8亿美元的股权账面价值。集团的债务账面价值为104.7亿美元,远高于75.7亿美元的债务市值,这表明债券发行后的违约风险已大幅增加。按市场价值得到的债务权重如下:

$$\frac{\text{债务}}{\text{债务} + \text{股权}} = \frac{75.7}{75.7 + 27.27} = 73.57\%$$

- 如果我们按账面价值作为上述参数的取值,我们将得到17.25%的资本成本:

$$\text{资本成本} = \text{股权成本} \times \frac{\text{股权}}{\text{债务} + \text{股权}} + \text{税后债务成本} \times \frac{\text{债务}}{\text{债务} + \text{股权}}$$

$$= 19.68\% \times (1 - 73.57\%) + 19.82\% \times (1 - 17.37\%) \times 73.57\%$$

$$= 17.25\%$$

这个估计值不仅远高于赌场业务的平均资本成本9%,而且还伴随着两个令人不安的特征。首先,债务的税前成本高于股权成本。其次,对一家健康的企业来说,74%的负债率显然太高了。

为解决这个估计值的问题,我们不妨假设对该公司估值的分析师决定以更"合理"的数字取代传统型衡量指标:

- 暂且抛开当期借款成本,而是以总利息支出除以债务的账面价值的结果,作为债券的账面利率。因此,采用2008年的利息支出4.22亿美元和2008年年底的债务账面价值104.7亿美元,我们可以得到账面利率为4.03%。假设公司可以在未来某个时点享受税收优惠,那么按38%的边际税率估算得到的税后债务成本为2.50%:

$$\text{税后债务成本} = \text{税前债务利率} \times (1 - \text{边际税率})$$

$$= (4.22/104.7) \times (1 - 38\%) = 2.50\%$$

- 在估计股权成本时,我们使用了1.78的行业贝塔系数,通过对全部上市博彩公司的回归贝塔系数进行平均,我们估计得到的股权成本为13.68%:

$$\text{股权成本} = 3\% + 11.78 \times 6\% = 13.68\%$$

- 为计算权重参数,我们将市场价值替代为债务和股权的账面价值,从而得到负债比率为82.1%:

$$负债比率 = \frac{负债账面价值}{负债账面价值 + 股权账面价值} = \frac{10.47}{10.47 + 2.28} = 82.1\%$$

- 有了这些数字,我们就可以计算出拉斯维加斯金沙集团的资本成本。最终的结果仅为8.11%,更加接近于行业平均水平:

$$资本成本 = 股权成本 \times \frac{股权}{债务 + 股权} + 税后债务成本 \times \frac{债务}{债务 + 股权}$$
$$= 13.68\% \times (1 - 82.1\%) + 2.50\% \times 82.1\% = 4.50\%$$

这个资本成本估算结果与实际水平相去甚远。拉斯维加斯金沙集团已是一家陷入重大财务危机的公司。最初的资本成本估计值为17.25%,这个结果充分反映了它在2009年2月面对的危机,但它显然不能反映公司财务最终恢复健康状况时的水平。

剥离闹剧

衰退型企业或危机企业往往很早就开始剥离资产,而且预计未来将会剥离更多的资产。尽管这些资产剥离行为将为公司带来现金流,但是要把这些现金流纳入估值中,还需要我们采取既现实可行又不破坏内在一致性的方法。

如果预期公司会在未来剥离资产,那么进行估值的分析师往往就会依赖管理者告诉他们计划要剥离哪些资产以及剥离的预期收益会怎样。如果分析师接受公司管理者在这两个方面的看法,一个现实的危险就会摆在他们眼前:管理者可能会高估他们能从买家那里得到的资产出售收入。当公司深陷危机时,他们不得不迅速卖掉资产,以满足迫在眉睫的现金流需求,但他们没有什么讨价还价的能力。在这种情形下,他们根本就不可能按公允价值得到对价,更不用说溢价。按经验判断,待剥离资产占公司总资产的比例越大,公司就越依赖于通过剥离资产来履行偿债义务,因此,我们在估计资产剥离的收入时,就越需要采取审慎的态度。

至于资产剥离的另一个方面,尽管显而易见,但仍有必要反复强调。当公司剥离资产或部门时,就不能再保留该资产或部门带来的收益和现金流。但是在太多的估值中,分析师似乎仍喜欢守着这块蛋糕,让剥离资产成了取之不尽用之不竭的百宝囊。在考虑了剥离带来的现金收入,他们却不愿在随后几年的预测中扣除这部分资产的收益。

账面资本

在对衰退型企业或危机企业估值时,一种常见的策略就是假定企业将被清算,并将清算价值作为现金流折现估值法的替代或补充。虽然这是一种合情合理的方法,但以资产账面价值代替清算价值的做法显然是站不住脚的。按照这个逻辑，只要交易的市场价值低于账面价值，就可以认为公司的价值被低估了，至少相对于清算价值而言是被低估的。因此，分析师就会以此为理由认为，清算价值很难获得，而且账面价值确实能反映公司在资产上的投入。即使我们接受这个观点的第二部分，但这绝不等于说，账面价值是一个很好的体现清算价值的标准，原因就在于被估值公司的特殊属性。正如我们在本章开始提到的那样，在衰退型企业和危机企业中，现有资产的收益能力往往远低于资本成本，而且这种缺口并不能完全归因于管理不善。既然如此，这些资产的公允价值或内在价值就应该远低于账面价值。

此外，对账面价值的依赖还有可能出现在估值的其他方面，比如说，计算资本成本所需要的债务权重和股权权重。很多人使用账面价值计算债务权重和股权权重，并声称账面价值更为稳定可靠，尤其是在市场动荡时期。但对已陷入危机的公司，这些分析师有时不得不面对一种尴尬境地，因为在经过长期的损失后，公司的股权账面价值有可能变为负数。此时，使用账面股权价值得到的债务－资本比率会超过100%，由此得到的资本成本自然毫无意义。

对危机企业的考虑

在某些处于衰退阶段的公司中，危机已成为一种无休止的暗流。对这些公司进行估值的分析师难免会听到很多验证这种担忧的传言和消息，但他们应对危机可能性的方式似乎并没有体现这种担忧：

- **拒绝现实悲剧**：在本章前面的部分中，我们曾提到，针对衰退型企业或危机企业的很多估值中，均对增长（未来将转为正的增长率）、折现率（未来将接近于健康企业）和利润率（毛利率和净利润未来均将恢复到危机之前的水平）采取了过分乐观的假设。在这个童话般的世界中，终将产生一个美满的结局（高得令人难以置信的终值），而且任何公司都不会真正违约。

- **放松折现率**：在使用当前股权和债务成本对危机企业估值时，分析师会声称他们的估值已经考虑到危机的影响，但危机企业的股权和债务成本可能远超过目前的水平。他们的说法有两点值得怀疑。首先，对很多处于危机中的企业来说，资本成本对危机并不十分敏感。换句话说，债务成本和股权成本发生变化，甚至是出现大幅波动，也未必会造成资本成本明显提高。⊖其次，用于估计资本成本的风险参数，包括贝塔系数和违约利差，均指向持续经营企业的风险，它们反映的是未来现金流的不确定性。而危机风险则是一次性风险（比如，这家公司可能在6个月后不复存在），而且更难以在折现率中得到体现。我们将在本章随后的部分中探讨这个话题。

⊖ 部分原因在于，高债务成本和高股权成本往往与较高的债务比率是并存的。由于债务成本低于股权成本，从而压低了最终的资本成本。

- **投资后估值**：在很多估值中，分析师将危机视为估值完成后发生的新事件，而且体现危机的手段是对估值结果进行随意折扣（在估值基础上进行20%~30%的折扣），甚至仅体现为定性的风险提示（譬如，该股看似低估，但考虑到存在危机的可能性，因而建议审慎买入）。

相对估值法

我们可以借助两种策略处理危机公司的估值。第一种方法是以经营变量（收入、利润和账面价值）的当期为基础，并按与仍为正数的变量（收入和账面价值）的比例作为估值倍数。第二种方法则以未来一年的收入或收益估计值为基础，计算未来的估值倍数，而后在可比公司之间进行未来估值倍数的比较。

不妨假设按当期收入和账面价值倍数来分析衰退型企业。假如这些公司属于所在行业的非正常企业（即它们是以健康企业为主的行业中的衰退型企业），那么这个相对估值法得到的结果就是可预测的。由于衰退型企业的交易倍数会低于同行业其他公司的交易倍数，因此被估值公司将被低估。为保证比较的合理性，我们还需要检验风险、收入增长率和预期收益率在较长时期内的差异。

在使用未来的数字时，问题的关键也就转移到了危机上。要理解背后的原因，不妨假设你正在对一家陷入严重财务危机的公司进行估值，公司的收入已停滞不前，收益为负数，而且背负着高额债务。你预测公司的命运将会出现转机，并预测5年后的EBITDA将达到1.5亿美元，且公司将维持健康的财务状况，交易价格基本相当于同行业其他健康公司交易时的EBITDA倍数（如，交易价格为EBITDA的6倍）。按上述标准，这家公司的未来估值为9亿美元，但这里存在一个问题。只有假设财务稳健是有保障的，而且不存在违约可能性时，这个估值结果才是合理的。如果公司在未来5年内遭遇不良事件的概率很大，那么我们就必须下调估值。

估值方案

如果影响衰退型企业或危机企业的关键问题就是如何处理负增长（并对后果做出一致性假设）和财务危机，那么我们就必须在实践中设计出更好的方法来处理这两种情况。在这个部分中，我们首先建立起分析衰退型企业的基本框架，并根据这个框架逐项考虑此类公司估值的细节。

处理衰退和危机的基本原则

我们将围绕两个关键问题启动对衰退型企业的分析。首先，作为我们的分析对象，其业务的衰退是可逆的还是永久的。在某些情况下，一家公司可能会陷入暂时性危机，但可以通过更换管理团队而走出危机。其次，被估值企业是否面临着可能性非常大的危机；需要提醒的是，并非所有衰退型企业都会遭遇危机。

为判断衰退是否具有可逆性，我们可以从了解公司的发展历史以及所在行业其他公司的状况出发。如果一家公司经历过市场风雨的洗礼——最典型的例子莫过于周期型企业和大宗商品企业，那么，与那些没有体验周期性起伏的公司相比，它们就更有可能走出低谷，实现复苏。同样，我们可以认为，在一个由健康企业构成的行业中，如果某个公司业绩不佳，那么它的问题多半是源于管理不善，而不是基本面存在问题。通过改善管理，公司或许就能起死回生，至少可以恢复健康，甚至进入新的增长轨道。相比之下，在一个所有企业都死气沉沉的行业中，业绩拙劣将成为企业的常态，问题背后很难找到明显的宏观经济原因，而且这些问题也不会因更换管理者而得到缓解。

在评估企业面对的危机时，我们首先需要考虑企业长期以来积累起来的债务负担。债务负担沉重的衰退型企业更有可能出现违约，从而导致债权人终止经营并进行清算。如果公司获得债券评级机构的评级，我们可以预见，这家公司的信用评级较低，而且通常会低于投资级。反之，如果未承担固定债务，即使在盈利不佳、没有增长甚至是负增长的情况下，企业也应能生存下去。至于我们到底应如何估值，还取决于被估值企业财务危机的可逆性与危机程度的具体情况。两个维度相互结合，可形成如下四种可能的组合：

- **可逆性衰退，危机风险较低**：如果公司的收入出现停滞且利润率开始下降，但公司面对的问题是可以解决的，那么我们可采取第 11 章针对估值控制设计的原则。也就是说，我们首先对由目前管理层运营且业务处于持续衰退状态的公司进行估值，由此得到的现状价值必然较低。随后，我们假设以更高水平的管理层取而代之，而且新任管理层扭转了公司的颓势，在此基础上，我们重新估计这家公司的价值。由此得到最优价值应该更高。最后，我们再估计管理层发生变更的概率，并根据现状价值和最优价值计算出预期值：

  预期价值 = 现状价值 × (1 − 管理层发生变更的概率) + 最优价值 × 管理层发生变更的概率

- **不可逆衰退，危机风险较低**：如果公司的拙劣业绩不能归咎于管理不善，而且问题又难以解决，那么我们无法通过对经营改进后的公司进行重新估值。但如果公司拥有的资产可以被其他公司更高效地利用，因而在剥离时可以换取更多的收入。考虑到危机程度较轻，公司没有出售其资产偿还固定债务的压力，因而有序地进行资产清算，为每项资产选择最佳的出售时机和出价最高的购买者。这种有序清算带来的预期收益为公司提供了一种新的价值。对此，我们将公司的最终价值确定为如下两者中较高的一个：⊖

⊖ 我们假设，因为这家公司的管理层会采取正确的措施并开展清算，这些措施能带来更高的价值。如果他们未能这样做，我们就需要估计采取准确措施的概率，这和我们对存在管理缺陷的公司采取的对策是一样的。

预期价值 = 现状价值与有序清算价值中的较大者

- **可逆性衰退，危机风险较高**：对遭遇危机概率较高的公司，我们需要考虑两种方案。在第一种方案中，我们尝试着将危机概率体现在预期现金流和折现率中，并由此得到根据危机调整后的价值。在第二种方案中，我们首先按低危机风险情景计算出企业的预期价值，然后再单独估计发生财务危机的概率。根据危机的概率以及快速清算资产预期获得的收入，我们即可计算出公司的危机调整价值。如果危机最终得以避免，而且企业重归正轨，那么这种可逆的衰退就可以让股权投资者收获可观的回报，从而让股权具有了期权的特征。
- **不可逆衰退，危机风险较高**：如果衰退成为不可避免的趋势，并且企业最终陷入破产危机，我们就要面对最恶劣的估值情景。与前述情景一样，我们同样需要通过修改折现现金流的输入变量来调整危机企业的预期价值，或是按危机概率直接调整非危机情景的预期价值。与可逆性下降情景之间的两种显著差异会造成企业价值大幅减少。第一种差异是，如果遭遇破产危机，考虑到买家寥寥无几（尤其是在整个行业的大多数公司均陷入危机时），而且又看不到太多的潜在上升空间，因此，在衰退不可逆转的情况下，破产清算的收入肯定较低。第二种差异体现为，由于最佳情景下的价值受低资产质量的制约，使得股权投资者从清算方案得到的收益很少。

表 12-2 总结了上述四种情景。

表 12-2 处理衰退和危机的基本原则

	危机风险不存在或较低（债务有限，而且也有投资级的信用评级）	危机风险较高（承担大量债务，且信用评级较低）
不可逆（整个行业陷入危机）	对处于现有管理层运营和预期衰退情景下的公司进行估值（即持续经营价值），对假设全部资产在有序清算情景下的公司进行估值： 预期价值 = 现状价值与有序清算价值中的较大者	以预期价值为起点（衰退不可逆转，且无危机风险） 估计公司发生受迫清算危机时的概率及清算收入 重新计算预期价值，对危机概率进行调整
可逆（健康行业中的非正常企业）	对处于现有管理层运营和预期衰退情景下的公司进行估值（即持续经营价值），再对由更优管理层和经营恢复正常情景下的公司重新估值，预期价值 = 现状价值 ×（1 - 管理层发生变更的概率）+ 最优价值 × 管理层发生变更的概率	以预期价值为起点（衰退具有可逆性，且无危机风险），估计公司发生受迫清算危机时的概率及清算收入，重新计算预期价值，对危机概率进行调整，如果由股权投资者经营公司，则需评估清算期权的价值

不可逆衰退，危机风险较小

对某些公司来说，造成运营恶化（收入停滞和利润率下降）的原因根深蒂固，并基于如下三个方面的原因而不易纠正。首先，公司产品和服务所面对的整个市场都在萎缩，而且这种趋势预计还将持续下去。其次，行业内的所有公司均与被估值公司拥有某些甚至是很多相同的表征。最后，无法将衰退的根源指向任何宏观经济因素，譬如周期型企业经历的经济衰退或是大宗商品企业出现的价格周期，就属于这种情况。在过去10年中的大部分时间里，很多发达国家的钢铁企业和美国的实体零售企业都很好地演绎了这样的经历。在这些行业中，健康的企业始终是例外，而非常态；即使在经济繁荣时期，行业中的大多数公司似乎依旧走在破产的边缘。

在对这些公司进行估值时，第一步就是估计持续经营状态下的企业价值，尽管这有悖于事实：如果现在投资于这些资产，收益率很可能要低于资本成本。实际上，我们就是在对持续经营假设情景下的企业进行估值，当然，这只会侵蚀现有投资者的价值。这个现状价值可能远远低于公司的账面价值，但考虑到我们预测现有资产只能带来负的超额收益，因此这个结果并不意外。如果管理层继续在现有资产基础上增加对同一业务的新投资，企业价值将进一步下降。

在第二步中，我们则需要考虑比持续经营更合理的情景。如果将公司配置的资产另作他用（用于其他业务或其他公司）可创造出更高的收益，那么我们就可以考虑剥离这些资产，并逐步对企业进行清算。此时，由于危机还不是当务之急，因此，公司可以等待合适的时机和投标人，以期实现剥离收入的最大化。所以，我们称之为有序清算，这种清算可持续多年。至于剥离收益的估值到底会是多少，答案则因行业和资产的不同而有所差异，尽管如此，我们还是可以总结出若干一般性观点。首先，剥离的预期收益应高于现有资产创造的现金流现值，否则剥离就没有任何意义。因此，如果假设资产在维持现有用途的情况下，每年预期可创造5000万美元的收益，且这种收益能力具有永续性，按10%的风险调整折现率，该资产的剥离收益应超过5亿美元。其次，对剥离价值不应计算非流动性折扣，或只进行较小的折扣，因为这种清算不具有紧迫性。

在获得这两个估值结果之后，即公司的持续经营价值以及在较长时期内实施有序清算的价值，我们应采取这样的预测：公司会以两个价值中较高的价值进行交易，但事实上还存在一个介于两者之间的解决方案。也就是说，只对通过改变用途可提升价值的部分公司资产进行清算，而其他资产则继续维持原有用途，因而适用于持续经营假设。

◎ 案例12-3 对陷入不可逆衰退的公司进行估值：2008年9月的西尔斯百货

在这里，我们将回顾一下之前对西尔斯百货的估值，此前，我们曾在过度乐观的假设条件下，得出每股223美元的价值。但此时，我们不再假设西尔斯百货能迅速重归增长轨道、重现财务的健康。相反，我们假设，尽管公司不会遭受重大违约危险，但仍然会随着时间的推移，逐步关闭盈利能力较低的店面。在此过程中，西尔斯百货将清算其部分不动产资产，并瘦身成为一家拥有更高质量资产的企业。

随着公司陆续关闭部分门店,在未来5年,西尔斯的收入将每年减少5%,从目前的507亿美元下降到5年后的392亿美元。对于第5年以后,我们假设业务收缩暂时停止,收入按2%的速度永续增长。税前营业利润率将在未来5年内按线性模式从3.05%递增到4%,利润率的增长源自关闭非盈利店面节约的成本以及剩余店面的业绩改善。此外,我们假设税率维持固定的38%。

在未来5年中,我们将使用西尔斯百货目前的资本成本,并估计其目前的资本成本为7.50%。在计算这个资本成本时,参数的选择标准为:零售行业的无杠杆贝塔系数,西尔斯百货的负债股权比率(高于行业平均水平),按BB综合信用评级确定的税前债务成本为7.74%,并以3.65%作为违约利差(在进行此分析时点,美国国债的利率为4.09%,边际税率为38%,股权风险溢价为4.5%)。

股权成本 = 4.09% + 11.22 × 4.5% = 5.58%

税后债务成本 = 7.74% × (1 − 38%) = 4.80%

负债股权比率⊖ = $\frac{7725}{7725 + 10066}$ = 43.42%

资本成本 = 9.58% × (1 − 43.42%) + 4.80% × 43.42% = 7.50%

在这5年期间,通过关闭非盈利店面和资产剥离,西尔斯百货将减少资本投入的规模,并取得剥离收益。为估算剥离业务的收益,我们首先假设,西尔斯百货的资本收益率将在未来5年内按线性方式从目前的4.99%递增到7.50%。然后,我们根据税后营业利润率和资本收益率的估计值倒推出投资资本的账面价值。最后,以资产账面价值的每年变动金额为基础,我们再估算出剥离收益占资产账面价值的比例。表12-3为各年度的相关数字。

表12-3 各年度的剥离收入　　　　　　　　　　　　(金额单位:百万美元)

	当前	第1年	第2年	第3年	第4年	第5年
增长率		−5%	−5%	−5%	−5%	−5%
收入	50 703	48 168	45 759	43 471	41 298	39 233
营业利润率	3.05%	3.24%	3.43%	3.62%	3.81%	4.00%
EBIT	1 548	1 562	1 570	1 574	1 574	1 569
EBIT(1−税率)	960	968	974	976	976	973
资本收益率	4.99%	5.50%	6.00%	6.50%	7.00%	7.50%
已投资资本	19 234	17 606	16 227	15 015	13 939	12 973
账面资本的变动额		−1 628	−1 379	−1 212	−1 077	−965
剥离收入占账面价值的比例		54.08%	58.90%	61.90%	64.70%	67.20%
资金分配		880	811	751	697	649

⊖ 债务的构成包括有息债务的市场价值估计值(30.84亿美元)和未来租赁承诺的现值(46.44亿美元)。股权的市场价值以分析时点的每股76.25美元市价为基础。

我们假设,盈利能力最差的店面将首先被关闭,此外,我们还假设,剥离收益占账面价值的百分比在最初几年将维持低位,并在随后年度逐步提供。但需要提醒的是,每年回收的资产价值将远远低于投资资本的100%——回收比例从第1年的54%提高到第5年的67%。这反映了被清算投资缺乏盈利性这一事实。⊖

为得出最终的估值结果,我们假设,剥离业务将在第5年完全结束,与此同时,西尔斯百货也将在第5年后重新恢复为一家更传统的稳定增长型企业。按照这一假设,5年之后,公司的资本成本将下降到7.13%,而资本收益率也永续性地维持在7.50%的水平上。最后,我们假设,税后营业利润按2%的比例永续增长,这样,我们就可以估算出再投资率和终值:

$$再投资率 = \frac{稳定增长率}{稳定状态的资本收益率 ROC} = \frac{2\%}{7.5\%} = 26.7\%$$

$$终值 = \frac{税后营业利润 \times (1+稳定增长率)(1-再投资率)}{稳定状态的资本成本 - 稳定增长率}$$

$$= \frac{973 \times (1+2\%) \times (1-26.7\%)}{7.13\% - 2\%} = 141.87(亿美元)$$

表12-4总结了西尔斯百货在未来5年内的现金流、第5年年末的终值以及这些现金流的现值(按资本成本7.50%折现)。

表12-4 当前的预期现金流和价值

	当前	第1年	第2年	第3年	第4年	第5年	终止年度
EBIT(1-税率)	960	968	974	976	976	973	992
减:再投资		-880	-811	-751	-697	-649	265
自由现金流		1 849	1 785	1 727	1 673	1 622	728
终值						14 187	
现值		1 720	1 545	1 390	1 252	11 012	
资本成本		7.50%	7.50%	7.50%	7.50%	7.50%	7.13%

将分析期间内的现值相加,即可得到经营性资产的价值为169.18亿美元。在此基础上,加上现金(16.22亿美元),扣除债务(77.28亿美元),再除以已发行股票的总数(132.01万),即可得到每股价值为81.91美元,较当前市场价格(76.25美元/股)高出约10%:

$$每股价值 = \frac{16\,918 + 1\,622 - 7\,728}{132.01} = 81.91(美元/股)$$

可逆性衰退,危机风险较低

在企业的世界里,重生的故事时有发生,那些曾被视为衰退的企业,扭转乾坤,

⊖ 在这个估算过程中,我们的方式可能过于保守,因为资产买家的意图未必是将店面继续用于零售。

重新踏上成长之路或是再现锋芒。一个典型示例就是超级豪华摩托车制造商哈雷·戴维森。1982 年，公司的摩托车销售量已下滑至仅有 32 400 辆，当年披露的亏损额约为 3000 万美元。尽管很多分析师已开始为哈雷撰写墓志铭，但是在新上任管理团队的领导下，公司围绕最忠诚的客户群体和标志性品牌，设计了新的发展战略，让哈雷一举实现了绝地反击，不仅恢复了盈利能力，财务状况也大大改善。

但值得提醒的是，大多数公司在遭遇危机之后都很难迎来转机，毕竟，要让一艘大船调转方向绝非轻而易举的事情。因此，在评价什么状态的衰退可逆或是不可逆的时候，我们需要采取现实可行的态度。如果满足如下条件中一个或多个时，衰退更有可能是可逆的：

- 被分析公司曾经有过经营起伏的历史，并且在之前有过经历衰退实现复苏的故事。因此，收入增长和利润率的周期性变化或许已成为公司运营中不可避免的一部分，因而应在估值时予以考虑。
- 在公司所在的板块或行业中，大部分企业是健康的，被分析公司的衰退只是特例，而非行业的常态。如果公司的大多数竞争对手都处于成长阶段并能取得合理的收益，而唯有这家公司一蹶不振，那么我们似乎有理由得出这样的结论：衰退只是公司个别选择带来的结果，而且新的管理层完全可能扭转公司的颓势。
- 公司所从事的业务可能会得益于宏观经济趋势。即使衰退型企业所在行业具有明显的周期性，但只要整体经济形势向好，公司的经营业绩就有可能得到改善。

请注意，我们的观点只是认为衰退有可能实现逆转，而逆转并非必然。

在对有可能实现逆转的衰退型企业估值时，第一个步骤就是估计公司遵照现有政策和战略继续经营所能实现的价值，而不考虑这些政策或战略在过去成功与否。因为我们的假设就是企业将维持衰退状态，因此，公司的收入将保持停滞，利润率会随着时间的推移而下降，而投资现有资产和新投资取得的资本收益率将低于资本成本（因而会进一步侵蚀价值）。实际上，就是在假设它无法扭转衰退趋势的情况下，对处于现有状态下的公司进行估值。

在第二个步骤中，我们假设更换新的管理层或所有权人或是现任管理层调整政策，使得公司的命运得以扭转。如果假设公司能在不久的将来甚至马上恢复财务健康，那么，我们就可以重新估计公司的价值，并在现金流预测中考虑到经营的改进。如果被估值公司所在行业的其他企业处于健康状态，我们就可以假设该公司的利润率和投资收益率将恢复到行业平均水平。否则，我们可以参考公司的历史水平，并假设它最终将恢复到健康状况下的盈利能力。在出现这些改进的情况下，我们就应对处于新的或是最优管理状态下的公司进行估值，可以预期，这个价值应高于公司在现状条件下的价值。

第三个步骤是采用我们在第 11 章中介绍的部分方法，来估计未来管理发生变化的概率。综合利用主观判断和定量分析技术，我们可以估算出发生管理变革的概率。当然，这个估计值会随着外界环境的变化而有所调整，激进投资者的介入必然会改变公司估值。因此，根据发生这种变化的概率，即可按现状价值和最优价值的加权平均值确定公司的预期价值。

危机

并非所有衰退型企业都要面对破产危机，也不是所有陷入危机的企业都处于衰退状态，但危机和衰退似乎总扮演成一对难兄难弟。在这个部分中，我们首先将指出，危机是频繁出现的，而且会对价值产生严重后果。随后，我们将讨论如何将危机纳入现金流折现估值法中。此外，我们还将对股权投资者有可能从公司清算方案获得价值的观点加以检验。最后，我们将探讨如何通过对相对估值法进行合理调整，并使之适用于对危机企业的估值。

财务危机的可能性和后果

增长并非不可避免，而且企业也不会永久地保持持续经营。事实上，即便是大型上市企业，有时也会陷入困境和危机，并给企业价值带来严重影响。本部分首先考虑企业陷入危机的频率；随后，再看看企业面对危机所付出的代价。尽管企业不得不频繁面临危机，但以往的估值很少关注危机的影响，我们将在本节最后探究这背后的原因。

危机的可能性

在现实世界中，财务危机远比我们大多数人想象的要普遍。事实上，哪怕只是随意的观察，我们也会发现，不计其数的企业根本就无法生存下去，最终沦为破产的命运。有些企业的失败，是因为它们为了经营而大量借款，而后却无力偿还这些债务。还有些企业之所以破产，则是因为它们缺乏满足其经营需要的现金。

为取得衡量危机可能性的指标，我们首先需要对危机做出定义。如果我们将危机定义为最终宣布破产的公司，那么在任何时点上，上市公司中可视为危机企业的数量均少于非上市公司。如果我们采取更广泛的定义，将危机企业界定为难以支付利息和履行其他合同义务的企业，那么危机显然就很普遍了。马修斯·卡尔（Matthias Kahl，2001）对1980~1983年的美国所有上市公司进行了检验，他发现，在此期间内，1346家公司至少有一年内未能按时以营业利润支付利息费用。此外，还有151家公司与债权人进行了债务重组谈判，因此，这些企业也可以定义为危机企业。⊖通过对这些公司的跟踪，他发现在这些公司中，尽管最终宣布破产的不到一半（见第11章），但仅有1/3的企业继续作为独立企业而存在，其余公司均被其他公司收购或实施清算。

⊖ Kahl, M., 2001, "Financial Distress as a Selection Mechanism," SSRN 工作论文.

危机的后果

财务失败的后果是什么呢？无法偿还债务的公司必须清算其资产，并使用清算取得的现金偿还债务，资产通常会以极为低廉的价格进行清算。在偿付债务之后，如有剩余现金（这几乎是不太可能会发生的事件），则需要对股权投资者进行分配。此外，任何无法支付运营费用的公司，都需要接受出价最高者的收购要约，并将出售的收益分配给股权投资者。与清算程序相关的成本（包括法律费用和交易成本）可视为破产的直接成本。

事实上，危机的代价远超过破产和清算的传统成本。当员工、客户、供应商和贷款人认识到破产的可能性时，他们对危机压力的反应会给公司运营造成严重损害。当公司被视为陷入破产危机时，他们会失去客户（和销售额），员工流失率增加，而且还要接受供应商设置的严格限制，这种限制远比针对健康企业要苛刻得多。对很多遭受危机的公司来说，这些间接破产成本可能是致命的，并从根本上将破产危机转化为现实。诸多学术研究对这些成本的规模进行了检验；通常相当于公司价值的 10% ~ 23%。⊖

总而言之，破产危机的概率和成本确实非常大，以至于已成为估值中不容忽视的一个重要因素。因此，问题已不再是我们是否需要按发生危机的概率来调整公司价值，而是在于如何更合理地进行这种调整。

危机对折现现金流估值法的影响

我们不妨考虑一下，对于衰退型企业或危机企业，应该如何使用折现现金流模型进行估值呢？首先，我们需要预测一段时期内的预期现金流。然后，估计预期现金流在期末时点的终值，这个价值也是我们认为公司在这个时点应该具有的价值。最后，我们按体现企业现金流风险的折现率将现金流进行折现。这种方法非常灵活。通过引申，这种估值方法既适用于收入可预测且增长缓慢的公司，也可用于盈利和现金流为负数的高成长企业。但这种方法本身就内含一个假设：公司是持续经营的，拥有无限的寿命期。在计算终值时，我们通常假设收益按固定增长率永久增长（永续增长率）。即使是使用收入或收益倍数来估算终值，这个倍数也只能来自上市公司的数据（通常是健康的公司）。

考虑到破产危机的可能性和后果，假设我们在进行公司估值时可以忽略这种可能性，尤其是被估值企业已不再健康而且又负债累累的情况下，显然是没有道理的。那

⊖ 针对间接破产成本基本理论的考察，请参见：Opler, T. and S. Titman, 1994, "Financial Distress and Corporate Performance," *Journal of Finance* 49 1015-1040。关于这些间接破产成本在实践中的规模，请参见：Andrade, G. and S. Kaplan, 1998, "How Costly Is Financial (Not Economic) Distress? Evidence from Highly Leveraged Transactions That Become Distressed," *Journal of Finance* 53 1443-1493。这些学者对随后陷入财务危机的高杠杆并购交易进行了研究，他们发现，破产成本的规模通常相当于公司价值的 10% ~ 23%。

么，我们或许会好奇，当现金流折现估值法的支持者明目张胆地对企业破产的可能性视而不见时，他们会给出怎样的理由呢？他们通常会以五个理由来解释对破产危机的忽视，我们不妨逐一加以剖析。前两个理由出自分析师之口，他们认为，无须在估值中明确考虑危机带来的影响。而坚持后三个理由的人，通常认为折现现金流估值模型已经考虑到了危机的影响。

我们只对公开上市的大公司进行估值，而这些公司几乎不可能遭遇破产危机。诚然，对于规模较大、更成熟的公司而言，遭遇危机的可能性确实相对较低，但大量实证证据表明，即使是这些大公司，也难免会陷入危机。在 2008 年的最后几个月里，全球曾有数家大型上市公司破产消亡。2008 年年底，分析师曾公开讨论通用汽车公司和福特公司无法偿还债务并被迫宣布破产的可能性。而且即便我们接受这个前提，这种说法也存在另一个问题：小规模的高成长公司也是交易对象，因而同样需要像大公司那样进行估值。事实上，我们完全可以这样说，小公司的估值需求更大，而且估值的不确定性和定价错误的可能性也更大。对这些公司来说，对潜在的破产危机视而不见，显然是不可饶恕的错误。

我们认为获取资本的渠道是不受限制的。和大部分企业融资一样，在估值中，我们同样认为，拥有好投资项目的公司更有能力利用资本市场，并筹集到满足融资和投资需求的资金。因此，那些拥有巨大成长潜力的公司永远不会被挤出市场，因为它们总将筹集到持续经营所需要的资金（而且更可能采取股权融资，而非债务融资）。在处于上升趋势的发达金融市场中，这种观点当然绝非异类。我们不妨考虑一下在 20 世纪 90 年代后期，当时，拥有很少资产（甚至没有任何资产）而且尚未赚钱的新经济公司，往往能轻而易举地筹集到新股本。然而，即便是美国这样一个高度开放包容的市场，在经历市场危机期间，资金渠道仍有可能萎缩甚至枯竭；在 2008 年的最后一个季度里，甚至连通用电气这样的大公司也很难结转商业票据。总之，在 1998 年和 1999 年这段时间里，我们或许还能接受这样的假设：只要掌握了有价值的资产，公司就不会陷入破产清算的危机，但是在 2009 年，这个假设显然不堪一击。

我们可以通过调整折现率来体现危机的可能性。在折现现金流估值模型中，折现率就是我们调整风险的工具。风险较高的企业有着较高的股权成本，其债务成本同样较高，进而导致公司的资金成本高于低风险企业。按照这个逻辑，我们可以合理推断出，一家公司遭遇危机的可能性越大，它的资本成本就应该越高，因而公司的价值就应该更低。这个论点确实毋庸置疑。假设估值合理的话，危机企业的资本成本的确应高于健康企业的资本成本。如果财务危机是由财务杠杆太高造成的，那么股权成本就应该更高。由于计算债务成本的基础是目前的借贷利率，因此随着公司破产风险的加大，债务成本也应随之上涨。如果公司因经营亏损而无法享受借款带来的税收优惠，结果会进一步恶化。但归根到底，采用较高折现率对估值进行调整，只能解决部分问题。尽管现值较低，但仍会假设公司能永续性地创造现金流。在公司的当前价值中，有很大一部分仍将来自终值。换句话说，危机的最大风险或者说未来全部现金流的丧失，还远没有在价值中得到体现。

我们可以通过调整预期现金流来体现危机的可能性。 要更好地理解这种调整，我们有必要回顾一下，在折现现金流估值模型中，预期现金流衡量的到底是什么。对某一年的预期现金流而言，它应是公司在所有情景下的现金流以概率为权重的加权平均估计值，板块从最理想情景到最不利的情况。换句话说，如果公司在下一年里无法生存的概率为30%，那么预期现金流就应反映这个概率以及由此产生的现金流。在实务中，我们在估计预期现金流时往往比较随意。实际上，以当期收入或收益为基础，按外部估计的预期增长率（通常为来自分析师的估计）估算企业的未来价值，这种做法并不罕见。另外，我们还会给没有盈利的企业绘制一条无比光明的盈利路径，并以这个路径作为估计预期现金流的基础。我们可以估计所有情景下的预期现金流，并在估值中使用这个预期值。因此，对存在重大危机可能性的公司，预期现金流自然要低得多。但需要提醒的是，和传统认识相悖的是，这不是一种风险调整。我们只是在做我们第一时间就应该做的事情：正确估计预期现金流。要想对现金流进行风险调整，我们就必须将风险换算为对应的确定性，并按等价的确定性进一步下调预期现金流。㊀但如果我们这样做的话，所采用的折现率就必须是无风险利率，而不是风险调整后的资本成本。在实务中，按危机发生的可能性来调整预期现金流，显然不是一件容易的事情。我们不仅需要估计每年遭遇破产危机的概率，还需要跟踪危机的累计概率。原因并不难理解，当一家公司在第3年发生破产危机时，它不仅会损失当年的现金流，之后所有年度的现金流都会受到影响。

我们可以假设，即使陷入破产危机，企业也能以清算收益的形式，取得资产预期现金流的现值。 从折现现金流模型的角度看，危机带来的问题并不是企业将不复存在，而是失去以后年度的全部现金流。因此，尽管一家公司可能拥有超凡的产品和巨大的潜在市场空间，但或许永远都等不到这个美好前景化为现金流的那一天，因为危机可能会让它很早便宣告夭折。如果我们假设，当这家公司陷入破产危机时，可出售给出价最高的收购者，价格等于预期未来现金流的现值，那么在对它估值时，就无须明确考虑破产危机的影响。但这个假设显然过于苛刻。实际上，我们不仅是在假设，这家处于危机中的公司还拥有议价能力，要求它的资产按公允市场价值进行交易；我们甚至假设，这种要求不仅针对现有资产（已进行的投资和已生产的产品），而且还适用于增长型资产（公司原本在未来可以生产出来的产品）。

总而言之，在折现现金流估值法中，如果符合如下的任何一个条件，不对危机予以明确考虑均不会给价值带来重大影响：

㊀ 所谓具有等价确定性的现金流，就是将不确定的现金流换算为等价的无风险现金流。因此，存在不确定性的1.25亿美元预期现金流，可以换算为1亿美元的无风险现金流。现金流的不确定性越大，换算为确定性现金流的下调幅度就越大。

- 不管是因为公司的规模、市场地位还是政府的担保，总之，公司不存在破产的可能性。
- 便于利用的资本市场，使得拥有良好投资的公司可通过筹集债务资金或股权资本，以便于在经济不景气时维持生存能力，从而确保这些公司不会被动陷入危机。
- 我们使用的预期现金流已纳入了破产危机的可能性，并按危机相关的高风险折现率进行了调整。此外，我们还必须假设，一旦进行危机出售，公司取得的销售收入应等于持续经营假设条件下的预期未来现金流现值。

如果这些条件不成立，而且很容易指出某些公司会在某些时点不能满足这种条件，那么折现现金流估值法就会高估公司价值。

折现现金流估值法

如果没有在折现现金流估值模型中考虑破产危机，在什么情况下会给估值带来重大影响呢？如果危机发生的概率很高，融资渠道又受到（来自内部或外部因素）约束，而且破产清算的收益明显低于持续经营状态下的价值，那么折现现金流估值法就会夸大危机企业的企业价值和股权价值。即使对现金流和折现率做出了正确估计，也不会改变这样的结果。在本节中，我们考虑将危机效应纳入估值的几种方法。

模拟法

在传统估值技术中，我们需要估计每个输入变量的预期值。例如，在对一家公司进行估值时，我们可能会假设收入的年预期增长率为30%，预期营业利润率为10%。但是在现实中，每个变量都存在一个包括全部可能数值的分布区间，我们将这个区间浓缩为一个预期值。我们曾在第3章里指出，模拟估值法使用的是整个分布区间的信息，而不只是这个期望值。因此，按照模拟法，我们就可以通过这个分布区间来明确体现危机的影响。

在开始进行模拟估值之前，我们首先需要确定有可能构成危机的事件以及危机发生时出现的情况。比如说，我们可以界定，如果公司在3年内的累计营业亏损超过10亿美元，即有可能导致公司陷入危机，而且一旦出现这样的事件，公司就会按25%的账面价值出售资产。界定危机的参数在各公司之间会有所不同，这不仅是因为不同公司拥有不同的规模和资产特征，还取决于金融市场和整体经济的状态。如果整体经济处于健康状态，且股票市场正在经历牛市，那么一家连续3年亏损的公司可能比处于经济衰退时期的类似公司更容易违约。

在这里，模拟法同样遵循第3章介绍的标准流程。首先，选择需要使用分布区间衡量的变量，其中收入增长率和利润率等属于公司特有的变量，而利率等其他变量则与整体经济有关。随后,我们再估计这些变量的概率分布。在所有模拟估值中,我们需要从每个分布(收入增长率、利润率和利率)中得出唯一的结果,并估计公司的收益和现金流。一旦界定危机的事件被触发,我们即可假设公司陷入破产危机,并估计破产清算价值。如果危机事件尚未触发,我们则需将公司视为持续经营的主体进行估值。所有模拟价值的平均值即为公司价值。此外,我们还能从模拟中估计违约概率以及危机对价值的影响。模拟分析的主要制约因素就是它所需要的信息。在实务中,要选择以合理分布描述变量以及分布参数显然并非易事。如果选择过于草率或者随意而为之,那么不管模拟结果有多么漂亮,都有可能毫无实际意义。

修正的折现现金流估值法

我们可以对折现现金流估值法进行调整,以反映危机对价值的部分甚至是大部分影响。为此,我们将把危机效应同时纳入预期现金流和折现率当中。

预期现金流的估计 为了将危机效应纳入折现现金流估值模型中,我们必须在预期现金流中考虑公司无法生存的概率。按照最完整的模型,我们需要考虑所有可能出现的情景——从最乐观情景到最悲观情景。此外,它还要求我们确定每种情景的概率及其对应的现金流,并估计出每年的预期现金流:

$$预期现金流 = \sum_{j=1}^{j=n} \pi_{jt} \times 现金流_{jt}$$

其中,π_{jt}为在期间t出现情景j的概率,现金流$_{jt}$为该情景下在期间t的现金流。考虑到每年的概率和现金流都会发生变化,因此,这些输入变量需要逐年估计。需要提醒的是,对危机的调整应为累积调整,因而会对以后年度的预期现金流产生更大影响。因此,如果在第1年发生危机的概率为10%,则随后几年的预期现金流必须反映这样一个事实:如果公司在第1年即告破产,那么以后就不会再有任何现金流;如果在第2年的破产概率同样是10%,那么公司在第3年仍有现金流的概率在目前只有81%。⊖

折现率的估计 在前述章节中,我们曾提到估算危机公司资本成本的问题。由于回归贝塔系数是较长时期内的估计值,因而会在时间上滞后于危机的发生。此外,债务成本可能会偏高(如采用公司所发行债券的市场利率)或偏低(如使用债务的账面利率)。因此,要估计出能真实反映公司危机风险的折现率,我们就需要摆脱对标准方法的依赖:

- 为了估计股权成本,两种可提供比回归贝塔系数更合理的估计值可供我们选择。在这两种方法中,我们以自下而上的无杠杆贝塔系数⊜和公司当前的市场债务

⊖ 存续到第3年的概率 =(1-0.10)×(1-9.10)=0.81。
⊜ bottom-up unlevered beta,首先回归得到同行业上市公司的平均杠杆贝塔系数,再根据行业的平均负债股权比率得到整个行业的平均无杠杆贝塔系数,最后按被估值企业的负债股权比率得到杠杆贝塔系数,通过这种方法,可以剔除个别公司资本结构和财务杠杆差异造成的影响。——译者注

与股权比率取代回归贝塔系数。由于股价下跌会导致危机企业往往有较高的负债股权比率，使得杠杆贝塔系数明显高于回归贝塔系数。㊀按这种模式耦合现实情况，即大多数危机企业均无法实现债务带来的税收优惠，那么杠杆贝塔系数显然会进一步增加：

$$杠杆贝塔系数 = 自下而上的无杠杆贝塔系数 \times \left[1 - (1 - 税率) \times \frac{负债}{股权}\right]$$

但需要提醒的是，完全有必要按照我们对公司的预期重新估计未来几年的负债股权比率及税率，并据此调整贝塔系数，以反映预期的变化。㊁另一种方案则是采用更能反映健康公司股权风险的贝塔系数来估算股权成本，然后再附上溢价来反映企业面对的危机：

$$股权成本 = 无风险利率 + 健康企业的贝塔系数 \times 股权风险溢价 + 破产危机对应的溢价$$

我们可以通过如下两种方法之一来计算危机溢价。我们既可以投资危机公司股权所取得的历史收益数据，也可以按公司自身的税前债务成本与行业平均债务成本进行比较后，按比例确认。因此，假如行业的平均债务成本为8%，被估值公司的税前税务成本为16%，那么我们就需要在正常的股权成本计算中增加8%（=16% - 8%）。

- 在估算危机企业的债务成本时，我们建议采用以公司债券信用评级为基础的违约利差：

$$税前债务成本 = 无风险利率 + 与债券信用评级对应的违约利差$$

如果公司无债券信用评级，那么我们就需要估计其综合评级。尽管这仍会带来较高的债务成本，但是当公司被认为马上就有可能违约时，这种方法的结论显然采用到期收益率更合理。㊂

- 在计算资本成本时，我们需要分别计算债务和股权的权重。在初始年度，我们应使用当期的市场债务与资本比率（该比率对陷入危机的公司来说可能会非常高）。考虑到需要对未来几年进行预测并据此形成对盈利能力改善的预期，因此，我们应将债务比率调整到更合理的水平上。常规的做法是采用整个估值期间的目标负债比（它反映的是行业平均水平或最优组合），但对杠杆率非常高的公司来说，这种方法可能会得出有误导性的估值。

- 使用这种方法的最大障碍是：即使在不完整的有限形式下，也很难在预测期内

㊀ 有关自下而上贝塔系数的更多讨论，请参阅：Damodaran, A., 2002, *Applied Corporate Finance*, John Wiley and Sons。

㊁ 这种杠杆调整还有其他变异形式。比如说，某些分析师喜欢以更完整的形式，针对债务承担的系统性风险单独给出贝塔系数。其他人则倾向于不考虑税收调整。还有人主张以其他方式调整破产风险对贝塔系数的影响。

㊂ 当公司面对非常大的破产风险时，其发行债券的到期收益率自然非常高，毕竟这个收益率的基础是对债券所承诺的现金流，而不是预期现金流。

逐年对估计累积破产（及生存）概率做出估计。因此，预期现金流可能无法完全涵盖危机效应的影响。此外，将持续经营企业和危机企业假设共同纳入同一个模型中，同样是一件非常困难的事情。尽管我们可以使用概率来尽量做到这一点，但是针对市场是如何运行的以及危机企业如何随时间推移而变化，两种方法做出的假设是不同的，有时甚至是相互矛盾的。

对破产危机进行单独处理

针对上一节介绍的修正折现现金流模型，另一种替代方法就是将持续经营假设及其由此得到的估值与危机效应区分开来。为评估危机的影响，我们需要估计企业将在预测期间内陷入破产危机的累积概率，并估计出通过危机出售可实现的收益。此时，企业价值可表述为如下形式：

$$公司价值 = 持续经营价值 \times (1 - \pi_{危机}) + 破产清算 \times \pi_{危机}$$

其中，$\pi_{危机}$是估值期间发生破产危机的累积概率。除对估值进行简化处理之外，这种方法还可以让我们在每次估值中均采取相互一致的假设。

你或许会想，与针对深度危机企业实施清算采用的传统估值方法相比，这种方法有什么不同呢？我们可以把危机情景下的出售价值看作清算价值的一种形态。也就是说，如果你假设企业遭受破产危机的概率为100%，那么它在危机情景下的出售价值，实际上会趋同于清算价值。这种方法的好处是，它可以让我们考虑到这样一种可能性：即使是陷入破产危机的公司，也有可能重整旗鼓，再度恢复持续经营状态。

针对持续经营企业的折现现金流模型（DCF）　在对持续经营企业进行估值时，我们只需考虑公司能生存下去的若干情景。也就是说，我们只需在这些情景下估计预期现金流，因此，这个结果应高于按上述修正折现现金流模型得到的预期现金流。在估计折现率时，我们假设，若干公司过度举债导致杠杆率过高，负债比率实际上会逐渐下降，这样，当公司实现盈利时，就可以享受负债带来的税收收益。这与公司维持持续经营的假设相一致。在实践中，我们所看到的大多数折现现金流估值都是针对持续经营企业的估值，只不过有些估值没有明确而已。

另一种不太精确但显然更容易的替代方法，就是在危机公司目前仍属于健康企业的假设条件下进行估值。这就需要估计假设公司仍处于健康状态时可创造的现金流。对此，最简单的办法就是以健康企业的平均营业利润率替代目标企业的营业利润率。危机公司的资本成本可设定为行业的平均资本成本，由此即可得到公司价值。但这种方法的危险在于，它假设危机企业恢复财务稳健的过程是无痛的，而且瞬间即可完成，这显然会高估公司价值。

估计危机概率　在这种方法中，一个最关键的输入参数就是对估值期间发生危机的累积概率估计值。在本节中，我们可考虑采用如下三种方法之一来估算这个累积概率。第一种方法是统计法，也就是说，将前几年的破产企业与未破产企业进行比较，从而将破产危机概率与可观察到的企业规模、杠杆率以及利润率等特征联系起来。第二种方法对数据需求较小,按照这种方法,我们可根据目标企业的债券信用评级与同评级其他企业的实际违约率,估计出目标企业发生破产危机的概率。第三种方法则是由目标企业所发行公司债券的价格,倒推出危机概率。

- **统计方法**:每年都会有数百家企业破产,这个事实显然为我们提供了丰富的数据库,利用这些数据库,我们可以解读以往破产发生的原因,评估未来发生破产的概率。最早采用这种方法的一项研究出自爱德华·奥特曼(Edward I. Altman, 1968),他将采用线性判别分析法得出的指标称为 Z 统计量。此后,他曾多次更新这篇开创性的论文,他在第 1 版中将 Z 统计量定义为如下 5 个比率的函数:

$$Z = 0.012 \times \frac{营运资金}{总资产} + 0.014 \times \frac{留存收益}{总资产} + 0.033 \times \frac{息税前利润}{总资产} +$$

$$0.006 \times \frac{股票市值}{负债总额} + 0.999 \times \frac{销售收入}{总资产}$$

奥特曼认为,我们可以计算出公司的 Z 值,并用它来预测哪些公司会破产,与此同时,他还提供了能够佐证这一观点的证据。在奥特曼的研究成果发表以后,学术界和从业者纷纷开发了各自版本的信用值指标。[⊖]

尽管线性判别分析技术确实有助于预测概率,但它并不能给出破产的概率。因此,为估计破产概率,我们采用了与 Z 统计量非常接近的 probit 模型。在这个服从正态分布的多元概率比回归模型中,我们首先从线性判别分析使用的数据开始,即在样本中,既有在特定时间内生存下来的存续企业,也有没能熬过特定时间段的破产企业。与此同时,我们使用了一个指示变量,取值要么为 0,要么为 1,如下所示:

针对在特定时间段内生存下来的存续企业,危机哑变量 = 0
针对未能在特定时间段内生存下来的破产企业,危机哑变量 = 1

然后,我们再考虑,在这个时间段开始的那一刻,我们可能取得且有可能让我们区分破产公司和未破产公司的全部信息。比如说,我们可以分析期初样本中所有公司的债务/资本比、现金余额和营业利润率。可以预期,所有债务/资本比较高、现金余额较低和利润率为负数的公司更有可能破产。最后,我们以哑变量为因变量,以财务比率(债务/资本比和营业利润率)为自变量,寻找两者之间的线性关系:

⊖ Altman, E. I., 1968, "Financial Ratios, Discriminant Analysis and the Prediction of Corporate Bankruptcy," *Journal of Finance*. 有关奥特曼的 Z 统计量模型及其与违约概率关系的最新版本,请参阅:Altman, E. I., 1993, *Corporate Financial Distress and Bankruptcy*, 2nd ed., John Wiley & Sons, New York。

$$危机哑变量 = a + b \times \frac{债务}{资本} + c \times \frac{现金余额}{公司价值} + d \times 营业利润率$$

如果这种关系在统计和经济上均表现出显著性，那么我们也就有了用来估计破产概率的模型。㊀这种方法的一个优点是，通过扩展，它还可以预测无重大债务企业的破产概率。譬如，我们可以在初创高科技企业发生破产危机的概率和现金消耗率之间建立关联性，而现金消耗率衡量的是公司可用于满足现金需求的库存现金量。㊁

- **以债券的信用评级为基础的估值**。很多公司，尤其是美国公司，评级机构对债券的信用评级均以违约风险为准。这些债券评级不仅传达了有关违约风险的信息（或至少是评级机构对违约风险的看法），而且还蕴含了丰富的历史信息。由于债券评级的历史已有数十年，因此，我们可以对各评级等级债券的违约历史进行分析。假设评级机构始终未大幅调整评级标准的话，那么我们就可以将这些违约概率作为折现现金流估值模型的输入值。奥特曼（2007）曾对不同评级等级的债券在发行后 5 年及 10 年内的累积违约概率进行测算，由此得到的估计值如表 12-5 所示。㊂

表 12-5　债券的信用评级及相应的违约概率——1971~2007 年　　（%）

信用评级	5 年内的累计违约概率	10 年内的累计违约概率	信用评级	5 年内的累计违约概率	10 年内的累计违约概率
AAA	0.04	0.07	B	27.50	36.80
AA	0.44	0.51	B−	31.10	42.12
A+	0.47	0.57	CCC	46.26	59.02
A	0.20	0.66	CC	54.15	66.60
A−	3.00	5.00	C+	65.15	75.16
BBB	6.44	7.54	C	72.15	81.03
BB	11.90	19.63	C−	80.00	87.16
B+	19.25	28.25			

由表 12-5 可见，对于一只拥有 BB 信用评级的债券，它的未来 10 年累计违约概率在期初为 19.63%，㊃但这种方法会受到哪些条件的约束呢？首先，我们将估值违约概率的责任全部推给评级机构，而我们的假设就是这些评级机构完全胜任这项工作。其次，我们假设评级机构的评级标准不会随着时间而发生变化。如果需要最新的数值，只需到评级机构（标准普尔和穆迪）的官方网站上即可找到这个表格的最新版本。最后，表 12-5 中显示的只是债券发生违约的概

㊀ 这个模型表面上类似于多元线性回归。实际上，probit 是一种包含内在约束条件的、更复杂的回归模型，从而保证了概率不会超过 1 或是为负数。
㊁ 现金消耗率 = 现金余额/EBITDA。如果 EBITDA 为负数，该指标的含义是指公司会在多长时间内用完现金余额。
㊂ Altman, E. I., 2008, Altman 高收益债券违约和收益报告, Citi Research。
㊃ Altman, E. I. 2007, "Defaults and Returns in the High-Yield Bond Market: 2006 in Review and Outlook, *NYU Salomon Center*, Special Report, February.

率,但它并没有说明违约公司最终是否倒闭。事实上,即使在违约之后,很多公司仍在持续经营。我们可以达美航空公司和拉斯维加斯金沙集团为例来说明这种方法的用途,这两家运营公司在2009年年初均出现了非常高的违约概率。

公司名称	债券评级	预计发生破产危机的概率(%)
达美航空	BBB−	13.58
拉斯维加斯金沙集团	B+	28.25

- **以债券价格为基础的估值**:在传统的债券估值方法中,就是按债务成本对承诺的现金流(利息支付)进行折现,由此得到的折现值即为债券的价值,其中债务成本中包含了违约价差。现在,我们不妨再看看另一种方法。我们可以用无风险利率对债券的预期现金流进行折现,将得到的折现值作为债券价值,考虑到存在违约风险,因此这个预期现金流应低于债券承诺的现金流。如果我们假设每年的债务违约概率为常数,那么对于N年期的固定息票债券来说,我们可以将债券价格表述为如下公式:

$$债券价格 = \sum_{t=1}^{t=N} \left[\frac{票面利率 \times (1 - \pi_{危机})^t}{(1 + 无风险利率)^t} \right] + \frac{债券面值 \times (1 - \pi_{危机})^N}{(1 + 无风险利率)^N}$$

现在,我们可以利用上述等式以及企业债券的交易价格,倒推出违约概率。此时,我们求解的是整个债券期限内的年化违约概率,但我们忽略了这样一个事实:最初几年的年违约概率相对较高,并在随后年份中逐渐下降。虽然这种方法的简化确实让它不乏吸引力,但是在使用时还需慎重。为此,我们给出如下提示:首先需强调的就是,我们不仅要找到公司发行的普通债券,因为可转换之类的特殊属性会导致这种方法无法使用,而且可以得到债券的价格。因此,私募发行的公司债券就不适用于这种方法了。其次,对同一家公司发行的不同债券,概率的估计值可能会不同。差异的部分原因可归结于我们假设年化违约概率固定不变的前提,还有一部分可解释为债券定价不当。再次,与前述方法一样,不能如约偿还债务并不一定会造成停业破产。最后,我们假设的是票面利息要么全额支付,要么完全不支付。如果公司支付了部分利息或面值,而仅对剩余部分出现违约,那么使用这种方法就会高估违约概率。

◎ 案例12-4 以债券价格法估计破产概率——拉斯维加斯金沙集团

2009年1月,拉斯维加斯金沙集团持有票面利率为6.375%的债券,该债券将于2015年2月到期,市场交易价格为529美元。以下是估计债券违约概率的过程(以3%的国债利率作为无风险利率):

$$529 = \sum_{t=1}^{t=7} \frac{63.75 \times (1-\pi_{危机})^t}{(1+3\%)^t} + \frac{1000 \times (1-\pi_{危机})^7}{(1+3\%)^7}$$

由上述公式求解破产概率 $\pi_{危机}$，我们可以得到如下结论：

$$\pi_{危机} = 年化的违约概率 = 13.54\%$$

以下是我们如何估计10年期累计危机概率的过程：

$$存续时间达到10年的累计概率 = (1-13.54\%)^{10} = 23.34\%$$

$$在10年内破产的概率 = 1 - 23.34\% = 0.76666 或 76.66\%$$

估计快速变现的收益　在估计出企业不能偿还债务并停业破产的概率之后，我们还需考虑随后可能出现的问题。这之后会发生什么呢？如本章前面所述，最大的问题并不在于危机本身，而是处于危机中的企业不得不出售资产，而且价格低于现有资产及预期未来投资带来的现金流现值。在正常情况下，它们甚至无法得到现有投资的现金流现值。因此，我们需要估计的一个关键参数，就是企业在发生危机出售时取得的预期收益。为此，我们可以有三个选择：

- 在折现现金流模型中，估算预期现金流的现值，并假设快速变现只相对于这个价值的一定比例（低于100%）。因此，如果现金流折现估值法得到的资产价值为50亿美元，那么我们就可以假设，该资产在快速变现时的价值只能达到30亿美元。
- 仅估计现有投资产生的预期现金流现值，并以此作为快速变现的价值。从根本上说，这个假设等于说，在快速变现中，买方不会为未来投资支付对价。在实务中，我们在快速变现的价值时，通常假设现有资产带来的现金流是永续的（无增长）。
- 最可行的方法就是根据其他危机企业的经历，按资产账面价值的一定百分比来估算快速变现的收入。需要提醒的是，估计快速变现收入时出现的很多问题，如必须按低于公允价值出售的要求或是出售的紧迫性等，也是评估清算价值时不得不面对的问题。

◎ **案例12-5　2009年1月快速变现收入的估计——拉斯维加斯金沙集团**

为估计公司在遭遇危机时的预期快速变现收入，我们需考虑如下几个方面。首先，2009年1月的整体经济衰退和持续当中的信贷危机显然不利于企业快速变现其资产。其次，拉斯维加斯金沙集团的资产主要为房地产，这个领域的形势远比其他行业更糟糕。为估算企业通过快速变现可实现的收益，我们可以考虑如下两种备选方案：

- 根据拉斯维加斯金沙集团在2005~2008年这4年的数据,我们得到同期的年平均营业利润为4.0191亿美元,并以此作为计算现有资产收益率的指标。与此同时,我们采用38%的公司税率和健康博彩企业9%的资本成本估算金沙的现有资产价值:

$$现有资产的价值 = \frac{EBIT \times (1-t)}{资本成本} = \frac{4.0191 \times (1-38\%)}{9\%}$$
$$= 27.69(亿美元)$$

请注意,我们假设公司盈利能力没有增长,而且全部应记的折旧费用重新投入公司,以维持盈利能力。一家健康的博彩企业应该愿意为这笔现有资产支付27.69亿美元的价格。

- 拉斯维加斯金沙集团在2008年年底的固定资产账面价值为112.75亿美元。它代表了公司对现有资产(包括威尼斯人赌场、金沙澳门赌场以及拉斯维加斯会议中心)及其新开发项目上的投资。由于这笔账面价值相当于房地产按最初投资状态所拥有的重置价格,因此我们需要对这个价值进行如下两方面的调整。首先,我们将账面价值下调40%,以反映2007~2008年房地产价格下跌对金沙集团这笔资产账面价值的侵蚀。其次,我们还要考虑到快速变现所产生的非流动性折扣问题,为此,我们将这个折扣率估计为相对较低的10%:

$$资产的快速变现价值 = 账面价值 \times (1-市场价格折扣率) \times$$
$$(1-快速变现的非流动性折扣率)$$
$$= 112.75 \times (1-40\%) \times (1-10\%)$$
$$= 60.89(亿美元)$$

将公司目前的现金余额30.4亿美元与快速变现收入的估计值相加,我们即可得到总收益。由于公司目前的债务余额为104.7亿美元,远远超过快速变现的总收益,因此公司在危机状态下应急销售的话,股权投资者将一无所获。

虽然两种方法对快速变现价值的估计会产生较大差异,但我们对依据账面价值得到的估计值并不担心。诚然,公司的大部分投资为房地产,但这些房地产的任何买家,基本上也只能将它们继续用于赌场经营。因此按盈利能力方法得到的较低值27.69亿美元,也是我们在分析中最信任的结果。

转移债务负担 除承担了大量的债务之外,陷入危机的企业往往还拥有非常复杂的债务结构。它们不仅会有很多不同的债权人,而且负债工具往往也非常复杂的,包括可转换债券、可赎回债券或者债权人为保护自身利益而设置的五花八门的特殊条款。此外,危机企业往往需要和债权人进行长期的谈判,试图说服他们修改债务条款,或是在符合特定要求的前提下将债务转换为股权。因此，即使企业价值不变，但由于债务价值每天都在剧烈变化，从而影响到股权价值。因此，在评估危机企业的债务价值时，我们应考虑采取如下手段：

- 不要依赖最新财务报表得到现有债务的信息，而是应设法取得待偿还债务的最新评估值。但如果债务重组谈判是私下进行的（在危机公司和贷款人之间），要取得这个估计值可能很困难。
- 考虑到公司在陷入危机期间，违约风险可能会在不同时间段内发生显著变化，因此我们需要及时更新估计的债务市场价值。对陷入危机的企业来说，即使债务不可交易，以债务账面价值来替代债务市场价值也是不可取的。相反，我们应估计债务的市场价值，像对待公司债券一样来处理债务的账面价值。
- 对于可转换债务，我们应该从债务中剥离出转换期权，并将这个期权当作股权那样去处理。同样，我们还可以采用一种更简单的方法，即将可转换债务看作直接债务，从而得到可转换债务中的纯债务部分，然后，将可转换债务和直接债务部分的市场价值差额视为股权价值。

一般来说，直接对一家陷入危机的公司进行估值要比评估股权价值容易得多，原因不难理解，因为未偿还债务的价值会随着时间的推移而不断变化。

◎ 案例12-6　对陷入危机的拉斯维加斯金沙集团进行估值

要对陷入危机的拉斯维加斯金沙集团进行单独估值，我们首先需要从公司的持续经营价值入手，为此，我们假设这家公司能熬过这场危机，不仅生存下去而且恢复健康的财务状况。

在截至2008年12月的财政年度，拉斯维加斯金沙集团披露的经营收入为43.9亿美元，税前营业利润为2.09亿美元，由此取得4.76%的税前营业利润率。[⊖]公司的期初投入资本为98.32亿美元，实现了1.72%的税后资本收益率（假设公司的有效税率为26%）：

$$资本收益率 = 2.09 \times (1 - 26\%)/89.75 = 1.72\%$$

为勾勒出公司恢复财务健康的路径，首先我们就必须估计出，假如拉斯维加斯金沙集团确实扭亏为盈，我们认为合理的盈利指标应该达到多少。为了估计出这个数字，我们首先应该知道公司在过去5年中披露的营业利润率和资本收益率，具体如表12-6所示。

⊖ 公司披露的营业利润为1.63亿美元，这个数字已扣除了处置资产的4600万美元费用。调整后的常规性营业利润应为2.09亿美元。

表 12-6　拉斯维加斯金沙集团在 2004~2008 年的收入总额、营业利润及资本收益率

(金额单位：百万美元)

年份	收入总额	营业利润	税前利润率(%)	已投资本	资本收益率(%)
2004	1 197	233	19.47	1 575	9.17
2005	1 741	491	28.20	1 810	16.82
2006	2 237	577	25.79	2 791	12.82
2007	2 951	331	11.22	2 049	10.02
2008	4 390	209	4.76	8 974	1.44

和拉斯维加斯金沙集团在历史上的盈利能力相比，2008 年的利润率和资本收益率显然是一次大变身。随后，我们估算了美国赌场公司在 2009 年年初的税前平均营业利润率（16.96%）和税收资本收益率（约 10%）。根据这些数字，我们应假设，金沙集团必然会成为一家健康的企业，并实现 17% 的税前营业利润率和 10% 的税后资本收益率。

为了预测未来的经营成果，我们假设次年的收入仅增长 1%，随后一年提高到 2%。此外，我们还假设收入增长率会进一步提速，尤其是在两个新赌场上线之后。因此，金沙集团的收入增长率将在第 3 年～第 5 年达到 20%，并在第 6 年～第 10 年回落到 5%。我们将假设，在未来的 10 年期间，公司的利润率将会逐渐回归目标值；到第 5 年，税前的营业利润率将提高至 10%，并在第 10 年进一步提高到 17%，在这段时间里，利润率年按线性递增方式逐步增加。表 12-7 总结了我们对未来 10 年内每年收入、毛利润和营业利润的预测结果。我们按 26% 的实际税率估算前 5 年的税后营业利润，随后按线性递增的方式逐步提高，并在第 10 年达到 38% 的边际税率。

表 12-7　拉斯维加斯金沙集团各年度的预期收入和营业利润

(金额单位：百万美元)

年份	收入增长率(%)	收入总额	营业利润率(%)	营业利润总额	税率(%)	税后运营收入
目前		4 390	4.76	209	26.00	155
1	1	4 434	5.81	258	26.00	191
2	2	4 523	6.86	310	26.00	229
3	20	5 427	7.90	429	26.00	317
4	20	6 513	8.95	583	26.00	431
5	20	7 815	10.00	782	26.00	578
6	5	8 206	11.40	935	28.40	670
7	5	8 616	12.80	1 103	30.80	763
8	5	9 047	14.20	1 285	33.20	858
9	5	9 499	15.60	1 482	35.60	954
10	5	9 974	17.00	1 696	38.00	1 051

由于针对新赌场的大部分资金已经投入,因此在公司高成长时期的大部分时间内,我们将压缩资本支出;也就是说,公司是靠以前的投资生存的。⊖按这个逻辑,由于无须支付现金的折旧费用会给公司带来大量现金流入,因此金沙集团在未来两年内的再投资率将为负数。而在这段高速增长阶段的剩余时间里,再投资开始增加。⊜表12-8列示出未来10年内每年的企业自由现金流(FCFF)。

表12-8 拉斯维加斯金沙集团各年度的预期企业自由现金流

(金额单位:百万美元)

年份	税后营业利润	再投资率(%)	再投资	企业自由现金流
1	191	-10.00	-19	210
2	229	-5.00	-11	241
3	317	0.00	0	317
4	431	5.00	22	410
5	578	10.00	58	520
6	670	10.00	67	603
7	763	20.00	153	611
8	858	25.00	215	644
9	954	30.00	286	668
10	1 051	33.30	350	701

首先,我们需要估算拉斯维加斯金沙集团的资本成本,而且这个资本成本应该体现出公司维持持续经营状态的艰难。为此,我们对赌场公司采用1.15的无杠杆贝塔系数,并根据公司目前277.34%的负债股权比率计算其杠杆贝塔系数。该负债股权比率根据分析时点估计的股权及债务市场价值计算得出。按照目前的每股4.25美元价格和64 183.9万股的已发行股票总数,我们可以计算得到公司的股权市值为27.28亿美元。为估计债务的市场价值,我们首先需估计出债务成本。我们在无风险利率3%的基础上增加6%的违约利差(对应于标准普尔针对信用评级为B级的企业)。然后,我们按当期的利息支出(4.22亿美元)和债务面值(104.7亿美元)得出金沙集团的债务现值为75.65亿美元:

$$债务的市场价值估计值 = 债务的利息费用 \times \frac{1 - \frac{1}{(1+r)^n}}{r} + \frac{债务面值}{(1+r)^n}$$

$$= 4.22 \times \frac{1 - \frac{1}{1.09^{8.1}}}{0.09} + \frac{104.7}{1.09^{8.1}} = 75.65(亿美元)$$

⊖ 2009年1月,拉斯维加斯金沙集团投资近30亿美元用于新开发项目,但项目始终未能投入运营。
⊜ 由于资本成本在较长时期是变化的,因此我们需要计算的是累计成本。比如说,第7年的资本成本 = $1.0988^5 \times 1.0979 \times 11.0950 = 1.9261$。

$$\text{按市场价值计算的负债股权比率} = \frac{75.65}{27.28} = 277.34\%$$

$$\text{按市场价值计算的负债资本比率} = \frac{75.65}{75.65 + 27.28} = 73.5\%$$

$$\text{杠杆贝塔系数} = 1.15 \times [1 + (1 - 38\%) \times 277.34\%] = 3.14$$

$$\text{股权成本} = \text{无风险利率} + \text{贝塔系数} \times \text{股权风险溢价}$$
$$= 3\% + 3.14 \times 6\% = 21.82\%$$

由于公司的营业利润仍为正数,而且预计将会恢复,因此我们假设,金沙集团能享受到债务的全部税收优惠(按38%的边际税率计算):

$$\text{税前债务成本} = \text{无风险利率} + \text{违约利差} = 3\% + 6\% = 9\%$$

$$\text{税后债务成本} = 9\% \times (1 - 38\%) = 5.58\%$$

使用目前73.5%的负债比率,我们可以计算出,金沙集团的资本成本为9.88%

$$\text{资本成本} = \text{股权成本} \times (1 - \text{债务比率}) + \text{税后债务成本} \times \text{债务比率}$$
$$= 21.82\% \times (1 - 73.5\%) + 5.58\% \times 73.5\% = 9.88\%$$

但是,我们还需假设,随着公司逐步恢复正常,其债务比率将趋近于娱乐经营行业平均水平的50%。与此同时,我们还假设,公司的资本成本最终将下降到7.43%,以体现公司财务状况恢复到正常状态的情况。表12-9为相应的估计结果。

表12-9 拉斯维加斯金沙集团各年度的股权成本、债务成本及资本成本

年份	贝塔系数	股权成本	税前债务成本	债务比率	资本成本
1	3.14	21.82%	9.00%	73.50%	9.88%
2	3.14	21.82%	9.00%	73.50%	9.88%
3	3.14	21.82%	9.00%	73.50%	9.88%
4	3.14	21.82%	9.00%	73.50%	9.88%
5	3.14	21.82%	9.00%	73.50%	9.88%
6	2.75	19.50%	8.70%	68.80%	9.79%
7	2.36	17.17%	8.40%	64.10%	9.50%
8	1.97	14.85%	8.10%	59.40%	9.01%
9	1.59	12.52%	7.80%	54.70%	8.32%
10	1.20	10.20%	7.50%	50.00%	7.43%

随着公司营业利润率的提高,我们还需体现公司资本收益率的变化。为此,我们需要计算每年投入的资本(以再投资率为基础),与此同时,还需确保我们估计的资本收益率应逐步达到10%的目标资本收益率。表12-10为我们对金沙集团资本投入和税后资本收益率的逐年估计结果。

表 12-10　拉斯维加斯金沙集团各年度的投入资本及资本收益率

（金额单位：百万美元）

年份	税后营业利润	投资	再投资资金	资本收益率（%）
当前	155		8 975	1.72
1	191	-19	8 956	2.13
2	229	-11	8 944	2.57
3	317	0	8 944	3.55
4	431	22	8 966	4.81
5	578	58	9 024	6.41
6	670	67	9 091	7.37
7	763	153	9 243	8.26
8	858	215	9 458	9.07
9	954	286	9 744	9.79
10	1 051	350	10 094	10.41

第 n 年的投入资本 = 第 $n-1$ 年的投入资本 + 第 n 年的再投资

请注意，第10年的资本收益率为10.41%，已接近目标10%的资本收益率。

在估值的最后一个步骤中，我们需假设，金沙集团将在10年后进入稳定增长状态，年增长率为3%（相当于无风险利率的上限）。此外，我们还假定公司的永久性资本收益率为10%，且稳定增长期的资本成本为7.43%（由表12-9确定）。于是，我们可按如下公式计算终值：

$$再投资率 = \frac{稳定状态的增长率}{稳定状态的资本收益率} = \frac{3\%}{10\%} = 30\%$$

$$终值 = \frac{税后营业利润_{10} \times (1 + 稳定状态的增长率) \times (1 - 再投资率)}{稳定状态的资本收益率 - 稳定状态的增长率}$$

$$= \frac{10.51 \times (1 + 3\%) \times (1 - 30\%)}{7.43\% - 3\%} = 171.29（亿美元）$$

汇总表12-8中的自由现金流、上述刚刚得到的终值以及表12-9所示的资本成本，我们即可计算出经营资产的价值，如表12-11所示。

表 12-11　拉斯维加斯金沙集团各年度的经营资产价值

（金额单位：百万美元）

年度	公司自由现金流	终值	资本成本	累积资本成本	现值
1	210		9.88%	1.098 8	190.79
2	241		9.88%	1.207 5	199.54
3	317		9.88%	1.326 8	239.25
4	410		9.88%	1.457 9	281.12
5	520		9.88%	1.602 1	324.88
6	603		9.79%	1.759 0	342.71
7	611		9.50%	1.926 1	316.98
8	644		9.01%	2.099 7	306.52
9	668		8.32%	2.274 4	293.72
10	701	17 129.27	7.43%	2.443 3	7 297.83

经营资产的价值 = 97.933 4 亿美元

再加上现金（30.4亿美元），减去债务的市场价值（75.65亿美元），然后除以已发行股票的数量（6.418 39亿股）即可得到每股价值为8.21美元：

$$每股价值 = \frac{97.93 + 30.4 - 75.65}{6.418\ 39} = 8.21(美元/股)$$

需要提醒的是，债务的市场价值低于面值近104.7亿美元，但这恰恰符合我们的假设，即金沙集团最终将恢复正常的持续经营状态。

现在，我们将破产危机的概率和后果纳入股权价值的最终估值中。此前我们已估计出，债券市场陷入危机的概率为76.66%，因此我们得出的结论是，资产的快速变现价值将远低于未偿还的债务总额，这将导致股权分文不值。然后，我们可以计算金沙集团每股股票的预期价值：

每股股票的预期价值 = 持续经营状态下的每股价值 × (1 - 破产概率) +
危机状态下的每股价值 × 破产概率
$$= 8.21 \times (1 - 76.66\%) + 0 \times 76.66\% = 1.92(美元/股)$$

如果我们针对可能发生的危机风险进行调整，那么金沙集团的每股价值仅为1.92美元，约为2009年2月股票价格4.25美元的一半。但是，根据B级信用等级得到的危机风险概率28.25%，我们则会得到每股5.89美元的估值结果，比上述股价高出约40%左右。因此，拉斯维加斯金沙集团到底是被低估还是高估这个问题，已逐渐成为如何评估公司破产危机概率的问题。

调整现值法（APV）

按第11章详细介绍的调整现值法，我们首先从没有债务的公司价值作为起点。当公司承担债务时，我们需要考虑借款的收益和成本，进而得到债务给价值带来的影响净值。为此，我们应假设，借款的主要收益为税收优惠——借款利息可在税前扣除带来的成本削减，而最重要的借贷成本则是破产带来的引申性风险。对已陷入危机的公司来说，将债务的价值影响与经营性资产价值分离开的优势在于，我们可以将更多的精力集中于危机成本和概率的估算上。按照第11章所介绍的调整现值法，我们可以通过三个步骤计算公司价值。首先，我们需要估计无杠杆情况下的公司价值，即采用无杠杆的股权成本对预期企业自由现金流进行折现。在现金流永续增长的特殊情况下，公司价值很容易计算：

$$无杠杆情况下的企业价值 = \frac{FCFF_0 \times (1 + g)}{\rho_u - g}$$

其中，$FCFF_0$是公司目前的税后经营现金流，ρ_u为股权的无杠杆成本，g为公司的预期增长率。在更具一般性的情况下，我们可使用任何我们自认为合理的增长假设对公司进行估值。

然后，我们再考虑公司承担一定金额负债所带来的利息税收优惠现值。这种税收优惠取决于公司税率，并按反映该现金流风险的债务成本进行折现。如果税收优惠可视为具有永续性，其价值可按如下方法计算：

$$税收优惠的价值 = \frac{税率 \times 债务成本 \times 债务总额}{债务成本} = 税率 \times 债务总额 = t_c D$$

对已陷入危机的公司来说，如果公司已形成很大的累积经营亏损，而且无望在可预见的未来享受到税收优惠，那么这个税收优惠价值当然也就不存在了。

第三个步骤是估计既定债务水平对公司违约风险和预期破产成本的影响。为此，我们需要估算出增加债务带来的违约概率以及破产引发的直接成本和间接成本。如果 π_a 是公司承担债务后出现的违约概率，而 BC 则是破产成本的现值，那么我们可按如下公式估计预期破产成本的现值：

$$预期破产成本的现值 = 破产概率 \times 破产成本的现值 = \pi \times 破产成本$$

我们可以采取前面一节介绍的方法来估计破产概率。此外，我们还可以用持续经营状态下的公司价值与危机状态下的快速变现价值之差代表破产成本。因此，如果预期现金流的现值为 50 亿美元（相对于持续经营价值），危机情况下的快速变现收益预计为 40 亿美元账面价值的 25%，那么公司的破产成本为 40 亿美元：

$$预期破产成本 = 50 - 40 \times 25\% = 40（亿美元）$$

同样，对于危机企业，预期破产成本的现值可能是一个很大的数字。有限的税收优惠和巨额的破产成本相结合，极有可能会大幅削减企业价值。

黑特·阿尔梅达（Heitor Almeida）和托马斯·菲利蓬（Thomas Philippon）在 2005 年提出了修改版的调整现值模型。他们认为，危机成本的传统指标显然低估了这个成本的规模，因为它并没有考虑到危机成本往往具有系统性（源于整个市场和经济）。为此，他们提出以两种方式调整危机成本的价值，从而反映这种系统性风险。首先，他们从公司债券的利差推导出违约概率，这类似于我们之前介绍的方法。其次，他们根据破产危机概率和资产定价模型的历史数据推导出风险调整值。最终，他们得出的结论是：预期破产的成本很大，会对价值产生显著影响。

◎ 案例 12-7　对拉斯维加斯金沙集团的估值——调整后现值

在以调整现值模型为基础对拉斯维加斯金沙集团估值时，我们首先需将公司视为无杠杆的经营实体。为此，我们只需以股权的无杠杆成本作为资本成本，即可模拟出这种情况：

拉斯维加斯金沙集团的无杠杆贝塔系数 = 1.1535

我们采用的无风险利率为 3%，市场风险溢价为 6%：

拉斯维加斯金沙集团的无杠杆成本 = 3% + 1.1535 × 6% = 9.92%

我们以上述股权成本作为估值的资本成本,对预期公司自由现金流进行折现,结果如前述表12-8所示。表12-12为公司按无杠杆股权成本得到的预期现金流现值(请注意,终值保持不变。我们将继续假设,公司在10年的投资仅能取得相当于资本成本的收益率)。

表12-12 按无杠杆股权成本得到的预期公司自由现金流现值(百万美元)

年份	公司自由现金流	终值	现值
1	210		191
2	241		199
3	317		239
4	410		281
5	520		324
6	603		342
7	611		315
8	644		302
9	668		285
10	701	10 952	4 525
终年	758		

非经营性资产价值=70.03亿美元

经营性资产在无杠杆情况下的价值为70.03亿美元。在此基础上,我们还需增加债务带来的预期税收优惠,这个数值等于未偿还债务总额(75.65亿美元)的38%。[⊖] 对破产成本,我们以持续经营价值70.03亿美元与快速变现价值27.69亿美元(按前述估计结果)作为替代。将结果乘以此前得到的破产概率(76.66%),我们即可得出破产的预期成本:

拉斯维加斯金沙集团资产的调整后现值 = 无杠杆的企业价值 + 预期税收优惠 − 预期的破产成本

加回现金和有价证券余额,再减去债务,即为拉斯维加斯金沙集团的股权价值:

拉斯维加斯金沙集团资产的调整后现值 = 66.32(亿美元) + 现金和有价证券

= 30.4(亿美元) − 债务的市场价值

= 75.65(亿美元) = 股权价值 = 21.07(亿美元)

$$每股价值 = \frac{21.07}{6.418\ 39} = 3.28(美元/股)$$

这个价值已对危机成本进行了调整,可以和每股4.25美元的市场价格进行比较。

⊖ 我们使用债务的市场价值来体现公司因债务而损失税收利益的可能性。

将股权视为期权进行估值

在大多数上市公司中,股权都具有两个特征。首先,股权投资者还是公司的经营者,而且可随时选择以清算资产来偿还其他债权持有者。其次,在某些非上市公司以及几乎所有的上市公司中,股权投资者的偿债义务仅限于他们对公司的股权投资。清算期权和有限责任的组合,使得股权具有看涨期权的特征。在债务金额巨大且破产可能性极高的企业中,股权的期权价值可能超过现金流折现值。

将股权收益看作期权

对公司持有的股权是一种剩余索取权。换句话说,只有在其他金融债权(债权及优先股)持有者的索取权得到全部满足后,股权持有者才有权取得剩余的现金流。在公司清算时,就适用于这种分配原则。也就是说,在全部未偿还债务及其他金融债权得到全部清偿后,由股权投资者取得剩余的现金。由于股东承担的是有限责任,当公司价值低于未偿还债务价值时,股权投资者的损失不超过他们对公司的投资。因此,在清算时,股权投资者的收益可表述为如下方式:

$$\text{清算时的股权收益} = \begin{cases} V - D & (V > D) \\ 0 & (V < D) \end{cases}$$

式中 V——公司的清算价值;

D——未偿还债务和其他外部债权的账面价值。

因此,我们可以把股权视为公司的看涨期权。行使该期权要求对公司进行清算并支付债务的面值(相当于行权价格)。在这个过程中,公司为标的资产,期权期限为债务到期时。期权收益如图 12-2 所示。

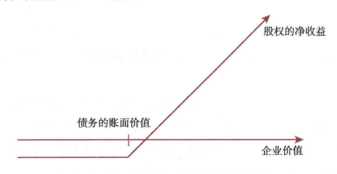

图 12-2 股权采取公司期权形式的收益

◎ **案例 12-8 按期权对股权进行估值**

假设我们正在估值一家公司的资产,资产的当期估值为 1 亿美元,资产价值的标准差为40%。债券的面值为8000万美元（假设债务为零息债券，尚有10年到期）。10年期国债的利率为10%。我们可以将股权视为公司的看涨期权进行估值，并以如下数据作为期权定价模型的输入：

$$\text{标的资产的价值} = S = \text{公司价值} = 1\text{亿美元}$$

$$\text{行权价格} = K = \text{未偿债务的面值} = 8000\text{万美元}$$

$$\text{期权的期限} = \text{零息债券的期限} = 10\text{年}$$

$$\text{标的资产价值的方差} = \sigma^2 = \text{公司价值的方差} = 0.16$$

$$\text{无风险利率} = r = \text{与期权具有相同期限的国债利率} = 10\%$$

基于这些输入，我们使用布莱克-斯科尔斯模型得到看涨期权的如下结果：

$$d_1 = 1.5994 \quad N(d_1) = 0.9451$$
$$d_2 = 0.3345 \quad N(d_2) = 0.6310$$

$$\text{看涨期权的价值} = 100 \times 0.9451 - 80 \times e^{0.10 \times 10} \times 0.6310 = 75.54(\text{亿美元})$$

由于看涨期权的价值即为股权价值，且公司价值为1亿美元，因此我们可以计算出未偿还债务的估值结果：

$$\text{未偿还债务的价值} = 100 - 75.94 = 24.06(\text{亿美元})$$

考虑到债务是10年期的零息票债券，因此我们可以计算出债券的市场利率：

$$\text{债务利率} = \left(\frac{80}{24.06}\right)^{1/10} - 1 = 12.77\%$$

因此，该债券的违约利差应为2.77%（=12.77%-10%）。

将股权视为期权的内涵

当一家公司的股权具有看涨期权的特征时，我们必须改变我们看待其价值以及价值决定因素的方式。在本节中，我们将考虑将股权视为期权给公司股权投资者和债券持有人带来的潜在影响。

股权在什么情况下会分文不值 在折现现金流估值中，我们认为，如果我们所拥有的资产（公司的价值）少于我们的负债，股权就会毫无价值。因此，将股权视为看涨期权的第一个含义在于，即使公司价值远低于未偿还债务的面值，股权也是有价值的。虽然投资者、会计师和分析师会认为公司将陷入危机，但它的股权并非一文不值。在期权的剩余期限内，由于标的资产价值有可能增加到执行价格以上，因此，即使是极价外（deep out-of-the-money，执行价格低于标的资产市场价格较多）看涨期权也是有价值的。同样，由于期权存在时间溢价（在债券到期之前）以及资产价值有可能在债券到期前增加到债券面值以上，因此股权也是有价值的。

◎ 案例12-9 公司价值与股权价值

我们再来看看前面的例子,假设公司价值降至5000万美元,低于未偿还债务的面值(8000万美元);与此同时,我们假设所有输入变量均保持不变。看涨期权形式的股权输入变量如下所示:

标的资产的价值 = S = 公司价值 = 5000万美元

行权价格 = K = 未偿债务的面值 = 8000万美元

期权的期限 = 零息债券的期限 = 10年

标的资产价值的方差 = σ^2 = 公司价值的方差 = 0.16

无风险利率 = r = 与期权具有相同期限的国债利率 = 10%

基于这些输入,我们使用布莱克-斯科尔斯模型可得到看涨期权的如下结果:

$$d_1 = 1.0515 \quad N(d_1) = 0.8534$$

$$d_2 = -0.2135 \quad N(d_2) = 0.4155$$

看涨期权的价值 = $100 \times 0.8534 - 80 \times e^{0.10 \times 10} \times 0.4155$

= 30.44(亿美元)

由于看涨期权的价值即为股权价值,且公司价值为1亿美元,因此,我们可以计算出未偿还债务的估值结果:

债券价值 = 50 - 30.44 = 19.56(亿美元)

可以看到,由于股权所具有的期权特征,公司的股权依旧是有价值的。事实上,在这个例子中,即使公司价值降至1000万美元甚至更低,股权仍是有价值的。

风险的提高可以带来股票价值的增加。在传统的折现现金流估值中,较高的风险几乎总是会给股权投资者带来较低的价值。但是当股权拥有看涨期权的特征时,这种关系就不应继续存在了。如果我们是一家危机企业的股权投资者,那么风险或许会成为我们的盟友。因为从本质上说,在公司价值发生波动时,我们既不会有多大的损失,当然也不会多大的收益。

◎ 案例12-10 股权价值及其波动性

我们不妨重新审视一下前面两个案例的估值。股权价值是公司价值方差的函数,在这里,我们假设公司价值方差为40%。如果改变这个方差,并假设其他所有变量保持不变,那么股权价值将会改变,如图12-3所示。

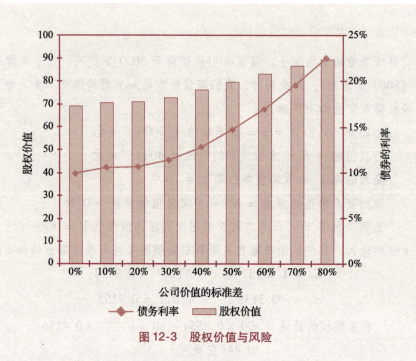

图 12-3 股权价值与风险

请注意,随着标准差的增加,如果我们保持公司价值不变,股权价值就会增加。随着标准差的增加,债务利率也会上升。

违约概率和违约利差 在期权定价模型中,一个更有趣的输出结果就是风险中性的企业违约概率。在布莱克-斯科尔斯模型中,我们可以根据 $N(d_2)$ 估计出这个值,即 S 大于 K 的风险中性概率。在该模型中,这个概率是指公司资产价值超过债务面值的概率:

$$风险中性违约概率 = 1 - N(d_2)$$

此外,根据债务的利率,我们可以估计出对债券收取的相应违约利差。

可以看到,我们有可能使用这个模型估算银行贷款组合的违约概率,并判断针对债务收取的利率是否足够弥补违约风险。事实上,很多商业服务机构已经在使用非常复杂的期权定价模型来估算这两个指标。

◎ **案例 12-11 违约概率及违约利差**

现在,我们需要估计表示为 $N(d_2)$ 的违约概率。违约利差在数量上等于公司债券利率与作为方差函数的无风险利率之间的差额。我们将这些数字绘制在图 12-4 中。

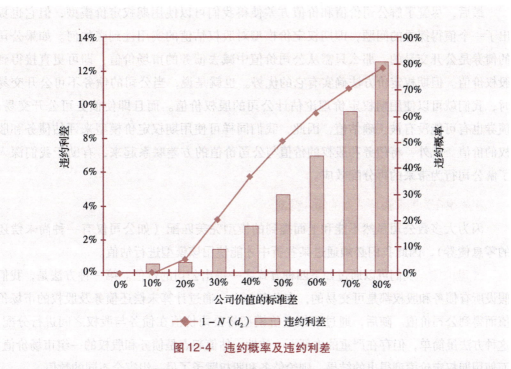

图 12-4 违约概率及违约利差

请注意,随着公司价值标准差的增加以及随着攀升的违约概率,违约概率会迅速提高。

将股权视为期权进行估值

迄今为止,在说明期权定价模型在价值股权中的应用时,我们采用的例子中始终包括了一些高度简化的假设,如:

- 公司只面对两类索取权——债权和股权。
- 只有一种发行债券尚未偿还,而且可按面值偿付。
- 债券为零息票,且没有其他特殊属性(如可转换或回售条款等)。
- 公司价值以及价值方差是可估计的。

每个假设都是有原因的。首先,通过将公司索取权局限于债权和股权这两大类,我们可以简化问题并使之更易于处理。如果引入优先股等其他索取权持有人,可能会导致我们难以得出结果,甚至不可能得到任何结果。其次,假设公司只发行一种零息债券且可在到期前的任何时点按面值偿还,这样,我们就可以让债务的特征更接近于标准期权行权价格的特征。再次,如果债务采取带息票债券的形式,或至少有一种债券尚未偿还,那么一旦股权投资者没有足够的现金流来履行付息义务,他们就有可能在较早的付息日采取措施(清算公司)。

最后，尽管了解公司价值和价值方差使得我们可以使用期权定价模型，但它也提出了一个值得探寻的问题，即期权定价模型对股权估值的实用性到底如何。如果公司的债券是公开交易的，那么只需从公司价值中减去债务的市场价值，即可更直接得到股权价值。但期权定价方法确实有它的优势。也就是说，当公司的债务不可公开交易时，我们就可以使用期权定价理论估计公司的股权价值。而且即使债务可公开交易，债券也有可能没有被正确估值，因此，我们同样可使用期权定价模型来评估债务和股权的价值。此外，将债务和股权的价值与公司价值的方差联系起来，有助于我们深入了解公司行为带来的再分配效应。

将股权作为期权进行估值的输入变量

因为大多数公司显然不能和上面提到的模型完美匹配（如公司仅有一种尚未偿还的零息债券），因此我们必须通过某些折中才能使用该模型进行估值。

公司价值 我们可以通过如下四种方式之一得出公司的价值。第一种方法是，我们假设所有债务和股权都是可交易的，在此基础上，通过计算未偿还债务及股权的市场价值而得到公司价值。随后，通过期权定价模型将公司价值在债务与股权之间进行分配。这种方法虽简单，但存在严重的内部不一致性。估值起点是债务和股权的一组市场价值，而使用期权定价模型得出的结果，则给债务和股权赋予了另一组完全不同的数值。

在第二种方法中，我们以资本成本对预期现金流进行折现，从而得出公司资产的市场价值。但我们需要牢记的一点是，在期权定价模型中，公司价值应该为清算时取得的价值。这个价值有可能低于包括预期未来投资在内的公司价值总额，此外，还可能通过对这个结果进行折扣，以反映清算成本。如果我们使用折现现金流模型估计公司价值，这意味着，我们在估计公司价值时只需考虑现有的投资。这种方法最大的问题在于，财务危机会影响到营业利润，因此，我们通过采用当期营业利润得到的估值可能明显偏低。

在第三种方法中，我们根据同行业健康公司的数据估计收入倍数，并将这个倍数与被估值公司收入相乘得到估值。按这种方法，我们实际上采取了一个隐含性假设，即潜在买方会在清算时支付这个价值。

对拥有可分离且可独立交易资产的企业，我们可采用第四种方法。按这种方法，我们将个别资产的市场价值累计即可得到公司价值。比如说，对一家拥有5套房地产的危机企业，我们可以对每项房地产分别进行估值，然后，将这5套房地产的价值汇总起来，即为这家公司的价值。

公司价值的方差 如果公司的股票和债券均可在市场上公开交易，那么我们就可以直接得到公司价值的方差。我们将 σ_e^2 定义为股票价格的方差，σ_d^2 定义为债券价格的方差，并将 w_e 定义为股权按市场价值的权重，w_d 为债务的市场价值权重。因此，当公司同时投资股票和债券时，我们可以将方差表述为如下形式：⊖

⊖ 这是计算由双资产投资组合方差的标准方程，经过调整，也可用于估计公司价值的方差。

$$\sigma_{公司}^2 = w_e^2\sigma_e^2 + w_d^2\sigma_d^2 + 2w_ew_d\rho_{ed}\sigma_e\sigma_d$$

其中，ρ_{ed}表示股票价格和债券价格之间的相关性。当公司的债券不可交易时，我们可以用相似信用评级债券的方差作为σ_d^2的估计值，以相似评级债券和公司股票的相关系数作为ρ_{ed}的估计值。

当公司陷入财务危机时，由于股票价格和债券价格的波动加剧，因而会导致这种方法产生误导性结果。另一种更为可靠的估计方法是采用同行业其他企业公司价值的平均方差。因此，对一家陷入深度危机的钢铁公司，我们可以钢铁上市企业公司价值的平均方差来估计其股权价值。

债务的期限

大多数公司账面上都会有一种以上未偿还债务，而且大部分债务属于付息债务。由于期权定价模型只允许有一个到期日，因此，我们必须将若干债务及其利息支付转换成一个等价的零息债券：

- 一种解决方案就是兼顾利息的支付和债券的到期日，估计所发行的每一种债券的久期，并以各债券的面值为权重，计算全部债券久期的加权平均值。然后，以这个按面值加权的久期代表期权的到期时间。
- 另一种相近的方法，则是将债务面值的加权平均到期日转换为期权定价模型中的零息票债券到期日。

债券的面值

当一家危机公司同时有若干尚未偿还的债务时，在确定债务的面值时，我们可以有三种选择：

- 我们可以将公司的全部债券本金加总，并将这个汇总面值作为公司假设发行的一只假设零息债券的面值。这种方法的局限性在于，它没有考虑到公司必须在这个假设债券的期限内支付利息，因而低估了公司在此期间实际支付的金额。
- 与此完全对立的另一种方法是，我们可将债务到期需要支付的预期利息和息票与支付的本金汇总，从而得出债务的累计面值。由于利息支付是在近几年里发生的，而且本金只是在债务到期时才需要支付，因此按这种方法，我们实际上是把不同时点的现金流混到一起。但对即将到期支付的利息，这确实是最简单的方法。
- 还可以考虑只把需支付的到期债务本金作为债务的面值。这样，我们就可以用每年的利息支付占公司价值的百分比，来代替期权定价模型中的股息收益率。我们实际上可以做这样的预期：在公司存续的每一年，公司价值都会因预期债务的偿还而降低。

◎ **案例 12-12　将股权视为期权进行估值——2008 年 1 月的拉斯维加斯金沙集团**

此前，我们曾估计了拉斯维加斯金沙集团的持续经营价值，为此，我们对公司经营性资产得到的估值为 97.93 亿美元。至于这个数值的方差，我们根据博彩行业 2007 年和 2008 年的收益率，计算得到的平均方差为 31%。金沙集团为偿还债务的面值近 104.7 亿美元，市场价值为 75.7 亿美元，其中的大部分债务属于长期债务，加权平均期限为 5.4 年。⊖ 汇总上述数据，我们可以得到期权定价模型的输入变量如下所示：

标的资产的价值 = S = 公司价值 = 97.93 亿美元

行权价格 = K = 未偿债务的面值 = 104.7 亿美元

期权的期限 = 零息债券的期限 = 5.4 年

标的资产价值的方差 = σ^2 = 公司价值的方差 = 0.31^2

无风险利率 = r = 与期权具有相同期限的 5 年期国债利率 = 2.5%

基于这些输入，我们使用布莱克-斯科尔斯模型可得到看涨期权的如下结果：

$d_1 = 0.4548$　　　　　$N(d_1) = 0.6754$

$d_2 = -0.2655$　　　　$N(d_2) = 0.3953$

看涨期权的价值 = $97.93 \times 0.6754 - 104.7 \times e^{0.025 \times 5.4} \times 0.3953 = 29.98$（亿美元）

如果我们以这个结果作为股权价值，那么由此将得到 4.67 美元的每股价值，这高于我们之前在持续状态下得到的每股 1.92 美元估值，而 4.25 美元的实际股价则接近这个数值。

除得到金沙集团的股权价值之外，期权定价框架还为我们认识影响股权价值的因素提供了一些有价值的洞见。尽管公司尽可能地控制成本并提高营业利润率这一点确实很重要，但决定股权价值的两个最关键变量，则是债务的久期和公司价值的变化。任何延长（或缩短）债务久期的行为，都会对股票价值产生正面影响（或负面影响）。因此，分析时点的债务重组谈判结果，必将对价值产生重大影响。

相对估值法

实践中的大多数估值方法都属于相对估值，这当然也包括对危机企业的估值。尤其使用倍数和可比公司组进行的估值，则是典型的相对估值法。但一个有待回答的问题就是，

⊖ 之前，我们按该债务 8.1 年的加权平均期限计算债务的市场价值。考虑在前几年里支付的利息，因此，等价债务的到日期早于这个到期日。

危机的影响能否反映在相对估值中？如果不能，应如何尽可能合理地反映这种影响。

对危机公司的相对估值

对于如何将危机企业纳入相对价值的估算中，目前尚不得而知。那么，我们不妨考虑最常见的相对估值流程是怎样的。首先，我们选择一组与被估值公司相近的可比公司。在通常情况下，我们会挑选与目标企业从事相同业务的公司。然后，我们利用这些可比公司的数据计算估值倍数，可以是价格倍数、收益倍数、市净率、企业价值/收入比或是企业价值/EBITDA，并用这些倍数对价格进行标准化。最后，以可比公司为参照，利用倍数衡量被估值公司的价值。尽管我们很早就已经开始使用这种方法对危机企业估值，但有些通常只适用于陷入危机的企业：

- 与正常公司相比，收益倍数和 EBITDA 倍数往往在危机企业身上用得更多，这也是一种务实的做法。在某些情况下，市盈率或市净率之类往往根本就不适合一家陷入危机的企业。因为这些企业的利润往往是负数，因此，分析师只有寄希望于在利润表的前几行找到正数。对于进行重大基础设施投资的公司，折旧和摊销通常是消耗营业利润的最大开销；与此同时，在扣除巨额的利息支出之后，正数的 EBITDA 往往会变成负数的净利润。但对某些公司来说，即使 EBITDA 为负值，但收入倍数只能是带来正值的倍数。
- 考虑到被估值公司遭遇破产危机的可能性，在比较被分析公司的估值倍数与行业平均水平时，分析师往往会主观地认识危机企业。譬如，如果假设普通电信公司的收入倍数为 2 倍，那么，我们会先入为主地将被分析公司的收入倍数估算为 1.25 倍。此外，我们还会假定，危机公司会比一般电信公司有更高的违约风险。于是，我们或许得出这样的结论：即使违约可能性的存在，已导致被估值公司的交易价格较平均价格呈现大幅折价，但仍可认为公司并未被低估。这种主观任意调整折扣率的危险是显而易见的。即使会造成严重的误判，分析师也会绞尽脑汁地去寻找证据，以证明他们之前的偏见并非毫无根据。

对相对估值法进行调整，使之适用于危机企业

我们能否找到一种方法对相对估值进行适当调整，从而使之适用于危机企业的估值呢？我们认为答案是肯定的，而调整结果的精确性往往超过折现现金流部分所介绍的调整。在这里，我们考虑将危机明显体现到相对估值法中的两种方法。在第一种方法中，我们需要比较危机企业的估值与其他危机企业的估值。而在第二种方法中，尽管我们同样以健康企业作为可比公司，但需要通过某种方法来体现被估值公司所面临的危机。

选择可比公司 在对一家陷入危机的企业进行估值时，我们可以寻找属于同行业的一组危机公司，看看市场愿意为这些公司支付的对价是多少。比如说，根据其他陷入危机的电信公司在出售时实现的市场价值/销售收入（或账面资本）比率，我们可以对一家同样陷入危机的电信公司进行估值。虽然这种方法看似有效，但它只适用于

某个行业有大量公司同时陷入财务危机的情况。此外，将企业简单地分化为危机或非危机企业，会将面对不同程度危机的企业混为一谈，毕竟，不同程度的危机，会对公司估值带来很大影响。

拓展这种方法的一种可能途径，就是以整个市场的所有危机公司为参照，而不仅仅是公司处于同行业的企业。这就扩大了样本的规模。但这可能造成的问题是，在面对危机时，杂货店的处境可能要比高科技公司好得多（因为前者可能得到更多的快速变现收益）。

◎ 案例 12-13 选择同处于危机中的可比公司

在对拉斯维加斯金沙集团估值时，我们只考虑同样具有高财务杠杆的博彩企业（债务市场价值与资本比超过 60%）。我们的目标就是找到一个具有相同危机概率的赌场企业作样本。我们使用过去 12 个月的历史数据计算 EBITDA，然后将股权的市场价值与债务账面价值相加，再扣除现金余额，从而计算出企业价值（EV）。表 12-13 总结了这些可比公司的 EV/EBITDA 比率。

表 12-13　陷入危机的赌场博彩企业　（金额单位：百万美元）

公司名称	市值	债务总额	现金余额	EV	EBITDA	EV/EBITDA
西班牙科德尔博彩集团（Codere, S. A.）	516.60	1 072.80	144.10	1 445.30	295.20	4.90
美国每周之星酒店赌场（Ameristar）	561.10	1 615.70	68.20	2 108.60	289.40	7.29
拉斯维加斯金沙集团	2 729	10 470	1 276	11 628.90	812.50	14.31
百多士集团（Groupe Partouche S. A.）	139.10	675	146.90	667.20	178.40	3.74
博伊德博彩公司	431.20	2 624.10	123.60	2 931.70	372.50	7.87
美高梅梦幻（纽约证券交易所股票代码：MGM）	1 548.40	13 288.30	250.10	14 586.60	1 959.60	7.44
永利度假村有限公司（Wynn Resorts）	2 747	4 917.70	1 713.70	5 951	714.40	8.33
所有公司的平均值						7.70
除金沙集团以外的全部公司平均值						6.60

这些企业的平均 EV/EBITDA 倍数（不包括金沙集团）为 6.60。相对于这个集合中的其他企业，金沙集团的价值似乎被明显高估。但需要提醒的是，使用债务的账面价值会明显高估企业价值，而对那些危机程度较深的公司而言尤其如此。例如，如果使用 75.7 亿美元的债务市场价值估计值，而不是账面价值，将会导致金沙集团的企业价值降至 EBITDA 的 10 倍左右。

考虑将危机的可能性予以明确　对于折现现金流估值法，我们推荐采取的一种调整就是对违约风险通过概率予以明确，从而按持续经营价值和危机状态下快速变现收益的加权平均值作为公司价值。当危机企业所处行业内的大多数企业均保持健康状态时，这种方法显然可以派上用场。我们可以根据可比公司估算危机企业的价值，并将这个价值看作是持续经营状态下的价值。比如说，如果同行业健康企业的交易价格为收入的2倍，那么我们就可以用企业收入乘以2，得出估值企业的持续经营价值。随后，我们即可按如下方式估计公司价值：

$$公司价值 = 持续经营价值 \times (1 - \pi_{危机}) + 破产清算 \times \pi_{危机}$$

在上述公式中，我们完全以前一节介绍的方法估计发生破产危机的累积概率以及危机状态下的快速变现收入。当被估值企业所处行业中的大多数企业保持健康状态时，最适用于采用这种方法，因为前两种方法明显不适合这样的场合。

在某些情况下，我们可能需要使用收入和营业利润的预测值来计算持续经营价值。尤其是在当期收入和营业利润因危机而受到负面影响时，使用收入和营业利润的预测值就成为唯一的选择。

◎ 案例 12-14　未来估值倍数与危机企业

不妨考虑一下表 12-7 中的拉斯维加斯金沙集团收入及 EBIT 预测值。尽管这家公司目前并未出现很大的营业利润，但我们预计，利润率将有所改善，收入将实现增长，并预计第 10 年的营业利润为 16.96 亿美元。此外，我们还预计，折旧费用为 5.72 亿美元，预期 EBITDA 为 22.68 亿美元。⊖ 估值倍数为 8.25，是正常博彩企业在交易中实现的平均 EV/EBITDA 倍数，这样，我们就可以估计出公司在第 10 年后的预期企业价值：⊖

$$第 10 年的预期企业价值 = EBITDA_{10} \times 健康博彩企业当期的 EV/EBITDA$$
$$= 22.68 \times 8.25 = 187.11（亿美元）$$

按金沙集团的累计资本成本对这个估计值进行折现，我们可以得到该估计值的现值，其中，按前述计算过程，累计资本成本为 2.4433（见表 12-11）：

$$目前的企业价值 = 187.11/2.4433 = 76.58（亿美元）$$

当然，上述计算是基于金沙集团将摆脱危机并恢复成为一家健康企业的假设。使用之前估计的生存概率（23.34%）和破产危机概率（76.66%），我们可以得出金沙集团在目前的经营性资产价值：

$$预期企业价值 = 持续经营价值 \times \pi_{危机} + 破产清算 \times (1 - \pi_{危机})$$
$$= 76.58 \times 0.2334 + 27.69 \times 0.7666 = 39.10（亿美元）$$

⊖ 虽然我们并未明确地对折旧进行预测，但我们仍将本年度的折旧费用确定为 5.09 亿美元，而且第 10 年的已投资本账面价值也较目前账面价值高出 25% 左右。实际上，我们是按相同比例对折旧进行放大。

⊖ 我们将健康的博彩公司定义为市场负债率低于 50% 的企业。

需要提醒的是，快速变现收入的估计值为此前得到的 **27.69** 亿美元。由于不考虑未来 10 年的现金流，因此我们明显低估了金沙集团的持续经营价值。⊖ 在此基础上，加上公司的现金余额（30.4 亿美元），减去债务（75.65 亿美元），即为公司股权的价值：

$$
\begin{aligned}
\text{企业价值} &= 39.10（亿美元）\\
+\ \text{现金和有价证券} &= 30.40（亿美元）\\
-\ \text{债务的市场价值} &= 75.65（亿美元）\\
=\ \text{股权价值} &= -6.05（亿美元）
\end{aligned}
$$

实际上，金沙集团的每股价值将为 0。也就是说，只有采取较低的危机概率，我们才能得到正的股权价值，而危机概率则是按债券信用评级估计得到的。

本章小结

纵观企业的整个生命周期，无论公司处于生命周期中的哪个阶段，似乎都要面临某些巨大的估值挑战，而且往往是出于同样的原因。如果说，初创企业面临的问题是它们能否生存下去并成为能创造利润的企业，那么对于衰退型企业来说，最关键的问题就是它们能否熬过最艰难的时期，在业务不断恶化、负债累累的危机中存活下来，重新恢复持续经营的能力。

在本章里，我们探讨了衰退和危机之间的相互作用，从而设计出对衰退型企业进行估值的模型。当衰退不可逆转但危机并非迫在眉睫时，我们主张对公司进行双重估值：第一次的估值对象是公司的持续经营价值，另一次则是有序清算的价值，并以两个数字中较高的一个作为最终的估值结果。如果衰退归咎于管理不善，使得衰退具有可逆性，那么当公司尚未面对严重的危机时，我们同样建议进行两次估值：第一次估值对象为公司在现有管理下的价值，另一次则是在优化管理下的价值，并根据管理变革的可能性估计预期价值。

当危机已不可避免时，我们可以有三种选择。首先，我们可以为关键变量设置概率分布，并通过模拟危机，将危机的影响纳入估值过程中。其次，我们可以尝试调整估值中的预期现金流和折现率，以反映发生破产危机的可能性及其对现金流的影响。最后，我们仍将公司视为持续经营，在此基础上，对破产危机的概率进行单独调整。可逆性衰退和不可逆衰退之间的对比，在危机企业中体现在两个方面：一方面，对于可逆性衰退，因为买方认为这些处于危机中的资产有可能出现转机，因此，其快速变现带来收益可能会高于不可逆的衰退型企业；另一方面，当危机有实现转机的可能性时，其股权可能具有期权的特征。

⊖ 尽管我们总是可以把现金流的现值加回来，但如果这样做的话，我们实际上就把内在估值与相对估值混为一谈了。

The Dark Side of Valuation

第四部分

不同企业类型的估值难点

第 13 章　起伏跌宕：周期型企业及大宗商品企业

第 14 章　随行就市：对金融服务企业的估值

第 15 章　看不见的投资：对轻资产型企业的估值

第 16 章　波动性规律：来自新兴市场企业的估值经验

第 17 章　走向细处：价值分解

第 18 章　非常之地：价值与价格

第 13 章   The Dark Side of Valuation

起伏跌宕
周期型企业及大宗商品企业

尽管不确定性和波动性是估值的特有属性，但周期型和大宗商品企业的波动性则源于外部因素。对周期型企业来说，这些因素就是整体经济的起伏，而对大宗商品企业而言，则是大宗商品价格的波动。因此，即便是成熟的周期型企业及大宗商品企业，也要出现不稳定的收益和现金流。在对这些企业估值时，关注最近一个会计年度的风险在于，由此得到的估值将在很大程度上依赖于该年度在整个周期（经济或商品价格）中处于什么位置——如果恰值繁荣（或低谷）期，则会有较高（或较低）的估值。

在本章里，我们将着重讨论如何在折现现金流和相对估值模型中合理应对大宗商品及周期型企业的收益波动。我们认为，预测下一个周期的企图不仅徒劳无益，而且很危险，如果周期（商品或经济）很明确，最合理的选择就是对收益和现金流在整个周期内进行正规化处理。如果周期不稳定、不可预测或是出现结构性突变，那么最好在当前市场的预期基础上进行估值，但一定要在你的估值中体现这些预期的不确定性。

背景介绍

本章将着眼于两类企业：第一类属于周期型企业，即将命运寄托于整体经济形势的公司；第二类为大宗商品企业。它们的收入主要来源于大宗商品的生产，而这些大宗商品可能已成为经济生活中其他企业（石油及铁矿石）的原材料，或是和黄金、铂金或钻石一样，本身就是被投资者竞相追逐的投资品。

周期型企业

通常我们是依据整体经济形势来定义周期型企业。也就是说，随总体经济起伏波动的企业属于周期型企业。我们可以通过两种方法识别这些企业：

- 我们可以根据历史业绩区分出周期性行业和非周期性行业，并假设相同行业的所有公司均具有相同特征。例如，房地产和汽车行业在历史上始终被视为周期性行业，而且这些行业的所有企业都属于周期型企业。虽然这种方法简单易行，但也可能会使我们对同行业内的所有企业一概而论。按照这样的模式，沃尔玛和销售男士休闲装的 Abercrombic & Fitch 都应该属于周期型企业，因为这两家企业均从事零售业务。此外，考虑到高科技企业的复杂性，因此，要把它们划分为周期性行业或非周期性行业就困难得多了。
- 我们可以结合公司自身的历史与整体经济表现进行分类。因此，如果一家企业在以往的经济衰退时期会迎来收入和收益的双下降，而在经济繁荣时期则要面对收入和收益的双增长，那么这家企业可以被视为周期型企业。与第一种方法相比，这种方法更关注细节，但它只适用于拥有长期经营历史的被分析企业。此外，公司特有因素也会造成收入波动，从而造成分析产生误导性结果。

总体而言，制造型经济体向服务型经济的转型趋势，将会让两类企业的划分变得更加模糊。但与此同时，每一次经济衰退也都会提醒我们，某些企业受衰退拖累影响的程度要大于其他企业。换句话说，今天的周期型企业并不少于二三十年前。归根到底，最大的问题就是我们很难事先对这些公司的归类做出判断。

大宗商品企业

我们可以将大宗商品企业进一步划分为三类：第一类企业生产的产品属于其他企业的原材料，不属于公众消费型产品，这一类企业包括巴西的淡水河谷矿业公司、英国力拓集团以及澳大利亚必和必拓公司等矿业企业；第二类生产的产品则销售给消费者，尽管可能还有其他中间会参与到这个过程当中，在这类企业中，大部分为食品和粮食生产企业；第三类则是所生产产品可同时满足其他企业和消费者需求的企业。尽管我们很容易会想到石油和天然气业务，但黄金开采公司也可以被视为这个类别的一个构成部分。

大宗商品企业的一个共同关键特征在于，它们是大宗商品的生产者，因此，其收益和企业价值依赖于大宗商品的价格。在某些自然资源丰富的新兴市场经济体，大宗商品企业可能构成了整体经济价值的很大一部分。以中东国家为例，石油及其衍生企业在贸易企业总体价值中占据了很大的比例。而在澳大利亚和拉丁美洲，农业、林业及矿业企业在总体经济及市场价值的比重明显偏高。

周期型企业与大宗商品企业的基本特征

大宗商品企业的范围非常广泛，覆盖了从粮食到贵重金属的很多领域，而周期型企业的业务同样五花八门，但它们也存在某些会影响我们认识这些企业及其价值的共同要素：

- **经济与大宗商品价格的周期性**：周期型企业受制于经济周期。诚然，如果企业能采取良好的管理与合理的战略和商业方案，确实可以缓解经济运动对某些周期型企业的冲击。但更有可能的是，在面临严重的经济衰退面前，所有周期型企业都会遭遇收入的降低。不同于其他很多企业，多数大宗商品企业均为价格的接受者。换句话说，即便是规模最大的石油公司，也必须按当时的市场价格出售产品。因此，可以预见的是，大宗商品企业的收入在很大程度上受制于大宗商品的价格。事实上，随着大宗商品企业趋于成熟以及产量的稳定，收入的任何变化几乎都可以归咎于大宗商品价格在整个周期中所处的位置。当大宗商品价格上涨时，生产这种大宗商品的所有企业通常都会成为受益者，而在经济低迷时，即使是行业内优秀的企业，也难免会受到总体环境的影响。

- **周期跨度可能会很长、不可预测而且有时会出现结构性突变**：尤其对于大宗商品，其价格周期可能横跨几十年，而不只是几年，并且每一轮周期之间可能会存在很大差异。在某些情况下，如果技术、制造业或经济转型造成某些大宗商品的吸引力降低或是更具吸引力，那么原有的周期就会发生突变。这不仅会加大我们预测当前周期未来将如何演绎的难度，而且会导致我们在任何时点都难以精确判断当前周期所处的阶段。

- **收益和现金流波动较大**：由于周期型及大宗商品企业往往具有较高的经营杠杆（固定成本较大），因此其收入波动性会在营业利润层面上被进一步放大。在这种情况下，即使处于价格周期的低位期间，大宗商品企业可能也需要维持矿井（采矿）、储量（石油）和油田（农业）的运营，因为停业和重新启动带来的成本可能是无法承受的。

- **收益的波动性会延伸到股权价值和负债比率的波动性**：虽然这未必适用于所有的周期型及大宗商品企业，但启动这些企业所需要的庞大基础设施投资，会导致很多此类公司成为债务融资机构的最大主顾。因此，我们刚刚提到的营业利润波动幅度，会在净利润层面上被进一步放大。

- **当宏观形势极度不利时，即便是最健康的公司也在劫难逃**：周期型及大宗商品企业必然要面临周期性风险，而且这些风险显然是它们难以控制的。在利润表中，沿着从收入到净利润自上而下的顺序，这种风险会逐级放大，并最终导致净利润的剧烈波动，即使是行业中最健康、最成熟的公司也不例外。因此，对于周期型企业及大宗商品企业，我们对危机和生存问题的担心远超过其他企业，这背后的原因不言而喻。长期的经济衰退或是漫长的大宗商品价格低迷时期，会把大多数周期型及大宗商品企业拉入险境。

- **资源的有限性**：大宗商品企业还有一个最关键的共同特征——地球上的自然资

源总量是有限的。如果油价上涨，我们就会加大石油的开采量，但我们显然不可能从无到有地创造出石油。在对大宗商品企业进行估值时，这不仅会对我们对未来大宗商品的价格预测产生影响，还有可能成为常规性永续增长假设（计算现金流终值的基本前提）的一种制约因素。

总之，在对大宗商品和周期型企业估值时，我们必须深刻掌握总体经济和大众商品价格周期的影响，以及这些周期的转换会如何影响到收入和收益。此外，我们还必须找到应对各种潜在困难的手段，这些困难并非来自管理决策不当或是企业的具体选择，而是源自宏观经济力量的牵动。

估值难点

鉴于周期型及大宗商品企业的收益波动性更多地源于宏观要素，而不是企业具体因素，因此，即便是行业内最成熟、最大规模的企业，也会成为估值的难点。在很多情况下，导致估值出错的原因，既有可能是分析师刻意忽略总体经济或大宗商品价格周期，也有可能是因为他们过于专注这个问题。

基准年度的设定

在对公司进行估值时，我们往往习惯于将主要精力集中到当前的财务报表上。事实上，我们可以毫不夸张地说，大多数公司的估值都是以估值当年为基准年度的，而且很少关注被估值公司自身的历史或是整个行业的表现。

只盯着当年数字的做法永远是危险的，而这对周期型企业和大宗商品企业而言更为严重。比如说，对钢铁或石油公司来说，它们在最近一年的数据在很大程度上取决于该年度在周期中所处的位置。换句话说，如果石油的价格在过去一年中上涨了30%，那么所有石油企业的收益率都会提高，同样，在总体经济大幅下滑时，所有钢铁企业的收益都会下降。使用最近一期数字作为估值基础的不良影响是显而易见的。如果基准年度处于或接近周期的高点，并且我们使用该年度数据作为估值基础，那么我们显然会高估公司。反之，如果基年处于整个周期的底部或下行期时，那么以该年收益得到的估值必然会低估企业价值。需要提醒的是，基年在周期中所处的位置不仅会扭曲该年的收益，估值的其他输入变量也有可能受到影响：

- **对盈利能力的判断**：比如说，以收益为基础的所有盈利指标，包括利润率、股权收益率或资本收益率，均取决于基年是处在接近周期高峰还是低谷的过程中。
- **对再投资的判断**：如果我们将再投资表示为资本支出以及对营运资金的投资，那么这些数字必然会随着收益而变化。例如，假如石油价格高企，那么石油企业就会增加勘探和开发新石油储量的投资，而在经济向好时期，周期性制造企业更有可能投资建厂。
- **债务比率和资金成本**：考虑到我们计算资本成本的输入变量为市场债务比率以及债务成本和股权成本，因此在整个周期的不同阶段上，资金成本可能会发生变化，只不过我们无法预知这种变化的方向。正如我们在第 6 章和第 7 章里所指出的那样，无风险利率和风险溢价在整个经济周期中是变化的，前者会因为经济衰退而下降，后者则会因为经济繁荣而下降。如果我们接受这样一个事实：人们对债务融资和股权融资的偏好也会随着周期的演进而改变，那么我们就必须接受另一个事实：融资成本在不同时期内也是变化的。

总而言之，对周期型企业或大宗商品企业，将再投资及资本成本的取值锁定在最近一期的收益上，是造成估值错误的不二法则。

◎ 案例 13-1　依据 2008 年收益对埃克森美孚进行估值——2009 年

2008 年对埃克森美孚而言是一个具有里程碑意义的年份，在这一年里，公司披露的营业利润为 662.9 亿美元，净利润达到 452.2 亿美元。同一年度，公司披露的净资本支出约为 69.39 亿美元，对营运资金的投资可忽略不计。按照 2008 年的财务报表，如对利润按 35% 的有效税率纳税，那么我们估计，公司自由现金流为 361.5 亿美元：

$$公司自由现金流 = 662.9 \times (1 - 35\%) - 69.39 = 361.5 (亿美元)$$

为估算埃克森美孚在 2009 年 1 月的股权成本，我们按 2007 年 1 月～2008 年 12 月的每周收益率得到的回归贝塔系数为 1.10，与此同时，股权风险溢价按 6.5% 取值（国债利率为 2.5%）：

$$股权成本 = 2.5\% + 1.1 \times 6.5\% = 9.65\%$$

埃克森美孚的未偿还债务总额为 94 亿美元，由此可以得到约 2.85% 的债务比率。按 3.75% 的债务成本（对应于 AAA 的债券吸引评级）计算，我们可以得到公司的资本成本为 9.44%：

$$资本成本 = 股权成本 \times \frac{E}{D+E} + 税后债务成本 \times \frac{D}{D+E}$$
$$= 9.65\% \times 97.15\% + 3.75\% \times (1 - 35\%) \times 2.85\%$$
$$= 0.0944 \text{ 或 } 9.44\%$$

如果我们假设公司的永续增长率为 2%，那么埃克森美孚的经营性资产价值应为 4953.4 亿美元：

$$经营性资产的价值 = \frac{次年的公司自由现金流}{资本成本 - g}$$
$$= \frac{361.5 \times 1.02}{0.0944 - 0.02} = 4953.4 (亿美元)$$

在此基础上，加上现金余额（320.07亿美元），减去债务（94亿美元），即可得到5179.5亿美元的股权价值：

$$股权价值 = 经营性资产的价值 + 现金 - 债务 = 4953.4 + 320.07 - 94 = 5179.5（亿美元）$$

而埃克森美孚目前的市值为3203.7亿美元，显然，埃克森美孚公司被严重低估。

宏观走势的判断

如果说某些分析师会因为忽视经济和大宗商品价格周期对估值基本面的影响而追悔莫及，那么还有很多分析师则会因为相反的做法而遗恨。在对周期型和大宗商品企业估值时，后者几乎会把所有时间都用来预测当前及未来周期。然后，他们再使用这些预测值估计企业的收益和现金流。从表面上看，他们的逻辑似乎无懈可击。毕竟，周期型企业和大宗商品企业的收益和现金流始终与周期的涨跌保持同步。因此，任何盈利预测和现金流也都应具有相同的特征。但这样的推理存在两个问题：

- 对旁观者来说，基于未来周期而预测的现金流和盈利预测看上去似乎更现实，但实质上有欺骗性。毕竟，现金流估计的质量依赖于宏观预测的质量。因此，假设我们的估值时间点是2017年，那么一旦2018年和2023年真的发生经济衰退，我们依据2019年和2025年经济衰退预测对周期型企业进行的估值必然毫无意义。
- 如果说时间是一切行为的制约因素，而且事实也几乎一贯如此，那么当分析师把更多时间用来研究宏观变量时，当然也就没有多少时间可以去分析公司了。因此，除非有足够理由认为，分析师在预测宏观经济走势或获取特殊宏观经济数据方面有某些超人之处，否则，他们的结论很难令人信服。

请注意，我们并不是说，任何周期都不会在未来重新显现。相反，我们始终认为，经济和大宗商品价格周期是决定收益和现金流的基本面。但我们毕竟无法对经济和大宗商品价格周期做出准确的预测，而且即便是专业预测人员也不得不承认，他们在短期内也很难做到未卜先知，因此对周期进行长期预测只会增加估值的噪声，甚至会削弱总体估计的质量。

宏观视角的估值

大多数分析师和投资者都会对整体经济或大宗商品价格形成自己的看法。在我们当中，有些人甚至对两个方面均持有不可动摇的主见。对经济及大宗商品价格走势持有明确观点的分析师往往会发现，在对这些公司估值过程中，这些观点始终左右着他们的判断。于是，他们会把对未来石油价格的预测植入对石油公司的估值中，把他们对真实经济增长的预测纳入周期型企业的估值中，尽管（也许尤其是如此）这些观点可能和其他人的观点截然不同，而且越是存在反对意见，他们反倒会越加固执。

在这种情况下，任何估值都会受制于分析师对具体企业以及宏观经济持有的观点。换句话说，当分析师预计未来经济增长将持续走强时，他会比其他大多数参与者更有可能低估周期型公司的价值。但是，当我们审视估值时，很难判断这个低估的原因到底在多大程度上可归结于分析师对公司的观点，还有多少可解释为他对总体经济的看法。同样，2017年10月，在原油市场价格为每桶54美元的情况下，如果估值师认为价格将在年底反弹至每桶100美元，并将这个预测结果纳入石油公司的估值中，那么他一定会发现，自己得出的结论低估了实际价值。

选择性的正规化

本节指出，解决周期性收益的方案之一就是正规化（normalization）。尽管很多分析师在对周期型和大宗商品企业估值时将这一点谨记在心，但是在实践中，他们依旧会犯两种常见的错误：

- **正规化的范围不完整**：为进行正确的正规化处理，我们必须将原理落实到极致。除了对收益率进行正规化处理之外，资本收益率、再投资率和融资成本同样需要正规化。但是在很多情况下，我们在估值中唯一进行正规化处理的数字就是收益率，对其余输入变量依旧采取当年数据。因此，如果一家周期型企业在经济衰退时期披露收入下降，那么我们会以正规化收入取代这些账面收入。但是，我们实际上是把这些正规化的收益率与资本支出、营运资金及经济衰退时期的融资成本数据混在一起。

- **增长率缺乏一致性**：以上一节提到的低收入周期型企业为例。如果收入下降完全是经济不景气带来的结果，那么随着经济复苏，我们应预计收入将会实现强劲增长。在现实中，对周期型企业来说，收益增长率的估计值通常会反映这种乐观情绪，尤其是在经济已初见复苏迹象时。如果我们决定以正规化（或更高）的收益率替代这家公司的当期收益率，并且我们使用外部（来自分析师或管理层）的收益增长率估计值来预测未来收益，那么我们必然会高估这些收入和公司价值。这实际上是对增长率进行了重复计算——首先反映在收入的正规化过程中，而后又体现为增长率的提高。

- **陷入历史平均的误区**：为了对经营数据进行正规化处理，分析师往往需要使用历史数据，并假设对过去一定时期内（如5～10年）的数据进行平均即可得到正规化结果。但得到的结果既有可能是正规化数值，也有可能不是，尤其是对大宗商品企业，考虑到每个价格周期可能延续数十年，因此，你得到的所谓正规化数值很可能是对真实价格的歪曲。这在2014年和2015年表现得一览无遗，当时大多数大宗商品的价格出现了下降。很多分析师和公司都认为，价格迟早会回归历史平均水平，基准就是大宗商品在2003~2013年的平均价格，但值得注意的是，在这段时期，中国进行了史无前例的基础设施投资，并由此带动大宗商品的价格一路创下历史新高。

我们只希望正规化能成为突破周期型和大宗商品企业估值障碍的一种手段，但作为权宜之计，它未必能带来更好的估值。

虚假的稳定性

面临输入变量的波动性，我们的本能显然是寻找更稳定的替代方案。在使用相对估值法（估值倍数和可比公司）对周期型及大宗商品企业估值时，分析师总是试图以如下手段得到更稳定的估值：

- **沿着利润表向上寻找更稳定的科目**：在利润表中，自下而上地从净收益到收入，各科目的稳定性逐渐提高。营业利润的波动性低于净利润的波动性，而收入变化则会弱于营业利润的变化。因此，对周期型企业，使用EBITDA或收入倍数有两点好处。首先，即使在经济低迷时期，大多数周期型和大宗商品企业的这些倍数也是可以计算的。另外，随着净利润由正变为负，对大部分样本来说，市盈率之类的倍数则无法计算。其次，在较长时间内，由于分母的变动逐渐减小，因此，这些倍数会逐渐趋于稳定。
- **使用正规化收益**：在上一节中，我们讨论了分析师如何在折现现金流估值法中使用正规化收益估值周期型和大宗商品企业。正规化收益通常是按一段时期（5~10年）内的平均收入计算的，并经常与倍数共同用来对这些行业中的企业进行估值。

尽管寻求更稳定的估值基础不无道理，但我们不得不意识到，投资者未必接受收入或EBITDA，因为他们最关心的还是净利润（收益和现金流）。若不能控制不同企业在这些数字波动性上出现的差异，就有可能无法对哪些公司给低估或高估做出合理判断。

◎ **案例13-2　EBITDA倍数——2009年3月的全球特种化学品公司**

为阐述依赖营业利润倍数可能带来的问题，我们在表13-1中列示出特殊化学品公司在2009年3月初的企业价值、EBITDA及相应倍数。

表13-1 全球部分特种化学品公司的 EV/EBITDA

(金额单位：百万美元)

公司名称	企业价值	EBITDA	EV/EBITDA
空气化工公司（Airgas Inc.）	3 812.40	855.70	4.46
美国先锋集团（American Vanguard Corp.）	374.90	56.20	6.67
奥麒化工公司（Arch Chemicals）	464.70	192.10	2.42
亚什兰集团（Ashland Inc.）	不适用	449.00	不适用
拜尔化工公司（Balchem Corp）	374.80	38.70	9.68
卡伯特微电子公司（Cabot Microelectronics）	238.30	94.10	2.53
艺康集团（Ecolab Inc.）	8 325.90	1 270.80	6.55
费罗公司（Ferro Corp.）	554.70	272.60	2.03
富乐特种化工公司（H. B. Fuller）	672.70	161.40	4.17
ICO 公司（ICO, Inc.）	76.30	39.40	1.94
美国国际香料香精公司（International Flavors & Fragrances）	3 049.90	543.50	5.61
KMG 化工集团（KMG Chemicals, Inc.）	103.80	22.90	4.53
路博润公司（Lubrizol Corp.）	2 854.80	802.70	3.56
利达尔公司（Lydall, Inc.）	30.50	46.50	0.66
矿物科技公司（Minerals Technical）	492.80	270.80	1.82
新市场公司（NewMarket Corp.）	534.20	164.90	3.24
OM 集团（OM Group）	326.00	262.70	1.24
帕克电电化学公司（Park Electrochemical）	82.60	51.90	1.59
彭福德公司（Penford Corp.）	95.20	43.80	2.17
普莱克斯工业燃气公司（Praxair, Inc.）	21 065.90	3 331.00	6.32
奎克化学公司（Quaker Chemical）	120.70	54.30	2.22
罗门哈斯特种化学品公司（Rohm and Haas）	13 171.70	2 018.00	6.53
RPM 国际（RPM International）	2 032.40	544.90	3.73
舒尔曼工程塑料公司（Schulman A.）	341.30	105.20	3.24
宣伟-威廉斯涂料公司（Sherwin-Williams）	5 415.40	1 327.80	4.08
西格玛奥德里奇生化试剂公司（Sigma-Aldrich）	4 384.80	668.10	6.56
苏尔医疗诊断公司（SurModics, Inc.）	277.30	39.40	7.04
美国卓德嘉集团（Tredegar Corp.）	540.30	152.30	3.55
威士伯涂料公司（Valspar Corp.）	2 362.40	455.00	5.19
泽普公司（Zep, Inc.）	190.30	51.40	3.70

请注意，对表13-1中的大部分公司，其EBITDA为2007年数据，而企业价值则经过更新，以反映2008年危机及其造成的经济增长放缓预期。由于这些公司全部为周期型企业，因此一旦整体经济陷入衰退，它们的收益必然会受到拖累。所以，用它们的目前价值与这些收益指标比较，显然无法帮助我们判断，确定哪些公司被低估，哪些被高估。

需要提醒的是，即使按2008年的数字计算，这些倍数或许也不能回归合理水平。收益受到的影响在一部分公司中会提早出现，而在另一部分公司中则出现滞后，而且对不同企业的影响强度有所不同。考虑到收益的不稳定性，控制不同公司之间的差异会更加困难。

估值方案

假设周期型和大宗商品企业收益的波动性既定不变，而且造成收益波动性的周期从根本上说是不可预测的，既然如此，我们应如何对这些企业进行估值呢？在本节中，我们将探讨如何合理应对这些企业的估值波动性。

折现现金流估值法

我们曾在第2章中指出，公司折现现金流的价值依赖于四项输入变量：现有资产产生的收益和现金流、这些现金流的近期增长率、对公司何时进入成熟阶段的判断以及适用于这些现金流的折现率。按照这个模型，我们将提出两种针对周期型及大宗商品企业的折现现金流估值法。在第一种方法中，我们将对模型的全部四个输入变量做正规化处理，并使用正规化的现金流、增长率和折现率估算出正规化的公司价值。在第二种方法中，我们则需要调整现金流的增长率，以反映估值对象在相应周期中所处的位置——如果处于周期中的高峰段，则将其设置为较低值甚至负值（反映未来收益下降的预期），而周期底部则设置为较高数值。

正规化估值

在对周期型和大宗商品企业估值时，最简单的方法就是分析以往各年度盈利和现金流的波动情况，并通过平滑处理得出一个中间值。在本节中，我们首先将对正规值（normal number）的内涵做出定义，而后再探讨一下可用来估计这个数字的各种工具。

什么是正规值

如果说公司的当期财务报表能告诉我们，它在最近一期赚了多少钱、再投资是多少以及创造了多少现金流，那么这些数字的正规值则能为我们回答一个不同的问题：这家公司在正常年份能赚多少钱、需要多少再投资以及能创造多少现金流？

如果我们谈论的对象是一家周期型企业时，那么正常年度就是代表周期中点状态的那个年份，也就是说，这个数字不会因经济形势的变化而被夸大或是压缩。而对大宗商品企业来说，正常年度则是大宗商品价格能反映其内在价格的年份，它体现出市场对这种商品的基本需求和供应。然而，这些定义都只是这个过程中的一个主观构成部分，因为对任何经济或大宗商品的正规状态，不同的分析师可能会做出截然不同的判断。

周期型企业的正规化指标

只要接受正规化收益和现金流都包含有主观成分的观点，那么我们就可以为个别企业设计相应的估值流程。对周期型企业，我们通常采用三种标准方法对企业层面的收益和现金流进行正规化处理：

- **一定时期内的绝对平均值**：对数据进行正规化的常用方法，就是计算该数字在一定时期内的平均值，尽管到底选择哪个区间仍存在争议。但至少在理论上，我们可以认为，这个平均化区间应达到一定长度，并足以覆盖整个周期。我们曾在第8章里指出，即便是在像美国这样的成熟经济体中，经济周期的长度也存在巨大差异，短至两三年，长到可以超过10年。这种方法的优点是简单易行，但缺点也很明显，在较长的正规化期间内，任何公司的规模都会变化，因此，如使用绝对数字估计这些公司的正规化值，其结果很有可能是错误的。换句话说，如采用5年的正规化区间，如果被估值企业在此期间的收入增加了1倍，那么以这5年的平均收益代表其正规化收益，必将低估这家公司的真实收益水平。
- **一定时期内的相对平均值**：解决数字缩放比例问题的一种简单方法就是计算变量按比例缩放后的价值在一定时期内的平均值。实际上，我们的平均化目标可以采用毛利率而非净利润率，并根据这个平均毛利率和最近一期收入估算正规化收益。我们也可以按照同样方法处理资本支出和营运资金，此时，我们采用一定时期内的收入或账面资本比率，而非收入或账面资本的绝对价值。
- **行业平均值**：前述两种正规化方法均要求被估值企业有足够长的经营历史。但是对于历史有限或有经营历史中存在较大变化的周期性企业，借鉴行业平均数据或许更有意义。按这种模式，我们需要计算整个周期内所有钢铁公司的营业利润率，并使用这个平均利润率估算个别钢铁企业的营业利润。这种方法的最大优点是行业平均利润率的波动性通常会低于个别公司。但它也有缺陷，也就是说，这种方法无法考虑导致一家公司有别于同行业其他企业的个性化特征（如经营效率或低效）。

> ◎ **案例13-3 对丰田汽车的估值——对2009年年初的收入进行正规化处理**
>
> 无论从哪个角度看，2009年年初的丰田汽车都应该被视为世界上最优秀的汽车企业，但它同样无法抵御全球经济的衰退与暗流，公司在2008年最后一个季度做出亏损披露，这意味着其在2008~2009财年（2008年4月~2009年3月）的全年利润可能很低，甚至是亏损。

为了对丰田汽车的营业利润进行正规化处理，我们在表 13-2 中列示了公司在 1998～2008 年的经营业绩。

表 13-2 丰田汽车在 1998～2009 年的经营业绩

（金额单位：百万日元）

年度	收入	营业利润	EBITDA	营业利润率	EBITDA/收入
1998	11 678 400	779 800	1 382 950	6.68%	11.84%
1999	12 749 010	774 947	1 415 997	6.08%	11.11%
2000	12 879 560	775 982	1 430 982	6.02%	11.11%
2001	13 424 420	870 131	1 542 631	6.48%	11.49%
2002	15 106 300	1 123 475	1 822 975	7.44%	12.07%
2003	16 054 290	1 363 680	2 101 780	8.49%	13.09%
2004	17 294 760	1 666 894	2 454 994	9.64%	14.20%
2005	18 551 530	1 672 187	2 447 987	9.01%	13.20%
2006	21 036 910	1 878 342	2 769 742	8.93%	13.17%
2007	23 948 090	2 238 683	3 185 683	9.35%	13.30%
2008	26 289 240	2 270 375	3 312 775	8.64%	12.60%
2009（预计）	22 661 325	267 904	1 310 304	1.18%	5.78%
平均		1 306 867		7.33%	

在每个财年，我们都披露该年度的营业利润或亏损、EBITDA 和收入的毛利率。为此，我们考虑采用三种不同的正规化方法：

- **公司的平均营业利润率**：按 1998～2009 年进行平均化，得到的平均营业利润为是 1.3329 万亿日元。考虑公司在此期间的收入增加了一倍多，因此，这个平均收益显然低估了公司的真实营业利润。

- **行业的平均营业利润率**：全球汽车制造公司在同期（1998～2008 年）实现的平均税前营业利润率约为 6%。但是在 2009 年，很多汽车制造企业的形势远比丰田汽车更恶劣，而且很多公司都可能面对亏损的局面。虽然我们可以按行业平均毛利率和丰田在该年度的收入计算正规化的营业利润（按收入 22.661 万亿日元的 6% 计算，毛利润约为 1.36 万亿日元），这同样会低估正规化的营业利润，而且这个数字也不能反映出丰田汽车依旧是该行业中最赚钱的公司之一。

- **历史营业利润率**：将公司在 1998～2009 年的平均税前营业利润率进行平均化，可以得到 7.33% 的平均营业利润率。按这个毛利率和 2009 年的收入，可以得到 1.6607 万亿日元的正规化营业利润（22.661 万亿日元的 7.33%）。这个估计值既反映了目前企业规模的扩大，也能体现出企业经营的成功。因此，我们将以这个结果作为最终的正规化营业利润。为了进行公司估值，我们还需要采取如下假设：

- 为了估计丰田汽车的股权成本，我们首先确定自下而上贝塔系数（按行业数字估计）为 1.10。以 10 年期日元政府债券的利率 1.50% 作为无风险利率，

股权风险溢价确定为 6.5%，为此，我们计算的股权成本为 8.65%：⊖

$$股权成本 = 无风险利率 + 贝塔系数 \times 股权风险溢价$$
$$= 1.50\% + 1.10 \times 6.5\% = 8.65\%$$

- 2009 年年初，丰田汽车的债务余额为 11.862 万亿日元，股权市值 10.551 万亿日元（以每股 3060 日元的价格以及 34.48 亿股的发行量计算）。按 AA 债券信用评级确定的违约差价为 1.75%，与无风险利率相加，我们得到债务的税前成本为 3.25%。假设当前的负债比率是可持续的，那么我们由此估计的资本成本为 5.09%。日本在 2009 年的边际税率为 40.7%：

$$债务比率 = \frac{11.862}{11.862 + 10.551} = 52.9\%$$

$$资本成本 = 8.65\% \times (1 - 52.9\%) + 3.25\% \times (1 - 40.7\%) \times 52.9\%$$
$$= 5.09\%$$

- 在此基础上，我们对丰田汽车在上述期间内的资本成本进行了检验。由于债务比率和资本成本在此期间均未出现大幅变动，因此，我们以这个结果作为正规化资本成本。

- 就市场份额而言，丰田汽车已经是全球最大规模的汽车公司，因此，我们假设公司处于稳定增长状态，且永续增长率为 1.50%（即以无风险利率为上限）。此外，我们还假定公司的投资能创造出与资本成本相等的收益率。根据上述两个假设，可以得到再投资率为 29.46%：⊖

$$稳定时期的再投资率 = \frac{永续增长率}{投资收益率} = \frac{0.015}{0.0509}$$
$$= 0.2946 \text{ 或 } 29.46\%$$

结合丰田汽车的正规化营业利润（1.6607 万亿日元）、日本的边际税率（40.7%）、再投资率（29.46%）、稳定增长率（1.5%）和资本成本（5.09%），我们可以估算丰田汽车的经营性资产价值：

$$\frac{经营性}{资产的价值} = \frac{营业利润 \times (1 + 增长率) \times (1 - 边际税率) \times (1 - 再投资率)}{资本成本 - 增长率}$$

$$= \frac{1.6607 \times (1 + 1.5\%) \times (1 - 40.7\%) \times (1 - 29.46\%)}{5.09\% - 1.5\%}$$

$$= 19.64 (万亿日元)$$

⊖ 我们对丰田汽车采用了 6.5% 的成熟市场股权风险溢价。因此，我们认为，应在资本成本中增加一项国家风险溢价，以反映丰田汽车在亚洲和拉丁美洲新兴市场的销售风险。

⊖ 我们的推导过程如下所示：按照大多数指标，丰田汽车都是一家非常高效的汽车制造企业。我们不妨假设，尽管丰田汽车不会创造超额收益，但能实现盈亏平衡。事实上，我们按 2008 年年底的正规化收入和投入资本计算的资本收益率为 4.98%，非常接近我们的估计值 5.09%。

在此基础上，增加现金余额（2.288万亿日元）和非经营性资产（6.845万亿日元），扣除负债（11.8621万亿日元）与合并范围内子公司的少数股东权益（0.583万亿日元），除以流通股总数（0.003448万亿股），我们可以得到每股价值为4735日元。⊖

$$每股价值 = \frac{经营性资产 + 现金 + 非经营性资产 - 负债 - 少数股东权益}{流通股总数}$$

$$= \frac{19.64 + 2.288 + 6.845 - 11.862 - 0.583}{0.003448} = 4735(日元／股)$$

如果以正规化营业利润为基础，那么当公司在2009年年初的每股价格为3060日元时，其价值显然被大幅低估了。

大宗商品企业的正规化指标

对大宗商品企业而言，导致其收益波动的变量是大宗商品的市场价格。大宗商品价格的起伏，不仅会影响到公司的收入和收益，还会影响它们的再投资率和融资成本。因此，大宗商品企业的正规化只能依赖于正规化的大宗商品价格。

正规化大宗商品价格

石油的正规化价格应该是多少呢？黄金又应该是多少呢？我们可借助两种方法回答这个问题：

- 一种方法就是看历史。大宗商品拥有漫长的交易历史，因此我们可以采用历史价格数据得出一个平均值，然后再以通货膨胀率对这个平均值进行调整。实际上，我们就是在假设，长期的通货膨胀调整价格平均值是正规化价格的最佳估计值。
- 另一种方法相对较为复杂。考虑到大宗商品的价格取决于市场对该商品的需求和供给，因此我们可以估计（或者至少尽力去估计）这种需求和供给的决定因素，从而揭示出这种大宗商品的内在价值。但价格变化与大宗商品的供需变化之间存在很长的先导期和滞后期，大大增加了这种方法的难度。

大宗商品价格的正规化方法已使用了数十年，不仅有对大宗商品企业估值的分析师，公司本身在制定勘探支出计划和新投资决策时，也会用到这种方法。例如，在20世纪的最后20年时间里，石油行业的分析师和企业都笃信这样一个假设：每桶原油的

⊖ 非经营性资产包括有价证券以及对其他公司的持股。考虑到缺乏详细信息，我们不妨假设这些资产的账面价值就是市场价值。少数股东权益同样按账面价值估值，但考虑到这部分资产的价值金额非常小，以至于它们的市场价值不会给最终的每股价值带来影响。

正常价格应该是25美元，油价会保持稳定并围绕这个水平上下起伏，而且他们的估值和投资都是合理的。但这个正规化价格的危险在于，这个所谓的正常情况往往只是历史的反映，石油价格在2001~2012年的持续暴涨，不仅让分析师和企业感到意外，也促使他们将正常油价重新定义为接近每桶60~75美元，而不再是25美元；不过，此时又值新一轮油价大跌的开始，新的估值指日可待。

以正规化价格对大宗商品企业估值

假如你持有这样一种观点：如果一种大宗商品存在正常价格，而且可根据历史趋势估计出这个价格，那么你对大宗商品企业的估值就应该以这个价格为基础。因此，只要凭借这个正规化的大宗商品价格，你就可以对这些公司做出估值，而无须考虑最近一期的运营指标（收入、毛利率和已投资资本收益率）。由此可以预见，当大宗商品的价格低于这个正常价格时，自然会给大宗商品企业带来更高的收入和营业利润；在大宗商品价格高于这个正常价格时，则会降低公司的收入和营业利润。

当周期具有可预测性且保持稳定时，基于市场共识，这种方法显然行得通，因为在价格最终将回归正常化的假设下，你的所作所为完全与市场主流保持一致。因此，即使你发现自己的估值对象确实被低估或是高估，那也完全是因企业的内在属性带来的，和你对大宗商品价格的观点无关。但是当价格周期不可预测或是存在结构性突变时，这种方法可能会带来很大的危险，原因只有一个，而且很简单：你对正常价格内涵的看法可能完全有别于其他大多数投资者的看法，在这种情况下，你对公司价值被低估或高估而得出的结论，很可能与你对公司的看法无关，而是更多依赖于你对大宗商品价格的看法。

基于当期价格的估值

在对一家大宗商品企业估值时，采用大宗商品的正规化价格确实容易让我们招致非议：我们得到的估值只反映了我们对大宗商品价格的观点，同样，这个估值也反映了我们对公司的看法。譬如，假设当前的石油价格为每桶45美元，而我们按100美元的正规化价格对一家石油公司估值。我们很可能会发现，这家公司的价值被我们低估了，而造成低估的唯一原因就是我们对正规化油价的观点。要避免让我们对商品价格的主观看法影响到大宗商品企业的估值，最安全的做法就是在估值中使用大宗商品的市场价格。由于多数大商品都有自己的远期及期货市场，因此我们可以利用这些市场的价格预测未来几年的现金流。以石油公司的估值为例，我们可以采用今天的油价估计当年的现金流，并以预期油价（来自远期和期货市场）来估计未来期间的预期现金流。需要提醒的是，对于可存储的大宗商品，其远期价格和期货价格只是一种虚幻的预测，因为不可避免的套利，必然会导致它们与大宗商品的当前价格联系起来（参见

第 5 章)。具体而言,石油的期货价格就是按储存成本和融资利息对当期油价调整的结果。而对不可储存的大宗商品而言(如橙汁),期货价格可以反映市场对未来的期望,因而会融入我们对公司估值持有的这些观点。

这种方法的优点是,它具有一种对冲商品价格风险的内在机制。如果一名投资者认为,尽管公司被低估,但迟早会受到大宗商品未来价格走势的冲击,那么他可能会买进这家公司的股票,与此同时,卖出油价期货,以规避价格不利变动的冲击。

◎ **案例 13-4　对埃克森美孚的估值——目前油价估值在 2009 年年初**

埃克森美孚或许是世界上最大的石油企业,其业务五花八门,遍及全球各地,但是和这个行业中的所有企业一样,埃克森美孚的福祸同样依赖于石油价格。在图 13-1 中,我们将埃克森美孚的营业利润表述为 1985～2008 年各年度平均石油价格的函数。

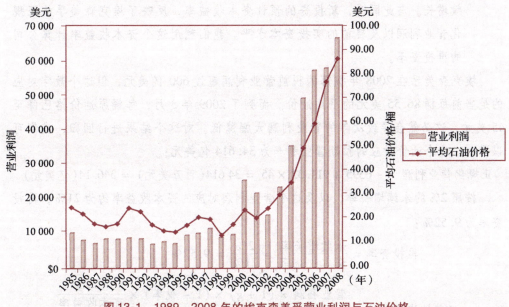

图 13-1　1989～2008 年的埃克森美孚营业利润与石油价格

随着油价的上涨(或下跌),营业利润明显增加(或减少)。根据这一时期的每桶石油价格,我们对营业利润进行回归分析,并获得以下结果:

$$\text{营业利润} = \underset{(2.95)}{-6395} + \underset{(14.59)}{911.32} \times \text{平均石油价格} \times R^2 = 90.2\%$$

换言之,埃克森美孚的每桶石油价格每增加 10 美元,其营业利润增加约 91.1 亿美元,而且在这段时期内,在埃克森美孚收益的变动中,有 90% 可以解释为石油价格的波动。⊖

⊖ 几十年以来,由于埃克森美孚始终是一家非常稳健的超大型企业,因此这种相关性表现得非常强烈。而对于规模较小、尚处于发展中的石油公司来说,盈利和油价之间的相关性可能会有限。

为了从埃克森美孚的营业利润计算出股权价值,我们需做出如下假设:
- 我们将埃克森美孚的自下而上贝塔系数估计为0.90。随后,我们按2.5%的国债利率和6.5%的股权风险溢价估计公司的股权成本:

$$股权成本 = 2.5\% + 0.90 \times 6.5\% = 8.35\%$$

- 埃克森美孚的债务余额为94亿美元,公司的市值达到3204亿美元(流通股总数为49.4163亿股,交易价格为每股64.83美元),由此可以得到,公司的负债比率为2.85%。作为拥有AAA信用评级的公司,埃克森美孚的债务成本预计为3.75%,反映无风险利率的违约差价为1.25%。因此,按38%的边际税率(而不是有效税率),我们估算的公司资本成本为8.18%:

$$资本成本 = 8.35\% \times 97.15\% + 3.75\% \times (1 - 38\%) \times 2.85\% = 8.18\%$$

- 埃克森美孚已实现了稳定增长,预计营业利润率将以每年2%的速度实现永续增长。与此同时,新投资的预计资本收益率,反映了埃克森美孚的正规化营业利润以及目前的实投资本水平。我们利用这个资本收益率计算公司的再投资率。

埃克森美孚在2008年披露的税前营业利润超过600亿美元,但这个数字对应的是当前每桶86.55美元的平均油价。而到了2009年3月,每桶原油价格已降至45美元,这必然会导致次年的营业利润大幅降低。对这个结果进行回归,我们可以得到,这个油价对应的预期营业利润为34.614亿美元:

正规化营业利润 = -6395 + 911.32 × 45 = 34 614(百万美元) = 346.14(亿美元)

按照2%的永续增长率,以及这个营业利润对应的资本收益率约为21%,再投资率为9.52%:⊖

$$再投资率 = \frac{永续增长率}{资本收益率} = \frac{2\%}{21\%} = 9.52\%$$

$$经营性资产价值 = \frac{营业利润 \times (1+g) \times (1-税率) \times \frac{1-g}{资本收益率}}{资本成本 - g}$$

$$= \frac{346.14 \times (1+2\%) \times (1-38\%) \times \frac{1-2\%}{21\%}}{8.18\% - 2\%}$$

$$= 3204.72(亿美元)$$

⊖ 为了计算资本收益率,我们首先加总2007年年底的股权账面价值(1260.44亿美元)和债务的账面价值(95.66亿美元),再扣除现金余额(329.81亿美元),从而得到已投资本的价值为1016.29亿美元。因此,资本收益率计算如下:资本收益率 = $\frac{营业利润 \times (1-税率)}{已投资本} = \frac{346.14 \times (1-38\%)}{1016.29} = 21.1\%$。

在此基础上增加当期现金余额（320.07亿美元）并减去负债（94亿美元）后，再除以流通股份总数（49.4163亿股），即可得出每股价值：

$$每股价值 = \frac{经营性资产价值 + 现金 - 负债}{股份数量}$$

$$= \frac{3204.72 + 320.07 - 94}{49.4163} = 69.43（美元/股）$$

按目前的股价64.83美元/股判断，上述价值似乎低估了埃克森美孚的每股价值。但这个估值反映的是我们认为当前油价（45美元）即为正规化价格的假设。图13-2显示出，埃克森美孚的公司价值对正规化油价的依赖性。

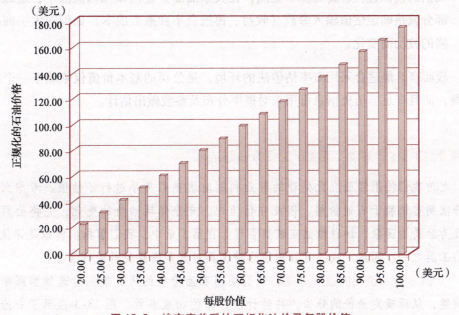

图13-2 埃克森美孚的正规化油价及每股价值

随着石油价格的波动，营业利润和资本收益率会随之发生变化。假设我们将已投入的资本数字固定为106.29亿美元，并根据营业利润的变化重新估算资本收益率。如果正规化的石油价格为42.52美元，那么埃克森美孚的每股价值为64.83美元，等于目前的每股市场价格。换句话说，任何认为油价将稳定在这个水平上的投资者都会发现，他们的估值低估了埃克森美孚的价值。

概率估值法

我们曾在第3章中介绍了概率估值法。由于周期型及大宗商品企业的收益、现金流和价值在很大程度上取决于少数宏观经济变量，因此，概率方法尤其适用于这类公司：

- **情景分析法**：按照最简单的形式，我们可以将经济形势或大宗商品价格分为几种不同的情景，比如说，企业处于周期中的繁荣期、停滞期或衰退期。这样，我们就可以估算公司在每种情景下的价值，并使用各种情景下的预期价值（这需要估计出现各种情景的概率）或不同情景下的价值区间（作为衡量风险的指标），对我们的投资做出判断。
- **模拟法**：如果接受这样一个假设——决定大宗商品企业收益、现金流和价值的关键驱动因素是2009年年初的大宗商品价格，那么按照这个假设，我们就可根据大宗商品的模拟价格来推导此类公司的价值。考虑到大宗商品是公开交易的，因此大宗商品企业模拟法的参数估计自然比其他大多数模拟简单得多，也使得我们的模拟过程容易得多。显然，在大宗商品企业的模拟估值法中，最棘手的部分就是确定估值输入参数（收益、再投资率和融资成本）如何随大宗商品价格的波动而变化。

一般而言，最适合采用概率估值法的环境，是公司的基本价值仅依赖于一个或两个变量，而且有足够历史信息可用来对概率分布及参数做出估计。

◎ **案例13-5　针对埃克森美孚的模拟估值法**

之前我们使用经正规化处理的营业利润对埃克森美孚进行了估值。考虑到每股价值明显依赖于石油价格，因此在估值中，充分体现油价的变化，并将公司价值视为油价的函数，这种做法应该更合理。在第3章中，我们曾指出模拟是评估风险的工具之一。因此，我们可以利用这种工具对大宗商品公司进行估值。

1. **确定石油价格的概率分布**。我们使用石油价格的历史数据对通货膨胀率进行调整，从而确定油价的分布，并估计出分布的相应参数。图13-3显示了石油价格的分布规律。

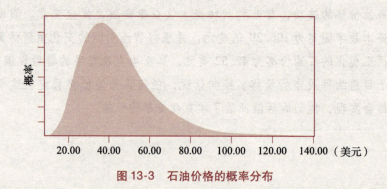

图13-3　石油价格的概率分布

需要提醒的是，石油价格分布在从最低每桶8美元到每桶超过120美元以上的区间内。尽管我们也以每桶45美元的当前价格作为分布均值，不过，我们仍可选

择更高或更低的平均值，将我们对价格的观点嵌入分布中。⊖

2. 建立经营业绩和大宗商品价格之间的关联性。 为反映营业利润与大宗商品价格之间的相关性，我们采用此前得出的回归结果：

$$\text{营业利润} = \underset{(2.95)}{-6395} + \underset{(14.59)}{911.32} \times \text{平均石油价格} \times R^2 = 90.2\%$$

如前所述，尽管回归法对埃克森美孚而言效果不错，但有可能不适合规模较小且价格波动较大的大宗商品企业。

3. 以营业利润为基础对公司进行估值。 随着营业利润的变化，公司价值会受到两方面的影响。首先，在其他条件保持不变的情况下，营业利润越低（或越高），基本自由现金流就会越低（或越高），进而导致估值结果越低（或越高）。其次，在投入资本保持固定的情况下，在营业利润发生变化的情况下，重新计算资本收益率。随着营业利润的下降，资本收益率随之下降，在这种情况下，为维持2%的稳定增长率，公司就必须增加再投资。尽管我们也可以让资本成本和增长率发生变化，但我们认为这两个数字的当前水平是可以接受的，因而可假设它们保持不变。

4. 制定估值的概率分布。 我们按不同的石油价格进行了1万次模拟，并在每次模拟中计算相应的公司价值及每股股权价值。模拟结果如图13-4所示。

图13-4 模拟结果

全部模拟的每股平均价值为69.59美元，其中，最低价值为2.25美元，最高为324.42美元。但每股价值低于64.83美元当前股票价格的概率大于50%。

⊖ 我们采用的历史数据是30年期间的通货膨胀调整后的油价，并据此创建一个统计分布。在此基础上，我们选择能提供最接近拟合（对数正态分布）的统计分布，以及最接近历史数据的参数取值。

相对估值法

在折现现金流估值法的两种基本方法中，我们分别采用了正规化收益和调整后增长率，这两种方法同样适用于对周期型和大宗商品公司的估值。

正规化收益倍数

如果要让周期性或大宗商品企业的正规化收益能反映其正常年份的经营成果，那么市场对公司的估值方式就必须与这些正规化收益保持一致。在极端情况下，如果不同公司之间不存在增长率和风险差异，那么所有公司都应按相同的正规化收益倍数进行交易。在这种情况下，这些公司按正规化每股收益计算的市盈率也应是相同的。

但是在更普遍的情况下，即使经过正规化处理，增长率和风险差异仍是存在的，因此公司交易的收益倍数更有可能是不同的。尤其需要关注的是，和收益更稳定的企业相比，我们应预期的是收益风险更大的公司，其交易价格对正规化收益的倍数更低。同样可以预期的是，和增长潜力较低的公司相比，增长潜力较高的公司，其交易价格对正规化收益的倍数也应该更高。为具体说明这个道理，我们不妨以巴西国家石油公司和埃克森美孚为例，两者均为石油生产企业，其收益都要受到石油价格波动的影响。即使通过收益的正规化处理控制石油价格的影响，巴西国家石油公司的收益倍数仍应高于埃克森美孚。巴西国家石油公司的收益风险较大（因为公司收入几乎全部来自国内油井），并且可能拥有更高的增长潜力。

调整基本面

如果分析师不愿意用正规化取代目前经营数据，那么在整个周期的不同阶段，周期型及大宗商品企业的交易倍数都是变化的。尤其是在极端位置上体现得更为淋漓尽致：在处于周期顶峰时，周期型和大宗商品企业的收益倍数最低，而在周期位置上则达到最高。虽然这似乎有悖我们的直觉，但它确实反映了这样一个事实——市场必然以长期视角对这些公司进行估值。

在一个行业（周期型和大宗商品）中，如果所有企业的收益均保持同步变化，那么比较各公司交易的当前收益倍数并没有什么实际意义。按这个假设，我们实际上或许可以得出这样的结论：在周期高峰阶段，整个钢铁行业将迎来高收益（和低市盈率）时期，在此期间，如果一家钢铁公司的市盈率为6，那么我们就可以认为，这家公司的估值是公允的。而在经济低谷期，当整体钢铁行业盈利下降时，同一家公司的交易价格将达到收益的15倍。

和正规化收益一样，最大的问题就是能否控制影响PE的其他因素。当周期进入有利阶段时（经济强劲增长、大宗商品价格高企），行业内的所有企业都有可能迎来高收益，但一些公司可能拥有更好的长期增长前景，因而应按更高的收益倍数进行交易。基于同样的逻辑，在石油价格下跌时，所有石油公司的收益都有可能下降，但某些公司的收益可能更具可预测性，因而应按较高的收益倍数进行交易。

◎ 案例 13-6　石油企业在 2009 年年初的市盈率

2009 年 2 月，全球石油价格暴跌，每桶价格从一年前的 140 美元直线跌至 45 美元，在此前 5 年得益于油价上涨的石油公司随之陷入低谷。石油企业市场价格的大幅下挫反映了当期油价下跌的市场行情，而它们在上一年度披露的高收益则是同期内高油价的反映。表 13-3 列出了部分石油公司的股票价格及其每股收益的 4 个指标：最近一期财务年度（披露的）的收益、过去 4 个季度的收益、未来 4 个季度的预期收益以及根据前 5 年平均每股收益得到的正规化收益。其中，预测市盈率则是根据上述每个收益指标计算得到的。

表 13-3　主要石油公司在 2009 年 2 月的市盈率　　（金额单位：美元）

公司名称	股票价格	当期EPS	过去12个月的EPS	未来4个季度的EPS	过去5年的平均EPS	当期PE	过去12个月的PE	未来PE	正规化PE
英国石油公司（BP PLC ADR）	37.21	3.84	8.18	4.25	6.20	9.69	4.55	8.76	6.00
雪佛龙公司（Chevron Corp.）	61.22	5.24	11.67	4.00	7.30	11.68	5.25	15.31	8.39
康菲国际石油公司（ConocoPhillips）	37.98	4.78	10.69	4.75	6.25	7.95	3.55	8.00	6.08
埃克森美孚公司（Exxon Mobil Corp.）	65.77	5.15	8.66	5.00	6.50	12.77	7.59	13.15	10.12
孚朗克石油公司（Frontier Oil）	13.97	0.21	0.77	1.35	1.90	66.52	18.14	10.35	7.35
美国赫斯石油公司（Hess Corp.）	57.17	0.42	7.24	1.05	3.40	136.12	7.90	54.45	16.81
霍利能源集团（Holly Corp.）	22.03	3.06	2.41	2.75	3.50	7.20	9.14	8.01	6.29
马拉松石油公司（Marathon Oil Corp.）	22.59	2.04	4.94	2.90	4.20	11.07	4.57	7.79	5.38
墨菲石油公司（Murphy Oil Corp.）	41.00	2.88	8.73	2.85	5.50	14.24	4.70	14.39	7.45
西方石油公司（Occidental Petroleum）	55.59	3.18	8.97	3.05	5.50	17.48	6.20	18.23	10.11
巴西国家石油公司（Petroleo Brasileiro ADR）	30.47	4.05	4.44	4.05	4.15	7.52	6.86	7.52	7.34
西班牙雷普索尔石油（Repsol-YPF ADR）	15.76	1.48	3.49	2.45	3.70	10.65	4.52	6.43	4.26
荷兰皇家壳牌石油公司（Royal Dutch Shell "A"）	43.32	5.42	10.15	5.10	6.40	7.99	4.27	8.49	6.77
太阳石油集团（Sunoco, Inc.）	28.33	5.68	7.48	3.65	4.30	4.99	3.79	7.76	6.59
特索罗石油公司（Tesoro Corp.）	13.67	2.60	1.76	2.10	2.80	5.26	7.77	6.51	4.88
合计 ADR（美国存托凭证）	49.85	5.84	9.16	5.65	7.15	8.54	5.44	8.82	6.97

正如我们所看到的，每个版本的市盈率均体现了不同的内涵。如果按当期 PE（基于最近财务年度每股收益计算）衡量，股价最便宜的公司当属太阳石油，其 PE 仅为 4.99，而美国赫斯石油公司的市盈率则是 136。但由此即做出断言显然还为时过早，毕竟每家公司都有自己对最近一个会计年度内的定义：或是定义为 2007 年度，或是定义为到 2008 年中期，还有少数公司选择截至 2008 年年底的一年。根据过去 12 个月计算的 PE 判断，股价最便宜的是康菲石油公司，最高的公司则是孚朗克石油公司，异常值相对较少。如果我们假设所有石油公司在过去 4 个季度的油价暴涨中受益均衡，并且各石油公司在增长率和风险方面不存在显著差异，那么这似乎足以说明，康菲国际石油的估值确实很便宜。但只需粗略地看看每股收益的预期增长率，我们即可发现，康菲国际石油在未来 5 年的预期增长率仅为 4%，而分析师对巴西国家石油公司预测的每年增长率则是 8.5%。按远期市盈率判断，尽管没有一只股票的市盈率低于 6，但西班牙雷普索尔石油的最低市盈率确实只有 6.43。按最后一个指标正规化每股收益衡量，最便宜的股票仍然是巴西雷普索尔石油，其 PE 仅为 4.26，最值钱的是美国赫斯石油公司。由此可见，认为过去 5 年平均每股收益可代表正常收益的假设，在不同指标之间带来了争议。

那么，我们究竟应如何理解这些各不相同的建议呢？首先，必须和衡量大宗商品及周期型公司收益的方式保持一致，这一点至关重要。在决定采用过去 12 个月的平均收益时，就必须对所有公司均采用这个收益计量方法。其次，如果决定以某个基本面参数确定大宗商品企业的现金流、增长率或风险，就应该对市场中的其他企业也采用相同的参数。考虑到大宗商品企业的多元化趋势，导致不同企业在增长潜力和风险方面相去甚远（尤其是在新兴市场），因此，我们应尽量将这些差异体现在我们的分析中。

针对未开发矿产储量的实物期权模型

针对传统的估值方法，一种反对意见就是它未能适当考虑大宗商品价格与大宗商品企业投融资行为间的相互关系。换句话说，当石油价格为每桶 100 美元时，石油公司在勘探和融资等方面，会采取完全不同于每桶 20 美元时的做法。在采取这些行动之前，大宗商品企业的管理者肯定需要先行了解商品价格，因此，我们可以这样认为，由此带来的学习过程和适应性行为，至少会让这些公司表现出实物期权的特征。如果接受这种观点，那么在估值结果中，就需要在传统折现现金流估值模型基础上增加一个溢价，来反映这个期权的价值，而且溢价应随着大宗商品价格波动的加剧而增加。

对自然资源期权的估值

期权方法最简单的一种应用，就是对单一自然资源储量进行估值，也就是说，企业所有者有权在特定时间段内开发这些储量。对于自然资源储量（深藏于地下的石油或是待采伐的木材）的估值，应该是自然资源的数量与当前价格的函数。如果假设储量是已知的，那么储量资源的价值将完全依赖于资源的当前价格。当资源的价格发生起伏时，储量所有者会将这个价值与开发储量的成本进行比较，只有当价值超过开发成本时，他们才会选择开发这些储量（相对于执行期权）。如果开发这些储量始终在成本收益上不可行，那么所有者就会丧失为获得该储量所支付的全部费用（包括勘探费用和拍卖中支付的价格）。图 13-5 为这种期权的收益模式。

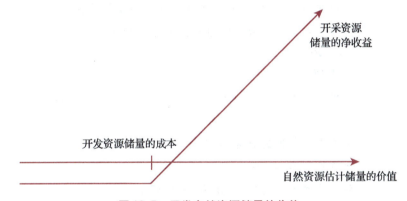

图 13-5　开发自然资源储量的收益

如果我们接受自然资源储量可视为期权这个前提，那么我们就按期权模型对估值的输入变量进行定义。表 13-4 为标准期权定价模型的输入变量以及使用该模型对自然资源期权进行估值的方法。

表 13-4　按期权模型对自然资源估值的输入变量

输入变量	估值流程
标的资产的价值（S）	自然资源储量的估计价值，通常按自然资源储量乘以当前价格估算
行权价格（K）	开发资源储量的成本，通常认为该成本为已知的固定数值
期权的期限（t）	可通过以下两种方式之一确定： 1. 如果开采权有具体期限，则以该期限作为期权的期限 2. 按完成开采资源储量所需要的年数确定期权期限，比如说，如果一个金矿的储量为 300 万盎司，且年开采能力为 15 万盎司，则金矿的开采时间为 20 年
标的资产价值的方差（σ^2）	因为假定自然资源的储量是已知的，因此可认为自然资源的价格方差同样已知
股息收益率（延迟成本）	年现金流占标的资产价值的比例，在储量开采可行时，股息收益率为公司因未开发储量而损失的潜在收益

在使用期权定价模型对自然资源期权估值时,一个重要的问题就是开采滞后对这些期权价值的影响。由于任何资源都不可能在取得时即实施开采,因此在做出开采决策和实施开采行为之间必定存在一定的时间滞后。针对这种时滞,一种简单的调整方式就是按开采期间的现金流损失来调整已开采储量的价值。因此,如果开采滞后一年,那么就需要按滞后成本将已开采储量的现值再折现一年。⊖

为说明这个原理,我们不妨以一个估计石油储量为1亿桶的海上油田。开采该石油储量的前期成本为14亿美元,实际开采的滞后时间为2年。从该油田中开采出一桶石油的成本估计为25美元,而每桶石油的市场价格为40美元。该公司有权在未来15年内拥有并开采该油田储量。在对油田实施开采之后,每年净产量将达到总储量的6.67%。市场的无风险利率为5%,石油价格的标准方差为40%。按这些数字,我们可以估算期权定价模型的输入变量:

$$资产的当前价值 = S = 已开采资源储量的价值$$

按股息收益率在开采滞后期间内进行折现

$$= \frac{1 \times (40 - 25)}{(1.0667)^2} = 13.18(亿美元)$$

行权价格 K = 开采资源储量的成本 = 14(亿美元)

期权到期的时间 = 15(年)

标的资产价值的方差 = 0.16

无风险利率 = 5%

股息收益率 = 滞后成本率 = 6.67%

基于这些输入数值,我们使用布莱克-斯科尔斯模型可得到看涨期权的如下结果:

$$d_1 = 0.5744 \quad N(d_1) = 0.7172$$

$$d_2 = -0.9748 \quad N(d_2) = 0.1648$$

看涨期权的价值 = $13.18 \times e^{-0.0667 \times 15} \times 0.8534 - 80 \times e^{0.1005 \times 15} \times 0.1648$

$$= 2.388(亿美元)$$

尽管石油储量无法按现行价格计算,但由于它在石油价格上涨时能带来更多的价值,因此它仍然是有价值的。

对自然资源公司的估值

上述示例说明了期权定价模型在单一储量估值方面的运用。但是在公司拥有多项

⊖ 从表面上看,应按无风险利率进行折现。要解释我们为什么以股息收益率作为折现率,最简单的方法就是考虑一下针对股票的上市挂牌期权。假设在执行该股票的挂牌期权时,股票持有者必须在6个月之后才能向你交割实际股票,你的损失就是未能在这6个月期间持有股票而取得的股息。因此,折现应采用股息收益率。

资源储量时，首选方法应是把每项储量资产看作一个独立的期权，并逐个估计每个期权的价值，在此基础上，合并全部期权的价值即为公司价值。不过，对于一家拥有数百项资源储量的大型资源类公司（如石油公司）来说，考虑到我们很难取得这些信息，因此我们需要对这种方法略加调整，即将全部未开采储量视为一个等价的期权。较真儿的人可能无法信任这种大杂烩式的方法，他们会说，对针对一个资产组合的期权（比如我们采取的这种方法）进行估值，其结果肯定会低于对一个期权组合（自然资源公司的实际情况）得到的估值结果。分析师会认为，汇总相关性资产会带来较低的方差，进而降低这个汇总资产组合的价值。尽管如此，按期权模型得到的估值结果，仍可以为我们探究决定自然资源公司价值的要素提供一个新的视角。

如果决定采用期权定价模型来估算汇总未开发储量的价值，那么我们就必须估算模型所需要的输入变量，通常这个过程与针对单项储量资源的估值大同小异。表 13-5 总结了期权定价模型的输入变量。

表 13-5　按期权模型对自然资源企业估值的输入变量

输入变量	估值流程
标的资产的价值（S）	累计公司拥有的全部未开发储量资产，并按资源的当前市场价格和目前开采这些储量的平均可变成本估算储量的合计价值
行权价格（K）	公司马上开采全部未开发储量的合计成本
期权的期限（t）	全部未开采储量的加权平均值，权重为各种资源的储量
标的资产价值的方差（σ^2）	相应大宗商品的价格方差
股息收益率（滞后成本）	如对储量开采带来的每年现金流总额占储量资产价值的百分比

在以期权定价模型对未开发储量进行估值之后，我们即可采用传统的折现现金流模型对已开发储量进行估值，并将两者相加，即可得到公司价值。估值结果如表 13-6 所示。

表 13-6　大宗商品公司的价值——基于实物期权模型的估值

经营性资产的价值 =	已开发储量的价值	+ 未开发储量的价值
估值方法	DCF 估值：开采和销售已开采储量的自然资源储量所获得的预期现金流现值	期权定价模型：未开发储量的期权价值（单独或合并估值）
大宗商品价格上涨带来的影响	价值增加	价值增加，但会减少期权的时间溢价
大宗商品价格波动性增加带来的影响	增加风险，提高折现率，进而会降低价值	增加期权的时间溢价

需要提醒的是，如果我们将未开发储量作为期权并单独进行估值，那么我们就以这些储量的存在性作为在折现现金流模型中采用更高增长率的理由，因为这会导致重复计算。

在使用期权定价模型对自然资源企业进行估值时，需要我们针对未开发储量取得大量的信息：

- **未开发储量的数量**：在用期权模型对未开发储量估值时，我们必须清楚未开发储量所包含的自然资源数量。以石油公司为例，传统会计准则通常要求披露已开发的储量和已探明但未开发储量的数据，其中后者仅包括在当前石油价格及开采成本基础上具有开采可行性的储量。这个要求的实质就是只披露价内期权。近年来，一些石油公司还开始披露概算储量⊖和可能储量⊖，前者有点像价外期权，而后者则对应于完美的价外期权。和其他大宗商品公司一样，针对未开发储量的信息同样是不可能完全披露的。
- **可变成本**：除了需要对公司拥有的未开发储量精确量化之外，我们还需要估算从这些储量中开采大宗商品的单位成本。因此，我们不仅需要清楚未开发储量中可开采多少桶原油，还需衡量从这些储量中开采出每桶石油的平均成本。实际上，很少有大宗商品企业会提供这些信息。虽然我们可以根据储量位置进行猜测，但这毕竟只是一种非常粗略的估计。

一般来说，实物期权更适合于大宗商品公司内部使用的分析工具，因为这些公司自己才能获取这些数据。而对外部投资者而言，他们所能得到的信息往往是非常有限的，根本就不足以对期权价值做出精确估算。

◎ 案例 13-7　对石油公司的估值——海湾石油公司

海湾石油（Gulf Oil）公司曾在 1984 年年初成为收购目标，当时公司的每股价格为 70 美元。这家公司拥有 1653 万股流通股，债务总额为 99 亿美元，公司拥有的预计原油储量约为 30.38 亿桶。按估计，当时开发这些储量的平均成本为 30.38 亿美元。公司开采的滞后时间约为 2 年；储量拥有权的平均收回时间为 12 年。当时的原油价格为每桶 22.38 美元，生产成本、税收费用和矿权使用费估计为每桶 7 美元。分析时点的债券利率为 9.00%。如果海湾石油公司决定开发该油田，那么次年的预计现金流约为已开采储量价值的 5%。石油价格的方差为 0.03。

$$\text{标的资产的价值} = \text{将估计储量折现到开采滞后期初始得到的现值}$$

$$= \frac{30.38 \times (22.38 - 7)}{1.05^2} = 423.80 \text{（亿美元）}$$

请注意，我们原本可使用开采期间的预测油价和预计现金流来估算标的资产价值，等于所有这些现金流的现值。在这里，我们采取了一种捷径，即假设目前每桶原油按现值计算的边际收益率为 15.38 美元，且这个数值在整个生产期内保持不变：

$$\text{行权价格}(K) = \text{目前开发储量的估计成本} = 30.38 \text{（亿美元）}$$

⊖ probable reserve，商业开采概率超过 50% 的储量。——译者注
⊖ possible reserve，商业开采概率低于 10% 的储量。——译者注

$$到期时间 = 期权被取消的平均期限 = 12 \text{ 年}$$

$$资产价值的方差 = 原油价格的方差 = 0.03$$

$$无风险利率 = 9\%$$

$$股息收益率 = \frac{净生产收入}{已开发储量的价值} = 5\%$$

基于这些输入数值,我们使用布莱克-斯科尔斯模型可得到看涨期权的如下结果:[⊖]

$$d_1 = 1.6548 \qquad N(d_1) = 0.9510$$

$$d_2 = 1.05648 \qquad N(d_2) = 0.8542$$

$$看涨期权的价值 = 423.80 \times e^{-0.05 \times 12} \times 0.9510 - 30.38 \times e^{0.09 \times 12} \times 0.8542$$

$$= 133.06(亿美元)$$

这个结果与按目前开采资源储量现金流现值(423.8 亿美元)与开发成本(303.8 亿美元)之差得到的现金流折现值(120 亿美元)形成鲜明对比。两者之间的差额可归结为海湾石油公司对储量开发时点的选择。

上述估值代表了海湾石油公司拥有的未开采石油储量的价值。除此之外,海湾石油公司还从已开发储量(价值为 9.15 亿美元)实现的石油天然气产量中取得自由现金流。我们假设这些现金流很可能是固定不变的,并且可持续 10 年(对应于已开采储量的剩余寿命)。对这些已开发储量的现值按 12.5% 的加权平均资本成本进行折现,我们可以产生如下结果:

$$已开发储量的价值 = \frac{9.15 \times \left(1 - \frac{1}{1.125^{10}}\right)}{0.125} = 50.66(亿美元)$$

在此基础上,加上海湾石油公司已开发和未开发储量的价值,我们即可得到公司的价值:

$$未开发储量的价值 = 133.06(亿美元)$$

$$现有产量的价值 = 50.66(亿美元)$$

$$公司价值总额 = 133.06 + 50.66 = 183.72(亿美元)$$

$$减:未偿还的负债 = 99(亿美元)$$

$$股权价值 = 84.72(亿美元)$$

$$每股价值 = \frac{84.72}{1.655} = 51.25(美元／股)$$

上述分析表明,海湾石油公司的每股价值被高估为 70 美元。

⊖ 采用二项式期权定价模型,我们估计的储量价值为 137.3 亿美元。

启示

尽管我们始终未曾明确采用期权定价模型对自然资源储量或相关公司进行估值，但它对其他估值方法的影响是不言而喻的：

- **价格的波动性会影响价值**：大宗商品企业的价值不仅依赖于大宗商品价格，还取决于价格的预期波动习惯。价格对估值重要性的原因是显而易见的——大宗商品价格的上涨会给公司带来更高的收入、利润和现金流。价格的波动会通过改变未开发储量的期权价值而影响到企业价值。因此，如果每桶石油价格从25美元上涨到40美元，那么我们就应预期所有石油公司的价值均会增加。但如价格回落到25美元，石油生产企业的价值有可能不会降至原来的水平，因为市场所感受到的石油价格可能已发生变化。

- **处于成熟阶段及成长阶段的大宗商品企业**：随着大宗商品价格的波动性日趋加剧，在其他条件不变的情况下，与依靠已开发储量获取现金流的成熟型大宗商品企业相比，在价值上更依赖未开发储量的大宗商品企业在估值上更占优势。在之前提到的例子中，当原油价格本身没有变化而市场感受的价格波动率发生变化时，我们可以预见，巴西国家石油公司在估值上的收获肯定高于埃克森美孚。

- **资源储量的开发**：随着大宗商品价格波动性的加剧，大宗商品企业会越发地不愿意开采其拥有的储量。如果我们将未开发储量视为期权，而将这些储量看作是行使这些期权，那么标的商品价格波动性的提高，必定会减少企业行使期权的可能性（因为行使期权将损失期权溢价）。

- **可视为期权的特征会随着大宗商品价格的下降而得到强化**：当期权逐渐体现出更多价内期权的特征时，其时间溢价会减少（占期权价值的百分比）。针对自然资源的期权，这意味着当大宗商品价格下降时（不管储量可行还是不可行），期权的溢价最大，与此同时，期权溢价会随着大宗商品价格的上涨而减少。

总之，如果我们将未开发储量看作期权，那么由于我们采用大宗商品的预期价格来估算收入和营业利润，因此折现现金流估值法通常会低估自然资源企业的价值。在这种情况下，我们忽略了可视为期权部分的价值。同样，对拥有大量待开采资源且价格波动性最大的企业来说，因期权而带来的价格差异也最大。

本章小结

周期型和大宗商品企业的收益波动性较大，而且这种波动性来自企业无法控制的宏观经济因素。当经济处于衰退和复苏阶段时，周期型企业的收益会呈现较大波动，而大宗商品企业的收益和现金流则依赖大宗商品的价格。

在对这些公司估值时，分析师通常会出现如下两种错误：要么忽视经济周期和大宗商品价格周期，并假设当期收益和现金流（取决于公司在周期中所处的位置）会永久持续下去；要么会徒劳地浪费大量资源去进行长期性的周期预测。对此，我们建议以两种方法对这些企业进行估值。

在第一种方法中，我们不考虑收益、增长率和现金流周期。这实际上相对于假设，尽管周期可能会导致这些数据出现剧烈波动，但我们确实无法预测它们在周期中各年度的变化；因此，我们只能假设周期本身是稳定的，并周而复始地反复出现。在第二种方法中，我们根据当期（大宗商品价格或经济指标）的预期进行估值。在这种情况下，我们的估值建立在当期石油价格即为正常价格的假设上，并按这一假设估算运营指标（收入、毛利润及净利润）。之所以这样做，是因为我们认为，周期的可预测性越来越低，或已根本无法预测，而且这种方式可以在估值中模拟我们价格设定的不确定性。

在本章的最后一个部分中，我们探讨了将大宗商品企业持有的未开采储量视为期权的可能性，毕竟公司拥有开发这些储量的权利，但不一定要真正地开采这些储量。为此，我们主张在对大宗商品企业估值时，可直接在折现现金流估值结果基础上增加一定的溢价，而且这个溢价应随着大宗商品价格波动性的加剧而提高。

第 14 章 The Dark Side of Valuation

随行就市
对金融服务企业的估值

对于银行、保险公司和其他金融服务公司这样的估值对象,分析师必须面对特殊的挑战,这种特殊性体现在三个方面。首先,基于这类公司的业务性质,使得分析师很难定义它们的负债和再投资,这也导致现金流的估计会更加困难。其次,这些公司通常要接受严格监管,而监管要求的变化自然会对价值产生重大影响。最后来自适用于银行账务处理的会计准则,从历史上看,银行业会计准则始终与其他公司的会计准则存在较大差异。金融服务企业必须经常性地按市场价格调整账面价值。

在本章中,我们首先将探讨金融服务企业的与众不同之处,以及处理这些差异性的手段。随后,我们将进一步介绍估值难点如何体现于金融服务企业的估值中,尤其是这种估值对账面价值、收益和股息近乎不合理的依赖。在此基础上,我们将逐一讨论如何调整折现现金流模型,使之以最合理的方式运用于金融服务公司的估值,为此,我们将逐一分析三种方案——传统的股息折现模型、股权现金流折现模型以及超额收益模型。对于这三种方案,我们均以金融服务行业的实例进行剖析。最后,我们的目光转向如何将相对估值法与金融服务企业的估值相结合,以及最适合这类公司的估值倍数。

金融服务行业的全貌

任何向个人或其他公司提供金融产品及服务的公司,均可以归类为金融服务公司。按照创造利润的方式,我们将金融服务企业划分为四大类。第一类是银行:一方面,它需要按筹集到的资金向存款人支付利息;另一方面,它向从银行取得贷款的借款人收取利息,并通过借款利息和贷款利息之间的利差创造利润。此外,银行还可以通过向存款人和贷款人提供其他金额服务而实现盈利。第二类是保险公司，它主要通过两种方式赚取收益：首先是通过向保险购买者收取的保费；其次是为满足保险理赔而通过建立投资组合带来的收益。第三类是投资银行，它们为其他公司在金融市场上筹集资金或执行公司交易而提供建议和支持性产品。第四类是投资公司，主要为客户提供投资建议，或代客户管理投资组合，其收入来自咨询和管理服务而收取的咨询费以及对投资组合交易收取的佣金。随着金融服务业整合趋势的形成，越来越多的金融企业开始实现多元化经营，业务范围同时覆盖几种类型。例如，旅行者集团（Travelers）与花旗银行合并后创建的花旗集团（Citigroup）同时涉足上述全部四项业务。但与此同时，大批中小型银行、精品投资银行和专业保险公司的收入仍依赖于单一业务。

那么，美国金融服务业的规模到底有多大呢？我们可以毫不夸张地说，如果没有银行为增长提供大部分资本，那么美国的经济就不可能发展。作为风险分担概念最早的践行者，保险公司在这方面显然领先股票市场和债券市场一步。几十年以来，金融服务公司始终是美国经济的支柱，其引导作用体现在银行业的诸多举措中。表14-1为2017年年初美国及全球已上市银行、保险公司、证券公司、投资公司和储蓄机构的市值。

表14-1 2017年1月1日的金融服务公司市值 （金额单位：百万美元）

	美国金融服务公司的数量	2017年1月1日的市值	全球金融服务公司的数量	2017年1月1日的市值
资产管理及托管银行业务	95	145 423.43	398	248 987
消费金融业务	40	229 656.93	285	316 763
多元化银行业务	10	1 208 164.90	596	6 289 169
多元化资本市场业务	1	118.50	27	175 343
金融交易和数据业务	17	209 051.20	60	303 773
保险经纪业务	11	60 998.36	37	106 416
投资银行与经纪业务	32	329 245.87	480	710 884
人寿与健康保险业务	24	224 520.73	117	956 401
抵押型不动产投资信托	42	66 866.76	39	53 251
组合保险业务	12	119 285.20	173	566 751
多领域控股业务	14	477 242.10	97	524 727
其他多元化金融服务	6	7 524.37	90	132 546
财产和灾害保险业务	52	212 872.13	207	514 719
区域性银行业务	627	694 520.85	767	959 872
再保险业务	4	18 734.90	35	139 007
专业金融业务	17	2 272.74	182	68 751
储蓄与抵押贷款业务	175	96 149.00	208	162 604

按市值衡量，金融服务企业在2017年年初达到了整个美国市场的1/6左右。此外，根据美国劳工统计局提供的数据，2016年，金融服务业的就业人数相当于美国全部就业人口的5.2%。

考虑到金融服务公司之于经济的重要性，2008年的全球金融危机从两个方面给投资者敲响了警钟。随着美国国际集团（AIG）、花旗集团和美国银行等老牌金融服务企业股价的崩盘，整个金融系统的脆弱性暴露无遗。与此同时，银行体系的崩溃也让我们更深刻地意识到，经济整体的健康是如此依赖于金融服务业。没有银行提供的贷款资金、投资银行对收购和融资交易的支持以及保险公司提供的风险共担机制，实体经济的其他领域就会陷入停滞。截至2008年年底，金融服务企业的市值已出现了大幅下降，但考虑到对市场其余行业的拉动作用，它们在经济中的价值比重依旧保持着较大份额。在此之后的10年中，金融服务公司经历了价值的涨落，而这种变化充分地体现于它们在整个股票市场中占据的比例，如图14-1所示。

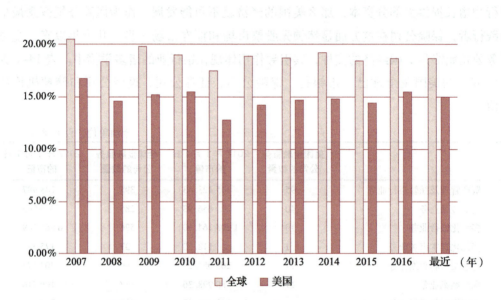

图14-1　金融服务企业在整个股票市场市值中的比例——2008年1月~2017年1月

虽然金融服务公司对美国市场的影响力不大如前，但随着新技术的不断出现，它们在世界其他大部分国家依旧是拥有市值最大的行业。

在新兴市场中，金融服务公司往往拥有更高的影响力，它们在整体市场价值中的比例远远高于美国。如果将这些公司纳入分析，显而易见，任何模型都无法评估全部金融服务公司的价值。因此，在使用和调节估值模型时，只有保持足够的灵活性，我们才有可能让这些模型适用于各类金融服务公司的估值。

金融服务公司的特点

金融服务公司在很多方面有别于市场上的其他企业。在本节中，我们将重点介绍它们在如下四个关键方面的特殊性，并探讨这些特殊性何以给我们的估值带来问题。

首先，在业务运营方式以及维持运营所必需的资本金方面，很多类型（尽管并非全部）的金融服务公司都会受到严格的监管和限制。其次，金融服务公司衡量收入和资产价值的会计准则不同于市场上的其他行业。再次，金融服务公司的负债更像是原材料，而非资金来源。因此，资本成本和企业价值对它们来说可能并不适用。最后，界定银行或保险公司的再投资（净资本支出和营运资金）可能非常困难，甚至根本就不可能，并且我们无法使用传统意义上的现金流入计算现金流。

监管覆盖面广

在全球范围内，金融服务公司均受到严格监管，尽管不同国家的监管程度可能各不相同。一般来说，这些管制可以采取三种形式。首先，银行和保险公司必须维持不可突破的监管资本金比率，该比率是根据股权账面价值及其经营情况计算得出的。之所以制定最低资本金比例，是为了保证金融服务公司在开展业务时必须量力而为，不至于危及债权人或存款人的利益。其次，金融服务公司在自有资金投资的方向上通常会受到严格限制。比如说，20世纪90年代末之前，美国的《格拉斯－斯蒂格尔法案》（Glass-Steagall Act）始终限制商业银行涉足投资银行业务，且不得主动持有非金融服务公司的股权头寸。最后，新企业的设立通常受监管部门控制，甚至现有企业之间的兼并也是受到限制的。

这种监管会给估值带来什么影响呢？从估值角度来看，增长假设是和再投资假设相互关联的。对金融服务公司而言，必须审慎看待这些假设，以确保它们符合监管制度的要求。此外，它还有可能对我们如何衡量金融服务公司的风险带来影响。如果监管制度正在发生变化或是预期将会发生变化，那么这就会给未来增加一份不确定性（风险），进而有可能影响到价值。更简单地说，在对银行、保险公司和投资银行估值时，我们必须理解它们所面对的监管体系。

会计准则方面的差异

对金融服务公司，如下两个原因导致用于衡量收益和记载账面价值的会计准则不同于市场中的其他领域。第一个原因是，金融服务公司的资产往往是拥有活跃市场的金融工具（债券和证券化债务），因此，早在其他公司还没开始谈及公允价值会计这个话题之前，按市场价值对资产计价即已成为金融服务企业的惯例，这显然是意料之中的事情。第二个原因是，鉴于金融服务公司的特殊运营方式，造就了长期盈利与短期巨额亏损交互出现的模式，为此，整个行业逐步形成了以抵销这种趋势并创造更平稳收益为目标的特殊会计准则。

- **按市值计价**：如果说会计的新趋势就是向以公允价值（而非原始成本）反映资产价值的方向发展，那么金融服务企业显然是这种新趋势的实验室。毕竟在银行、保险公司和投资银行，按公允价值反映资产价值的会计准则已实行了超过10年，这种观点的理论依据是，银行的大部分资产是可交易的，而且能取得相应的市场价格，因而无须太多的主观判断。一般来说，银行和保险公司的资产通常是有价证券，其中的很多证券是公开交易的。所以，对这种类型的大部分投资来说，市场价格是可观察的，所以，会计准则倾向于采取这些资产的市场价值（实际价值或估计价值）。如果金融服务企业对部分资产或大部分资产按市场价格计价，而大多数非金融服务企业则不采取这种做法，那么我们就不得不面对两个问题。第一个问题就是如何按账面价值（如市净率之类的市场价值比率以及股权收益率之类的账面价值比率）对金融服务企业和非金融服务企业进行比较，第二个问题则是如何对计算得出的比率进行解释。尽管我们可以把非金融服务企业的股权收益率视为对资产进行原始投资赚取的收益，但显然不能对金融服务企业的股权收益率做出同样的解释。在这里，股权账面价值衡量的并不是对资产的原始投资，而是最新的市场价值。

- **损失准备金与收益的平滑处理**：假设一家银行仍以传统方式创造利润，也就是说，按一定的利率从存款人取得资金，并以更高利率将这些资金贷给个人和公司。虽然向贷款人收取的利率高于向存款人支付的利率，但银行面临的风险是贷款人有可能违约，而且违约率在不同时期会出现很大的差异——在经济向好时相对较低，而在经济衰退期间则会相应提高。银行不会在不良贷款出现时马上将其核销，相反，银行通常为损失计提准备金——准备金按一定时期内的平均损失水平计算，并逐年在当年的利润中计提。虽然这种做法合乎逻辑，但这背后有一个圈套——归根到底，银行有责任对贷款损失做出评估。对于既定的贷款组合，保守的银行会提取更多的贷款准备金，而激进的银行则会降低贷款损失准备金的额度，因此，这就会导致后者在经济向好时期形成更高的账面利润。

债务与股权

在我们用来描述公司的资产负债表中，企业只能通过两种方式为企业运营筹集资金——债务融资和股权融资。虽然所有公司概莫能外，但金融服务公司则在如下三个维度上有别于非金融服务公司：

- **负债是原材料，而不是资本**：当谈论非金融服务公司的资本时，我们往往会同时想到负债和股权。一家公司可以向股权投资者和债权持有者（以及银行）筹集资金，并利用这些资金进行投资。因此，在对公司估值时，我们的估值对象是公司所拥有的全部资产价值，而不仅仅是它的股权价值。对金融服务公司来说，债务则有着不同的内涵。大多数金融服务公司并不是把负债视为取得资本金的来源，而是将它视为原材料。换句话说，负债之于银行，就如同钢材之于一家制造公司——它可以将钢材生产出其他产品，然后以更高价格出售这些产成品，从而实现利润。因此，在金融服务公司，资本采取的是狭义定义，即它仅包括通过股权融资取得的资本金。而监管机构则进一步强化了资本的这种定义，它们的一项重要职能，就是评估银行及保险公司的股权资本率。

- **对负债的定义**：与非金融服务公司相比，金融服务公司对负债到底应包括哪些内容的定义较为含混。比如说，银行是否应该将客户存放在银行支票账户的存款视为债务呢？尤其是对于计息的支票账户，存款和银行发行的债务之间几乎没有任何区别。如果我们将这些存款纳入债务中，那么在计算银行的营业利润之前，就应该扣除支付给存款人的利息。但这就会带来问题，因为利息费用往往是银行最大的一个费用项目。
- **使用财务杠杆的程度**：即使我们可以把负债定义为资本金的来源，而且可以对其进行精确的衡量，但金融服务公司还是有不同于其他类型企业的一面。银行倾向于使用更多的债务为业务提供融资，因此，他们也就应该比其他大多数企业有着更高的财务杠杆率。至于银行为什么始终能做到这一点，答案自然不难找到——银行拥有可预测性更高的收益和监管制度的要求，就是两个最经常被提到的理由，但这种高杠杆率带来的后果不容小觑。由于股权构成了金融服务企业整体价值的一部分，因此，公司资产价值的任何微小变动，都有可能转化为股权价值的巨大波动。

难以估计的现金流

我们之前曾提到，金融服务企业必须在投资方向和投资额度这两个方面接受监管制约。按照此前的观点，如果我们将再投资定义为创造未来增长的必要条件，那么如何衡量金融服务公司的再投资，显然是我们不得不解决的问题。需要提醒的是，我们考虑的再投资所包含的两个项目——净资本支出和营运资金。遗憾的是，在金融服务企业，要测量这两个项目中的任何一个都绝非轻而易举。

首先考虑一下净资本支出。和制造型企业投资工厂、设备及其他固定资产不同的是，金融服务企业主要投资于无形资产，譬如商标品牌和人力资本等。因此，它们对未来增长的投资通常归集到会计报表的营业费用科目。这样，我们自然会看到，在银行的现金流量表中，资本支出很少甚至根本就没有，而相应的折旧自然也非常低。而对营运资金，我们则要面对另一个问题。如果我们将营运资金定义为流动资产和流动负债的差额，那么银行资产负债表中的大部分内容都应属于这个类别。因此，银行的营运资金数字巨大，极不稳定，而且与创造未来增长的再投资没有关系。

考虑到我们在衡量再投资上面对的困难，因此对银行的估值在实务中存在两个问题。首先，在不能估计出再投资金额的情况下，我们不可能估算现金流。换句话说，如果我们没有办法确定公司为创造未来增长需要多少再投资，那么我们就对现金流加以识别。其次，既然无法衡量再投资率，我们自然难以估计未来的预期增长率。

估值难点

所谓标志金融服务公司特点的要素——按市场价格计价的资产、扣除未来损失准备金后的收益以及我们在定义负债和再投资时面对的困难，无不影响到这些公司的价值。在本节中，我们将探讨对金融服务公司估值过程中经常遇到的一些陷阱。

负债

在本书的大部分章节中，我们在预测现金流和再投资时，均采用了扣除税款但不扣除未偿还债务的标准做法，然后再按综合资本成本将这些现金流进行折现。如果对金融服务公司也采用这种做法，有可能招致灾难性后果，而且其中最大的问题是如何计算资本成本。正如我们在上节中所指出的那样，要对银行或保险公司的债务做出定义绝非易事。如果我们决定将全部短期借款和长期借款均视为债务，那么，我们针对银行得出的负债率肯定会高得惊人。毕竟，按这个标准，即便是分行级别的存款都符合债务标准。如果我们将这个高负债率与低债务成本结合起来，那么我们最终得到的资本成本自然会低得不切实际——对很多银行而言，按这种方法计算的成本只有4%，甚至更低。

如果我们决定采用狭义口径的负债定义，那么我们就必须确定债务中应包含哪些内容、需剔除哪些内容，但这个判断显然依赖于主观因素。因此，我们可以决定在资本成本计算中仅包含长期债务，并最终得出更合理的数字，但这种选择并无符合逻辑的依据。

现金流的替代

在上一节中我们曾提到，由于我们无法识别金融服务企业的资本支出和营运资金投资，更无法将两者区分开来，这就导致我们很难精确估计现金流，甚至根本就不可能。面对这种不可逾越的束缚，某些分析师不甘寂寞，他们要么为现金流杜撰出在现实中行不通的变体，要么固执己见地抓住传统意义上的现金流。

- **将收益视为现金流：** 有些分析师在对银行估值时，将收益直接折现为现值。他们的依据是，银行的净资本支出需求很少，甚至没有，而且库存和应收账款所对应的营运资金需求根本就不存在。但问题是，在对收益折现时，他们采用的是正数的预期收益增长率（而且增长率很高），这显然不合理。至于这背后的原因，我们不妨假设一家银行将100%的收益全部作为股息支付给股东。如果这家公司未发行新的股份，那么公司的账面资产永远维持在目前水平上。在这种情况下，如果该银行继续增加贷款组合，最终将导致资本率低于监管机构规定的最低限。正因为如此，再投资才必须包括对监管资本金的投资、收购资金需求以及银行为持续增长所需要的其他投资。也正是这个原因，即便成熟的低成长银行也不能将全部收益用于支付股息。

- **伪现金流**：如果分析师坚持传统意义上的现金流定义——以再投资净额作为现金流，与此同时，采用他们计算得出的资本支出和营运资金数额，那么他们得到的现金流指标只会比收益口径现金流更不靠谱。首先，至少按传统会计报表的定义，金融服务企业的净资本支出应该很小，或是为负数。其次，在任何既定年度，以非现金流动资产与非债务流动负债的差额作为营运资金，得到的数字都会令人感到无法理解。

实际上，这些声称采用现金流对银行进行估值的分析师，使用的数字并不能很好地反映现金流，而由此得到的结果也只能反映他们的偏执。

与现金流保持一致的股息

很多分析师承认，估计金融服务公司的现金流在现实中是不可行的，于是，他们转而求助于唯一可以衡量的现金流——股息。虽然这不无道理，但这些分析师则不言自明地认为，银行或保险公司支付的股息不仅是可持续的，而且合情合理，而事实并非一贯如此。我们都知道，某些银行支付的股息水平低于它们实际的支付能力，并将剩余部分用作弥补资本金率，而有些银行支付的股息则超过它们的盈利，以至于只能利用发行新股为超额支付的股息筹集资金。因此，如果我们以实际派发的股息对第一类银行做估值，就会低估它们的价值，因为按这个逻辑估计现金流的话，我们实际上是在假设，银行将永久维持目前这种支付低水平股息的政策。同样，如果我们用实际支付的股息对后者进行估值，则会高估其价值。

此外，在对有增长潜力的金融服务企业估值时，只强调当期股息也会带来问题。考虑到未来增长的资金需求，这些公司始终坚持较低的股息支付率，就会导致其实际支付的股息低于成熟型企业的股息支付率。在某些情况下，公司甚至有可能取消分红。在这种情况下，如果我们采用这样的股息作为估值基础，并且不根据增长率的递减而相应调整股息支付率，必然会严重低估公司价值。在极端情况下，如果公司不支付任何股息，我们得到的股权价值将为零。

◎ **案例14-1 股息与增长率——2009年年初的富国银行**

2008年，富国银行（Wells Fargo）按每股派发了1.30美元的股息，以体现公司在 2001~2008 年约 4% 的年均增长率。如果我们假设银行的股权成本约为 9%，并假设股息将永久维持 4% 的增长率，那么按照稳定增长状态下的股息折扣模型，我们可以得出每股股票的价值如下：

$$每股价值 = \frac{下一年的每股预期股息}{股权成本 - 稳定增长率} = \frac{1.30 \times 1.04}{0.09 - 0.04} = 27.04（美元／股）$$

由于富国银行的股票在本次分析时点的每股交易价格为 15.75 美元，因此上述计算表明，股价被明显低估。但我们完全有理由对这个估值表示怀疑：

- 每股收益从 2007 年的 4.47 美元降至 2008 年的 1.71 美元，并预计在 2009 年将进一步降至 1.34 美元。这实际上等于我们在假设，2009 年的股息将高于收益。
- 2001~2008 年的股息增长表明，富国银行在这一阶段处于繁荣时期，净利润从 2001 年的 34 亿美元增加到 2007 年的 81 亿美元。而进入 2008 年，净利润降至 28 亿美元，反映企业经营将出现恶化。为此，富国银行有可能不得不削减股息，反映出预期收益的减少。

在这种情况下，使用当前每股股息和股息的历史增长率，必然会导致每股股票价值被严重高估。

接受账面价值

在金融服务公司中，多年以来，按市场价值计量资产始终公认的惯例，这背后有两方面的原因。首先，银行的很多资产均为可交易的金融资产，取得市场价值相对简单，而且这些资产价值的计量不需要太多估计和主观判断成分。其次，金融服务公司不太可能持有资产到期；通常，银行会对持有的贷款组合进行证券化，然后再转手出售给投资者。因此，在分析银行类企业时，这些证券的市场价格更有参考价值。

由于资产反映的是当前市场价值，而不是原始成本，因而我们可以认为，在对金融服务企业进行估值这方面，分析师应该比市场中的其他参与者更有优势。这确有可能是事实，但这个过程同样会带来一些成本：

- **账面价值等于市场价值**：尽管资产可按市场价值计量，但这必定会削弱估值独立性的要求。由于市场定价使得分析师可以将账面价值与市场价值等同起来，因此，这不仅让他们摆脱了估值的业务，而且还会因为两方面因素而酿成重大错误。首先，纵然可以凭借活跃的市场取得市场价格，但市场本身也会出错，因此，按市场价格计量资产价值会让这些错误嵌入账面价值中。例如，2008 年年初，银行抵押支持债券（MBS）的账面价值反映了这些证券在当时的市场价格。但直到市场价格一落千丈的时候，我们才意识到，金融企业在账面上记录的价值夸大了这些证券的真实价值。其次，在很多情况下，资产按市场价格计量，依赖的标准不仅是可观察的市场价格，而且还有评估师采用的估值模型。事实上，对于持有这些证券的公司，估值往往是为了满足会计计量方面的要求。因此，我们完全可以预料到，这些公司的价值极有可能被高估，并且往往是在一段时间之后才能认识到。

- **投资质量的判断**：在很多公司，资产账面价值反映的是原始投资价值，而非资产的当前价值，这个事实的确让我们心存疑虑，却有利于通用会计方法。决定公司价值的关键因素之一就是投资质量，而衡量投资质量最常见的标准是会计收益，包括股权收益率和资本收益率。将收益与原始投资进行配比，我们即可估算出原始投资的收益率。因此，如果一家公司在 3 年前将 800 美元投资于某个资产，而且这笔资产目前每年创造的税后利润为 200 美元，那么这家公司的投资收益率为 25%。但如果按市场价值反映这笔资产的账面价值，我们就无法取得这个重要信息。事实上，如果真的将资产按市场价值计量，所有资产的净资产收益率都应该等于股权成本。这样，我们就没有办法区分投资的效果到底是好是坏。

监管和风险

在投资金融服务公司时，我们不得不接受这样一个事实，即由于这些公司是受到管制的，因此，我们对其资产的了解不可能达到我们的期望。实际上，我们就是在假设监管机构肯定会对银行和保险公司执行监督，并确保它们不会过度冒险。但如果考虑到市场计价法，这种信任很可能会让我们的投资面对巨大风险。例如，在比较不同银行的市盈率时，分析师会认为，所有银行的风险水平都是相同的，因而无须控制这些银行的贷款组合风险。因此，我们会不出意外地得出这样的结论：高风险银行的估值会低于低风险的银行。

在对处于不同监管体系下的金融服务公司比较时，问题会更严重。假如不能合理控制这些国家在监管制度上的差异以及由此带来的风险差异，我们就无法对不同国家的银行进行合理的比较。即使在美国的国内市场中，投资银行、保险公司和商业银行面对的监管制度也是不同的，它们在管制的严格程度上存在很大差异。因此，在对这些公司进行估值和分析时，我们必须考虑这些差异。

估值方案

显然，所有银行都具有相同风险水平而且增长无成本的假设是不成立的，因此我们不应采取用上一年股息替代现金流的方法。相反，无论是折现现金流估值法还是相对估值法，我们都必须考虑前几章里提到的估值一致性原则。

折现现金流模型

在折现现金流模型中,我们认为,资产价值是该资产所创造的预期现金流现值。因此,在本节中,我们首先提出的观点是:金融服务公司必须以股权为基础进行估值,而不是以企业价值为基础。此外,我们还将指出,不管分红本身合理与否,它毕竟是我们唯一能看到或是可以估计到的有形现金流。因此,我们的关注点是如何调整股息折现模型,使之尽可能地适合于金融服务企业的估值。

股权价值与公司估值

在本书的前述章节中,我们曾提到,对公司价值的估值与对公司股权价值的估值是有区别的。在对企业价值估值时,我们的方法是以加权平均资本成本对偿还债务之前的预期税后现金流进行折现,而股权价值则是以股权成本对股权投资者取得的现金流进行折现。但是在难以确认现有债务和偿还债务的情况下,按加权平均资本成本估计偿还债务之前的现金流,显然是不合理的。如前所述,金融服务公司就属于这种情况。

但股权是可以直接估值的,即只需按股权成本对股权现金流折现即可。因此,我们主张以后一种方法对金融服务公司进行估值。但对于股权估值,我们会遇到另一个问题。在对一家公司的股权估值时,我们通常需要估计流向股权的自由现金流。在第2章中,我们对股权自由现金流给出了如下定义:

$$\frac{\text{股权自由}}{\text{现金流}} = \text{净利润} - \text{净资本支出} - \frac{\text{非付现营运}}{\text{资金净额}} - (\text{已偿还债务} - \text{新增债务})$$

如果不能估计出净资本支出或非付现营运资金净额,那么我们自然无法估计出股权的自由现金流。考虑到金融服务公司就属于这种情况,对这个问题,我们有三种方案可选择。第一种方案是以股息替代股权现金流,并假设随着时间的推移,公司会将自由现金流作为支付给股东的股息。由于股息是观察到的,这就规避了确定公司再投资金额的问题。第二种方案是衡量调整股权自由现金流的指标,使之考虑到金融服务公司的再投资类型。比如说,考虑到银行必须在符合监管资本率的条件下运营,因此可以认为,要在未来增加贷款的发放量,这些公司就必须相应增加监管资本金。第三种方案是以超额收益为基础,而不是收入、股息和增长率,以超额收益的估值作为股权价值。

股息折扣模型

在最基本的股息折现模型中,股票的价值等于股票预期股息的现值。虽然很多分析师认为这种模式已经过时,但是对于金融服务企业,估计现金流的障碍还是会让这种方法大有市场。在本节中,我们首先介绍股息折现模型的基本形式,然后我们再考虑如何对该模型进行调整，使之适用于金融服务公司的估值。

标准模型

从公开上市公司的股票拥有无限寿命期这一假设出发，我们即可得到最常见的股息折扣模型：

$$\text{每股股权价值} = \sum_{t=1}^{t=\infty} \frac{DPS_t}{(1+k_e)^t}$$

其中，DPS_t 为第 t 期的每股预期股息；k_e 为股权成本。

在股息预期增长率永久不变的特殊情况下，该模型演变为戈登增长模型（Gordon growth model）：

$$\text{稳定增长状态下的每股股权价值} = \frac{DPS_1}{k_e - g}$$

其中，g 为预期的永续增长率，DPS_1 是次年的每股预期股息。在更为常见的情况下，股息的增长率预期不会在一定时期内（被称为超常增长期）保持不变甚至是永久保持。在这种情况下，我们仍可以假设，增长率在未来的某个时点之后将永久保持不变。这样，在股息折现模型中，我们就可以按如下方式估计一只股票的价值：加总超常增长期间股息的现值和最终价格的现值，其中，终值本身采用戈登增长模型进行估算：

$$\text{超常增长状态下的每股股权价值} = \sum_{t=1}^{t=n} \frac{DPS_t}{(1+k_{e,hg})^t} + \frac{DPS_{n+1}}{(k_{e,st} - g_n)(1+k_{e,hg})^n}$$

在上述公式中，超常增长预计将持续 n 年，g_n 是第 n 年后的预期增长率，k_e 为股权成本（hg 代表高增长期，st 代表稳定增长期）。

尽管股息折现模型貌似合情合理，并且确实在股权估值方面的实践中根深蒂固，但如果盲目使用这个模型，就有可能招致风险。正如我们在估值难点部分中所言，很多分析师在估值时是以银行的当期股息为基础。随后，他们会根据历史趋势或主观预测得出一个收益的增长率，并据此计算收益现值。为了让模型得出的结果合乎逻辑，就必须保证这些假设本身具有内在一致性，也就是说，预期增长率数字必须和股息的预测值以及风险指标相互匹配、相互验证。

具有内在一致性的股息折现模型

从股息折现模型的输入变量角度看，股权价值取决于三个变量。第一个输入变量是我们用来折现现金流的股权成本，至少对某些公司而言，股权成本存在着随时间而变化的可能性。第二个输入变量是我们假设支付的股息占净利润的收入，也就是派息率或股息支付率。在净利润水平既定的情况下，较高的股息支付率对应于更多的股息。第三个输入变量是股息在一定时期内的预期增长率，它取决于净利润增长率以及相应的股息支付率。除了对每个变量做出合理估计之外，我们还需保证各输入变量相互一致。

股权成本与风险　为了与本书此前介绍的股权成本估计方法保持一致，对金融服务公司，股权成本同样需要体现股权风险中不会因边际投资者而被分散的部分。我们使用单一贝塔系数（资本资产定价模型）或多个贝塔系数（多要素定价模型或套利定价模型）来估计这种风险。在估算金融服务企业的股权成本时，我们必须牢记如下三个估计问题：

- **使用自下而上的贝塔系数**：在之前对贝塔系数的讨论中，我们即提出，考虑到估计中存在的噪声（标准错误）以及公司在回归期间出现变化的可能性，因而不主张采用回归贝塔系数。在对金融服务公司进行估值时，我们将坚持这一主张。事实上，在这个领域，上市公司的大量存在，应大大减轻估计自下而上贝塔系数的难度。
- **无须调整财务杠杆**：在估计非金融服务公司的贝塔系数时，我们曾指出，必须首先计算无杠杆贝塔系数（无论是历史平均值还是行业平均值），而后再按公司目前的负债股权比率得到加杠杆贝塔系数。而对金融服务公司而言，我们可以略过这一步，这么做是出于两方面的原因。首先，从资本结构方面看，金融服务企业更趋于同质化。监管方面的原因，往往导致他们具有高度相近的财务杠杆。其次，也是我们此前曾提到过的，金融服务企业的负债更难以衡量。因此，从实务角度说，这就意味着，我们可以采用可比公司的平均杠杆贝塔系数作为被估值对象的自下而上贝塔系数。
- **对监管及运营风险的调整**：如果我们采用的是行业贝塔系数，而且不对财务杠杆做调整，那么我们实际上就是对行业中的所有公司均采用相同的贝塔系数。正如我们在前面指出的那样，不同市场之间可能在监管方面存在重大差异，即使是在同一个市场内部，对不同类别金融服务企业的监管也会有所不同。为体现这一点，我们需要对金融服务业采取狭义的定义。因此，在对一家大型货币中心银行估值时，我们考虑的是大型货币中心银行的平均贝塔系数；如果估值对象是一家小型区域银行，那么我们则需采用小型区域银行的平均贝塔系数。此外，我们还主张，对于延伸到金融证券化、金融交易和投资银行等风险领域的金融服务企业，应针对这些细分市场采取不同（和更高）的贝塔系数，而对其中个别企业则需要借助于它们的加权平均数。表 14-2 总结了 2017 年 1 月按地区划分的各类金融服务企业的贝塔系数。

表 14-2　各类金融服务企业的贝塔系数

业务类别	美国	欧洲	新兴市场	全球
银行（货币中心）	0.86	1.12	0.64	0.88
银行（地区性）	0.47	0.61	0.61	0.57
经纪及投资银行业务	1.08	0.63	0.87	0.91
金融服务（非银行、保险企业）	0.65	0.94	0.69	0.74

(续)

业务类别	美国	欧洲	新兴市场	全球
保险（一般性）	0.90	1.12	0.57	0.71
保险（人寿）	1.03	1.63	0.77	1.02
保险（财产险和灾难险）	0.83	0.84	0.45	0.61
投资及资产管理	0.90	0.79	0.75	0.81

- **充分考虑风险与增长率之间的关系**：在本书中，我们曾反复强调通过调整公司风险状况以体现增长率假设的重要性。随着成长型企业趋于成熟，贝塔系数应趋近于1。在对银行进行估值时，我们同样不能放弃这一原则。因此，我们可以预期，高增长银行应比成熟银行拥有更高的贝塔系数（和股权成本）。在对这些银行估值时，我们首先应采取较高的股权成本，但随着增长率的下调，我们也会不断降低贝塔系数和股权成本。

最后一点需要强调的是，我们利用全部金融服务企业得到的平均贝塔数据，反映了它们在特定时期内面对的监管要求。如果监管制度预期将发生重大变化，那么我们就必须考虑这种外界环境变化给贝塔系数带来的潜在影响。例如，2008年的金融危机导致全球银行业监管制度趋紧，这一调整至少在危机发生后的几年里推高了所有银行的贝塔系数。

增长率和股息支付率 股息与增长之间存在着一种内在的此消彼长关系。当一家公司将更多的净利润收入用于支付股息时，它必然需要减少再投资，进而应降低企业的增长速度。对金融服务公司来说，股息与增长率之间的这种关系还会因监管资本受到约束这一事实而进一步被强化。银行和保险公司必须按营业规模的一定比例维持资本金（按账面价值衡量）。当一家公司增加支付股息时，留存收益就会减少，而留存收益则是增加股权账面价值的前提。近年来，为了与其他行业保持一致，金融服务公司也开始通过增加股票回购的方式向股东返还现金。在这种情况下，如果只关注实际支付的股息，就有可能无法体现向股东返还现金的真实情况。对此，一个显而易见的解决方案就是将每年的股票回购与股息支付相加，据此计算综合支付率。但如果这样做的话，我们就需要分析几年内的股票回购数据，因为股票回购在各年度之间可能会存在很大的变化。比如说，在某个年度内回购数十亿美元资金之后，在随后3年里没有任何回购。

为确保针对股息支付、净利润和增长率的假设内部保持一致，我们需要引入一个考量留存收益中用于再投资额度的指标。股权收益率显然是最合适的选项，它将股息支付率与预期增长联系在一起。我们曾在第2章里介绍过一个最基本的收益增长指标：

$$预期收益增长率 = 股权收益率 \times (1 - 股息支付率)$$

例如，如果一家公司将收益的60%用于支付股息，并实现了12%的股权收益率，那么这家银行的预计收益增长率应为4.8%。在第2章中介绍收益增长率的基本公式时，我们也曾提到，如果股权收益率发生变化，那么企业的增长率就有可能偏离这个预期：

$$EPS\text{的预期增长率} = (1 - \text{股息支付率}) \times \text{股权收益率}_{t+1} + \frac{\text{股权收益率}_{t+1} - \text{股权收益率}_t}{\text{股权收益率}_t}$$

因此，如果银行能将现有资产的股权收益率从10%提高到12%，那么当年的效率增长率就将达到20%，但这种有效只能是暂时的；所有企业最终都将回归于最基本的增长规律。

由此可见，股权收益率、企业增长率和股息之间的关系对金融服务公司的估值至关重要。有一种略显夸张的说法甚至认为，决定银行估值结果的关键数字并不是股息、收益或增长率，而是我们认为公司在长期内将会达到的股权收益率。这个数字与股息支付率共同决定了成长的价值。或者换一种说法，我们可以采用股权收益率和预期增长率估算股息。当估值对象进入稳定增长阶段时，这种联系尤为突出，此时增长率可能已经和初始增长率毫无关系。为维持估值中的一致性原则，我们用来估计稳定增长阶段终值的股息支付率应按如下公式计算：

$$\text{稳定增长阶段的股息支付率} = 1 - \frac{g}{\text{稳定增长阶段的股权收益率}}$$

此外，还需调整企业风险，以体现我们对稳定增长阶段所做的假设。尤其是在使用贝塔系数估计股权成本时，该系数应逐渐趋近于稳定增长状态下的贝塔系数。

◎ **案例14-2　一致性股息贴现模型——2009年2月的富国银行**

在前面的案例中，我们研究了留存收益的影响，并使用股息增长的历史数据计算出富国银行在2009年年初的企业价值。由此得出的结论是，两方面的原因导致我们高估了这家公司的价值。首先，由于使用2008年支付的股息为基础，因而夸大未来的预期股息。其次，我们对未来增长率（4%）的假设可能和估值中假设的支付率不一致。按照2008年的数据，每股股息为1.30美元，每股收益为1.71美元，股息支付率为76%。因此，为永久保持每年4%的增长率，富国银行的新投资就必须实现16.67%的股权收益率：

$$\text{隐含的股权收益率} = \frac{\text{增长率}}{1 - \text{股息支付率}} = \frac{4\%}{1 - 76\%} = 16.67\%$$

如果我们认为，富国银行未来的股权收益率将低于16.67%，那么我们就要下调增长率或是减少股息。

因此，我们选择了另一条途径，而不是依赖于2008年的股息和收益率数据，毕竟这些数据本身就不稳定，而且反映的是市场危机状态。为此，我们以富国银行在2008年年底公开披露的股权账面价值为出发点，这个数值为476.28亿美元。

然后,我们再估计出正规化股权收益率对应的收益率和股息支付率。不妨以最乐观的情景为例,即富国银行的股权收益率迅速恢复到2001~2007年净资产收益率的平均水平——18.91%。在这种情况下,次年的正规化净收益计算如下:

$$正规化净收益 = 股权账面价值 \times 正规化净资产收益率$$
$$= 476.28 \times 18.91\% = 90.06(亿美元)$$

假设上述净收益每年以3%的速度持续稳定增长,那么我们接下来就可以估算股息支付率:

$$股息支付率 = 1 - \frac{增长率}{股权收益率} = 1 - \frac{3\%}{18.91\%} = 0.8414 \text{ 或 } 84.14\%$$

我们之前估算得到的股权成本为9%,如果假设这个股权成本取值合理,那么,我们可以继续估算富国银行的股权价值:⊖

$$股权价值 = \frac{下一年的预期股息}{股权成本 - 稳定增长率} = \frac{净收益 \times 股息支付率}{股权成本 - 稳定增长率}$$
$$= \frac{90.06 \times 0.8414}{9\% - 3\%} = 1262.93(亿美元)$$

富国银行在2009年2月的股票市场价值为666.4亿美元时被大幅低估。如果采纳最乐观的预测,富国银行显然被大幅低估了。

确定富国银行股权价值的两个基本输入变量为股权收益率和股权成本。在下调股权收益率时,相当于降低了正规化净收益,而股息支出率(按既定增长率为3%的情况)也相应降低。如果我们认为银行的风险已有所提高,那么股权成本也会相应发生变化。按照与最乐观情景完全相同的程序,我们还可以在另外两种情景下对富国银行的股权分别进行估值。首先是一种中性的情景,即正规化股权收益率下降到15%,而股权成本则提高到10%。其次是最悲观的情景,即股权收益率恢复到12%,而股权成本上升到11%。表14-3总结了我们在每种情景下得到的结果。

表14-3 富国银行在2009年2月的股权价值

(金额单位:百万美元)

	净收益	净资产收益率	股息支付率	股权成本	股权价值
迅速恢复到正常状态	9 006.45	18.91%	84.14%	9%	126 293.58
缓慢恢复到正常状态	7 144.20	15.00%	80.00%	10%	81 648.00
在较长时期内缓慢变化:盈利能力逐渐下降,风险逐渐提高	5 715.36	12.00%	75.00%	11%	53 581.50
2009年2月的市值					66 643.00

⊖ 为了得到这种情况下对应的股权成本,我们假设贝塔系数为1,股权风险溢价为6%。无风险利率为3%,按照3%的无风险利率,我们可以得到资本成本为:3% + 6% = 9%。

> 虽然在公司会缓慢复苏并最终恢复到正常水平的假设下，富国银行似乎一直被低估，但如果我们假设，从现在起，这家银行的风险将逐渐提高，而且盈利能力持续下降，那么这种被低估的感觉也就不存在了。

股权现金流模型

在开始讨论金融服务企业的估值之时，我们就曾提到过，在难以确定净资本支出和非现金营运资金的情况下，现金流同样是难以估计的。但如果按不同口径定义再投资，我们就有可能估算出金融服务企业的股权现金流，股权现金流是指扣除用于偿付债务并满足再投资需求后由股权投资者享有的现金流。对金融服务公司而言，再投资通常不包括对工厂、设备及其他固定资产的投资。相反，金融服务企业的投资仅指对监管资本金的投资。这个资本由监管机构界定，反过来又决定了未来增长的上限：

金融服务公司的股权现金流($FCFE$) = 净收益 – 对监管资本的再投资

为估计对监管资本的再投资，我们必须定义如下两个参数。第一个参数是决定投资水平的账面股权资本率。尽管这个数字主要取决于监管机构的要求，但也能反映出银行的选择。保守型银行会选择高于监管机构要求的资本率，而激进型银行则有可能会推动监管的限制。比如说，如果一家银行的股权资本率为5%，那么每5美元的股权资本借款创造出100美元的贷款。如果这家银行披露的净利润为1500万美元，而支付的股息仅为500万美元，这样，银行既增加了1000万美元的股权；反过来，股权资本的增加，又可以让银行再创造出2亿美元的增量贷款，进而有可能提高银行的未来增长率。第二个参数是银行经营活动的盈利能力，这种能力以净利润衡量。仍以银行为例，我们必须确定，通过增加贷款，银行可创造出多大的净利润。因此，按0.5%的净利润率计算，新增2亿贷款可导致银行新创造出的净利润为100万美元。

◎ **案例 14-3　适用于银行的 FCFE 模型——2016 年 10 月的德意志银行**

德意志银行是德国的一家金融机构，长期以来，它始终是一家以营业审慎而著称的顶级跨国银行。或许正是出于这个原因，德意志银行在 2008 ~ 2016 年出现的业绩大幅下滑，让很多投资者和旁观者大吃一惊。图 14-2 显示了德意志银行在此期间遭遇的业绩下降。

2014 年和 2015 年的营业亏损累计达到近 160 亿美元，这也导致银行管理层发生震荡及监管资本在 2015 年出现的注销，具体如图 14-3 所示。

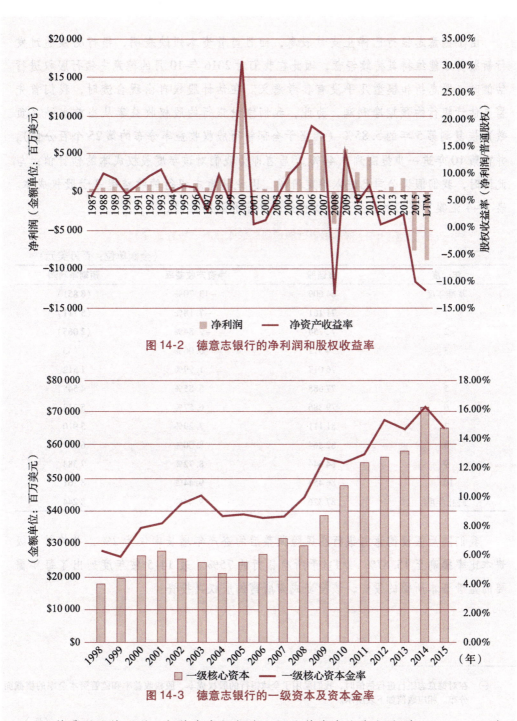

图 14-2 德意志银行的净利润和股权收益率

图 14-3 德意志银行的一级资本及资本金率

尽管遭遇业绩下滑,但德意志银行的一级监管资本比率仍达到 14.65%,远高于此前年份的数值。然而美国司法部对银行做出的 140 亿美元罚款决定,引发市场恐慌,并导致德意志银行的股价下跌至 13.33 美元,市场也传出银行可能会出现债务违约或是被政府接管的传闻。

由于德意志银行已停止支付股息，而且监管资本短缺表明，银行必须通过发行新股份才能维持其持续经营，因此在我们对2016年10月的德意志银行股权进行估值时，股息折扣模型几乎没有参考意义。在估计股权自由现金流时，我们首先需要估计银行的预期净利润，为此，我们假设银行的股权收益率从当前水平（负数）恢复到第5年的5.85%（相当于全部银行股权收益率分布的第25个百分位），并在第10年进一步提高到9.44%。[一]后者即为我们对该年度股权成本的估计值；与此同时，我们假设公司已进入稳定阶段，因此德意志银行的收益率等于股权成本。表14-4汇集了我们对各年度股权收益率和净利润的估计。

表14-4 德意志银行的预期股权收益率（%）和净利润

（金额单位：百万美元）

年度	普通股	净资产收益率	预期净利润
基准年度	64 609	-13.70%	(8 851)
1	71 161	-7.18%	(5 111)
2	72 754	-2.84%	(2 065)
3	74 372	0.06%	43
4	76 017	1.99%	1 512
5	77 688	5.85%	4 545
6	79 386	6.57%	5 214
7	81 111	7.29%	5 910
8	82 864	8.00%	6 632
9	84 644	8.72%	7 383
10	86 453	9.44%	8 161
终止年度	87 326	9.44%	8 244

我们随后假设德意志银行在风险调整后的资产年增长率仅为2%，并将其一级资本比率提高至15.67%，相当于所有银行的75%。表14-5按年度列出了每年需要的监管资本所需的投资，该投资成为所需的股权再投资：

[一] 在对德意志银行进行估值时，我们采用了全球银行的股权成本、股权收益率和监管资本金率的横截面分布。相应数值如下表所示。

（%）

	第25个百分位数	中位数	第75个百分位数
净资产收益率	5.85	9.91	14.84
股权成本	7.76	9.44	10.20
一级核心资本金率	10.71	12.96	15.67

表14-5 德意志银行监管资本与再投资

（金额单位：百万美元）

年 度	净利润	风险调整后的资产	一级资本/风险调整资产	一级核心资本	一级核心资本变动额
基本年度	(8 851)	445 570	12.41%	55 282	
1	(5 111)	450 026	13.74%	61 834	6 552
2	(2 065)	454 526	13.95%	63 427	1 593
3	43	459 071	14.17%	65 045	1 619
4	1 512	463 662	14.38%	66 690	1 645
5	4 545	468 299	14.60%	68 361	1 671
6	5 214	472 982	14.81%	70 059	1 698
7	5 910	477 711	15.03%	71 784	1 725
8	6 632	482 488	15.24%	73 537	1 753
9	7 383	487 313	15.46%	75 317	1 780
10	8 161	492 186	15.67%	77 126	1 809
终止年度	8 244	497 108	15.67%	77 897	771

最后，为估算股权成本，我们采用的不是贝塔和风险溢价，而是利用银行股权成本的横截面分布做出假设：德意志银行的股权成本为10.20%（考虑到已出现资本缺口，因而采用全部银行股权收益率分布的第75个百分位），并在第10年下降到9.44%（因为银行已增资补足资本缺口）。表14-6列出了按年份计算的股权成本以及用于折现现金流的累计股权成本。

表14-6 德意志银行的股权成本及累计股权成本

年 度	股权成本	累计股权成本
1	10.20%	1.102 0
2	10.20%	1.214 4
3	10.20%	1.338 3
4	10.20%	1.474 8
5	10.20%	1.625 2
6	10.05%	1.788 5
7	9.90%	1.965 5
8	9.74%	2.157 0
9	9.59%	2.363 9
10	9.44%	2.587 1

汇总表14-4中的净利润、表14-5中对资本再投资以及表14-6中的股权成本数值，我们可以估算出德意志银行的股权价值，如表14-7所示。

按照第11年的预期股权自由现金流（FCFE）7.472亿美元、股权成本（及股权收益率）9.44%和永续增长率1%，我们可以计算出终值：

表 14-7 德意志银行的股权自由现金流（FCFE）及股权价值

（金额单位：百万美元）

年度	净收益	对监管资本的再投资	FCFE	终值	累积股权成本	现值
1	(5 111)	6 552	(11 663)		1.102 0	(10 583.40)
2	(2 065)	1 593	(3 658)		1.214 4	(3 012.36)
3	43	1 619	(1 576)		1.338 3	(1 177.54)
4	1 512	1 645	(133)		1.474 8	(90.34)
5	4 545	1 671	2 874		1.625 2	1 768.16
6	5 214	1 698	3 516		1.788 5	1 965.99
7	5 910	1 725	4 185		1.965 5	2 129.10
8	6 632	1 753	4 880		2.157 0	2 262.34
9	7 383	1 780	5 602		2.363 9	2 369.91
10	8 161	1 809	6 352	87 317	2.587 1	36 206.88

第 11 年的预计净利润 = 8161 × 1.01 = 8243（百万美元）= 82.43（亿美元）

$$预期的永续利润留存率（再投资率） = \frac{增长率}{股权收益率} = \frac{1\%}{9.44\%} = 10.59\%$$

$$股权价值的终值 = \frac{8243 \times (1 - 10.59\%)}{9.44\% - 1\%} = 87317（百万美元）= 873.17（亿美元）$$

需要提醒的是，在每股价值中，已包含第 1 年～第 4 年发行新股而出现的预期摊薄。考虑到德意志银行在短期内存在巨大的运营危险，因此我们假设，再次出现资金危机并导致股票彻底丧失价值的概率为 10%。基于上述假设，我们估算的每股价值如表 14-8 所示。

表 14-8 德意志银行的破产风险及每股价值

当日股票价值 =	31 838.74 美元
已发行股数 =	1 386.00
按折现现金流模型计算得到的每股价值 =	**22.97 美元**
股权注销的概率 =	10.00%
调整后的每股价值 =	**20.67 美元**
2016 年 10 月 3 日的股票价格	13.33 美元

请注意，即使按上述的预期亏损、股权稀释和破产风险，德意志银行的每股价值依旧达到 20.67 美元，远高于 13.33 美元的市场交易价格。至少按我们的估值看，该股票在 2016 年 10 月的投资建议依然是买入。

超额收益模型

对金融服务公司估值的第三种方法是超额收益模型。按这种模型，公司价值可表示为当前已投入资本和未来预期超额收益现值的总和。在本节中，我们将探讨如何利用超额收益模型对金融服务公司的股权进行估值。

基本模型

鉴于确定金融服务企业资本总额的难度，我们在使用超额收益模型对金融服务公司估值时，更合理的做法是只考虑股权。公司的股权价值可表示为当前投资形成的股权与当期投资及未来投资的预期超额收益之和：

股权价值 = 当前已投入的股权资本 + 归属于股权投资者的预期超额收益现值

在这个模式中，最特殊之处就在于只关注超额收益。如果一家公司进行股权投资，且这些投资仅能取得平均市场收益率，那么这家公司的股权市场价值应趋近于目前已投入的股权资本。如果股权投资的收益率低于市场平均水平，其股权的市场价值将低于目前已投入的股权资本。

另一点需要强调的是，超额收益模型也考虑到未来的预期投资。因此在使用该模型时，分析师不仅要预测金融服务企业未来的投资项目，还要预测这些投资的预期收益。

模型的输入变量

超额收益模型中，对股权估值需要两个输入变量。第一个指标是目前投入公司的股权资本。第二个同时也是相对难以获得的指标，则是股权投资者在未来时期预期实现的超额收益。目前投资于公司的股权资本通常按公司的股权账面价值确认。尽管股权的账面价值是一个会计指标，而且受会计政策影响，但是和制造企业相比，它应该是衡量金融服务企业股权投资更可靠的指标，这主要出于两个方面的原因。首先，金融服务公司的资产主要是按市场价值计量的金融资产。而制造性企业的资产主要为实体资产，其账面价值与市场价值之间的偏差通常较大。其次是折旧，虽然它是决定制造型企业账面价值的一个重要因素，但对金融服务公司而言往往可以忽略不计。即便如此，股权的账面价值仍会受到股票回购和非正常或一次性支出的影响。因此，当金融服务企业出现股票回购、非正常或一次性支出时，其股权的账面价值可能会低于已投入公司的股权资本。

以股权角度定义的超额收益可表述为股权收益率和股权成本的函数：

股权的超额收益率 =（股权收益率 − 股权成本）× 已投入股权资本

同样，我们再次假设，股权收益率是反映股权投资收益的合理指标。在分析金融服务公司时，尽管我们可以取得当期以及历史时期的股权收益率，但我们真正需要的股权收益率则是未来的预期收益率。这就需要分析公司的优势和劣势及其面对的竞争态势。

◎ 案例14-4 对高盛集团超额收益的估值——2009年2月

2009年2月,高盛集团或许是当时世界上最令人羡慕的投资银行,但其股票市值只有487亿美元,远远低于账面价值的600亿美元。造成股价暴跌的一个重要因素就是公司盈利能力的下降:2008年披露的净利润只有23.22亿美元,远低于上一年度披露的115.99亿美元。此外,高盛集团还在2008年支付了8.5亿美元的股息。

在对高盛集团估值时,我们首先从当期的股权成本开始。根据2008年投资银行业的平均贝塔系数1.50,结合3%的国债利率和6%的股权风险溢价,我们可以得到公司的股权成本为12%:

$$股权成本 = 3\% + 1.5 \times 6\% = 12\%$$

将上述股权成本乘以股权的账面价值,即可得到高盛的股权成本价值。2001～2007年,尽管高盛集团的股权收益率为16%～20%,但股权的预期收益率将远远低于这个水平。在接下来的5年中,我们假设高盛集团的股权收益率将降至9%,远低于历史上的平均股权收益率,也低于股权成本。由此产生的负超额收益和现值如表14-9所示。

表14-9 高增长阶段的超额收益 (金额单位:百万美元)

	第1年	第2年	第3年	第4年	第5年
净利润	5 941.08	6 384.60	6 861.23	7 373.44	7 923.89
减:股权成本(见后面)	7 921.44	8 512.80	9 148.30	9 831.25	10 565.18
股权的超额收益	-1 980.36	-2 128.20	-2 287.08	-2 457.81	-2 641.30
累计股权成本	1.120 00	1.254 40	1.404 93	1.573 52	1.762 34
现值	-1 768.18	-1 696.59	-1 627.90	-1 561.98	-1 498.74
股权的期初账面值	66 012.00	70 939.98	76 235.86	81 927.08	88 043.17
股权成本	12.00%	12.00%	12.00%	12.00%	12.00%
股权成本(美元)	7 921.44	8 512.80	9 148.30	9 831.25	10 565.18
股权收益	9.00%	9.00%	9.00%	9.00%	9.00%
净利润(美元)	5 941.08	6 384.60	6 861.23	7 373.44	7 923.89
派息比率	17.05%	17.05%	17.05%	17.05%	17.05%
支付的股息	1 013.10	1 088.73	1 170.00	1 257.35	1 351.21
留存收益	4 927.98	5 295.87	5 691.22	6 116.09	6 572.67

每年的净利润按当年的股权收益率乘以期初股权账面价值计算。每年未作为股息支付给股东的净收益部分,将增加当年的股权账面价值。股息支付率按当期股息及正规化收益计算。

作为最后一个步骤,我们还需要对5年之后的超额收益做出假设。我们不妨假设在第5年之后,净利润的年增长率将永久维持在3%的水平,且股票的贝塔系数将下降至1.20。对高盛集团而言，我们假设5年后的股权收益率（净资产收益率）为10.20%，与稳定增长阶段的股权成本持平：

$$\text{稳定增长时期的股权成本} = 3\% + 1.2 \times 6\% = 10.2\%$$

$$\text{第6年的净利润} = \text{第6年的期初股权账面值} \times \text{稳定阶段的净资产收益率}$$
$$= (880.43 \times 1.03) \times 10.20\% = 92.4982（亿美元）$$

请注意，第6年的净利润明显高于第5年的净利润，这是因为净资产收益率预计将从9%回升至10.20%。于是，由股权投资者享有的超额收益终值可按如下公式计算：

$$\text{超额收益的终值} = \frac{\text{净利润}_6 - \text{股权成本}_6 \times \text{股权的账面价值}_6}{\text{股权成本} - \text{稳定增长率}}$$

$$= \frac{92.4982 - 906.8447 \times 10.2\%}{10.2\% - 3\%} = 0（美元）$$

因为公司在第5年后的股权收益率仅能与股权成本持平，因此在这一年之后，公司价值只能维持现状甚至出现贬值。这样，我们就可以将股权价值计算为如下三个部分之和：目前投入股权的账面价值、未来5年股权超额收益的现值（PV）以及股权终值的现值。

目前投入的股权账面价值 = 660.12（亿美元）
股权在未来5年内取得的超额收益现值 = 81.54（亿美元）
超额收益终值的现值 = 0
股权价值 = 578.59（亿美元）
股票数量 = 4.61874（亿股）
每股价值 = 125.29（美元）

2009年2月，高盛股票的每股市场价格为96.45美元。

基于资产的估值

在基于资产的估值模型中，我们首先评估金融服务企业现有资产的价值，再扣除债务及其他未清偿债权的价值，两者之差即为公司的股权价值。例如，在对一家银行估值时，我们首先需要对银行贷款组合（构成了银行的主要资产）进行估值，并将扣除未偿还债务后的余额作为股权价值。而对保险公司来说，我们需要评估公司已生效保单的价值，并减去由这些保单带来的预期索赔及其他未清偿债务，即为公司股权的价值。

那么，我们该如何评估银行贷款组合或保险公司保单的价值呢？一种方法就是估计贷款组合出售给另一家金融服务公司可能实现的价格，但更合理的选择仍然是按预期现金流进行估值。我们不妨考虑一家拥有10亿美元贷款组合的银行，假设这些贷款组合的加权平均期限为 8 年，预期可获得 7000 万美元的利息收入。此外，我们还假设，基于贷款存在违约风险，使得贷款仅能取得 6.50% 的公允市场利率。公允市场利率可按债务评级机构给出评级的贷款组合或是组合潜在违约风险的概率进行估计。因此，贷款价值可按如下方式估计：

$$贷款价值 = 0.70(年金, 8年, 6.5\%) + \frac{10}{1.065^8} = 10.30(亿美元)$$

由于银行收取的利率超过市场利率，因此该贷款组合的公允市场价值超过账面价值。反之，如银行收取的利率低于市场利率，则情况会相反。在对股权估值时，我们需扣除银行存款、债务和其他债务。

在对高成长型银行或保险公司估值时，这种方法确实有效，但它也有两个明显的局限性。首先，它没有考虑到未来的预期增长以及这种增长带来的超额收益。比如说，如果一家银行收取的贷款利率水平始终超过与违约风险对应的利率，那么该银行的估值就应得益于未来的贷款。其次，当金融服务公司涉足多项业务时，很难使用这种方法。对于像花旗集团这样的集团，由于同时涉足多项业务，因此需要对商业保险、商业银行、投资银行和组合管理等业务的资产进行单独估值，而不同业务对应的收入来源和折现率显然不尽相同，所以，公司整体估值的难度可想而知。

相对估值法

在此前关于相对估值的章节中，我们介绍了适用于企业估值的一系列倍数，譬如收益倍数、账面价值以及收入倍数等。在本节中，我们将考虑如何采用相对估值法对金融服务企业进行估值。

估值倍数的选择

公司价值/EBITDA 或公司价值/EBIT 之类的估值倍数，很难适用于金融服务公司的估值，毕竟银行或保险公司的价值和营业利润是很难估计的。因此，在对金融服务公司的股权进行估值时，最适合金融服务企业的估值应该是股权的倍数。三种最常用的股权估值倍数分别是市盈率（价格/收益比）、市净率（价格/账面价值比）和市销率（价格/收入比）。考虑到我们很难真正考量金融服务企业的销售额或收入，因此，我们自然无法估计或使用这些公司的市销率。在本节中，我们将探讨如何以市盈率和市净率对金融服务公司进行价值。

市盈率（PE）

对银行或保险公司，市盈率的计算方法与其他公司基本相同：

$$市盈率 = \frac{每股价格}{每股收益}$$

在第 4 章中，我们曾提到，市盈率是如下三个变量的函数：收益的预期增长率、股息支付率和股权成本。和其他所有公司一样，金融服务企业的市盈率应有更高的预期收益增长率、更高的股息支付率和较低的股权成本。

对于金融服务公司，一个特殊的问题就是针对预期费用计提的准备金。比如说，银行通常需要对不良贷款计提损失准备金。这些准备金会减少了报告期的收益，进而影响到最终的市盈率。因此，如果一家银行对不良贷款的认定采取较为保守的标准，那么这家银行自然会得到较低的收益和较高的市盈率。而相对激进的银行则会得到较高的收益和较低的市盈率。

在使用收益倍数时，另一个需要考虑的因素是金融服务公司从事多元化经营的程度。比如说，对于从事商业贷款的金融机构和从事证券交易的经纪公司，同一个投资者愿意为 1 美元收益支付的倍数应有所不同。当一家公司从事具有不同风险水平、增长率和收益特征的不同业务时，要找到真正具有可比性的公司并比较它们的收益倍数当然绝非易事。在这种情况下，合理的做法是分拆公司各项业务的收入，并对每一项业务分别进行估值。

◎ 案例 14-5　保险公司在 2009 年 2 月的市盈率比较

表 14-10 比较了人寿保险公司截至 2009 年 2 月过去 12 个月的市盈率。

表 14-10　保险公司的市盈率与预期增长率

公司名称	市盈率	预计每股收益增长率	贝塔系数
托马科金融集团（Torchmark Corp.，纽约证券交易所代码：TMK）	4.11	3.60%	1.87
奥德赛再保险公司（Odyssey Re Holdings Corp.，纽约证券交易所代码：ORH）	5.15	4.00%	1.53
宏利金融集团（Manulife Financial Corporation，多伦多证券交易所代码：MFC）	5.40	5.20%	2.41
大都会集团（MetLife, Inc.，纽约证券交易所代码：MET）	5.45	4.50%	1.96
安盛集团（Assurant, Inc.，纽约证券交易所代码：AIZ）	5.56	5.00%	2.16
美国信安金融集团公司（Principal Financial Group，纽约证券交易所代码：PFG）	5.85	5.50%	2.15
美国家庭人寿保险公司（AFLAC, Inc.，纽约证券交易所代码：AFL）	6.01	6.40%	2.40
尤那姆保险集团（Unum Group，纽约证券交易所代码：UNM）	6.33	6.00%	1.47
怡安集团（Aon Corporation，纽约证券交易所代码：AOC）	7.04	6.20%	1.70
旅行者集团公司（Travelers Companies, Inc.，纽约证券交易所代码：TRV）	7.58	6.00%	1.87

(续)

公司名称	市盈率	预计每股收益增长率	贝塔系数
HCC 保险控股公司（HCC Insurance Holdings，纽约证券交易所代码：HCC）	7.75	7.00%	2.05
安达保险公司（Chubb Corporation，纽约证券交易所代码：CB）	7.94	10.50%	1.67
美国金融集团（American Financial Group，纽约证券交易所代码：AFG）	9.41	11.00%	1.31
职业保险公司集团（ProAssurance Corporation，纽约证券交易所代码：PRA）	10.74	10.30%	0.89
美国再保险集团公司（Reinsurance Group of America, Inc.，纽约证券交易所代码：RGA）	11.71	11.50%	1.24
W. R. 伯克利公司（W. R. Berkley Corporation，纽约证券交易所代码：WRB）	12.30	12.50%	1.98
太阳人寿保险公司（Sun Life Financial, Inc.，多伦多证券交易所代码：SLF）	12.80	10.00%	1.16
RLI Corp.（纽约证券交易所代码：RLI）	13.48	13.00%	1.62
布朗保险经纪公司（Brown & Brown, Inc.，纽约证券交易所代码：BRO）	14.36	13.70%	1.44
亚瑟加拉格尔公司（Arthur J. Gallagher & Co.，纽约证券交易所代码：AJG）	20.21	12.67%	1.21
跨大西洋控股公司（Transatlantic Holdings Inc.，纽约证券交易所代码：TRH）	20.36	15.00%	1.22
林肯国民公司（Lincoln National Corp.，纽约证券交易所代码：LNC）	30.50	10.20%	0.86
汉诺威保险集团（The Hanover Insurance Group, Inc.，纽约证券交易所代码：THG）	35.52	15.00%	0.98

在表 14-10 中，市盈率变化很大，分布范围从托马科金融集团的 4.11 到汉诺威保险集团的 35.52 之间。此外，我们还给出了分析师对未来 5 年每股收益增长率的一致性估计，并以各公司的股权贝塔系数作为风险水平的替代指标。市盈率的部分变动可归结为预期增长率的差异——增长率较高的企业往往拥有较高的预期市盈率，还有一部分变动可以解释为风险水平的差异——高风险企业拥有较低的市盈率。我们按预期增长率和标准差对市场了进行回归，可以得到以下结果：

$$市盈率 = \underset{(1.61)}{12.41} + \underset{(2.86)}{109.95} \times 预期增长率 - \underset{(-2.14)}{6.60} \times 贝塔系数 \times R^2 = 59\%$$

回归验证了我们的猜测，即高增长和低风险企业的市盈率高于其他企业。表 14-11 以上述回归估计了表中公司的市盈率，并对公司被低估还是高估做出判断。

表 14-11 市盈率（PE）的预测值和实际值——2009 年 2 月的保险公司

公司名称	市盈率	预测市盈率	低估或高估
美国金融集团（纽约证券交易所代码：AFG）	9.41	15.86	-40.66%
职业保险集团（纽约证券交易所代码：PRA）	10.74	17.86	-39.87%
安达保险公司（纽约证券交易所代码：CB）	7.94	12.93	-38.61%
尤那姆保险集团（纽约证券交易所代码：UNM）	6.33	9.31	-31.97%
美国再保险集团（NYSE：RGA）	11.71	16.87	-30.59%
奥德赛再保险公司（纽约证券交易所代码：ORH）	5.15	6.71	-23.25%
布朗保险经纪公司（纽约证券交易所代码：BRO）	14.36	17.97	-20.09%
太阳人寿保险公司（多伦多证券交易所代码：SLF）	12.80	15.75	-18.72%
RLI Corp.（纽约证券交易所代码：RLI）	13.48	16.01	-15.81%
怡安集团（纽约证券交易所代码：AOC）	7.04	8.01	-12.08%
W. R. 伯克利公司（纽约证券交易所代码：WRB）	12.30	13.09	-6.00%
跨大西洋控股公司（纽约证券交易所代码：TRH）	20.36	20.85	-2.35%
托马科金融集团（纽约证券交易所代码：TMK）	4.11	4.03	2.08%
亚瑟加拉格尔公司（纽约证券交易所代码：AJG）	20.21	18.35	10.11%
旅行者集团公司（纽约证券交易所代码：TRV）	7.58	6.67	13.73%
HCC 保险控股公司（纽约证券交易所代码：HCC）	7.75	6.58	17.84%
大都会集团（纽约证券交易所代码：MET）	5.45	4.42	23.25%
美国信安金融集团（NYSE：PFG）	5.85	4.27	37.09%
安盛集团（纽约证券交易所代码：AIZ）	5.56	3.65	52.27%
汉诺威保险集团（纽约证券交易所代码：THG）	35.52	22.43	58.33%
美国家庭人寿保险公司（纽约证券交易所代码：AFL）	6.01	3.61	66.63%
林肯国民公司（纽约证券交易所代码：LNC）	30.50	17.95	69.93%
宏利金融公司（TSX：MFC）	5.40	2.22	143.09%

按照上述回归，宏利金融公司的价值似乎被严重高估，而美国金融集团和职业保险集团则被明显低估。

市净率

金融服务公司的市净率等于每股价格与每股股权账面价值之比：

$$市净率 = \frac{每股价格}{每股股权的账面价值}$$

在其他条件保持相同的情况下，较高的收益增长、较高的股息支付率、较低的股权成本和较高的股权收益率均对应于较高的市净率。在这四个变量中，股权收益率对市净率的影响最大，这也促使我们将股权收益率确认为市净率的伴随变量。

总之，金融服务企业的市净率和股权收益率之间相关性的强度应超过其他类型企业。股权的账面价值更有可能趋同于投资现有资产的股权市场价值。同样，股权收益不太可能受会计政策的影响。图14-4显示出市净率与股权收益率之间相关性的强度。该图的对象为2009年2月市值超过10亿美元的美国商业银行，它是由这些企业市净率和股权收益率指标绘制而成的散点图。

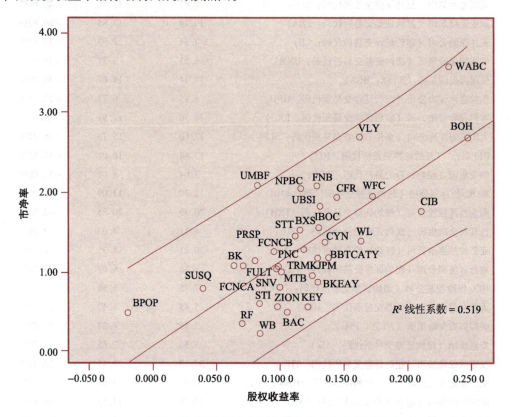

图14-4 银行的市净率及股权收益率分布

注：回归斜线，估计值的置信区间为90%。

请注意，这些数据来自"大萧条"以来最严重的银行危机时期，在当时的环境下，大多数分析师都认为，投资者正处于危机模式，而银行的股权价值则反映了当时市场所处的恐慌和非理性状态。因此，按过去12个月的收益考量，银行业在2009年2月的市净率与股权收益率体现出高度的关联性，而且如此之高的关联性令人匪夷所思。像硅谷国家银行（Valley National，VLY）和美西银行集团（West America Bancorp，WABC）等拥有较高市净率的银行，往往也拥有较高的股权收益率。像西班牙人民银行（Banco Popular，BPOP）和美联银行（Wachovia，WB）等市净率较低的银行，其股权收益率也相应较低。市净率与股权收益率之间的相关性超过0.70。换句话说，即便是在银行业饱受摧残的情况下，其内部似乎维持着原本的基本顺序。

在强调市净率与股权收益率的关系的同时，也不应忽视企业的其他基本面。比如说，各银行在风险方面千差万别，而且我们完全有理由认为，在股权收益率给定的情况下，高风险银行的市净率也相对较低。同样，在其他任何基本面要素保持不变的情况下,增长潜力更大的银行都应具有更高的市净率。2009 年 2 月,一个决定银行估值的重要基本面要素,应该是银行资产负债表上保有的有毒证券金额,即抵押支持债券(mortgage-backed bond,MBS)和抵押债务凭证(collateralized debt obligation,CDO)。

◎ 案例 14-6 小型商业银行在 2009 年的市净率

表 14-4 表明,对于大型银行,市净率与股权收益率之间存在着非常密切的关联性。那么,这种关系是否也适用于小型银行呢?为回答这个问题,我们在表 14-12 中列示出市值在 5 亿~10 亿美元的银行基本参数。

表 14-12 小型商业银行的市净率及股权收益率

公司名称	市净率	未来 5 年的每股收益预期增长率	股价标准差	股权收益率
华美银行(East West Bancorp)	0.76	-2.50%	57.75%	13.76%
韦伯斯特金融集团(Webster Financial)	0.37	2.00%	31.06%	6.44%
合众银行(NBT Bancorp)	2.13	5.00%	32.72%	12.66%
西太平洋合众银行(PacWest Bancorp)	0.60	5.00%	40.09%	7.93%
伟思银行集团(WesBanco)	1.08	5.00%	41.77%	7.70%
化学金融公司(Chemical Financial)	1.12	5.00%	33.98%	7.67%
CVB 金融(CVB Financial)	2.05	6.33%	33.02%	14.26%
第一联邦金融(First Commonwealth Financial)	1.52	6.50%	30.81%	8.14%
太平洋资本银行(Pacific Capital Bancorp)	1.13	6.50%	42.12%	13.26%
社区银行系统公司(Community Bank System)	1.43	7.30%	24.10%	8.96%
布西第一银行(First Busey Corp.)	1.17	8.00%	30.34%	5.95%
汤普金斯金融公司(Tompkins Financial Corp.)	2.75	8.00%	27.89%	13.39%
美国合众银行(U.S. Bancorp)	2.70	9.00%	23.69%	16.62%
乌姆普夸控股公司(Umpqua Holdings Corporation)	0.68	10.00%	30.42%	5.11%
MB 金融公司(MB Financial, Inc.)	1.07	12.00%	25.50%	7.19%
私人银行集团(PrivateBancorp, Inc.)	2.17	15.60%	41.03%	2.57%
顶峰金融合伙公司(Pinnacle Financial Partners, Inc.)	1.34	16.00%	33.69%	4.93%
美国联合银行控股公司(UCBH Holdings Inc.)	0.61	24.33%	77.25%	11.35%

虽然上述样本市净率和股权收益率之间的相关性弱于商业银行,但较高的市净率往往伴随着较高的股权收益率。考虑到所有银行相同风险水平的假设在此期间均得到了检验,因此,我们以股票价格的标准差作为风险的替代指标。以股权收益率和标准差对市净率进行回归,我们可以得出以下结论:⊖

⊖ 对于样本中的 18 家公司,我们取界定容许自变量极限的两个样本。扩大样本规模显然有助于取得更高的精确度。

$$市净率 = 1.527 + 8.63 \times 股权收益率 - 2.63 \times \sigma_{股价} \times R^2 = 31\%$$
$${\scriptstyle(2.94)}{\scriptstyle(1.93)}{\scriptstyle(2.36)}$$

利用上述回归，我们可以得出样本中各公司的市净率预测值。比如说，对于汤普金斯金融公司，我们对市净率的预测结果为账面价值的 2.75 倍，这个结果看起来高估了公司价值。

$$汤普金斯金融公司的市净率预测值 = 1.527 + 8.63 \times 13.39\% - 2.63 \times 27.89\%$$
$$= 1.95$$

按照其他中小银行的定价结果，汤普金斯金融公司被高估约 30% 左右。

本章小结

估值的基本原则同样适用于金融服务企业和其他企业，但金融服务公司的某些方面确实会影响这类公司的价值。首先，金融服务公司的债务难以定义和衡量，这就导致我们难以估计这些企业的价值或资本成本。因此，对金融服务企业而言，以股权成本对现金流进行折现也是股权估值最简单的方法之一。其次，对于资本支出和营运资金，作为估计现金流所不可缺少的输入变量，在金融服务企业往往是难以估计的。事实上，在这些公司中，大部分再投资均归属于运营费用科目。因此，要估算股权现金流，要么依赖于股息（并假设所有没有以股息形式支付的利润即为再投资），要么就必须调整我们对再投资的定义。

即使选择估值倍数，我们也会遇到很多类似问题。考虑到与界定债务相关的诸多困难，因此，市盈率或市净率等股权倍数比企业价值倍数更适用于金融服务企业的比较估值。在进行比较时，我们必须适当考虑影响企业价值的诸多基本面要素，譬如风险水平、增长率、现金流和贷款质量等，并对这些基本面的差异加以控制。

最后，我们还需考虑适用于金融服务企业估值的监管和限制因素。在某些情况下，监管机制对竞争的制约可能会让金融服务公司坐享超额收益，从而给它们带来新的价值。而在另一些情况下，这些监管机构也有可能限制企业从事某些业务，从而制约了企业取得超额收益的能力。

The Dark Side of Valuation 第 15 章

看不见的投资
对轻资产型企业的估值

在过去几十年里，全球经济和金融市场经历了一场由制造业向服务和技术业的转型，这种转型在美国尤为明显。随着越来越多的制药、技术和服务型企业成为估值对象，我们将面对三个无法回避的现实。首先，这些企业的资产大多为不可见的无形资产——专利权、专有技术和人力资本。其次是无形资产投资的会计处理方式，也就是说，对无形资产支付的资本支出被视为营业费用，这一点不同于制造企业对有形资产投资的会计处理方式。基于此，我们在估值中使用的收益、现金流和资本收益率等很多基本变量都会受到干扰。最后，这些企业，尤其是在高新技术行业的企业，似乎比制造企业增长更快，它们的成熟阶段仅会维持较短时期，而后便迅速衰退，从而导致它们的生命周期更紧张，也更紧凑。

在本章中，我们首先探讨无形资产持有企业的共同特征以及由此而来的估值问题，然后再讨论这类公司所特有的估值难点及其补救措施。在这个过程中，尤其需要我们关注的三个问题是：如何纠正这些公司在会计政策上的不一致，如何合理处理很多此类企业大量使用员工期权这一事实，以及如何在估值和定价指标中考虑这些公司较短的寿命周期。

持有无形资产的公司

显而易见，在 2017 年全球众多最有价值的公司中，无形资产已成为创造价值的一个重要源泉。在它们当中，既有依靠品牌的消费品企业，也有主要产品受专利权保护的制药公司，还有依赖于熟练技术人员和专有技术的科技型企业。在本节中，我们首先考察这些企业的市场地位以及它们如何随时间的推移而演化。在此基础上，我们将找出这些企业的某些共同特征。

总体经济中的无形资产

针对无形资产对经济总体的贡献程度，最简单的标准就是以无形资产作为主要价值来源的企业为对象，以这些企业的市场价值占总体市场价值的比例反映无形资产的贡献水平。在过去的 10 年中，这些企业的重要性日渐提高，在 2017 年全球十大最有价值的公司中，技术型公司占据了 8 家。图 15-1 描绘了技术型公司价值占整个市场价值（按市值计算）百分比的增长趋势。

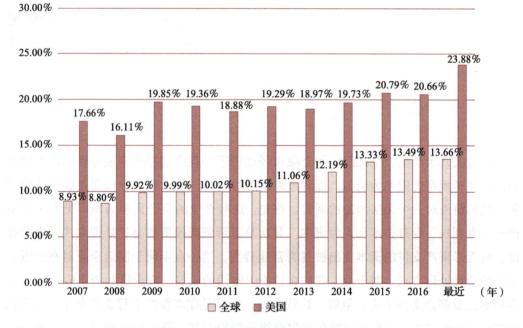

图 15-1　技术型公司及总体市场的价值

这种增长趋势在美国尤为明显，2017 年 10 月，技术型公司构成了美国总市值的 1/4，全球范围的趋势与此并行。其他方面的数据也凸显了无形资产在经济总体中的重要性。在一项时间过去但仍然是说明性的研究中，费城联邦储备银行经济学家伦纳德·中村（Leonard Nakamura）曾提出以三种不同指标衡量当今经济中的无形资产规模，尽管这项研究略显过时，但丝毫不影响其说服力：

- 针对研发费用、软件、品牌开发及其他无形资产投资价值的会计计量；
- 支付给无形资产研究人员、技术人员及其他创造性人员的工资和薪水；
- 营业利润率的增加额（中村将这部分价值归结为无形因素的改善㊀）。

通过上述三个指标，中村估计，2000 年的无形资产投资总额超过 1 万亿美元。这

㊀ Nakamura, L., 1999, "Intangibles: What put the new in the new economy?" *Federal Reserve Bank of Philadelphia Business Review*, July/August, 3-16.

些无形资产在当年的资本化价值估计超过 6 万亿美元。毫无疑问，这个数字在过去近 20 年中已增长了数倍。

无形资产型企业的特征

虽然拥有无形资产的企业多种多样，但它们也具有某些共同特征。我们将在本节重点探讨这些共同因素，并在下一节介绍这些要素对估值的影响。

会计准则的不一致性

会计的一项基本原则就是区分资本性支出和经营性支出。所有能在若干年内创造收益的支出都属于资本性支出，而经营费用则是仅能在当年创造收益的费用。在制造型企业中，会计师始终义无反顾地坚守这一原则：他们将工厂、设备和建筑物的投资归集在资本支出项目中，而将劳动力和原材料支出纳入营业费用科目。但是对于拥有大量无形资产的企业，他们似乎忽略了这个基本原则。技术和制药公司最大的资本支出项目无疑是研发，比如消费品公司的品牌广告费用，咨询公司在培训和招聘人员方面的开支。基于这种收益具有不确定性的理由，会计师将这些费用统统视为营业费用。因此，相对其规模和增长潜力而言，拥有大量无形资产的公司通常会披露较低的资本支出，而这些较少的资本支出自然会导致股权和资本的账面价值被低估。这又会波及其他广泛使用的财务数据，包括所有盈利指标（如 EBITDA、营业利润或净利润）和已投入资本（股权或资本账面价值）。

会计准则的制定者显然已意识到这些问题，但若干原因造成他们似乎无力修复这些缺陷。首先是制造业会计准则在执行数十年里形成的遗风，而且唯有经历重大变革，才有可能扭转这种遗风。因此，对拥有大量无形资产的公司而言，任何实质性的准则调整都会改写传统型公司的财务报表。其次，投资者和分析师往往更愿意接受现状，而对规则变化持谨慎态度，因为这有可能剥夺他们凭借传统经验建立的优势。尽管我们认为研发投入资本化的做法绝对是明智之举，但这样做有可能造成技术型公司的利润率和市盈率发生天翻地覆的变化。最后是现状有利于企业本身，因为资本支出（以研发形式）给科技型公司带来的税收优惠要多于制造型公司。简而言之，很难为这些会计问题找到捷径。

保守的融资

这种模式或许不适合拥有大量无形资产的某些企业类别，但是和收益率及现金流相近的其他类型企业相比，很多无形资产类企业还是会有节制地使用债务，因而拥有较低的负债率。在科技革命早期，低负债率或许可以解释低收益和高风险的结果，但随着科技公司的成熟，这种解释显然是站不住脚的，毕竟即便是成熟型企业也对债务融资敬而远之。某些企业的低财务杠杆可以归咎为银行家在贷款上对有形资产的歧视，但有些企业的低财务杠杆或许反映了一个现实：科技企业和制药公司正处于或是刚刚走出生命周期的成长阶段，而且可能还没有适应新的现实（成熟和低增长阶段）。当然，低财务杠杆也可能是出于这些公司对财务弹性的重视以及对贷款人（或评级机构）会削弱这种弹性的担忧。

在过去的10年中，另一种趋势也促使这些企业采取更保守的融资政策，即现金的大量积累。比如说，2017年，苹果公司拥有约900亿美元的债务和2500亿美元的现金余额，因此，扣除现金余额，苹果公司的债务净额仅为1600亿美元。我们会看到，如此巨大的现金余额可能会影响到定价及估值判断。

基于股权的报酬机制

在管理层薪酬中使用股票期权并非拥有无形资产型企业的独门绝技，但这些企业似乎比其他公司更依赖于期权及其他形式的股权薪酬方案。同样，这种行为的一部分原因可以归结为这些公司在生命周期中所处的阶段（更接近增长期，而不是成熟期），但部分企业采取这种行为肯定与他们对人力资本的依赖性有关。在处于创业早期的科技公司中，股票期权的使用得益于宽松的会计准则，即公司发行的价内期权（即行权价格设定为当前股票价格或接近当前股票价格的期权）可视为基本上无成本，而且费用是在行权时发生的。随着会计准则在2005年的调整，对股票期权的处理方式也出现变化，于是很多科技公司转而采用限制性股票期权对经理人实行激励。目前，与股票期权机制相关的费用在收益表中体现为经营费用，成为营业利润和净利润的扣除项。在很多初创的科技企业中，期权激励机制往往是最大的费用项目。

被压缩的生命周期

在第9~12章中，我们探讨了如何对处于生命周期中不同阶段的公司进行估值——从第9章的初创企业延续到第12章的衰退型企业。回顾这些章节，我们或许会认为，公司从起步走到衰退可能需要数十年的时间，这对20世纪占主导地位的制造企业来说确实如此。而对科技公司而言，其生命周期似乎被缩短。科技企业的成长速度之所欲远快于制造企业，往往是因为它们不需要大量的资本投资；核心技术的消失，往往导致它们的成熟阶段仅能维持较短时期，而导致它们高速成长的原因，往往也会造成它们的快速衰退。图15-2显示出科技企业与非科技企业在生命周期上的对比。

如果科技公司成长较快，就会对估值和定价产生影响，我们将在随后章节中讨论这个问题。

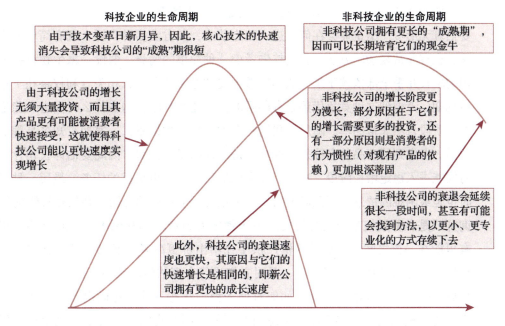

图 15-2 生命周期的比较

对估值的影响

当我们对这些公司进行估值时，资本支出的错误分类、债务融资的审慎使用、基于股权的报酬（期权和限制性股票）以及企业生命周期的压缩，都会带来问题。在本节中，我们将讨论这些对折现现金流模型和相对估值法的影响：

- 我们通常利用公司的当期收益和账面价值估算现有资产的价值，但无形资产在会计处理上存在的缺陷会导致这两个数字缺乏可靠性。科技公司披露的收益是扣除长期资产再投资（研发成本）后的收益，而不是真正意义上的营业利润。由于这些公司最主要的资产没有体现在账面上，因此其资产（和股权）的账面价值是被低估的。也就是说，如果你将一个项目列为费用，就不能再将其列示为资产。这就会对折现现金流估值法产生影响，毕竟这些数据是我们预测未来现金流的基础。同样，它也会给相对估值法带有影响，因为我们需要比较不同公司的会计收益和账面价值倍数。
- 增长率是再投资金额和再投资质量的函数，然而对无形资产支出的会计处理会导致我们难以衡量这两个数字。公司往往会把再投资混入营业费用（而不是单独显示为资本支出）。如果不能计量无形资产的账面价值，自然会导致股权收益率和资本收益率等广泛使用的投资质量标准不可信赖。
- 除影响公司风险的所有标准变量之外，依赖无形资产的公司还容易受到其他风险的干扰。在考虑对主要依靠无形资产的企业发放贷款时，贷款人必然会谨小慎微，毕竟监督这些资产并非易事。此外，如果企业陷入困境或是声誉受损，人力资本等无形资产的价值可能在一夜之间灰飞烟灭。
- 要估算无形资产型企业会在何时进入稳定状态，其方法多种多样，既有简单的方法，也有非常复杂的方法。我们首先考虑一种简单的情景。假设一家生物科技公司的增长几乎全部依赖于某一款具有重大突破意义的药物，相关专利权将在7年后到期。考虑到这种竞争优势是有期限的，因此要判断公司在什么时候进入稳定增长阶段自然非常简单。随后，我们再考虑更复杂的情景：一家拥有知名品牌的公司。考虑到消费品牌名称是一种具有持续性的竞争优势，因此要估计公司什么时候能进入稳定增长阶段，对分析师来说显然是一项更艰巨的任务。最后一种同时也是最困难的情景，则是以人力资本为主要无形资产的公司，譬如麦肯锡的咨询师或是私募股权基金的交易员。由于锁定人力资本非常困难，因此这些公司有可能在一夜之间将最优质的资产拱手让给出价更高者。所以，了解这些公司留住最优秀人才的方式或原因，是对它们进行合理估值的核心要素。
- 最后一个需要解决的问题是，如何对处于稳定状态下的公司做出假设。如果说生命周期被压缩是某些行业的常态而非例外，那么我们在折现现金流模型中用于计算终值的永续增长假设显然是不可信的，至少它在目前所采用的某些形式是站不住脚的（正的永续增长率）。此外，即使在大型公司，收入增长率和营业利润率等运营指标也可能在一夜之间发生改变，因此，必须在估值的某些因素中体现这些风险。

有些分析师为此提供的理由是，尽管规则本身可能存在缺陷，但至少对同行业内的所有公司都是一致的。正如我们在下一节中将会看到的那样，这样的理由显然无助于解决问题。

估值难点

对于拥有大量无形资产的企业，分析师到底应如何处理它们所共有的估值问题呢？在很多情况下，这些问题往往是被忽视的，他们更愿意相信历史数据或管理层提供的数字预测。某些情况下，他们也会这样辩解：既然同一行业内的所有公司都要遵守这些会计准则，那么它们对这些企业的影响就应该是相同的，因而它们之间的比较也不应受到影响，但内在价值法和相对价值法放大了这些问题。

内在估值法

本书已反复提及，资产或企业的内在价值取决于它们的预期现金流以及现金流的风险。在对拥有大量无形资产的公司进行估值时，分析师似乎在刻意寻找办法来扭曲估值过程的每一个步骤。

模型的选择

对于依赖无形资产的公司，有些分析师似乎以为，他们之所以会在估值中遇到困难或者得到的数字令人匪夷所思，完全归咎于他们使用的估值模型，通常是传统的折现现金流模型。基于这些传统模型仅适用于传统行业公司的观点，分析师着手创建仅适用于无形资产估值的新模型。虽然这些模型中的组成部分不无合理成分，但大多数不过是对现有模型的扭曲，而且这些所谓新模型得到的结果也只是披着合理的外衣而已。

现金流折现模型正在对任何拥有现金流的资产进行估值，而不考虑这些资产到底是有形资产还是无形资产，这听起来或许有些教条化，但事实的确如此。正如本章随后将要讨论的那样，折现现金流模型非常灵活，经过调整，可以适用于任何可创造现金流的资产或企业。分析师（尤其是持乐观态度分析师）经常提到的一种观点是，对于拥有无形资产的公司特别是科技公司，估值的方法应该是实物期权模型，而不是折现现金流模型。在第5章中，我们曾提到，期权是为数不多能增加风险价值的金融工具之一，而在第9章中，我们则以期权为依据，在采用折现现金流估值法对初创型科技企业估值的基础上附加期权溢价。但是要采用实物期权的论点，我们首先需要进行一次传统估值（依据现金流、增长率和风险），并在证明期权客观性的基础上增加期权溢价。很多分析师，尤其是那些急于为科技型公司的高估值找到借口的分析师，往往会盲目采用实物期权观点，却没有任何直观证据或数字支持。

最后一点，在对无负债的科技型公司估值时，有些分析师会使用股权自由现金流模型，对此，他们的理由是，在不存在负债的情况下，这是唯一合理的估值模型。但这样做的危险在于，它实际上就是在假定这些公司永远不会借钱，即使它们已经成熟而且更加稳定，毫无疑问，这样的假设在现实中显然是站不住脚的。因此，只要你认为公司未来会进行债务融资，那么以公司估值模型对目前无债务的企业进行估值仍是合理的。

现金流

内在估值法对现金流的定义是清晰明确的。也就是说，在对一家公司进行估值时，它是扣除纳税和再投资需求之后的现金流，而对股权估值时，则是扣除纳税、再投资需求和偿付债务之后的现金流。毫无疑问，不能仅仅因为我们的估值对象是科技型或医药企业就改变这些定义，但事实似乎并非如此。导致这种背离的一个原因是，将研发费用错误地归集为营业费用，会导致分析师无法确定公司为未来增长而进行的再投资，尽管这或许不会影响到具体的现金流数字。另一个原因就是错误地把基于股权的薪酬计入授予当年费用。

但很多公司采纳错误的逻辑，认为基于股权的薪酬不属于现金流。因此，它们按加回这笔费用的方式得出调整后收益数字。可以预料，这样做会让公司看上去非常赚钱。分析师似乎对这样的操作乐此不疲，并据此放大折现现金流估值法中的现金流。但问题在于，基于股权的薪酬实际上是一种隐形现金流。毕竟如果公司发行了期权和限制性股票，并以现金收入用于支付薪酬，那么就应该将这笔支付视为现金费用。允许公司以股权代替货币支付费用，就可以有效规避现金的认定标准，但这种做法是极其危险的，因为一旦以股权或期权支付供应商的购货款或咨询费，公司就可以有效地将所有营业费用转换为非现金项目。

外源型增长

将资本开支（如研发费、培训费和品牌推广费）视为营业费用的最大问题在于，我们会丧失估计增长率和保障内部一致性的最有效工具。对一家公司而言，我们采用的增长率必须等于估计该公司再投资率和资本收益率所采用的增长率。对拥有大量无形资产的企业，如果以传统会计指标衡量其资本支出和投入资本，那么由此得到的再投资率和资本收益率显然是毫无意义的（既有可能高得离谱，也有可能是负数，因为投入资本非常低甚至为负数）。在实务中，这些传统指标可能会出现负再投资率（因为最大的再投资项目被忽略掉），并高估股权收益率和资本收益率（因为最大的资产未出现在账内）。

面对这样的数字，分析师会断定基本面因素已不再重要，至少对这种类型公司而言是这样的。于是，他们从历史数据或是与公司管理层的交流出发，对未来增长做出自己的判断。在这种情况下，在经济向好时期高估增长率，而在经济衰退时期低估增长率，自然是意料之中的事情。对这些公司来说，股价涨跌的历史就是对这种行为最好的验证。

折现率

在计算拥有无形资产企业的股权成本和资本成本时，分析师会遇到两个常见问题。首先是大型企业的特定风险，这种风险对制药企业而言体现为试用药品的监管审批，而对科技型公司则表现为技术进步。很多分析师试图以提高这些公司的股权成本和资本成本来体现这种风险。但这种做法显然有违我们在第2章中阐述的基本原则：对一家投资者多元化的上市公司采用到折现现金流估值模型时，不应该将公司特定风险直接体现为折现率的增加。需要提醒的是，这些企业特定风险当然会到影响公司价值，但这种影响仅限于预期现金流。

其次，对这些公司，低债务或无债务与大量现金余额的并存，往往给资本成本的估计过程带来一定干扰。贯穿本书，每每需要估计负债比率（无论是用来计算杠杆贝塔系数，还是计算资本成本所需要的股权及债务权重）时，我们采用的都是债务总额（或合计数），将现金作为单独资产予以考虑，也就是说，将估值模型得到的结果与现金相加，作为最终估值。但是在某些地区，也会采取债务净额（债务总额扣除现金）取代债务总额，进而采用净负债比率。因此，假设一家公司的市值为5亿美元，债务和现金余额分别为2.5亿美元和1.5亿美元，那么它的总负债比例净负债比率必将大不相同：

$$总负债股权比率 = \frac{250}{500} = 50\%$$

$$净负债股权比率 = \frac{250-150}{500} = 20\%$$

尽管存在这些差异，但只要在整个估值过程中始终采用净债务比率，完全规避总债务比率，就可以实现对资本成本的影响最小化。但现金余额超过负债总额时，就会导致净债务额为负数，在这种情况下，某些甚至是很多科技型公司在使用净债务率时就会出现问题。比如说，如果上述例子中的现金余额为3.5亿美元，则债务净额为1亿美元，此时就会出现这种情况。由于在计算中无法处理负数的负债率，因此，如在计算中使用的净债务比率为零，会造成分析师得出错误的结论。在实践中，这种做法不仅会导致按债务总额和债务净额得到的估值出现差异，而且无论在理论还是直觉上都是不正确的，我们将在本章后面讨论这个话题。

终值

在大多数折现现金流估值中，分析师均使用永续增长模型得到终值，也就是说，使用正数的永续增长率。我们在第2章中介绍终值计算时曾提到，控制终值的关键在于保持企业增长率低于经济增长率，并确保以足够的再投资维持这种增长。在对生命周期被压缩的公司估值时，即便遵循这些规则，分析师仍会遇到障碍。从图15-2显示的生命周期中可以看到，这些公司不会随着时间的推移而不断壮大，相反，它们往往会不断萎缩并最终消失。而且，由于这些公司通常没有什么资产可用于清算（因为它们的主要资产或许就是品牌和过时的技术），因此，在收缩过程中，它们可实现的剥离收益寥寥无几。

未结事宜

要从经营性资产的价值得到股权价值，我们必须经历一个循序渐进的过程，即以经营性资产价值为起点,加上现金和非经营性资产价值,再减去负债和管理层期权,最后除以股份总数,即可得到每股价值。当然,尽管拥有大量无形资产的企业在估值方面并无独一无二之处,但确实要面对某些特殊的挑战:

- **现金余额巨大**:虽然所有公司都会持有现金,但技术类和制药企业持有的现金在金额合比例上往往比其他企业高得多。以 2017 年全球市值最大的苹果公司为例。2017 年 10 月,公司的市值总额达到 7500 亿美元,但仅现金就达到这个数字的 1/3(约 2500 亿美元)。虽然传统估值模型将当期现金余额作为增加项,但也有某些分析师采用主观设定的折价或溢价率作为现金余额的估值,从而对价值产生了巨大影响。
- **期权费用**:同样,这个问题也不只是科技类公司所独有的,而它带来的影响却更大。在第 9 章和第 10 章中,我们曾提到,分析师的常规做法就是试图以执行期权的数量来调整流通股数量,我们认为这会导致对估值结果的扭曲。而期权往往在科技类企业股份总数中占有很大比例,因此价值扭曲自然会更严重。
- **股权的多重索取权**:在十多年前成功完成首次公开发行(IPO)时,谷歌即采取可设置两类股票的做法,一类投票拥有的表决权数量为另一类的 10 倍,随后这种做法开始被其他科技类公司纷纷效仿。事实上,自 2009 年以来,已上市的大多数社交媒体公司均实行了多重股票并存的做法,Facebook、领英和 Snap 就是最典型的例子。对科技类公司,如果以草率的方式处理控制权和投票权问题,分析师只会遇到更多的问题。

相对估值法

在试图调整折现现金流模型以满足科技企业的独有特征时,分析师不可避免地要面对种种障碍,鉴于此,很多人转而求助于相对估值法。尽管如此,他们试图避免的问题,譬如会计上的不一致、股权报酬以及生命周期被压缩等因素还是会影响到比较和相对估值。

标准化变量

大多数被普遍采用的估值,包括市盈率以及 EV 和 EBITDA 等盈利倍数,均为针对制造性企业设计的,因此如果分析师将这些倍数用于科技型公司,往往要面临两个难以克服的问题。对初创的科技公司来说,很多企业尚处于亏损状态,因而无法得到以收益为基础的估值倍数,而且即使企业已进入成熟期,但会计上对研发费用的错误分类,也会使其中这些公司的账面价值聊胜于无。因此,分析师通常会选择收入倍数进行比较,或是使用未来倍数得到分母的正收益数字。

在使用验证得到的可靠倍数时，由于不同公司采取的会计政策各不相同，因此，即使将这些数字与制造企业的交易倍数进行比较，分析师也要面对另一个不同的问题，尤其是对于成熟的技术型企业。简单地说，我们不能以微软的市盈率与通用电气的市盈率进行比较，因为大多数会计师会把微软的巨额资本支出（R&D）视为经营费用，而通用电气肯定不会这么做。

行业比较

采取相对估值法的分析师往往会主张，他们不会受到会计政策不一致的影响，因为在他们分析的行业中，所有企业都会受到这些不一致性的影响。于是，他们认为，尽管很难用软件公司的市盈率与钢铁公司的市盈率进行比较，但比较不同软件公司的市盈率并不困难。毕竟，如果每家软件公司都有研发费用，而且这些费用都被（不正确地）视为运营费用，那么这种偏差对所有公司收入和盈利的影响程度应该是相同的。这种说法的问题在于，即使在同一行业内，不同企业在对资本支出的错误会计分类可能会带来完全不同的影响。一般来说，与研发活动趋于稳定的成熟型企业相比，在研发活动频繁的初创企业，研发费用对收入的影响大得多。它们给收益和资本带来的后果也各不相同，具体依赖于实施研发投资与研发创造收入之间的时间差。时间滞后较短的公司受研发开展的影响要小于滞后时间较长的公司。

简化调整

有些分析师已经认识到，对于系统性地将研发费用计入营业费用的公司，其会计数字显然是不值得依赖的，因此，他们也试图寻找解决这个问题的简单方法。比如说，某些分析师比较的不是科技公司市盈率，而是公司市值与扣除研发费用之前的收益。还有些公司按研发费用与 EBITDA 之和，从而对各公司的 EBITDA 与研发费用之和进行比较。同样，对于股票期权，可以按多种形式的每股摊薄收益反映未执行期权的影响。

虽然简单修复的初衷可以理解，但它有可能诱使分析师产生自满情绪。将研发投入加回净利润或营业利润，不可能彻底消除研发活动对其他变量的影响，而且会对不同企业产生不同的影响。按未执行期权调整股份数量显然是一种非常草率的处理方式，因为这根本就不能反映行权的可能性或是未来行权的价格。

估值方案

在对无形资产型企业估值时，我们首先需要厘清财务报表（利润表和资产负债表），对经营性支出和资本性支出重新分类。尽管这样做确实有助于更好地考量收益，但原因显然不止于此，它还有助于我们更清楚地了解公司正在通过哪些投资来创造未来增长。在对费用重新分类后，我们也就得到了构建内在估值模型所需的指标，并将生命周期缩短以及技术转移产生的影响纳入终值假设中。最终，在完成了对经营性资产的估值后，我们还要确定，应如何处理这些公司拥有的大量现金余额和未平仓股票期权，从而估算出每股价值。

恢复会计政策的一致性

从理论上说，计算收益时并不需要扣除资本支出，但实际情况是，大量的资本支出项目被视为经营费用而被扣除。财务报表的一个重大缺陷就是它们对研发费用的处理方式。考虑到研发性产品不确定性极大而且难以量化，因此，会计准则通常要求将所有研发费用列支为发生期间的费用。但这种处理方法会带来诸多后果。其中最严重的就是，研发活动创造的资产价值并没有作为公司总资产的一部分而被列示在资产负债表上。反过来，这又影响到企业资本和利润率的计量。为此，我们将探讨如何将研发费用予以资本化，并将这个观点拓展到其他资本支出。

研发费用的资本化

尽管研究费用的未来收益能力存在高度的不确定性，但它显然应该予以资本化。为了对研发性资产进行资本化和估值，我们首先需要对研发费用转化为商业产品的平均时间长度进行假设。我们把此期间称为相关资产的摊销期限（amortizable life）。这个期限对不同公司而言不尽相同，它反映的是研发产品的商业寿命。举例来说，对于制药公司，考虑到新药的审批过程很长，因此研发费用通常应采用较长的摊销期限。相比之下，软件公司可以更快地通过研发活动取得新产品，因此其研发费用应在较短期限摊销完毕。

在估计出研发费用的摊销期限后，下一步工作就是归集过去几年的研发费用数据——时间范围覆盖研发性资产的整个摊销年限。因此，如果研发性资产的可摊销期限为 5 年，那么我们就必须获得这 5 年中每一年的研发费用。为简单起见，我们采用平均摊销法，即在这个摊销期内，各年度的摊销额保持相同。基于此，我们可以估计出公司目前对研发性资产投入的资本总额：

$$\text{对研发性资产投入的资本} = \sum_{t=-(n-1)}^{t=0} R\&D_t \frac{n+t}{n}$$

因此，如研发性资产的使用寿命为 5 年，那么我们在 4 年前得到的累计研发费用为研发费用总额的 1/5，3 年前的累计研发费用为 2/5，2 年前的累计研发费用为 3/5，去年的累计研发费用为 4/5，并以本年的累计研发费用作为公司对研发性资产的投入

资本。这扩大了公司的实投资本,并提高了股权的账面价值:

经调整的股权账面价值 = 股权的账面价值 + 对研发性资产的投入资本

最后,我们再以此调整营业利润,以反映研发费用资本化的结果。首先,我们将计算营业利润时扣除的研发费用重新加回营业利润,从而将研发费用重新计入资本支出。其次,按固定资产折旧的方式对研发性资产进行摊销,扣除当年摊销额之后即可得到调整后的营业利润:

调整后的营业利润 = 营业利润 + 研发费用 – 研发资产的摊销额

调整后的营业利润通常会随着研发费用的增长而增加。净利润也会受到这种调整的影响:

调整后的净利润 = 净利润 + 研发费用 – 研发资产的摊销额

尽管我们通常只考虑这个数额的税后部分,但考虑到研发费用可在税前完全扣除,因此在实务中,这种调整并无必要。⊖

◎ 案例 15-1　研发费用的资本化——2009 年 2 月的安进制药

安进制药(Amgen)是一家大型生物科技及制药企业。和大多数此类公司一样,安进制药同样存在大量的研发费用,为此我们不妨在本例中探讨一下这些研发费用的资本化问题。转换的第一步就是确定研发费用的摊销期限。按照预测,研发活动需要多长时间才能转化为安进制药的收益呢?考虑到食品及药物管理局对审批新药流程的时间,我们不妨假定摊销期限为 10 年。

分析的第二步就是收集此前几年发生的研发费用,其中获得历史数据的年数为可摊销期限。表 15-1 为安进制药从 1998 年(作为 –10 年)到当年(2008 年)的研发费用数字。

表 15-1　以往的研发费用　　（金额单位:百万美元）

年份	研发费用	年份	研发费用
当年	3 030.00	–6	1 117.00
–1	3 266.00	–7	864.00
–2	3 366.00	–8	845.00
–3	2 314.00	–9	823.00
–4	2 028.00	–10	663.00
–5	1 655.00		

⊖ 如果仅有摊销部分可在税前抵扣,那么:
　　研发费用带来的税收优惠额 = 摊销额 × 税率
　　可在税前抵扣的全部研发费用带来的额外税收优惠金额 = (研发费用 – 摊销金额) × 税率
　　调整后的税后营业利润 = 税后营业利润 + (研发费用 – 摊销总额) × (1 – t)
　　　　　　+ (研发费用 – 摊销总额) × t = 税后营业利润 + (研发费用 – 摊销总额)

本年度信息反映了最近一个财务年度的研发费用数字（本例的当年为 2008 年）。以前年度原本应予以摊销的费用以及这些费用在本年度摊销的金额，都是需要考虑到的。为简化估算，我们假设对这些费用在摊销期内线性摊销；摊销期限为 10 年，故每年摊销 10%。这样，我们就可以估计出这些公司创造的研发资产价值及其在当年摊销的研发费用。估算过程如表 15-2 所示。

表 15-2 研发性资产的价值　　（金额单位：百万美元）

年份	研发费用	未摊销部分的比例	未摊销部分的金额	本年度摊销的金额
目前	3 030.00	100%	3 030.00	
-1	3 266.00	90%	2 939.40	326.60
-2	3 366.00	80%	2 692.80	336.60
-3	2 314.00	70%	1 619.80	231.40
-4	2 028.00	60%	1 216.80	202.80
-5	1 655.00	50%	827.50	165.50
-6	1 117.00	40%	446.80	111.70
-7	864.00	30%	259.20	86.40
-8	845.00	20%	169.00	84.50
-9	823.00	10%	82.30	82.30
-10	663.00	0%	0.00	66.30
合计			13 283.60	1 694.10

需要提醒的是，考虑到我们假定最近年度的研发费用均发生在年末，因而不对最近一年的支出进行摊销。以前年度未摊销研发费用的总额为 132.84 亿美元。我们可以将这个数视为公司对研发资产投入的资本，并在股权收益率和资本收益率时加回股权的账面价值。以前年度研发费用在当年的摊销总额为 16.94 亿美元。

最后一步是调整营业利润，以反映对研发费用的资本化。作为调整，我们需要将研发费用加回到营业利润（将这笔费用重分类为资本支出），并减去上一步估算的研发资产摊销额。安进制药在 2008 年利润表中披露的营业利润为 55.94 亿美元，而调整后的营业利润为：

调整后的营业利润 = 营业利润 + 当年发生的研发费用 − 研发性资产的摊销额
　　　　　　　　 = 5594 + 3030 − 1694 = 6930（百万美元）= 69.30（亿美元）

我们也可以对上述净利润 41.96 亿美元进行类似调整：

调整后的净利润 = 净利润 + 当年发生的研发费用 − 研发性资产的摊销
　　　　　　　 = 4196 + 3030 − 1694 = 5523（百万美元）= 55.32（亿美元）

研发性资产的价值同时增加了股权和资本的账面价值。由于资本收益率和股权收益率均以上年度的数值为基础，因此我们采用与 2008 年相同的方法计算研发

性资产在2007年年底的价值,由此得到的价值为119.48亿美元:⊖

2007 年对研发资产的投资 = 119.48(亿美元)

调整后的 2007 年股权账面价值 = 2007 年的股权账面价值 + 2007 年对研发资产的投资 = 178.69 + 119.48 = 298.17(亿美元)

调整后的 2007 年资本账面价值 = 2007 年的资本账面价值 + 2007 年对研发资产的投资 = 219.85 + 119.48 = 339.33(亿美元)

股权收益率和资本收益率的估计按 2008 年收益除以 2007 年年底的实投资本计算。未经调整和调整后的收益率分别计算如下。

	未对研发费用做调整	对研发费用做调整
股权收益率	$\frac{4\,196}{17\,869}=23.48\%$	$\frac{5\,532}{29\,817}=18.55\%$
税前资本收益率	$\frac{5\,594}{21\,985}=25.44\%$	$\frac{6\,930}{33\,933}=20.42\%$

虽然安进制药的盈利指标在调整后依旧可观,但已明显低于未调整数字。

其他营业费用的资本化

尽管研发费用是将资本支出计入经营费用的典型示例,但其他经营费用也完全有理由被视为资本支出。对于吉列和可口可乐公司等消费品企业,一部分广告费用可能被列示为资本支出,因为公司支付这些费用的目的就在于提高品牌价值。对于像毕马威(KPMG)或麦肯锡(McKinsey)这样的咨询公司而言,招聘和培训员工的成本也可以被视为资本支出,因为培养出来的顾问有可能成为公司的核心资产,并在多年内为公司创造利润。而对于亚马逊等在线零售商之类的诸多新兴科技企业,它们的最大营业费用就是销售及一般行政费用(SG&A)。这些公司可能会辩称,这些费用的一部分应被视为资本支出,因为它们旨在提高公司品牌的知名度,并为公司带来新的(而且可能是长期)客户。

尽管这种说法确有道理,但如果以此作为这些费用资本化的理由,我们仍需谨慎。对任何一项有待资本化的营运支出,都需要以大量证据证明这些费用创造的收益可持续多个期间。如果一个顾客因广告或促销活动而购买亚马逊的商品,那么他是否会成

⊖ 请注意,在表15-2 中,我们只需将摊销金额移动一行,即可得到这个数值。因此,8.222 亿美元成为当年的研发成本,6.633 亿美元成为去年的研发成本,其中,90% 为未摊销部分的比例,依此类推。在得出 1997 年的研发费用后,即可完成这一分析。

为公司的长期客户呢？有些分析师认为，肯定会出现这种情况，而且新客户会给公司带来更大价值。在这种情况下，采用如下类似研发费用资本化的流程对这些费用进行资本化，当然是合乎逻辑的：

（1）确定这些经营费用（如一般行政管理费用）的受益期。

（2）估算这些费用创造的资产价值（类似于研发性资产）。将这个数值与股权/资本账面价值相加，并以此估计股权收益率和资本收益率。

（3）按创建该资产的费用及摊销调整营业利润。资本化的净效应在我们估算的再投资率和资本收益率中体现得最为明显。

◎ 案例15-2 品牌广告费用的资本化——2009年的可口可乐公司

可口可乐公司被公认为是世界上最有价值的品牌之一。众所周知，这家公司在广告宣传上始终坚持大手笔风格，部分用意就在于打造品牌名称。表15-3为可口可乐公司在过去25年中每年支出的销售及广告费用，而且我们假设，这个时段就是品牌资产的摊销期限（尽管有必要进一步向前追溯，但数据受限导致我们无法做到这一点）。

表15-3 可口可乐公司在1984~2008年支出的广告费用

（金额单位：百万美元）

年度	一般行政管理费用	销售及广告费用	品牌广告支出	当期摊销额	未摊销金额
1984	2 314	1 543	771	30.85	0.00
1985	2 368	1 579	789	31.57	31.57
1986	2 446	1 631	815	32.61	65.23
1987	2 665	1 777	888	35.53	106.60
1988	3 038	2 025	1 013	40.51	162.03
1989	3 348	2 232	1 116	44.64	223.20
1990	4 076	2 717	1 359	54.35	326.08
1991	4 604	3 069	1 535	61.39	429.71
1992	5 249	3 499	1 750	69.99	559.89
1993	5 695	3 797	1 898	75.93	683.40
1994	6 297	4 198	2 099	83.96	839.60
1995	6 986	4 657	2 329	93.15	1 024.61
1996	8 020	5 347	2 673	106.93	1 283.20
1997	7 852	5 235	2 617	104.69	1 361.01
1998	8 284	5 523	2 761	110.45	1 546.35
1999	9 814	6 543	3 271	130.85	1 962.80
2000	8 551	5 701	2 850	114.01	1 824.21

（续）

年度	一般行政管理费用	销售及广告费用	品牌广告支出	当期摊销额	未摊销金额
2001	6 149	4 099	2 050	81.99	1 393.77
2002	7 001	4 667	2 334	93.35	1 680.24
2003	7 488	4 992	2 496	99.84	1 896.96
2004	8 146	5 431	2 715	108.61	2 172.28
2005	8 739	5 826	2 913	116.52	2 446.92
2006	9 431	6 287	3 144	125.75	2 766.43
2007	10 945	7 297	3 648	145.93	3 356.47
2008	11 774	7 849	3 925	156.99	3 767.68
总计				2 150.40	31 910.23

我们假设，一般行政管理费用的 2/3 用于销售及广告，而且每年销售及广告费用中的一半用于品牌建设，剩余部分用于创造当期收入。在表 15-3 的倒数第二列中，我们采用直线摊销法，按 25 年的摊销期限计算上年支出在本年度的摊销额。在最后一栏中，我们跟踪了上年度支出中的未摊销部分。这一栏的累计数值（319 亿美元）可视为对品牌名称投入的资本。

我们还可以进一步细化这个估计过程。一种方法是采用更长的摊销期限，并进一步在时间上回溯，从而得到完整的广告费用。另一种方法是按通货膨胀率将历史支出转换为当期支出。也就是说，如果以 2008 年的美元不变价值计算，将 1984 年的 7.71 亿美元支出转化为现值，将是一个比这大得多的数值。⊖ 这两种方法均会提高品牌资产的价值。

表 15-4 对营业利润、净利润和资本投入的调整，也就是我们对安进制药研发费用进行的调整。

表 15-4 可口可乐公司品牌广告费用的资本化

（金额单位：百万美元）

	按通用会计准则处理的结果	品牌费用的资本化
营业利润	8 446	10 220
净利润	5 807	7 581
股权投资	21 744	53 654
资本投资	31 073	62 983
净资产收益率	26.71%	14.13%
税前净资产收益率	27.18%	16.23%

品牌广告支出的资本化大幅降低了可口可乐公司的股权收益率与资本收益率。

⊖ 在使用通货膨胀调整后的数值时，品牌价值增加到近 400 亿美元。

◎ **案例 15-3　资本化招聘和培训费用——2009 年年初的网络健康咨询公司**

网络健康咨询公司（Cyber Health Consulting）是一家专业从事为医疗健康公司提供管理咨询服务的企业。公司在最近一年披露的营业利润（EBIT）为 5150 万美元，净利润为 2300 万美元。公司的费用项目还包括招聘新咨询师的费用（550 万美元）以及培训费用（850 万美元）。这些咨询师在公司的平均工作时间为 4 年。为了将这些招聘及培训费用资本化，我们需得到此前 4 年及本年度发生的招聘和培训费用。表 15-5 为各年度的相应费用，并假设按 4 年对这些费用进行摊销。

表 15-5　网络健康咨询公司的人力资本费用

（金额单位：百万美元）

年度	培训和招聘费用	未摊销部分的比例	未摊销部分的金额	本年度摊销的金额
本年度	14.00	100%	14.00	
-1	12.00	75%	9.00	3.00
-2	10.40	50%	5.20	2.60
-3	9.10	25%	2.28	2.28
-4	8.30	0%	0.00	2.08
总计投入的人力资本			30.48	
本年度累积摊销的金额				9.95

为此，我们对营业利润和净利润进行如下调整：

调整后的营业利润 = 营业利润 + 培训及招聘费用 - 本年度摊销的费用

= 5150 + 1400 - 995 = 5555（万美元）

净利润 = 净利润 + 培训和招聘费用 - 本年度摊销的费用

= 2300 + 1400 - 995 = 2705（万美元）

按照这些调整后的收益数据以及表 15-6 中估计的人力资本价值，我们可以计算出公司的股权收益率和资本收益率。

表 15-6　常规及调整后的股权收益率和资本收益率

	按常规会计准则处理的结果	对招聘培训费用进行资本化的结果
净利润	23.00	27.05
营业利润	51.50	55.55
账面资产	125.00	155.48
账面	250.00	280.48
净资产收益率	18.40%	17.40%
税前净资产收益率	20.60%	19.81%

和安进制药与可口可乐公司一样，培训费用的资本化会降低公司的股权收益率和资本收益率。

对估值的影响

无论是折现现金流法还是相对估值法，对研发、品牌广告和培训费用的资本化都会产生重大影响。在折现现金流估值中，采用调整后数字会大幅改变我们对现金流和增长的估计。而在相对估值法中，在生命周期中所处的位置则会导致同行业企业之间的比较出现严重偏差。

折现现金流估值法

在将创造无形资产发生的费用进行资本化时，我们实际上是在重新编制公司的财务报表，进而重新给定估值的各输入变量，包括收益、再投资和收益率指标：

- **收益**：正如我们在上述三个资本化案例（研发、品牌广告和培训/招聘支出）中所指出的那样，公司的营业利润和净利润将会因此而改变。由于调整包括加回当年费用和减少以前费用的摊销额，因此如果假设以前年度的费用保持一致，调整就不会影响到收益。但如果费用会随着时间的推移而增加，上述调整带来的净效应是增加收益。比如说，安进制药的研发费用从摊销期开始时的6.63亿美元增加至当年的30.3亿美元，在对研发费用进行资本化之后，将导致收益至少增加13亿美元。
- **再投资**：资本化对再投资的影响与对收益的影响是一致的，即资本化增加或减少的再投资金额完全等于收益的增减额。
- **股权（公司）自由现金流**：由于自由现金流是按收益扣除再投资后的净额，而且这两个项目的增减幅度完全相同，因此它们对自由现金流的净效应为零，也就是说，对自由现金流没有任何影响。
- **再投资率**：虽然这些费用的资本化不会影响到自由现金流，但会影响到再投资率。通常，如果收益和再投资均因为研发或广告费用的资本化而增加，那么再投资率就会增加。
- **投入资本**：由于前几年费用的未摊销部分被视为资产，因此未摊销部分会增加公司的股权收益率或投入资本收益率。这种影响会随着摊销期限的延长而增加，因此，对摊销期限通常较长的制药公司而言，资本化的影响程度应超过软件公司（其研发形成新产品的速度远快于商业产品）。
- **股权（资本）收益率**：由于投资收益率和资本收益率均会受到资本化的影响，因此资本化对股权收益率和资本收益率的净影响效果是不可预测的。如果股权（资本）收益率因资本化而增加，那么我们即可认为，研发或广告投资给公司带来的收益率高于其传统投资项目的收益率。
- **预期增长率**：由于预期增长率取决于再投资率和资本收益率，而且两者都会因资本化而出现变化,因此预期增长率也会发生变化。虽然较高的再投资率有利于提高增长率,但也有可能会被股权收益率或资本收益率的下降而抵消。

总之,受资本化影响最明显的变量是股权收益率、资本收益率以及再投资率。由于股权/资本成本不受资本化影响,因此资本收益率的任何变化都会转化为公司超额收益的变化,而后者恰恰是决定增长价值的关键变量。通过资本化过程,我们可以对这些公司为创造成长型资产进行的投资以及这些资产的质量做出更现实的估计。此外,通过确保增长率符合再投资和资本收益率假设,这个过程重新实现了估值的一致性。因此,任何希望维持增长的技术或制药公司,都必须不断投资研发,并确保这些投资在总体上能为公司创造高额收益。

◎ **案例 15-4　安进制药的估值**

在前述案例中,我们对安进制药的研发费用进行了资本化,并计算出公司的调整后营业利润、再投资和资本收益率。之后,我们用重新得到的数字计算公司价值及其每股股权价值。图 15-3 是按 10 年高速增长假设得到的估值过程(所有金额单位均为百万美元)。

我们对每股股票价值的估计值为 67.16 美元/股,远高于现行 47.47 美元的每股股价。

一个复杂而有趣的问题就是研发费用的资本化会对价值带来怎样的影响。为解答这个问题,我们对安进制药在研发费用资本化和常规会计模式下的估值基本面进行了比较,结果如表 15-7 所示。

表 15-7　常规会计处理模式与研发费用资本化模式下的估值基本面

	常规会计处理模式	研发费用资本化模式
再投资率	14.47%	34.13%
税后资本收益率	20.44%	17.17%
增长率	2.96%	5.86%
每股价值(美元/股)	48.24	67.16

然后,我们再使用这两套基本面参数重新对安进制药进行估值。如表 15-7 所示,如果采用传统会计数值,每股价值将会是 48.24 美元。显然,资本化对每股价值的影响至关重要,而且具体的影响程度在不同公司之间相差较大。总的来说,对于在研发领域投入大量资金的公司,资本化的影响是消极的,而且在以后期间也未能在收益和现金流方面有明显收获。而对将大量资金再投资于研发的企业,资本化的影响可能是积极的,并在随后时期实现了收入的大幅增长。就安进制药而言,鉴于以往研发活动的成功业绩,因此研发费用资本化提升了每股价值。这种积极影响

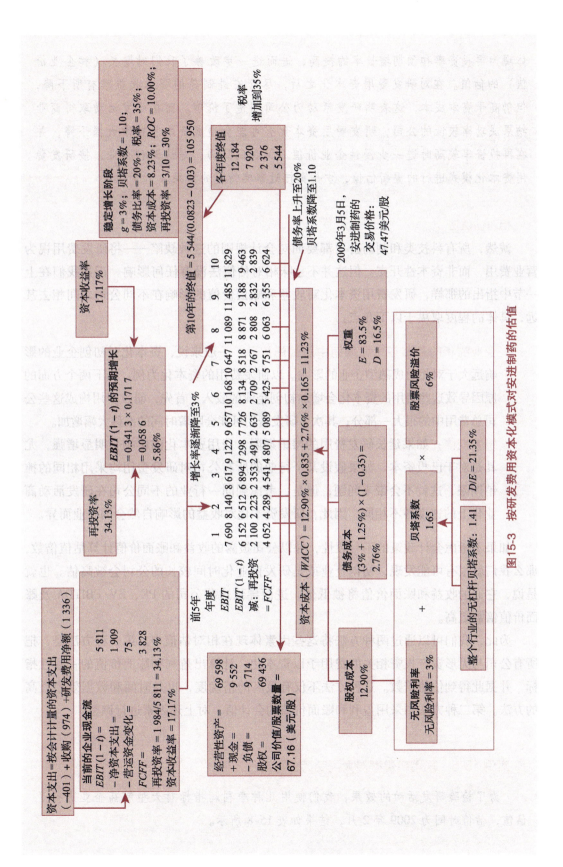

图15-3 按研发费用资本化模式对安进制药的估值

体现为再投资率和预期增长率的提高，进而进一步改善了我们对增长（和企业价值）的估值。在对研发费用资本化之后，尽管安进制药的资本收益率有所下降，但仍高于资本成本，这表明研发活动为公司创造了价值。而在研发活动取得商业结果成功率较低的公司，研发费用资本化有可能会造成资本收益率大幅下降，并在再投资率较高时进一步侵蚀企业价值。但我们认为，对这两种企业，按研发费用资本化模式进行的重新估值，才是更接近事实情况的结果。

相对估值法

诚然，所有科技类和制药公司都要面对会计规则的这种缺陷——将研发费用视为营业费用，而非资本性开支。但这并不意味相对估值法没有任何影响。正如我们在上一节中指出的那样，研发费用资本化对收益和账面价值的影响在不同公司之间相去甚远，具体的程度取决于以下几点：

- **企业的年龄及其在生命周期中所处的阶段**：一般来说，资本化对初创企业的影响远大于对相对成熟型企业的影响。以研发费用的资本化为例，如下两个方面的原因导致这些费用的资本化会增加初创企业的收入：首先，研发费用构成这些公司总费用中的很大一部分；其次，研发费用可能会随着时间的推移大幅增加。
- **摊销期限**：如果延长研发费用的摊销期限，费用资本化的影响会明显增强，尤其是对于已投资本。如果假设某个行业的所有公司对研发费用均采用相同的摊销期限，这就不会带来问题；但是，考虑到同一行业的不同公司在研发活动商业化上的速度各不相同，因此，研发资本化对收益的影响自然会因企业而异。

如果不考虑会计政策的不一致性，并以公司披露的收益和账面价值计算估值倍数，那么我们就很有可能发现，初创企业或是研发商业化时间较长的公司会被高估。也就是说，它们的收益和账面价值将被低估，进而导致这些公司的 PE、EV/EBITDA 及账面价值倍数更高。

为此，我们可以通过两种方法将这些因素体现在相对估值中。第一种方法是，把所有公司与无形资产投资相关的费用予以资本化，计算出盈利和账面价值的一致性指标，并据此得到估值倍数。这种方法不仅有最高的精确度，也是时间和数据效率最高的方法。第二种方法则采用盈利和账面价值的会计值，对上述因素进行调整。

◎ **案例 15-5　采用市盈率对大型制药公司进行估值**

为了检验研发活动的效果，我们使用几种净利润指标对大型制药企业进行了估值，估值时间为 2009 年 2 月，结果如表 15-8 所示。

表15-8 2009年2月的全球主要制药公司市盈率（PE）

（金额单位：百万美元）

公司名	市值	净利润	研发费用合计	净研发费用的摊销	PE	P/(E+R&D)	P/(E+研发净额)
默克公司（Merck & Co.）	46 702	7 804	4 805	302	5.98	3.7	5.76
阿斯利康制药（AstraZeneca PLC）	44 366	6 130	5 179	650	7.24	3.92	6.54
葛兰素史克（GSK）（ADR）	77 596	10 619	6 707	225	7.31	4.48	7.16
礼来制药（Eli Lilly）	31 232	3 863	3 840	410	8.08	4.05	7.31
赛诺菲-安万特（Sanofi-Aventis）	67 924	7 068	4 575	450	9.61	5.83	9.03
诺华公司（Novartis AG）（ADR）	79 954	8 163	1 834	76	9.79	8.00	9.7
辉瑞公司（Pfizer, Inc.）	85 433	8 104	7 945	550	10.54	5.32	9.87
生化基因（Biogen Idec, Inc.）	12 732	783	1 072	415	16.26	6.86	10.63
惠氏（Wyeth）	54 391	4 417	3 373	155	12.31	6.98	11.90
百时美施贵宝（Bristol-Myers Squibb）	35 019	2 165	3 585	710	16.18	6.09	12.18
先灵葆雅（Schering-Plough）	26 475	1 903	850	135	13.91	9.62	12.99
爱立康（Allergan, Inc.）	10 901	577	798	255	18.89	7.93	13.10
泰华制药（Teva Pharmaceuticals）（ADR）	34 279	2 374	786	221	14.44	10.85	13.21
健赞基因（Genzyme Corp.）	14 348	421	1 308	622	34.08	8.3	13.76
诺和诺德（Novo Nordisk）	28 165	1 681	1 368	355	16.76	9.24	13.83
雅培制药（Abbott Labs）	71 357	4 881	2 689	250	14.62	9.43	13.91
利德科技（Gilead Sciences）	40 310	2 011	721	375	20.04	14.75	16.89
塞尔基因（Celgene Corp.）	18 302	226	399	215	80.84	29.26	41.46

完全不同于采用披露净利润得到的传统市盈率，我们计算的是另外两种收益指标。第一种指标是经过简单调整的净收益，即将研发费用加回净利润中，从而得到未扣除研发费用前的市盈率倍数。第二种指标，我们对研发费用进行全面调整，即加上研发费用总额，扣除研发费用的摊销额，从而得到调整后的净利润。

结果显而易见。按全部三个PE指标，默克公司似乎是所有企业估值最低的公司。但是在加回研发费用后，各收益倍数之间的差异有所缩小，唯有塞尔基因是个例外。最后，按加回净研发费用净额得到的收益倍数衡量，相对成熟且增长前景黯淡的制药企业会得到较高的收益倍数。

股票期权的处理

在过去的20年中，出于多种原因，企业开始越来越多地以股权作为高管人员的报酬，其中尤以股票期权为主。首先，它可以让管理层的利益与股东利益保持一致，拥有股权的管理者会像股东那样去思考。其次，对某些拥有远大发展前景但却手头拮据的企业，凭借期权，可以和财大气粗的竞争对手争夺人才；初创的高科技企业是期权最主要的使用者。最后，期权的会计处理明显低估了期权的真实成本，至少在2005年之前是这种情况，因此，即便这些公司向高管人员大量地授予期权，但依旧能维持盈利。

当公司向管理人员和其他人授予股票期权时，接受者对股权取得优先于普通股股东的索取权。考虑到我们的目标是评估每股普通股的股权价值，因此，我们必须考虑如何将总股权价值在两类权利要求者之间进行分配。在本节中，我们将探讨如何处理公司以前授予管理者但尚未执行的期权，而核心就是未执行期权。随后，我们将扩大讨论范围，看看如何以最合理的方式处理公司将来有可能授予员工的期权。此外，我们还将分析如何将期权的影响纳入目前的每股股票价值中。

内在价值：未执行期权

我们通常以三种常用方法处理以前年度授予的未执行期权，其中最简单的方法就是假设全部或部分期权将在未来行使，并根据期权的行使情况调整流通股数量，最后，用股权价值除以调整后的股份数量，即可得到每股价值。这就是所谓的稀释股份法。第二种方法相对温和，它将行使期权的收益计入分子，再除以行权后的流通股数量，这种方法被称为库存股法。处理期权的第三种方法，也即我们的首选方法，是以当期每股价值和期权的时间溢价估算当期期权价值。得到这个数值之后，将其从估计的股权价值中扣除，以余额除以对外发行的股票数量即为每股价值。

按完全稀释股份数估计每股价值

要体现未执行期权对每股价值的影响，最简单的方法就是将折现现金流模型得到的股权估计值除以完全稀释的股票数量，即假设期权在今天全部行使后的股份数量。尽管这种方法的优点就是简单易行，但如下三个因素会导致每股价值被严重低估：

- 这种方法考虑的是全部未执行期权，而不只是价内期权和已授期权。公平地说，这种方法有很多版本，通过调整流通股的数量反映价内期权和已授期权。
- 它没有包含预期的行权收益，这种收益构成了公司的现金流入。
- 这种方法不会把基于期权的时间溢价纳入估值中。

◎ **案例 15-6　采用完全稀释法计算每股价值**

要采用完全稀释法估算每股价值，我们将对一家拥有大量未执行期权的公司进行估值——谷歌。为此，我们首先对全部股权进行估值，并对发生的全部研发费用资本化（假设谷歌的研发费用按 4 年进行摊销），假设公司的高速增长期为 10 年。图 15-4 为股权的估值过程。

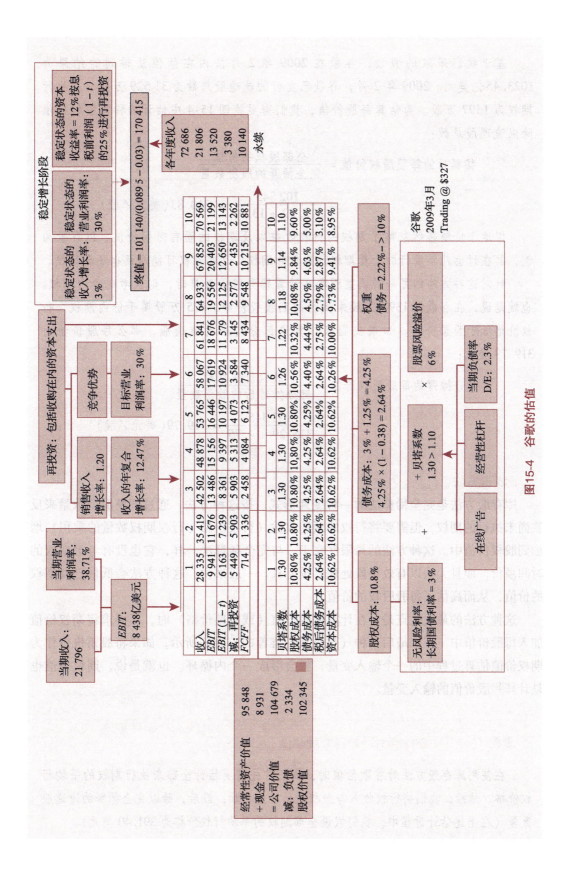

图15-4 谷歌的估值

基于我们采取的假设，谷歌在 2009 年 2 月按内在估值法得到的结果为 1023.45 亿美元。2009 年 2 月，谷歌已发行的流通股总数为 31 529 万股，未执行期权为 1397 万股。为估算每股价值，我们需要将图 15-4 中估计的稀释股权价值除以流通股总数：

$$稀释后的每股股权价值 = \frac{全部股权的价值}{完全稀释的股份数量}$$

$$= \frac{102\,345}{315.29 + 13.97} = 310.83(美元/股)$$

但这个价值显然忽略了期权的行权收益以及期权的固有时间价值。以谷歌为例，其在过去几年发行的大量期权均为价外期权，这些期权可能永远也不会行权。

针对这种方法的另一种调整版本在计算稀释股份数量时，则仅考虑价内期权。也就是说，在谷歌的 1397 万股未执行的期权股份中，475 万股属于价内期权，行权价格低于股票价格。如果我们只计算这部分对应的流通股，那么每股价值为 319.79 美元：

$$部分摊薄的每股股权价值 = \frac{股权价值总额}{部分摊薄后的股份数量}$$

$$= \frac{102\,345}{315.29 + 4.75} = 319.79(美元/股)$$

库存股方法

库存股方法是完全稀释法的一种变通形式。按这种方法，通过调整股票数量来反映尚未执行的期权，但需要将行权的预期收益（行权价格与行权期权数量的乘积）增加到股权价值中。这种方法的局限性在于，与完全稀释法一样，它也没有考虑期权的时间溢价，而且无法以有效手段处理已授期权。一般来说，这种方法会低估已授期权的价值，从而高估了每股股权的价值。

这种方法的最大优点是，在计算每股价值（或股票价格）时，不要求将期权价值加入每股价值中。正如最后一种（也是我们推荐的）方法所示，如果将股票价格作为期权价值估算过程中的一个输入变量，就会形成一个内循环。也就是说，期权价值也是计算每股价值的输入变量。

◎ **案例 15-7　按库存股方法对谷歌的估值**

在使用库存股方法对谷歌估值时，我们首先需要估计全部未执行期权的平均行权价格。然后，我们将行权收入与股权的估计值相加；最后，除以完全稀释的流通股数量（在上述估计过程中，我们假设全部期权的平均行权价格为 391.40 美元）。

$$每股股票的库存股价值 = \frac{股权价值 + 未执行期权 \times 平均行权价格}{全面摊薄的股份数量}$$

$$= \frac{102\,345 + 13.97 \times 391.40}{315.29 + 13.97} = 327.44(美元/股)$$

与完全稀释法一样，这种方法的某些修改模型也只考虑价内期权，这就大大降低了谷歌的每股价值。价内期权的平均行权价格为 185 美元，远低于加权平均行权价格 391.40 美元。

$$每股股票的库存股价值 = \frac{股权价值 + 未执行期权 \times 平均行权价格}{全面摊薄股份数量}$$

$$= \frac{102\,345 + 13.97 \times 391.40}{315.29 + 4.75} = 322.53(美元/股)$$

期权的估值

稀释股份和库存股方法的问题就在于它们忽略了期权的本质。毕竟，期权的价值不仅应包括当期行权价值（依库存股方法确认），还应包括期权的时间溢价，以反映期权尚未执行且标的股价存在波动性的事实。针对期权处理方式的争论焦点就是期权定价模型是否适合员工期权的估值。在本节中，我们回顾了这些讨论的部分细节，并对如何调整传统期权定价模型以便于对这些期权进行估值进行了探讨。

指标选择问题 在过去近 40 年里，期权定价模型被广泛用于对期权交易所的上市交易期权进行估值，而且效果良好。但对于员工期权的估值，我们不得不面对六个指标考量方面的问题：

- **行权等待期**：在向员工授予期权时，公司通常会要求接受期权的员工必须达到一定的工作年限，只有在满足工作年限要求的前提下才有权行使期权（在这个时点上，员工被授予期权）。在考察一家公司未行使的期权时，我们需要考虑授予（vesting）期权和未授予（nonvesting）期权的组合。未授予期权的价值应低于已授予期权，但授予的概率取决于如何对价内期权进行定价以及到授予时点的时间长度。
- **非流动性**：员工期权是不能交易的。因此，员工期权通常在到期时行使，所以它比其他类似可交易的期权更有价值。罗伯特·布鲁克斯（Robert Brooks）、丹·钱斯（Don Chance）和布兰登·克莱恩（Brandon Cline）对美国企业在 1996~2003 年执行的 262 931 份 10 年期雇员期权进行了全面研究，他们发现，92.3% 的期权提前行权。他们还指出，就平均水平而言，行权时间为授予期权时点的 2.69 年之后，行权时点的平均到期时间尚未 4.71 年。换句话说，被授予的 10 年期员工期权通常会在 5.29 年行权。

- **股票价格或股票价值**：尽管传统期权定价模式是以当期市场价格为关键投入而建立的，但是在估值公司时，我们仍需估计每股价值。这些估计值可能完全不同于当期股价。因此，我们必须考虑是采用我们对每股价值的估计值还是市场价格，以确保估值过程的一致性。
- **稀释效应**：对于交易所的上市期权，期权的执行不会对已发行股票数量或股价带来影响，与此不同，员工期权的行使则会改变已发行股票数量和股价。
- **税收效应**：股票价格与期权执行时的行权价格之差可在税前扣除，因此行使期权会带来潜在的税收优惠效应。这种潜在的税收优惠减少了未执行期权造成的价值流失。
- **输入变量不可验证**：最后一个问题涉及非上市公司或即将上市公司授予的期权。对这些公司，我们无法得到期权定价模型的基本输入参数，包括股票价格和方差等，但仍需对期权进行定价。

调整期权定价模型

考虑到上述问题都会影响到估值，我们该如何调整传统期权定价模型以便于对员工期权估值呢？这些问题已得到解决，学术界已对期权估值问题给出了理论答案，财务会计准则委员会（FASB）也试图为那些估值期权费用的企业提供指导规范。

调整的布莱克－斯科尔斯模型　传统布莱克－斯科尔斯模型的对象是对交易性资产的欧式期权进行估值，它并未明确考虑员工期权的内在稀释效应以及期权所特有的流动性不足和等待期问题，但通过模型的调整可以为我们提供合理的价值估计：

- **在股票价格中体现预期的稀释效应**：布莱克－斯科尔斯模型中的一个基本输入参数就是当期的股票价格。如果执行期权增加已发行股票的数量（按低于当期股票价格的行权价格），股票价格就会下跌。实际上，只需对股票价格做简单调整，即可体现这种影响：

$$\text{调整后的股票价格} = \text{当期股票价格} \times \frac{\text{流通股数量}}{\text{流通股数量} + \text{期权行权数量}}$$

由此得到一个较低的调整后股票价格，并进一步降低期权价值。

$$\text{调整后的股票价格} = \frac{\text{股票价格} \times \text{流通股数量} + \text{每份期权价值} \times \text{期权行权数量}}{\text{流通股数量} + \text{期权行权数量}}$$

- **缩短期权期限以反映流动性不足和提前行权的影响**：我们曾在本章前面提到过，

⊖ 复合收益率是根据投资的期初价值（价值$_0$）和期末价值（价值$_N$）按如下公式计算得到：几何平均值 =（价值$_N$/价值$_0$）$^{1/N}$－1。

⊖ 在修改后的调整方式中，我们采用库存股方法将股权价值总额分配到全部潜在流通股中，即以加上收益的分子除以完全稀释的股份数量。

由于员工期权是非流动的，因此员工通常会在到期前行使期权。一般情况下，员工会在期权约定期限的中间点左右行权。因此，缩短期权期限会降低期权的价值。
- **根据授予概率调整期权价值**：可以在计算期权的过程中调整授予概率。如果可以估计出授予概率，那么我们即可使用这个概率乘以期权价值得到期权的预期价值。

虽然纯粹的学术界人士仍会提出异议，但事实已说明，这个模型拥有超强的适应性，即便是不符合基本假设的情况也不例外。

二项式模型 作为员工期权的核心要素，由于存在提前行权和未授予期权的可能性，因此，很多从业人士主张采用二项式网格模型（binomial lattice model，或称二叉树期权定价模型）对员工期权进行估值。与布莱克-斯科尔斯模型不同的是，这些模型不仅可以运行提前行权，经过调整之后，还可处理员工期权的其他特定功能，包括授予的可能性。此外，二项式期权估值模型允许输入变量有更大的灵活性，也就是说，不再假设波动率保持不变（这是布莱克-斯科尔斯模型中的假设），而是随时间而变化。二项式期权估值模型的局限性在于，它们需要更多信息，而且要求使用者在每个分支位置输入价格。在现实中，由于时间间隔很短，因此，二项式期权估值模型可能需要提供数百个价格输入。

二项式模型的主要优点就是灵活性，也就是说，它们可以让用户针对股票价格和提前行权之间的相互关系建模。一个典型示例就是赫尔-怀特模型（Hull-White model），该模型建议将员工期权估值采用的寿命缩短到更符合实际情况的水平。[⊖]模型考虑了行权等待期间的员工离职率（因而考虑到期权最终未授予而丧失价值的可能性）以及期权在授予之后的预期存续期限。为了对后者做出估值，赫尔-怀特模型假定，如股票价格达到行权价格的某个预定倍数，期权将被执行，从而让行权成为模型的内生构成要素，而不再是外生要素。由此得到的期权价值通常低于采用布莱克-斯科尔斯模型的估计值。

模拟模型 估值员工期权的第三种方案是蒙特卡罗模拟模型（Monte Carlo simulation model）。该模型以股票价格的分布和预先约定的行权策略为起点，然后通过对股票价格的模拟，得到员工期权的行权概率以及在行权假设下的期权期望值。模拟法的优势在于，它们以最大的灵活性考虑到可能影响员工期权价值的各种假设条件。尤其是行权等待、股票价格和提前行权之间的相互作用，全部可以体现到模拟中，而不是以假设方式予以确定。模拟法的缺点在于，它需要的信息量远远超过其他模型。

模型到底有多重要 用于评估员工期权价值的模型有多重要呢？在我们使用替代模型来估值员工期权时，是否会出现重大差异呢？在绝大多数情况下，唯一称得上决

⊖ Hull, J. and A. White, 2004, "How to Value Employee Stock Options," *Financial Analysts Journal* v60（1），114-119.

定员工期权价值的关键要素，就是期权的期限。在布莱克－斯科尔斯模型中，采用员工期权的规定期限导致期权被过高估值。可以看到，在使用期权预期期限（考虑到提前行权和授予的概率）的情况下，不同模型得出的价值相去甚远。曼努埃尔·阿曼恩（Manuel Ammann）和拉尔夫·塞斯（Ralf Seiz）在2003年的研究中指出，现有员工期权定价模型（二项式、调整期限后的布莱克－斯科尔斯模型及赫尔－怀特模型）均会得出相近的结果。⊖因此，他们主张，应尽量避免采用输入变量（如风险厌恶相关系数）难以估计的模型，转而选择更简单的模型。

◎ 案例15-8　期权估值法

在表15-9中，按照经稀释程度调整的布莱克－斯科尔斯模型，采用规定期限的一半（考虑到提前行权的概率）估算谷歌未执行期权的价值。为估计期权价值，我们首先考虑前2年股票价格⊖标准差为50%情况下的期权估值。为此，我们以每周股票价格进行估计，并对估计值做年化处理。⊜估值对象包括授予期权和未授予期权在内的全部期权，且不对未授予期权进行调整。

表15-9　全部未执行期权的估计值

	谷歌
未执行期权的数量	13.97
平均行权价格	391.41 美元
估计标准差（波动率）	50%
平均到期日	7
按提前行权调整后的到期期限	3.5
分析时点的股价	326.6 美元
每个期权的价值	103.6 美元
未执行期权的价值	1 447 美元
税率	38.00%
未执行期权的税后价值	897 美元

在估算这些公司的期权税后价值时，我们采用了38%的边际税率。由于2009年税法只允许在行权时进行纳税抵销，而且抵销额仅限于行权价值，因此在这种情况下，我们就有可能夸大行权价值带来的税收优惠（并低估成本）。

⊖ Ammann, M. and R. Seiz, 2003, "Does the Model Matter? A Valuation Analysis of Employee Stock Options," working paper, SSRN.
⊖ 方差的估计值实际上是股票价格的自然对数，它至少可以让我们继续沿用正态分布的概率。由于价格不可能低于零，且收益率不可能低于－100%，因此，股票价格和股票收益均不可能服从正态分布。
⊜ 布莱克－斯科尔斯模型的全部输入变量必须采用年化数字。为了取得方差的年化数字，我们需要将每周方差乘以52。

每股价值的计算方法是，从股权价值中减去未行权期权的价值，再除以流通在外的普通股总数：

$$每股股票价值 = \frac{股权价值 - 期权价值}{流通在外的普通股总数} = \frac{102\,345 - 897}{315.29} = 321.76(美元/股)$$

如果将表 15-9 中估计得出的每股价值和表 15-8 估计的期权价值进行比较，我们会发现，前面提到的不一致性显而易见。比如说，谷歌的每股价值为 321.76 美元，而期权估值中采用的每股价格则是 326.60 美元。如果采用迭代方法，那么我们将需要以估计值对期权做重新估值，这无疑将降低期权价值，并增加每股价值，进而形成第二次迭代和第三次迭代，依此类推。随着迭代过程的进行，估值结果逐渐趋于一致，并最终得到 321.84 美元的一致估计数——接近于最初的估计数。这是因为我们估计的每股价值接近于当前价格；随着两者差异的扩大，迭代过程对每股价值的影响也会随之增加。

未来期权的授予及其对价值的影响

对现有股权投资者而言，未执行期权意味着潜在的股权稀释或现金流出，同样，未来授予期权的预期会通过增加未来期间流通股的数量，进而影响到每股价值。要理解未来期权授予为什么会影响到企业价值，最简单的方式就是将其视为员工薪酬。由此带来的营业费用的增加，必然会降低未来几年的营业利润和税后现金流，进而降低目前对公司的估值。

在这里，我们应该提醒两个问题。首先，这个过程的基础是以未执行期权对每股股票价值进行调整。这并不是重复计算，因为它包含了削弱每股股票价值的两种不同方式：一个是以往授予的期权，另一个则是未来预期授予的期权。但即便如此，我们也不应通过增加流通股的数量来反映未来的期权行权。因为这会造成重复计算。此外还需提醒的是，由于目前会计准则要求公司将期权授予视为费用，因此，这样的估计已大为简化。大多数公司目前的营业利润和净利润均应扣除期权费用。因此，如果根据这些数字预测未来价值，那么我们实际上就是把与未来期权授予相关的费用计入现金流。对此，唯一需要提醒的是，在公司规模扩大的过程中，期权授予占收入或价值的百分比将逐步下降。因此，随着对未来预测期间的不断延长，我们应假设公司的期权授予将不断趋近于行业平均水平或成熟型企业的模式。⊖

⊖ 如果公司不对期权予以费用化，那么其当期收益就有可能已包含了与当期期权相关的费用。如果期权行使对当期营业利润的影响小于发行新期权的预期价值，那么我们就必须考虑发行期权带来的额外费用。反之，如果在上一期间行使的期权数量极大，明显超过新发行期权的数量，我们就必须下调营业费用，以反映出这样一个事实：未来期间发行期权的预期影响将大为减小。

◎ **案例 15-9　预期期权授予假设下的估值——2009 年的谷歌**

在对谷歌估值时,当期营业利润显然是一个最关键的输入变量。在确定估值中所采用的营业利润时,公司在对员工期权费用的处理方式中扮演着关键角色。2006～2008 年,公司已开始陆续将员工期权进行费用化。比如说,在谷歌的 2008 年年报中,公司突出强调了员工期权费用占总收入的比例。表 15-10 总结了这些数字。

表 15-10　谷歌的员工期权费用　　（金额单位：百万美元）

年份	已授予员工期权的价值	占收入的百分比
2006	458.10	4.30%
2007	868.60	5.20%
2008	1 119.80	5.10%

需要提醒的是,与员工期权相关的费用是收入的一个重要递减项目,而且随着谷歌规模的不断扩大,这项费用显然没有任何减少的迹象。在 2009 年对谷歌进行估值时,在假设基于股权的薪酬费用水平时,我们可以按 5% 左右的收入作为预测值。

相对估值法：未执行期权的影响

期权不仅会影响到内在估值法,也会影响相对估值法。尤其是在对比不同公司之间的估值时,由于公司往往拥有不同数量的未执行员工期权,而且这些期权的价值很可能相去甚远,因此会导致这种比较异常复杂。如果不能将这些期权明确体现到分析中,那么按照相对估值法,会导致未执行期权数量极大或非常小（相对于可比企业）的企业被不当估值。

要认识期权对收益倍数的影响,我们不妨考虑一个使用最广泛的倍数——市盈率（PE）。在市盈率中,分子通常为每股当前价格,而分母为每股收益。在使用每股基本收益时,分析师显然会先入为主地去寻找拥有较高未执行期权且被低估的企业。至于原因,需要注意的是,每股价格应包含未执行期权的影响。尽管未执行员工期权的增加会导致市场价格下降,但分母显然没有体现出期权的影响,因为它仍是实际的流通股数量,并未体现潜在的稀释效应。需要提醒的是,即使企业对期权进行费用化处理,这种偏见依旧存在。

为消除这种偏向性,分析师往往采用完全稀释的每股收益来体现执行期权的影响,因此未执行期权的数量越大,每股价值越低。这种方法的问题是,它对所有期权一视同仁。也就是说,无论是还有 3 周即到期的价外期权,还是尚有 5 年才到期的深度价内期权,对股票数量的增加程度都是相同的。但显而易见的是,当公司拥有到期时间较长的价内期权时,其市场交易价格应该更低（在既定收益水平的基础上）,而且按稀释后股份数量判断的股票价格也更便宜。

那么，该如何解决这个问题呢？将期权的影响体现到收益倍数的唯一方法就是以当期股价为基础，按公允价值对期权进行估值，再将得到的结果与公司市值相加，从而得到股权价值总额。⊖这个股权价值总额除以净收益总额，即为（正确）体现现有期权影响的市盈率。这样，分析师就可以考虑到全部未执行期权的影响，并将其特征纳入估值中。

$$按期权修正后的 PE = \frac{公司市值 + 未执行期权的估计值}{净利润}$$

上述净利润应是在员工期权为薪酬激励且被视为营业费用的假设下估计的。在针对高管人员股票期权费用化处理的《美国财务会计准则第123R号》（FAS 123R）已实施的情况下，尽管很多公司披露的净利润在是否包含这些费用方面做法不一，但总体而言，上述计算已趋于简单化。

此外，我们针对收益倍数的所有假设同样适用于账面价值倍数。如果将股票期权价值排斥到股权市场价值之外，那么拥有股权更多的公司看上去似乎比未执行期权较少的公司更便宜。针对盈利倍数的解决方案同样也适用于账面价值倍数。估计员工期权价值并与公司市值相加，基本可以消除比较过程中出现的偏差。

◎ 案例15-10 按未执行期权调整的市盈率

为检验未执行期权对相对估值法的影响，我们不妨对谷歌和思科进行比较，这两家高科技公司在2009年均有实施员工期权的经历。在表15-11中，我们估算了按传统模式计算的市盈率，并与按上述方法调整后的市盈率进行了比较。

表15-11 谷歌和思科的常规市盈率及调整后市盈率

	谷歌	思科
股票价格	326.60美元/股	16.23美元/股
在外流通的普通股	31.529亿股	59.86亿股
未执行期权的数量	13.97亿股	11.99亿股
基本每股收益	13.40美元/股	1.47美元/股
稀释后的每股收益	12.83美元/股	1.23美元/股
基本市盈率	24.37	11.04
摊薄市盈率	25.45	13.25
公司市值	1 029.75亿美元	971.53亿美元
期权价值	14.06亿美元	34.77亿美元
股权的市场价值（市值-期权价值）	1 043.81亿美元	1 006.30亿美元
未扣除期权费用的净利润	53.47亿美元	88.02亿美元
扣除期权费用的净利润	42.27亿美元	80.52亿美元
调整后的市盈率（股权的市场价值/扣除期权费用后的净利润）	24.69亿美元	12.5亿美元

⊖ 按照上一段的内容，我们可以看到，期权价值应为按当前股票价格（而非估计价值）估计的税前价值。

> 需要提醒的是，对于谷歌来说，将期权价值纳入股权市场价值并采用扣除期权费用的净利润，并不会给市盈率产生很大影响。而对思科而言，影响则大得多，市盈率从 11 变成 13.25，具体数字取决于期权费用的处理方式。

对负债低和现金余额大的公司的估值

很多科技型公司具有负债低和现金余额大的特征，虽然这本身不会从根本上改变我们对公司的估值方式，但它确实会在估值和定价方面体现出某些特殊性。

内在估值法

在内在估值法中，在对一家负债低且现金余额大的公司进行估值时，分析需要格外谨慎。

- 首先是现金流的计算，尤其是股权现金流的计算。在这个过程中，我们以净利润为起点，减去再投资和已偿还的债务后，即可得到股权自由现金流。由于持有现金的利息收入构成现金流的一部分，因此，常规做法是按股权成本对这些现金流进行折现，而对现金忽略不计，依据就是现金已作为净利润的一部分被纳入估值中。虽然这在技术上可能是合理的，但由此得到的估值是错误的，因为现金带来的收益是无风险的，而且已按股权成本（风险调整折现率）进行了折现。最稳妥的做法，就是从净利润中扣除现金的利息收入，并按股权成本对非现金净利润进行折现。由此得到的价值即为对经营性资产持有的股权价值，之后，我们再将这个价值与现金余额相加。按照这种做法，我们实际上就是在评估企业的价值，即先对经营性资产进行估值，然后加上现金余额，两者合计即为企业价值。

- 针对折现率的估算，主要问题体现在以净负债比率进行的估值。正如我们在本章前面提到的那样，很多公司的负债净额（负债总额减去现金）为负数，而且很多分析师使用的是净负债比率，对此，他们（错误地）认为，不能使用负的负债比率计算资本成本。事实上，如果你决定以净负债比率进行估值，那么即使是负数，也应该采用这个负的净负债率。在这种情况下，由于净负债/资本比率为负值，因此你得到的杠杆贝塔系数会小于无杠杆贝塔系数，而资本成本则会高于股权成本。结果似乎有点不可思议，由此得到的资本成本最终结果竟然接近（尽管不完全等于）使用总债务估计的结果。

- 在以资本成本对现金流折现之后，我们还需要再次处理现金——必须把现金重新加回到经营性资产的价值中。有的企业持有巨大的现金余额，以至于这个数字有可能达到企业价值总额的 1/4 甚至是 1/3，在这种情况下，以账面价值作为现金价值的标准操作自然会受到质疑。比如说，受美国税法规定的汇回现金税现值，导致公司的很大一部分现金余额成为"被困现金"（trapped cash），这导致美国跨国公司为规避支付差别税（美国和国外市场的税率之差）而将海外收入滞留于境外。据估计，仅在 2017 年，苹果公司近 2500 亿美元的现金余额中即有近 2000 亿美元被困在国外市场。因此，如果在 2017 年对苹果公司估值，那么我们认为，必须在这些所谓的"被困现金"中扣除一部分，最终用于支付汇回这些现金需要缴纳的税款。总而言之，现金的存在既是估值中令人期待的消息，但也会带来困扰。之所以令人期待，因为现金应该是所有资产中最容易估值的部分；之所以会带来困扰，因为将现金与经营性资产合并起来估值很难做到，毕竟无风险和有风险资产需要不同的处理方式。

相对估值法

在我们对公司做定价或进行相对估值时，如果公司存在大量现金余额，就有可能会带来问题，其原因与内部估值法完全相同。因为现金是无风险的，因此与存在风险的经营性资产不同，它应适用于完全不同的收益倍数。

现金和市盈率（PE）

为说明现金对公司市盈率的影响，我们不妨假设一家公司将现金按 1% 的无风险利率进行投资，并假设这家公司经营资产的股权成本为 8%。此外，我们还假设公司已进入稳定状态，无增长。公司各项业务的股权市盈率可估计如下：

$$\text{现金收入的市盈率} = \frac{1}{\text{无风险利率}} = \frac{1}{0.01} = 100$$

$$\text{营业利润的市盈率} = \frac{1}{\text{股权成本}} = \frac{1}{0.08} = 12.5$$

如估值公允的话，这家公司的综合市盈率应取决于它持有的现金量。表 15-12 列出了公司在不同现金和经营性资产比例情况下的市盈率，其中现金的收益率为无风险利率，后者的收益率则是 10% 的股权收益（高于 8% 的股权成本）。

表 15-12 现金和市盈率（PE）

现金比例	现金创造的收益	经营性资产创造的收益	公司的综合市盈率
0%	0.00	100.00	12.50
10%	1.00	90.00	13.46
20%	2.00	80.00	14.63
30%	3.00	70.00	16.10
40%	4.00	60.00	17.97
50%	5.00	50.00	20.45

需提醒的是，由于公司的大部分资产为现金，因此其市盈率从12.50（无现金）上升到20.45（50%的资金为现金）。这会带来怎样的影响呢？如果通过对比不同公司的市盈率对技术公司进行定价，那么我们可能会得出如下结论：拥有大量现金余额的公司更值钱，因为它们拥有较高的市盈率，尽管事实并非一贯如此。幸运的是，这个问题不难解决。在这种情况下，我们不应以市值总额（或每股价格）除以净利润（或每股收益），而是应在分子和分母中同时扣除全部现金余额：

$$剔除现金影响的市盈率 = \frac{市值 - 现金}{(净利润 - 现金收益) \times (1 - 税率)}$$

这个比率旨在得到经营性资产的市盈率，并且该数字应该在公司之间是可比的。

现金和账面价值

当现金持有量占公司整体资产的比例过大时，它们占股权账面价值的比例同样也会很大。这不仅会影响市盈率，也会扭曲市净率，只不过影响程度相对较小，这同样是因为现金的市净率可能不同于经营性资产的市净率。要理解这背后的原因，我们不妨考虑内在市净率的一个简单计算等式：

$$市净率 = \frac{股权收益率 - 增长率}{股权成本 - 增长率}$$

按这个等式，对于以无风险利率为收益率且无增长的现金来说，其市净率应为1，而经营性资产的市净率却有可能完全不同。不妨以市盈率的计算为例，由于经营性资产的股权收益率为10%，因此，投资于股权成本为8%且零增长的资产，那么经营性资产的市净率就应该为1.25：

$$市净率 = \frac{0.10}{0.08} = 1.25$$

即使定价公允，公司的市净率也会随着现金持有量的变化而变化，现金持有量越大，公司的市净率就越接近于1。同样，这个问题的解决方案也不难，只需剔除现金，我们就能得到可在不同公司之间进行比较的市净率：

$$剔除现金的市净率 = \frac{市值 - 现金}{股权的账面价值 - 现金}$$

现金与企业价值（EV）

企业价值倍数的计算显然不应包含现金，因为企业价值等于负债净额与公司市值之和。大量现金余额造成负面影响的一种极端情况，就是导致企业价值变成负值。不过，只有在债务净额不仅为负数，而且绝对值超过公司市值时，才会出现这种情况。

归根到底，即使我们能计算出这个企业价值，但这样的企业价值也是不可能存在的。毕竟，如果企业价值为负数，那么在你买下这家公司的全部股权时，就有权拥有剩余的现金余额。那么，为什么偶尔还会出现这种情况呢？我们认为，原因就在于时间上的不匹配，也就是说，公司市值是来自金融市场的最新价值，而用于计算企业价值的现金和负债则来自最新的公司会计报表，后者显然滞后于前者。当企业经营陷入不可逆转的衰退时，股权的市场价值将出现断崖式暴跌，而且几乎可以肯定的是，公司将大量消耗现金，使得最新的现金余额远远低于最新一期财务报表披露的数字。

对生命周期被压缩的公司的估值

并非所有拥有大量无形资产的公司都会出现生命周期被压缩的问题。实际上，与很多制造公司相比，知名品牌消费企业的生命周期甚至有过之而无不及。但是在技术领域，我们可以清晰地看到，在某些板块，公司的生命周期已大大缩短，因此，如果沿用针对制造型企业的估值方法对它们进行估值，无论是内在估值法还是相对估值法，都有可能带来错误的结果。

内在估值法

在大多数企业的内部估值法中，最大的一笔现金流就是终值，而且在对一家生命周期被压缩的公司进行估值时，风险最大的数字也恰恰是这个数字。在第 2 章和第 9 章针对终值的讨论中，我们曾提到，尽管终值的永续增长模型是目前最常用的估值模型，但折现现金流的适应性更强，因此，经过适当调整的某些模型或许更适合具有压缩生命周期特征的公司：

- **增长年金模型**：按照这个模型，我们可以假设，现金流会持续一定期间（比如说 10 年或 20 年），或是按某个特定的增长率持续增长，而不是一劳永逸地假设，现金流将永久地维持某个固定水平。在这种情况下，这个有限寿命期的年金现值就是它的终值。
- **负增长永续模型**：永续增长模型还有一种更有趣的变体，即假设现金流在终止年份之后，按某个固定的负增长率持续萎缩。实际上，在这种模型中，终止年度的价值为公司价值的最大值，而且该模型假设，公司价值将随着时间的推移而不断缩小，并最终归零。负增长率的绝对值越大，公司价值的衰减速度越快。

此外，结合增长率，我们还能得到另一个区分不同企业的标准。如果公司通过出售资产而收缩业务，那么由此带来的现金流可以向投资者支付清算收益，或是向投资者回购股票。如果我们在计算终值时采取这个假设，那么通过永续现金流模型，就可以反映这种剥离创造的预期现金流入。但对科技公司而言，收缩未必一定会伴随着资产销售及由此而来的现金流，因为这些公司最主要的资产是技术，而技术会随着时间的推移而贬值，并最终彻底丧失价值。在这种情况下，负增长率并不会带来反方向的正现金流，因而也不会造成终值大幅降低。

◎ 案例 15-11 负增长的终值

要理解永续负增长率的影响,不妨假设我们的估值对象是一家快速增长的高科技公司——科尔法系统公司(Colfax Systems)。我们假设在未来5年,公司每年的净利润增长率均为30%;在随后的5年里,收益增长速度放缓,每年仅为10%。我们认为,在10年之后,公司的核心技术将会普及,使得收益率进入永久性的收缩期,每年缩减10%。表15-13为科尔法系统公司在未来10年内的收入和现金流:

表15-13 科尔法系统公司的现金流

(金额单位:百万美元)

年份	EBIT (1−t)	增长率	再投资率	再投资	公司自由现金流 FCFF	现值
基准年	10.00					
1	13.00	30%	75.00%	9.75	3.25	2.95
2	16.90	30%	75.00%	12.68	4.23	3.49
3	21.97	30%	75.00%	16.48	5.49	4.13
4	28.56	30%	75.00%	21.42	7.14	4.88
5	37.13	30%	75.00%	27.85	9.28	5.76
6	40.84	10%	25.00%	10.21	30.63	17.29
7	44.93	10%	25.00%	11.23	33.69	17.29
8	49.42	10%	25.00%	12.35	37.06	17.29
9	54.36	10%	25.00%	13.59	40.77	17.29
10	59.80	10%	25.00%	14.95	44.85	17.29

在估计这些现金流及其现值时,我们假设科尔法系统公司的投资能维持40%的资本收益率,资本成本为10%(假定不随时间变化)。要估计10年后的终值,我们不妨假设公司不会通过剥离资产而创造现金流。然后,我们可以按如下方式计算终值:

$$第11年的公司自由现金流(FCFF) = 59.80 \times (1 - 0.10)$$
$$= 53.82(百万美元)(未剥离)$$

$$第10年的终值 = \frac{第11年的FCFF}{资本成本 - 稳定增长率} = \frac{53.82}{0.10 - (-0.10)} = \frac{53.82}{0.20}$$
$$= 269.09(百万美元) = 2.6909(亿美元)$$

如果我们假设存在剥离收益,那么这个终值会更高。估算剥离收益最简单的方法,就是采用我们在终值计算中使用的永续增长公式:

$$增长率 = 再投资率 \times 已投资本收益率$$

如果你认为科尔法系统公司的资本收益率将适用于剥离,再投资率可以计算如下:

$$再投资率 = \frac{增长率}{已投资本收益率} = \frac{-10\%}{40\%} = -0.25 \text{ 或 } -25\%$$

请注意，这个负的再投资率衡量了我们通过资产剥离得到的现金流，因此，终值计算如下：

第 11 年的公司自由现金流($FCFF$) = $59.80 \times (1 - 0.10) \times [1 - (-0.25)]$
= $53.82 \times 1.25 = 67.27$（百万美元）
= 67.27（亿美元）

终值 = $\dfrac{67.27}{0.10 - (-0.10)} = 336.35$（百万美元）= 3.3636（亿美元）[⊖]

凭借高资本收益率，科尔法系统公司得以在增长率为正数的年份中实现更大的增长价值；在企业进入萎缩状态时，高收益率则会通过减少剥离收益而减小增长带来的价值。

相对估值法

当比较生命周期长度不同的企业时，你必须认识到生命周期对收益倍数带来的影响。在生命周期被压缩的情况下，在公司处于快速增长阶段时，我们应预计其收益和收入倍数会上涨到非常高的水平；但是在公司已成熟并趋于衰退时，收益倍数和收入倍数则会显现出更快的衰减速度。图 15-5 对比了生命周期较短的科技公司和生命周期

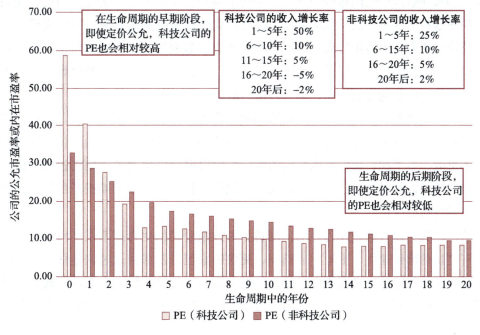

图 15-5　市盈率和生命周期

⊖　原书为此，疑为四舍五入原因。——译者注

较长的非科技公司，反映了不同长度生命周期对公司市盈率的影响。

请注意，上述市盈率均为按内在估值法计算的市盈率；也就是说，在既定预期增长率的条件下，我们愿意为公司支付的市盈率。但如果不对增长率和生命周期加以调整的话，处于生命周期早期阶段的科技公司会显得更有价值，因为它们的市盈率要高于非科技公司；但在进入生命周期的后期阶段，这些公司似乎就没那么值钱了，因为它们在此时的市盈率要低于非科技公司。对定价而言，这种差异意味着什么呢？这只能说明，在生命周期相对短暂且变化剧烈的行业中，公司之间的比较是有前提的，即在得出结论之前，必须对公司在生命周期中所处的位置予以调整。一个最简单的参数或许就是公司的年龄，因为初创企业更有可能处于生命周期的早期阶段，而衰老的企业往往已经步入生命周期的暮年。

本章小结

在本章里，我们探讨了对拥有大量无形资产的公司进行估值时面临的三个关键问题。第一，在这些公司中，对资本支出构成要素的会计处理不同于制造公司对资本支出的会计处理。在制造型企业中，研发费用、品牌广告以及员工招聘和培训费用被视为经营费用，而不是资本支出。因此，这些公司的收益和账面价值数量都会出现偏差，所以，如果在估值中使用这些数字，就有可能导致价值结果有失公允。为此，我们探究了纠正这种会计不一致问题的方式，以及由此给价值带来的影响。一般来说，如果一家公司将研发支出转化为商业产品的效率更高、盈利性更强，那么纠正这种会计差异就会增加其估值结果。但是，如果公司耗费巨资购买无形资产，但由此得到的无形资产并非带来收益能力的提高，那么公司的估值就会下降。

第二个需要考虑的问题，就是将股票期权作为员工薪酬机制的方法。为此，我们考察了处理期权的两种传统方法——稀释股份法和库存股方法，并最终认为这两种方法并不可取。鉴于此，我们主张采用调整后的期权定价模型对员工期权进行估值。这样，我们就可以针对过去已授予的期权（未执行期权）和未来预期授予的期权，来调整目前的普通股价值。

第三，我们以常规企业为标准，剖析了科技型公司的生命周期是如何被压缩、何以会有更快的增长速度、更短的成熟期、更快的衰退以及如何通过调整估计终值的方法来反映这种特殊的生命周期。为此，我提出了一种简单的解决方案，即放弃标准折现现金流估值模型中计算终值所采用正的永续增长率，并以负的永续增长率取而代之。

The Dark Side of Valuation　第 16 章

波动性规律
来自新兴市场企业的估值经验

全球经济的重心正在从美国和西欧向亚洲及拉丁美洲转移。在新兴市场国家，随着企业规模的不断扩大，它们开始在全球经济中扮演更重要的角色，并成为全球投资组合的标的，这就要求我们对越来越多的新兴市场企业进行估值。诚然，本章关注的一些问题并不局限于新兴市场的企业，但对它们显然更为重要。尤其是需要强调的是，在它们当中，很多企业生存于币值和通货膨胀极不稳定的市场中，而且还要面对重大而难以捉摸的国家风险。如果我们完全依赖于信息量不足且公司治理尚不健全的财务报表，那么对新兴市场企业的估值很有可能会带来更严重的估值问题。

首先，我们看看分析师在对新兴市场企业估值过程中出现的常见错误——币种错配、重复（甚至是三重）考虑国家风险以及未能系统考虑不同类别股票的影响，并就如何规避这些风险提出建议。归根到底，在对这些公司估值时，不管我们多么耐心细致，这些公司最终估值的波动性都将超过发达市场的类似企业。

新兴市场企业的角色

20 世纪 90 年代初，美国、西欧和日本还是全球经济的主力军。尽管亚洲及拉丁美洲国家已经展露出高速增长的潜力，但它们在世界产出中的份额还很有限。在过去的 20 年里，新兴市场，尤其是中国，已成为全球经济增长的重要力量。在本部分中，我们首先考察新兴市场企业整体规模的不断壮大。而后，我们再来分析为什么说这些企业的估值对投资者和分析师而言日趋重要，并对这些企业的基本特征加以归纳。

身处全球经济大潮中的新兴市场企业

随着新兴市场经济体的不断发展，它们的金融市场也随之成长，公开上市公司在数量上呈现出爆炸性增长的态势。有些上市公司出自于以前的私人拥有公司，而有些则是新创建的企业。在印度和中国等新兴市场国家，上市公司的数量较过去10年出现了大幅增加。

新兴市场企业的重要性不仅体现于公司数量的增加。其中的个别公司更是成为当下的全球性知名公司，它们拥有庞大的市值，业务范围遍及国内外市场。1990年年初，还没有一家印度或中国公司在市值指标上进入全球百强企业榜单。但在今天的全球百强中，已能看到它们的身影。比如说，2017年年初，中国和印度公司已在众多行业中跻身全球最大跨国公司之列。新兴市场企业不仅已在全球经济大舞台长袖翩翩，在并购市场上的表现同样令人咋舌，今天，它们已从发达市场公司的被动收购目标，摇身成为发达市场企业的主动收购者。近年来，巴西的盖尔道钢铁公司（Gerdau Steel）和淡水河谷（巴西）、印度的塔塔集团和一大批中国企业已在大手笔地收购发达国家同类企业。

新兴经济体的价值何在

随着新兴经济体金融市场的不断扩大和日趋复杂，我们看到一种新的趋势：在这些国家里，越来越多的投资者进入股市，从而增加了国内市场的估值需求。在亚洲，从事股票研究和企业财务咨询的分析师在数量上急剧增加，而且这种趋势可能还会持续下去。

另一个要素也在同时发力。发达市场的投资者开始着眼于在全球范围内实现资产配置，因此，他们当然希望将高质量的新兴市场企业纳入自己的投资组合中，这种调整既可以是直接投资，也可以借力于新兴市场的共同基金或交易所交易基金。为实现平滑对接，很多新兴市场的大型企业已在纽约和伦敦上市，因此投资者可以使用美元或英镑购买印度印孚瑟斯科技（Infosys）或是巴西航空工业公司的股票。但这也意味着，它们必然经常成为纽约和伦敦股票分析师的估值对象。

最后，越来越多的跨国并购表明，正如发达市场企业将新兴市场公司作为潜在收购标的进行估值，同样，一些新兴市场公司也在复制这个过程，只不过方向相反而已。

新兴市场企业的基本特征

新兴市场企业的业务覆盖不同领域，遍布全球各大洲，但很多（尽管并非全部）企业都拥有某些共同的基本特征：

- **币值的波动性**：在很多新兴市场国家，本地货币对发达市场货币的购买力（汇率）及其自身购买力（通货膨胀率）均存在较大波动性。某些新兴市场国家采取固定汇率制，将本币对外汇的汇率维持不变，尽管这会营造出一种货币稳定的假象，但每当政府实施币值重估甚至直接执行货币贬值政策时，就会给市场带来断崖式震荡。归根到底，正如我们在第 6 章里指出的那样：在货币体系中，如果没有长期无违约债券，就会导致我们无法确定估值的基本输入变量之一：无风险利率。
- **国家风险**：尽管新兴市场经济体经历了高速增长，但这种增长也伴随着巨大的宏观经济风险。因此，新兴市场企业的前景不仅取决于自身决策的设计，还依赖于所在国家的形势。换句话说，即使是新兴经济体中最优秀的企业，一旦政治或经济原因导致其经济崩溃，它们同样在劫难逃。
- **市场考量标准可信度较低**：在对上市公司估值时，我们会刻意选择基于市场的风险衡量标准。为说明这一点，以贝塔系数为例，它是按大盘指数对股票收益率进行回归估算得到的，用来估计股权成本、公司债券评级及利率，进而得到债务成本。在很多新兴市场，如果金融市场缺乏流动性，而且企业主要依赖银行借款进行融资（而不是发行在市场上可交易的债券），这两个措施的价值就会大打折扣。
- **信息不对称和会计差异**：尽管信息披露要求日趋严格化已成为全球性趋势，但是在新兴市场，法规要求披露的信息数量仍远不及发达市场。事实上，在某些新兴市场，刻意隐藏收益、再投资和债务等重要信息的情况并不少见，因此，在这些市场上进行企业估值要艰难得多。在存在信息不对称现象的同时，会计准则上的差异，也导致新兴市场企业和发达市场企业的数据缺乏可比性。譬如，通货膨胀会计在美国和西欧国家很少见，但在一些新兴市场仍在使用，再加上税收处理方面的差异，让问题变得愈加混乱。
- **公司治理**：尽管股东对管理层拥有的控制权是一个全球性话题，但基于历史和环境的影响，这个问题在新兴市场企业尤为突出，也为企业估值提出了一个最严峻的挑战。很多新兴市场企业发迹于家族企业。尽管这些企业可能已转型为上市公司，但作为创始人的家族仍会通过各种手段——发行有不同表决权的股票、金字塔结构的控股或是公司之间相互持股，继续维系对上市公司的控制权。此外，在投资者对公司管理层产生怀疑时，他们往往会发现，形形色色的法律限制和资金实力上的匮乏，让他们只能对管理层的胡作非为听之任之。毋庸置疑，对他们来说，改善新兴市场公司的管理要比发达市场困难得多。
- **突发性风险**：我们之前已提到，国家风险是指新兴市场经济体存在剧烈的波动性，从而影响到身处这些经济体中的公司。而在某些新兴市场，还有可能存在其他风险，导致公司经营遭遇突变。这些风险包括私人企业的国有化以及恐怖主义威胁。尽管发生这类事件的概率或许很小，但考虑到其后果之严重，显然不容忽视。

估值难点

与发达市场公司的估值相比，在对新兴市场企业估值时，分析师必然要面对更多的挑战。对此，有些分析师建立了自己的应对机制，不过，这些对策或许可以让他们的工作变得轻而易举，但随着时间的延长和使用范围的扩大，也有可能招致更严重的估值偏差。本节重点讨论的是，在面对此类估值带来的诸多不确定性时，分析师通常会采取不合理的对策。

货币错配

在估算折现率时，如果难以按本地货币估算无风险利率或其他风险指标，转而求助于其他（更稳定）的货币自然是最容易想到的办法。我们可以假设在拉丁美洲，分析师使用美元估算当地企业的折现率。如果这些公司的现金流也按美元计价，这种做法当然行之有效。在很多估值中，现金流要么始终采用本币表示，要么按当期汇率换算为美元（这实际上是与本币变动保持同步）。我们曾在第 6 章中指出过这种币种安排不匹配的影响。将低通货膨胀率嵌入折现率（使用对美元的汇率）并将高通货膨胀率嵌入现金流（使用本币表示的现金流或当期汇率），是烹制高估值的绝妙配方。

某些新兴市场分析师还试图以扣除通货膨胀因素的真实价值来消除币值影响。虽然这种方法确有道理，但是在计算真实现金流的过程中，折现率和现金流的估计方式可能会带来不一致的问题。

国家风险的折扣及其重复计算

在对新兴市场企业估值时，分析师无疑会意识到，国家风险比公司风险更重要，但我们发现，他们在估值时通常会出现四种问题：

- **货币转换**：正如上一节中指出的那样，在对新兴市场企业估值时，分析师会通过货币换算，使用美元或欧元进行估值。遗憾的是，其中的某些人随后便将国家风险抛在一边，他们认为，只要将本地货币转换为发达国家的货币，这种风险就应该烟消云散。但是要消除国家风险，显然没这么简单。而基于这种假设的估值，必然会对新兴市场企业给出过高估值。
- **将预期现金流误认为风险调整后的现金流**：我们曾在第 3 章里指出，很多分析师声称，只要在预期现金流中纳入出现预期不良结果的概率和后果，即可得到调整国家风险后的现金流。但需要提醒的是，计算多种情景下的预期价值，并没有包括风险调整因素，并且只有对现金流或是折现率进行明确调整之后，才能真实地反映这种风险。

- **认为贝塔系数可以反映国家风险**：考虑到贝塔系数通常是考量企业特定风险的指标，因此一些分析师认为，它也是反映国家风险的最佳落脚点。他们认为，一个国家的风险越高，该国企业就应该有更高的贝塔系数和更高的股权成本。但问题在于，将国家风险纳入贝塔系数中并不容易。如果贝塔系数是根据本地市场指数估计的，那么该市场中所有股票的平均贝塔系数（无论市场风险如何）就应该是1。如果贝塔系数是根据标准普尔500指数或某个全球指数估计的，那么这个贝塔系数就有可能反映国家风险，但考虑到新兴市场公司的规模较小（相对于覆盖面更广的全球指数），这种可能性并不大。
- **重复计算（甚至三重计算）风险**：另一种极端情况是，分析师对国家风险极为敏感，以至于他们试图在估值的每个参数中体现这种风险。于是，这些分析师会采用较高的无风险利率（将所在国的违约利差纳入无风险利率中）和较高的股权风险利率（放大成熟市场的股权溢价），并折减预期现金流（以反映同一个国家的国家风险）。毫无疑问，按这个逻辑，他们会发现，新兴市场的大多数公司均被高估。

当国家风险影响到估值中的多个输入参数时，不仅会造成对相同风险重复计量甚至是三重计量，而且会导致分析师更难于确定影响估值的国家风险。

风险参数

上一节描述了我们在估计新兴市场企业风险参数（贝塔系数和违约利差）时面对的困难，这些困难源自本地股票市场的波动性、流动性不足以及大多数公司没有债券评级等方面。因此，在对这些企业进行估值时，分析师通常会采用某种捷径来解决这些问题：

- **针对股权成本**：在估计贝塔系数时，很多分析师会采用覆盖范围更广而且（在他们看来）是更值得信赖的指数，尤其是对于海外上市的新兴市场企业。比如说，很多新兴市场的大型公司均持有在纽约或伦敦交易所上市的美国存托凭证（ADR）和全球存托凭证（GDR），因此，他们可以根据标准普尔500指数或英国富时指数（FTSE）估计这些上市凭证的贝塔系数。在图16-1中，我们可以看到，2009年，作为巴西最大的钢铁企业之一的盖尔道钢铁公司，在圣保罗证券交易所和纽约证券交易所的股票贝塔系数相去甚远。

因此，在对这家公司估值时，分析师将采用按标准普尔500指数估计的贝塔系数1.80，作为公司股票的贝塔系数。虽然有人或许会说，和按圣保罗证券交易所指数（Bovespa）计算的贝塔系数相比，这个贝塔系数是更合理的风险衡量指标，但这种优势是有成本的。⊖当我们将计算依据从 Bovespa 转换为标准普尔 500 指数时，贝塔系数中的标准差（或噪声）会相应提高。

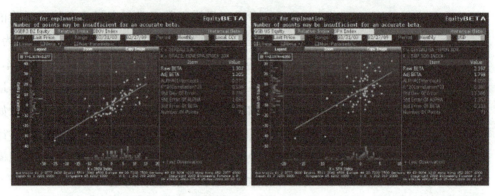

图 16-1　盖尔道钢铁公司的贝塔系数估计

- **针对债务成本**：如果以缺乏信用评级以及基于市场的公司债券为借口，那么，很多分析师就会转而采用公司的账面利率作为债务成本：⊖

$$账面利率 = \frac{利息费用}{债务的账面价值}$$

我们在前述章节中介绍了使用这个指标的危险，但如下两个方面的原因，导致它在新兴市场的危险性陡然增加。首先，如果新兴市场企业借入的负债按美元或欧元计价，而不是本币，那么公司的账面利息就有可能发生剧烈变化，尤其是如果在后者本身即存在高通货膨胀率的情况下。美元和欧元借款的利率将会降低，并有可能降低负债的账面利率；在这种情况下，如使用该利率作为本币负债的债务成本，显然会导致成本过低。其次，新兴市场企业的大部分债务通常为短期债务，因为债务的长期成本（这也是我们希望得到的成本）往往相对较高，因而会导致账面利率被人为压低。

注册地的影响

在对新兴市场企业进行估值时，分析师会过度关注企业的注册地点，而对开展业务的所在地似乎漠不关心。因此，他们会把巴西航空工业（Embraer）视为纯粹的巴西企业，进而将巴西的国家风险溢价附加到股权成本中，实际上，这家公司在巴西本地

⊖ 有些分析师主张使用 ADR 计算的贝塔系数，因为他们估计的就是以美元表示的股权成本，而且采用 ADR 和标准普尔 500 指数估计的贝塔系数具有更高的一致性，但这种论点显然经不起推敲。在估算股权成本时，我们希望尽可能地接近企业的真实贝塔系数，而不是根据另一个指数计算得出的贝塔系数。因此，如果盖尔道钢铁公司的边际投资者是一家巴西共同基金，那么，使用以标准普尔 500 指数计算的贝塔系数显然是不可取的。假如这个边际投资者是一家以投资美股为主的机构投资者，那么，不管估值以美元还是巴西雷亚尔为计价货币，我们都应该使用标准普尔 500 指数计算贝塔系数。

⊖ 如按加权平均利率估算公司当期债务的利息费用，也可以得到相同的结果。

的收入仅占收入总额的 10% 左右，而大部分收入则来自发达市场。按照实务中的惯例，所有巴西公司的股权成本中都会包含巴西的全部国家风险溢价，而所有印度公司都会把印度的全部国家风险溢价纳入股权成本中。假如我们接受这样一种主张：在新兴市场中，不同企业承受着不同程度的国家风险，那么结果就显而易见了。承受国家风险水平较低的公司，必然会被我们给予低估值，而面对较高水平国家风险的公司，则会被我们给予高估值。也就是说，如果将巴西航空工业看作一家标准的巴西企业，我们就会低估其价值。

对信息缺失的漠视

在面对信息缺失的时候，分析师往往会认为，最安全的假设就是忽略这个项目。因此，在新兴市场企业未提供租赁承诺信息时（在第 2 章里，我们将租赁承诺处理为负债，并予以一定的折扣），分析师就可以对租赁忽略不计。但这样做就相当于假设，未来几年的租赁承诺为零。对此，我们认为，更合理的假设是在一定时期内（比如说 5 年或 8 年）维持当前租赁费用水平。事实上，对企业未披露项目（如员工期权和收购溢价等）采取忽略不计的模式是值得质疑的，毕竟对大多数此类项目而言，我们完全可以制定更合理的假设。

公司治理氛围的变化

大多数分析师都会接受这样一个事实：在很多新兴市场企业中，以外力迫使管理层发生变化几乎都是不可能的。但是在对这些公司估值时，他们往往会从一个极端走向另一个极端，不是试图将这个事实体现在价值中。在形势向好时，市场交投活跃，经济表现优良，此时，他们对孱弱的公司治理视而不见，似乎对价值没有丝毫影响。而在经济不景气、市场萧条的情况下，他们又会以公司治理体系不健全为由，下调这些公司的估值，而且调整数量完全随意。

事实上，无论形势好坏，公司治理都应该发挥着重要作用。一个在经济状况良好时拿不出好业绩的管理团队，在经济不景气时只会摧毁价值。然而，如果不分青红皂白，对所有公司采取随意或是固定的估值折扣率，根本就无法反映公司治理规则的变化。

估值折扣

在存在巨大国有化或恐怖主义风险的新兴市场，分析师通过对估值做大幅折扣来反映这些风险的做法已司空见惯。虽然折扣的存在性显而易见，但折扣的具体幅度往往是主观的，因为分析师的唯一理由就是他们的所谓专业判断。假如说决定折扣率的两个输入变量是发生灾难事件的概率及其给股权投资者带来的成本，那么我们就没有理由不明确这两个变量，尽管其本质是估计值。

估值方案

尽管新兴市场企业确实不易估值,但还是有很多常识性规则可循,这些规则既可以减少估值错误的概率,又可以提高最终价值的透明度。为此,我们首先看看适用于折现现金流估值模型的技术。随后,我们将探寻可用来评估新兴市场企业价值的估值倍数与可比对象。

折现现金流估值法

折现现金流估值法中的基本要素,包括现金流和折现率,无论对发达市场还是新兴市场公司都是相同的。既然如此,最大的挑战就是如何以最合理的方式将上一节列示的特征体现到估值变量中。

币种的一致性

在第 6 章中,我们介绍了将一种货币转换为另一种货币的基础原理。我们曾提到,货币转换的关键就是确保包含在折现率中的预期通货膨胀率与计量现金流的通货膨胀率相互匹配。因此,只要我们在整个估值过程中对输入变量做出明确界定,无论是本币、外币还是不变价格,都适用于新兴市场企业的估值。我们已在第 6 章里详细讨论了各输入变量的内涵,在表 16-1 中,我们对实现内部一致性的方法进行了总结。

表 16-1 估值中的币种一致性

	折现率的估计	现金流的估计
以本地货币进行的估值	以本地货币估计折现率,确保无风险利率不包括违约利差,并对股权风险溢价做出一致的定义,或者以美元或欧元估算折现率,并使用不同的通货膨胀率将其转换为以本地货币表示的利率	以本地货币估计现金流,并将该货币的预期通货膨胀率纳入增长率中
以外币进行的估值	使用无风险利率和相互一致的股权风险溢价估算不变价格口径的折现率	以外币直接估计现金流,并将该货币的通货膨胀率纳入增长率中,或者以本地货币估计现金流,并按预期汇率(既可以是远期市场汇率,也可以是购买力平价)将其转换为外币表示的现金流
	使用该货币的无风险利率和一致的股权风险溢价估算外币现金流	估计不变价格口径的现金流,在增长率中不考虑通货膨胀因素,要么以本地(外国)货币口径的现金流,然后用本地(外国)货币的预期通货膨胀率对其做调整

至于按本币、外币和不变价格估计的折现率是否一致,最简单的检验方式就是采用如下公式:

$$\text{以本币估计的折现率} \ r = (1 + \text{以外币估计的} \ r) \times \frac{1 + \text{本币的预期通货膨胀率}}{1 + \text{外币的预期通货膨胀率}}$$

$$= (1 + \text{按真实币值估计的} \ r) \times (1 + \text{外币的预期通货膨胀率}) - 1$$

因此，导致本币、外币和不变价格口径的折现率发生变化的唯一因素就是通货膨胀预期。这同样适用于现金流，也就是说，预期通货膨胀率是预期增长率发生变化最重要的驱动因素。

国家风险的一致性

在对新兴市场企业估值时，我们必须解决与国家风险相关的两个问题。首先是如何合理估计特定新兴市场的风险溢价，以反映该市场的风险水平。其次，个别公司承受的国家风险水平。

国家风险溢价

我们在第 7 章中最早提出了是否存在国家风险溢价（country risk premium）的问题。基于这些讨论，我们检验了这样一种观点，即国家风险溢价是可以通过多元化予以分散的，因而是不应存在的；与此同时，我们还提到，市场间相关性的提高，会削弱以多元化分散风险的效力。随后，我们提出以三种不同方式来估计国家风险溢价——新兴市场政府债券的违约利差；新兴市场相对美国市场的波动性；根据股票市场的相对波动性（相对于政府债券）按比例放大债券违约利差的综合性指标。

我们以本章提及的两家公司作为估值对象，即巴西的盖尔道钢铁公司和印度的塔塔汽车（Tata Motor）。表 16-2 是我们所需要的印度及巴西的国家风险溢价估计数，这些数值是我们采用三种方法得到的。

表 16-2　印度和巴西的国家风险溢价估计值——2009 年 3 月

	主权评级	违约利差	相对股票市场的波动性	综合性国家风险溢价
巴西	Ba1	3.00%	(34%/20%)×6% − 6% = 4.2%	(34%/21.5%)×3% = 4.75%
印度	Ba2	4.00%	(32%/20%)×6% − 6% = 3.6%	(32%/21.3%)×4% = 6%

注：美国的估计股权风险溢价为 6%；标准差：标准普尔 500 指数为 20%，圣保罗交易所指数（Bovespa）为 34%，孟买敏感 30 指数（Sensex）为 32%；巴西债券的利率为 21.5%，印度债券的利率为 21.3%。

正如我们在第 7 章里指出的那样，综合估计值是衡量国家风险溢价的最佳估计值，也是我们在估值中采用的数值。

公司风险敞口

在国家风险概念的前提下，我们需要解决的下一个问题，就是个别公司承受的国家风险水平。经验显示，在一个存在巨大国家风险的国家里，并非所有公司都会面临相同水平的国家风险。实际上，当一家公司的主要收入来源于发达市场时，它会较少受到国家风险的影响；相比之下，对新兴市场中的普通企业，或是收入来自其他风险更高的新兴市场时，它们自然要面对更大的国家风险敞口。不妨以两家印度公司说明这一点：印孚瑟斯科技是一家印度知名高科技公司，其大部分收入来自美国及欧洲的发达国家，另一家印度企业巴哈特电信公司（Bharat Telecom）在非洲拥有大量投资。

可以预见的是，印孚瑟斯科技的资本成本应低于普通的印度企业，而巴哈特电信公司应具有更高的资本成本。要在实践中检验这个逻辑，我们需要将国家风险敞口明确体现在折现率中。为此，我们可以采用两种方法。其中第一种方法最适合于面对单一新兴市场国家风险的企业，按这种方法，我们采用所谓的 λ 系数来反映企业对该国国家风险的敞口。第二种方法适用于更常见的情景，即公司业务涉足若干国家，因而需要面对不同的风险敞口，在这种情况下，我们采用相关国家股权风险溢价的加权平均值。

λ 方法　在衡量公司面对国家风险敞口的第一种方法中，允许每家公司承受的国家风险敞口不同于其他市场的风险。考虑到缺乏更合理的术语，我们不妨将公司所承受的国家风险称为 λ 系数。和贝塔系数一样，λ 系数也是围绕 1 上下浮动。当 λ 系数为 1 时，表示一家企业承受着平均水平的国家风险敞口。当 λ 系数高于或低于 1 时，表明公司承受的国家风险敞口高于或低于平均水平。之后，我们可以将新兴市场公司的股权成本表述为：

预期收益率 = 无风险利率 + 贝塔系数 × 成熟市场的股权风险溢价 + λ × 国家风险溢价

请注意，这种方法的本质就是把我们的单因子期望收益模型转换为双因子模型。其中第二个因素就是国家风险，λ 体现的即为国家风险敞口。

大多数投资者会接受这种一般性命题：在同一市场中，不同公司对同一种国家风险承受的敞口有所不同。但决定具体企业敞口大小的要素是什么呢？可以预见，至少有三个因素（可能更多）发挥着作用：

- **收入来源**：第一个也是最明显的决定因素，就是企业从相关国家取得收入的多少。如果一家公司在巴西市场取得 30% 的收入，那么它就应比一家在巴西获得 70% 收入的企业承担更小的巴西国家风险。但需要提醒的是，这也可能会让前者面对更多市场的国家风险。因此，对于这家仅从巴西取得 30% 收入的公司，如果其剩余收入来自阿根廷和委内瑞拉，那么它就要面对这两个市场的国家风险。按这个逻辑考察跨国公司，我们可以认为，可口可乐或雀巢之类的公司，或许要面对巨大的国家风险，因为它们的收入大多来自新兴市场。
- **生产设施**：即便公司没有从某个国家取得收入，但如果其主要生产设施位于这个国家，它就要承受该国的国家风险。毕竟这个国家的政治和经济动荡，都有可能推迟公司的生产计划，从而影响其盈利。当然，公司可以把生产设施转移到其他国家，从而将风险分散到多个国家，但对无法转移生产的公司来说，问题或许会更严重。不妨以采矿企业为例：一家非洲的黄金开采公司可以出口全部产品，但考虑到金矿本身无法搬迁，因此它还是要面临所在国的国家风险。
- **风险管理产品**：当一家公司面临严重的国家风险时，可以购买针对特定（不利）或有事项事件的保险并使用衍生工具缓解这种风险。与不使用风险管理产品的类似公司相比，在使用风险管理产品时，公司应对国家风险拥有较低的敞口。

在理想的情况下，我们希望企业能在财报中提供这三个因素的信息。

衡量 λ 系数最简单的指标完全以收入为基础。在上一节中我们已指出，当一家公司的国内收入占总收入比例较小时，这家公司应较少受到该国国家风险的影响。考虑到全部股票（大盘）的平均 λ 系数必然为 1（总要有人承担这个国家的风险）这个限制条件，因此，切莫采用公司在国内市场上取得的收入百分比作为 λ。但我们可以按比例调整该指标，即将这个数除以该国所有企业国内收入占总收入比重的平均数作为 λ 系数：

$$\lambda_j = \frac{个别公司在某个国家实现的收入比例}{全部公司在该国实现的平均收入比例}$$

这种方法的优点就是便于获得计算所需要的信息，但缺点是只强调收入。

第二个指标依赖于公司的股票价格以及股价与国家风险变动的关系。一国发行的政府债券是衡量该国风险最简单同时也是最及时的标准。当投资者对国家风险的估计趋于乐观时，该国所发行债券的价格就会相应上涨，而在投资者不看好这个国家时，其债券价格几乎下跌。因此，按国债收益率对股票收益率进行回归，回归线的斜率就应该是相应的 λ 值：

$$股票收益率 = a + \lambda \times 相关国家的国债收益率$$

考虑到股票价格应受公司各方面绩效的影响，因此，由此应得到更全面的 λ 系数。但这需要以高流动性的国债为基础，而且相应的标准差很大。λ 方法在现实中的问题就是需要大量的资源和信息，而且计算过程也相当耗费时间和精力。即便如此，只要估值对象只面对单一新兴市场的国家风险，这种方法仍旧是可行的，譬如，盖尔道钢铁公司就是这种情况，2009 年，该公司面对的新兴市场风险仅限于巴西，但我们很难将这种方法扩展到总部位于智利的天马航空公司（LATAM），2013 年，这家航空公司面对的是所有拉美国家的国家风险。

◎ 案例 16-1　盖尔道钢铁公司和塔塔汽车的 λ 系数估计

为估计盖尔道钢铁公司和塔塔汽车的 λ 系数，我们首先从收入法起步。2008 年，盖尔道钢铁公司的收入来自巴西国内的比例为 51%，其余收入则来自北美地区。与此同时，塔塔汽车在印度国内的收入约占其全部收入的 90%，剩余收入来自其他国家。我们可以将这些数字与巴西（或印度）企业在 2008 年的平均国内收入比例做比较。表 16-3 列示了盖尔道钢铁公司和塔塔汽车的 λ 系数计算值。

表 16-3 盖尔道钢铁公司和塔塔汽车基于收入的 λ 系数

	国内收入的百分比	一般企业国内收入占全部收入的平均百分比	λ 系数
盖尔道钢铁公司	51%	72%	0.79
塔塔汽车	90%	78%	1.15

我们假设，无论是盖尔道钢铁公司还是塔塔汽车，均不承受来自其他新兴市场国家的重大国家风险——对盖尔道钢铁公司而言，因为海外收入主要来自美国，而塔塔汽车在印度以外的收入则屈指可数。

此外，我们还尝试采用基于价格的方法来估算盖尔道钢铁公司的 λ 系数。根据巴西政府发行的以美元计价的债券，我们对盖尔道钢铁公司股票在 2007 年 1 月~2009 年 1 月的每周收益进行回归，并得到以下结果：

$$\text{盖尔道钢铁公司的股票收益率} = 0.045\% + 0.625 \times \text{巴西国债的收益率(以美元计价)}$$

按上述回归，盖尔道钢铁公司的 λ 系数为 0.625。由于缺乏衡量印度国家风险的直接指标（因为印度政府未发行以美元计价的债券），因此我们无法对塔塔汽车使用这种方法。[○]

加权股票风险溢价法 按照 λ 系数法，估值师可以分析不同企业在单一国家风险敞口上的细微差别，但是在当公司在多个市场上面临国家风险时，这种方法显然不再适用了。比如说，如果我们在 2013 年对天马航空公司进行估值，那么我们就需要按公司运营所涉及的每个拉美国家估计其 λ 系数，可以预见，随着公司业务在地域上的扩展，需要计算的 λ 系数也越多。反之，我们还可以放弃使用 λ 系数法，转而采用更简单的方法——以公司在某个国家创造的收入比例为该国股权风险溢价的权重，计算这家公司在所有涉及国家的股权风险溢价加权平均值。随后，我们以这个股权风险溢价加权平均值和无风险利率与贝塔系数计算股权成本：

$$\text{股权成本} = \text{无风险利率} + \text{贝塔系数} \times \text{股权风险溢价加权平均值}$$

这种方法的优点是不仅可以更容易地计算当期股权成本，还可以通过调整某个国家的权重来反映公司的海外市场开发战略。

◎ **案例 16-2 计算智利天马航空公司在 2013 年的股权风险溢价加权平均值**

为估算天马航空公司的加权股权风险溢价，我们从公司年报中获取在各国实现

[○] 我们曾考虑以印度政府的信贷违约互换（CDS）利差对塔塔汽车的股票收益率进行回归，但最终还是放弃了这一想法。

的收入比例,然后我们再估算每个国家的 ERP,并根据收入比例进行加权平均,从而计算出天马航空公司在 2013 年 9 月的股权风险溢价。表 16-4 总结了计算结果。

表 16-4 股权风险溢价

国家	收入比例	股权风险溢价的加权平均值
巴西	34.30%	8.75%
智利	15.70%	6.95%
美国	13.00%	5.75%
秘鲁	6.40%	8.75%
哥伦比亚	3.80%	9.13%
厄瓜多尔	2.70%	17.75%
阿根廷	9.20%	15.88%
西欧	7.60%	6.97%
其余拉丁美洲国家	7.30%	9.69%
天马航空公司的股权风险溢价	100.00%	8.92%

在 2013 年对智利天马航空公司估值时,我们使用的加权平均股权风险溢价为 8.92%,远高于智利(公司注册地)的股权风险溢价 6.95%。在对天马航空公司估值时,如果我们预期公司将把增长重点放在北美洲,那么在计算未来年份的股权成本时,我们将采用较低的加权平均股权风险溢价。

不稳定市场条件下的风险估计

上一节介绍了在波动市场环境下估计贝塔系数(股权成本)和违约风险(债务成本)的问题,在这种市场条件下,很少有公司有债券信用评级。为此,我们将采用本书中针对其他公司类型的方法,而不是局部性地解决这个问题(比如采用由 ADR 而来的贝塔系数):

- **针对股票风险参数**:本书反复强调了自下而上式贝塔系数的优越性(即以行业平均数为基础,然后对标的企业的经营杠杆和财务杠杆差异进行调整)。对于新兴市场企业,这种方法为我们计算更有意义、更精确的贝塔系数提供了思路。不过,我们将扩大"可比公司"的概念,使其不仅包括在被估值企业所在国从事相同行业的公司,还包括在其他市场的同业上市企业。当分析师认为按其他市场计算出的贝塔系数(这些国家可能比本国市场更安全,或是更危险)不妥时,我们有两种对策。在第一种方法中,将贝塔系数设定为相对风险指标,也就是说,不以任何货币为计量单位。在第二种方法中,以国家风险溢价衡量国家风险差异,而不是通过贝塔系数。如果接受可比公司可包含其他国家公司的观点,那么最后需要解决的问题是应该按公司处于新兴市场还是发达市场来区分企业。这个问题的答案还取决于公司所处的行业。在石油和航空行业，不同市场的运营风险基本相似，产品市场高度全球化，因此我们完全有理由以全球范围内的上市公司为可比公司，无论是发达市场还是新兴市场，均不例外。而在电信和消费品行业，我们可以认为，同样的产品或服务（水、电和电话服务），在发达市场里是必需品，而在某些新兴市场有可能是非必需品，毕竟在这些市场，还有相当一部分人口不能充分享受这些服务（在经济形势向好时，他们也会购买这些服务）。在发达市场不具备自主权的相同产品（水、电和电话服务）或许可以在新兴市场中酌情决定，而大部分人口可能仍然缺乏这些产品或服务（但如果经济状况良好，将获得服务）。在这种情况下，我们只能以新兴市场企业作为可比公司来计算贝塔系数。

- **针对违约价差的估计**：对于美国的无债券信用评级企业，我们主张以综合评级作为估计债务成本的基础。由于这些综合评级是采用利息覆盖率得到的，因此我们没有理由认为这种方法不适用于新兴市场企业。实际上，我们可以按第 2 章提到的查询表，使用印度或巴西公司的利息覆盖率计算信用评级，而后，以该信用评级计算相应的违约差价。但在这个过程中，我们必须解决两个估值问题。首先，用来估计信用评级的表格是按美国被评级企业制定的。如果目标市场的利率水平接近于美国市场，该表格仍能提供合理的信用评级。但是在通货膨胀率和利率水平远高于美国的新兴市场，即便是对最安全的企业，使用这张表格也会导致评级过低。⊖其次，我们对某一家公司取得的综合评级并不能代表所在国家的违约风险。因此，在计算新兴市场公司的债务成本时，我们可能需要在无风险利率上增加两种违约利率——一个是针对公司本身的违约风险，另一个则是针对所在国家的违约风险：

新兴市场公司的债务成本 = 无风险利率 + 违约风险$_{国家}$ + 违约风险$_{公司}$

实际上，对于一家拥有 AA 评级的阿根廷公司，其按美元计算的债务成本必然要高于同样拥有 AA 评级的一家美国公司，原因不难理解，前者还需要在债务成本基础上附加阿根廷的国家违约价差。

◎ **案例 16-3　盖尔道钢铁公司（2009）、塔塔汽车（2009）和天马航空公司（2013）的债务成本、股权成本及资本成本估算**

在计算盖尔道钢铁公司和塔塔汽车的股权成本时，我们首先需要估计可比公司的平均无杠杆贝塔系数。对盖尔道钢铁公司而言，考虑到钢铁是一种在全球市场

⊖ 如果无风险利率为 12%，则既定债务对应的利息支出会更高，进而会降低利息覆盖率。

上交易的大宗商品，因此我们需要计算全球上市钢铁企业的无杠杆贝塔系数平均值。而对塔塔汽车而言，我们只能采用新兴市场汽车企业（包括汽车零部件企业）估算无杠杆贝塔系数，因为和发达市场相比，汽车在新兴市场更有可能是一种非必需品（因此，新兴市场的汽车企业应比发达市场汽车企业有更高的贝塔系数）。然后，我们使用盖尔道钢铁公司和塔塔汽车的负债股权比率和边际税率估计各自的杠杆贝塔系数。计算过程如表 16-5 所示。

表 16-5 盖尔道钢铁公司和塔塔汽车的杠杆贝塔系数

	可比公司	无杠杆贝塔系数	公司的负债股权比率	边际税率	加杠杆的贝塔系数
盖尔道钢铁公司	来自全球范围的钢铁公司	1.01	138.89%	34.00%	1.94
塔塔汽车	来自新兴市场的汽车企业	0.77	108.29%	33.99%	1.32

为估算盖尔道钢铁公司按美元计价的股权成本，我们以分析时点的美国国债利率 3% 作为无风险利率，成熟市场的股权风险溢价为 6%，巴西的股权风险溢价为 4.75%，天马航空公司的股权风险溢价为 0.625，并根据以美元计价的巴西债券收益率对股票收益率进行回归，得到的股权成本为 17.61%：

盖尔道钢铁公司的股权成本 = 3% + 1.94 × 6% + 0.625 × 4.75% = 17.61%

对塔塔汽车而言，我们则需要估计以卢比计价的股权成本，因为估值需要按本地货币计价。为估计无风险利率，我们以印度政府发行的 10 年期债券为基础，该债券在本次分析时点交易的实际利率约为 8%，并减去我们之前针对印度估计的违约利差 4%，在公司信用评级的基础上，得出以卢比表示的无风险利率为 4.00%：

以卢比表示的无风险利率 = 印度的政府债券利率 − 印度的国家违约利差
= 8% − 4% = 4%

对于成熟市场的风险溢价，我们始终采取针对美国的估计值（约为 6%）。在估计国家风险的影响时，我们使用 1.15 的 λ 系数，这个数字是以收入为基础针对塔塔汽车估算得到的，附加国家风险溢价为 6%，同样是之前针对印度估计的结果。由此，我们将计算资本成本的过程归结为：

塔塔汽车的股权成本（以卢比表示）= 4% + 1.32 × 6% + 1.15 × 6% = 18.82%

为计算这两家公司的债务成本，我们使用 2008 年财务报表提供的数据和以利息覆盖率为基础的综合信用评级，估算出每家公司的利息覆盖率。⊖随后，我们将基于这些评级的巴西及印度国家违约利差（见表 16-2）相加，从而得到这两家的税前债务成本，计算过程如表 16-6 所示。

⊖ 我们以针对美国中小公司建立的利息覆盖率与信用评级关联性估计企业的信用评级。违约利差为 2009 年年初的水平。

表 16-6　盖尔道钢铁公司和塔塔汽车公司的债务成本

公司名称	利息覆盖率	信用评级	企业违约利差	国家违约利差	债务成本
盖尔道钢铁公司（美元）	8 005/1 620 = 4.94	A −	3.00%	3.00%	9.00%
塔塔汽车（卢比）	19 421/1 756 = 11.06	AA	1.75%	4.00%	9.75%

最后，我们按债务和股权在 2009 年 3 月的市场价值计算各自的权重。资本成本的计算过程如表 16-7 所示。

表 16-7　债务比率与资本成本

公司名称	股权成本	税后债务成本	债务-资本比率	资本成本
盖尔道钢铁公司（美元）	17.61%	9.00% × (1 − 0.34) = 5.94%	58.45%	10.79%
塔塔汽车（卢比）	18.82%	9.75% × (1 − 0.339 9) = 6.44%	51.92%	12.38%

对于盖尔道钢铁公司，考虑到估值将以美元进行，因此我们将采用以美元表示的资本成本为折现率。而对塔塔汽车来说，以卢比表示的资本成本为 12.38%。如果要转换为以美元表示的资本成本，我们就需要对美国和新兴市场的预期通货膨胀率做出假设。比如说，如果假设美元的预期通货膨胀率为 2%，卢比的预期通货膨胀率为 3.5%，那么塔塔汽车的美元资本成本应按如下方法计算：

$$\text{以美元表示的资本成本} = (1 + \text{以本币表示的资本成本})$$
$$\times \frac{1 + \text{以美元表示的预期通货膨胀率}}{1 + \text{以本币表示的预期通货膨胀率}} - 1$$
$$= 1.1238 \times \frac{1.02}{1.035} - 1 = 10.75\%$$

总之，在将一种货币换算为另一种货币以及将名义价格转换为真实价格的过程中，保持一致性的基本原则，就是确保计算现金流和折现率时采用相同的预期通货膨胀率。

最后，在估计 2013 年天马航空公司的股权成本时，我们将使用加权平均股权风险溢价法，并以智利比索来估计各数值。

- 首先，我们从以智利比索（CLP）计价的智利政府债券利率 3.70% 开始，减去智利的国家违约利差 0.80%，从而得到 2.90% 的无风险利率。
- 为估算天马航空公司的贝塔系数，我们首先以航空公司的无杠杆贝塔系数 0.82 为起点，将公司的负债股权比率设定为 114.6%（按市场价值计算），并根据智利 20% 的边际税率，得到贝塔系数的估计值为 1.57，计算过程如下：

$$\text{杠杆贝塔系数} = \text{无杠杆贝塔系数} \times \left[1 + (1 - t) \times \frac{D}{E}\right]$$
$$= 0.82 \times [1 + (1 - 20\%) \times 114.6\%] = 1.57$$

- 考虑到我们针对天马航空公司估计的加权平均股权风险溢价为8.92%，根据所在地的地区风险，我们估计公司的股权成本为16.92%。

  股权成本 = 无风险利率 + 贝塔系数 × 加权平均股权风险溢价
  　　　　 = 2.90% + 1.57 × 8.92% = 16.92%

- 为估算天马航空公司的债务成本，我们采用标准普尔对公司给出的信用评级BB+，得到该公司的违约利差为4.3%。假设该评级已包含了注册地（智利）的国家风险，因此，我们估计的债务成本为5.76%（在对20%的边际税率调整之后）：

  税后的债务成本 = (2.90% + 4.30%) × (1 – 20%) = 5.76%

- 基于上述输入参数以及债务（53.4%）和股权（46.6%）的市场权重，我们可以计算出天马航空公司的资本成本：

  资本成本 = 16.92% × 46.6% + 55.76% × 53.4% = 10.96%

我们将使用这个按智利比索表示的资本成本，对同样以智利比索计价的现金流进行折现。

弥补信息空白

与发达市场的企业相比，新兴市场企业更有可能缺少某些关键性信息。对此，我们应对这些输入变量做出最合理的一致性估计，而不是对缺失的项目视而不见。在这个过程中，以下方面或许会对我们有所帮助：

- **替代性估算**：即使财务报表的某个部分未提供任何信息，但或许可以使用其他部分提供的线索或数据来弥补漏洞。例如，某些新兴市场的公司没有编制现金流量表，但它们至少还有利润表、资产负债表和股权变动表。尽管我们通常是按现金流量表来估计资本支出，但也可以通过分析期间的固定资产总（或净）变动额来估计资产负债表上的总（或净）资本支出。同样，如果公司未披露有效税率，但我们只需根据收益表上的实缴税款和应纳税所得额，即可轻易得出这个数字。
- **根据当年线索做出合理推论**：在前几章中，我们曾指出，应把租赁费用处理为财务费用，而税前债务成本折现的租赁承诺现值应处理为负债。在美国及其他很多发达市场，公司需在财务报表的附注中披露未来的租赁承诺，因此，确认租赁费用及其现值并不难。但是在新兴市场，很多公司并不披露这些信息。但我们不能就此认定这些公司就没有租赁承诺，相反，我们可以根据该市场上的正常租赁期限，为公司假定一个合理的租赁期限，并按照这个合理的租期，推算本年度租赁费用或租金在此期间的年金。
- **参照行业平均水平**：在缺少企业估值所需要的关键性信息时，或许可以通过相同市场或其他市场的同行业企业，获得它们的详细信息。当被估值的钢铁企业没有提供库存或应收账款等关键信息时，我们可以采用其他钢铁公司的数据进行估算。因此，如果可比公司的非现金营运资金占收入的3%，那么我们就可以按这个比例对缺少相应信息的公司做估值。
- **确保与其他输入变量保持一致**：在对企业进行估值时，确保输入变量的内部一致同样至关重要，只有这样，我们才能对每个输入变量做出合理估计。换句话说，假如我们认为一家新兴市场企业拥有很高的预期增长率，而公司在资本支出上提供的信息寥寥无几甚至只字未提，那么我们就必须假设它拥有高再投资率，因为只有这样，才能为公司的预期高增长率提供支撑。对于缺乏数据或数据不可信的新兴市场公司，有一点需要警惕：在确定输入变量时，不必过度拘泥于反映财务报表的信息，更多的应该依赖于基本面信息。

总而言之，即使新兴市场企业的管理者未能提供某些关键信息，我们也决不能因此而对他们善罢甘休。他们或许可以本国市场的信息披露法规不健全为自己狡辩，但需要强调的是，这些法律是履行向投资者披露信息义务的底限，而不是上限。无论怎样，新兴市场企业向投资者披露交叉持股或租赁信息，都是它们义不容辞的业务。因此，如果某家公司没有披露这些信息，那我们就可以认定这家公司没有达到最起码的要求，因而是最拙劣的企业，这种市场认知就是对企业的一种威胁，并始终迫使它们遵循这些最基本的要求。

改造拙劣的公司治理

在确定如何以最合理的方式应对公司治理时，我们首先需要认识到公司治理的重要性。在一个具有良好公司治理氛围的市场中，不合格的经理人很快就会被取而代之，新管理层会彻底改变他们的做法。在第12章里，我们曾估计了公司在两种情景下的价值——现状价值（由现任经理人继续经营公司）和最优价值（由更优秀的新管理团队经营公司）。对此，我们的结论是，公司价值应是这两个价值量的加权平均值，其中两种情景下的权重反映了控制权发生变更的概率。在对企业治理环境薄弱的新兴市场企业估值时，该模型完全可以为我们提供合理的技术支撑。

首先，我们考虑一种最极端的情景，即管理层绝对不会发生变更（基于制度因素或是全部表决权股份均由现任管理层持有）。在这个市场上，每家公司的价值均为现状价值。按照这种情景，如果一家公司目前管理不善，我们实际上就可以假设这家公司将被永久锁定在这个糟糕管理层的手里（或者至少在他们将公司推进破产境地之前）。

从实务角度来看，公司治理不佳对新兴市场公司估值带来的影响体现为：

- **再投资率和增长率：** 如果现任管理层以前曾进行过破坏价值的投资，那么他们还有可能会继续这样做，也就是说，这种价值破坏基本上是永久性的。因此，如果企业曾按9%的资本成本投资于只能创造6%的资本收益率的项目，而且这种情形将长此以往，那么这就会带来长期性的价值破坏效应。
- **融资最优化：** 在第12章里，我们曾提到，通过优化融资结构中的债务和股权组合，可以为企业带来新的增值潜力。因此，我们认为，债务比率为30%的企业可能比债务比率为10%的企业更有价值。在对发达市场的公司进行估值时，分析师经常采用目标债务比率进行估值，并隐含假设任何债务比率未达目标的公司，都会在股东的压力下让债务比率趋近于目标值。但是在公司治理不力的情况下，这样的假设可能非常危险。因此，更可取的估值策略是接受现有债务比率，并对这些公司给予较低的估值。

如果我们在估值的输入变量中考虑到管理层的不良实操（通过资本收益率、增长率和资本成本），那么我们实际上就针对公司治理不善对价值进行了折扣，因此，除此以外的任何折扣都是对管理不善的重复计算。

这种方法的优势在于，它能让我们对公司和整个市场层面的治理规则与治理标准的变化做出反应。因此，当一家巴西公司取消各类股票的表决权差异时，我们就可以对它轻易地进行重新估值。虽然现状价值和最优价值本身可能没有改变，但控制权转移的概率大为增加，而公司预期价值的变化就应该反映出这种变化。考虑到很多新兴市场的公司法律法规已发生变化，因此我们应灵活处理公司治理的估值问题。

对突发性风险的调整

在某些新兴市场，一个最大的顾虑就是企业有可能被政府征用或国有化，导致股权投资者只能得到企业公允价值的一小部分，甚至要面对灾难性风险（如遭遇恐怖袭击）。虽然我们可能会试图将这些风险转化为债务成本和股权成本，但折现率的根本目的显然不在于承载这种风险。因此，要通过调整贝塔系数或违约价差体现这些有可能终结现金流的风险，显然不是轻而易举就能实现的。

在第3章中，我们曾提出一种有可能适用于这种情境的方法——决策树法。不妨以考虑国有化风险为例。如图16-2所示，我们可以开发一个反映国有化风险及其收益的决策树模型。

在对"持续经营"分支下的公司进行估值时，我们可以假设这种威胁不存在。因此，我们采用的折现率和预期现金流不受国有化概率的影响。而在"国有化"分支中，我们通过两个输入变量（即被国有化的概率和国有化对股权价值的影响）在分析中考虑国有化带来的价值损失。

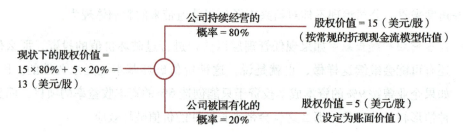

图 16-2 国有化对价值的影响

- **国有化的概率**：不幸的是（或者说，幸运的是），这不是财务分析课堂上的练习，而是对政治影响的评估。翻阅政策演变史，我们可以提取一些关于国有化企业的类型以及国有化事件发生频繁的信息。因此，我们或许得出这样的结论，自然资源类企业（受地域位置所限而不能搬迁）面对的国有化威胁要大于技术型企业。

- **国有化对估值的影响**：在搜寻涉及国有化概率的历史记录中，我们还可以了解到，这些公司的股权投资者在国有化过程中的收益如何。譬如，在某些国家，国有化公司的股权投资者有权获得投资的账面价值（这个账面价值可能远低于市场价值）。而在另一些国家，他们可能血本无归。在最终的估值中，我们需要计算这两种情景下的预期价值，并以其作为公司的价值。

◎ **案例 16-4 塔塔汽车的估值——2009 年 3 月**

在以印度卢比对塔塔汽车估值时，我们采用 2008 年财务报表（以 2008 年 12 月 31 日为截止日期）作为估值基础。估值步骤如下：

- **基准年度的数据**：2008 年，塔塔汽车实现的税前营业利润为 194.21 亿卢比，收入为 2843.49 亿卢比。利息支出为 17.56 亿卢比，边际税率（印度）为 33.99%。根据年初的账面价值（686.98 亿卢比）、负债（601.3 亿卢比）和现金余额（58.88 亿卢比），我们可以计算出本年度的资本收益率为 10.43%：

$$资本收益率 = \frac{194.21 \times (1 - 33.99\%)}{686.98 + 601.3 - 58.88} = 0.1043 \text{ 或 } 10.43\%$$

需要提醒的是，这个数字低于我们此前为塔塔汽车计算的资本成本 12.38%。收购捷豹汽车增加了本年度的资本支出。合计的资本支出共计 220.34 亿卢比，远远超过当年的 64.78 亿卢比折旧额；非现金营运资金增加 10 亿卢比。⊖ 由此计算得到的再投资率为 129.14%：

⊖ 当年非现金营运资金的变动额按非现金营运资金占当年收入的百分比（5.60%）以及 2007~2008 年的收入变动额进行估计。

$$再投资率 = \frac{220.34 - 64.78 + 10}{194.21 \times (1 - 33.99\%)} = 129.14\%$$

- **增长率和现金流的预测**：在预测增长率时，考虑到这家公司不太可能每年都会出现收购捷豹汽车这样的交易，因此，我们假设未来5年的再投资率将下降到80%。○ 此外，我们还假设在高速增长时期，资本收益率将维持现有水平（10.43%），因此，预期增长率的计算过程如下所示：

$$预期增长率 = 再投资率 \times 资本收益率 = 80\% \times 10.43\% = 8.34\%$$

表16-8归集了未来5年公司的预期自由现金流。

表16-8 塔塔汽车在未来5年的预期自由现金流

（金额单位：百万卢比）

	第1年	第2年	第3年	第4年	第5年
$EBIT(1-t)$	13 889	15 048	16 303	17 663	19 137
减：再投资	11 111	12 038	13 043	14 131	15 309
公司自由现金流	2 778	3 010	3 261	3 533	3 827

请注意，税后营业利润按每年增长8.34%进行预测。此外，还需要注意的是，我们已将净资本支出和对营运资金的投资合并为一项（再投资），并将其设定为税后营业利润的80%。

- **稳定增长阶段**：第5年之后，我们假设塔塔汽车将进入稳定增长阶段，年增长率为4%（仍以印度卢比计，但最高不超过印度卢比的无风险利率）。贝塔系数预计将降至1.20，成熟市场的股票风险溢价仍维持6%，而印度的国家风险溢价则（从6%）降至4%，此后维持不变。尽管债务比率仍维持51.99%不变，但债务成本将从9.75%下降到9%，因此资本成本将变成10.67%。○ 我们假设，公司将永久性维持目前的资本收益率10.43%。由于收益率低于资本成本，因此将对价值形成永久性破坏，但鉴于目前的公司治理结构，使得现有管理层难以撼动。根据这些输入变量，可对终值计算如下：

$$再投资率 = \frac{稳定阶段的增长率}{稳定阶段的资本收益率} = \frac{4\%}{10.43\%} = 38.36\%$$

$$终值 = \frac{税后营业利润 \times (1 - 再投资率)}{资本成本 - 增长率}$$

$$= \frac{191.37 \times 1.04 \times (1 - 38.36\%)}{10.67\% - 4\%} = 1838.09(亿卢比)$$

○ 为计算这个数字，我们可以参考塔塔汽车在过去5年内的平均再投资率。
○ 稳定阶段的股权成本 = 无风险利率 + 贝塔系数 × 成熟阶段的 ERP + λ × 国家风险溢价) = 4% + 1.20 × 6% + 1.15 × 4% = 15.80%，稳定阶段的资本成本 = 15.80% × 0.4801 + 9.00% × (1 - 0.3999) × 0.5199 = 10.67%。

- **公司价值和股权估值**：为了得到公司价值，我们按当前的资本成本12.38%对现金流和终值进行折现，具体如表16-9所示。

表16-9 塔塔汽车的现金流现值

（金额单位：百万印度卢比）

	第1年	第2年	第3年	第4年	第5年
公司自由现金流	2 778	3 010	3 261	3 533	3 827
终值					18 809
现值（在12.38%）	2 472	2 383	2 297	2 215	104 675
经营性资产的价值	114 042				

对于经营性资产的价值（1140.42亿卢比），我们首先增加当期现金余额（266.44亿卢比）以及塔塔汽车在塔塔集团旗下其他公司的交叉持股价值——估值为491.03亿卢比，⊖再减去未偿还债务的估计市场价值（809.33亿卢比）和已发行股票数量（4.4982亿），由此得到的每股价值为242卢比/股：

$$每股价值 = \frac{1140.42 + 266.44 + 491.03 - 809.33}{4.4982} = 242(卢比/股)$$

虽然这大大高于2009年3月的每股股价166卢比，但我们对这个估值过程仍存有两个方面的疑虑。首先，股票价值的很大一部分来自塔塔集团旗下其他关联公司的交叉持股。尽管我们已对这些持股估值为491.03亿卢比，但我们并未对创造这些价值的任何公司进行深入考察。其次，通过将资本收益率永久设置为低于资本成本并将负债比率维持在现有水平上，我们在估值中考虑了公司治理不善带来的影响，但管理过程中仍存在进一步破坏价值的其他因素。

◎ **案例16-5 对盖尔道钢铁公司的估值——2009年3月**

如前所述，我们之所以选择以美元对盖尔道钢铁公司进行估值，部分原因就在于难以估算巴西雷亚尔的无风险利率和风险溢价。我们使用2008年财务报表和报表日汇率将以雷亚尔表示的现金流转换为美元表示的现金流：

- **基准年数据**：2008财年，盖尔道钢铁公司披露的经营收入为80.05亿雷亚尔，折旧为18.96亿雷亚尔，利息费用为16.2亿雷亚尔。在该年度中，收购和内部投资合计形成了68.18亿雷亚尔的资本支出，非现金营运资金增加

⊖ 将交叉持股的价值设定为资产负债表数值。当然，最理想的情况是，我们可以独立地对这些交叉持股估值，但考虑到持股数量太多和信息高度缺失，以至于这种操作基本不可行。

10.83 亿雷亚尔。按巴西的边际税率（34%），盖尔道钢铁公司的税后资本收益率为 18.68%，年初的股权账面价值为 174.49 亿雷亚尔，负债的账面价值为 159.79 亿雷亚尔，现金余额为 51.39 亿雷亚尔：

$$\text{资本收益率} = \frac{80.05 \times (1 - 0.34)}{174.49 + 159.79 - 51.39} = 18.68\%$$

$$\text{再投资率} = \frac{68.18 - 18.96 + 10.83}{80.05 \times (1 - 0.34)} = 113.66\%$$

- **增长率和现金流的预测**：我们认为，无论是资本收益率还是再投资率，都不会是长期可持续的。因此，按照 60% 的再投资率和 16% 的资本收益率，我们计算出在未来 5 年的预期增长率为 9.60%（以巴西雷亚尔表示）：

$$\text{预期增长率} = \text{再投资率} \times \text{资本收益率} = 60\% \times 16\% = 9.60\%$$

我们使用这个预期增长率计算公司在未来 5 年以巴西雷亚尔表示的预期现金流，具体如表 16-10 所示。

表 16-10　盖尔道钢铁公司以雷亚尔计价的预期自由现金流

（金额单位：百万雷亚尔）

	第 1 年	第 2 年	第 3 年	第 4 年	第 5 年
$EBIT(1-t)$	5 790	6 346	6 956	7 623	8 355
减：再投资	3 474	3 808	4 173	4 574	5 013
公司自由现金流	2 316	2 539	2 782	3 049	3 342

同样，每年的再投资为净资本支出、收购和营运资金投资的合并价值。这个数值相当于每年税后营业利润的 60%。

- **转换为美元**：为了将巴西雷亚尔表示的现金流转换为美元表示的现金流，我们首先从当期汇率 2.252 雷亚尔/美元开始，并根据美元的通货膨胀率（2%）和雷亚尔的通货膨胀率（5%）预测未来年度汇率。由此得到的预计汇率和以美元表示的现金流如表 16-11 所示。

表 16-11　盖尔道钢铁公司以美元计价的预期自由现金流

	第 1 年	第 2 年	第 3 年	第 4 年	第 5 年
以雷亚尔计价的 $FCFF$	2 316	2 539	2 782	3 049	3 342
预期汇率	2.32	2.39	2.46	2.53	2.60
以美元计价的 $FCFF$	999	1 064	1 133	1 206	1 284

预计通货膨胀率差异会导致巴西雷亚尔在未来 5 年内出现相对美元的贬值。
- **稳定增长阶段**：在稳定增长的情况下，我们假设按美元不变价格计算，盖尔道钢铁公司将实现 3% 的增长，而且稳定增长阶段的资本收益率将与资本成本（同样以美元表示）保持一致。为估计稳定增长阶段的美元资本成本，

我们假设公司股票的贝塔系数为1.20，国家风险溢价将降至3%。采用50%的债务比率和8%的债务成本，我们可以得到公司的资本成本为8.68%。[1]为了得到终值，我们首先需计算盖尔道钢铁公司在第5年实现的税后营业利润（以美元计）：

$$\text{以美元表示的 } EBIT \times (1-t) = \frac{\text{以雷亚尔表示的 } EBIT \times (1-t)}{\text{第 5 年的雷亚尔对美元汇率}}$$

$$= \frac{83.55}{2.60} = 32.13 \text{（亿美元）}$$

随后，我们即可计算出公司的再投资率和终值：

$$\text{再投资率} = \frac{\text{稳定阶段的增长率}}{\text{稳定阶段的资本收益率}} = \frac{3\%}{8.68\%} = 34.57\%$$

$$\text{稳定阶段的终值} = \frac{\text{第 5 年的税后经营收入} \times (1+\text{稳定阶段的增长率}) \times (1-\text{再投资率})}{\text{稳定阶段的资本成本} - \text{稳定阶段的增长率}}$$

$$= \frac{32.13 \times (1+3\%) \times (1-34.57\%)}{8.68\% - 3\%} = 380.96 \text{（亿美元）}$$

- **公司价值与股权价值：** 作为估值分析的最后一步，我们首先以10.79%的资本成本（如表16-12所示）对此前得到的盖尔道钢铁公司预期现金流（以美元计）进行折现。

表16-12 预期现金流与现值

	第1年	第2年	第3年	第4年	第5年
公司自由现金流	999	1 064	1 133	1 206	1 284
终值					38 096
现值（按10.79%折现）	902	867	833	800	23 595
经营性资产的价值	26 996				

为了得到公司价值，我们还需加上公司现金持有量的美元价值（24.04亿美元），再减去负债的美元价值（978.8万美元），并按当日汇率进行换算。因为盖尔道钢铁公司已通过合并财务报表进行了持股合并，因此我们还需减去合并报表中少数股权对应的市场价值（以美元计算）25.99亿美元，最后，除以已发行股票数量（16.8112亿股），我们即可得到按美元计算的每股价值为10.12美元。[2]

---

[1] 稳定增长阶段的股权成本 = 3% + 1.20 × 6% + 6.625 × 3% = 12.08%，稳定增长阶段的债务成本 = 8% × (1 − 0.34) = 5.28%，稳定增长阶段的资本成本 = 12.08% × 0.50 + 55.28% × 0.50 = 88.68%。

[2] 在理想情况下，我们更希望对合并持股进行估值，并对少数股权的价值进行单独估计。但考虑信息严重缺失导致我们无法做到这一点，因此，我们以1.20的市净率（以交叉持股的被投资企业市净率为基础）和少数股权账面价值作为这部分的估值。

$$每股价值 = \frac{269.96 + 24.04 - 0.09788 - 25.99}{16.8112} = 10.12(美元/股)$$

按 1 美元兑换 2.252 雷亚尔的当期汇率换算,我们可得到以雷亚尔计价的每股价值为 22.79 雷亚尔,由此可见,盖尔道钢铁公司的估值远高于 2009 年 3 月的每股价格(9.32 雷亚尔)。

相对估值法

在以相对估值法对新兴市场企业进行估值时,我们面临两个问题。第一个问题就是可比公司的数量屈指可数,尤其是我们将可比公司定义为从事相同业务、身处同一个新兴市场的企业时,其数量会更加寥寥无几。第二个问题是,即使我们将可比公司限制在同一市场内,不同企业的基本面(风险、现金流和增长率)可能存在巨大差异。尤其在我们希望扩大样本规模以引入其他市场企业时,这种情况会愈加突出。在本节中,我们将探讨如何缓解这两个问题。

针对新兴市场企业的比较法

在对一家印度零售企业估值时,更符合逻辑的思路,似乎应该参照市场是如何对其他印度零售企业定价的。同样,如果估值对象是一家阿根廷银行,原则上,我们应参考其他阿根廷银行进行股权交易时的收益倍数。依此类推,在对新兴市场企业估值时,最合理的做法应该是从可比公司的狭义定义开始——在同一个市场中从事相同业务的其他企业。但在这个过程中,我们需要考虑如下三个方面:

- **样本规模**:如果我们将可比公司的范围局限于在同一个市场中从事相同业务的企业,那么在很多小规模新兴市场中,符合这个定义的可比公司可能屈指可数。作为经验规律,当样本范围局限在一位数时,相对估值法得到的结果将缺乏足够的稳定性,原因很简单,我们的判断所依赖的数据太有限。为此,我们可以使用三种技术增加样本量。第一种方法,我们可以关注和被估值公司处于同一个经济链的上下游上市公司。比如说,在分析汽车制造企业时,我们可以汽车零部件制造商和汽车经销商作为可比公司。在第二种方法中,我们可以扩大样本的地域覆盖面,纳入其他新兴市场中从事相同业务的企业。因此,在分析智利的一家零售公司时,我们可以将所有拉美国家的零售公司视为可比公司。按照第三种方法,我们将样本限制在同一个市场中,以该市场中的全部公司作为可比公司,与此同时,采用回归来控制风险、增长及现金流差异。
- **不同公司间的差异**:即使以大量公司作为可比对象,但考虑到这些公司可能在风险和增长特性等方面存在巨大差异，因此，如不能对这些差异进行有效控制，必将导致出错。比如说，如果我们用一家智利的零售公司与其他拉美国家的零售公司进行比较，那么我们必须妥善处理拉美各国之间的风险差异。在前述章节针对成长型企业和危机企业估值的讨论中，我们曾提到以统计工具（回归）控制这些差异。而在新兴市场企业，我们会看到更多适用这些工具的场合。

- **流动性与定价问题**：在很多新兴市场，只有顶级股票才具有足够的流动性和交易性。小规模公司往往缺乏流动性，而且股份仅被少数人持有。如果这些公司的股票价格表明其缺乏流动性以及股东和管理者方面的多样性，那么在我们比较市盈率倍数或 EV/EBITDA 时，必然会得到五花八门的答案，当然，具体情况还取决于我们如何定义可比公司。事实上，在进行不同公司的比较时，必须对流动性差异（这种差异可体现为交易量或买卖差价）加以控制。

◎ 案例16-6　对塔塔汽车的估值——2009年3月的印度汽车企业

2009年3月，塔塔汽车股票的交易价格为166卢比，相当于最近12个月每股收益的6.2倍。为了判断其相对价值，我们比较了塔塔汽车与其他印度汽车企业的市盈率，结果如表16-13所示。

表16-13　印度的汽车企业

公司名称	市值（百万卢比）	市盈率	贝塔系数	营业周转率
阿特拉斯本田有限公司（Atlas Honda Ltd.）	2 736	9.22	0.26	1.06%
阿图尔汽车有限公司（Atul Auto Ltd）	137	9.25	1.30	17.09%
巴加杰汽车有限公司（Bajaj Auto Ltd）	76 781	8.54	0.80	10.02%
英雄本田汽车有限公司（Hero Honda Motors）	189 072	16.25	0.44	9.26%
印度斯坦汽车有限公司（Hindustan Motors）	1 800	3.94	1.22	47.30%
印地汽车有限公司（Indus Motor Co. Ltd.）	3 317	5.01	0.40	38.80%
马哈拉施特拉滑板车有限公司（Maharashtra Scooters Ltd.）	734	7.18	0.97	6.58%
马恒达汽车有限公司（Mahindra&Mahindra）	91 954	4.88	0.79	11.94%
雄伟汽车有限公司（Majestic Auto）	230	4.86	0.85	4.81%
马鲁蒂铃木印度有限公司（Maruti Suzuki India Ltd.）	195 230	9.09	0.56	19.73%
巴基斯坦铃木汽车有限公司（Pak Suzuki Motor Co. Ltd.）	2 539	2.65	0.59	21.26%
塔塔汽车	74 737	6.20	1.48	24.50%

看看这些公司在市值和流动性（以换手率衡量）方面的巨大差异，我们就会发现，在这些公司之间进行比较带来的问题是显而易见的。事实上，在这个样本中，大多数公司的体量非常小，交易量屈指可数。只有四家公司配得上与塔塔汽车相提并论——英雄本田、马恒达汽车、巴加杰汽车和马鲁蒂铃木，或者说，它们

是为数不多的可比公司。在它们当中,英雄本田似乎是个另类(PE高达16.25),但塔塔汽车的收益率则是它们中最低的。样本规模不足导致我们很难得出有说服力的结论。

为扩大分析范围,我们以贝塔系数、每股收益增长率(g)和股息支付率这三个基本面为标准,重新对市盈率进行回归分析,选取对象涵盖了提供2009年1月上述三个指标数据的全部印度上市企业。○由此产生的回归分析结果概括如下:

$$PE = \underset{(1.77)}{4.91} \times g - \underset{(4.40)}{8.63} \times 贝塔系数 + \underset{(57.4)}{74.41} \times 股息支付率 \times R^2 = 95.3\%$$

将塔塔汽车的相关参数值($g=10\%$,$\beta=1.32$,股息支付率29%)插入回归方程,我们可以得到塔塔汽车的预期市盈率为10.68:

$$PE = 4.91 \times 0.10 - 8.63 \times 1.32 + 74.41 \times 0.29 = 10.68$$

因为这个结果高于当前的市盈率6.20,因此,和其他印度企业相比,塔塔汽车被明显低估了(超过40%)。

来自发达国家市场的可比公司

在对某些行业的新兴市场公司估值时,分析师不得不扩大样本范围,纳入某些发达市场的公司。比如说,如果要对巴西航空工业公司进行估值,就会出现这种情况:毕竟,在航空业里,几乎所有上市公司均来自发达市场。而在其他情况下,分析师之所以选取发达市场公司作为可比公司,或许只是因为他们不信任新兴市场同类企业的价格或倍数。

当使用以发达市场公司为主的样本对新兴市场公司进行估值时,我们必须解决如下这三个问题:

- **会计准则的差异**:第一个问题涉及新兴市场与发达市场在会计准则上的差异,以及这种差异对每股收益、EBITDA或账面价值等估值倍数的影响。如果拿一家巴西公司的会计收益和一家美国公司的会计收益做比较,这样的比较或许并不公平,毕竟,这两个国家的会计准则就是不同的。
- **国家风险的差异**:在本章的前面中,我们曾提到,国家风险的差异以及由此形成的国家风险溢价差异,可能会导致新兴市场和发达市场中从事相同行业的企业拥有截然不同的折现率(即使按相同货币计价)。与发达市场的类似企业相比,新兴市场公司较高的折现率会导致它们形成较低的收益、收入及账面价值倍数。
- **宏观环境的差异**:考虑到预期通货膨胀率和利率在不同市场之间各不相同,由

○ 由于无法获取样本中大多数公司的预期增长率,因此,我们以过去5年的每股收益历史增长率代替增长率。

此，企业在市场上的交易倍数也会存在显著差异。总体而言，我们可以预期，公司低利率环境下的收益倍数应高于高利率环境下的收益倍数。

因此，要对新兴市场企业和从事相同业务的发达市场企业进行合理比较，我们还需做到以下几点：

- **通过调整倍数变量反映会计准则的差异**：如果一家新兴市场企业在美国拥有上市存托凭证（ADR），那么该企业就必须按美国会计准则调整其收益数字，从而与发达市场的样本公司相互匹配。如果这家企业未在发达市场上市，我们则需要调整新兴市场企业的收益数字，使之至少能反映出会计准则上存在的重大差异，提高数字的可比性。
- **对国家风险的估值调整**：我们可以通过两种方法调整国家风险。一种方法是以国家信用评级或违约利差代替国家风险，将国家风险明确纳入比较中。实际上，我们可以检验不同公司的市盈率差异是否可由国家评级或违约利差之差做出解释，以及市盈率之差可以在多大程度上归结于国家信用评级或违约利差之差。在另一种方法中，我们将全部可比公司样本划分为发达市场和新兴市场两个分组，并将市场对新兴市场风险的估值体现为折扣率。因此，如果发达市场化工企业的平均市盈率为 10.50，新兴市场化工企业的平均市盈率为 7.00，那么新兴市场企业价值的市场折价率就应该是 33%：

$$\text{与市场风险对应的折扣率} = \frac{10.50 - 7.00}{10.50} = 33\%$$

- **对利率和通货膨胀的估值调整**：我们在本章前面曾提到过，只有当我们对不同公司采用不同的货币计价时，利率和通货膨胀的差异才会带来问题。因此，如果一家印度公司计算市盈率的市场价格和收益以印度卢比表示，而另一家美国公司计算市盈率的市场价格和收益均以美元表示，那么两者直接比较就有可能产生问题。如果公司持有在美国上市的 ADR，问题就迎刃而解了，因为所有数字均以美元表示。否则，我们就必须对各市场之间的差异做出明确调整。

◎ **案例 16-7　对盖尔道钢铁公司的估值——2009 年 1 月的美国上市钢铁企业**

盖尔道钢铁公司持有在纽约证券交易所上市的 ADR。在表 16-14 中，我们对盖尔道钢铁公司与其他在美上市钢铁企业的 EV/EBITDA 进行了比较。

表 16-14　钢铁企业在 2009 年 1 月的 EV/EBITDA

公司名称	EV/EBITDA	资本收益率	税率	债务/资本
AK 钢铁控股公司（AK Steel Holding）	0.83	69.33%	34.43%	40.91%
舒夫国际集团（Schuff International, Inc.）	1.08	51.45%	34.89%	33.55%

（续）

公司名称	EV/EBITDA	资本收益率	税率	债务/资本
希洛工业集团（Shiloh Industries）	1.38	14.55%	44.00%	63.73%
穆勒（保罗）公司（Mueller PaulCo.）	1.53	42.08%	37.65%	6.95%
卡朋特科技公司（Carpenter Technology）	1.80	31.66%	32.56%	26.87%
通用不锈钢及合金公司（Universal Stainless & Alloy Products）	1.97	20.31%	32.74%	4.28%
安博科-匹兹堡公司（Ampco-Pittsburgh）	2.19	33.30%	32.78%	5.86%
美国卡斯特钢铁公司（Castle (A.M.) & Co.）	2.28	14.78%	40.23%	26.85%
施尼泽钢铁工业集团（Schnitzer Steel Industries "A"）	2.29	24.46%	36.39%	16.15%
南非安赛乐米塔尔集团（ArcelorMittal）	2.37	19.20%	20.41%	48.23%
韩国浦项制铁（Posco）ADR	2.43	19.43%	26.01%	22.69%
信实钢铁铝业公司（Reliance Steel）	2.72	16.08%	37.64%	43.81%
美国钢铁公司（U.S. Steel Corp.）	3.07	16.42%	19.87%	45.11%
奥林匹克钢铁公司（Olympic Steel, Inc.）	3.37	11.85%	37.61%	9.16%
意大利泰纳瑞斯钢铁公司（Tenaris S.A.）	3.53	25.87%	28.75%	25.69%
加拿大坎纳姆（Canam Group, Inc.）	3.54	13.71%	39.26%	17.85%
美国工商五金公司（Commercial Metals）	3.65	13.26%	30.96%	50.53%
加拿大塞缪尔马努科技公司（Samuel Manu-Tech, Inc.）	3.85	9.83%	25.47%	41.25%
通用钢铁控股公司（General Steel Holdings, Inc.）	3.85	29.79%	12.32%	50.13%
美国钢铁动力公司（Steel Dynamics）	4.07	14.71%	37.39%	51.14%
纽柯钢铁公司（Nucor Corp.）	4.29	33.23%	34.68%	14.22%
摩洛钢铁集团（Moro Corp.）	4.49	11.65%	40.98%	51.28%
盖尔道美洲钢铁公司（Gerdau Ameristeel Corp.）	4.60	10.87%	30.54%	51.60%
沃辛顿工业公司（Worthington Industries）	4.64	11.57%	26.51%	30.70%
拉塞尔发金属公司（Russel Metals, Inc.）	4.72	14.63%	35.42%	14.49%
克利夫斯自然资源公司（Cliffs Natural Resources）	5.14	22.93%	22.09%	17.70%
直布罗陀工业公司（Gibraltar Industries）	5.17	6.88%	38.55%	61.29%
西北管道公司（Northwest Pipe Co.）	7.92	7.99%	36.33%	25.20%
大北方铁矿石公司（Great Northern Iron Ore）	8.40	245.00%	0.00%	0.00%
欧米加-法莱克斯公司（Omega Flex, Inc.）	13.52	57.23%	37.94%	0.00%

全部样本的EV/EBITDA中值为3.6，考虑到在美上市钢铁公司的平均EBITDA倍数为4.60，因此，盖尔道钢铁公司的价格相对较高，但这种相对估值法也存在几个难以解决的问题。首先，这里所说的可比公司既有美国本土的上市企业，也有在美国上市的外国钢铁公司。鉴于在美国上市外国企业的国家风险可能各有不同，因此其估值倍数自然会受到影响。其次，美国的钢铁行业已成为成熟型行业，因此，美国钢铁公司的增长潜力已非常有限，此外，它们现有资产的资本收益率也相去甚远。

本章小结

随着企业和投资者的日趋全球化，我们的估值对象中开始出现越来越多的新兴市场企业。在对这些企业估值时，我们面临着四个问题：估值使用的本币币值不稳定且无风险利率难以估计、重复计算国家风险、缺乏估值所需要的关键性信息、公司治理质量低下。在很多针对新兴市场企业的估值中，分析师要么选择刻意回避这些问题（对会计差异和公司治理问题视而不见），要么采取简化规则（比如在公司的股权成本基础上增加国家违约差价，以反映这个市场的国家风险）。

本章针对新兴市场企业的估值提出了一个系统框架。首先，我们选定一种货币进行估值，与此同时，在如何估计无风险利率以及如何计算估值中的其他参数方面，与这种选定的货币保持一致。在此基础上，我们需要测算该国的国家风险溢价，以反映投资新兴市场带来的额外风险。然后，我们再来确定该市场中特定企业承受的国家风险敞口（通过贝塔系数或 λ 系数）。此外，我们还主张以行业贝塔系数来估计股权成本，以避免传统回归分析对价值的扭曲，毕竟这种回归所依靠的是本地指数，其代表性非常有限。针对关键性信息的缺失，我们既可以在现有财务报表中寻找替代性数据，也可以根据增长与基本面之间的关联性估计缺失的输入变量。至于公司治理不善的问题，考虑到企业目前的现金流和折现率不仅能反映管理质量，还能反映更替管理层的概率，因此我们无须对此进行明确调整。最后，在估值面对国有化或恐怖主义的威胁时，我们首先需要估计事件（国有化或恐怖主义）发生的概率，在此基础上评估这些事件对价值（公司价值和股权价值）的影响。

在本章的最后一部分中，我们探讨了针对新兴市场企业的相对估值法。如果被估值企业所在的市场和行业中存在大量上市公司，那么我们的任务就会简单得多：估算投资者为取得公司股权而支付的收益倍数、账面价值倍数或收入倍数，然后将这些倍数与同一市场中其他公司的倍数进行比较。在这个方面，我们面临的问题是，这些公司在估值的基本面以及流动性上存在重大差异，而这种差异很有可能会造成估值倍数的差异。此外，在比较新兴市场企业和发达市场企业时，我们指出，必须对会计准则和贝塔系数的差异加以控制。

归根到底，尽管针对新兴市场企业的估值原则与针对发达市场企业的估值并无二样，但涉及的估计问题显然更为严峻。只要能以客观视角认识这些问题，我们就能以内在估值法和相对估值技术来评估新兴市场企业的价值。

第 17 章

走向细处
价值分解

在贯穿本书的所有企业估值中，我们的估值对象均为公司整体，也就是说，采用的是包含全部业务和经营地区的总体现金流与公司层面的资本成本。尽管这种估值方法适用于大多数情况下，但在特定情况下，我们或许希望反其道而行之，循着从局部到总体的思路，也就是说，先对各项业务和各地区分部进行独立的估价，或是先对各业务单元（顾客或用户）进行估价，然后通过加总得到企业的整体价值。尽管估值的基本原则没有变化，但是在这种分散式估值中，我们所需要的信息和需要规避的错误则会发生变化。在本章里，我们将对分散式估值和集中式估值加以对比，在此基础上，讲述如何通过局部估值加总的方法得到一家公司的价值，以及如何通过对单个用户或付费会员进行估值，从而取得以用户或付费会员为基础的公司价值。

集中式估值和分散式估值

折现现金流估值模型的一个特征就是它采取的是累加方法。换句话说，如果我们需对一家包含三项业务的公司进行估值，那么我们要么以合并后的公司为估值对象，加总这三项业务的现金流，并采用以各项业务价值为权重的加权平均折扣率进行折现；要么以每项业务的现金流和折现率来对该项业务进行单独估值，然后将三项业务的价值之和作为公司价值。至少从理论上说，我们使用这两种方法应得出相同的公司价值。为此，我们将第一种方法称为汇总估值法（aggregated valuation），将第二种方法称为分部估值法（disaggregated valuation），并对这两种估值的差异加以探讨。

在估值实务中，我们看到的更多是汇总估值法，这种方法之所以占据主导地位基于如下两个方面因素。

- 作为投资者，我们投资的是整家公司，而不是公司的某个部分。因此，当我们购买通用电气的股票时，投资的对象是通用电气这家跨国公司，而不是通用飞机发动机公司或是通用电气资本公司的股票；当我们购买可口可乐公司的股票时，投资的对象是可口可乐这家跨国公司，而不是可口可乐的印度分公司。也许就是出于这个原因，大多数估值采用的是汇总估值法，也就是说，我们使用的是公司通过各个地域和各项业务取得的总收入和总现金流，并以反映这些业务和地域价值权重的折现率进行折现。
- 汇总估值法之所以成为常见现象而不是例外，还有另一个层面的原因。大多数公司的信息披露是在公司整体基础上进行的，比如说，通用电气和可口可乐披露的是整家公司的合并财务报表（利润表、资产负债表和现金流表）。虽然有些企业试图在业务和地域层面上披露信息，但这种信息通常仅出现在附注中，而且仍属罕见行为，归根到底，各个公司和国家对信息披露的要求和实践各不相同。

但是在个别情况下，我们仍希望通过对部分进行单独估值来取得整家公司的价值：

- **基本面差异**：对多元化公司和跨国公司而言，对各项业务或各个地区进行单独估值的一个优势是，我们可以具体考虑每项业务的不同风险、现金流和增长情况，而不是在加权基础上将整家公司视为一个实体。
- **增长率差异**：如果某一项业务和某个分区的增长速度超过同一家公司的其他业务或分区，那么汇总估值法就很难反映它们在增长率上的差异。例如，当某些业务的增长率高于其他业务时，代表公司所从事业务的自下而上贝塔系数的加权平均值就会随时间而出现改变。
- **交易性原因**：在某些情况下，公司需要出售或剥离某个业务分部，因而需要对这个分部进行单独估价，此时，我们的估值对象就是这个分部，而不是整家公司。在对即将分拆的公司估值时，这种需求尤为突出。
- **管理上的原因**：在一家公司的内部，不管是为了监督不同部门管理人的绩效，还是从提高该部门绩效的角度出发，单独对这个部门进行估值都是有意义的。

在过去 10 年中，随着 Facebook 和推特等社交媒体公司的出现和发展，人们开始越来越多地关注用户对企业的价值，不仅是因为这些公司的价值来自这些用户，公司也需要通过决策的裁量而实现价值最大化。

跨国联合体

如果说全球化已成为过去 10 年经济生活中的一个关键主题，那么在企业估值中体现全球化特征自然就不足为奇了。在本章的这一部分中，我们关注的对象是一些实现跨地区和跨行业的多元化企业。对于这些跨地域分布的多元化公司来说，由于它们从事多项业务，并在出售时采取了捆绑为一体的形式，因此，其估值的难度可想而知。为此，我们需要对这类公司进行深入分析，并思考如何以最合理的方式反映不同业务和不同地区的风险、现金流和增长特征差异。

多元化跨国企业已成为全球市场中的常态。或许历史学家会对我们的观点怒不可遏，但我们仍然认为，人类历史中的第一批跨国公司，应该是此前几个世纪里出现的殖民大国，包括英国、法国和荷兰。事实上，英国人早已在商业上实行开放政策，让他们的东印度公司把整个殖民地国家当作子公司，为英国人带来无穷无尽的利润和价值。在20世纪的大部分时间里，上市公司的演变史就是另一个版本的"殖民史"，就是美国和欧洲发达市场企业不断向新兴市场扩展的历史。但是在过去的10年中，随着越来越多的新兴市场公司进入发达市场，跨国公司的内涵开始变得混乱。在本节中，我们将考察这种复杂企业集团在经济中扮演的角色，并剖析它们所共有的某些特征。

跨国公司在经济中的角色

在大多数市场上，上市公司多为从事单一业务的公司，它们的收入和利润主要来自国内业务。本章讨论的对象是从事多项业务并涉足多个市场的企业。虽然它们只是全部企业总体中的很小一部分，但拥有超常的影响力。因为在很多市场中，这类公司往往都是顶级的大公司（就收入、利润和市值而言）。

公司规模与多元化经营之间的相关性并非偶然事件。毕竟对从事单一业务中的大多数公司来说，它们迟早会达到这个业务的饱和点，到了那个时候，它们必须做出决绝的选择。摆在这些企业面前的选择是，要么接受企业已经成熟的现实，并甘于现状；要么寻求进一步的增长，而这种增长只能借助于进入新的业务和新的市场。并非所有大型企业都是各自行业内的通用电气或是西门子，但多数大型企业在发展过程中都会跨越最初的业务边界。归根到底，在一个成熟的经济体中，任何一个希冀维持高增长的公司都需要放眼海外市场。因此，欧洲和北美公司已大举进军新兴市场，尤其是亚洲，原因很简单，这些市场的经济增长潜力是巨大无比的。

从历史上看，新兴市场企业之所以未能搭上全球经济增长的快车，主要有两个方面的原因：一方面，印度和中国的国内市场需求始终维持强劲增长态势，因此，它们的企业没有理由去关注海外市场；另一方面，至少是目前为止，基于规模约束以及资本市场的滞后，新兴市场企业可动用的资源远比发达市场企业的可用资源更有限。在过去的10年中，随着亚洲及拉丁美洲股票市场和债券市场的开放，我们看到，越来越多的新兴市场企业正在成为全球经济的参与者。本章所讨论的就是这些企业，当然，还有和它们一样的发达国家跨国公司。

跨国公司的特征

本部分着重讨论跨国公司的共同特征,旨在揭示它们给估值带来的某些特殊挑战:

- **涉足诸多不同国家和市场**:如果跨国公司的定义就是在多个市场上从事经营,有些身处发达经济,有些则置身于新兴经济,那么跨国公司给估值带来的影响是直接的。在前一节里我们曾提到,新兴市场的现金流风险更高,因而应按高于发达市场的折现率对这种现金流进行折现。对一家仅在某个新兴市场从事经营的公司,这就意味着需对预期现金流采用更高的折现率。对一家同时在多个市场开展业务的公司来说,针对某些市场(比如风险较高的新兴市场)的估值应采用高于其他市场的折现率。

- **适用于公司整体的风险参数不适合部分估值**:如果把一家跨国公司视为由涉足不同业务和市场的企业构成的组合,那么我们就应采用各公司风险参数的加权平均值估计合并公司的风险,并在此基础上进行估值。在实务中,我们经常遇到的第一个问题就是难以获取这些风险参数,因为合并公司(GE 或西门子)包含多家企业,其股票价值对应的是整家公司,而不是单个部分。第二个问题是,和增长率一样,业务和国家的权重也会随着时间的推移而变化,因此,只有对权重参数适时调整,才能反映这些变化。

- **纳税体现的是多种边际税率和税收管辖权的组合**:跨国公司的边际税率和有效税率反映的是针对不同收入支付的税率,而不是国内市场的边际税率。在确定计算现金流和折现率所采用的税率时,我们不仅需要考虑公司收入的来源地,还要考虑公司是否可将收入转移到低税率及其对税率的影响。

- **庞大的集中管理成本**:当公司分支延伸到多项业务和多个国家时,不可避免地会带来成本集中化。造成这种趋势的一个重要原因就是控制权,因为公司需要密切关注风险和现金流,并对风险予以有效管理。另一个原因在于规模经济效应,在整家公司范围内建立统一的会计部门或营销部门,可以避免在各业务部门复制设置相同的职能部门(如会计和营销)。集中化成本带来的问题不仅体现在成本的数量上,还需要根据某个经营变量将这些费用配置给各企业和地区。譬如,可以创造的收入份额,将集中的日常管理费用分配到各个部门,根据各部门的员工数量对员工培训和招聘成本进行分析。虽然这两种分配方式都有理可循,但显然无法核实各部门发生的实际成本。因此,按分部或地区层面计算的所有盈利指标(EBITDA、营业利润或净利润)都是不可信的。

- **内部交易**:对于涉及多个地区和业务的公司,一个最大的问题就是公司大量存在的内部交易。比如说,当一家公司同时从事铁矿开采和钢铁生产时,公司旗下的钢铁生产企业会向铁矿石开采企业采购原材料。钢铁生产企业将采购的铁矿石列示为成本，而开采企业则将这笔业务披露为收入，但是在母公司层面，收入与成本相互抵销，不产生任何净效应。但内部交易会在两个方面给估值带来影响。首先，尽管公司净利润可能不受这笔内部交易的影响，但收入和成本则会因交易的存在而虚增。其次，这些交易的价格可能会受到人为干预，而且这种人为转移价格考虑的主要是税收和控制因素，而不是出于市场供需的考虑。毕竟，虽然铁矿石定价过高（相对于外部采购方在市场上支付的公允价格）降低了钢铁企业的收入，却会让采矿公司的收入增加相同金额。因此，当分析师试图完全按采矿公司披露的利润对其进行估值时，其结果必然是价值的高估。而关联公司之间的相互融资行为会进一步加剧这个问题，比如说，一个部门向另一个分部提供借款就属于这种情况。同样，这种内部借贷的利率可能不符合市场利率，因此，这种内部融资的最终结果就是在整个企业范围重新分配利润。设立内部资金部门的做法必然会加剧这个问题。

- **复杂的持股结构**：虽然并非所有多元化业务均存在复杂的控股结构，但至少跨国公司存在这种情况，毕竟，这些公司的多样化业务和地域结构使之更易形成复杂的股权结构。在多样化企业集团中，通常会针对某些业务设立相对独立或是完全独立的子公司，并以多种方式对这些子公司实现控制。比如说，20 世纪 80 年代，可口可乐公司曾将其瓶装业务分拆成一家独立公司，并将对该公司的持股比例下调至 50% 以下，因而避免了对这家子公司合并报表的义务。但是在对可口可乐公司进行估值时，我们必须评估可口可乐装瓶公司的价值，并将估值结果的一定比例归属于母公司。

所有这些特征都会影响我们在公司估值过程中使用的信息。

估值问题

当公司进入多项业务和很多市场时，我们必须解决公司估值所需输入变量的估计问题。我们可以将面对的问题进行分解，分别对每一类输入变量进行分析。我们首先看看这种方法在折现现金流模型中的使用，然后再讨论相对估值法。

内在估值法（折现现金流模型）

决定多元化公司内在价值或折现现金流价值的自变量和决定所有公司估值的自变量都是一样的，包括现有资产创造的现金流、预期增长率、新资产创造的价值、这些资产的风险（体现为折现率）以及公司进入稳定增长阶段之前的时间跨度：

- **现有资产**：使用总收入评估复杂企业现有资产的价值会带来三个问题。首先，总收入来自分布在全球各地不同企业的投资，这些投资采用的币种、风险特征和投入资本均存在很大差异。考虑到估值基本面的差异，计算这些收益和现金流的价值注定非常困难。其次，即使企业确实按业务和地区分别计量收入，也必须提供资本支出和投资等方面的其他详细数据，但这些信息往往无从获取。实际上，即使是按业务部门划分的收入，也会受到集中成本分配模式的影响，毕竟要弄清哪家公司得益于这些成本几乎是不可能的。最后，公司内部交易和内部融资的存在，还会造成资产、收益和账面价值的混乱，这很容易造成某些资产被重复入账，而另一些资产被遗留在账外。

- **增长型资产**：和现有收益一样，各项业务和各个地区不仅在增长率方面差异很大，而且增长的质量也不尽相同。为了对增长创造的价值做出合理估值，我们需要在两个关键变量上取得足够的信息——各项业务的再投资金额（和再投资率）及其各自的资本收益率。即便是对从事单一业务的公司，要获取这些信息就已经非常困难了，更何况在这些复杂的多元化公司中，由于资本支出通常集中发生在母公司层面，而且资本的账面价值则分布在部门层面，因此此类信息更是无所知晓（因为业务分布无须披露资产负债表），或是即使存在，也不足信（因为资金已分配到各项业务）。此外，由于公司在不同业务和不同地区的扩张速度不尽相同，因此其加权增长率是动态变化的。

- **折现率**：如果说不同企业具有不同的风险特征，而且在全球不同地区从事经营会导致公司面临不同的国家风险，因此要对跨国公司涉足的诸多业务风险（及其资本成本）进行估计，必然会产生两个问题。第一个问题是，我们需要取得针对每一项业务的风险指标，而不是整体企业。比如说，在评估飞机业务的风险和价值时，通用电气总贝塔系数的意义并不大。第二个问题涉及计算整体公司风险指标所需要的各项业务权重。由于不同企业的增长率是变化的，因此其权重并不固定。折现率的另一个输入变量是财务杠杆，它在业务分部层面是很难衡量的，这不仅是因为公司承担的负债不会按部门分解，还因为我们只能取得整家公司的股权市场价值，个别企业的股权市值显然无从获取。无论是对于折现率还是现金流，我们还要面对一种难以厘清的困境：一家跨国公司创造的现金流是采用不同货币计量的，而且发行的债券通常也会采用多种货币。考虑到通货膨胀率、无风险利率和折现率可能因货币而异，因此，对相同的输入变量，我们可能会得到不同的估计值，每一个估计值依赖于我们采用的货币。

- **终值**：当一家公司同时涉足多项业务时，极有可能出现的情况是，某些业务已进入稳定增长阶段，其他业务还处于高速增长阶段。因此，在预测整家公司完全进入稳定增长阶段之前的现金流时，可能会人为延长成熟型企业的现金流。另一个因素也加大了这个环节的复杂性。公司可能会分立、分拆或剥离它们认为被市场低估的业务，这就会彻底改变公司在稳定增长阶段的结构。

总而言之，即使多元化公司估值的输入变量在分类上没有变化，我们也可能在每个变量上都要面对更多的估计问题。

相对估值法

如果说相对估值法的本质是寻找与估值对象相近的其他公司，并将估值对象的价格与这些可比公司的价格进行比较，那么对于从事多项业务且涉足诸多不同市场上的多元化公司来说，估值的难度是显而易见的。除非我们能找到在业务组合和地区业务组合上与估值对象完全相同的其他公司，但这几乎是不可能的，否则我们就无法得到相对估值法所需要的可比公司。因此，在对通用电气和西门子这样的公司做估值时，我们根本就找不到可称之可比公司的集团（甚至是单一公司）。

当分析师试图以每项业务中的可比公司来规避这个问题时，他们会发现根本就找不到个别业务部门的市场价值以及常用倍数变量的信息（如每股收益、营业利润和EBITDA）。即便假设我们确实能找到将利润总额分配给各个业务部门并对其进行估值的方法，我们还要解决最后一个问题，即将多个业务部分合并为一家公司会给估值带来怎样的影响。为此，我们需要在估值结果基础上添加一个溢价（假如我们认为合并会带来成本节约或其他协同效应）或折价（假如我们认为合并会降低运营效率并减少对核心业务的关注度），以及这种溢价或折价调整的幅度应该是多大。

估值难点

鉴于这些估值问题的存在，在对跨地区和跨行业企业集团进行估值时，分析师会采用多种估值模型。信息缺失造成某些方法成为不得已而为之的折中，而有些方法则会导致估值失败。本节的重点在于后者。

内在估值法

在对多元化跨国企业估值时，我们将面临两种挑战：一种挑战是不同业务在风险、现金流和增长率等方面体现出的不同特征；另一种挑战是如何认识不同国家在风险敞口上的差异。在很多情况下，分析师要么假定以合并口径数字应付这个问题，要么干脆对估值问题置之不理。

跨国公司：注册地点和运营地点

在第 16 章中我们曾提到，关注公司的注册地点位于何处往往比分析它们在哪里开展业务重要得多。对于新兴市场企业，我们不妨以巴西航空工业公司为例，这家巴西公司的大量收入来自发达市场，这就会导致严重高估其风险溢价、股权成本和资本成本。而对于大多位于美国和欧洲的跨国公司而言，则会出现相反的问题。由于这些公司的注册地在发达市场，因此，尽管它们的相当一部分收入可能来自新兴市场，分析师也会认为，没有针对经营地的国家风险或政治风险进行调整。事实上，分析师为这种操纵辩护的理由往往是，对于雀巢和通用电气这样的大公司，因为它们的业务分布在世界各地，因此不同地区的国家风险会因此而得到分散。正如我们在第7章里提到的那样，这完全是一厢情愿的想法，因为新兴市场之间的关联性正在日趋强化。

对这些成立于发达市场的跨国公司，如果不考虑针对风险调整折现率，而是任由它们享受在新兴市场可以实现的增长率和高利润，最终的净效应就是将始终如一地高估这些公司。在20世纪八九十年代的大部分时间里，可口可乐公司大举进入新兴市场，创建了一大批合资企业，对这些投资，分析师毫不吝啬地给予慷慨溢价。到20世纪90年代末期，俄罗斯的内部动荡导致可口可乐公司面临危机，直到此时，他们才认识到这种扩展战略带来的风险有多大。

多元化经营：常见观点

不同行业和不同市场之间的差异不仅仅体现在风险上。估值模型的每个输入变量（包括利润率、投资收益率和增长率）都会体现出这样的特征。某些分析师坚持对每个投入变量均采用合并口径数字，他们的理由是，这些数字反映了公司旗下各合资公司的加权平均值。从技术上讲，这是正确的。但以当期价值反映的权重，实际上对应于不同业务和不同地区的当期价值。考虑到这些权重可能会随时间而改变，我们应同步对输入变量进行调整。

不妨以一家跨国公司为例，假设该公司同时在发达市场和新兴市场上从事两项业务，最终的总利润率为8.4%。表17-1为计算两项业务权重的过程。

表17-1　收入和利润的分解

行业	财务指标	发达市场企业	新兴市场企业	标的公司
采矿行业	营业利润率	12%	16%	14%
	收入总额（百万美元）	150	150	300
钢铁行业	营业利润率	4%	8%	6%
	收入总额（百万美元）	450	250	700
标的公司	营业利润率	6%	11%	8.40%
	收入总额（百万美元）	600	400	1 000

现在，我们再假设采矿业务以每年20%的速度增长，而钢铁业务的年增长率仅为5%，此外，公司的增长主要将来自新兴市场。综合两项业务和两个地区的利润率，我们可以预测，合并公司的利润率将随着时间的推移而增加。

我们可以将平均数的观点延伸到估值的每一个输入变量。即便一家综合企业集团的回归贝塔系数在今天算得上精确，但它毕竟只能反映各项业务的当期组合状态，当这些业务以不同的速度增长时，它们自然会发生变化。如果不能在未来按权重的变化调整这些数字，必将导致估值结果被扭曲。

不考虑集中化成本和企业内部交易

在上一节中，我们指出了与分配集中化成本有关的问题，以及内部交易对业务分部报告收入的影响。但有些分析师在对跨国公司估值时，会选择对这两个问题及其可预测的后果避而不谈。比如说，如果对集中成本视而不见，并根据预先分配的分部收入或利润对每个部门进行估值，就会导致价值被严重高估。

另外，如果在部门层面采用分配后的收入，就有可能锁定分配过程的错误，从而在一开始就引入错误的收入。同样，如果未能通过调整收入来消除内部交易的影响，则会导致我们高估合并公司的收入总额以及未来的潜在现金流水平。如果内部交易将利润从公司的一个部门转移到另一个部门，那么利用分部收益就会让这个问题延伸到部门收益和价值的预测中。

对交叉持股的估值

正如我们刚刚提到的那样，跨国公司和多元化公司通常采用复杂的持股结构，在某些子公司中持有少数股权，而在另一些公司中则持有多数股权。在很多情况下，子公司，尤其是持有少数股权子公司提供的信息几乎微乎其微，以至于根本不足以对它们进行估值。但这些公司通常会在资产负债表上披露这些持股的估计价值，而不是市场价值，更不用说公允价值。因此，当估值对象持有多笔少数股权时，分析师经常会以账面价值作为这些持股的内在价值估计值。

而对于公司持有的多数股权，分析师需要解决一个完全不同的问题。在大多数国家，企业都需要将子公司的全部金额合并到母公司的财务报表中——将子公司的100%营业利润计入母公司的收益，子公司的100%资产被计入母公司的资产负债表中——对于子公司的资产和收益中非由母公司拥有部分，则被计入负债（即少数股东权益）。同样，通行的做法是披露少数股权的账面价值，而不是市场价值。在很多折现现金流估值案例中，分析师同样是在合并公司的估值中扣除少数股东权益的会计估计值，而不是公允价值的估计值。

一般而言，对复杂的多元化公司估值时，分析师不得不面对巨大的信息缺口。在很多情况下，他们相信公司的管理者会弥补这些缺失的信息。不过，管理者可能会提供误导性或是过于乐观的估计数，并被分析师纳入最终的估值中。

相对估值法

针对跨地区、跨业务公司的相对估值法可划分为两大类,将所有多元化公司视为可比公司以及局部加总估值法:

- **多元化公司样本**:在这种方法中,分析师将所有多元化公司归集到一起,并将它们进行相互比较,即使这些公司所从事的业务可能相去甚远,而且拥有完全不同的权重。实际上,这些估值都假设,所有多元化企业都具有相近的现金流、增长率和风险特征,因而也应拥有相似的收益倍数或账面价值倍数。
- **局部加总估值法**:在这种更易于接受的方法中,分析师将公司分解为个别业务部门,并根据从事相同业务的可比公司价格对每个部分进行单独估值。比如说,他们可以从每个业务部门披露的收入或 EBITDA 开始,再将这个数值乘以同行业上市公司的平均交易倍数,得到各部门的估值,然后将各部分的估值结果相加,即为合并公司的价值总额。但在这个过程中,被忽略的第一个因素就是各项业务的区域差异,这些差异会影响风险和增长率,进而影响估值倍数。因此,对于一家美国的跨国公司,即使其电子业务的全部收入均来自中国,相对估值法的可比公司仍可以是位于美国的电子企业。第二个被忽略或是容易被错误估计的要素是集中成本。在对一家大型综合企业集团的单项业务估值时,如果采用的是每项业务的 EBITDA 倍数,并不考虑数十亿美元的集中成本,就会得到一个出人意料的结论:局部加总值法得到的公司价值会超过以合并实体为对象得到的估值结果。

总而言之,我们很难以估值倍数和可比公司对这些复杂企业进行估值。

估值方案

在估值方案中,我们必须明确体现出这些复杂企业给估值带来的诸多挑战,并在信息有限的情况下,尽可能地做出最优估计。

(1) 折现现金流估值法。

在对跨地区、跨业务公司估值时,我们将继续采用现金流和折现率的标准计算模型。不过,我们会在这个过程中调整得出最终数字的方法。

步骤1:确定使用汇总数字还是分部数字。

这个过程的第一步或许最为关键,因为它决定了我们将如何处理剩下的其余步骤。在整个流程开始时,我们首先需要确定,是应该将公司作为一个整体进行估值(汇总估值法)或对各项业务独立进行估值(分部估值法)。在信息确实或时间受限的条件下,这个选择不难做出,分部估值显然应该比汇总估值更有可能取得更合理的估值结果。但是在现实中,这个选择则会因以下因素而变得复杂:

- **信息的可获得性**：决定我们对整体公司或个别业务进行估值的最关键变量，就是能否获得信息。要按内在估值法评估公司价值，我们就需要取得全部运营细节（包括收入、营业利润和税收）、融资细节（债务的账面价值、股权和现金的持有量以及它们的市场价值）和再投资金额（资本支出和营运资金）。能在个别业务层面提供如此详尽信息的企业显然寥寥无几。因此，对于信息匮乏的行业，一种折中性解决方案就是以行业平均数取代个别企业的数值。所以，我们可以使用行业的平均营运资金比率来确定每项业务对营运资金的预期投资。
- **不同业务和地区之间的差异**：当各分部在风险、增长率和盈利性上存在巨大差异时，最可取的策略就是将公司分解为若干组成部分。不妨考虑一家跨国公司，从事的业务涉及专业零售和服装，经营地点分布在美国和西欧。由于公司在两个经营地域的国家风险差异很小，而且两项业务的盈利性和增长率也非常相近，因此将公司分解为分部并对它们分别进行估值，不会对总体结果产生太大的影响。
- **涉及业务和地区的数量**：实操方面的考虑也是决定是否需要进行分拆以及分拆为多少个分部的重要因素。如果一家公司从事 30 项不同业务，业务分布在 60 个国家，那么从理论上说，我们可以将整个公司分解为 1800 个分部（即 60 个国家×30 项业务），但这显然不切实际。因此，在这种情况下，更可取的估值策略是以整个公司为对象，而且希望平均法则能为我们所用。

最后一种策略就是采取某种折中式的解决方案，也就是说，我们可以把明显不同于其他部分的业务单列出来，然后将剩余部分按汇总法进行估值。以 GE 为例，我们可以将 GE 资本管理公司与旗下其他公司区分开来，因为通用资本与其他部门存在根本性区别。

步骤2：选择货币。

在多个国家从事经营的公司自然会取得以多种货币计量的现金流，因此，在对这些公司估值时，我们必须确定应以何种货币作为估值的基础：

- **汇总估值法**：在以公司整体作为估值对象时，我们自然别无选择，只能以一种货币作为基础货币。因为我们不可能把用不同货币计量的变量输入同一个折现现金流模型中。在确定了货币之后，其他所有估计（现金流、增长率和折现率）都必须采用这种货币。根据之前我们对不同货币无风险利率的讨论，我们必须在所有估计中采用相同的预期通货膨胀率。尽管最理想的选择通常是母公司披露财务报表使用的计量货币，比如说，对通用电气和可口可乐公司的估值可以采用美元，但是在某些情况下，转换为其他货币或许更合适，这主要出于如下两个方面的原因。首先，当一家公司在很多市场同时上市时，和以本币披露的财务报告相比，以不同货币计量的财务报告或许更易于理解，或是更易于使用。譬如，除在瑞士上市之外，雀巢公司还同时在英国和美国上市，并以当地货币披露财务报表。而在国外上市需要披露的信息要远远多于国内上市项目披露的信息量。其次，要获得以本币表示的输入变量可能很困难。假如我们的估值对象是一家俄罗斯跨国企业，那么我们很有可能会发现，以美元为估值货币比使用俄罗斯卢布更容易。

- **分项业务估值**：使用分部估值法可以提供更大的灵活性。我们可采用不同货币对每项业务进行独立估值，尤其是估值对象分布在全球不同国家的情况下，这一点更为明显。随后，我们可以在最后一步（将各分部的估值汇总得到总体估值）中以当期汇率进行货币转换。或者，我们也可以始终采用同一种货币估值，并以这种货币估计现金流和折现率。尽管从理论上说，最后得到的终值应该不会出现差异，但考虑到对单一公司估值使用多种货币带来的困难，我们认为，第二种方法很难规避失误。

归根到底，我们在前几章里针对货币选择的观点在这里仍然适用。企业价值不应依赖于我们对货币的选择。如果这样的话，那只能说明我们的预测缺乏一致性。

步骤3：在充分考虑公司跨业务跨地区经营的基础上估计风险参数。

和在一个市场上从事单一业务的公司相比，对一家经营多项业务的跨国公司进行估值显然要困难得多。幸运的是，前几章提出的方法还是能让我们占据有利地位：

- **汇总估值法**：在汇总估值法中存在着两个维持估值一致性的关键要素。首先，在计算涉足多项行业和多个国家的公司资本成本时，我们必须认识到不同业务和不同国家的风险是有差异的。其次，在考虑公司对不同业务和不同国家的风险敞口基础上，对这些差异化风险进行适当加权，从而估计出合并公司的风险参数。通过分解资本成本的各输入变量，我们可以得到以下启发：
  - ✓ **贝塔系数**：在前面的章节中，我们主张采用自下而上式的贝塔系数——调整财务杠杆的行业贝塔系数，我们的理由是，这个贝塔系数比回归贝塔系数更精确。而对于多元化公司，自下而上式的贝塔系数还有另一个好处：多元化公司的贝塔系数是其不同业务贝塔系数的加权平均值。如果我们假设前述章节描述的估计过程完全适用于调整财务杠杆的行业贝塔系数，那么对从事多项业务的公司来说，我们在估计中面对的最大挑战就是如何得到各项业务的权重。一种简单的解决方案是按每个业务的收入或收益计算权重，这实际上就是假设，一项业务实现的1美元收入完全等价于另一项业务取得的1美元收入。还有一种方法就是估算每项业务的近似价值，具体的估值方法可以按该业务的收入与同行业其他上市公司的收入倍数相乘。
  - ✓ **风险溢价**：在第7章中，我们曾指出，新兴市场的股权风险溢价应高于发达市场，并提出了估算额外溢价的方法。在第16章里，我们探讨了新兴市场企业以及如何合理估计这些公司面对的国家风险溢价和风险敞口。对于同时从发达市场和新兴市场取得收入的跨国公司而言，我们同样面临着与新兴市场公司相同的估算挑战。我们必须针对跨国公司在新兴市场面对的风险调整折现率。而最简单的调整方法就是计算公司在每个市场上的股权风险溢价，并以收入或营业利润为权重对这些数字进行加权平均。更复杂的调整方法则要求针对每个市场计算 λ 系数（如同第 16 章针对新兴市场公司的操作），然后再利用这些 λ 系数和国家风险溢价计算公司的股权成本。

- ✓ **债务成本**：公司债务成本的计算方法是将违约利差与无风险利率相加，并按利息费用调整税收优惠：

$$债务成本 =（无风险利率 + 违约利差）\times（1 - 税率）$$

  对跨国公司，我们需要解决三个问题。首先，在计算债务成本时，采用的无风险利率会因公司实际借款采用的不同货币而不同。考虑到无风险利率取决于我们在步骤 2 中进行估值所采用的货币，因此这个很容易解决。换句话说，如果决定使用美元进行估值，那么不管实际借款采用的是何种货币，无风险利率都应该是美国国债的利率。其次是违约利差，不同借款的违约利差可能会相去甚远。如果跨国公司有信用评级，那么我们可以据此计算出一个违约利差，然后再将这个违约利差与无风险利率相加，从而得到公司的债务成本，这实际上等于说，公司在每个市场上都承担相同的债务成本。最后一个问题与税率有关。尽管债务成本的计算中应使用边际税率，但是在现实中，边际税率会因为公司业务所处的不同国家而变化。对此，一种解决方案就是采用跨国公司注册地的边际税率，但更可取的方法则是采用经营所在国家中的最高边际税率，这么做的理由是将利息费用转移到这个国家，有助于实现税收优惠的最大化。但需要提醒的是，这种方法仅适用于公司在高税率地区有足够收入的情况下，只有这样，才能在收入中递减利息费用，从而减少应纳税所得额。

- ✓ **债务比率**：考虑到我们的最终目的是确定合并公司的价值，因此，我们使用的债务比率应该是整个公司的债务总额以及全部股权的市场价值。

  使用自下而上的贝塔系数（对各项业务的贝塔系数进行加权平均）、合并口径的权益风险溢价（反映各项业务代理的国家风险敞口）、以公司整体违约风险为基础的债务成本以及合并口径的债务比率，我们即可计算出整个公司的资本成本。不过，随着公司业务组合的变化，这个数字也会发生相应改变。

- • **分部估值法**：在对个别业务估值时，由于适用于不同业务的折扣率可能存在较大差异，因此，我们可以进行更灵活的估计。同样，对于计算折扣率所需要的输入变量，我们可以采取如下原则：
  - ✓ **贝塔系数**：当估值对象为个别企业时，我们可以使用自下而上的贝塔系数来计算股权成本。考虑到我们是对每项业务进行独立的估值，因此，无须计算贝塔系数的加权平均数。比如说，对一家从事钢铁、采矿和技术的公司来说，我们可以使用各项业务的行业贝塔系数计算该业务的股权成本。

- ✓ **风险溢价**：如果我们按地区对企业进行分拆，并分别估计每个部分的价值，那么我们就应该根据该地区的国家风险溢价计算该地区的股权成本。在实务中，假如我们需要对可口可乐公司在俄罗斯的业务进行估值，在计算股权成本时就必须采用俄罗斯的国家风险溢价，而对巴西业务则需要采用巴西的国家风险溢价。
- ✓ **债务成本**：尽管我们始终坚持债务成本等于无风险利率和违约利差之和的基本原则，但是，对跨行业跨地区经营的同一家公司来说，两个方面的原因会导致我们得出不同的结果。首先，我们可能会以不同的货币计量不同的收入流，而这就有可能改变无风险利率。其次，在对同一家公司的不同分部进行估值时，基于各分部的风险差异和现金流差异，因此我们会采用不同的违约利差。
- ✓ **债务比率**：与其他计算资本成本的输入变量一样，同一家公司不同分部的债务比率也会有所不同。在某些公司，借款由个别部门承担（而不是综合公司），因此，我们可能需要按公司的实际情况来估计它们的债务比率。而对于债务在母公司层面合并承担的大多数公司，我们可以有两种选择。第一种选择就是假定公司的所有业务均采用相同的债务和股权结构，这样，公司的债务比率就是每个业务的债务比率。第二种选择则是采用相同行业上市公司的平均债务比例，并以这个债务比率计算个别业务的资本成本。

归根到底，在汇总估值法中，我们用来对现金流进行折现的资本成本代表了合并口径的资本成本，它体现了各项业务和各个市场的组合。另外，在分部估值法中，对现金流进行折现的折现率则是特定国家和特定业务中的资本成本。

步骤4：未来现金流和价值的估计。

选定了估值采用的货币以及和这种货币一致的折现率，我们就需要确定用来估计业务机制的预期现金流。和前几节一样，在这个步骤中，我们采取的方法很大程度上取决于估值对象是整家公司还是其个别分部：

- **汇总估值法**：当使用汇总估值法时，我们必须估计整家公司在估值时点的现金流。按照估计现金流增长率的基本原则，这个增长率必须以整家公司的再投资率和资本收益率为基础。考虑到公司从事不同业务，各项业务有着不同的再投资率和资本收益率，因此，我们应该以各项业务的加权平均值作为这些参数的最终取值。与贝塔系数的计算过程一样，我们同样需要高度权重随时间而变化的模式及其对增长率和现金流的影响。
- **分部估值法**：如果估值对象是一家大型公司的个别分部，估计的灵活性就会大为增加。在这种情况下，我们无须计算公司各项业务的加权平均值，而是单独考虑每项业务，根据预期增长率和预期现金流计算每项业务的再投资率和资本收益率。对于大型企业集团，我们很可能会发现，某些企业因其收益率高于资本成本而通过增长创造了更多的价值。还有些企业的新投资收益率低于资本成本，因此它们的增长实际上是在破坏价值。

总而言之，和估值中的其他输入变量一样，分部估值法需要的信息更多（就输入变量而言），但提供的信息同样也更多。

步骤5：根据公司价值计算每股股权价值。

要从经营性资产的价值得到每股股权价值，首先需要在经营性资产价值基础上增加公司持有的现金余额，扣除未偿还的债务，加上非经营性资产价值（如果有的话），然后再除以股数，结果即为每股股权价值。尽管这些步骤对所有多元化跨国公司的估值都是一样的，但必须承认的是，这个过程的每个阶段都要面对巨大的挑战：

- **增加现金**：从总体上说，我们的观点是，1美元现金的价值应该就是1美元，至少在使用内在估值法时，对现金的估值不应附加任何折扣和溢价。但有两种情形可能会导致现金价值出现折价，也就是说，1美元现金的市场估价不再是1美元：
    ✓ 第一种情况是由于存在投资风险，导致公司以所持现金进行投资取得的收益率低于市场利率。今天，美国的大多数公司都可以轻松地投资于政府票据和债券，但对小企业以及美国之外的某些市场，这种调整有可能受到严重制约。就长期而言，由于现金投资的收益率低于市场公允收益率，因此这种投资必然会破坏价值。
    ✓ 第二种情况是考虑到以往投资业绩，难以信任让管理层持有大额现金余额。尽管对低风险或无风险有价证券做大规模投资本身并是价值中性的，不过，即使在这些投资只能取得平均收益率的时候，巨大的现金余额也会诱使管理层去进行大手笔的投资或收购。在某些情况下，这些行动或许可以防止公司成为收购目标。⊖但如果股东认为这些投资的收益率达不到预期，这些现金就会以折价形式体现在公司的当前市场价值中。在鲜有投资机会且管理不善的公司，现金的折扣率可能最大。而拥有大量投资机会和管理良好的公司可能无须对现金进行折扣。
- **减去负债**：对跨国公司来说，在计算股权价值时需要扣除的负债在很大程度上取决于估值的对象是什么。如果估值对象是合并公司的股权，那么，计算股权价值时需要减去未偿还债务的市场价值。如果估值对象是个别企业的股权，则应减去这些个别企业的债务。
- **增加交叉持股的价值**：交叉持股的价值方式取决于如何对投资进行分类以及投资的动机是什么。通常，对另一家公司的股权投资可划分为被动型少数股权投资、主动型少数股权投资或主动型多数股权投资。不同类型投资适用的会计准

⊖ 拥有大量现金余额的公司显然是更有吸引力的收购标的，因为现金余额可抵消收购的部分成本。

则是不同的。

- ✓ **被动型少数股权投资**：如果一家公司对另一家公司持有的股份或资产占后者所有者权益的比例低于20%，且前者不参与后者针对运营方式的决策，那么这笔投资就应被视为被动型少数股权投资。这些投资拥有收购价值，这个价值代表了公司最初为购置股权所支付的价值，通常为市场价值。按照会计准则的要求，这些资产可划分为三类：持有到期的资产、可供出售的资产和交易型资产。每一种资产的估值原则各有不同：
  - 对持有到期的投资，估值按历史成本或账面价值计算，投资取得的利息或股息计入当期损益。
  - 对于可供出售的投资，估值按市值计算，但尚未实现的收益或亏损作为权益的一部分列示在资产负债表中，而不是计入利润表。因此，未实现亏损会减少公司的股权账面价值，而未实现收益则增加股权账面价值。
  - 对于交易性投资，估值采用市值计算，未实现的收益和亏损计入损失，列示在利润表中。一般来说，公司只能在利润表中列示按被动型少数股权投资得到的股利。不过，在如何对投资进行分类以及相应的投资估值方法选择上，公司拥有自由裁量的权利。通过这种分类，对投资银行等以交易为目的而持有其他公司股权的公司来说，必须确保其大部分资产在每个期间均按市场价格进行重新估值。这种估值方法被称为市场计价法（marking to market）。在会计报表中，这是为数不多的几个以市场价值而非账面价值核算的科目之一。
- ✓ **主动型少数股权投资**：如果一家公司对另一家公司持有的股权或资产占后者所有者权益的比例在20%～50%，那么这笔投资就应被视为主动型少数股权投资。对于这类投资，以最初的收购成本作为投资价值，在投资之后，根据被投资公司各期净收益（亏损）的一定比例（即投资所对应的持股比例）逐期调整收购成本。此外，取得的股息视为投资成本的收回，按股息调减投资的收购成本。这种对投资进行估值的方法被称为权益法（equity approach）。在对投资清算之前，始终不考虑这些投资的市场价值。而在投资清算时，将收入的收益或亏损扣减调整后收购成本的余额，计入当期损益的一部分。
- ✓ **多数股权投资**：如果一家公司对另一家公司持有的股份或资产占后者所有者权益的比例高于50%，那么，这笔投资就应被视为主动型多数股权投资。⊖在这种情况下，投资不再处理为金融性投资，而是以被投资公司的资产和负债取而代之。按照这种方法，需要对两家公司的资产负债表进行合并，也就是说，将两家公司的资产和负债合并显示为一张资产负债表，而其他投资者对被投资公司持有的股份则列示为资产负债表中的少数股东权益科目。此外，

⊖ 只要将对其他公司的持股比例控制在50%以下，公司就无需对被投资公司进行合并。

公司的其他财务报表也需要进行类似的合并，比如说，现金流表反映合并后公司的累计现金流入和现金流出。这和适用于主动型少数股权投资的权益法恰恰相反——对后者而言，只有投资收到的股息被列示为现金流表中的现金流入。同样，在多数股权投资被清算之前，投资的市场价值不予考虑。在清算时，市场价格与公司股权净值的差额列示为当期的收益或损失。

考虑到对其他公司持有的股权可以通过上述三种不同方法进行核算，那么我们该如何对每一种类型的投资进行估值呢？最合理的方法就是分别估值每一笔股权投资的价值，即按持股比例进行相应的估值，然后再将这些股权投资的价值纳入母公司的股权价值中。因此，假如一家公司持有另外三家公司的股权，那么在对这家公司估值时，就应该按每一笔投资对应的持有比例估计该股权投资的价值，并将结果与该公司（母公司）的股权价值相加。因此，在对利润表进行合并时，我们必须首先从母公司的财务报表中剥离对应于子公司的损益、资产和债务，才能进行上面讨论的各个步骤。否则，我们就会重复计算子公司的价值。

随着公司持股数量的增加，个别持股的估值会变得越来越烦琐。在实务中，对交叉持股估值所需要的信息可能无从取得，这就会导致分析师的估值精度下降：

- **交叉持股的市场价值**：如果被投资公司是公开上市的企业，那么以所持股权的市场价值作为估值结果也是另一种值得探索的方案。尽管这或许会导致市场对股票的定价偏差影响到估值，但这种方法更有利于节约时间，尤其是在公司对上市公司持有数十笔交叉持股时，其效率是显而易见的。
- **市场价值的估计值**：当一家上市公司与另一家非上市公司相互持股时，非上市公司很难取得市场价值。因此，面对可以取得的有限信息，我们或许只能对持股价值尽可能做出最合理的估计。对此，还有诸多替代方案可供我们选择。其中的一种方法就是计算同行业其他公司（与原有股份的私人企业从事相同业务）通常情况下的市场交易价格与账面价值之比，然后将这个倍数与该非上市公司账面价值的乘积作为估值。举例来说，假设我们的任务是对一家制药公司对五家非上市生物技术企业所持股份进行估值，这些持股的合计账面价值为5000万美元。如果生物技术企业的平均交易价格通常为账面价值的10倍，那么估值对象所持股份的市场价值就应该是5亿美元。事实上，我们还可以将这种方法推广到针对复杂持股结构的估值，在这种情况下，我们可能无法找到每笔股权投资估值所需要的信息，或是持股的笔数太多，以至于难以一一作价。譬如，假设我们需要对一家拥有10项交叉持股的日本公司进行估值。在这种情况下，我们可以按账面价值倍数和累计账面价值的乘积作为交叉持股的价值。需要提醒的是，尽管使用这些持股的会计估计值在实践中是最常用的方法，但确为权宜之计，尤其是在交叉持股的价值较大时，更是如此。

步骤6：确定是否需要针对其他因素调整股权价值。

在估算出一家公司在多项业务和多个市场上所持有的股权价值之后，我们就必须考虑是否需要针对可能影响股权价值的其他因素对估值结果进行调整以及如何调整。第一个调整因素就是多元化公司的复杂性，这会加大估值的难度，进而需要对估算价值进行折价。第二个因素则会带来溢价，即多元化公司被拆分成若干独立公司的可能性，这种分拆可期望带来价值增量为：

- **复杂性**：传统估值模型通常不考虑公司结构复杂性，这背后的逻辑似乎很简单——从总体上看，公司的未知信息不会给估值带来破坏，因为这种风险可以通过多元化经营而分散。换句话说，对于公司管理者在公司的资产、负债和损失等方面提供的信息，我们是可以信赖的。那么他们为什么要披露这些信息呢？有观点认为，只要管理者本身是公司的长期投资者，他们就不会为追求短期价格收益（通过提供误导性信息而获得）而损害自己的长期信誉和公司的长期价值。尽管投资者可能无法得到这些无形资产的信息，但由此带来的风险应该是可分散的，因而不应对价值产生影响。⊖尽管这种观点不无道理，但会带来两个基本问题。首先，管理者可以通过操纵财务数据（然后通过行使期权而出售股票）而赚取可观的短期利润。面对这种短期利益的巨大诱惑力，长期价值和信誉或许已无足轻重。其次，某些管理者可能对未来过度乐观，因此即使关注公司的长期价值，他们也有可能对自己的预测笃信不已。按照这样的逻辑，企业在经济持续增长时期反倒一蹶不振，这样的事情自然不足为奇。凭借对永不再有衰退（至少在近期未来不会）的坚定信念，他们采取了激进的会计策略，无所畏惧地夸大收益。在这些时期，股票投资带来的收益令投资者欢欣鼓舞，因此，让他们接受这些会计操作几乎没有任何问题。不加思考地信任管理者带来的问题显而易见。如果经理人不守信，任由他们操纵公司收益，那么投资者在购买这些复杂企业的股票时，迎来的更有可能是令人意外的痛楚，而不是出乎意料的惊喜。因为经理人向投资者刻意隐瞒的信息，更可能是坏消息，而不是好消息。尽管这些意外的痛楚可能随时出现，但在整体经济增长放缓（尤其是在经济衰退时期）时更有可能发生，而且往往体现为突如其来的冲击。我们可以采用未经调整的现金流、增长率和折现率对公司进行常规性估值，再对估值结果进行折扣，以反映这些公司财务报表的复杂性。但是，我们应如何量化针对这种复杂性而采用的折扣率呢？我们可以有两种选择：

  - **采用企业集团的折扣率**：我们可以根据复杂企业和简单企业的交易价格，计算

⊖ 这完全遵守管理者诚实可信的基本假设。如果确实这样的话，那么，投资者没有得到的信息既有可能是好消息，也有可能是坏消息，而且两种可能的概率均为50%。因此，每当有一家披露可减少其价值的复杂公司，就应该有另一个披露可增加其价值的复杂公司。在一个多元化的组合中，这些影响的综合效应为零。

出前者相对于后者的折扣率。在过去的 20 年中，越来越多的证据显示，相对于从事单一业务的企业（或称单一经营企业），市场对集团企业的估值是存在折扣的。在 1999 年的一项研究中，贝伦·维拉伦格（Belen Villalonga）比较了多元化公司和专业化公司的市场价值与重置成本之比（即托宾 Q 值），她的结论是，前者相对于后者存在 8% 左右的折扣。⊖ 此前研究也得出了类似结果。⊜

- **直接衡量公司的复杂程度，并根据复杂程度估算折扣率**：一种更复杂的方案是使用复杂性评分系统衡量公司财务报表的复杂性，并根据复杂性分数找出对应的折扣率。笔者曾在 2006 年的研究中检验复杂度的不同测量方法——从公司向美国证交会提交报告的页数，到根据财务报表信息计算得到的复杂性得分，并就复杂性的量化调整提出建议。⊜

- **潜在的重组**：一个所有多元化企业都无法回避的问题是，如果将公司分解为若干独立业务，那么企业价值是否超过这些独立业务的价值之和呢？实际上，这也是前述分部估值法的原因所在。如果一家公司的价值超过各独立部分的价值之和，那么我们可能就需要通过一个溢价率，来反映企业将来被分拆的概率以及因此带来的价值增值。

◎ **案例 17-1 采用汇总估值法对联合技术公司进行的估值——2009 年年初**

联合技术公司（United Technologies）是一家在美国上市的公司，公司业务范围涉及航空航天、国防、建筑和科技等领域。2008 年，公司的营业利润为 76.25 亿美元，收入总额为 586.8 亿美元，各项业务分部的详细数据如表 17-2 所示。

表 17-2 联合技术公司 2008 年的各业务分部收入

（金额单位：百万美元）

业务分部	所属行业	收入总额	营业利润
开利空调公司（Carrier）	运输业	14 944	1 316
普拉特-惠特尼发动机公司（Pratt&Whitney）	国防	12 965	2 122
奥的斯电梯公司（Otis）	建筑	12 949	2 477
联合技术消防安防公司（UTC Fire&Security）	安全	6 462	542
汉胜工业设备公司（Hamilton Sundstrand）	工业品	6 207	1 099
西科斯基飞机制造公司（Sikorsky）	航空航天	5 368	478
抵销内部交易		-214	-1
一般经营费用		0	-408
合计		58 681	7 625

⊖ Villalonga, B., 1999, "Does diversification cause the diversification discount?" working paper, University of California, Los Angeles.

⊜ Damodaran, A., 2006, *Damodaran on Valuation* (Second Edition), John Wiley and Sons.

⊜ Berger, Philip G., and Eli Ofek, 1995, "Diversification's effect on firm value," *Journal of Financial Economics*, v37, 39-65; Lang, Larry H. P. and Rene M. Stulz, 1994, "Tobin's q, corporate diversification, and firm performance," *Journal of Political Economy*, v102, 1248-1280; Wernerfelt, Birger and Cynthia A. Montgomery, 1988, "Tobin's q and the importance of focus in firm performance," *American Economic Review*, v78, 246-250.

在全部收入中，公司的内部交易金额为 2.14 亿美元，扣除这个金额以避免重复计算。其中企业成本高达 4.08 亿美元，这就大大降低了公司的营业利润。需要提醒的是，我们已将每个部门归入一项不同的业务：开利空调公司（卡车制冷系统）属于运输业，普拉特 – 惠特尼发动机公司属于国防工业，奥的斯电梯公司属于建筑业，联合技术消防安防公司属于安全行业，汉胜工业设备公司（其产品适用于各类制造业公司）属于工业品制造，而西科斯基飞机制造公司（直升机）则属于航空航天领域。这种分类有一定的主观成分，毕竟其中的某些部门生产多种产品，服务于多个行业。

由于联合技术公司在美国提交的财务报告最为详尽，因此，我们一直采用美元作为估值货币，并以美国国债的利率作为无风险利率。在计算联合技术公司的无杠杆贝塔系数时，我们使用了公司各项业务无杠杆贝塔系数的加权平均值，并以营业利润作为计算权重的基础，如表 17-3 所示。

表 17-3 联合技术公司的加权平均贝塔系数

（金额单位：百万美元）

业务分部	所属行业	营业利润	权重	无杠杆贝塔系数
开利空调公司	运输业	1 316	16.38%	0.83
普拉特 – 惠特尼发动机公司	国防	2 122	26.41%	0.81
奥的斯电梯公司	建筑	2 477	30.83%	1.19
联合技术消防安防公司	安全	542	6.75%	0.65
汉胜工业设备公司	工业品	1 099	13.68%	1.04
西科斯基飞机制造公司	航空航天	478	5.95%	1.17
整家公司		8 034	100%	0.972 5

在估计联合技术公司的股权贝塔系数时，我们使用 2009 年 3 月的股票市值和债务的估计市场价值（将租赁承诺视为债务）得到加杠杆的贝塔系数，边际税率为 38%：

股权的市场价值 = 419.04(亿美元)

债务的估计市场价值(包括租赁)⊖ = 129.19(亿美元)

杠杆贝塔系数⊖ = $0.9725 \times \left[1 + (1 - 0.38) \times \frac{11\,476}{41\,904}\right] = 1.14$

联合技术公司的业务还遍布美国以外的各个地区，公司 50% 以上的收入来自海外销售。为估计对联合技术公司估值时采用的股权风险溢价，我们需要计算各经营地区的股权风险溢价加权平均值，如表 17-4 所示。对于北美和欧洲业务，我们采用成熟市场的股权风险溢价为 6.00%，亚太业务的股权风险溢价为 7.80%，而

⊖ 常规性债务金额为 114.76 亿美元，其余为租赁承诺的现值。
⊖ 由于无杠杆贝塔的计算只能采用常规性债务，因此，我们在贝塔系数加杠杆时仅使用常规性债务。

其他地区收入对应的股权风险溢价为 8.40%。[1]

表 17-4 联合技术公司的股权风险溢价

(金额单位：百万美元)

地区分部	所属收入	加权比例	股权风险溢价
美国	28 234	48.11%	6.00%
欧洲	15 819	26.96%	6.00%
亚太地区	8 212	13.99%	7.80%
其他地区	6 416	10.93%	8.40%
联合技术公司－合计	58 681	100.00%	6.51%

使用前一节计算得到的自下而上（杠杆）贝塔系数 1.14，以 3% 的美国国债利率作为无风险利率，并以 6.51% 作为加权平均股权风险溢价，我们可以得到公司合并口径的股权成本为 10.43%：

$$股权成本 = 3\% + 11.14 \times 6.51\% = 10.43\%$$

最后，我们即可估计出联合科技公司的债务成本，为此，鉴于公司的信用评级为 AA，因此，我们可以得到与之对应的违约利差为 1.75%。由此得到的税后债务成本为 2.95%：

$$税后成本 = (无风险利率 + 违约利差) \times (1 - 边际税率)$$
$$= (3\% + 1.75\%) \times (1 - 0.38) = 2.95\%$$

按市场价值确定的债务和股权权重，我们可以得到公司的资本成本为 8.68%：

$$资本成本 = 10.43\% \times \frac{41\,904}{41\,904 + 12\,914} + 22.95\% \times \frac{12\,914}{41\,904 + 12\,914} = 8.68\%$$

考虑到我们的估值对象为合并口径的公司整体，因此在估计公司的合计现金流增长率时，我们采用的是整个公司在 2009 年的资本收益率和再投资率，而且我们假设，这两个指标将在未来 5 年保持不变：[2]

$$资本收益率 = \frac{税后营业利润_t}{(股权账面价值 + 债务账面价值 - 现金)_{t-1}}$$

$$= \frac{5253}{26\,736 + 10\,591 - 2904} = 15.26\%$$

$$再投资率 = \frac{资本支出 - 折旧 + 非现金营运资金的变动额}{税后营业利润}$$

---

[1] 遗憾的是，联合技术公司在申报文件中针对分部收入提到的信息很有限。因此，亚太地区的销售额不仅包括来自亚洲新兴市场（如印度和中国）的销售额，还包括在日本和澳大利亚市场上实现的销售额，而其他市场（包括拉丁美洲和加拿大）甚至未提供任何细分市场的数据。在亚太地区和其他地区，股权风险溢价按各地区所有国家风险溢价的加权平均值确认，权重为各国的经济规模。

[2] 在估算资本收益率和再投资率时，我们对所述收益和账面资本数值进行了两次调整。首先是对经营性租赁费用进行资本化，在计算资本账面价值时，我们将这笔费用视为负债。其次是公司研发费用的资本化，在增加股权账面价值的同时，调整营业利润和资本支出的数值。在再投资总额中，还应包括 2009 年用于收购的 14.48 亿美元，因为它构成了联合技术发展战略的重要内容；在过去的 4 年中，公司每年均发生收购行为。

$$= \frac{4939 - 2971 + 166}{5253} = 40.62\%$$

预期增长率 = 再投资率 × 投入资本收益率 = 40.62% × 15.26% = 6.20%

之后,我们按 6.20% 的预期增长率预测营业利润,并根据 40.62% 的再投资率估算未来 5 年的再投资金额,结果如表 17-5 所示。

表 17-5　联合技术公司的预期自由现金流　　　　　　　　　（百万美元）

	第1年	第2年	第3年	第4年	第5年
息税前利润（1−t）	5 578	5 924	6 253	6 521	6 717
减：投资	2 266	2 407	2 407	2 233	2 015
公司自由现金流	3 312	3 517	3 846	4 288	4 702
按 8.68% 计算的现值	3 048	2 978	2 996	3 073	3 101

按此前估计的资本成本 8.68% 计算上述现金流的现值,可以得到现金流的现值合计为 151.96 亿美元。

在估值的最后一个步骤中,我们假设公司将进入稳定增长阶段,并在第 5 年之后维持永久性的年增长率为 3%。此外,我们还假设尽管公司的资本成本将在目前水平上保持 8.68% 不变,但资本收益率将下降至 10%,这反映规模效益递减规律以及市场竞争的加剧:

$$\text{稳定阶段的再投资率} = \frac{\text{增长率}}{\text{资本收益率}} = \frac{3\%}{10\%} = 0.30 \text{ 或 } 30\%$$

$$\text{终值} = \frac{\text{税后营业利润} \times (1 + \text{增长率}) \times (1 - \text{稳定阶段的再投资率})}{\text{资本成本} - \text{增长率}}$$

$$= \frac{6717 \times (1 + 3\%) \times (1 - 30\%)}{8.68\% - 3\%} = 85\,248 \text{(百万美元)}$$

$$= 852.48 \text{(亿美元)}$$

按当前的资本成本将上述终值折现为现值,加上预期现金流的现值,我们可以得到公司经营性资产的价值为 714.2 亿美元:

$$\text{经营性的资产价值} = \frac{\text{高增长阶段现金流的现值} + \text{终值}}{(1 + \text{资本成本})^n}$$

$$= 15\,196 + \frac{85\,248}{(1 + 8.68\%)^5}$$

$$= 71\,420 \text{(百万美元)} = 714.2 \text{(亿美元)}$$

尽管联合技术公司不持有对其他公司的少数股权,但在资产负债表上列示了 10.09 亿美元的少数股东权益。因为我们都知道,这个数字来自从事技术开发业务的子公司,在这个领域,公司的市场价值通常为账面价值（市净率）的 1.75 倍,为此,我们可以按市净率倍数估计少数股权的市场价值:

$$少数股权的市场价值 = 少数股权的账面价值 \times 行业的平均市净率$$
$$= 10.09 \times 11.75 = 17.66(亿美元)$$

减去这个数值以及债务价值（129.19 亿美元），同时加上现金余额（43.27 亿美元），我们即可得到公司的股权价值：

$$公司的股权价值 = 经营性资产的价值 + 现金 - 债务 - 少数股东权益的价值$$
$$= 714.2 + 43.27 - 129.19 - 17.66 = 610.62(亿美元)$$

扣除未执行股票期权的估值（5100 万份期权，按平均执行价格 40.35 美元计算，价值合计为 5.44 亿美元）后，再除以已发行股票数量（942.29 万股），我们即可计算出公司的每股股权价值为 64.22 美元：

$$每股股权价值 = \frac{股权价值 - 股票期权的价值}{普通股数量}$$
$$= \frac{610.62 - 5.44}{0.094\,229} = 64.22(美元/股)$$

本次分析时点的股票的交易价格为 44.47 美元，可见，市场对公司股票的价值存在明显低估。

◎ 案例 17-2　采用分部估值法对联合技术公司进行的估值——2009 年年初

在按分部估值法对联合技术公司进行估值时，我们还需取得各业务的更多信息，纳入其他经营性科目。表 17-6 列示了公司总资产、资本投入和折旧的细分科目。

表 17-6　联合技术公司按业务分部的分解　　　　　　　　　（百万美元）

业务分部	所属行业	业务收入	税前运营收入	资本支出	折旧	总资产
开利空调公司	运输业	14 944	1 316	191	194	10 810
普拉特-惠特尼发动机公司	国防	12 965	2 122	412	368	9 650
奥的斯电梯公司	建筑	12 949	2 477	150	203	7 731
联合技术消防安防公司	安全	6 462	542	95	238	10 022
汉胜工业设备公司	工业品	6 207	1 099	141	178	8 648
西科斯基飞机制造公司	航空航天	5 368	478	165	62	3 985

在使用这些信息时，我们需要解决两个问题。首先，公司所提供的信息和我们对这些业务估值所需要的信息并不完全匹配。因此，我们更希望看到各部门的投入资本而非总资产，得到包括收购和营运资金在内的再投资总额，而不是已投入资本。其次，找不到我们希望得到的某些信息。比如说，我们希望看到每个部门

的收入按地理分布的情况以及各部门的债务水平,前者是估计股权风险溢价的基础,而后者则是计算杠杆贝塔系数和资本成本的基本输入变量。

为此,我们首先解决各部门资本成本的估算,这个过程需要我们取得各部门的负债比率及其税后债务成本。考虑到无法得到各部门债务结构的信息,因此,我们可以考虑如下三种方案:

- **对公司的负债总额进行分配**:以资产总额作为分配基础,将负债总额(129.19亿美元)分配到各个部门。这样,我们要么可以使用公司针对所有部门的债务成本,要么可以尝试着估算每个部门的综合信用评级及其债务成本。考虑到我们仍需要估计每个部门的股权市场价值,所以我们认为,这个方案带来的问题远比答案更多,至少对这家公司而言是这样的。

- **采用上市公司的平均市场债务比率**:以各行业的平均债务比率作为该部门的负债比率。这样,从事建设行业中的奥的斯电梯公司就应该比从事工业品制造的汉胜工业设备公司拥有更高的负债股权比率。对这个方案而言,一个无法解决的问题是,各部门的债务总和不等于公司合并报表上的债务总额。尽管我们可以按行业的平均债务比率作为债务分配的基础,但各行业之间的平均负债股权比率差异并不大,以至于无法实现有效分配。

- **以公司的债务比率作为各部门的债务比率**:以公司的债务成本作为各部门的负债成本。当公司所从事的各项业务在负债能力上存在较大差异时,这种方法可能会导致估值出现偏差,但好在联合技术公司的业务均属于资本密集型,而且具有较好的盈利性。各部门的债务比率与公司整体水平相近似乎合乎情理。考虑到各部分未提供按地区划分的数据,因此,我们需要假设所有地区均承受公司整体的风险敞口,所以,各部门的股本风险溢价均采用6.51%(这也是此前的估计结果)。

表17-7总结了我们对杠杆贝塔系数、公司股权成本和资本成本的估计结果。我们假设所有部门的债务比率均为公司的总体债务比率——23.33%。

表17-7 按业务部门计算的杠杆贝塔系数及股权成本和资本成本

业务分部	无杠杆贝塔系数	负债股权比率	杠杆贝塔系数	股权成本	税后债务成本	负债股权比率	资本成本
开利空调公司	0.83	30.44%	0.97	9.32%	2.95%	23.33%	7.84%
普拉特-惠特尼发动机公司	0.81	30.44%	0.95	9.17%	2.95%	23.33%	7.72%
奥的斯电梯公司	1.19	30.44%	1.39	12.07%	2.95%	23.33%	9.94%
联合技术消防安防公司	0.65	30.44%	0.76	7.95%	2.95%	23.33%	6.78%
汉胜工业设备公司	1.04	30.44%	1.22	10.93%	2.95%	23.33%	9.06%
西科斯基飞机制造公司	1.17	30.44%	1.37	11.92%	2.95%	23.33%	9.82%

根据我们的估计，资本成本的最大值是联合技术消防安防公司的 6.78%，最小的是奥的斯电梯公司的 9.94%，其他公司的资本成本分布在两者之间。

以总资本为基础，将 2009 年投资于公司的总资本（282.87 亿美元）分配到各业务部门；并按资本支出将公司在 2009 年的再投资额（21.34 亿美元）总额分配到各业务部门。我们使用这些分配后的数字计算各业务部门的税后资本收益率和再投资率，如表 17-8 所示。

表 17-8　联合技术公司各业务部门的资本收益率和再投资率

（金额单位：百万美元）

业务分部	资产总额	资本性投资	资本支出	分配再投资	营业利润	税后资本收益率	再投资率
开利空调公司	10 810	6 014	191	353	816	13.57%	43.28%
普拉特-惠特尼发动机公司	9 650	5 369	412	762	1 316	24.51%	57.90%
奥的斯电梯公司	7 731	4 301	150	277	1 536	35.71%	18.06%
联合技术消防安防公司	10 022	5 575	95	176	336	6.03%	52.27%
汉胜工业设备公司	8 648	4 811	141	261	681	14.16%	38.26%
西科斯基飞机制造公司	3 985	2 217	165	305	296	13.37%	102.95%

注：税后资本收益率 = $\dfrac{\text{税后营业利润}}{\text{投资资本}}$，再投资率 = $\dfrac{\text{再投资}}{\text{税后营业利润}}$。

在估计预期增长率时，我们假设，上述再投资率和资本收益率在近期内维持不变。根据我们对发生增长的判断，可以得到如表 17-9 所示的预期增长率。

表 17-9　预期增长率和增长模式的选择

业务分部	资本成本	资本收益率	再投资率	预期增长率	增长阶段的跨度（年）	稳定阶段的增长率	资本收益率
开利空调公司	7.84%	13.57%	43.28%	5.87%	5	3%	7.84%
普拉特-惠特尼发动机公司	7.72%	24.51%	57.90%	14.19%	5	3%	12.00%
奥的斯电梯公司	9.94%	35.71%	18.06%	6.45%	5	3%	14.00%
联合技术消防安防公司	6.78%	6.03%	52.27%	3.15%	0	3%	6.78%
汉胜工业设备公司	9.06%	14.16%	38.26%	5.42%	5	3%	9.06%
西科斯基飞机制造公司	9.82%	13.37%	102.95%	13.76%	5	3%	9.82%

我们曾假设，除联合技术消防安防公司以外，所有部门都能在未来 5 年内保持目前水平的资本收益率和再投资率。在稳定增长阶段，所有部门的增长率将维持 3%，其中 4 个部门的资本收益率将逐渐趋同于资本成本，但资本成本最高的两个部门（普拉特-惠特尼发动机公司和奥的斯电梯公司）的资本收益率始终高于资本成本。针对联合技术消防安防公司，考虑到该公司的增长率（3.15%）已接近稳定阶段的增长率（3%），且资本收益率等于资本成本，因此，我们假设公司已进入稳定增长状态。

根据上述的预期增长率和资本成本，我们首先计算出各部门在高速增长阶段的预期自由现金流，具体如表17-10所示。

表17-10 各业务部门在高速增长阶段的预期自由现金流和现值

（金额单位：百万美元）

业务分部	税后营业利润	预期增长率	再投资率	第1年	第2年	第3年	第4年	第5年	现值
开利空调公司	816	5.87%	43.28%	490	519	549	581	616	2 190
普拉特-惠特尼发动机公司	1 316	14.19%	57.90%	632	722	825	942	1 075	3 310
奥的斯电梯公司	1 536	6.45%	18.06%	1 340	1 426	1 518	1 616	1 720	5 717
联合技术消防安防公司	336	3.15%	52.27%						0
汉胜工业设备公司	681	5.42%	38.26%	443	467	493	520	548	1 902
西科斯基飞机制造公司	296	13.76%	102.95%	−10	−11	−13	−15	−17	−49

需要提醒的是，由于假设联合技术公司处于稳定增长阶段，因而无高速增长的现金流。然后，我们再估计出每家公司在高增长阶段结束时的价值，如表17-11所示。

表17-11 按业务部门划分的估计终值

（金额单位：百万美元）

业务分部	税后营业利润	稳定阶段的增长率	稳定阶段的ROC	稳定阶段的再投资率	终值
开利空调公司	1 085	3%	7.84%	38.28%	13 850
普拉特-惠特尼发动机公司	2 554	3%	12.00%	25.00%	40 593
奥的斯电梯公司	2 099	3%	14.00%	21.43%	23 766
联合技术消防安防公司	336	3%	6.78%	44.22%	4 953
汉胜工业设备公司	887	3%	9.06%	33.10%	9 788
西科斯基飞机制造公司	565	3%	9.82%	30.54%	5 749

对于联合技术消防安防公司，终值为经营性资产在当期的价值。对其他业务部门，未来5年的预期现金流和终值必须按之前估计的资本成本进行折现。表17-12为各业务部门经营性资产价值的最终估计值。

表17-12 按业务部门划分的经营性资产估计值

（金额单位：百万美元）

业务分部	资本成本	FCFF的现值	终值的现值	经营性资产价值
开利空调公司	7.84%	2 190	9 498	11 688
普拉特-惠特尼发动机公司	7.72%	3 310	27 989	31 299
奥的斯电梯公司	9.94%	5 717	14 798	20 515
联合技术消防安防公司	6.78%	0	4 953	4 953
汉胜工业设备公司	9.06%	1 902	6 343	8 245
西科斯基飞机制造公司	9.82%	−49	3 598	3 550
合计				80 250

最后，我们还要处理公司在2008年披露的一般性企业费用4.08亿美元，这笔费用会降低公司的总体营业利润。我们假设经税务调整，这项费用将维持3%的稳定增长率。以公司的总资本成本8.68%为折现率，我们将公司在永续增长状态下的现值估计为45.87亿美元：

$$企业费用的价值 = \frac{当期企业费用 \times (1 - 税率) \times (1 + 稳定增长率)}{公司的资本成本 - 稳定增长率}$$

$$= \frac{4.08 \times (1 - 0.38) \times (1 + 0.03)}{8.68\% - 3\%} = 45.87(亿美元)$$

从表17-12中经营性资产累计价值（802.5亿美元）中扣除这个数字（45.87亿美元），即可得到公司经营性资产的价值为756.63亿美元。这比我们在之前案例中得到的经营性资产价值高出约6%左右，在该案例中，我们采用汇总估值法得出的联合技术公司价值为714.2亿美元。虽然差异太小以至于难分伯仲，但只要业务分部的价值超过合并公司总体价值的20%或30%，我们仍可认为这家公司适合于拆分为若干业务部门。

(2) 相对估值法。

我们可以通过两种方法，采用相对估值法对本章探讨的复杂型企业进行估值。第一种方法就是接受现实——如果按业务组合定义，我们永远都不可能找到与目标公司完全匹配的可比公司。在这个前提下，我们只能寻找具有相似现金流、增长和风险特征的公司，或者对这些方面的差异加以控制。第二种方法则是对我们之前介绍的分部加总估值法做相应的延伸，使之更符合复杂公司的特征。

延伸定价法

在大多数相对估值中，分析师的估值判断均局限于某个行业内部，因此他们会将一家软件公司与其他软件公司进行比较，将一家钢铁公司和其他钢铁公司做比较。也就是说，我们实际上是在不言自明地假设：一个行业内的公司在风险、增长和现金流特征等方面具有足够的相似度，因而在定价上也是相近的。当一家公司涉足多个行业或多项业务时，这种类型的相对估值会变得异常困难。但是，在进行对比的时候，只要能控制估值基本面的差异，我们完全有理由扩大相对估值法选取的样本，纳入与估值对象不同的企业。

在实务中，我们既可以尝试修改针对估值基本变量的倍数（在这个例子中，我们使用的是PEG），也可以通过回归技术明确调整各公司之间的差异。比如说，如果按资本收益率、贝塔系数和预期每股收益率（未来5年）对2009年1月美国市值前100家公司的市净率进行回归分析，我们可以得出如下结论：

$$市净率(P/BV) = \underset{(3.83)}{1.57} + \underset{(8.67)}{7.67} \times 资本收益率 + \underset{(5.63)}{8.91} \times EPS 预期增长率 - \underset{(5.22)}{1.64} \times R^2 = 62\%$$

假如估值对象是通用电气（GE）——我们显然无法为这样一家公司找到直接进行比较的可比企业，因此，我们需要将通用电气的自变量（资本收益率为11%，贝塔系数为1.05，预期增长率为7%）数值代入回归方程中，从而得出通用电气的市净率预测值：

通用电气的市净率$(P/BV) = 1.57 + 7.67 \times 11\% + 8.91 \times 7\% - 1.64 \times 1.05 = 1.32$

2009年1月，通用电气的每股交易价格为11.12美元，每股股权账面价值为9.93美元，因此，公司的市净率为1.12，这将导致通用电气的价值被低估20%左右。

修订后的分部加总估值法

在本章前面部分中，我们曾指出，某些分析师采用各项业务创造的收益或收入倍数对多元化公司进行估值。尽管他们在使用这种估值法的方式上存在很大局限性，但只要按如下5个步骤，我们即可对这种估值法进行合理调整。

1. **按业务和地区估计经营数字**。第一个步骤就是获取各项业务或各个地区的运营数据。尽管很多公司在财务报表中至少提供某些关键科目的细分数据，不过，最好应规避因主观判断或规避原因而被扭曲的数字。因此，和分销业务的净收入相比，企业披露的收入或息税折旧及摊销前利润（EBITDA）往往更适合于相对估值法。

2. **按业务和地区寻找可比公司**。在按业务和地区划分运营数据后，我们即可履行相对估值法的常规程序。针对每一项业务，我们可寻找只从事或主要从事相同业务的上市公司，并获得该上市公司的市场价值。如果无法在相关业务中找到可比的上市公司，就有可能需要将该业务进行合并处理，直至找到符合条件的可比公司为止。比如说，如果我们把通用电气公司划分为25或30个不同的业务分部，那么有些业务就有可能找不到适当的可比公司。但如果将通用电气划分为五六个基本业务部门，我们就不难为每个部门找到合适的可比公司。

3. **按业务和地区进行相对估值，并对风险和增长率差异加以控制**。在这个步骤中，我们需确定计算可比公司汇总指标使用的倍数。虽然我们可以用倍数的中位数或平均倍数估计各业务部门的价值，但更稳健的方法则是按可比公司与估值对象的基本面差异调整估值结果。同样需要提醒的是，我们可以为同一家公司内部的不同业务部门选择不同的估值倍数。比如说，在对GE估值时，我们可以对金融服务业的GE资本管理公司采用市盈率进行估值，而对高度依赖基础设施投资的航空发动机业务，可以按EV/EBITDA倍数进行估值。

4. **估算合并口径的数值**。在对公司各业务部门进行单独定价之后，必须将这些结果加总，以得到整体公司的价值。但在这个过程中，我们必须考虑相对估值的对象是什么。如上述针对GE的例子所示，在使用PE进行估值时，我们得到的是GE资本管理公司的价值，而在使用EV/EBITDA倍数估值时，则是针对GE飞机制造公司中的经营性资产价值。前者已经是股权价值，而对于后者，只有在加上现金余额并扣除未偿还债务之后，才是股权价值。如果采用同时包含股权价值和企业价值的倍数，那么最安全的方法就是先估计各项业务的股权价值，然后再将各业务的股权价值加总。但是要得到公司的最终股权价值，还需取得未偿还债务和现金持有量的金额。

5. 检验未尽事宜。在通过加总个别业务价值而得到合并口径的公司总体价值之后，我们需要完成最后的两次检验：

- 首先是未纳入估值的未分配成本（譬如集中的日常管理费用）。在分配费用之前使用收入或盈利对个别业务估值的时候，就会出现这种情况。我们可以通过以下两种方法之一来调整这些成本的合并价值。第一种方法是将成本视为整个公司税后营业利润的一部分，并将估值结果按成本占税后营业利润的比例进行扣除。比如说，如果税后经营利润为200亿美元，而集中管理费用为20亿美元，那么我们就需要将合并扣减10%。第二种方法是将合并成本本身与估值倍数相乘，再将得到的结果从估值中扣除。推导该倍数的一个简单方法就是计算我们对公司其余业务部门的估值与相应营业利润的比率。
- 第二轮调整是针对交叉持股，毕竟这种情况会导致相对估值的结果出现偏差。我们针对少数股权进行的调整也就是我们对内在价值的调整，因此，我们必须估计出这些少数股权投资的价值，并按这部分价值调增合并价值。对于公司持有的多数股权，公司披露的收益为合并收益，因此，我们必须从合并价值中扣除少数股权投资的估计值。如果仅仅是母公司的收益，那么我们还需单独评估多数股权投资的价值，并与合并口径的公司价值相加。

◎ **案例 17-3　按分部汇总估值法对联合技术公司进行估值**

之前，我们曾使用折现现金流模型对联合技术公司进行了估值。在以相对估值法进行公司估值时，我们首先需要对收入、EBITDA、营业利润及各项业务的投入资本进行分解，如表17-13所示。

表17-13　各业务部门的估值倍数　　　　（百万美元）

业务分部	所属行业	收入	EBITDA	营业利润	投入资本
开利空调公司	运输业	14 944	1 510	1 316	6 014
普拉特-惠特尼发动机公司	国防	12 965	2 490	2 122	5 369
奥的斯电梯公司	建筑	12 949	2 680	2 477	4 301

（续）

业务分部	所属行业	收入	EBITDA	营业利润	投入资本
联合技术消防安防公司	安全	6 462	780	542	5 575
汉胜工业设备公司	工业品	6 207	1 277	1 099	4 811
西科斯基飞机制造公司	航空航天	5 368	540	478	2 217
合计		58 895	9 277	8 034	28 287

这样，我们可以选择的估值倍数就缩小到这4个变量中的一个，而且估值的对象是企业价值（而不是股权价值）。要最终确定应在估值中使用哪个倍数（EV/收入、EV/EBITDA、EV/EBIT 或是 EV/资本），我们可以参考每个行业中的上市公司，并尽可能地利用全部4个倍数解释（从事相同业务）企业之间的差异。然后，我们再选择对每项业务最具解释能力的估值倍数（即针对该行业回归得到的 R^2 最大）。表17-14 总结了各项业务采用的倍数以及最终取得统计显著性的回归方程。

表17-14　选择各项业务的估值倍数

所属行业	最佳估值倍数	多元回归方程式	R^2
运输业	EV/EBITDA	EV/EBITDA = 5.35 − 3.55 × 税率 + 14.17 × 资本收益率	42%
国防	EV/收入	EV/收入 = 0.85 + 7.32 × 税前营业利润率	47%
建筑	EV/EBITDA	EV/EBITDA = 3.17 − 2.87 × 税率 + 14.66 × 资本收益率	36%
安全	EV/资本	EV/资本 = 0.55 + 88.22 × 资本收益率	55%
工业品	EV/收入	EV/收入 = 0.516 + 6.13 × 税前营业利润率	48%
航空航天	EV/资本	EV/资本 = 0.65 + 6.98 × 资本收益率	40%

最后，我们使用针对每项业务中选择的估值倍数，并结合行业回归方程，估算联合技术公司旗下各项业务的价值，如表17-15 所示。

表17-15　针对各项业务估算的相对价值

（金额单位：百万美元）

业务分部	作为倍数的变量	倍数的当前数值	资本收益率	营业利润率	税率	倍数的预测值	估值
开利空调公司	EBITDA	1 510	13.57%	8.81%	38%	5.35 − 3.35 × 0.38 + 14.17 × 0.135 7 = 5.92	8 944
普拉特-惠特尼发动机公司	收入	12 965	24.51%	16.37%	38%	0.85 + 7.32 × 0.163 7 = 2.05	26 553
奥的斯电梯公司	EBITDA	2 680	35.71%	19.13%	38%	3.17 − 2.87 × 0.38 + 1 414.66 × 0.357 1 = 7.31	19 602
联合技术消防安防公司	资本	5 575	6.03%	8.39%	38%	0.558 + 8.22 × 0.060 3 = 1.05	5 829
汉胜工业设备公司	收入	6 207	14.16%	17.71%	38%	0.516 + 6.13 × 0.177 1 = 1.59	9 902
西科斯基飞机制造公司	资本	2 217	0	8.90%	38%	0.656 + 6.98 × 0.133 7 = 1.58	3 510
合计							74 340

和按业务分部进行的折现现金流估值法一样，我们同样需要处理企业费用 4.08 亿美元的分配问题，对此，我们可以有两种方案。一种方案是使用折现现金流法估算这个数值，由此得到的结果为 45.87 亿美元；另一种方案则是继续沿用相对估值法的原理，将这笔费用乘以一定的倍数。实际上，我们汇总联合技术公司各业务部分得到的估值结果为如表 17-15 所示的 743.4 亿美元，它是各部门累计营业利润（80.34 亿美元）的 9.25 倍左右。用这个倍数乘以企业费用，即可得到需资本化的价值，约为 37.75 亿美元。从总体价值中扣除这个数，可以得到 705.65 亿美元的经营性资产价值，略低于按内在估值法得到的结果。需要提醒的是，要得到每股股权价值，仍需做其余项目的调整（包括增加现金、减去未偿还债务和少数股权，并对未执行期权进行调整）。

用户、会员及客户公司

在过去 10 年中，我们似乎已进入了一个以用户、顾客和付费会员数量来衡量成功的新时代——成功已不再依赖于传统意义上的总收入和现金流。尽管我们始终坚守价值最终源于现金流的观点，但是对于优步、Facebook 和奈飞（Netflix）之类的企业，现金流往往来自用户或会员。在定价方面，这种转型更为清晰，很多投资者已开始对社交媒体企业的用户数量进行定价，而不再依赖于收入总额和收益倍数。在本节中，我们将探讨这种转型给估值和定价实务带来的困难，并试图就用户或会员的估值和定价提供一种可行的思路。

用户的崛起

没有哪家公司比 Facebook 更善于捕捉这种业务转型带来的机遇了。公司价值的飞速暴涨源于庞大的用户群体，到 2017 年中旬，Facebook 的用户将接近 20 亿。公司的内在价值并不难发现，这些用户可以转化为在线广告收入，而且这种收入始终维持高速增长态势，并给公司带来了丰厚的营业利润率（2017 年为 36%）。有些比 Facebook 更年轻且尚未经实践检验的社交媒体公司只做到了一半：它们确实拥有庞大的用户群，却没有足以为这些用户提供服务的收入和利润。比如说，2017 年的推特和 Snap 就是这种情况，尽管两家公司在那时会说，收入只是时间问题。

通过用户创造价值的不只有社交媒体公司。Netflix 也是一家市场价值持续飙升的企业；在每个年度的收益报告中，Netflix 对用户基数增长幅度的强调都会超过对收入或利润的讨论，2017，公司的用户数量超过 1 亿。以前曾依赖常规业务指标进行估值的公司，目前似乎也注意到市场的这种偏好。亚马逊为打造 Prime 付费会员制度投入大量资金，2017 年，这项服务的付费会员数量达到 8500 万名，亚马逊似乎希望让这项服务成为撬动增长的杠杆，为他们在零售和娱乐业中创造更多的价值。作为传统的软件企业，微软和 Adobe 的增长始终依赖于现有软件的升级业务，但是目前，它们同样也推出了各自的付费订阅模式——微软的 Office 365 及 Adobe 的 Creative Cloud。

假如你是这些公司的投资者或分析师，那么你可以有两种选择：一种选择就是继续坚持传统的汇总估值模型，从收入增长率和营业利润率两方面揭示用户和会员创造的利润，并以再投资反映取得这些用户的成本；另一种选择则是利用内在价值的第一原则或是标准的定价实务估算用户或会员的价值，然后将它们的价值汇总得到公司的总体价值。在笔者看来，两种方法皆有优势，因为在使用一种方法并不排斥你还可以尝试另一种方法，或许兼而用之更为合理。

估值问题

鉴于基于用户和会员的特征，我们首先可以构建出兼容这些特征的估值模型。但困扰这种基于用户型估值模型的最大问题，往往不在于缺乏理论支撑，而是受限于信息披露和会计实务。

- **信息披露（或信息不披露）**：在接下来的几节中我们将会看到，针对用户的估价没有任何特殊之处。事实上，只需对传统估值模型稍加调整，即可轻而易举地对 Facebook 的用户、优步的骑行者或是 Netflix 的会员进行定价。也就是说，评估这些使用者价值所需要的信息，往往被企业人为封锁，即使提供的类似信息也含混不清。具有讽刺意味的是，最善于快速招揽更多用户而且最需要对这些用户给予定价的公司，却不愿意分享需要由投资者给予合理价值或价格的用户信息。实际上，在为这些依赖用户或会员的公司编制会计准则时，制定者或许最需要知道的就是怎样让投资者对这些使用者的价值做出最合理的判断。
- **适用会计规定的不一致**：再考虑到未披露的信息，会给我们如何估价这些拥有无形资产的公司带来另一个问题。正如会计师会把高科技企业和制药公司最大的资本支出（R&D）处理成经营费用一样，对这些依赖用户和会员的公司，对未来增长的最大一笔投资就是为获得新用户和会员而投入的资金，而且这些支出往往也被视为费用。和制药公司一样，你同样有可能会争辩，基于用户型企业的收入是被低估的，而且这些公司的最大资产并没有出现在他们的账面上。事实上，我们必须认识到，与高科技企业和制药公司相比，同样的问题对这些公司来说更难解决，我们可以将研发支出单独披露为运营费用，进而将它们重新归集到资本支出中，与此不同的是，获得新用户的成本则隐含在销售管理费用（SG&A）中，并且通常很难将它们单独分离出来（甚至根本就不可能）。
- **用户的多样性**：并非所有用户和会员都具有相同的价值。比如说，Netflix 在全球范围内实行统一价格，使得不同会员给它们带来的会员收入大致相同，另外，对优步这样的公司来说，单个用户的价值都会因其地理位置的不同而存在很大差异，甚至在同一地区市场内部，每个用户的价值也会有所不同。因此，在下一节讨论对优步的用户或骑行者进行估值时，我们必须认识到，某些优步用户使用其服务的强度会远远超过其他用户，这是我们在估值中必须予以关注的。实际上，在用户模型中，体现风险的一个标准或许就是用户之间的价值差异，原因不难理解：和一个价值分布基本均衡的公司相比，一家通过 10% 的用户取得 90% 价值的公司显然具有更高的风险水平。同样，如果一家公司始终刻意渲染用户总数和平均使用情况，而不愿在用户差异方面提供更多信息，其风险不言而喻。

正如我们所看到的那样，随着越来越多的企业在收入上日趋依赖于用户和会员，跟不上潮流的不只是分析师和估值实务，还有会计规则和信息披露方面的法规。

估值难点

有些分析师确实已在尝试对 Facebook、Netflix 甚至亚马逊这样的公司进行估值和定价，但他们的动机往往是错误的。由于无法取得内在估值，使得他们难以对这些公司高得令人不可思议的市值做出解释，因此，这些分析师已开始另谋出路，为他们将投资建议从"卖出"变成"买入"寻找借口。结果只会让估值过程左右于他们的个人意志，而由此得到的估值实务自然存在缺陷。

内在估值法

我们能否调整内在价值模型，以便于对用户进行估值呢？答案当然是肯定的，有些分析师早就已着手在做这件事。但在这个过程中，他们似乎忘记了传统估值模型的某些基本原则。

- **用户寿命的有限性**：一个用户的价值就是他在有限寿命期内为公司所带来的现金流现值。要估计这个寿命期，我们首先需要了解客户续订公司产品的概率，并且考虑到很多公司并未披露这方面的信息，因此在评估用户价值时，有些分析师假设，用户会将余生全部献给一家公司，而更糟糕的假设当然就是将这个寿命期设定用户由生及死的全过程。这显然会夸大用户的价值。
- **将收入解读为现金流**：对分析师来说，可以轻松估算的一个数字就是单个用户或会员的收入，至少平均收入水平不难计算。在 Netflix 这种采取会员制的经营模式中，单个用户的平均价值就是它们对每个会员收取的价格，而在优步这种基于用户的模式中，以收入总额除以用户数量即可得出每个用户的平均收入。但无论是对其中的哪一家公司，要估计它们为现有用户提供服务所支出的费用都不容易。因此，在很多基于用户型企业的估值中，分析师都会把收入视为现金流，似乎为现有用户提供服务无须耗费任何成本，也无须对由此得到的收入支付任何税款。因此，在 2017 年估计每一名 Netflix 会员的价值时，如果假设每个用户每年带来的约 120 美元就是他们给公司带来的现金流，就必然会高估单个会员的价值。

- **新用户的魔力**：基于用户型企业的价值等于现有用户价值与公司此后持续取得的新用户价值之和。也就是说，新用户的平均价值会小于现有用户的平均价值，这背后的原因很简单：取得新的用户需要花费成本。同样，由于缺乏取得新用户成本的具体信息，因此，有些人会选择完全不考虑这种成本，因而为新用户给予与现有用户相同的价值，因此，当公司为获得新用户而大量投资时，这种估值方法只会高估公司价值。传统公司会因为投资于增长而实现增长，但是在投资超过一定的临界点时，过度投资只会摧毁价值；同样，基于用户型公司在为获取新用户而投资时，也会出现新用户增加与价值破坏并存的现象。

- **企业成本真空**：在得到现有用户和新用户的价值并将两者汇总之后，我们还需要进行大量的调整和修订，毕竟对于这些基于用户型企业，往往存在大量不能直接归集到用户或是直接向用户收取的成本。同样，由于缺乏有关这些成本的具体信息，有些公司在公司估值时往往会忽视它们的存在，而这样做的结果不难预料（高估）。

- **竞争态势**：对基于用户型企业，我们的估值对象或许已经从公司转向用户，但这并不意味着我们可以对经济法则和企业规律置之不理。面对激烈的竞争，基于用户型企业反倒会因为缺乏进入门槛而举步维艰，无论它们增加多少用户，都很难创造价值，因为竞争会限制它们的定价能力（和利润率）。因此，这种基于用户的估值方法面对的最大风险之一就是分析师时常会被这些令人炫目的（用户）数字所迷惑，以至于不再深究这些用户到底只属于估值对象抑或与他人共享（也就是说，优步的用户同时也在使用 Lyft 的服务），以及传统竞争对手会给用户型业务的定价能力带来怎样的制约（比如说，出租车和公共交通仍是交通服务业的主要力量）。诚然，针对用户和会员的估值模式仍处于起步阶段，而且在掌握合理的估值技巧之前，我们还会犯很多错误。但尽管如此，我们仍需牢记，在不断调整我们认识企业的方法的过程中，决不能放弃传统估值模型的基本规律。任何有利润的增长都不可能是免费的，风险注定要消耗价值，规模效益递减也是永恒的主题。

相对估值法

如果一味简单粗暴地针对用户采用内在价值模型，那么至少在当下，对用户的定价会更粗糙，但这种方法的确更普遍。在过去的 10 年中，随着基于用户型公司的逐步成型并涉足资本市场，这些初创企业的投资者也开始考虑最基本的定价问题。在生命周期的早期阶段，这些公司不仅普遍存在亏损，而且没有任何成规模的收入或实物资产。因此，我们根本就无法以收益倍数、账面价值倍数甚至是收入倍数对这些公司估值。在这种情况下，要投资于这些新企业，风险资本家显然需要一种合理的定价指标，否则他们就有可能冒着被踢出局的危险。当然，可以预料的是，在这些投资者当中，很多人已锁定了考量这些公司的唯一数量指标——用户或付费会员的数量，并以此作为定价的基础。

从实操角度来看，投资者关注的焦点已从用户转向每个用户的价格，即公司的价格（投资者对公司价值的估计结果）除以公司的预期用户数量。如果这个价格较低，就说明这家公司的价值有限，否则意味着公司的价格很高。理性的风险投资者已认识到这种估值方法的危险性，因为这种方法的内在假设就是所有用户无差异，而在现实中，每个用户的价值应取决于他们对公司的忠诚度、用户消费公司服务的强度以及公司的收入计量模式。随后，投资者会深入调查被投资企业并获取相关信息，以便于在做出最终决策之前对这些用户特征做出判断。但即使是在风险投资家当中，也会有人放弃检验用户价值的责任，完全以用户数量为基础对公司进行定价。

如果这些公司在其生命周期的早期阶段实现上市，问题会变得更严重，这主要出于两个方面的原因。首先，公开市场投资者无法从风险投资者口中得到公司用户的信息，因而会对用户价值做出盲目的判断。其次，市场流动性的增加会让这种定价成为一种博弈，此时，即使是最精明的投资者也会误认为，他们可以用单个用户价格之类的粗略措施来决定何时买进股票，而没有考虑到这些指标的局限性；直到打算（以更高的价格）抛出股票的时候，他们才会发现，这些局限性已让自己深陷价值陷阱。

估值方案

要对用户做出正确的估值或定价，我们采取的估值或定价就必须基于某些最基本的原则。正如我们在本节中试图做到的那样，我们必须认识到，在模型中使用的用户信息并不是最新的公开信息。尽管这可能会让你觉得不切实际，但我们认为标记你需要的信息以评估用户是朝这些公司更好地披露信息的第一步。

内在估值法

在这里，我们还需不厌其烦地重复一个最基本的事实：资产的内在价值取决于资产带来的预期现金流、这些现金流的预期增长率及其所包含的风险。在接下来的三节中，我们将依据这个原则，建立一个针对现有用户和新用户的估值模型。具体而言，我们将通过三个步骤对基于用户型的企业进行价值。首先，我们将评估一个现有用户的价值，并使用这个价值确定全部现有用户的价值。随后，我们将评估一个新用户给公司增加的价值，为此，我们需要从单位现有用户的价值中扣除获得新用户的成本，并结合对未来时期新用户增加量的估算，在此基础上，得到全部新用户的价值。最后，我们还要考虑一项拖累公司价值的因素——企业费用（corporate drag），这种费用与提高用户服务无关却是企业生存不可或缺的，因此，最终还需要从用户价值中扣除这笔费用。

基于用户型公司的价值 = 现有用户的价值 + 新用户带来的价值 − 企业费用

(1) 现有用户的价值。

假如一家基于用户/付费会员的公司只有一名现有用户（或付费会员），那么该用户/付费会员对公司就是有价值的，因为公司希望通过这位用户/付费会员的交互作用创造现金流。总的来说，这家公司可以通过三种方式（或收入模式）带来现金流：

- **会员付费**：为获得公司提供的服务，用户或会员需要定期交纳费用，而且各期的费用往往固定不变。对每个用户来说，这笔收费既可以是相同的，也可以根据不同的服务等级设置不同的费用等级，这种费用在用户取消服务之前通常是可持续的。Netflix、微软的 Office 365 和 Adobe 的 Creative Cloud 均属于这种以付费会员为基础的收入模式。
- **广告**：在这种模式中，用户无须为体验服务而付费，而是以吸引其他企业加入用户群为目的（强调的是规模和关注点），以便于向它们推销产品和服务。Facebook、推特、Snap 和谷歌均属于以用户为基础的公司，它们的收入源于通过广告或直销方式吸引其他企业成为公司的企业付费用户。
- **交易**：在基于交易的模式中，用户或付费会员直接与公司开展交易，或通过公司与第三方进行交易，公司则依赖交易或中介交易获得利润。例如，优步允许用户免费下载其应用程序，但只有在通过应用软件提供或预定出行服务时才能带来收入，因此这些免费软件通过交易间接创造了收入。

在现实中，我们可以看到，很多模型将上述模型融合为一体。比如说，领英的会员模式允许付费用户通过网络使用各种服务，而免费模式则利用在线广告创造收入。亚马逊的 Prime 模式采取了对会员收取年费的方式，但 Prime 会员也可以在亚马逊门户网站购买产品，这同样会产生收入（及相关费用）。无论采用哪种收入模式，用户或付费会员的价值都等于预期税后现金流的现值，而这个预期现金流是用户或付费会员在该平台的预期停留时期内创造的。要得到这个数值，我们需要取得以下信息：

- **用户的寿命期**：无论公司的用户是个人还是企业，自然寿命期的有限性导致他们使用公司服务的时间是有限的。但是在大多数情况下，我们只能假设用户的寿命期将远远短于用户的自然寿命期，因为公司的技术寿命期可能更有限。通常，公司产品或服务与特定技术的关联性越紧密，用户寿命期就越短。

- **用户的续订率**：如果公司的全部用户均会在服务到期的第一时间续约，那么每个用户的寿命期就应等于其剩余的自然寿命期，并且我们可认为，在这个寿命期内，用户每年都会给公司带来现金流。如续约率低于100%，那么未来几年的预期现金流就必须反映该客户续约的可能性。比如说，如果公司披露的年均续约率为90%，那么在该用户15年的使用寿命期中，在第8年继续续约的概率仅为43%（到第9年继续作为公司续约客户的概率 = 0.9^8 = 0.43）。
- **用户的（当前）现金流**：当前每个用户的现金流并不完全是我们期望从该用户身上取得的收入，只有从后者中扣除为该用户提供服务所需要的成本，才能得到前者。因此，如果Netflix对每个付费会员收取的年费为120美元，与此同时，需要为该付费会员提供直接服务花费30美元的成本，那么在基准年份，Netflix从每个付费会员身上取得的税前现金流为90美元，考虑到有效税率为20%，每个付费会员创造的净现金流可能只有72美元。对于一家以广告收入为主的公司来说，尽管这个数字可能更为分散，但只要将最近一段时期的广告收入总额除以公司同期拥有的用户数量，即可得到估计收入的基础——单位用户的收入总额，当然，在扣除单位用户服务成本之后，才是单位用户的净现金流。
- **单位用户现金流的增长率**：在获得一个新用户之后，我们或许就可以在不远的未来向该用户推销其他产品和服务，从而带来单位用户收入的增长，而且只要某些服务成本固定不变，每个用户的营业利润就会进一步加速增长，但这种增长最终还取决于企业的商业模式。对Netflix而言，考虑到它采用的是固定年费的会员模式，因此，年度付费用户的数量增加是有限的。而对亚马逊的Prime模式，增长潜力显然更大，因为亚马逊可将Prime的会员视为新产品和新服务的潜在买家。比如说，亚马逊在2017年收购的高端超市Whole Foods，就为公司带来了额外的增长，因为公司可为Prime会员提供一种附加产品——外卖膳食。
- **现金流的风险**：由于失去用户的风险已内置于预期现金流中，因此我们在这里讨论的主要风险，来自更新率在较长时期内的变化以及每个用户可为公司创造的现金流数量。同样，公司的收入模型至关重要：与以交易为基础的模型相比，以付费会员为基础的盈利模式可提供预测性更强的收入，而且用于评估现金流价值的折现率必须反映这种风险差异。

图17-1将上述变量绘制为一张图。

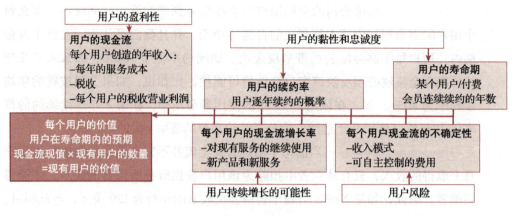

图 17-1 现有用户的价值

在检验得出这个价值所需要的信息时，我们或许还有可能认识到，当下这些基于用户型企业的信息披露极为匮乏。在本节结尾部分的案例中，我们会尝试以范例形式评估用户的价值，这或许有助于给估值实践带来一点点启发，但我们仍认为，在未来的解决方案中，必须以企业提供更完整的用户信息为基础。

（2）新用户的价值。

对于一家基于用户型企业，它的价值不仅来自现有用户，还包括来自未来潜在新用户带来的价值。新用户价值的决定要素趋同于决定现有用户价值的要素，很多驱动变量（如用户的现金流、增长率和风险）是相同的，只不过新用户的价值等式中增加了两个额外参数：

- **增加一个新用户带来的成本**：取得新用户的成本可能很高，而且该成本必须注定是价值等式中的扣除因子。因此，假如每个现有用户的价值为 120 美元，购买一个新用户的成本为 50 美元，那么一个新用户的价值就应该是 70 美元，并且这个数值还需按照取得该用户的时间进行调整。比如说，我们在第 1 年获得的新用户的价值肯定要超过在第 5 年获得的新用户价值。
- **风险**：当一家公司的大部分价值来自未来几年的新增用户时，企业风险水平自然会有所提高，因为新用户的预期数量是一个估算数，很多因素（如技术进步和竞争等）都有可能影响到实际数量。如果某些风险仅针对特定企业，因而可通过多样化经营而分散掉，那么我们或许无须针对这种风险去调整折现率，但很多会导致新用户数量变化的宏观经济因素依旧有可能影响到价值。

和现有用户的价值一样，我们可以通过图形展示影响新用户价值的基本要素（这也是我们在图 17-2 中采取的方法）。

图 17-2 为认识基于用户型公司可采用的各种商业模式提供了洞见。在其他条件保持不变的前提下，我们最期待的商业模式或许是这样的：现有用户带来的价值非常高，

而增加新用户的成本则非常低。但是在现实世界中,这两种现象往往无法并存,因为能让你以低成本增加新用户的企业,往往也允许你的竞争对手做同样的事情。在这种情况下,它们可以猎取你的客户,导致单位用户的更新率及其带来的现金流同步下降,进而减少每个现有用户的价值。在单位用户的价值和获得单位新用户的成本均处于低位的情况下,要取得成功,显然需要一种拥有大量用户的模式。反之,我们还可以采用独家用户(exclusive user)模式,也就是说,能带来较高价值的用户数量非常少,而且获得单位用户的成本也非常高,而未来的增长主要来自增加对现有用户的销售收入。但有一种组合对价值最具摧毁力,它的结构是这样的:现有用户创造的价值非常低,而获得单位新用户的成本则非常高。表 17-16 显示了现有用户价值与单位用户成本的不同组合方式,及其对企业造成的后果。

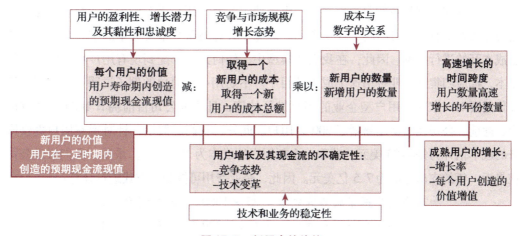

图 17-2 新用户的价值

表 17-16 现有用户价值与新用户获取成本的组合

	新用户的成本:高	新用户的成本:低
现有用户的价值:高	**独家用户业务**:公司将专注于取得价值最高的用户,留住他们,并向他们推销更多的服务	**价值明星**:它们是用户型企业中的价值明星,拥有强大的竞争优势(使得它们能始终保持较低的新用户获取成本)
现有用户的价值:低	**灾难**:尽管这些公司可能拥有很多用户,但即使用户数量继续增长,它们依旧会持续亏损	**商品用户型企业**:公司的大多数用户会取得成功并拥有更高的价值

这个模型有助于我们理解某些基于用户型企业脱颖而出并成为明星的原因。这些公司充分利用其竞争优势,包括网络优势(随着网络规模的扩大,能以越来越低的成本获得新客户)和大数据(可借此掌握更多关于用户的信息,或是为用户推出定制化服务,引导他们购买更多的服务),从而让它们在维持较高用户价值的同时,降低获得新用户的成本。但这样的企业仍是例外,而非常态。

企业费用

在最终得到基于用户型公司的价值之前,还需要最后一个价值构成要素。在本章前面针对分部汇总估值的讨论中我们曾提到，公司层面的一般性行政管理费用，是一种公司各部门都能从中受益的集中性企业运营费用；只有评估这部分成本的价值并作为扣除项纳入最终估值中，才能反映公司的真实价值。同样，在基于用户型公司的估值中，很多费用要么与为现有用户提供的服务无关，要么不能直接绑定到需要纳入估值的新用户中。以 Netflix 为例，现有付费会员的服务成本很低，年费标准为 120 美元。2017 年，公司支付 80 亿美元用于收购和制作新内容，而这些新内容显然是留住现有用户和吸引新用户的关键。与此同时，要确定这笔支出中有多少用于为现有用户提供服务，有多少用于扩大付费会员规模，几乎是不可能完成的任务。因此，在评估 Netflix 的现有用户和新用户价值时，我们有可能会选择忽略这笔费用，但如果你真的想投资这家公司，那么这笔成本显然是不可忽略的。

为估计出这些被我们习惯称之为"企业费用"且与用户无关的成本，我们首先需确定现有成本中有多少可归属于这个类别。确保不会忽略某个重要成本的唯一方法就是从总成本开始进行回溯。因此，在我们的模型中，任何无法分配到现有用户和新用户上的成本，都应归集到企业费用这个成本项目中。不妨用一个简单的例子说明这个问题：假设你需要对一家基于用户型企业的用户进行估值，且这家公司目前拥有 1000 万现有用户，此前，公司在去年还新增了 200 万用户。此外，我们还假设，针对现有用户提供服务的成本估计为每年 25 美元，获取一个新用户的成本为 100 美元。最后，我们假设公司在最近一年的支出总额为 7.5 亿美元。因此，企业费用可按如下方式进行计算：

$$\text{为现有用户提供服务的成本} = 25 \times 1000 \text{ 万} = 2.5 \text{（亿美元）}$$

$$\text{增加一个新用户的成本} = 100 \times 200 \text{ 万} = 2 \text{（亿美元）}$$

公司在当期支出的总成本为 7.5 亿美元

$$\text{企业费用} = 7.5 - 2.5 - 2 = 3 \text{（亿美元）}$$

在估计出企业费用之后，对其进行估值还需我们设定另外两个假设。首先是这些成本的预期增长率，该增长率将取决于成本与用户群的关联程度。就总体而言，规模经济效应至少导致良性企业的此类费用增长率低于来自现有用户和新用户的收入增长率。其次是这些成本的不确定性，该假设取决于成本的类型和结构。譬如，Netflix 与工作室签订长期合同，约定合同期限内未来几年的成本保持不变，这显然会提高成本金额的确定性，从而给价值带来更大的拖累。图 17-3 揭示了企业费用对价值的影响。

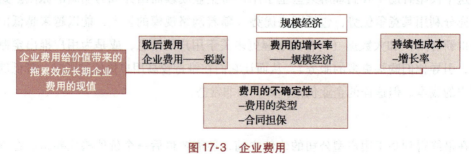

图 17-3　企业费用

这个价值构成要素揭示出某些有趣的引申。如果企业费用基本固定，且构成企业总支出的很大一部分，从而呈现出规模经济效应，那么基于用户型公司既有可能从中受益，也有可能受到伤害。之所以可能会受益，是因为增长会带来收入的增加和价值的提升，但也会因为风险升级而受到伤害。如果用户最初的支出很少，或是新用户增长放缓，那么高额的固定成本就会引发企业费用爆炸，甚至面对生存危机。

◎ **案例17-4　对优步的估值**

2017年，从事共享出行业务的优步成功改写了全球汽车出行服务行业的格局。优步已拥有4000万名驾驶员和乘客用户，业务范围覆盖180多个国家，在截至2017年6月的12个月内，优步的业务流水总额为200亿美元，相对于同期的收入总额达到65亿美元；公司经营模式的基础就是把可运营汽车的所有者和需要出行服务的优步用户联系起来，并以出行收费的一定比例作为收入（2017年的这个分成比例为20%）。但这家公司仍面临着多重挑战，有些源自公司内部，有些则是来自外部力量。首先，尽管这种商业模式在提供出行服务和实现收入增长方面取得了成功，但并未带来盈利，公司在此期间披露了约28亿美元的亏损。其次，公司正在就诸多新问题与多座城市的监管机构和法院展开对峙，这不仅给公司带来高昂的法律费用，还给未来的收入和利润造成了严重的不确定性。最后，公司的董事会和高管层陷入混乱，首席执行官特拉维斯·卡拉特尼克（被迫）休假。在下面的内容中，我们将对优步进行估值，首先使用汇总估值模型，而后再尝试对其用户进行估值。

汇总估值法

尽管优步早已名声大振，但它仍旧是一家年轻的初创企业，并且完全符合我们在第9章中提出的论点，即它的价值必须建立在故事的基础上。要评估优步在2017年6月的价值，我们需要将估值围绕以下故事拉开序幕：

- **公司将在全球范围乃至整个运输行业中发展壮大**：公司的业务范围已从汽车出行服务拓展到快递和搬家服务等领域，与此同时，公司不断吸引新的用户加入业务中，并在海外不断拓展新的市场，公司收入将持续增长。我们预计，10年之后，优步的总收入将增长到2150亿美元，彼时，公司将在这些扩展市场上占据40%的份额。
- **竞争不断加剧**：随着竞争的持续白热化，那些试图涉足提供租车服务的竞争对手将面临压力，导致它们在总收费中的份额在第10年降至15%，相当于第10年的收入额为322亿美元。
- **利润率逐步提高**：随着规模经济效应的出现，公司的营业利润率将变为正值，转折点大约出现在第5年，但竞争和监管成本将导致第10年的目标营业利润率回落到20%（按30%的税率计算，第10年的税收营业利润将为45.14亿美元）。

- **资本密集度持续提高**：鉴于无须购买或拥有汽车，因此优步在历史上始终维持着"轻资产"的商业模式，但随着优步开始投资电动汽车和基础设施，并与谷歌及其他企业展开竞争，因此公司的资本密集度将持续强化。为此，我们假设投资这些业务的1美元将带来3美元的收入，因此随着公司的持续增长，优步将在2017～2020年进行大规模的再投资。

- **风险巨大**：优步仍是一家有风险的公司，为此我们为公司设定10%的资本成本，相当于美国全部上市公司中的第75个百分位。由于优步仍处于亏损状态，而且严重依赖外部资金，因此公司在未来5年的现金流为负数，所以，我们假设公司遭遇破产危机的概率为5%。

由此进行的估值过程如图17-4所示。

优步：一家存在行为问题的全球物流企业（2017年6月）				
故事				
作为一家物流服务企业，新用户的加入让优步的业务规模增加了1倍。公司将得益于全球网络化的走弱趋势，但也会遭遇收入份额下降（85/15）、成本提高和资本密度的增强。至于公司之外的问题，主要是和谷歌怀俄明公司的诉讼纠纷以及性骚扰指控，这些问题必将导致公司在近期内的增速放缓，但还不足以从根本上改变故事走向				
基本假设				
	基准年份	第1～5年	第6～10年	第10年之后	相应的故事情节
市场总量	2 000亿美元	每年增长10.39%		每年增长1.50%	快递、搬家及共享出行
市场份额	10.00%	由10%提高到40%		40%	毋庸置疑的大公司
收入份额	20.00%	由20%降至15%		15%	收入份额下降
营业利润	−43.08%	由−43.08%提高到20%		20%	成本压力继续存在
再投资金额	不适用	销售收入/资本金之比为3.00		再投资率=7.50%	更趋于资本投资型模式
资本成本	不适用	10.00%	由10%降到8%	8%	位列全美上市公司的第75个百分位
发生破产的概率	发生破产的概率为5%：估值暴跌，导致公司资金链断裂				库存现金+可用资本
现金流（金额单位：百万美元）				
	市场总量	市场份额	收入（总收入的15%）	EBIT(1−t) 再投资	公司自由现金流（FCFF）
1	229 780	13.00%	8 826	−2 105　　775	−2 880
2	243 719	16.00%	11 309	−1 983　　828	−2 811
3	269 041	19.00%	13 930	−1 564　　874	−2 438
4	296 995	22.00%	16 661	−820　　911	−1 731
5	327 853	25.00%	19 466	270　　935	−665
6	361 917	28.00%	22 294	1 715　　943	772
7	399 520	31.00%	25 080	3 511　　929	2 583
8	441 030	34.00%	27 741	3 884　　887	2 997
9	486 853	37.00%	30 174	4 224　　811	3 414
10	537 437	40.00%	32 246	4 514　　691	3 823
终止年份	4 142 868	40.00%	32 923	4 609　　484	4 125
价值（金额单位：百万美元）				
终值		69 920		
终值的现金流		28 479		
未来10年现金流的终值		−2 103		
经营性资产的价值		26 376		
遭遇破产的概率		5%		
破产价值		—		
经营性资产价值的调整		25 057		
+库存现金		5 000		
+交叉持股		6 000		
全部资产的价值		36 057		按最新定价计算，公司市值超过700亿美元

图17-4 优步的价值（汇总估值法）

按照我们为公司设计的故事，优步的企业价值为 360 亿美元。请注意，在公司价值总额中，经营性资产的价值为 250 亿美元，另外 110 亿美元来自另外两项投资：持有中国共享出行企业滴滴出行的股权价值为 60 亿美元，在最新一轮融资中取得的现金余额为 50 亿美元。

基于用户的估值

根据对优步进行汇总估值法得到的结果，我们可以推断出优步是一家以用户为基础的企业，而且按汇总基础进行的估值忽略用户与价值的关联性。因此，我们使用本章前面提到的用户估值模型重新考虑优步的价值。

1. 对财务报表的解构。优步是一家私人控制的企业，公司在财务披露中可以略去有关公司的某些特殊信息。因此要估计公司的支出到底是多少以及用于什么目的，显然是一个异常艰巨的挑战。按照我们针对收费总额得到的初步信息（最近 12 个月为 200 亿美元），优步的收入应为 65 亿美元，营业亏损 28 亿美元，再考虑用户的数量（估值时点为 4000 万，较前一年增加 1600 万），我们可以尝试着倒推出对用户估值所需要的数据，具体如图 17-5 所示（金额单位：百万美元）。

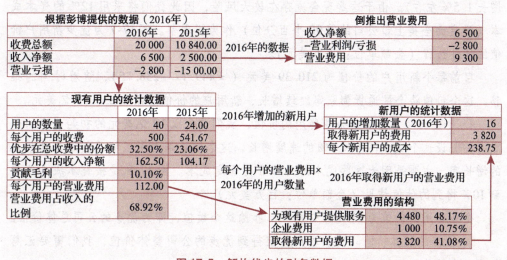

图 17-5　解构优步的财务数据

尽管略显烦琐，但我们还是决定以总营业费用 93 亿美元（在收入基础上加回营业亏损即可得到这个数值）为起点，并使用公司披露的贡献毛利（或称边际利润，相当于现有市场收入总额的 10.10%），计算公司为现有用户提供服务的费用（达 44.8 亿美元）。企业费用带来的成本估计值为 10 亿美元，之后，我们假设其余成本（38.2 亿美元）用于取得新用户（当年的新增用户数量为 1600 万），在此基础上，我们可以得到单位新用户的成本为 238.75 美元。

2. 现有用户的价值。 为评估现有用户的价值，我们首先从当期收入开始（这样，我们就可以估算每个用户的收费总额），然后我们再假设优步在收费总额中分享的比例将从20%下降到15%。除假设现有用户会继续增加对平台的使用强度之外，我们还假设总收费的年增长率为12%，而且考虑到退出优步服务系统的用户相对较少，因此我们假设现有用户的续约率达到95%。最后，我们假设在优步的总服务成本中，有80%为可变成本，且与收入增长率同步增加，其余20%的成本为固定成本，年增长率为5%。图17-6为针对单一用户的估值结果（金额单位：百万美元）。

根据我们的假设，优步的现有用户价值为449.17美元，乘以公司拥有的4000万名用户，可以公司的价值总额为179.67亿美元。

3. 新用户的价值。 在评估新用户的价值时，我们添加了两个变量。第一个变量是取得新用户的成本，我们将这个数字估计为238.75美元，并按通货膨胀率同步增长。第二个变量是新用户的数量。为了迎合优步将在全球和跨物流行业领域持续拓展的情节，我们假设在未来5年内，优步的用户数量每年增长25%，而在之后5年的增长率降至10%，并在10年之后进入稳定增长阶段（即用户数量每年增长1.5%左右）。由于这些现金流存在较大风险，因此我们将采用12%的资本成本（设定为全美上市公司的第90个百分位）作为折现率。图17-7为优步新用户价值的估计过程（金额单位：百万美元）。

目前每个新用户的价值为210.39美元（=449.17－238.75），随着时间的推移，这个价值将会按通货膨胀率继续增长，新用户的价值总额为238.58亿美元。

4. 企业费用。 为评估企业费用的价值，我们首先以10亿美元的初始成本为起点，并假设这个成本每年按5%的速度增长，这个增长率之所以低于新用户和收入的增长率，主要是因为这些成本的大部分为固定成本。图17-8是按资本成本恢复到10%得到的估值结果（金额单位：百万美元）。

企业费用的价值为11.148亿美元，扣除这个数值，即为优步的公司总体价值。

5. 优步的总体价值。 要从用户价值得到优步的公司整体价值，我们需要汇总如下三个部分：

优步的公司价值 = 现有用户的价值 + 新用户的价值 － 企业费用的价值
= 17 967 + 23 858 － 11 148 = 30 678（百万美元）
= 306.78（亿美元）

再考虑现金余额（50亿美元）以及对滴滴出行持有的股权价值（60亿美元），我们即可得到优步的公司价值为417亿美元，略高于之前按汇总估值法得到的结果。

	基准年度	1	2	3	4	5	6	7	8	9	10	11	12	13	14	15
生存概率	1.0000	0.9500	0.9020	0.8574	0.8145	0.7738	0.7358	0.6983	0.6634	0.6302	0.5987	0.5688	0.5404	0.5133	0.4877	0.4633
收费总额	500.00	560.00	627.20	702.46	786.76	881.17	986.91	1 105.34	1 237.98	1 386.54	1 552.92	1 739.27	1 947.99	2 181.75	2 443.56	2 736.78
收入净额	100.00	112.00	125.44	140.49	157.35	176.23	197.38	221.07	247.60	277.31	310.58	347.85	389.60	436.35	488.71	547.36
可变经营费用	38.54	43.16	48.34	54.14	60.64	67.91	76.06	85.19	95.41	106.86	119.69	134.05	150.14	168.15	188.33	210.93
固定经营费用	9.63	10.12	10.62	11.15	11.71	12.30	12.91	13.56	14.23	14.95	15.69	16.48	17.30	18.17	19.07	20.03
每个用户的营业利润	51.83	58.72	66.48	75.20	85.00	96.02	108.41	122.32	137.95	155.50	175.21	197.33	222.16	250.03	281.31	316.40
每个用户的税后营业利润	36.28	41.11	46.54	52.64	59.50	67.22	75.89	85.62	96.66	108.85	122.64	138.13	155.51	175.02	196.91	221.48
营业利润调整后的现值		37.37	38.46	39.55	40.64	41.74	42.84	43.94	45.05	46.16	47.28	48.41	49.55	50.70	51.85	53.02
按生存概率调整后的现值		35.50	34.71	33.91	33.10	32.30	31.49	30.68	29.89	29.09	28.31	27.54	26.78	26.03	25.29	24.56
年增长率（收入）	12.00%															
按风险调整后的折现率	10%															
用户的寿命期（年）	15.00															
寿命期内被完整利用的概率	46.33%															
每个现有用户的价值（美元）	449.17															
现有用户的数量	40.00															
现有用户的价值总额（美元）	17 966.80															

图17-6 优步的现有用户价值

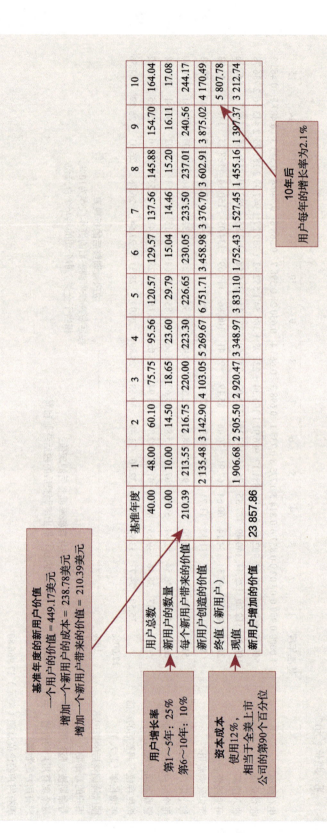

图17-7 优步的新用户价值

	基准年度	1	2	3	4	5	6	7	8	9	10
管理费用	-1 000	-1 050	-1 102	-1 157	-1 215	-1 276	-1 340	-1 407	-1 477	-1 551	-1 628
税后管理费用		-735	-772	-810	-851	-893	-938	-985	-1 034	-1 086	-1 140
终值											-14 733
管理费用的现值		-668	-638	-609	-581	-555	-529	-505	-482	-460	-6 120
企业费用	-11 146.97										

税率 假设为30%

资本成本 使用10%

基准年度的数字 假设该信息缺失

增长率为5% 规模经济效应

图17-8 优步的企业费用

相对估值法

实施用户价值评估过程的一个好处就是为我们提供了一个解释导致不同企业用户价值为什么会有所不同的模型。可以说，它为定价分析提供了一个非常有益的补充，不再比较不同公司的单个用户价格，而是通过衡量导致定价变化的变量控制不同公司间的差异。在下表中，我们以上一节提出的估值框架以及可衡量这些变量的指标为基础，对这些变量进行了总结（请注意，此表中的每个用户的价格等于公司市值除以用户数量，它的作用就是充当定价指标）。

变量	定价的内涵	指标
用户黏性（寿命期/续约率）	黏性更大的用户→较高的单个用户价格	用户的续约率
用户使用服务的强度（当期现金流）	服务使用强度更大的用户→较高的单个用户价格	用户在平台上的停留时间及使用平台的时间
用户的兴趣（现金流增长）	对服务更感兴趣的用户→较高的单个用户价格	单位用户的交易数量和价值及收入模式
用户风险（现金流的不确定性）	更大的不确定性→较低的单个用户价格	不同用户的收入差异，通常表现为收入模型的函数
添加新用户的成本	更高的成本→较低的单个用户价格	添加一个新用户的成本
新用户数量的增长率	更高的用户增长速度→较高的单个用户价格	新增用户的数量
企业费用	企业费用较高→对单个用户价格的影响不确定（增长会带来更高的价值，但也会引致更高的风险）	与用户无关的企业费用占总成本的百分比

至于Facebook的单个用户价格为什么明显高于推特的单个用户价格，只要对照上述表格，原因一览无遗——前者的用户对公司更忠诚，而且使用服务的强度也越大。在亚马逊收购全食超市（Whole Foods）时，半成品食材提供商Blue Apron的单个用户价格之所以会大幅下跌，是因为亚马逊是其主要竞争对手，因此，在收购完成后，投资者会重新评估公司的用户增长率和成本，从而实现了重新估值。同样，我们或许会质疑这样一个事实：正确的估值依赖于反映用户特征的信息，但公司要么不提供这些信息，要么也只是蜻蜓点水式的偶尔为之。对此，我们的观点是：假如你是分析师或投资者，一定要对公司管理者质询这些参数；假如你是监管机构或会计准则的制定者，那么就应该让此类信息成为所有基于用户型企业必须披露的内容。

本章小结

本章的话题转为我们所说的分部汇总估值法，也就是说，我们的估值对象是公司的各个组成部分。我们的讨论首先从跨国公司和多元化企业开始，对此，我们主张涉足多项业务和全球范围的公司更难以估值，因为由不同业务或不同地区创造的现金流可能有着完全不同的风险和增长特征。本章分析了可针对这种企业采取的两种估值方法。第一个方法是直接对整个公司进行估值，并以加权平均风险参数估计折现率，然后以该折现率对公司的合并口径现金流进行折现。在这里，风险源于权重随时间发生的改变，而且在风险发生变化时，公司的基本面会随之改变。第二种方法则是对现金流进行独立的估值，而且不同现金流采用不同的风险指标和增长率。因此，适用于新兴市场及高风险企业现金流的折现率要高于市场及更安全业务现金流的折现率。不同业务的汇总价值应能更好地反映公司总体价值。

当使用相对估值法评估公司价值时，我们也要面对相同的估值问题。当然，我们也可以尝试着对合并口径的企业进行估值，但是要找到具有相似业务组合的可比公司几乎是不可能的。因此，更合理的做法是扩大可比公司的覆盖范围，纳入与被估值对象具有相似业务特征的多元化公司，并对估值对象与可比公司的估值基本面（风险、现金流和增长率）差异进行调整。另外，我们也可以尝试着按每项业务寻找可比公司，然后采用市场针对这些公司的定价信息评估每项业务的价值，将各项业务估值结果相加，即为公司的总体价值。但无论采用什么方法，和从事单一业务的独立企业相比，多元化公司的估值会在复杂性和信息缺失等方面带来更多的问题。因此，我们需要确定这种复杂性是否会让我们面对更大的风险；如果是这样的话，我们应如何将这些风险体现在价值中。

在本章的最后部分中，我们探讨了以用户、付费会员和客户为基础的公司，针对这些公司的估值和定价必须以用户为核心。对此，我们认为，应通过对内在估值模型进行适当调整，来评估公司现有用户和新用户的价值；根据这些价值，我们即可得到基于用户型企业的总体价值。随后，我们可以利用根据这些估值模型挖掘的洞见，检验我们对公司用户的定价方式，归纳出能导致不同企业存在定价差异的变量。

第 18 章 The Dark Side of Valuation

非常之地
价值与价格

对于一本关于估值的论著,如果我们说无法对某些投资进行估值,这样的说法无异于邪说。这倒不是因为有太多的不确定因素——有些分析师确实将此作为回避对初创或新兴市场企业做估值的借口;也不是因为信息不足,因为我们总可以对缺失的信息做出估计。相反,真正的原因在于,某些投资的对象本身就不会带来现金流的资产,而是大宗商品、货币或收藏品。如果读者对这个投资类别感到困惑不解,不妨回顾一下第 3 章针对价值和价格区别的论述,而在本章中,我们将深入探究两者之间的区别。然后,我们将探讨收藏品或货币估值的各种方案。

价值与价格

在第 4 章中我们曾指出,针对同一项资产,估值和定价过程可能会得出不同的结果,估值过程取决于基本面要素,而定价过程则依赖于供需规律。在此之前的章节中,我们始终认可两者之间的差异,从估值难点和解决方案两个方面讨论内在估值法和相对估值(定价)法。

尽管估值并非总是轻而易举,但决定价值的因素很简单。无论的估值对象是创业企业、新兴市场企业还是大宗商品企业,它们的价值都依赖于预期现金流、增长率和现金流的风险。虽然说折现现金流模型是我们确定基本面要素的常用工具,并将这些要素表述为现金流、现金流增长率和折现率的形式,但它绝非寻觅内在价值的唯一途径。

决定价格的因素是市场的需求和供给力量;另外,尽管基本面因素注定会影响到这两种力量,但情绪和市场动力显然也是定价过程的重要驱动力。这些被行为经济学家标榜为"动物精神"的要素，不仅会导致价格偏离价值，而且还需要采用不同工具来评估资产的正确定价。对很多资产和企业而言，资产定价往往需要对价格进行标准化处理（显示为某个基本参数的倍数），寻找已被市场定价的类似资产或可比资产，并对估值对象与可比资产之间的差异进行调整。

如果认为市场也会错误，但这些错误是随机的，并且与任何可观察变量无关，那么我们实际上就是在假定，就平均水平而言，价值和定价过程得到的结果是相同的。归根到底，你是有效市场假说的笃信者。但需要提醒的是，假如你坚信非理性带来的结果是双向的——它既会让某些人在不应买入时买入而让另一些人在不应卖出时卖出，也会导致非理性自我消亡，那么你当然可以在坚持投资者非理性观点的同时，仍可认为市场是有效率的。

如果你不认同市场有效理论，那么你当然会相信，估值和定价过程会得出不同结果，而且你可以预见到两者孰大孰小乃至相差多少；也就是说，资产价格到底会高于还是低于价值以及高出或低于多少，完全取决于你选用的方法、指标和模型。事实上，正如我们下一节里所坚持的观点，能否以动态观点认识价格和价值，是区分交易者和投资者的基本原则，并引发不同的投资理念。

投资和交易

假如我们能同时对一项资产进行估值和定价，那么我们的投资决策最终应以哪个数字为准呢？我们认为，不能以孰是孰非这种绝对方式来回答这个问题，相反，答案应取决于一系列因素，比如说，你对估值的信任程度有多大、市场认为估值的准确性如何以及预期的投资时间跨度会有多长等。如果我们希望按自己的判断决定该如何投资，那么，我们可以有两种选择：估值博弈和定价博弈；这个选择又会进一步决定我们对自己身份的认定：是投资者，还是交易者。

价值博弈与定价博弈

在很多传统的价值投资者眼里，价值博弈是本杰明·格雷厄姆及其门徒所倡导的价值投资理论的核心。在价值博弈中，我们需要评估一项资产的价值，并将这个价值与资产的价格进行比较。如果价值高于价格，那么我们就会买入这项资产，并等待市场纠正其定价错误。用沃伦·巴菲特的话说，你就是在利用"市场先生"出现情绪波动的机会并从它的身上赚钱。要在价值博弈中成为胜利者，我们不仅需要有能力对资产进行估值，还要对你的估值结果有足够的信心，只有这样，你才能抵御市场情绪的侵袭，即使它逆向而动，你也不为所动，而且也只有等待足够长时间，市场才会纠正其错误。

定价博弈则相对简单。在对一项资产定价时，我们需要与其他类似资产的价格进行比较，如果定价对象的价格相对较低，就应该买入这笔资产。等到价差消失时，我们即可通过卖出资产而实现盈利。但需要提醒的是，我们对基本面是否重要甚至是否有意义无从知晓，因此，只有在认为基本面要素有助于对资产进行更合理的定价时，我们才会使用这些要素。要在这场定价博弈中占得先机，我们不仅要知道该如何评估市场对资产定价的指标，还必须尽早发现会导致定价切换方向的情绪及动量变化。价值博弈往往需要采取较长的时间跨度，而定价博弈可以是数秒、数分钟或是数小时的事情，尽管某些定价博弈也有可能长期存在。

投资与交易

按照这个分界线，我们可以把价值博弈的参与者称为"投资者"，把定价博弈的参与者称为"交易者"。请注意，这些称呼本身没有任何价值或取向判断的含义。从本质上说，投资绝不比交易更高贵，尽管我们或许会在这个判断过程中带入自己的偏见。两者都源于赚钱或是贪婪的欲望，而且它们的成功归根到底都体现为赚了多少钱，但它们为实现成功而需要的时间、工具和技能可能有所不同，为此，我们将这些差异总结于表18-1中。

表18-1 价值博弈（投资）与定价博弈（交易）

	定价博弈	价值博弈
基本理念	价格是我们决定是否采取行动时唯一可依赖的真实数字；没有人能知道一项资产的价值是多少，任何估计几乎都是徒劳的	每一项资产都拥有一个公允的价值，或称真实的价值；我们可以估计资产的价值，尽管会有误差，而且价格最终必然会收敛于价值（这也是价格的归宿）
参与方式	我们需要努力猜测价格在下一个区间的移动方向，并在价格变动之前实施交易；要在博弈中取得成功，我们就必须在大多数时间内做出正确的判断，并在遭遇逆风之前退出市场	我们需要努力估计出一项资产的价值；如果价值被市场低估（高估），我们就买入（出售）该资产；要在博弈中取得成功，我们就必须在大多数时间内对价值做出合理的估计，而且市场价格必然会趋近于这个价值
关键驱动因素	价格取决于市场对一项资产的需求和供应，进而又会受到情绪和市场动力的影响	价值取决于现金流、增长率和风险
信息效应	任何改变市场情绪的信息（新闻、故事甚至是谣传）都会改变资产价格，尽管这些信息不会给长期价值带来任何真正的影响	只有以实质方式改变现金流、增长率和风险的信息才能影响到价值
参与博弈的工具	（1）标准化价格（倍数）的比较 （2）技术指标和图表	（1）财务比率分析 （2）折现现金流估值 （3）基本面分析
时间跨度	可以是非常短的区间（几分钟），某些情况下也会持续较长时期（几个月）	通常是较长时期，以便于给市场足够的时间去纠正错误
关键技能	能先于其他市场参与者对市场情绪和动量的变化做出判断	在不确定性水平既定的情况下，能对一项资产做出估值

（续）

	定价博弈	价值博弈
关键性人格特征	（1）市场失忆症 （2）快速行动 （3）有天生的赌性	（1）笃信价值和市场 （2）耐心 （3）不为对手的压力所折服
最大危险	市场动力瞬息万变，可能在几个小时内让数月积累起来的利润化为乌有	即使我们的价值是正确的，但价格也有可能不会收敛于价值
意外收获	凭借良好的公众形象和忠实的追随者影响价格走势	可提供一种促使价格收敛于价值的催化剂
最有野心的参与者	交易者认为，他们进行交易的基础是价值	价值投资者认为，他们可以揣测市场的心机

可以看到，你到底会成为一名投资者还是交易者，这个决策将依赖于你的个性、兴趣以及你认为自己拥有哪些独有的优势。

估值难点

我们既可能成为一名优秀的投资者，也可能成为优秀的交易者，但如果我们以虚幻甚至欺骗的态度面对正在参与的这场游戏，那么问题就会接踵而来。很多市场参与者试图自欺欺人地认为，他们所参与的游戏并非像现实这么残酷。因此，我们往往会看到，很多基金管理者自诩为价值投资者，并信誓旦旦地要秉持价值定律，而在现实中，他们依旧我行我素，按自己的交易习惯进行选股建仓。此外，我们也会看到，有些分析师从基本面分析和折现现金流模型入手进行公司估值，随后，他们却以可比公司作为定价决策的基础。

如果你认为自己对价值游戏或是定价游戏的选择万无一失，而且坚信所有和你做出不一致选择的人一定受到了误导、肤浅无知或非理性，那么估值问题同样会如期而至。这种现象在传统价值投资者中尤其明显——他们习惯于先入为主地笃定，所有和他们不属于同一投资阵营中的人，迟早都会成为失败者。他们大张旗鼓地宣扬，按高收益、账面价值或收入倍数支付对价是何等的疯狂，劝诫投资者务必避开那些按其指标被市场严重高估的公司。他们对那些玩定价游戏的人嗤之以鼻，并将这些人轻蔑地称之为投机者或是短线交易员，他们甚至对价格的驱动因素不屑一顾。

估值方案

找到估值方案首先需要拥有诚实的品质。如果我们的目的是定价游戏，那么只要使用定价工具，我们才有可能成为胜利者，也就是说，我们应按估值倍数和可比公司对股票进行定价，并以股价图监测市场情绪和动量的变化。如果我们的目标是价值游戏，就必须对股价的起起伏伏视而不见，并尽可能以基本面要素解释股价的变化。此外，我们也没有必要去规劝交易员和市场认识到自己的错误。

找到估值方案还需要谦卑的胸怀。接受拥有不同能力组合、市场观点和时间跨度的人会做出不同选择这一事实，只会有助于我们开阔视野。因此，作为价值型参与者，如果你认同增量信息会导致定价发生巨大变化，那么当一条看似不起眼的新闻让股价暴跌20%时，你会觉得这很容易理解。事实上，理解交易者的关注点（估值倍数和股价图）及其他们的行为方式，可以帮助我们更好地理解市场查偏纠错的方式，从而让我们成为更合格的价值投资者。假如你是一名交易者，即使你不会在交易决策中使用这些驱动价值的基本面要素，但理解它们同样会让你受益匪浅，因为这些要素或许可以带来有助于预测市场情绪及动量变化的措施。

正确的方法

假如我们既可以对资产进行估值，又可以对它定价，那么在要求你给这项资产贴上一个价签时，你应该怎么做呢？这几乎是我们在日常收购中每天都需要回答的一个问题：在对一家标的公司估值时，我们需要以公允价值标准取代会计上的账面价值；在诉讼中，法院需要对涉诉资产给出一个价值。我们之所以经常在这个问题上遭遇尴尬，无非是因为我们混淆了一个最基本的概念：我们的任务是对资产进行估值还是定价。

你的职位描述

在某些情况下，工作描述本身就会给我们提供一种暗示：我们的任务是应该对资产进行估值还是给出定价。为说明这一点，不妨以股票分析师为例——这里既包括买入分析师（为投资组合经理提供服务），也可能包括卖方分析师（为客户提供研究报告）。分析师的研究方向往往以板块为核心，他们对涉及软件、银行或钢铁行业的企业进行分析，然后针对哪些公司可买进、抛出或继续持有做出判断。这项任务的本质就意味着，分析师必须以相同板块的其他公司为参照对标的公司做出定价，而不是以公司本身的内在价值为基准，并对被市场低估的公司提出买入建议，对市场高估的公司提出卖出建议。如果股票分析师因误读使命而采用了内在估值法，那么他们就会得出行业中所有企业都被低估或是高估的结论，这样的分析师迟早会丢掉饭碗。

谁是受益者

在某些情况下，自身利益也是我们选择对资产进行估值还是定价的重要因素。如果你是一家对交易企业进行价值评估的中介机构，比如说，投资银行对并购交易中的目标公司价值或是首次公开发行的高科技创业公司进行价值评估，就属于这种情况。此时，你的任务和收费与交易密切相关。在这种情况下，由于交易的基础是价格而不是对内在价值的估计，因此，你的任务是对目标公司和IPO公司进行定价，而不是估值。可以肯定，为了赚取佣金，个别拥有长期客户关系的投资银行可能会提出无法达成交易的估值建议，但这种情况毕竟只是例外，而非常态。

如何评价你的业绩

最后一个因素决定了你的决策取向是定价还是估值，这也是对你的业绩做出评判的标准。和大部分投资组合管理一样，判断投资业绩的标准是以同类被投资企业为对象的其他投资组合管理者的业绩。考虑到定价是一种相对估值，因此你当然倾向于对资产进行定价。如果说定价带来的一种风险就是市场动量会随时发生变化，且某个板块部门乃至整个市场都会贬值，那么只要你所持股权被高估的程度低于其他人的持股，你仍可能被视为成功者。

估值难点

数十年以来，无论是各种关于估值的教学和专著，还是针对专业标准的测试，估值方法（折现现金流估值模型和财务比率）的地位始终高于定价方法。事实上，在很多介绍估值的专业书籍中，要么只是捎带提一下定价倍数（如市盈率、EV 倍数或 EBITDA 倍数），要么彻底避而不谈。因此，分析师和评估师往往羞于向同行和客户承认，他们只是在定价，而不是在估值；所以，他们有足够动力去掩盖定价轨迹，毕竟在他们看来，估值才是更专业、更有档次的事情。

会计准则的制定者和司法人员也接受这个逻辑，于是他们会要求以内在估值为显而易见的定价数字提供依据。由此可见，将"公允价值会计"称为"公允价格会计"似乎更贴切，因为它们衡量的只是投资者愿意为购买资产支付的价格，而不是资产的价值几何。作为奠定公允价值基础的核心规范，《美国财务会计准则第 157 号》（FAS157）从交易价格角度对公允价值做出了定义，按照该准则对公允价值的定义，它是"在计量日进行的有序交易中，市场参与者出售一项资产可收到的价格或是转让一项负债应支付的价格"。这显然是一项定价工作，按这个逻辑，会计师应使用定价工具（倍数和可比公司）得到公允价值。另外，会计准则的制定者为确定公允价值的会计师规定了一项业务：要求他们以折现现金流估值模型为其定价提供依据。

而司法领域则要面对更大的困惑，部分原因就在于，法院始终就没有弄明白，争议的对象到底是价值还是价格。在大多数法律纠纷中，不管是收购公司中针对标的公司支付的价格，或是少数股东是否获得公平对待，我们都会先入为主地认为，争论的焦点都在于价格是否公平，而不在于价值是否公允。但即便如此，双方聘请的专家证人还是会拿出精心设计的折现现金流模型，义正词严地为其定价结论提供佐证。

很多分析师试图彻底泯灭价值和定价数据之间的差异，他们将两个数字混合起来，由此得到既非价格又非价值的平均数。这样，我们就会看到 IPO 分析师拿出这样的结论:他们针对目标公司得出的 DCF 价值为每股 12 美元,而采用估值倍数得到的价值则是每股 16 美元,随后他们再把两个数字搅拌到一起,对目标公司给出最终的估值为每股 14 美元,这样的现象绝非罕见。以价值和价格的平均值作为结论,其说服力显然是经不起推敲的,因为你得到的结果既不是合乎情理的估值,也不是令人信服的定价。

估值方案

我们必须接受的一个现实是:我们既可以对一项资产定价,也可以对它进行估值,但无论是估值法还是定价法,两者之间不存在孰优孰劣的关系。在这个前提下,用好两种方法的基础就在于清晰和透明。

- **厘清下一步行动的使命**:最好能在行动之前对即将达到的目标取得清晰认识。如果我们的任务是为一家公司定价,而不是对其估值,那么定价都是我们需要做的事情,我们没有任何理由为之而感到羞耻或歉意。在明确目标的前提下,应采用最适合于具体任务的工具——在需要定价时,使用的是定价工具;在需要对公司估值时,使用的应该是内在估值模型。之后的任务就是尽可能合理地使用这些工具。

- **工作保持高度透明**:在完成了对公司或资产的估值或定价后,我们还需要对得到这个数值的方式保持足够的透明度。这主要出于两个方面的原因:首先,如果我们需要以这个数字为基础进行交易或决策,那么得到它的过程就必须是透明的,决不能是一个只有分析师才能窥探的黑匣子。因此,假如我们对一家公司进行了估值,那么在解释和提供估值输入变量时,我们所采取的方式不仅应该让使用者知悉数据从何而来,还要让他们理解数据背后的事实。另外,如果我们所做的工作是为一家公司定价,那么我们不仅需要解释采用某个定价倍数的原因,还要说清楚确定可比公司的方式。其次,价值和价格的本质就是不同的人对待同一资产做出截然不同的判断,只有保持高度透明,人们才能对价值和价格所依赖的基本假设展开更有建设性的辩论。

- **充分认识各自的局限性**:无论是对一家公司或者一笔资产进行定价,还是对它们进行估值,我们不仅需要对市场的运行方式制定假设,还要深刻认识到它们各自的局限性。在对一家公司或一笔资产进行估值时,我们不仅要保证对现金流、增长率和风险做出的假设是合理的,而且要假设市场风险的价格(体现为股权风险溢价和违约利差)是稳定的。如果市场危机导致风险价格发生明显变化,那么我们的估值也需要随之变化。而在对资产定价时,根据市场对类似公司的定价方式,我们则需要对特定企业的定价方式做出具体判断。换句话说,如果市场对同类公司给出的定价过高,我们同样会对目标公司给出过高定价。一项资产既有可能在被过高估值的同时被给予过高定价,也有可能在被给予过高定价的同时被过高估值。归根到底，你既可以进行一次漂亮的估值，也可能是完成一次出色的定价，但要同时做到这两点，或者试图找到一个将两者合二为一的结果，最终只会让你一片茫然，不知所云。

投资分类

在本节中，我们将投资划分为四个类别，这样，我们就可以对估值和定价一分为二。第一类是可创造现金流的资产，包括从商标等单项资产到小型私人企业、再到对上市公司的投资（股票或债券）等形形色色的资产。第二类投资是大宗商品，其价值来源于在生产过程中的使用，通过这一过程，创造出其他企业或消费者需求而且需要付费才能得到的产品或服务。第三类投资对象是货币，作为计量现金流的标准，这类资产可以包括从法币到黄金和加密货币等在内的所有货币。第四类投资为收藏品，这种投资出于审美或情感等方面的原因而给拥有者带来价值。我们认为，资产是可以被同时估值和定价的，大宗商品在更多的情况下需要定价，而货币和收藏品只可定价，不可估值。

可创造现金流的资产

资产能创造出现金流，或是预期在未来可创造现金流。毫无疑问，我们拥有的业务就是一项资产，而且我们对这项业务创造的现金流有索取权。这些索取权既可以是契约设定的权利（如债券或债务），也可以是剩余索取权（如股权或股票），甚至是或有权利（期权）。所有资产的一个共同特征，就是它们所创造的现金流是可以被估值的；与现金流数量较少且风险较高的资产相比，现金流较高且风险较低的资产应拥有更高的估值。

另外，我们还可以实际支付价格和某个常用指标的比率为基础，参照可比资产的定价比率对目标资产进行定价。对于股票，我们通常采用的办法是参照类似公司的定价倍数（市盈率、EV/EBITDA、市净率或价值/销售收入比）做出价格判断，以说明哪些股票的价格相对过低，哪些股票被定价过高。

本书介绍的大多数估值，标的均为公司或业务，但需要提醒的是，这些估值方法同样适用于单项资产或项目。也就是说，我们可以采用折现现金流模型对实物资产、商标权或特许经营权进行估值，而且所有项目分析本身就是一次实实在在的估值练习。

单项资产的估值

单项资产或项目的估值原理与针对整家公司或业务的估值原理没有任何区别。一项资产或一个项目的价值取决于现金流、风险和增长率，可表述为如下公式（假设资产的使用寿命为 n 年）：

$$资产的价值 = \frac{E(CF_1)}{1+r} + \frac{E(CF_2)}{(1+r)^2} + \cdots + \frac{E(CF_n)}{(1+r)^n}$$

也就是说，某些实务因素可能会导致项目或资产的估值与针对整个公司的估值略有不同，其中包括：

- **无市场定价**：如果你采用依赖于市场定价的风险参数（如贝塔系数），那么在对项目或单项资产进行估值时，你很容易走进死胡同。不同于股票可在市场上公开交易并取得价格的上市公司，不能自由交易导致资产和项目没有市场价格。
- **融资结构**：在第2章里我们曾指出，计算资本成本所采用的负债股权结构应按市场价值计算。同样，这对上市公司而言很容易做到，但对项目或单项资产来说显然并非易事。更糟糕的是，公司往往会按投资周期的顺序，选择完全依靠债务或股权为单个项目筹集资金。
- **增量及需要分配的项目**：在对项目或企业所持单项资产产生的现金流估值时，我们可能会发现，财务报表反映了企业对标的资产在集中成本或企业成本中应承担的部分。这种成本分配可能会大幅改变公司的经营成果（净利润和现金流）。
- **税收**：项目或个人资产创造的收入本身往往不直接纳税，而是作为应纳税收入总额的一部分，按总数汇总纳税。这个问题的重要性源自两个原因。首先，在取得盈利之前，亏损公司还无法实现弥补亏损带来的税收抵减；正因为这样，我们在此前几章里才指出，必须将净亏损结转到以后年度，以抵减未来年度的收入。同样，如果公司的其余业务实现盈利，那么亏损项目也可通过抵减这些盈利而给公司带来税收优惠。其次，尽管我们可采用有效税率对整个公司进行估值，但项目现金流可能会按边际税率纳税，因此这就需要采用边际税率。好在这些问题并非无法解决。事实上，在本书此前提到的例子中，我们已经针对部分问题提出了建议。尽管如此，在这里，我们仍有必要针对项目或资产的估值重温这些难点和相应的解决方案。

估值难点

项目或资产估值实践中总少不了形形色色的不当操作，究其原因，就在于它们在教学和实务中往往被包装为不同于估值的内容，成为公司财务中资本预算的一个组成部分。但考虑到资本预算同样以净现值为基础，因此它不过是折现现金流估值模型在另一种情景下的翻版而已，而且存在于估值实践中的不良做法，同样无益于项目或资产分析。

- **对风险一概而论却不分对象**：在项目分析中，最常见的错误或许就是以公司层面的资本成本作为目标公司所有投资项目的折现率。我们认为，对第 17 章所述的多元化公司进行估值时，这种做法显然不妥，而对项目层面的估值，这同样是不可取的，其结果可想而知。假如一家公司的若干项目有着不同的风险特征，在这种情况下，如果坚持以公司的单一资本成本分析这些项目，就会导致公司对高风险项目过度投资，而对安全的项目投资不足。随着时间的推移，这不仅会成为一家风险较高的公司，还会让投资者懊悔不已，因为这家公司的投资组合中隐藏了大批破坏价值的高风险项目。

- **采用针对具体项目的融资结构**：在很多情况下，公司不仅会明确说明即将为新项目筹集的资金数量和费用水平，还要说清楚项目寿命期内的还款计划。对很多分析师而言，这似乎是化解债务比率问题的一个简单方法，这也让很多人以项目的负债结构计算资本成本。实际上，在陆续偿还负债的过程中，要想展示分析能力的分析师就必须进一步深入：计算较长时期内的债务比率。但这种方法又会带来两个问题。首先，对既定项目而言，负债率都是以账面价值计算的。这个负债率表述为负债占项目投资成本的比例，而不是相对于价值的比例，而且随着项目的进展以及债务的逐渐偿还，这个问题会在后续年度中不断放大。其次，针对项目或单项资产的融资，公司筹集的债务金额往往和项目或资产本身的负债能力无关，而是取决于整个公司的债务状况。因此，只要公司拥有强大的负债能力，它就可以完全采用负债方式为项目提供融资，而且使用这样的债务比率（在融资结构中，100% 为负债，无股权融资）会导致资本成本非常低（等于税后成本债务）。因此，按这个低资本成本进行项目估值时，必然会导致高估；我们将在下面看到，如果项目融资全部采用股权，则会导致项目价值被低估。

- **不加甄别地信任会计收益**：针对单项资产或项目，由收益计算得到现金流的过程完全与公司相同。也就是说，我们首先从会计收益开始，加上非现金支出（包括折旧和摊销），减去资本支出和营运资金的变动额，结果即为资产或项目的现金流。唯一的不同之处在于，项目或单项资产的收益通常需要先行扣除共同费用的分配额——在这些费用中，部分可归结于项目，但也有一部分与项目无关。如果按由此得到的会计收益计算项目现金流，分析师必然会得出错误的结论：在分摊了不属于项目的成本时，会低估项目的现金流；忽略本应归属于项目的成本时，则会导致项目的现金流被高估。

- **估值之后的粉饰**：在前述章节中，我们曾提到以潮流为估值结果呐喊助威的情况。在收购中，"协同效应"和"控制效应"已成为分析师解释目标公司及私人公司估值溢价的绝佳理由，而"缺乏流动性"则是分析师为估值折价提供的屡试不爽的理由。对于项目或资产估值，这种趋势依旧盛行，分析师会信誓旦旦地宣称，出于"战略"方面的考量，净现值为负数的项目也是可以接受的，至于战略意义的内涵恐怕不得而知；"品牌名称"可以为资产带来额外的价值，至于到底价值几何，他们往往只字不提。

如果公司在项目估值中采用了错误的做法，那么在对这些公司估值时，我们就必须解决由此得到的影响。在使用整个公司的折现率、具体项目的融资结构以及项目创造的会计收益时，由此出现的系统性偏差最终会导致项目失败，即项目的收益率将低于资本成本，从而破坏公司的总体价值。

估值方案

以下是针对不当估值实践采取的纠正措施。这些措施并不陌生，都是我们此前曾经使用过的手段，只不过这一次出现在不同的环境下：

- **关注项目风险而非公司风险**：在本书中，我们已经不止一次地强调过，对系列现金流估值所采用的折现率，必须反映这些现金流本身的风险，而不是这些现金流所属机构的风险。因此对于一个高风险项目，使用低风险公司的折现率对其现金流进行折现，显然是不合情理的。尽管从零开始估计每个项目或资产的风险可能不切实际，但我们至少可以把资产按风险水平进行分组，并对每个组别设置不同的折现率。因此，对于像联合技术公司这样的跨国多元化企业，至少应为每个业务部门和地区设置不同的资本成本。也就是说，即使以美元计量，西科斯基（飞机）亚洲项目的资金成本应有别于奥的斯（电梯）业务的欧洲项目。为此，在估计不同国家的股权风险溢价时，决不能采用对整家公司进行单一回归得到的贝塔系数，而应该使用以业务为基础或称自下而上的贝塔系数（这也是我们在本书中一贯采用的方法）。
- **融资组合的核心是项目的负债能力**：采用项目的负债/股权融资结构计算资本成本，显然不是明智之举，特别是负债和股权以账面价值为基础而且项目不独立时，这种做法尤其危险。当公司在某个业务领域同时开展多个项目时，比如一家拥有众多门店的零售企业就属于这种情况，我们建议不管具体融资方式如何，均以市场价值为基础的全公司负债率作为每个项目的负债率。这就消除了使用特定项目负债比率时出现的补贴现象，也就是说，股权融资项目给负债融资项目提供的补贴。对于联合技术公司（我们在第17章中的估值对象）这种在若干业务领域开展项目的公司，由于各项业务的负债能力有所不同，因此我们建议以各业务部门的负债比率作为该部门所有项目的负债比率。的确，必须由公司来偿付因个别项目承担的负债，但考虑到已偿付负债还要被其他项目的新债务所取代，因此我们建议维持原有的负债比率保持不变。只有针对有能力自行承担债务的独立项目，我们才建议使用项目本身的负债比率，并根据负债的偿

还情况随时调整负债比率。[一]
- **增量现金流**:一个简单的决策规则就是,决策必须以未来的增量现金流为基础。而在对项目和资产估值的前提下,这就要求我们不要将项目收益理解为账面价值,至少不要轻信会计师给出的项目收益,而是应逐行解读财务报表,并提出如下两个问题。首先,如果我们接受这个项目,增量现金流会怎样呢?其次,如果我们不接受这个项目,增量现金流又会怎样呢?如果两个问题的答案完全相同,就说明项目不会带来增量现金流,因而不应成为分析的一部分。为说明这一点,我们不妨看看下面的两个例子。在第一个案例中,假设我们分析的项目已在市场测试方面发生了5000万美元的费用。考虑到无论你是否接受这个项目,这笔费用都将保持不变,因此是可以忽略的成本,这显然是一笔典型的沉没成本。在第二个案例中,假设项目出现一笔需分配的日常行政管理费用5000万美元,与此同时,我们还假设,在这笔费用中,4000万美元为固定费用,也就是说,无论是否接受这个项目,这笔费用都是要发生的,因此,一旦项目不被接受,就需要由公司的其他项目承担这笔费用。在这个案例中,我们在项目分析中只需考虑1000万美元的增量成本。
- **不存在人为粉饰**:与协同效应、控制效应和流动性一样,项目分析的最佳实践就是将此前未曾发现的收益(体现为战略收益或品牌名称)转换为现金流。对于战略收益,可能需要借助于我们在此前几章介绍的某些期权定价方法,而对于品牌名称,可能需要重新考虑项目分析采用的利润率。

对个别项目进行合理分析并做出正确判断,才是打造企业价值的关键。我们可以看到,适用于资本预算的正确实践,也是适用于估值的正确做法。掌握其中之一,就等于掌握了另一个。

大宗商品

作为一种原材料,大宗商品在满足消费者或企业基本需求的同时创造了价值。虽然通过分析需求和供应状况可对大宗商品进行估值,但较长时间的滞后和先导时间导致大宗商品的估值过程比资产估值困难得多。因此,大多数大宗商品适用于定价,只不过具体的定价方式可能会因不同类型的大宗商品而有所差异。

大宗商品的定价

针对大宗商品存在三种基本类型的定价方法。第一种方法是参考大宗商品本身的

[一] 对一个估值为1亿美元且以负债融资6000万美元的独立项目,假设公司计划在未来10年内分期等额偿还这笔负债,因此,负债比率在项目开始时为60%,在此后年度逐渐下降,并在10年之后下降到0。为此,我们既可以按变化的负债比率计算某个年度的资本成本,也可以按30%(10年的平均值)的负债率得到一个平均资本成本。

价格历史进行定价。第二种方法是参考用途或生产细节等其他相关大宗商品的价格进行定价。在第三种方法中，我们将代表大宗商品需求和供应的指标纳入估值中，从而将大宗商品的价格与基本面联系起来。

- **与大宗商品本身的历史价格进行纵向比较**：大多数大宗商品均有长期交易的历史，因此，参考历史记录，我们可以对大宗商品的标准化价格做出估计。但需要提醒的是，大宗商品周期可能持续很长时间，有时甚至会延续数十年。大宗商品价格的纯贸易观点将集中于近期的价格历史上，旨在揭示可由市场情绪和动力维持的趋势。但无论属于哪种情况，我们对大宗商品的定价都需要一个前提：可以得到反映历史价格时间序列的信息，而且与当期价格（现货及期货价格）相比，我们可以利用这些信息对未来价格做出更好的预测。
- **与其他大宗商品的价格进行横向比较**：有的时候，需要将待定价大宗商品与其他大宗商品进行价格匹配，并根据既定的价格历史，以价格比率判断某种大宗商品相对其他大宗商品而言是否被错误定价。因此，在满足家庭能源需求方面存在竞争关系的石油和天然气有着共同的发展史。而玉米和大豆价格之所以也存在这种关系，很大一部分原因在于两者之间具有可替代性，也就是说，当一种商品的价格相对另一种商品的价格过高时，农民就会放弃价格较低的农作物，转而种植价格较高的作物。在这里，我们实际上假设，相关大宗商品之间的历史价格关系在未来将继续存在；出现偏离时，中值回归定律将发挥作用。
- **依据基本面要素进行定价**：在某些情况下我们会看到，经济学家或大宗商品专业人士试图借助通过大宗商品长期供求趋势的预测而对大宗商品定价。在实务中，这种方法首先需要我们确定可体现大宗商品需求和供应特征的基本变量，在此基础上，通常回归或其他统计技术，模拟出将大宗商品价格与这些变量联系起来的方法。比如说，我们可以将石油价格与全球石油储量/产量及能源消耗量联系起来，并根据对这些基本要素的判断建立一个预测石油价格的模型。另外，依据中国汽车市场不断扩大而对石油需求形成的增长预期，导致某些分析人士曾在 2010 年做出预测，全球石油价格将上涨至每桶 200 美元。

值得注意的是，尽管预测大宗商品的价格永远是一个难题，但做出正确预测带来的回报太诱人了，以至于人们始终乐此不疲。

估值难点

预测大宗商品价格已成为普遍现象，但实践效果不如人意。大宗商品企业往往根据对期货价格的市场预期制定收购及投资决策，而投资者在决定何时投资大宗商品公司以及应投资哪些大宗商品时，也会依赖于大宗商品的价格预测。也就是说，大宗商品价格预测不仅效果极差，而且很多市场实操手段令人难以信服：

- **自动预测**：在自动预测中，分析师盲目信任历史数据，他们不仅假设价格会自动回归到历史平均水平，而且还以一定时间内（10 年或 20 年）的平均值作为未来的预测值。
- **外包预测服务**：在很多情况下，公司和投资者把预测价格的责任交给外部机构，或许是相信他们的专业知识，也有可能是逃避责任。毕竟，一旦预测失误——而且失误是不可避免的，他们就可以将责任推脱给专业预测机构。
- **权责不清**：如果按预测价格制定决策，那么这些预测失误，也不会有人为此承担责任，更不可能从中汲取教训。在这种情况下，公司还会继续使用不值得信赖的预测模型或预测服务。
- **隐性预测**：需要提醒的是，很多明确称不会预测大宗商品价格的公司，实际上却在暗中进行预测。不妨以航空业为例，在这个行业中，盈利能力可能会严重受到油价的影响，而且我们也确实掌握了对冲未来油价波动的工具。因此，如果你无法预见大宗商品未来价格的走势，要么永不求助于套期保值，而是让投资者自己面对以后的收益波动；要么始终进行套期保值，以便于提高成本的可预测性和收益的稳定性。但大多数航空公司对两种方案都嗤之以鼻：他们的选择是在一段时间内进行套期保值，而在其他时间放弃套期保值。尽管他们十有八九会给出其他理由，但事实不置可否：他们是否会选择进行套期保值，完全反映了他们对大宗商品未来价格走势的看法。如果认为未来油价将会上涨，那么他们就更有可能进行套期保值；反之，他们往往会放弃套期保值。

还有一些人生活在幻觉之中：在他们看来，只要有了大宗商品的远期市场，价格预测问题似乎即可迎刃而解。对不可储存的大宗商品来说，事实或许的确如此，市场确实发挥着预测价格走势的作用，但这个规律显然不适用于期货价格或远期价格与现货价格挂钩的可存储大宗商品，在这种情况下，显然不存在套利的可能性。⊖

估值方案

在第 13 章针对大宗商品和周期性企业估值的介绍中我们曾提到，大宗商品的生产存在较长时间的滞后和先导期，并得出结论，根据基本面要素估计大宗商品（如石油或小麦）的公允价值在现实中非常困难。此外，我们还指出，预测大宗商品价格所需要的技能仅为少数人所掌握，而且这可能需要借助于价值评估。回顾以往的预测经历，或许会让我们得出一个不情愿接受的结论：我们根本就没有能力预测大宗商品的价格，因此理智的选择就是放弃徒劳之举，不要试图预见未来的价格走向。而且也正是这一

⊖ 对于可储存大宗商品，我们完全可以选择借入资金在现货市场上买入，并在期货合约约定的期限内将这些大宗商品储存起来。因此，在考虑到融资成本（包括贷款利息）和存储成本的情况下，调整期货价格应与现货价格保持一致。

结论，促使我们在第 13 章中指出，应根据大宗商品的现货价格对大宗商品企业进行估值，而不能依赖于我们对未来价格的预判。

如果你认为自己还有机会对价格做出成功预测，就必须采取以下措施：

- **了解大宗商品的长期价格变动趋势**：考虑到大宗商品价格的周期更长，因此如果你选用在其他场合下貌似很长的时间段（比如说 10 年），很有可能导致大宗商品价格的预测严重失真。这也是大宗商品分析师在 2014 年犯下的一个错误：在大宗商品价格在上一年度遭遇暴跌之后，他们曾认为，按照此前 10 年的平均价格水平，大宗商品价格会迎来快速而强劲的反弹。但他们显然没有考虑到这样一个事实：与 20 世纪的价格水平相比，2003～2012 年的大宗商品价格高得离谱，而且这期间的价格上涨在某种程度上归结于中国经济的爆炸性增长。
- **采用更合理的统计工具**：采用较长时期的平均价格或许是不错的分析起点，但显然不应是最终结果。除需要对长期通货膨胀率进行调整之外，我们还要使用功能更强大的统计工具从数据中提取有价值信息。从这个角度说，如果你打算发挥数据的价值效应，这或许是一个很好的试验场。
- **当心结构性断层**：结构性断层是指经济生活中发生的重大变化，通常体现为长期性价格变化，而不是暂时性变化。这种断层有可能出现在需求侧或是供给侧，并有可能给大宗商品的价格产生重大影响。

总而言之，即使你准备预测大宗商品价格，也务必要保持谦虚的态度，而且必须接受这样一个事实：犯错误的可能性或将远超过你的想象。

货币

撇除作为投资对象，货币仅指用来计量现金流的交易媒介或购买力的储备。对本身而言，货币既不会带来现金流，也无法被估值，但可以表述为相对于其他货币的价格。

决定货币价格的要素

如果一种货币已成为普遍接受的交换媒介，并能在较长时期内维持购买力，那么该货币对其他没有这些特征的货币的相对价格将会上涨。但是在短期内，其他因素也有可能成为货币价格的主导力量，譬如政府执行的汇率操纵政策。

对此，我们不妨以传统的货币定价模型为例。图 18-1 为美元相对于其他 7 种法定货币的汇率走势；我们可以看到，在长期内（1995～2017 年），瑞士法郎和人民币对美元的价格出现了升值，而墨西哥比索、巴西雷亚尔、印度卢比和英镑相对于美元的价格则出现了下跌。日元价格的走势似乎令人费解——日本的低通货膨胀率导致日元最初出现升值,但随后的经济停滞则导致日元出现贬值。

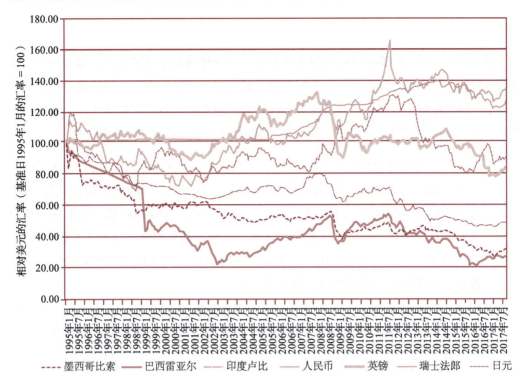

图18-1 货币价格的长期走势

至于瑞士法郎在这段时期间内的坚挺表现,或许可以归结于这样一个事实:瑞士的通货膨胀率几乎低于世界其他所有地区,而巴西雷亚尔和印度卢比在此期间的疲软则反映出这些国家的高通货膨胀率。至于人民币,蓬勃发展的中国经济扩大了人民币作为交易媒介的使用范围。而对于日元,日本低通货膨胀率带来的好处远不及同期日本经济增长放缓带来的损失。

但需要提醒的是,在这段时期(1995~2017年)内,这些货币的汇率走势确实验证了我们的假设,即货币的价格走势依赖于它所拥有的购买力以及它作为交易媒介的适用性;但是在此期间的个别时段内,它们对美元的汇率走势也曾出现过不同的表现。譬如,尽管巴西的通货膨胀率远高于美国,但是在2003年1月~2008年9月,巴西雷亚尔兑美元汇率升值了近250%。

在短期内,为维护有利于本币的地位,各国政府和中央银行不可避免地会努力引导汇率的涨跌,而且在某些情况下也确实取得了成功。在(市场设定的)浮动汇率出现之前,政府始终是固定汇率的主宰者——它们可以适时重估本币价值或直接对本币进行贬值。也就是说,我们必须认识到,政府和中央银行确定货币汇率的能力往往会被人们夸大,长期以来,这种权力已经大为削弱。作为投资者,乔治·索罗斯曾做空英镑,他认为,面对市场的强烈负面情绪,英国央行迟早将无法支撑英镑的市场地位。

这场赌注最终以索罗斯作为胜利者而告终。

估值难点

货币市场上的定价游戏往往会带来一种错觉——赚钱似乎易如反掌，部分原因在于市场情绪和动量的固有惯性，它让人们在较长时间内维持乐观心态，但这显然与经济学的基本原理背道而驰。因此，一点也不奇怪的是，即便是原本明智而富于怀疑精神的市场参与者，也很难抵御这种诱惑力，直接或间接地参与到这场货币定价游戏当中。

- 直接性参与不仅包括针对货币期货和期权进行的投机，还体现为"套息交易"（carry trade），也就是说，技术高超的投资者以低利率货币的形式取得借款，再投资于高利率的货币，从而利用各国之间的利率差异赚取利差。如果两种货币之间的汇率保持不变，那么投资者自然可以轻而易举地将利息差揽入囊中。
- 至于间接性参与的常见形式，就是增加对货币升值国项目和公司的投资，以期通过这种货币在未来的继续升值而获利。
- 最后，如果公司以一种货币为项目融资，并通过项目创造出以另一种货币计量的现金流，那么这家公司实际上就是在含蓄地认为，汇率不会因通货膨胀率存在差异而发生调整。

货币市场的最大风险就是价格走势会随时发生变化，而且这些变化大多无法解释；因此，长期以来辛辛苦苦积累起来的利润，很有可能在一夜之间灰飞烟灭。

投资者之所以乐此不疲地参与货币市场的定价博弈，无非是基于这样一种错误思维：政府和中央银行的能力远超过他们的实际能力，因而能让这场游戏沿着他们设想的情节发展，而且只要愿意，就能让游戏永远不脱离他们设计的脚本。于是，投资者对政府和央行的选择笃信不已，并借此不断调整他们对货币的定价，以期在这种由政府操纵的游戏中成为受益者。

估值方案

如果你打算参与货币市场的定价博弈，那么一定要牢记让某些货币优于其他货币的基本品质——作为交换媒介的市场接受程度以及作为价值储备的效率。此外，我们还需记住，市场有可能会在短期内对这两个方面视而不见，使得货币在较长时期内毫无（基本面）理由地出现升值或贬值。

当然，我们还可以选择参与货币的交易游戏，也就是说，尽可能追随货币市场的走势，但是要成为受益者，还取决于我们能否在市场走势发生偏转之前及时退出。因此，我们成功所需要的工具应该能及时感知市场走势的风吹草动，比如说，可反映市场趋势的图表和技术分析，应该能为我们提供有益的帮助。对于长期投资者，更合理的选择是参与价值游戏，但这显然需要我们认识推动汇率长期变化趋势的基本面要素：

不同国家的通货膨胀率和真实增长率。此外，我们还需要忍受市场长期背离基本面带来的痛苦，也就是说，市场可能会长期与我们的预期背道而驰。

但是和预测大宗商品价格一样，无论是在长期还是短期内，最明智的选择都是接受我们无力预测汇率趋势这样一个事实。针对持有外汇风险敞口的企业估值，这是我们在全书中始终坚持的立场。也就是说，我们必须以当期汇率将外币收益转换为本国货币，并假设汇率在长期内会随着通货膨胀率的变化而变化。

收藏品

读者或许想知道，在一本讨论估值的书中，为什么要提及绘画、雕塑或是棒球卡这些东西呢？但事实不容否认，这些物品价值连城，并且也确实有一些人为此投入了大量财富。尽管我们无法对这些收藏品进行估值，但它们可以有价格，而且多数时间是被定价。

收藏品价格的决定因素

我们当然不是收藏品方面的专家。冒着有可能遭到收藏品专家的嘲笑，但我们依旧斗胆认为，收藏品的价格是如下两种力量交相作用的结果：

- **感受**：第一个要素就是出于审美或情结而认为收藏品值得持有的感受。对于资产，我们可以按现金流的大小分辨资产的质量；对于大宗商品，我们可以将价格归结于它们在创造产品或服务过程中发挥的作用；货币价格则取决于它们作为交换媒介或价值计量手段的效率。而收藏品则有所不同，其价格依赖于感受。假如我们在明天都不约而同地认为，作为一位画家，毕加索没有什么特别之处，那么他的绘画作品就有可能变得一文不值。
- **稀缺性**：要让一件收藏品价值连城，它就必须具有足够的稀缺性。就绘画艺术而言，稀缺性体现为画家已不在人世，而且在美术史上，始终存在一种近乎病态的现象：一旦画家去世，他的作品就会扶摇直上。而对于"蒂凡尼"的台灯或米奇·曼特尔新秀卡之类的收藏品，原版发行的有限性和时间的久远程度（有些台灯会破裂，有些收藏卡会遭到损坏）决定了它们的稀缺性。

但这两个要素都会变化，因为人们的感受会随着时间的推移而发生转移，让某些收藏品更有价值，另一些收藏品不断丧失价值；在某些情况下，有些原本稀缺的收藏品会变得不那么稀缺。

与所有投资的定价一样，要为收藏品定价，我们同样需要对收藏品的价格进行标准化处理，并寻找类似的可比资产。最容易定价的收藏品通常拥有标准的计量单位，而且存在大量交易实例，这就可以为我们的定价提供一系列可靠的交易数据。而最难以定价的收藏品往往不具有标准的计量单位，而且很少存在交易案例。Topps 公司发行的"肯·格里菲"球星卡肯定要比莱昂纳多·达·芬奇的《救世主》更容易定价（这幅画于 2017 年 10 月拍卖）。"肯·格里菲"的球星卡不仅数千张的发行量（尽管质量不同），而且在市面上交易频繁，由于这些交易的价格基本公开，因此对其定价自然也就容易得多。而达·芬奇的每一幅作品都是不同的，而且很难找到达·芬奇绘画作品的近期交易价格记录。

估值难点

针对收藏品的定价方式也反映出人们在投资目的方面的分歧，也就是说，取得这些收藏品的目的是把它们视为与股票、债券或房地产一样的投资，还是出于审美或情感方面的原因。我们相信，尽管答案会因不同的买家和收藏品而有所不同，但不可否认的是，收藏品定价中的很多做法不尽如人意：

- **把定价权交给专家**：长期以来，收藏品的价格在很大程度上左右于所谓的业内专家，部分原因在于收藏品本身可能是独一无二的，还有一部分原因则在于收藏品往往真伪难辨，尤其对新手而言。因此，毕加索画作的拥有者会在苏富比或佳士得的拍卖会上大肆宣扬专家的权威性，请他们对待售作品进行鉴定和定价，并在暗中为这些专家的服务支付高昂费用。因此我们认为，把收藏品的定价权交给专家肯定会带来问题。首先，专家对某个领域（比如说文艺复兴时期艺术）拥有高深的学识，未必等于他们具有对相关艺术进行定价的能力，艺术天分和定价技术是两种非常不同的能力。其次，由于收藏品的定价过程严重缺乏透明性，因此任何数字都很难取得足够的依据或理由。
- **数据有限**：由于专家左右定价现象的普遍存在，妨碍了收藏品交易数据库的形成，使得非专业人士在定价收藏品时缺乏可参考的依据。需要提醒的是，尽管每年对收藏品投入了巨大资金，但很少能找到相关交易的详细数据。
- **定价过程**：很多收藏品的市场价格来自拍卖，而不是公开交易市场，这不仅体现出收藏品的稀缺特性，也表明获得收藏品的唯一前提就是有几个甚至只有一个愿意成交的买家。从本质上说，这似乎不是什么大不了的事情，但是以拍卖为基础的定价显然更难以预测，尤其是在交易极为稀少时，因为在这种情况下，大量定律已不再适用。

归根到底，按目前的实务操作方式，收藏品定价的最大问题在于数据，部分原因在于大多数收藏品交易零星，还有一部分原因在于在这些交易发生时，未来的交易者根本就无从知晓它们的存在。

估值方案

收藏市场是一个容量巨大的市场，而且确实已经有人在这个市场上赚到了大钱。

在现实中，个别人曾主张收藏品应成为投资组合中的一个重要组成部分；如果采纳遵循他们的建议，我们还需铭记如下这些建议。

- **明确持有收藏品的动机**：如果选择投资于收藏品，无论是绘画、家具还是体育纪念品，我们都必须搞清楚自己的投资动机是什么。如果是出于纯粹的经济目的，就应该像对待其他任何可交易投资那样对收藏品进行定价。也就是说，在决定是否投资收藏品时，不仅要考虑当前的价格水平，还要考虑未来的价格走势。有些人热衷于收藏可能完全出于审美或情感方面的原因，也就是说，持有收藏品的初衷不是为了赚钱，而是为了从收藏过程中得到享受。在这种情况下，尽管我们仍希望以尽可能低的价格取得收藏品，但可能不在意未来的价格走势。最后，如果收藏兼有经济利用和情感两方面的因素，那么即使收藏品的升值潜力低于其他可选择的投资（资产或大宗商品），你依旧会选择收藏品，因为收益缺口完全可由情感上的满足得到补偿。
- **本地化知识**：如果出于纯粹的经济目的而决定投资收藏品，那么就没有理由不投入足够的时间和资源去深入了解收藏品，掌握收藏品市场的运行方式。
- **数据**：无论出于什么样的动机，我们都应该像做其他任何投资那样去做好功课。也就是说，我们应尽可能收集更多的历史交易数据，并通过价格分析来确认这些交易的公允性。幸运的是，目前已开始出现了针对收藏品交易的数据收集和分析专业服务。
- **定价工具**：如果收藏品本身的交易较为频繁，而且可以把成交价格和基本面联系起来，那么我们就可以使用统计工具完善定价过程。这里有一个例子：根据葡萄酒生产年份的温度和降雨量记录，普林斯顿大学教授 Orley Ashenfelter 提出了一个预测波尔多葡萄酒价格的统计模型，该模型的预测效果甚至让众多葡萄酒专家相形见绌。[1]
- **认真听取专家意见，但不能全盘接受**：假如聘请专家评估收藏品的价格，那么我们就应该充分利用他们在价格评估方面的专业能力，但我们必须学会提出问题，敢于质疑他们的研究结果。尤其是在你得到的评估价格高于其他人对类似收藏品支付的价格时，必须让他们给出支付高价钱的原因，并在可能的情况下寻求其他建议。
- **与时俱进**：要通过投资收藏品赚钱，我们不仅要判断好入手时机，还要审慎把握出手时机。这就需要我们密切关注市场、发展趋势以及可能影响收藏品价格的潮流转换。

---

[1] Ashenfelter, Orley, 2008, "Predicting the Quality and Prices of Bordeaux Wines," *The Economic Journal*, v118, 174-184.

虽然说没有理由将收藏品排斥到投资组合以外，但一旦做出决定，你就必须认识到，这是一场需要本地化知识的纯定价博弈。

需要质疑的投资

在最后这个投资类型中，我们考察的所有投资均覆盖诸多细分类别，而且对其中的每个细分类别，我们均认为存在主导型投资。最典型的莫过于黄金，作为最具代表性的大宗商品，黄金的大部分价值来源于作为货币所具有的价值。随后，我们再看看比特币、以太坊（是一个开源的有智能合约功能的公共区块链平台，Ethereum）和初始数字货币发行（ICO）之类的加密投资，而且我们始终主张，均不能把它们全部放在一个篮子里，既有货币，又有大宗商品，还有一部分资产。最后，我们将探讨一下炫耀性资产，这些资产可以产生现金流，而且可以进行估值，但价格则反映了它们的收藏品性质。

黄金（及其他贵金属）

很少有哪种投资能有像黄金一样的持久力。几个世纪以来，在遍布全球的每个角落，所有人都笃信，黄金是最可靠的价值储备。据估计，在 2017 年近 8 万亿美元的现有黄金资产中，绝大部分远离市场的尘嚣，被深藏于金库和珠宝店中。严格地说，黄金是一种大宗商品，但在我们的观念中，黄金被更多地视为一种货币，而不是大宗商品。

黄金：到底是大宗商品还是货币

至少就目前的使用情况而言，黄金还是一种大宗商品，它不仅被人们用作首饰和装饰品，而且还广泛地运用于工业。也就是说，假如我们按大宗商品对黄金进行定价，黄金永远也不会达到其目前的价值和地位。几个世纪以来，黄金不仅被当作融通交易的货币，也是发行法定货币的信托基础。毕竟，在世界各国相继放弃金本位之前，他们所发行的货币价值还是以黄金为依托的。如果从这个视角看待黄金，就像我们不能对美元或任何其他法定货币估值一样，我们同样无法对黄金或是对黄金的投资进行估值。我们可以为黄金做出定价，并据此进行交易。如果借鉴货币的定价原理，也就是说，一种货币从长期内相对于其他货币的价格，反映的是它作为价值储存和交换媒介所具有的属性，那么黄金的价格也应该具有同样的属性。

那么，黄金作为交易媒介和价值储备的属性又如何呢？虽然黄金不是日常交易中最便于携带的货币，但它依旧在全球大宗交易中扮演着交易媒介的角色。良好的耐久性和与生俱来的稀缺性，使得黄金成为一种天然的价值储备手段，但是它的定价在很大程度上取决于和纸币相比而言的价值储藏效率。如果遵循将黄金视为纸币替代品的传统观念，那么我们就可以认为，黄金的价格应决定于个人对法币的信赖程度如何。

按照下一节的讨论,我们将会看到,这种信任会随着时间的推移而逐渐减弱,一方面是因为法定货币的通货膨胀,还有一部分原因则是导致人们对立法机构(政府和中央银行)丧失信心的经济和政治危机。

黄金价格的决定因素

如果你准备购买黄金,那就需要对黄金做出价格判断。如何做出这个价格判断的问题,也是投资界中历史最古老、最富争议性的话题之一。就长期而言,黄金的价格主要依赖于三个基本要素。

(1)通货膨胀。

人们普遍认为,当纸币的价值因通货膨胀而发生贬值时,黄金的价值就会相应增加。要分析将黄金作为通货膨胀保值工具的普遍观点是否有据可循,我们分析了黄金价格和通货膨胀率在1963~2016年的变化情况,如图18-2所示。

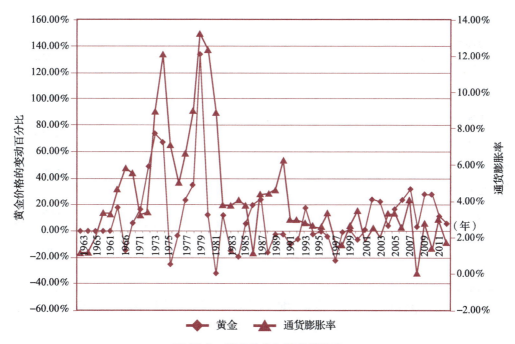

图18-2 黄金价格与通货膨胀率

20世纪70年代,黄金价格和通货膨胀率显示出强烈的同步性,在这10年期间,美国经济饱受高通货膨胀困扰;如果按这期间的通货膨胀率对黄金价格进行回归分析,我们即可揭示出黄金价格与通货膨胀率之间的相关性:

$$黄金价格的变动率(\%) = -0.08 + 44.44 \times 通货膨胀率$$

$$R^2 = 23.5\%$$

虽然上述回归确实支持将黄金作为通货膨胀保值工具的传统观点,但也存在两个潜在缺陷。首先,R^2仅为23.5%,这表明通货膨胀以外的其他因素对黄金价格影响显著。其次,如果不考虑20世纪70年代这段时间,回归的显著性将大为减弱。事实上,我们确实可以将20世纪70年代出现的黄金价格大幅上涨归结为这期间的高通货膨胀率，但对于2001~2012年的黄价上涨，显然不能用通货膨胀来解释。如果深究这些数据背后的故事，有一点是显而易见的，黄金确实可以规避极端（和意料之外）性通货膨胀，但对小幅通货膨胀率波动而言并无实际意义。

（2）危机。

几个世纪以来，黄金始终是投资者逃避危机的最后一根稻草。因此，每当投资者对市场起伏感到心有余悸时，黄金价格就会随之涨跌。为检验这种因果效应，我们对反映投资者顾虑程度的两个前瞻性指标进行了分析——Baa级债券的违约利差和隐含的股权风险溢价（即根据股票价格和预期现金流计算得到的远期溢价，具体计算过程见第7章）。当投资者的顾虑程度增加时，股票和债券市场的溢价水平预期将会上涨。图18-3显示出两者之间的同步效应。

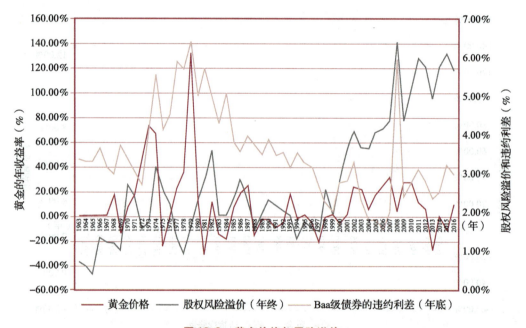

图18-3　黄金价格与风险溢价

与黄金价格之于通货膨胀率的关系相比，投资者顾虑与市场溢价之间的关系显然更难以解读，不过，股权风险溢价和违约利差的提高必然会带来黄金价格的上涨。但这种相关性较很微弱，而且和通货膨胀率一样，仅体现于极端情况，也就是说，危机导致股票和债券市场的风险溢价出现大幅上升。

（3）实际利率水平。

持有黄金的成本之一就是在持有期间，我们会失去将资金投资于金融资产而得到的收益。这种机会成本的大小体现于实际利率，当实际利率水平较高时，机会成本也相应较高，从而降低了黄金的价格。实际利率即可直接采用通货膨胀指数国债（TIP）利率，也可按名义无风险（或接近无风险）利率减去预期通货膨胀率后的差额间接计量。图 18-4 为黄金价格与实际利率水平的变动趋势。

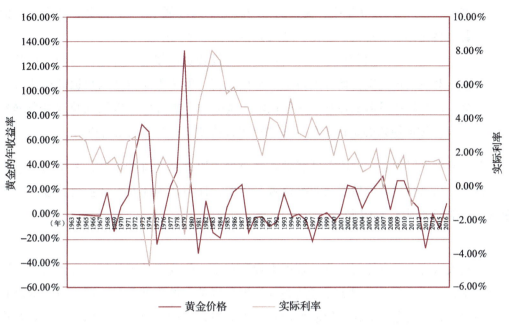

图 18-4 黄金价格和实际利率

请注意，实际利率按当年所发行的美国 10 年期国债利率扣除实际通货膨胀率（而非预期通货膨胀率）后的余额计算得到。将黄金价格变动率按实际利率进行回归，我们可以得到以下结果：

黄金价格的年变动率(%) = 0.24 − 6.59 × (美国 10 年期国债利率 − 实际通货膨胀率)
$$R^2 = 33.2\%$$

高实际利率会压低黄金价格，而低实际利率则会推高黄金价格。

估值难点

几千年以来，人们始终痴迷于黄金投资，但这背后的原因似乎更多地源于情感上的求索，而不是对经济利益的追逐。但三个方面的原因，导致黄金投资经常让投资者感到大失所望：

- **偏执狂和不信任**：很久以来，黄金就一直是人们在不确定性和危机时期寻求慰藉、竞相追逐的东西。尽管黄金的危机货币效用是它们让投资者魂牵梦绕的一个重要原因，但有些黄金投资者似乎窥探到，每个问题的背后都隐藏着一场危机，将震颤解读为地震，并做出过度反应：不只他们在投资组合中纳入超过合理份额的黄金，而且往往会长期维持这种失调的投资结构。
- **不现实的预期**：除在投资组合中为黄金配置的比例过高之外，很多黄金投资者似乎对未来的收益率有着不切实际的期望。具体而言，他们似乎忽略了一个不可否认的实证要素——长期以来，黄金的实际收益率通常会低于其他大多数资产类别的收益率,并且我们没有任何理由相信,这种状况会在未来有所改变。譬如,在过去的 50 年里,黄金的年均收益率始终低于 7%,因此,如果你相信黄金会让你一夜暴富的宣传,结果只会给你带来失望。

- **定价秘籍**:如果说黄金是一种货币,那么投资黄金就是一种定价博弈。也就是说,对参与这场定价博弈的黄金交易商而言,似乎不需要什么数据即可达成目标,而且屈指可数的数据也往往仅限于黄金的历史价格(以及反映这些数据的图表)和最原始的统计工具(平均历史价格或是黄金与白银价格的比较)。

令人不可思议的是,这些管理竟然在几个世纪以来基本维持不变,其中的一个原因或许是,在那些对黄金最虔诚的投资者心目中,任何认为还有更佳投资黄金方法的建议,对他们来说无异于侮辱。

估值方案

有些人认为,没有任何充分的理由去投资黄金,但我们并不认可这种说法。事实恰恰相反,只要投资者以现实可行的态度认识投资黄金的预期收益,那么我们就没有任何理由认为,黄金不应成为价值型投资者投资组合中的一分子。假如你是一名合格的交易者,你就应该有办法成为黄金定价博弈的受益者。

(1)以黄金作为避险工具。

在上一节中,我们曾指出将黄金作为对冲通货膨胀风险工具的作用,这种作用至少可以体现在高通货膨胀时期;作为一种危机型资产,黄金价值在金融、政治危机时期会保持不变甚至升值。这种特性让黄金成为金融资产(股票和债券)型投资组合中一个极富吸引力的补充要素。金融资产大多不具有对冲通货膨胀的保值效应,而且债券和股票的价值都容易受到非预期高通货膨胀的冲击。在股票和债券构成的投资组合加入黄金,至少可以在一定程度上规避通货膨胀造成的负面影响。在表 18-2 中,我们可以看到股票、国债和黄金之间在统计上呈现出的相关性。

表 18-2 黄金收益率与金融资产收益率之间的相关性——1968~2016 年

	股票	短期国债	长期国债	黄金
股票	1.000 0			
短期国债	0.046 0	1.000 0		
长期国债	0.018 5	0.204 9	1.000 0	
黄金	-0.201 3	0.055 1	-0.130 2	1.000 0

请注意,黄金与股票和债券的收益率呈现出负相关性。在判断是否需要将黄金纳入投资组合之前,我们还需要考虑两个其他因素。首先,我们必须承认黄金并不是完美无瑕的对冲工具,它似乎并不能有效抵御通货膨胀率小幅上涨带来的影响。其次,面对通货膨胀的侵袭,还存在更清洁的替代性对冲工具,譬如通货膨胀指数期货,它在短期内的对冲效果可能好于黄金。

(2)以黄金作为交易对象。

如果说交易成功的本质就在于低价买进和高价卖出,那么要在黄金交易中成为获利者,显然需要建立一个能预测未来黄金价格走势和市场动量趋势的定价模型。从广义上说,这种预测模型存在两种形态:

- **基于通货膨胀的预测**:考虑到黄金价格和通货膨胀率具有同步性,因此我们可以将黄金价格与通货膨胀率变化趋势联系起来,从而根据通货膨胀率的变化来预测黄金价格的趋势。在针对黄金价格与通货膨胀率之间相关性的一项研究中,克劳德·恩博(Claude B Erb)和坎贝尔·哈维(Campbell R Harvey)将黄金价格和 CPI 指数联系起来,并计算出黄金价格与 CPI 指数的比率。⊖我们尝试着重复了他们的研究,为此,我们以美国劳工部发布的 CPI 指数作为所有项目(及所有城市消费者)的基础,并以 1982~1984 年的 CPI 指数为基数 100,唯一的区别是我们将数据追溯到 1947 年。按我们的分析结果,2017 年 10 月的 CPI 指数为 246.64。将黄金价格在 2017 年 10 月的价格 1248.20 美元/盎司除以 CPI 指数,我们得到的黄金价格/CPI 指数之比为 5.40。要判断这个比率在历史上处于什么水平,我们将上述计算过程一直回推到 1963 年,结果如图 18-5 所示。

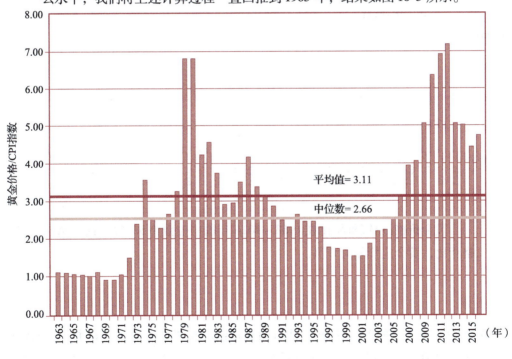

图 18-5 黄金与 CPI 指数比

⊖ Erb, C. B. and C. R. Harvey, 2013, "The Golden Dilemma," *Financial Analysts Journal*, v69, 10-42; Erb, C. B. and C. R. Harvey, 2015, "The Golden Constant," 工作论文, https://papers.ssrn.com/sol3/papers.cfm?abstract_id=2639284.

1963～2016 年的中位值为 2.66，平均值为 3.11。按 2017 年 10 月的年终价格判断，黄金价格相对 CPI 指数而言处于较高水平。如果我们接受这个长期性指标，那么这就意味着黄金价格更有可能下降，而不是上涨。

- **以其他贵金属为基准的预测**：另一种确定黄金相对价值的方法就是参照其他贵金属的价格。譬如，我们可以白银价格为基准对黄金进行定价，并判断黄金价格是高还是低。2017 年 11 月，黄金的价格为 1248.20 美元/盎司，白银价格为 15.83 美元/盎司，因此，黄金与白银的价格比（1248.2/15.83）为 78.84。为了衡量这个数字在历史长线中的位置，我们考察了 1963～2016 年期间的黄金价格与白银价格比率，如图 18-6 所示。

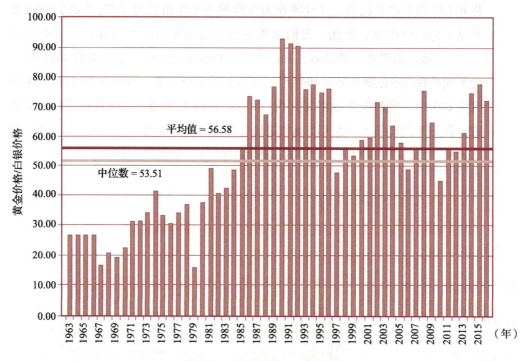

图 18-6 黄金价格/白银价格比

黄金价格/白银价格比在 1963～2016 年的中位数为 53.51，这表明与白银价格相比，黄金定价相对较高。

加密投资

在 2008～2017 年的 10 年期间，针对加密货币的投资应运而生，其中尤以比特币最为突出，并在此后时期衍生出一系列变体，包括以太坊和初始发行数字货币（ICO）。随着这些加密货币价格的扶摇直上，问题随之而来：如何对它们进行分类，市场对它们的估值是否公允。尽管当下的这轮游戏还处于早期阶段，但我们仍可以通过一个模型来思考如何解答这些问题。作为一个大类，加密投资包含了一系列各种各样的投资。在这个系列中,一端是比特币之类的加密货币,这种货币既有可能发展成为普遍使用的数字货币,也有可能成为类似于黄金的细分货币。处于这个系列中间位置的是以太坊这样的加密大宗商品,它们本身并不是完全成熟的货币,而是作为智能合约或区块链的润滑剂,它们的目的是通过这些智能技术的增长而创造价值。加密投资的另一端是类似于初始发行数字货币的加密资产,作为传统权利载体的替代品,它们的价值在于满足公司的资金需求。

加密货币

作为一种数字货币,加密货币被其支持者奉为法定货币的终极替代品。为避免抽象地谈论问题,我们不妨以当期加密货币中被热炒的比特币为例。尽管还有人纠结于比特币的始祖究竟从何而来,但一个普遍接受的事实是:目前形态的比特币出自中本聪(Satoshi Nakamoto)的一篇论文。在这篇完成于 2008 年 10 月的论文中,中本聪最早论述了比特币的基本架构,论文最终于 2009 年 1 月公开发表,但比特币的疯狂发展是他本人做梦都没有想到的。到 2017 年,每个比特币的价格已暴涨至超过 1.5 万美元,全部比特币资产的总价值则超过 2000 亿美元。

(1)比特币的运行机制。

尽管加密货币有其独特之处,但最成功的特征莫过于它的基础架构,即区块链(block chain)。区块链是一种对资产交易进行分散验证的共享数字账户,其本质就是一个去中介化的分布式数据库。图 18-7 描述了以区块链促进比特币交易的运行方式。

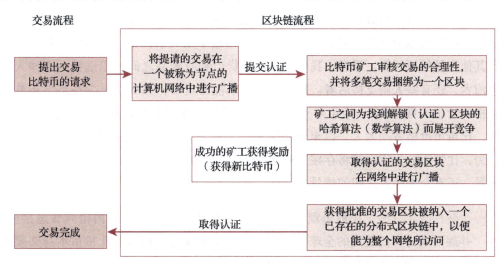

图 18-7 区块链的工作流程

区块链的基本特点包括:

- **分布式认证**:通过审核和认证的交易交付给区块链中的成员,在加密货币领域,这些成员被称为矿工。认证过程通常需要尝试不同的算法,或称哈希算法,以寻找与交易区块唯一匹配的算法，与此同时，取得成功的矿工将获得奖励，目前奖励方式采用的是加密货币。这个过程显然需要超强的计算能力（通过功能强大的处理器尝试不同算法，以寻找与之匹配的算法），而不是智能。

- **完整开放的记录**：在通过审核和认证之后，所有交易都将被转换为区块链中的一个数据块，使得网络中的每个成员都可以访问整个数据块。为避免隐私被泄露，交易记录中不必包括个人数据，而是采取加密数据（哈希算法）的形式。
- **不可破坏**：在计入网络并实现共享之后，就不能再对区块链进行更改，因为所有更改对网络中的所有成员来说都是可见的，并且很快会被标记为欺诈行为。因此，账户一经创建，几乎就无法重新更改。

实际上，区块链就是一个数字媒介过程，在这个过程中，交易经由网络成员认证并做出记录，之后就可以彻底规避欺诈性篡改。由此可见，区块链技术已经远超过加密货币范畴。可以利用区块链记录针对任何资产的交易——从金融市场的有价证券到房屋等实体资产，并以分布式模型取代现有媒介方式完成交易。可以预见，以媒介为主要收入来源的银行和证券交易所不仅会将区块链视为威胁其生存的对手，也是这项技术的早期投资者，希望以合作强化自身优势。

（2）比特币的定价。

在针对比特币展开的辩论中，首当其冲的一个问题就是确定它到底应该是资产、货币、大宗商品还是收藏品。我们认为，比特币并不是一项资产，因为在出售之前，它确实不能独立地为持有人创造现金流。比特币也不是大宗商品，因为它不是可用于生产其他产品的原材料。最后，我们还需要在货币和收藏品之间做出选择，有些人倾向于前者，还有些人则支持后者。如果将比特币视为货币，那么它至少在当下还算不上合格的货币（截至2017年年末），毕竟比特币作为交易媒介的接受程度还很有限；另外，比特币价格波动太大，以至于还无法成为有效的价值储备手段。展望未来，我们认为，比特币成为货币或将存在三种可能的路径，既有最乐观的情景，也有最悲观的情景，还有介于两者之间的情景。

- **全球性数字货币**：在最乐观的情景下，比特币将在全球范围内得到普遍接受，并逐渐成为广泛使用的全球性数字货币。要实现这个目标，比特币本身必须更加稳定（相对于其他货币），并得到世界各地的中央银行和政府的接受（或者说，至少不会主动去妨碍比特币的使用），归根到底，必须褪去围绕着比特币的神秘气息。只有在这种情况下，它才有可能与法定货币相提并论，而且考虑到当下算法对货币创造的限制，其价格居高不下情有可原。
- **新千年的黄金**：按照这个假设，比特币将为那些不信任中央银行、政府和法定货币的人提供一种价值避风港。简而言之，对那些不再相信中央权威的人来说，比特币将承担起黄金曾在历史中发挥的作用。有趣的是，比特币的语言中充斥了采矿业术语，这意味着，比特币的创造者也在有意或无意地追求这种愿景。实际上，与"全球性数字货币"愿景相比，比特币的2100万硬上限更符合这种情景。按照这样的愿景，比特币必须拥有和黄金一样的持久力，并具有类似于黄金的价值属性——在危机中升值，在趋于乐观时贬值。

- **21世纪的郁金香球茎**：按照这种最悲观的情景，比特币将成为一颗流星，在飞黄腾达时，资金接踵而来（来自那些希望借助比特币一夜暴富的逐利者），但它会昙花一现式地迅速陨灭——当交易者转向寻找更刺激的新目标（可能是另一种设计更完美的新型数字货币）时，给比特币持有者留下的或许只有昔日的喧嚣。在发生这种情景时，比特币很可能变成现实版的郁金香球茎物——作为一种完全投机性的资产，它是17世纪荷兰最炙手可热的稀缺商品，价格曾一度高得令人咋舌，而后便一落千丈。

没有人知道到底哪一种情景会成为现实，毕竟每一种情景都有其存在的理由。对于比特币的交易者而言，他们对未来将如何或许不以为然，因为他们关注的时间范围可能只有几分钟，或是几小时，而不是几周、几个月或是几年。不过，如果我们感兴趣的是比特币的长远发展，那么关注的焦点就不应该是日常价格波动形成的噪声，而是它在货币替代品方面取得的发展。

加密大宗商品及资产

在比特币成为加密投资领域佼佼者的同时，还有一些加密投资并没有被标榜为货币替代者，因此，我们需要以完全不同的视角去认识这些投资。

- **加密大宗商品**的核心不是成为一种广泛使用的货币，而是一种可用于商业目的的货币。同样，抽象地讨论这个话题并没有实际意义，因此，我们可以用以太坊来介绍这种加密投资。以太坊的目的不在于它的货币潜质，而是为推行智能合约创造条件，所谓的智能合约，是一种来自区块链的数字合约。尽管智能合约可以用任何货币（包括法币）计量，但以太坊的发起人认为，既然它是专门针对智能合约而设计的，因而应该更适合智能合约流程。如果认同这个观点，那么我们就应该将针对以太坊的需求与智能合约的增长联系起来，并据此进行定价。
- **加密资产**提供了一种针对现金流的权利，而且完全可以认为，可通过最初数字货币发行（ICO）的结构安排满足这个要求。年轻的初创企业可采用ICO筹集资金，并通过ICO架构为买方取得企业的部分所有权份额（和企业的现金流）。但考虑到ICO的结构缺乏标准化，因而难以对其一概而论，甚至可以说，ICO在结构上适合于任何对象：从捐赠，到针对现金流的非契约性索取权，再到准形式上的普通股。换言之，要对一项ICO进行估值，我们不仅需要对其基础业务进行评估，还需要熟悉ICO持有者对现金流享有的权利。

在加密大宗商品和资产类别不断发展的进程中，它们能否兑现最初的预期将是我们拭目以待的事情；另外，随着来自发行人和投资者的丑闻和创业失败频繁出现，我们或将看到，该领域的标准化程度和监管力度必然会不断提高。

加密货币的估值难点

和其他所有投资一样，只要你熟悉自己的投资对象是什么，就可以去投资加密货币，甚至是交易加密投资。在加密投资领域，恶劣的实操手法比比皆是，这并不意外，毕竟加密投资还只是最近刚刚出现的新生事物，投资者对它们的了解还处于摸索阶段，更不用说如何对它们进行估值或者定价。而加密货币的价格暴涨恰恰让这个投资类型的缺陷浮出水面：

- **类别混淆**：面对价格飙升带来的诱惑力，投资者疯狂涌入加密投资市场，但他们对自己买到手的东西似乎感到一片茫然。因此，当投资者欢欣鼓舞地谈论这种资产的市值和价值时，在他们的心目中，比特币是一种货币，而在以太坊投资者看来，加密货币则是一种大宗商品。
- **定价风险**：这些刚刚萌生的市场几乎完全被价格所驱动。考虑到定价需要的是比较，而加密投资市场显然过于年轻，以至于很多投资者根本就无从寻找参照物。因此，有些人曾在2017年宣称，比特币的发展大有空间，因为它的预计市场容量仅为2000亿美元，这个数值远不及8万亿美元的全球黄金价值。
- **一视同仁**：随着加密投资市场持续扩大，新的品种不断涌现，于是，有些投资者似乎已开始用粗线条来描绘这个市场，将所有加密投资归于等同。正如上一节所言，加密货币、加密资产和加密大宗商品之间存在着巨大差异，因此，它们自然需要截然不同的分析工具。

在加密投资中，混乱和混淆的存在既不新鲜，也不意外。要适应这种新的投资类别，永远都需要投资者投入一定的时间，而且任何学习过程往往都会伴随着痛苦。

加密货币的估值方案

要把加密投资纳入投资组合中，我们首先需要撇弃这场辩论的两个极端。不同于某些怀疑论者，我们从不认为加密投资是一种欺诈行为，也不认为任何投资于加密货币的人都是傻子。另外，我们也不认同加密投资会改变基本商业模式，而且会拥有无限的价值。随着这个市场的不断发展，我们给出的建议如下：

- **清晰分类**：绝不应该将所有加密投资不分青红皂白地当作一个类别，相反，必须将这个大类分解为若干细分类别，并相应地将每一种产品归类为货币、大宗商品、资产或收藏品。
- **明确是定价还是估值**：在进行合理分类之后，我们就必须明确对这种投资进行定价还是估值。对于比特币，如果认为加密投资是一种货币，我们就不能对它进行估值，相反，只能对其进行定价。此外，这还意味着，我们不能投资比特币，而只能交易比特币，但交易就需要定价工具。如果我们的对象是ICO，并通过其设计取得对企业现金流的索取权，那么我们就可以像对待股票那样，既可以对它进行估值，也可以对其定价。这样，我们即可决定是否应该投资ICO——在价格低于价值时买入；或是根据未来价格变动的判断，开展ICO的交易。
- **追踪基本面**：归根到底，只有兑现其初衷，加密投资才具有维系其价格的基础。对比特币而言，这就意味着检验其价格的依据，就是比特币能否被广泛地运用到未来交易中。而作为一种与智能合约挂钩的大宗商品，以太坊的价值将来源于智能合约的增长，以及签约用户是否愿意在以太坊上完成对合约的计价。

这个市场带给投资者的高风险是毋庸置疑的，但机会同样比比皆是。

炫耀性资产

炫耀性资产的范围颇为广泛，既有沃尔多夫·阿斯托里亚（Waldorf Astoria）这样的大牌房地产公司，也有专业球队。炫耀性资产之所以成为资产，是因为它们能带来现金流，并凭借这些现金流而被看作资产进行估值，但这种资产所特有的"炫耀性"充分，使得投资者心甘情愿地为它们付出更大代价。换句话说，对买卖这些资产的人来说，他们感兴趣的并不是资产所带来的现金流，而是资产所特有的收藏品属性，毕竟这种属性有助于提高他们的社会地位，成为他们炫耀的资本，或是被当作价格不菲的玩物。

价值和价格的决定因素

炫耀性资产往往会成为估值领域的一个无解之题：它们所具有的现金流创造能力，使之适用于传统的估值方法，但由此得到的价值会令人费解，因为这个价值可能远远低于它们的真实市场价格。然而这背后的原因并不难理解：购买炫耀性资产的人之所以愿意支付更高的溢价，和他们愿意为收藏品支付溢价是同样的道理。因此，针对收藏品的溢价决定因素同样也适用于炫耀性资产。首先，溢价会因为稀缺性的加剧而提高，越是稀缺的炫耀性资产，就应拥有越高的溢价。其次，越是被广泛认可且受到追捧的炫耀性资产，应该具有越高的溢价。

这两个要素的组合或许可以解释全球体育特许权价格的激增。因此，美国大联盟（NFL）、美职篮、英超联赛和欧洲冠军杯以及印度板球联盟（IPL）为球队开出的价格均出现大幅上涨。无论我们对这些项目的电视转播和特许权收入有多么乐观，都很可能无法解释它们不菲的交易价格。不过，考虑到真正有能力为拥有这些球队而支付溢价的富豪屈指可数，因此，要解释这种现象似乎也没那么困难。

估值难点

当一种资产成为炫耀性资产时，其价格就会远远脱离价值的约束。如果看不透这个转换背后的奥秘，投资者就有可能面对诸多风险：

- **估值倾向**：长期以来，在价值型投资者的思维中，他们认为，当一项资产的交易价格高于其价值时，这项资产即被高估，而市场则会纠正投资者的估值偏差。这或许是适合于传统资产的基本投资理念，但对炫耀性资产而言，这种观点可能是危险的，尤其是在投资者认定资产被高估并据此进行做空交易时。由于炫耀性资产的溢价并非因定价错误而来，而是凭借收藏品属性收取的溢价，因此，没有任何理由认为它会随着时间的推移而消失。所以，如果固守固执理念，做空投资者的宿命只会是赔钱。

- **博傻式定价**：炫耀性资产定价的一个基本特征在于，与资产、货币或大宗商品市场相比，甄别这个市场的情绪和动量变化要困难得多。毕竟，在炫耀性资产这个类别中，只包含了屈指可数的几种资产（因为稀缺性是造就炫耀性的前提），而且在这个市场中，投资者往往并非出于经济原因进行投资。当炫耀性资产的价格上涨时，很多毫无戒心的投资者和交易者就会涌入市场；然而，如果不能认识到炫耀性资产和其他投资的差异，赔钱对他们而言只是迟早的事情。

估值方案

要对炫耀性资产进行理性投资，关键就是要认识到这种资产的炫耀性本质，以及由此而包含的意义：

- **如果你是投资者，请远离炫耀性资产**：假如你是名副其实的投资者，专注的是现金流和价值，那么最明智的策略就是让你的投资远离炫耀性资产。有些人甘愿为这些资产支付溢价，这就让它们的价格远远偏离价值，从而导致炫耀性资产被高估。与此同时，考虑到这些溢价与经济目的无关，因此这种定价偏差很可能会长期持续。

- **如果你是交易者，请谨慎出手**：如果你是交易者，在进入炫耀性资产市场之前一定要三思而后行，因为这种资产的价格波动是不可预测的。但从另一个角度看，这种不可预测性的背后也隐藏着机会。如果能预先发现一种即将成为炫耀性资产的类别，那么你就有可能赚得盆满钵满。因为一旦出现这种情况，这些资产的价格就会一路登天。如果你在20年前收购或投资了一支NFL或NBA球队，那么当更多有钱人涌入这个市场时，你的投资必然会不断增值。

- **炫耀性升级**：这些资产的现有所有者可以玩的炫耀性资产游戏存在最后一个转折点。鉴于投资者愿意支付的溢价会随着资产炫耀性的升级而增加，因此，拥有者采取的行动会改变价值。英超曼联、大联盟纽约扬基队和达拉斯小牛队等俱乐部之所以享有超高定价，因为它们是全球特许经营商，其影响力已远远超出所在的城市或国家。比如说，马克·库班的推销能力不仅体现于他所拥有的达拉斯小牛队——带来了球队特许经营权价格的提升，而且所有 NBA 球队都成为这种能力的受益者。

本章小结

有些投资在本质上就是无法估值的，认识这个事实不仅有助于节约我们的时间，也会减少不必要的困难和失败。在本章里，我们将投资划分为四类，从可创造现金流的资产，到货币和大宗商品，最后是收藏品。我们可以对具有现金流创造能力的资产进行估值或是定价，也可以决定是否成为一名投资者——根据价格与价值的比较确定买入和卖出的对象，也可以选择成为一名交易者——只需关注资产的定价即可。对于货币，我们只能根据其作为交易媒介和价值存储手段所具有的效率，通过与其他货币的比较而给出定价，但我们无法对它们给予估值。按照这个逻辑，我们只能交易货币，却不能投资于货币。对于大宗商品，估值需要我们对宏观经济形势作出判断，但这并不容易做到，因此，对它的定价更多依赖于期权。最后，针对艺术品之类的收藏品，我们只能对其进行定价。按照上述原理，我们可以考虑涉及诸多类别的混合型投资。尽管黄金是一种大宗商品，但是在更多情况下，我们则是将它作为货币进行定价。因此，黄金的价格与其实际可以投入的用途甚至是产量关系不大，相反，它更多地依赖于人们如何认识黄金作为货币所发挥的职能。加密投资类型多样——从比特币等只能定价的加密货币到既可以被定价也可以估值的 ICO。而炫耀性资产可以作为资产进行估值，但交易价格反映了它们作为收藏品而享有的溢价。

The Dark Side of Valuation

第五部分

结　语

第 19 章　绝处逢生：跨越难点

第 19 章 The Dark Side of Valuation

绝处逢生
跨越难点

贯穿全书，我们始终在强调基本估值原则的重要性，以及这些原则在我们面对形形色色估值难题时所能给予的指南。正如我们反复强调的一样，不同类型的企业，估值的难点也呈现出不同的形式。因此，我们自然会对不同类型的企业给予相应的解决方案。本章总结了全书提出的若干核心观点，以期指引我们跨越这些估值难点。借助这一过程，我们将简要回顾这些被我们称之为估值启发的基本要点。

启发性命题

在面对诸多不确定性或信息缺失的情况下，我们难免会求助于某些缺乏依据的经验法则，对增长率、风险和现金流做出相互不一的假设。在下面的内容中，我们将全书的论述提炼为若干主题，以期指导我们进行更明智的判断和估计，并借此做出更合理的估值。

命题一：坚持原则，接受新思维，灵活对待估值

原则就是一种核心观点，工具是我们将这个观点付诸实践的手段，而估值则来源于这个工具。不管面对的反对声音多么强烈，我们都不能在估值的若干基本原则上做出妥协。这些原则包括：①资产的价值取决于它在未来创造现金流的能力；②风险会影响到资产的价值；③任何增长都需要付出代价（不可能从天而降）；④供求规律是永远都不能违背的定律。假如一名分析师认为企业可以永久增长，而无须进行再投资，那么他显然违背了第一项原则。为避免将这一原则教条化，我们马上需要澄清的是，我们应对任何合理的折中和更有效的工具保持开放态度，并随时准备好对估值的输入

变量进行调整。

毋庸置疑，资产价值应为风险的函数的理论是估值的第一原则，而资本资产定价模型（CAPM）则是我们估算风险的工具。我们所得到的回归贝塔系数就是对这种风险的估计。我们始终毫不动摇地坚信，资产的价值应由其风险决定。但只要数据给我们启示，我们就应该心甘情愿地去修改、调整甚至是放弃 CAPM。至于贝塔系数，我们应采用任何可提供最佳估计值的方法，但这种方法会因不同的企业而有所差异。总而言之，我们将继续坚持自己的信念：风险注定会影响价值，并随时接受风险评估模型方面的任何新发展。此外，我们还将始终探索以更有效和更一致的方法去估计风险参数。

命题二：始终对市场保持高度关注，但不要让市场左右你的估值

在需要我们估值的目标公司中，很多在公开金融市场上存在交易，因而有自己的市场价格。在这里，我们无须对市场及其效率做出任何判断，但我们始终坚信，针对市场对资产的定价方式，有价值的信息总是存在的。事实上，第 6 章对无风险利率的估计以及第 7 章对股权风险溢价的估计均来自金融市场——前者体现为对美国长期国债的定价，而后者则对应于股票指数水平。在对公司估值时，如下两个方面的原因，促使我们必须关注市场价格：

- 我们从市场上取得的针对隐含增长率、风险和现金流的信息，可用于改进我们的估值。
- 归根到底，我们的盈利不是来自对内在价值的估计，而是源于市场价格向内在价值的回归。因此，我们需要了解市场价格为什么会偏离价值，以及它们会如何随着时间的推移进行自我调整。

另外，过度关注市场（和价格）有可能让我们无所适从，因为我们总能找到另一套假设，以证明市场价格是合理的。换句话说，如果我们最初采取的假设就是市场永远正确，那么我们必将在估值中确认这个假设。

我们一方面可以对某些数据采用市场输入变量（无风险利率、股权风险溢价以及计算资本成本的债务和股权市场权重），但另一方面又认为市场在其他方面是错误的，这显然需要我们做出权衡。因此，要对公司给出合理的估值，我们就必须在估值过程中尽早做出决定：我们可以对哪些变量采用市场的选择，在哪些变量上，我们需要与市场据理力争。我们曾在第 6 章和第 7 章中指出，在对个别公司进行估值时，应接受市场对无风险利率和股权风险溢价的共识，而将我们的注意力集中于公司收益和现金流的估计上。此外，第 13 章曾提到，在对一家石油公司进行估值时，我们主张以市场达成的价格作为石油价格（来自现货市场或远期及期货市场）。与此同时，我们的估计则局限于公司未来石油及其成本结构的估计。

从经验出发，我们应在哪些领域选择接受市场智慧，以及会在哪些节点偏离市场

共识，最终将依赖于如下两个关键变量。首先，作为一名分析师，你认为自己拥有的竞争优势，以及你认为哪些会给你带来最大的回报。如果你的优势就是预测宏观经济走势和石油价格趋势，那么你就可以用自己的估计来取代石油的市场价格，并利用自身优势取得更合理的估值。另外，如果你的最大优势在于评估企业的内在优势，那就没有必要耗费更多资源去估计宏观参数。其次是你的职责范围。假如你的任务是评估个别企业价值，而不是评估整体市场或大宗商品的价格，那么一旦你对宏观经济变量的观点影响到公司估值，只会让自己和客户成为受害者。我们认为，大多数股票分析师和评估师都属于这一类人，因而不应把自己的市场观点纳入估值中。

命题三：关注风险

诚然，人们在学术和实务中已投入了大量资源，试图借此找到评估风险和得出预期收益率的模型。但不可否认的是，这些模型对现实世界的假设往往经不起推敲。譬如，在资本资产定价模型中，我们假设不存在交易成本和私人信息，并在此基础上推导出预期收益率和贝塔系数之间的关系。面对这些模型，分析师会发现，他们很难苟同模型所依据的假设。尽管这完全可以理解，但仅仅因为存在异议，便轻率得出风险不重要的结论，那就大错特错了。由于风险评估和风险准备往往是评价估值难点的核心，因此我们将此前章节中针对风险的观点总结为如下几个方面：

- **风险影响价值**：无论你使用何种方法推导价值，这个结论都是成立的。在折现现金流模型中，风险体现于折现率或风险调整后的现金流中（而不只是预期收益率）。在相对估值法中，风险较高的企业应比风险较低的企业拥有更低的收益倍数、收入倍数和账面价值倍数。虽然较高的风险往往对应于较低的估值结果，但也存在一种特例，即高风险反而会提高资产的价值。这些资产的下行空间有限，而上行空间却非常大，因此呈现出期权的特征。在前几章里，我们探讨了几种不同情况——第 9 章讨论的对象是拥有自有技术的高成长初创企业，第 12 章介绍了深陷困境的企业，以及第 13 章提到未开采石油储量。
- **并非所有风险都是等价的**：从过去几十年针对风险的预测和分析中，如果说我们有什么教训是必须汲取的，那么这个教训就是：并非所有风险都是同质的。有些风险只会影响到一家或是几家公司，而有些风险则对更多的企业带来普遍性的影响，有时甚至会影响到整个市场。在为估值而进行风险评估时，一项重要任务就是首先识别出公司的边际投资者（即持有大量股份的积极型投资者），并站在他们的视角去认识风险。如果边际投资者具有足够的分散性，那么唯有无法通过多元化分散掉的市场风险或宏观风险，才能影响到企业估值。反之，如果边际投资者缺乏多样化，或者多样化的程度很有限，那么我们就需要考虑更多的风险类型，譬如企业的特有风险。在第 9 章中，正是依据这样的观点，我们得出了针对创业企业（通常不采取多元化策略）和风险投资企业（仅具有有限程度的多元化）的总贝塔系数和股权成本。

- **持续性风险和离散性风险**：我们可以将风险划分为两大类。在长期内，持续性风险会影响到现金流和价值，譬如，利率风险和汇率风险就属于持续性风险。而离散性风险或称非连续风险则可能长期处于休眠状态，而一旦出现，就会对价值造成显著影响。违约风险和国有化风险就是典型的离散性风险。我们认为，折现率最能体现持续性风险，而通过评估事件发生的概率和结果，更有助于衡量离散性风险。因此，利用后一种方法，我们根据生存风险对初创企业和危机企业的估值进行了调整，并按国有化风险调整了新兴市场企业的估值。为了将风险纳入估值模型中，我们还需要采用如下手段：
  - ✓ **分离出风险的影响**：风险的影响应体现在一两个变量当中，而不是渗透到估值的所有输入变量中。因此，新兴市场风险的影响体现于国家风险溢价，但不会影响到无风险利率、贝塔系数或现金流。至于这种操作方法的合理性，是出于如下两方面的原因。首先，它避免了对风险造成重复计量甚至三重计量。其次，这种做法可以提高估值的透明度。因此，估值的使用者可以对采取的风险调整做出评价，并据此决定他们是否接受这样的调整。如果不接受估值结果，改变和重新估算也相对较为简单。
  - ✓ **保持一致性**：在对企业、特别是成长型企业或危机型企业进行估值时，我们必须认识到，企业的风险状况会随着时间的推移而变化，而且我们必须相应地调整风险参数。譬如，以成长型企业为例，我们在初始年度使用的高折现率（反映当年的风险水平）应随着经济增长率的下降而下调。在本书提及的几乎所有估值案例中，我们在计算终值时采用的贝塔系数和折扣率均体现了这一点。

作为投资者，我们可以投资债券、资产或股票，也可以选择投资于国内市场或是国外市场。因此，在评估不同资产类别的预期收益率时，我们需要坚守相同的规则。

命题四：增长绝对不是免费的，也未必总能带来增值

在本书各章有关增长的所有讨论中，假如存在一个永恒的主题，那么这个主题就应该是：增长需要付出代价。归根到底，公司盈利和现金流的任何预期增长都只能来自投资的增加或效率的提高。效率提高带来的是有限增长，毕竟一家公司提高效率的空间是有限的，而新增投资带来的增长可能是无限的（而且有可能是永久性的）。

同样需要牢记的是，增长本身并非总能给企业带来实惠，因为由增长创造的增值取决于创造这种增长的投资质量。正因为如此，我们才始终高度重视超额收益，通过比较资本收益率和资本成本来估计超额收益，或是通过对比股权收益率和股权成本来估计增长率。当一家公司投资新资产所创造的资本收益率等于其资本成本时，这家公

司必将会随着时间的推移而不断壮大，但它不能给投资者创造新的价值。如果这家公司投资于不良投资，也就是说，资本收益率（或股权收益率）低于资本成本（或股权成本），那么随着时间的推移，尽管这家公司确实在增长，但公司价值只会不断萎缩。在现实中，对企业管理者的一个基本检验标准就是他们在对企业进行重大再投资的同时，给公司带来不凡的超额收益。

在采用相对估值法的情况下，虽然我们关注的可能并不是直接的超额收益，但还是应对它们给予适当的强调。因此，假如预计两家公司在未来拥有相同的预期增长率，那么增长带来的超额收益较高的公司，理应拥有更高的估值。

命题五：美梦终会终结

除了考察增长对价值的创造或破坏效应之外，我们还需要对公司的未来增长率进行估计。但是在进行这种评估的时候，我们必须强调两个最关键的变量。第一个变量就是倍数效果（scaling effect）。随着公司的规模越来越大，它们延续以往高水平超额收益和增长率的难度会越来越大。因此，如果一家公司在过去的3年里实现了100%的年均增长率，那么几乎可以肯定的是，它在未来3年内的增长率将会放缓。按照第9章针对初创成长型企业所做的讨论，通过逐年降低收入和收益的增长率，我们即可在估值中体现这种现实。第二个变量是竞争。在企业取得成功之后，它们会成为市场关注的焦点，这就会带来其他企业的模仿，从而招致不断加剧的竞争。尽管企业或许能在较长时期内将这种竞争控制在可控范围内（使用法律和其他工具），但新竞争对手迟早会在盈利和增长能力等方面超越在位者。

反映增长率下降必然性的一种方式，就是接受这样一个假设：不管一家公司的当下增长速度有多么令人不可思议，它迟早都要进入稳定增长阶段（在转入稳定增长阶段的这个时点上，我们可以为公司给出一个终值）。为反映竞争的长期效应，我们可以将个别公司的盈利率逐渐回归行业平均水平，让资本收益率或股权收益率逐渐趋同于股权成本或资本成本。

命题六：随时为阻断风险做好准备

在传统的折现现金流估值模型中，我们假设公司是持续经营的，其现金流将持续形成。但对某些公司来说，这样的假设或许并不合理。在现实中，大多数公司并不会幸运地熬到这个稳定增长阶段。很多初创企业会出于资金不足等原因而被迫关闭，有些成熟型企业则成为收购者的目标，而大多数陷入困境的企业终会因拖欠债务而倒闭。折现现金流估值模型所隐含的乐观假设，或许会导致我们高估企业价值——在这种情况下，企业不能达到预期的风险或阻断风险（truncation risk）很高。

在本书第三部分中，我们曾指出，阻断风险对处于生命周期两端的企业来说尤为明显，也就是说，刚刚创建的成长型企业和已进入衰退或陷入危机的企业。对于这些企业的估值，我们采取了一个包括两个步骤的方法。在第一步中，我们假设这些企业不仅能生存下来，而且会随着时间的推移而趋于盈利和健康，并在此基础上对它们进行估值。在第二步中，我们需要估计出这个企业丧失生存能力的概率，以及在遭遇破产失败时的企业价值和股权价值。最终的价值估计结果为上述两个数字的加权平均值。

命题七：不忘历史，着眼未来

在估值中，我们始终面临的一个难题是：尽管我们获取的数据几乎都是历史数据，它们反映了公司的历史（以前的财务报表和贝塔系数）、行业（行业的平均利润率和资本收益率）和宏观经济变量（利率、汇率、股权收益率），但我们需要进行的所有预测均针对未来。当然，我们不可能杜撰未来的数据，但我们可以遵循某些简单的规则，以最大限度地减少损失：

- **使用历史数据，但不拘泥于历史**：对公司进行合理估值的一个关键要素，就是确定在什么情况下应使用历史数据，以及在什么情况下应寻找替代方案。因此，在对一家各年度之间收益率波动很小的盈利公司估值时，使用上年度数据的影响不会很大。对于我们在第 13 章中提到的周期型及大宗商品企业，如果最近一年恰恰是整个周期的高峰期（或低谷期），那么采用固定基准年的做法会导致估值过高（或过低）。因此，我们需要使用公司自己的历史信息以及大宗商品的价格周期信息，对这些公司的收益数据进行标准化处理。
- **相信均值回归定律，但也要关注结构性的中断及变化**：在任何时候使用历史数据进行预测，我们所依据的假设都是均值回归定律。换句话说，通货膨胀率和利率等宏观经济数据以及利润率和再投资率等企业微观数据都将回归到历史上的常态水平。尽管均值回归规律不乏强大的实证数据支持，但这个假设会招致两种风险。首先，在历史的某些时刻会发生重大突变，考虑到环境出现的剧烈变化，所以这些数字可能很长时间内无法恢复历史平均水平。例如，20 世纪 70 年代的美国就出现了这种情况——在近 10 年的时间里，通货膨胀率高企，利率和大宗商品价格暴涨。其次，对大多数变量而言，到底怎样的水平构成历史标准尚不存在共识。对于相同的数据，每个分析师都会有自己的视角，因而对所谓的常态会做出截然不同的判断。
- **以前瞻性估计作为替代标准或是加以检验**：对少数变量而言，我们或许能得到前瞻性的估计值，并将估计值直接用于估值，或是对历史数据进行检验。以第 7 章提及的股权风险溢价为例，我们可以根据股票指数的当前水平和预期的未来现金流估计出隐含股权风险溢价，从而对历史风险溢价提供一个替代方案。对于石油价格，我们可以用期货和远期市场提供的估计值对公司进行估值，而不是依赖于历史数据。我们既可以用这些前瞻性数字替代历史估计数，也可以通过调整历史数据来反映差异。

值得庆幸的是，估值的内涵并不是只依赖上年度的数据并把这些数据塞进估值模型。毕竟如果真是这样的话，估值也就无须人为干预。因为计算机可以轻而易举地完成这项任务。在估值中，我们的角色是参照历史数据，评估其使用价值，而后对未来做出最合理的预测。

命题八：充分关注大数定律

在估值难点这个问题上，我们始终强调的一个方面就是经验法则在估值中的使用。这些法则涉及诸多方面——从固定的股权风险溢价（来自外部服务机构），到针对控制权、协同效应和其他"加分"要素而增加的溢价，再到针对非流动性和不良公司治理实践的折价。在很多情况下，在这些调整中采用的数字均来自历史数据。譬如，历史股权风险溢价是按股票收益与国债收益之差的长期平均值计算的。控制权溢价（20%）约等于收购方为收购公开上市目标企业而在较长时期内支付的溢价。即使对这些估计值持续更新，而且来自声誉显赫的专业机构，也不能把这些数字等同于事实。归根到底，它们是以样本为基础的估计数，而且有相当大的标准误差。因此，如果按美国在50年内的数据进行估计，历史上的股权风险溢价应为4%，相应的标准差约为3%；收购业务的溢价则是20%，对应的标准差约为5%。

尽管根据数据进行估计难免会受到各种噪声的影响，但我们总可以找到办法，让这些估计值更精确：

- **加大样本量**：如果有可能的话，我们应尽量扩大数据量，纳入更多的数据点。以历史风险溢价为例，如果使用100年以上的数据估计股权风险溢价，相对应的标准差仅为2%。其实，这种加大样本量的方法渗透在本书讨论的大部分工作中，也是我们避免不良实践的务实之举。无论是自下而上的贝塔系数（将标准差较大的单一回归贝塔系数替换为标准差相对较小的多元回归贝塔系数平均值），还是以行业平均收益率预测个别公司的未来收益率，就其实质而言，都是以大样本量的平均值替代个别公司的数据。在相对估值法中，当我们使用同行业其他企业的平均倍数作为估值标准时，就等于放宽了对可比公司的定义，以便于扩大样本量。实际上，我们宁愿接受可比性较低但样本量足够大的可比样本群，也不愿意采用与被估值对象高度接近但数量屈指可数的小样本群。
- **利用统计工具改善估计效果**：在很多情况下，当分析师使用历史数据时，他们得到的往往是历史平均水平。尽管这个数字确实不乏参考价值，但我们总有办法得到更精确的估计数。因此，当估计目标企业与行业其他企业的收益率时，采用按行业回归预测得到的市盈率应该会比单纯依赖行业平均市盈率精确得多。

最后一点不能不提的是大数定律。考虑到我们为个别公司得出的估值结果毕竟是估计值，因此，在任何一个时间段，我们对任何一家公司做出错误估值的概率都很高。为改善估值的合理性，我们可以将估值区间延伸到多个时期（延长时间跨度）和多只股票（投资组合），这样做出正确估值的概率将大为提高。

命题九：接受并处理不确定性

本书开始时就曾提到，我们之所以容易受到估值难点的诱惑，其中的一个原因就是我们在面对某些公司的不确定性时会感到不知所措。事实上，引导我们如何对不确定性做出理性而健康的反应，始终是贯穿全书的一个基本宗旨：

- **接受不确定性**：接受不确定性这个无法规避的现实，并清醒地认识到，无论我们构建的模型看似多么完美无瑕，我们都不可能彻底赶走不确定性。因此，为模型添加更多的细枝末节或是让模型更加复杂晦涩，这两者都是分析师用来减少不确定性的对策，但这些举措对缓解问题往往并无效果，实际上，反倒有可能画蛇添足，让原本简单的问题复杂化。
- **可以提出假设性问题，但一定要有正当理由**：随着数据访问能力的提高，以及处理不确定性的复杂工具（蒙特卡罗模拟和决策树等）不断涌现，我们会看到，让分析师把更多的估值任务交给这些工具，就有可能会带来某些潜在问题。第一个问题体现为，这些工具往往需要复杂的输入，而输出结果的质量显然依赖于输入变量的质量。例如，模拟估值法要求我们选择输入变量的概率分布以及分布的参数。考虑到我们可以获得的数据，这显然不是一项轻而易举的任务。第二个问题是，有些分析师会把它们当作调整风险的工具，而不是用来评估风险。在这个过程中，他们就有可能重复计算风险。以公司的折现现金流估值法为例，假设我们以风险调整后的折现率对预期现金流进行折现，并最终得到超过当前市场价格的价值。如果我们按蒙特卡罗模拟法建立估值模型，并由此得出一个价值分布（表明股票被高估的概率为40%），且基于这个结果决定放弃对这家公司的投资，在这个过程中，我们实际上重复计算了风险——首先是使用风险调整后的利率，而后又采用了模拟结果。

总之，不确定性和风险是生活和投资中不可分割的一部分。在对公司估值时，我们可以要求将这种风险体现到折现率中，并据此得到一个风险调整后的价值，但这个结果会随着环境的变化而变化。

命题十：价值 = 故事 + 数字

两个因素会削弱估值的质量：第一个因素是对数据的访问——在线搜索引擎和功能强大的建模工具正在将很多估值任务转化为建模练习，设计精巧、晦涩复杂的模型正在成为湮没数字的黑箱；第二个因素就是我们所面对的这个高度专业化的世界，在这里，每个人都几乎是同质的，有些相近的思维方式和行为方式，在这个仿佛只能听到自己回声的空间里，我们当然难以听到不同的声音。

随着人类不断演化为一个被数字整形师和故事大王所主宰的部落，我们开始学会封闭自己——只愿意发号施令和传递自己的声音，却不能或者不愿倾听其他部落的声音，于是，估值不仅要求我们要学会彼此交流，相互倾听对方的心声，还要学会接受自己的弱点。作为数字的整形师，我反倒觉得对自己的估值丝毫没有信心，直到学会了讲故事，因为这些故事不仅支持我的数字，还能让所有数字相互依托，浑然一体。假如你也学会了讲故事，而且又恰恰拥有不凡的数字整容能力，那么你就会发现，自己的估值会更加严谨自律。

对于折现现金流估值，一种反对的声音就是认为它过度强调数字，以至于忽略了定性变量。所谓定性变量，包含客户忠诚度、品牌以及良好的管理等。在某些情况下，这种指责确实无可厚非，毕竟人们很少会对数字提出疑问，而且输入变量大多为外生性变量。但我们还是希望能对这些这种批评做出直接回应，因为我们的估值对象是个别公司。在折现现金流估值模型中，每个数字都应该有着合理的经济依据，或者说，每个变量身后都有一段美妙的经济故事。因此，如果我们将估值对象的资本收益率设定为远高于资本成本的15%，那么我们就必须考虑这家企业拥有的竞争优势（对大多数优势只能做定性描述），以及这些优势将如何转化为资本收益率的改进。另外，每个坚实的经济故事最终都必须皈依为某个具体数字。尽管品牌会影响价值，但它只能借助于增加利润和超额收益来实现这种效应，而不能仅仅体现为在估值结果基础上给予的某个溢价。

在相对估值法中，故事的作用有时甚至会超过数字。我们在相对估值法中之所以会使用统计工具（回归技术和相关性分析），不仅是为了评价潜在的故事是否合理，也是为了对预测结果进行量化处理。因此，如果按预期增长率对PE进行回归，我们即可判断，在考虑到市场对同行业股票所给予的定价基础上，增长率每提高1%会带来多大的市盈率增幅。

本章小结

为了做到善始善终，我们将以全书开始时提出的观点结束本书——估值的基本原则并不多，而且估值的基本结构几乎从未有过太大的变化。但企业形态的多姿多彩，使得估值对象给我们提出了远多于以往任何时候的挑战。随着企业和投资者的全球化发展，公司在运营和融资选择方面日趋复杂化。

因此，我们必须清醒地认识到，僵化的规则并无助于解决问题，因为在对个别公司估值时，面对不寻常的情形，我们需要保持足够的灵活性，因地制宜地制定新规则。我们不妨学会退避三舍，三思而后行，切莫让估计难题使得我们不知所措，甚至接受不良实务。

推荐阅读

A股投资必读	（金融专家，券商首席，中国优秀证券分析师团队，金麒麟，新财富等各项分析师评选获得者）
亲历与思考：记录中国资本市场30年	聂庆平（证金公司总经理）
策略投资：从方法论到进化论	戴 康 等（广发证券首席策略分析师）
投资核心资产：在股市长牛中实现超额收益	王德伦 等（兴业证券首席策略分析师）
王剑讲银行业	王 剑（国信证券金融业首席分析师）
荀玉根讲策略	荀玉根（海通证券首席经济学家兼首席策略分析师）
吴劲草讲消费业	吴劲草（东吴证券消费零售行业首席分析师）
牛市简史：A股五次大牛市的运行逻辑	王德伦 等（兴业证券首席策略分析师）
长牛：新时代股市运行逻辑	王德伦 等（兴业证券首席策略分析师）
预见未来：双循环与新动能	邵 宇（东方证券首席经济学家）
CFA协会投资系列	全球金融第一考，CFA协会与wiley出版社共同推出，按照考试科目讲解CFA知识体系，考生重要参考书
股权估值：原理、方法与案例（原书第4版）	[美]杰拉尔德 E.平托（Jerald E. Pinto）
国际财务报表分析（原书第4版）	[美]托马斯 R.罗宾逊（Thomas R. Robinson）
量化投资分析（原书第4版）	[美]理查德 A.德弗斯科（Richard A.DeFusco）等
固定收益证券：现代市场工具（原书第4版）	[美]芭芭拉 S.佩蒂特（Barbara S.Petitt）
公司金融：经济学基础与金融建模（原书第3版）	[美]米歇尔 R. 克莱曼（Michelle R. Clayman）
估值技术（从格雷厄姆到达莫达兰过去50年最被认可的估值技术梳理）	[美]大卫 T. 拉拉比（David T. Larrabee）等
私人财富管理	[美]斯蒂芬 M. 霍兰（Stephen M. Horan）
新财富管理	[美]哈罗德·埃文斯基（Harol Evensky）等
投资决策经济学：微观、宏观与国际经济学	[美]克里斯托弗 D.派若斯(Christopher D.Piros)等
投资学	[美]哈罗德·埃文斯基（Harol Evensky）等
金融投资经典	
竞争优势：透视企业护城河	[美]布鲁斯·格林沃尔德(Bruce Greenwald)
漫步华尔街	[美]伯顿·G.马尔基尔(Burton G. Malkiel)
行为金融与投资心理学	[美]约翰 R. 诺夫辛格（John R.Nofsinger）
消费金融真经	[美]戴维·劳伦斯(David Lawrence)等
智能贝塔与因子投资实战	[美]哈立德·加尤（Khalid Ghayur）等
证券投资心理学	[德]安德烈·科斯托拉尼（André Kostolany）
金钱传奇：科斯托拉尼的投资哲学	[德]安德烈·科斯托拉尼（André Kostolany）
证券投资课	[德]安德烈·科斯托拉尼（André Kostolany）
证券投机的艺术	[德]安德烈·科斯托拉尼（André Kostolany）
投资中最常犯的错：不可不知的投资心理与认知偏差误区	[英]约阿希姆·克莱门特（Joachim Klement）
投资尽职调查：安全投资第一课	[美] 肯尼思·斯普林格（Kenneth S. Springer）等
格雷厄姆精选集：演说、文章及纽约金融学院讲义实录	[美]珍妮特·洛（Janet Lowe）
投资成长股：罗·普莱斯投资之道	[美]科尼利厄斯·C.邦德（Cornelius C. Bond）
换位决策：建立克服偏见的投资决策系统	[美]谢丽尔·斯特劳斯·艾因霍恩（Cheryl Strauss Einhorn）
精明的投资者	[美]H.肯特·贝克(H.Kent Baker)等

推荐阅读

宏观金融经典

这次不一样：八百年金融危机史	[美] 卡门·M.莱因哈特（Carmen M. Reinhart） 肯尼斯·S.罗格夫（Kenneth S. Rogoff）
布雷顿森林货币战：美元如何通知世界	[美] 本·斯泰尔（Benn Steil）
套利危机与金融新秩序：利率交易崛起	[美] 蒂姆·李(Tim Lee)等
货币变局：洞悉国际强势货币交替	[美] 巴里·艾肯格林（Barry Eichengreen）等
金融的权力：银行家创造的国际货币格局	[美] 诺美·普林斯(Nomi)
两位经济学家的世纪论战（萨缪尔森与弗里德曼的世纪论战）	[美] 尼古拉斯·韦普肖特（Nicholas Wapshott）
亿万：围剿华尔街大白鲨（对冲之王史蒂芬·科恩）	[美] 茜拉·科尔哈特卡（Sheelah Kolhatkar）
资本全球化：一部国际货币体系史（原书第3版）	[美] 巴里·埃森格林（Barry Eichengreen）
华尔街投行百年史	[美] 查尔斯R.盖斯特（Charles R. Geisst）

微观估值经典

估值：难点、解决方案及相关案例（达摩达兰估值经典全书）	[美] 阿斯瓦斯·达莫达兰（Aswath Damodaran）
新手学估值：股票投资五步分析法（霍华德马克思推荐，价值投资第一本书）	[美] 乔舒亚·珀尔（Joshua Pearl）等
巴菲特的估值逻辑：20个投资案例深入复盘	[美] 陆晔飞（Yefei Lu）
估值的艺术：110个解读案例	[美] 尼古拉斯·斯密德林（Nicolas, Schmidlin）
并购估值：构建和衡量非上市公司价值（原书第3版）	[美] 克里斯M.梅林（Chris M. Mellen） 弗兰克C.埃文斯（Frank C. Evans）
华尔街证券分析：股票分析与公司估值（原书第2版）	[美] 杰弗里C.胡克（Jeffrey C.Hooke）
股权估值：原理、方法与案例（原书第3版）	[美] 杰拉尔德E.平托(Jerald E. Pinto)等
估值技术（从格雷厄姆到达莫达兰过去50年最被认可的估值技术梳理）	[美] 大卫T.拉拉比（David T. Larrabee）等
无形资产估值：发现企业价值洼地	[美] 卡尔L.希勒（Carl L. Sheeler）
股权估值综合实践：产业投资、私募股权、上市公司估值实践综合指南（原书第3版）	[美] Z.克里斯托弗·默瑟（Z.Christopher Mercer） 特拉维斯·W.哈姆斯（Travis W. Harms）
预期投资：未来投资机会分析与估值方法	[美] 迈克尔·J.莫布森(Michael J.Mauboussin) 艾尔弗雷德·拉帕波特(Alfred Rappaport)
投资银行：估值与实践	[德] 简·菲比希（Jan Viebig）等
医疗行业估值	郑华 涂宏钢
医药行业估值	郑华 涂宏钢

债市投资必读

债券投资实战（复盘真实债券投资案例，勾勒中国债市全景）	龙红亮（公众号"债市夜谭"号主）
债券投资实战2：交易策略、投组管理和绩效分析	龙红亮（公众号"债市夜谭"号主）
信用债投资分析与实战（真实的行业透视 实用的打分模型）	刘婕（基金"鳄姐投资日记"创设人）
分析 应对 交易（债市交易技术与心理，笔记哥王健的投资笔记）	王健（基金经理）
美元债投资实战（一本书入门中资美元债，八位知名经济学家推荐）	王龙（大湾区金融协会主席）
固定收益证券分析（CFA考试推荐参考教材）	[美]芭芭拉S.佩蒂特（Barbara S.Petitt）等
固定收益证券（固收名家塔克曼经典著作）	[美]布鲁斯·塔克曼(Bruce Tuckman)等